21世纪应用型本科金融系列规划教材

货币金融学

The Economics of Money, Banking, and Financial Markets

翟璐 主 编
姜尚伟 胡予晓 邵若 副主编

新形态教材

东北财经大学出版社 大连
Dongbei University of Finance & Economics Press

图书在版编目（CIP）数据

货币金融学 / 翟璐主编. —大连 ：东北财经大学出版社，2023.12
（21世纪应用型本科金融系列规划教材）
ISBN 978-7-5654-5040-2

Ⅰ.货…　Ⅱ.翟…　Ⅲ.货币和银行经济学-高等学校-教材　Ⅳ.F820

中国国家版本馆CIP数据核字（2023）第228552号

东北财经大学出版社出版
（大连市黑石礁尖山街217号　邮政编码　116025）
网　址：http://www.dufep.cn
读者信箱：dufep@dufe.edu.cn
大连天骄彩色印刷有限公司印刷　东北财经大学出版社发行

幅面尺寸：185mm×260mm　字数：599千字　印张：28
2023年12月第1版　2023年12月第1次印刷
责任编辑：石真珍　责任校对：刘贤恩
封面设计：张智波　版式设计：原　皓

定价：62.00元

教学支持　售后服务　联系电话：（0411）84710309

如有印装质量问题，请联系营销部：（0411）84710711

前言

近年来，我国积极践行“普惠金融”“绿色金融”“互联网金融”等发展理念，使得货币金融体系的服务更多惠及于民。与此同时，随着数字人民币的推行、资本市场全面注册制的改革、金融机构改革的再深化、亚洲基础设施投资银行和金砖国家新开发银行的建设等系列举措的积极推进，中国金融犹如一张亮丽的名片，在国际货币金融舞台上发挥越来越重要的作用。新冠肺炎疫情期间，中国人民银行采用结构性货币政策工具实施精准滴灌，不搞“大水漫灌”，中国经济也在全球率先恢复增长，更加彰显了中国政府贯彻的货币功能思想与实践中稳健的特征。可以说，中国政府在货币金融领域的创新实践进一步激发了读者对该领域的学习兴趣，而且随着金融的发展与变化，教材也需要与时俱进，及时更新内容，将中国乃至世界上货币金融领域最新的变化列入其中，满足读者的需求。本教材正是在此背景下编写而成的。

本教材主要介绍和阐述了货币、银行和金融市场的相关理论和实务，内容上不仅注重将现代金融的前沿理论和创新实务纳入其中，还始终坚持系统性、完整性和相对稳定性，同时融入党的二十大精神和课程思政元素，紧密联系实践，力争实现价值塑造、知识传授和能力培养相统一。本教材的编写特色体现为以下几点：一是紧跟金融理论前沿，涵盖了金融科技、互联网金融、绿色金融、供应链金融等最新金融知识。二是紧密结合新时代中国金融的最新发展动向，在案例和拓展阅读资料中突出本土化特色和中国金融的最新实践。三是思政特色鲜明，强化“立德树人”根本任务，每章专设“学思笃行”或“学史增信”栏目。四是紧跟教育数字化转型趋势，打造新形态教材，提供丰富的教学辅助资源，包括微课、在线测试题、电子课件等。五是栏目设置选材新颖、形式灵活多样、功能各显差异。每章章首设有“学习目标”和“开篇案例”，正文中设有“拓展阅读”和“知识链接”，章末设有“基本概念”、“学思笃行”或“学史增信”，以及“本章小结”、“思考题”和在线测试题（二维码），方便读者随时测评学习情况。

本教材涵盖了货币金融学完整的知识体系，内容分为4篇13章：第1篇是金融学基础，包括货币与货币制度、利率与利率结构、外汇与汇率知识体系；第2篇是金融机构与金融市场，包括金融机构、商业银行、中央银行、金融市场行知识体系；第3篇是金融宏观调控，包括货币需求、货币供给、通货膨胀、货币政策知识体系；第4篇是金融监管与金融发展创新，包括金融监管、金融发展与创新知识体系。

本教材由沈阳师范大学“货币金融学”教学团队共同编写，并由翟璐担任主编，负责编写大纲和统稿、定稿工作。具体的编写分工如下：第1、2、4、11章由翟璐编写；第3、5章由胡予晓编写；第6章由胡予晓、翟璐编写；第7章由姜尚伟、翟璐编写；第8、9、10章由邵若编写；第12、13章由姜尚伟编写。

本教材的完成离不开沈阳师范大学杨秀萍教授的大力支持，杨教授主编的《货币金融学》为我们确定本书的内容体系、篇章结构和编写原则提供了重要的借鉴，在此诚挚感谢杨教授的付出和贡献。此外，本教材在编写过程中参考了大量资料，在此对所有资料的作者表示诚恳的谢意。本教材虽精心编写，但难免有不尽如人意之处，恳请广大读者不吝赐教，以便再版时修订完善。

编　者

2023年10月

目　录

第1篇　金融学基础

第3章　外汇与汇率 / 77

第2篇　金融机构与金融市场

第4章　金融机构 / 114

第5章　商业银行 / 143

第1篇　金融学基础

第1章　货币与货币制度
第2章　利率与利率结构
第3章　外汇与汇率

第1章
货币与货币制度

学习目标

- 了解货币的产生和发展，理解和掌握货币的定义。
- 掌握各种货币形式的演化和特点。
- 理解货币的本质，掌握货币的功能。
- 理解和掌握货币层次划分的目的、依据、方法与特征。
- 掌握货币本位演进的历程和货币制度的构成要素。

开篇案例

央行数字货币赋能中小企业发展

2023年5月29日，渣打银行与普华永道中国联合发布《央行数字货币（CBDC）共创未来银行生态体系》白皮书。白皮书提出，央行数字货币若要进一步应用于贸易和供应链金融领域，尚需在技术和国际合作方面实现较大变革。不过，一旦成功，则有可能为中小型企业带来极大助益。随着主权数字货币在支付领域的应用不断拓宽，其赋能中小企业金融服务的潜力正在被关注和挖掘。

央行数字货币是由中央银行负责发行的数字形式的法定货币，以健全的货币体系为基础，具有价值特征和法偿性。央行数字货币旨在应对支付生态体系中的现有挑战，并实现本地和跨境支付方式的创新。当前，全球范围内已有超过80%的中央银行参与推进央行数字货币的研究与开发，以满足公众对可靠的数字支付方式的需求。

从技术层面看，央行数字货币可加载预先设定商业逻辑的智能合约从而实现自动支付，即具备一定的“可编程性”。经过认证的信息源，可以用于智能合约执行的内外部触发条件。白皮书认为，央行数字货币和智能合约的应用将使得交易执行具备可追溯性和可验证性的特点，银行业可能迎来进一步的服务创新和广泛的跨行业合作。例如，在零售、贸易和供应链金融场景中，银行可以通过央行数字货币实现可编程的价值转移，由此优化自身的融资服务。

具体到与广大中小企业相关的贸易及供应链领域，通常而言，买方希望在付款账期截止前或者收到货物时再付款，而卖方希望尽快收回账款以丰富流动性，在这种情形下就需要专业的金融解决方案提供支持。在这一过程中，中小企业通常缺乏足够的资产作为担保贷款的抵质押物，这使得信用风险评估变得更加复杂。通过结合贸易和支付信息，央行数字货币可以根据相关支付规则和条款进行编程，并成为一种新的贸易融资工具。核心企业可以将已编程的央行数字货币支付给其一级供应商，再由一级供应商支付给下一级供应商。智能合约中的限制性条件将在供应商履行义务后被移除，而已编程的央行数字货币也可以作为获得融资的抵质押物。其中，银行需要根据核心企业发出的支付指令对央行数字货币进行编程，同时向供应商提供融资服务。未来，央行数字货币的顺利应用或将大幅简化银行的授信评估流程，并降低供应商的融资成本；处在供应链下游的中小企业也可使用来自核心企业的、已编程的央行数字货币进行供应链上的支付和结算，提升营运资金的灵活性。

当前，上述央行数字货币的潜在应用场景还有待进一步探索、验证。与此同时，在打通央行数字货币与其他生态体系之间壁垒的过程中，涉及数据治理与法律责任等问题，需要进一步明确。不过可以预见的是，随着央行数字货币不断成熟，这一主权虚拟货币能够在服务实体经济过程中发挥更大的作用。

资料来源：许予朋．记者观察：央行数字货币赋能中小企业［N］．中国银行保险报，2023-06-01.

“开篇案例”中提到的数字货币，是货币形态演变的最新形式。事实上，货币已有几千年的历史，古印度有牛、羊作为货币的记载，美洲曾用烟草作为货币，我国夏商周时期，货币由布帛、天然贝来充当……不同时期的货币虽有形态上的差异，但对于经济社会的重要性是始终不变的。为了理解货币对于经济社会的重要意义，我们必须理解什么是货币和货币制度，货币是如何产生和演变的，货币的功能是什么，以及货币总量是如何计量的。这就是本章要学习与讨论的主要内容。

1.1 货币的产生与演变

1.1.1 货币的定义

货币的定义是经济学家们长期争论的话题。什么是货币？到目前，经济学家们还没有给出一个精确的定义。马克思从劳动价值论出发，认为货币是从商品中分离出来的、固定充当一般等价物的特殊商品；而西方学者对“什么是货币”持有不同的观点。

1）马克思对货币的定义

马克思在对商品货币价值形态发展的历史长河的深刻研究中揭示了货币的本质，提出“一般等价物”理论，科学完整地概括了货币本质。马克思把货币定义为，从商品世界中分离出来的、固定充当一般等价物的特殊商品，并能反映一定的生产关系。马克思的定义包含了以下几层含义：

（1）货币是商品

货币是商品，它与商品世界的其他商品一样，都是人类劳动的产物，是价值和使用价值的统一体。正因为货币和其他一切商品具有共同的特性，即都是用于交换的人类劳动产品，它才能在交换、发展的长期过程中被逐渐分离出来，成为不同于一般商品的“特殊商品”。

（2）货币是一般等价物

货币是商品，但不是普通的、一般的商品，它是从商品世界中分离出来的、与其他一切商品相对立的特殊商品。货币商品不同于其他商品的特殊性，就在于它具有一般等价物的特性，发挥着一般等价物的作用。货币商品作为一般等价物的特性，具体表现在以下两个方面：①它是表现和衡量一切商品价值的材料；②它具有与其他一切商品直接相交换的能力，成为一般的交换手段。

（3）货币是固定充当一般等价物的“特殊商品”

在一般价值形态阶段，充当一般等价物的商品很多，但它们不是货币，因为它们只是在局部范围内临时性地发挥一般等价物的作用；货币则是固定充当一般等价物的商品，是在一个国家或地区市场范围内长期发挥一般等价物作用的“特殊商品”。

（4）货币是生产关系的反映

固定充当一般等价物的货币是商品经济社会中生产关系的体现。商品生产者之间交换商品的实质是在交换各自的劳动，但是劳动不能直接表现，因而以商品的形式来代替。因此，货币反映产品由不同所有者所生产、所占有，并通过等价交换实现人与人之间社会联系的生产关系。

2）西方学者对货币的定义

西方学者对于货币定义的主要代表性观点有：

（1）货币金属论

货币金属论把货币和贵金属混同，认为货币是商品，本身必须具有实质价值。贵金属内在价值稳定，只有贵金属能够充当货币。货币的价值正是由贵金属的内在价值决定的。因此，货币等同于贵金属。作为贵金属的金银天然就是货币，只有金银才是一国的真正财富。该理论的早期代表人物有英国经济学家亚当·斯密（Adam Smith）等人。20世纪70年代，西方经济受到通货膨胀的冲击，于是又有学者重新提出货币金属论。

（2）货币名目论

货币名目论与货币金属论相反，其基本观点是否认货币的商品性和货币的实质价值，认为货币只是一种便于交换的技术工具，是换取财富的价值符号，是一种观念的计算单位，是一个票券。其早期代表人物主要有英国经济学家尼古拉斯·巴本（Nicholas Barbon）等人。当代还有一批西方经济学者，如德国新历史学派经济学家乔治·克纳普（Georg Knapp），也认为货币本质上就是“票券的支付手段”。

(3) 货币法定论

货币法定论是一种具体化了的货币名目论。其基本观点是：货币是由国家创造的，与货币自身是否具有内在价值无关。早期，巴本曾提出，货币的价值不是货币本身所具有的，而是由国家权威所规定的。后来，克纳普著书《货币国定论》，再次从法律的角度分析货币的本质，认为：货币是法制的创造物；货币不过是一种支付手段，与创造货币的材料无关；只要有国家法律的权威，就可以自由选定货币支付手段。

(4) 货币数量论

该观点用货币数量来解释货币属性、货币价值以及货币与商品价格的关系。货币数量论否认货币本身所具有的商品属性和内在价值，认为货币价值是由货币供给的数量所决定的，对于既定的商品供给，货币数量增加，货币价值下降，货币数量减少，货币价值提高。古典货币数量论认为货币是中性的，和实质经济没有关系。现代货币数量论的代表人物美国经济学家米尔顿·弗里德曼（Milton Friedman）也认为货币不过是"购买力的暂栖所"。尽管现代货币数量论认识到了货币数量的变动短期内能使收入、就业、物价发生变动，货币成为一种重要的经济变量，并且将货币视为国家调控和管理经济的重要工具，具有十分积极的意义，但是现代货币数量论同时认为，从长期来看货币也是中性的。

3) 货币的现代定义

货币金属论没有认识到货币在流通领域发挥交换媒介职能作用时，可以用没有内在价值的货币符号来代替，而仅仅将货币作为一种实际财富来认识。这种观点混淆了作为一般等价物的货币和实物商品货币的区别，因而是片面的。货币名目论否定货币的商品性，等于否认了货币是具有内在价值的商品的表现形式，否认了货币是从一般商品中游离出来充当一般等价物的"特殊商品"的本质，割裂了货币和一般商品的内在联系，使货币的存在失去了客观依据，因而也是片面的。货币法定论除了犯有和货币名目论同样的错误外，还将货币这一经济范畴偷换成法律范畴，而各国通货膨胀或通货紧缩的实践，也证明了这一货币定义是站不住脚的。货币数量论强调了货币作为交换媒介的职能作用，忽视了货币价值与实质经济的内在联系，因此，其对货币本质的理解也明显地犯有与货币名目论同样的错误。

"货币是固定的充当一般等价物的特殊商品"这个传统定义是从货币的流通手段和价值尺度两个最基本的功能视角出发的，在金属货币制度下，这种货币是实实在在的商品，如金币、银币、银行券等，没有信用货币和信用创造。

从货币发展演进的历程来看，能够充当流通手段和支付手段的工具有很多，货币的范围十分广泛。经济学意义上对货币的界定是一个重要问题，不仅关系到一个国家的货币制度，更关系到现代信用货币制度下，各国货币当局或中央银行控制货币供给（money supply）的能力与手段的重要方面。现代货币的定义被普遍认可为：任何一种在商品购买、劳务支付或债务偿付中被普遍接受的物品。

微课1-1

货币与通货、财富、收入的区别

1.1.2　货币与相关概念的区别

经济学家关于货币的定义很宽泛，其意义在于囊括一定时期经济体货币总量，便于货币当局或中央银行实行总量控制，调控宏观经济。理解经济学意义上的货币定义，需要和通常的习惯认识区别开来。

1）货币与通货

通常，人们去购物时会互相提醒："你带够钱了吗？"这个"钱"指的一定是现金，即通货（currency）——流通中的纸币和硬币。大多数人在谈论"货币"时，所说的就是通货。

然而，仅仅将纸币和硬币作为货币来界定，在经济分析中显然太狭隘了，因为支票同样可以用来支付所购买的商品和劳务，支票存款账户也应该被当作货币看待。储蓄存款如果很容易地立即转换成通货或者支票存款账户，那么它同样能够发挥交易支付的功能。所以，现代经济学将可开列支票的活期存款与现金一起包括在狭义的货币定义之中，将定期存款、储蓄存款、其他存款以及各种短期信用工具（如银行承兑汇票、短期国库券等）包括在广义的货币定义之中。

2）货币和财富

通常，人们说某个人很富有，很有钱。这个"钱"意味着他不仅拥有大量的现金、银行存款，还拥有豪宅、私家车等其他财产。这里的"钱"被用作财富的代名词。

财富（wealth）可以定义为能够储藏价值的各种财产的总和，它不仅包括货币，还包括诸如债券、股票、艺术品、汽车、住宅、土地、家具等建立在所有权基础上的所有形式的资产。把货币等同于财富，显然太宽泛了。货币是财富的一般性代表，一切财富都可以折合成货币来表示，但不意味着财富本身就是货币，货币只是构成了财富的一部分。如果将货币等同于财富，在经济分析中就无法界定货币在财富增长中的作用，无法使人们在货币资产和其他资产中进行选择，无法发挥货币在商品购买和劳务服务中的直接支付功能。

3）货币和收入

通常，人们说："我的朋友找到一份很好的工作，挣钱很多。"这个"钱"是收入的意思。收入（income）是指在时间单位里获得的收益。它是一个流量概念，是潜在货币财富的表现形式。例如，月薪、年薪和国内生产总值都是流量概念。谈到流量，应说明时间的长短，如果有人说自己的收入是10 000元，那么需要确定这是一天的还是一个月的或者是一年的收入额。货币是一个存量概念，也称为货币供给量，是指在一个特定时点上的特定收入额。比如，2023年年底王某在银行账户的存款为500万元，这是某个时间点上的特定金额，是存量的概念，指的是货币。

4）货币和现实的购买力

在现代经济社会中，能够在商品和劳务支付及债务偿付中被普遍接受的事物有很多，货币又不等同于财富，这如何理解？能够充当货币的东西一定具有现实的购买力，这是我们理解货币最根本的落脚点。所谓购买力，就是某物品直接购买商品及劳务的能力。如果一种物品能够被普遍接受且能迅速转变为现实购买力，这种物品就是货币。这里就涉及流动性（liquidity）的概念。

代表财富的各类资产如果具有很强的流动性，可以直接实现商品的购买和劳务的支付，这种资产就可被称为货币。流动性是指资产转换成交易媒介（现金）的难易程度和速度。资产（asset）是指收益的要求权或者具有所有权的财产。

流动性强是指该资产的交易市场非常发达，有很多的买家，资产能够以较低的成本迅速变现。也就是说，资产转换成现金非常便利，资产本身的价值不受损失或受损失较少。货币在所有资产中流动性最强，因为它本身就是交易媒介，无须转换成其他任何东西就可以直接用于购买或债务的支付。其他资产在转换成货币的过程中或多或少会涉及交易成本。例如，定期存款转换为现金时，需要损失一定的利息，但损失较少，因此也被称为货币，确切地说是准货币。但是，对于房产，在出售房子时必须支付交易税，如果急需出手，卖家可能不得不接受一个较低的价格。

所以，如果要全面准确地理解经济学意义上的货币，就必须深刻理解货币与通货、货币与财富、货币与收入，以及货币与直接的、现实的购买和支付能力的关系。

1.1.3 货币的产生

货币不是从来就有的，它是商品生产和商品交换发展到一定阶段的产物。

1）物物交换遭遇双方需求的“不对称”

在人类社会出现生产的分工并有了产品交换需要的早期，曾存在没有货币的物物交换经济。物物交换是指人们直接交换各自手中的商品或服务。例如，甲用一只羊换乙的两斗米，乙用自己的一斗米交换丙的两匹布等。物物交换的特点是，只有满足交易双方的“需求的双重巧合”和“时间的双重巧合”，才能实现交易的成功。起初在狭窄的交换范围内这种交换并没有什么不便，但随着生产的发展、分工的细化，交换的种类和空间越来越大，交易时间也出现不一致性，物物交换的不便性——难以克服双方需求的“不对称”问题——便暴露无遗。例如，一位生产锄头的铁匠，要把自己锻造的锄头拿到市场上去换布匹，而有布匹的主人不需要锄头而需要羊毛，铁匠就不得不去找卖羊毛的人；几经周折他终于找到了卖羊毛的人，可是不巧的是羊毛的主人需要纺线机，而不需要锄头，铁匠又不得不去找卖纺线机的人；如果铁匠千辛万苦找到了卖纺线机的人，而且这个卖纺线机的人恰好需要锄头，他才能将锄头交换成纺线机，再将纺线机交换成羊毛，再将羊毛交换成布匹。如果卖纺线机的人同样不需要锄头，而需要其他商品，那么这个可怜的铁匠还要继续寻找并交换下去，即使这样，也存在永远不会交换成功的可能。

物物交换存在明显的交易过程复杂、交易时间较长的缺陷。确定多次的交易对象和进行多次的中间交易去寻找双方需求的“匹配”与“对称”会花费大量的时间和精力，这种花费在商品和劳务交换上的时间和精力被经济学家称为交易成本。显然，纯粹的物物交换是一种效率低下、成本高昂的交易方式，也只能限于简单的商品经济，因此它逐渐成为生产力发展的桎梏。

2）便利商品交换的需要促成了货币的产生

货币是为了克服物物交换的困难而产生的，是便利交换的产物。为了克服物物交换经常遭遇的双方需求“不对称”的问题，人们在频繁的交换中积累了经验，发现了问题的关键所在。他们发现，有些东西往往比其他的东西更易被人接受。于是，他们先把自己的产品换成这些东西，然后再用这些东西去换自己所需要的物品。久而久之，这些东西中最被普遍接受、最易于和其他任何物品相交换的“特殊物品”就从交换中逐渐地分离出来，经常用于充当一般等价物，成为交易双方换取自己所需的其他物品的媒介和手段。这种“特殊物品”就变成了货币，货币由此产生。

3）马克思对货币产生过程的科学论证

在货币产生的过程中，形形色色的商品曾充当过一般等价物。为什么形形色色的商品货币会殊途同归，都演变为近现代的金属货币、纸币，甚至出现了电子货币和数字货币呢？马克思的货币理论能够解开“货币之谜”。

马克思认为，只把货币作为克服物物交换困难的技术手段来理解，而不从商品的内在矛盾和商品价值形态的发展来认识是肤浅的。马克思是从商品和商品交换入手分析货币起源的。商品是社会分工和私有制的产物，在经济学上把商品定义为“为交换而生产的劳动产品”。商品具有两重性，即使用价值和价值。使用价值是指商品能满足人们的某种需要，如粮食可以充饥、衣服能够御寒；价值是指凝结在商品中的一般的、无差别的人类劳动，它只能通过与另一种商品交换而表现在交换价值上。商品交换使商品价值得到表现，因此商品交换的发展阶段不同，商品价值的表现形式也相应地从低级向高级发展，经历了简单的或偶然的价值形式、扩大的或总和的价值形式、一般价值形式和货币价值形式4个阶段。货币则是价值形式发展的最后结果。货币的产生过程如图1-1所示。

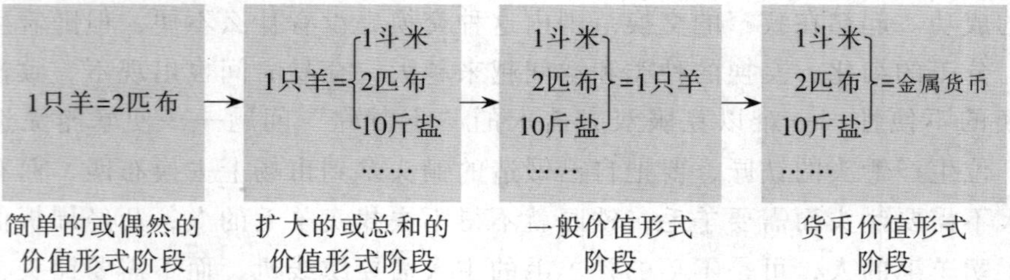

图1-1　货币的产生过程

商品交换处在简单的或偶然的价值形式阶段，是指一种商品的价值仅由另外一种商品来表现，如1只羊=2匹布。这种价值形态虽然反映的只是产品转化为商品的萌芽状态，但包含一切价值形态以及货币的秘密。

商品交换处在扩大的或总和的价值形式阶段，是指一种商品的价值已经不是偶然地在另一种商品上表现出来，而是经常地由一系列商品表现出来。在此阶段，等价物还是特殊的等价物，缺少共同的单位来表现商品价值。因此，直接物物交换的实现还必须以交换双方相互需要对方的劳动产品为前提，这对商品交换来说仍然是困难的。

商品交换处在一般价值形式阶段，是指生产者逐渐把自己的商品先换成一种大家都愿意接受而又可经常用来交换的商品，然后再用此商品去换取所需的商品。这样，大家都愿意接受的商品就成了一般媒介物。此时，所有商品同时用一种商品来表现自己的价值，就是一般价值形态。一般等价物出现以后，商品交换发生了本质变化，从直接的物物交换发展为通过一般等价物做媒介的间接交换。

商品交换处在货币价值形式阶段，是指一切商品的价值固定地由一种特殊的商品（即货币）来表现，它是价值形式的最高阶段——货币的产生。

一般价值形式与货币价值形式并没有根本区别，不同之处仅在于一般价值形式中的一般等价物是不固定的，货币价值形式中的一般等价物是固定的，如货币固定在贵金属（黄金或白银）上。

固定地用来充当一般等价物的特殊商品的出现，标志着货币的演进开始突破把货币的价值基础建立在自身的使用价值之上的阶段，使货币形态开始向抽象的价值形态演变。也就是说，人们交换到“特殊商品”不是目的而是手段，因为通过“特殊商品”能够交换到自己需要的所有其他商品。特别是金属这种“特殊商品”作为货币可以是不足值的，但仍可作为等价物被人们接受，使代表价值的符号——纸币、电子货币、数字货币等——得以出现。可见，货币是为了适应交换的需要而从交换过程中产生出来的，它是商品经济发展的必然产物，但只有到了金属货币阶段，才产生了真正意义上的为流通所需要的货币。货币的产生过程是一个从简单到复杂再到简单，从具体到抽象，最后变成完全的价值符号的过程。

4）可以作为一般等价物的物品所具有的特质

在货币发展的历史进程中，不同阶段、不同地区往往采用不同的物品作为一般等价物。一般而言，作为货币的理想材料应具备以下特点：

一是具有价值稳定性。货币具有价值尺度的功能，因此其自身价值必须是相对稳定的，否则会造成社会经济的混乱。历史上，曾经用牛、羊等牲畜作为货币，但由于其价值不稳定，最终失去了充当货币的资格。

二是具有易分割性，易于“找零”。为了满足不同规模的商品或劳务交换的需要，货币的材料应该是均质的，易于分割成标准化的等份。牛、羊等都曾经充当过货币的角色，但其不可分割性制约了商品或劳务的交换。金属充当货币的优点非常突出，金属可以按不同比例多次分割，分割后还可冶炼还原，因而在货币历史长河中长期充当货币的角色。

三是便于携带，不易快速腐化变质。随着商品或劳务交易规模的扩大，货币必须方便携带，易于保存和久储。金属易于保存，特别是金、银、铜都不易被腐蚀，这些特性使金属特别是贵金属成为最理想的作为货币的商品。但是，金、银、铜在大量运输时非常笨重，不易于携带，随着商品交换范围的扩展，一些轻便易携带、易辨真伪的材料被广泛应用，如支票因此而诞生。

四是被普遍接受。货币在用于商品或劳务支付及债务偿还时，要能够被普遍认可和接受。在一定范围内，货币只要具备这一特征，就能够充当交易媒介。如在第二次世界大战期间，纳粹战俘营中流通着一种特殊的商品货币——香烟。

五是供给富有弹性。一种优良的货币，其材料供给必须富有弹性，以满足商品生产和交换增减变动的需要。金银由于开采资源有限，供给缺乏弹性，无法满足经济社会发展的需要，逐渐退出历史舞台，被纸币代替。中国历史上就多次出现“银荒”和“铜荒”。

拓展阅读 1-1

战俘营里的货币

在第二次世界大战期间，纳粹战俘营中流通着一种特殊的商品货币——香烟。当时的红十字会组织设法向战俘提供了各种人道主义物品，如食物、衣服、香烟等。由于数量有限，分发这些定量配给品时自然无法顾及个人偏好，因此这种分配显然是缺乏效率的。有的战俘可能偏爱巧克力，有的战俘可能偏爱奶酪，还有的战俘可能想要件新衬衣。战俘们不同的偏好和平均的物品配置使他们有了相互交易的需求，但即便是在战俘营这样一个狭小的范围内，物物交换也显得非常不方便，因为它需要交易双方恰巧相互需要对方想要交换的物品，即“需求的双重巧合”。为了使交换能够顺利进行，需要一种能够充当交换媒介的商品。最终香烟被确定为用以表示物价和进行交易的“通货”。例如，一根香肠可换10支香烟，一件衬衣值80支香烟。服务也可以用香烟来标价，如一个战俘替另一个战俘洗一件衣服可换两支香烟，甚至不吸烟的人在交换中也乐意接受香烟，因为他们知道在未来可以用香烟来交换某种自己想要的东西。在战俘营中，香烟成为交换媒介、计价单位和储藏手段。

资料来源：RADFORD R A. The economic organization of a P. O. W. Camp［J］. Economica, 1945, 12（48）：189-201.

1.1.4 货币形态的演变

货币自产生以来在不同的历史发展阶段以不同的形态表现出来，并伴随支付体系的变化而不断发展变化。货币形态的演变，首先集中表现在货币材料的变化上。归纳起来，货币的演变形态（指充当货币的材料）可以分为实物货币、可兑现的纸币和不可兑现的信用货币。

1）实物货币

实物货币又称为商品货币（commodity money），包括金属货币。商品货币是指用实物商品充当货币，作为一般等价物。它是货币演变的最初形态，如古希腊的牛、羊，非洲和印度等地的象牙都曾充当过商品货币。据古籍记载，我国最早的货币是贝，西汉桓宽《盐铁论·错币》中有“夏后以玄贝”的说法。在我国的文字中也可以看出贝作为货币长期存在的事实，很多跟财富有关的字，都带有“贝”字旁，如财、贫、货等。从实质上来讲，商品货币是足值货币，即它作为交易媒介的价值和作为具体商品的价值是相等的。

随着交换的发展，牲畜的不可分割性和其他商品货币的不耐损性、价值不稳定性等，使商品货币越来越集中在金、银、铜等金属商品上。在一些古代文明较发达的国家，白银是主要的货币商品。中国自宋代以来直至20世纪30年代，白银一直是主要的商品货币。西欧自公元13世纪以来，金币逐渐增多，到了18至19世纪日益占据主要地位。20世纪初，在世界主要的工业化国家中，黄金已成为垄断性的商品货币。最初，金属货币是直接以原始的条、块形状流通的，因而每次交易都要检验成色，称重量，很不方便。随着商品交换的发展，富有的商人开始在金属条块上打上自己的印记，以自己的信用来保证金属条块的成色、重量，这就是初期的私人铸币。交换范围进一步扩大之后，私人铸币就表现出其局限性，需要由更具权威性的机构来铸造货币，铸币就开始由国家来集中铸造，从而产生了国家铸币。早期铸币形状是多种多样的，在中国历史上曾流行贝形、铲形、刀形和圆形钱币。中国最早的金属货币是商朝的铜贝。

然而，不管金属商品的特性多么适合当作货币，以其为基础的支付体系仍然存在问题：这种货币过于沉重，异地运输十分困难。试想，如果只用硬币购买商品，它们会在口袋上磨出破洞来；如果要进行购置房产之类的大额交易，还必须租一辆货车来运送硬币。不过，正是金属铸币占领流通，又不断地使自身的价值实体与其所代表的社会价值抽象分离出来以后，才使现代信用货币的出现成为可能。由于货币供应量受到金、银等贵金属产量的限制，人们也逐渐发现金属铸币在流通中会发生磨损和减重，但仍按面值流通使用，于是渐渐出现了作为代用货币的纸币。

2）可兑现的纸币

可兑现的纸币又称代用货币、表征货币，代表金属货币充当交易媒介和流通手段。可兑现是指纸币可兑现金、银等贵金属，也就是发行纸币的钱庄、商号和后来的政府、银行承诺纸币可以兑换为贵金属硬币或者是规定数量的贵金属。人们在商品交换中接受纸币，实际是接受了纸币发行人的信誉。从这个意义上说，纸币是一种可兑现的代用货币或信用货币。代表金属货币使用的纸币或银行券，其本身价值低于货币价值，是一种不足值货币。但市场中流通的纸币作为交易媒介，背后有承诺的规定数量的金银作为保证，持币人有权随时向发行者将纸币兑换为金银货币或金银条块。中国是世界上最早使用纸币的国家，北宋年间已有大量的用纸印刷的货币——交子。交子最初属于代用货币范畴。最典型的可兑现纸币是银行券，银行券（bank note）最早是随着现代银行业的发展而出现在欧洲的。在16世纪的伦敦，金匠为顾客保管金银时给顾客开具收据，这是银行券的雏形。后来，英国银行开始发行这种可以随时兑换金属货币的纸币，称为银行券，到了1933年，商业银行不能再发行银行券，由中央银行垄断发行。

代用货币解决了金属货币流通所产生的一些不便问题，但由于代用货币的发行数量取决于金属准备量，贵金属开采供给的不足使它不能满足增加货币量的需求。随着金本位制的崩溃，可兑现的纸币便由不可兑现的信用货币所替代。

拓展阅读1-2

世界最早的纸币——北宋交子

以纸币代替青铜货币是金融体系的巨大创新与进步。中国乃至世界历史上最早的纸币出现于北宋时期的四川，名为交子。宋朝经济普遍繁荣，交子诞生于商品经济发达的益州，绝非偶然。从繁荣中走来的益州，逐步形成了三个特色：一是商品经济发达，集市贸易遍布各州县，与周边少数民族的贸易频繁，货币流通速度加快。二是成都成为雕版印刷术的发源地之一。唐代后期，大部分印刷品出自成都，到了宋代，雕版印刷依旧很有市场，史书上有"宋时蜀刻甲天下"的美誉。三是造纸业发达，尤其是生产的楮纸成为市场新宠，用途广泛。元时四川广都（今双流）人费著撰《笺纸谱》说"凡公私簿书、契券、图籍、文牒"，皆用楮纸书写。以上三点对交子的产生有着不可或缺的作用。

商品经济的发展会催生各种需求，当然也包括货币本身。当时，人们买卖物品，进行商品贸易，总感觉钱不够用，或用起来很不方便。北宋时期，通行市场的法定货币主要是铜钱，而四川地区流通的只有铁钱。就开采难度和稀有程度来看，铜比铁更珍贵，货币价值也就更高。《宋史·食货志》载"铁钱十纳铜钱一"。按照当时的市场价测算，铜钱和铁钱的比率是十比一，也就是说一贯铜钱能买到的东西，需要十贯铁钱才能搞定。可见，当时铁钱的购买力还是比较弱的。这就带来了一个问题，每次交易用大量的铁钱，不仅不方便，而且很笨重。《宋朝事实》载："川界用铁钱，小钱每十贯，重六十五斤，折大钱一贯。大钱一贯重十二斤，街市买卖至三五贯文，即难以携持。"按照宗正少卿赵安易的说法，在四川地区买一匹罗就要花费重达130斤的小钱。这还是小物件，大的更不用说了。

在这种背景下，一种新的交易形式便出现了。携带巨量铁钱的商人将钱交给铺户保管，铺户将与铁钱对应的数额填写在用楮纸制作的纸卷上，然后交给商人，并收取一定保管费。商人拿着楮纸卷开展商品贸易，并根据需求随时将楮纸卷兑换成铁钱，如此便可减少使用铁钱交易带来的种种不便。这个楮纸卷就是后来的交子，铺户也就是交子铺户，类似于现在的银行。交子初期只是一种信用票据，后来逐步发展成为买卖商品的交换媒介。当然，再加上蜀地高超的雕版印刷防伪工艺，以及政府认定的16户富商大户联保发行，交子一时间很有市场。起初，交子与铁钱挂钩，每发行一定量的交子，便用等量的铁钱作为准备金。随着交子的流通逐步成熟，全部准备金逐步过渡到部分准备金。至此，交子成了官方认定的法定货币。

仁宗天圣元年（1023年），官府设置益州交子务，将交子的发行改为官办。交子是世界上最早的纸币，比瑞典斯德哥尔摩银行纸币（1661年）、美国马萨诸塞殖民地纸币（1692年）、法国约翰·劳（John Law）推出的银行纸币（1716年）等西方国家纸币要早六七百年。

资料来源：东坡先生pro. 繁荣之中诞生的交子，却揭开了北宋经济不堪的一面［EB/OL］.［2023-10-19］. https://baijiahao.baidu.com/s?id=1670090157098885839&wfr=spider&for=pc.

3）不可兑现的信用货币

不可兑现的信用货币（简称"信用货币"），即法律规定该货币形式作为流通中的货币，但是不能兑换为贵金属硬币或者贵金属。也就是说，信用货币不但其本身价值低于其货币价值，而且它也不再代表任何贵金属，不能与金属货币兑换。实际上，信用货币已经成为一种货币价值符号，目前世界上几乎所有国家都采用这种货币形态。信用货币是新的货币形态不断克服旧的货币形态的缺陷而产生的，更是金属货币制度崩溃的直接后果。信用货币之所以能够流通，为人们所普遍接受，其原因在于人们需要货币，并不在于货币本身，而在于货币能够购买到的东西。也就是说，信用货币虽然不像实物货币那样本身具有一定的价值，但作为货币的信用货币，它代表了一定的购买力。这种购买力是发行信用货币的政府或银行的承诺。信用货币可以表现为纸币、存款货币、电子货币、数字货币等形态。

（1）法定纸币

现代社会中使用的不可兑现的信用货币是法定纸币，即政府宣布以纸币作为法偿货币。既然是政府依靠行政命令以法律的形式发行的，在一个国家或地区一般只允许一种法定纸币流通，因此法定纸币具有统一性。法定纸币又便于携带，根据经济需要政府可发行不同面值的纸币，使用起来很方便，但是只有在人们能够信任纸币发行当局、纸币印制技术发展到极难伪造的程度之后，纸币才能够作为交易媒介。由于纸币已经演变成为一种法律协议，所以国家能够根据自己的意愿对其进行调整。实际上，2002年许多欧洲国家废止各自的货币改用欧元的时候，就是这样做的。

纸币也有缺点，因为它不可兑换，所以一个政府如果大量发行纸币就会造成恶性通货膨胀。这种事例在历史上已多次出现，如1923年的德国以及20世纪七八十年代的部分拉美国家。纸币的缺点还在于容易被盗，而且在批量交易时，由于数量过大而产生高昂的运输成本。为了解决这个问题，随着现代银行业的发展，出现了支付体系的下一个发展成果——支票。

（2）存款货币

存款货币是指可以签发支票的活期存款，又称为支票存款。一般来说，包括纸币和铸币在内的通货——现金——构成现代社会信用货币的主要形式，但在信用制度比较发达的国家，支票作为支票存款的表现形式已成为信用货币的主要内容。支票是在银行开立支票账户的存款户根据协议向银行签发的即期无条件支付命令。它的含义是只要支票的善意持票人向银行提示支票，银行就要无条件地将支票上标明的款项按照持票人的要求划入其存款账户或向其支付现金。支票作为支票存款的表现形式，可以随时通过银行将款项从债务人的支票账户划转到债权人的账户，因而在商品和劳务的支付以及债务的清偿中被普遍接受，发挥着货币的职能。不仅如此，支票存款在现代社会中已成为主要的货币形式。这是因为，使用支票不但可以减少因使用现金而带来的丢失和失窃损失的风险，而且由于传递方便、省去找换零钱等程序，可以减少交易成本；同时，支票经收款人背书后还可作为清偿债权债务关系的工具。

现代的信用货币是以纸币为主导的一种货币形态，现金与支票是整个社会支付系统的重要组成部分。随着信息技术迅速发展、金融创新不断深化，电子货币支付系统正在取代支票，甚至还可以取代现金，促使社会向无现金时代变革。

(3) 电子货币

巴塞尔委员会认为电子货币指在零售支付机制中，通过销售终端、不同的电子设备之间以及在互联网络上执行支付的"储值"和"预付支付机制"。"储值"是保存在物理介质（如卡介质或者硬件）中可以用来支付的价值，也被称作"电子钱包"，当储存的价值被使用后，可以通过特定的设备向其续储。"预付支付机制"是存在于特定软件或者网络中的一组可以传输并可用于支付的电子数据，也被称为"数字现金"。中国人民银行南京分行给出的电子货币的定义为：所谓电子货币，是指用一定金额的现金或存款从发行者处兑换并获得代表相同金额的数据，通过使用某些电子化方法将该数据直接转移给支付对象，从而能够清偿债务的货币。

电子货币的支付需要借助一定的介质完成，通常使用的主要是卡基支付工具、网络支付及移动支付等方式。卡基支付工具主要包括借记卡、贷记卡及储值卡三种，而前面两种卡基支付一般是由商业银行发行的，即银行卡。储值卡是由非银行机构如电信公司、商场、各种俱乐部等发行的。这类卡基一般都是多用途的，不记名、不挂失，主要适用于小额支付领域，比如超市购物、乘坐公共交通工具、加油付费等。网络支付是指不需要物理介质，通过互联网完成支付的行为和过程，一般会以银行作为中介，只要能连接上网络，电子货币的持有者就可以随时随地地通过数字指令完成支付。移动支付是指利用移动电话等终端完成支付的过程，如当前的微信支付等。网络支付和移动支付是基于数字的特殊编排，且依赖软件的识别和传递，也称"数基"电子货币。①

拓展阅读 1-3

我国银行卡业务规模概览

截至2023年第一季度末，我国共开立银行卡95.73亿张，环比增长1.01%。其中，借记卡87.82亿张，环比增长1.18%；信用卡和借贷合一卡7.91亿张，环比下降0.84%。人均持有银行卡6.78张，其中，人均持有信用卡和借贷合一卡0.56张。

截至2023年第一季度末，银联跨行支付系统联网特约商户2 561.38万户，联网POS机具3 309.74万台，ATM机具688.27万台，较上季度末分别减少161.47万户、246.33万台、1.32万台。全国每万人拥有联网POS机具234.44台，环比下降6.93%；全国每万人拥有ATM机具6.25台，环比下降1.47%。银行卡交易业务量明显增长。第一季度，全国共发生银行卡交易71 118.39亿笔，金额292.90万亿元，同比分别增长18.75%和10.57%。其中，存现业务12.71亿笔，金额11.01万亿元；取现业务18.03亿笔，金额11.05万亿元；转账业务451.65亿笔，金额237.79万亿元；消费业务635.99亿笔，金额33.04万亿元。银行卡卡均消费金额3 451.12元，笔均消费金额519.48元。银行卡授信总额为22.18万亿元，环比增长0.18%，银行卡应偿信贷余额为8.57万亿元，环比下降1.42%。银行卡卡均授信额度2.80万元，授信使用率38.62%。信用卡逾期半年未偿信贷总额990.04亿

① 江世银，谷政．金融学［M］．北京：高等教育出版社，2021：12.

元，环比增长14.35%，占信用卡应偿信贷余额的1.16%。

资料来源：中国人民银行．2023年第一季度支付体系运行总体情况［EB/OL］．［2023-06-20］．http://www.pbc.gov.cn/goutongjiaoliu/113456/113469/4966699/index.html.

（4）数字货币

微课 1-2

数字货币

随着计算机计算能力的提高、加密技术的进步和基于网络的商业发展壮大，电子货币逐渐演化为数字货币。数字货币是以数字化形式存在的货币。数字货币通过加密处理的数字组合来代表现金，不同于传统的电子货币，它不需要电子钱包所借助的卡片作为载体，仅表现为一串数字。

林登币（Linden Dollar）、Q币和比特币（Bitcoin）都是数字货币。网络游戏《第二人生》中的林登币仅能用于换取游戏内的虚拟商品及服务；腾讯公司发行的Q币是用于计算机用户使用腾讯网站各种增值服务的种类、数量或时间等的一种统计代码，不能用于腾讯网站增值服务以外的任何商品或服务；比特币则能在世界范围内换取虚拟商品、网络服务甚至实物商品和服务。Q币是由腾讯公司发行和管理的，人们愿意兑换和使用Q币，是因为相信腾讯公司的信用背书。类似Q币这种以发行方信用作为背书的数字货币叫作中心化数字货币（centralized digital currency）；比特币则不同，没有一家中心机构作为比特币的发行方和管理方，比特币的发行和交易由网络中的计算机计算产生和验证。比特币的信用背书来自所有使用比特币的用户，它是一种去中心化的数字货币（de-centralized digital currency）。[1]

有政府背书的数字货币属于法定数字货币。相对于流通中的硬币和纸币，它以数字的形式存在，由政府批准发行，等同于法偿货币的地位。我国从2014年起成立发行法定数字货币专门研究小组。2017年1月29日，中国人民银行正式成立数字货币研究所，并公开宣布将尽快推出数字货币。

中国版中央银行数字货币（CBDC）被描述为数字人民币（e-CNY），是由中国人民银行发行，指定运营机构参与运营并向公众兑换，以广义账户体系为基础，与纸钞和硬币等价，并具有价值特征和法偿性的可控匿名的支付工具。2019年年底，数字人民币相继在深圳、苏州、雄安新区、成都及未来的冬奥场景启动试点测试，到2020年10月增加了上海、海南、长沙、西安、青岛、大连6个试点测试地区。2023年，数字人民币持续推进，围绕“衣、食、住、行、游、娱、购”等领域应用不断扩面增量，覆盖了商超、交通运输、文旅景区等多种业态。截至12月19日，在数字人民币App“钱包快付管理”栏已接入的商户平台超140家，覆盖了购物、出行、生活、旅游等多场景。

我们可从以下几个角度理解数字人民币：一是数字人民币定位于M_0。它与实物人民币具有同等法律地位和经济价值，二者将长期并行。二是数字人民币具有无限法偿性。数字人民币是国家法定货币，任何单位和个人都不可以拒收。三是中心化管理。数字人民币由央行进行中心化管理，负责向指定运营机构发行数字人民币并进行全生命周期管理。四是不计付利息、服务费。同实物人民币一样不计付利息；

① 田素华．货币经济学理论、实践与政策［M］．2版．上海：格致出版社，2021：3.

同时，央行不向指定运营机构收取兑换流通服务费用，指定运营机构也不向个人客户收取数字人民币的兑出、兑回服务费。①

知识链接1-1

数字人民币 VS 其他货币形态

数字人民币和电子支付账户不属于同一维度，二者在概念上不存在竞争和取代关系。电子支付账户作为货币的载体，类似于钱包，是一种金融基础设施；而数字人民币为钱包中的钱，是一种支付工具。数字人民币比现钞更加便捷，比电子支付账户余额更加安全，双离线支付和可控匿名等特性对我国的电子支付体系起到良好的补充作用。与其他数字货币相比，比特币币值波动较大，不具备基本的货币职能，分布式账本技术在支付上缺乏可拓展性。虽然Libra（一种基于区块链技术的、币值稳定的数字货币）与数字人民币均采用混合式架构，但Libra的债务人为Libra协会，而数字人民币则以国家信用为背书，更具安全性。数字人民币与其他货币形态的区别见表1-1。

表1-1 **数字人民币与其他货币形态的区别**

	现钞	银行账户余额	第三方支付账户余额	数字人民币	Libra	比特币
定位	M_0	M_1、M_2	M_1、M_2	M_0	—	—
发行主体	央行	央行	央行	央行	Libra协会	无
准备金率	100%	部分	100%	100%	100%	无
信用背书	国家信用	银行信用	企业信用	国家信用	企业信用	算法信用
无限法偿性	是	否	否	是	否	否
中心化	中心化	中心化	中心化	混合框架	混合框架	完全去中心化
是否付息	否	是	是	否	否	否
是否匿名	是	否	否	可控匿名	可控匿名	完全匿名
双离线	支持	不支持	不支持	支持	不支持	不支持
适用范围	中国境内	中国境内	中国境内	主要为中国境内	全球各国	全球各国

资料来源：根据艾瑞咨询研究院综合公开资料自主研究绘制。

4）准货币

现金和使用支票的存款货币等，在清偿债务及购买商品时均按面额接受，最具流动性，是最基本的货币形式。许多经济学家认为，上述货币形态不足以涵盖所有具有货币性的资产。例如，银行存款中的定期存款（包括可转让定期存单）、通知存款，虽然不能凭票支付，但一般也可以提前支取变现，构成现实的支付能力。这

① 艾瑞咨询研究院．中国数字人民币发展研究报告［R］．2021：4.

些金融资产由于很容易变现，可以视为近似货币或准货币。短期政府债券、具有现金价值的人寿保险单、外币存款、外汇信托资金及外币定期存单，甚至在证券市场上流通的股票、长期债券等都可以很快地货币化，也可以看作准货币。在现代信用货币制度下，黄金作为实质货币已退出了历史舞台，但黄金的非货币化并不彻底。黄金仍然是各国政府重要的储备资产。因此，黄金也可以被看作一种准货币。

1.2 货币的功能

货币的功能即货币发挥的作用。货币的作用是由货币的本质决定的。货币在从实物货币到信用货币的发展过程中，发挥着交易媒介、价值尺度、价值储藏、支付手段等功能。其中，货币作为交易媒介是货币产生的直接原因，是货币与生俱来的功能，所以交易媒介连同价值尺度构成货币的基础功能，而价值储藏和支付手段则是货币的派生功能。

1.2.1 交易媒介

货币在商品买卖中充当交换的媒介，便发挥了交易媒介的功能。这一功能是货币克服物物交换双方需求“双重巧合”困难的直接产物。以货币为媒介的商品交换是连续不断的过程，货币在买者和卖者之间不停地运动，形成了货币流通。从这个意义上来说，作为交易媒介的货币发挥着流通手段的作用，交易媒介的功能亦是流通手段的功能。作为交易媒介和流通手段的货币具有以下特点：

第一，必须是现实的货币，即必须要有现实货币作为购买手段进行商品交换，实现“商品—货币—商品”的循环过程。那么，经济体中究竟需要多少现实的货币作为流通手段呢？货币的“多”与“少”与既定的商品和劳务的交换需求，以及进一步的商品和劳务的供给又是什么关系呢？这涉及经济体中有关货币供求数量、货币是否中性以及如何宏观调控的重大问题，本书将在后面的章节回答上述问题。

第二，货币是交换的手段而不是交换的目的。人们卖出商品、换回货币，关心的不是交换媒介和流通手段本身有无价值，而是能否换回自己需要的、与卖出的商品同等价值的物品。因此，作为交换媒介和流通手段的货币可以是不足值的，也可以是无内在价值的价值符号。正是在这个意义上才产生了无内在价值的纸币等信用货币。

1.2.2 价值尺度

货币的第二种功能是价值尺度，也称记账单位。也就是说，货币可用于衡量经济社会中商品和服务的价值。人们用货币来衡量商品和服务的价值，正如用千克来计量质量、用千米计量距离一样，用货币可以对不同的商品和服务的价值进行比较。商品交换的比较价值用价格来表示，价格是货币价值的表现形式。

货币作为价值尺度的重要性，通过比较没有货币作为价值衡量尺度的物物交换的经济就可以清楚地看到。物物交换的一个明显的缺陷就是缺少一种共同的单位来衡量和表示各种商品与服务的价值。一件商品或服务的价值可以用它在市场上所能换取的其他商品或服务的数量来表示。在物物交换的情况下，市场上每件物品要交换的其他物品的数量不能简单地用一个商品数量来表示，而是市场上有多少其他商品就要用多少个其他商品的数量来表示。如果仅仅是简单、少数的物物交换，如经济社会中只存在3种商品——面包、故事书和鞋子，这样人们只需知道3种价格就可以明白如何在这三者之间进行交换：用故事书表示的面包的价格（即购买一块面包需要支付几本故事书）、用鞋子表示的面包的价格及用鞋子表示的故事书的价格。随着商品生产和商品交换的不断扩大，经济社会中不是少量的商品和服务在交换，而是多种商品和服务在交换，这时没有统一的货币单位来表示商品和服务的价格，因此交易成本变得高昂。具体表现如下：第一，如果经济社会中有10种商品，那么人们需要知道45种价格来实现它们之间的交换；如果是100种商品，那么人们需要知道4 950种价格……交易成本之高显而易见。第二，在物物交换经济中，如果要去货架上陈列了1 000种不同商品的商场购物，会有多么困难。假如1千克牛肉的价格是1千克豆油，1千克猪肉的价格是5千克白菜，人们就很难确定哪个价格更便宜。要想使价格具有可比性，每种商品的价格标签上都应标有999种不同的价格，而读这些价格所花费的时间就是高昂的交易成本。

要想解决这个问题，就需要把货币引入到经济社会中，把所有的商品都用货币单位来标价，这样人们能够用货币来表示故事书、面包以及鞋子的价格。这时，假定在经济社会中有10种商品，则人们只需要10种价格，有100种商品也只需要100种价格，以此类推。在一个拥有1 000种商品的商场中，人们只需要查看1 000种价格，而不是499 500种价格。

在经济社会中，货币作为记账单位，大幅度减少人们需要查看的价格数量，所以大大降低了交易成本。随着经济变得更为复杂，货币的这种功能所能带来的好处也越来越明显。

货币在发挥价值尺度功能时具有观念性的特点，因为货币表现商品的价值只是给商品标价，这时并不需要真实的货币，只要观念上的或想象中的货币就可以了。

1.2.3　价值储藏

货币具有价值储藏的功能是指：第一，货币具有推迟实现购买力的能力，即购买力跨越时间的储藏；第二，货币作为财富表现形式之一，是一种资产，在商品和服务价格稳定的前提下，人们以储蓄形式保有货币资产时，会给带来价值的增值。

人们利用货币的价值储藏功能将自己取得收入的时间和支出的时间分离开来。货币的这一功能非常有用，因为大多数人并不想在获得收入的当时就进行支出，而是等到有时间或是有商品或服务需要的时候再进行支出。货币代表了一般性的购买力，也就是具有价值储藏功能，弗里德曼所说的“货币是购买力的暂栖处”就包含了这层意思。

货币具有价值储藏的功能并不是独一无二的。任何资产，不管是货币、股票、债券，还是土地、房产、艺术品、珠宝等，这些财富形式都可以用于价值储藏。很多资产在充当价值储藏手段时，比货币具有更多的优点：它们通常能给持有者带来更高的利息收入、资产升值或提供居住等使用价值的功能。人们愿意保有货币作为价值储藏的形式之一，是因为货币本身就是交易媒介，是最具流动性的资产。

信用货币发挥价值储藏功能的优劣（约束条件）取决于物价水平，因为货币价值依赖于价格水平。如果所有价格上涨一倍，就意味着货币价值下降了一半；相反，所有价格减半，就意味着货币价值上升了一倍。在通货膨胀时期，物价水平急速上升，货币也迅速贬值，人们就不愿意以货币形式来保有财富。在极端通货膨胀时期（月通货膨胀率超过50%），情况更是如此。在第一次世界大战之后，德国发生了恶性通货膨胀，有时通货膨胀率甚至超过了1 000%。到了1923年，德国的物价水平比两年前上涨了300亿倍。即使是购买最基本的物品，也需要数量惊人的货币。在恶性通货膨胀末期，买一片面包需要装上一手推车的现金。货币贬值得如此迅速，以至于工厂在一天中要分几次向工人支付薪水，而工人也要赶回家将领到的薪水尽快花出去，以免它变得一文不值。在这种情况下，没有人愿意持有货币，通过货币进行的交易越来越少，物物交换盛行，交易成本飞速上升，经济产出急速下降。

1.2.4 支付手段

现代经济是信用经济，建立在信用经济基础上的商品和服务的交易行为往往不全是“一手钱一手货”的即时交易行为，而是大量地表现在商品的赊销赊购的“预付货款”、“货到付款”和“延期支付”形式上，以及银行信贷、工资租金、消费信用、国际收支等领域。当货币作为交易媒介和价值尺度，又脱离了商品和服务的“一手钱一手货”的即时交易时，它是作为价值的独立运动形式进行单方面转移。这时，货币实际上发挥了支付手段的功能。这一功能是货币的交易媒介功能和价值尺度功能的派生功能。在商品赊销赊购和延期支付的情况下，买卖合约完成后，购买者要经过较长时间才向销售者支付货币。在这之前，合约双方构成了建立在信用基础上的债权债务关系，直到款项最终清偿，信用交易行为结束。因此，货币作为支付手段时，等值的商品和货币在交换过程中的两极不再同时出现，货币不再是简单的交换媒介，而是作为补充交换行为的一个环节，作为交换价值的绝对存在，独立地结束商品交换的整个过程。

货币支付手段出现后，一方面，在交易过程中，买方没有钱可以先进货，卖方没有货可以先收钱，人们可以在时间、地区、行业之间大范围地调节资金和货物的平衡，使社会生产得以顺利进行，从而促使商品流通进一步扩大；另一方面，由于赊销和预付在全社会形成一个互相影响、互相制约的债务链，债务链中的任何一个环节断裂，都可能导致商品流通和社会再生产出现困难，甚至酿成货币危机，导致经济危机。

货币的支付手段功能在一定程度上取决于货币价值的稳定程度，因为不同时期的货币的时间价值存在差异性，特别是在通货膨胀或通货紧缩的条件下，需要运用计算现值的方法来进行调整。

知识链接1-2

信 用

信用包括两个不同的含义：道德范畴的信用是指诚信；经济范畴的信用是指借贷活动以及由此导致的债权债务关系。尽管二者所指的是完全不同的事情，但这两个范畴的信用有着极密切的内在联系：没有诚信，借贷活动就不可能正常进行；能够在“承担并兑现义务”这一本源意义上找到经济范畴信用与道德范畴信用之间的内在联系。信用与货币是两个不同的经济范畴，但是两者之间有着密切的联系。货币的出现使信用获得了更大的发展，信用也促进了货币形式和货币流通的发展。在信用货币制度下，信用和货币密地联系在一起，并产生了由货币和信用相互渗透而形成的新范畴——金融。

根据信用活动的主体，信用可区分为商业信用、银行信用、国家信用和消费信用和国际信用五种主要形式。

（1）商业信用是指工商企业之间买卖商品时，卖方以商品形式向买方提供的信用。赊销是商业信用中最典型的形式。

（2）银行信用是指银行及其他金融机构通过贷款、贴现等方式以货币形态提供的信用。银行信用规模巨大，可以全方位聚集社会资金。

（3）国家信用是政府以债权人的身份筹措资金的一种借贷行为，其主要形式是发行公债。

（4）消费信用是工商企业、银行及其他金融机构提供给消费者用于消费支出的一种信用形式。它主要采用分期付款、消费贷款、信用卡等方式。

（5）国际信用是指一切跨国的借贷关系和借贷活动，体现的是国与国之间的债权和债务关系。

资料来源：李健．金融学［M］．4版．北京：高等教育出版社，2022：108-109.

1.3 货币的计量

1.3.1 货币层次划分的意义与依据

1）货币层次划分的意义

随着经济社会的发展，从黄金、白银、纸币、支票存款到电子货币和数字货币，都曾经或正在发挥货币的职能，尤其是20世纪60年代以来金融创新浪潮不断兴起，许多新的金融工具都不同程度地带有“货币性”，有的能直接作为货币发挥作用，有的略加转化就能发挥流通手段和支付手段的功能，使货币流通的范围不断扩大，流通中货币的形式也多种多样。货币是引起经济波动的一个重要因素，市场中作为交易媒介和流通手段的货币的多少，直接关系到宏观经济总量的平衡。市场上某一时点的货币存量是中央银行制定货币政策的依据。因此，有必要对货币层次进行划分和计量。不同层次的货币，在经济活动中的地位和影响不同，对科学分析经济发展现状、正确制定和执行货币政策具有非常重要的意义。对货币层次进行划分，目的是考察不同层次的货币供应规模对社会经济的影响，以选定一组与经济发展关系比较密切的货币，作为货币流通管理依据和中央银行货币控制的重点。

2）货币层次划分的依据

尽管世界各国中央银行都有自己的货币统计口径，但是，无论存在何等差异，其划分的基本依据和意义都是一致的。各国中央银行在确定货币供给的统计口径时，都以货币流动性即货币作为流通手段和支付手段的方便程度作为标准。流动性较强，即在流通中周转较便利，则形成购买力的能力也较强；流动性较弱，即在流通中周转不方便，则形成购买力的能力也较弱。显然，这个标准对于考查货币市场与商品市场均衡、实施宏观调控有重要意义。流动性不同的资产在流通中周转的便利程度不同，由此形成的购买力强弱不同，也意味着它们对商品流通以及其他各种经济活动的影响程度出现了差别。因此，按流动性标准对货币层次进行划分，有利于中央银行科学统计货币供给量、客观分析货币流通状况，正确制定货币政策和进行有效的宏观经济调控。

1.3.2 货币计量的统计口径

1）国际货币基金组织的统计口径

按照国际货币基金组织（International Monetary Fund，IMF）的口径，货币层次一般可作以下划分：

（1）现金

现金（M_0）是指流通于银行体系以外的现钞和铸币，包括居民手中的现金和企业单位的备用金，但不包括商业银行的库存现金。这部分货币可随时作为流通手段和支付手段，因而具有最强的购买力。

（2）狭义货币

狭义货币（M_1）由M_0加上商业银行的活期存款构成。活期存款由于随时可以签发支票而成为直接的支付手段，因此它同现金一样是最具流动性的货币。M_1作为现实的购买力，对社会经济有着最广泛而直接的影响，因而是各国货币政策调控的主要对象。

（3）广义货币

广义货币（M_2）由M_1加上准货币（quasi-money）构成。准货币一般由定期存款、储蓄存款、外币存款以及各种短期信用工具（如银行承兑汇票、短期国库券等）构成。准货币本身是潜在的货币而非现实的货币，但由于它在经过一定手续后能够较容易地转化为现实的货币，进而加大流通中的货币量，故被称为亚货币或近似货币（near money）。由于M_2包括了一切可能成为现实购买力的货币形式，因此它对研究货币流通的整体状况具有重要意义，尤其是对货币供应量的计量以及对货币流通未来趋势的预测均具有独特的作用。近年来，一些发达国家货币供应量调控的重点就出现了由M_1向M_2转移的趋势。

2）中国的货币统计口径

我国从1984年开始探讨对货币供给层次的划分，并从1994年第三季度开始正式按季公布货币供给量的统计监测指标。货币供应量是某一时点承担交易媒介的金融工具的总和。随着金融市场的发展和金融工具的创新，我国会定期对货币供应量的统计口径进行修订和完善。

根据中国人民银行1994年10月公布的货币层次划分方法，我国的货币供给量分为：M_0=流通中的现金；M_1=M_0+活期存款；M_2=M_1+储蓄存款+定期存款。2001年，中国人民银行将证券公司客户保证金计入M_2；2002年又将中国的外资、合资金融机构的人民币存款业务分别计入不同层次的货币供应量。2011年10月起，考虑到非存款类金融机构在存款类金融机构的存款和住房公积金存款规模已较大，对货币供应量的影响较大，中国人民银行将上述两类存款纳入M_2统计范围。2018年1月，中国人民银行完善货币供应量中货币市场基金部分的统计方法，用非存款机构部门持有的货币市场基金取代货币市场基金存款（含存单）。自2022年12月起，“流通中现金（M_0）”含流通中数字人民币。

现阶段我国货币计量划分为以下3个层次：

M_0=流通中现金

M_1=M_0+活期存款

M_2=M_1+定期存款+储蓄存款+其他存款+证券公司客户保证金+住房公积金存款+非存款机构部门持有的货币市场基金存款（含存单）

式中：M_1为狭义货币量；M_2为广义货币量；M_2-M_1为准货币。

中国人民银行官网发布的2023年上半年金融统计数据显示，截至2023年6月末，广义货币（M_2）余额287.3万亿元，同比增长11.3%，狭义货币（M_1）余额69.56万亿元，同比增长3.1%，流通中现金（M_0）余额10.54万亿元，同比增长9.8%。

微课1-3

货币层次划分的特点是什么？

3）货币层次划分的特点

从各国货币层次划分情况来看，货币层次划分的特点可以归纳为以下几个方面：

（1）不同货币层次覆盖的金融资产范围大小与流动性强弱密切相关。流动性越强的货币层次所包含的货币的范围越小，如大部分国家流动性最强的货币层次只包含现金。随着活期存款、定期存款、其他存款等金融资产的加入，货币层次的流动性在逐渐减弱，但是货币层次所包含的金融资产范围也在逐渐扩大。

（2）即使是相同的货币层次，不同国家的货币层次中所包含的金融资产内容也存在很大差异。这是由于各个国家都有各自独特的金融产品，无论是产品的名称还是产品的功能都有差异，因此即使是两个国家流动性相同的货币层次，实际所包含的金融资产的具体内容也差别较大。一般而言，金融制度越发达，金融产品越丰富，每一货币层次中包含的金融资产的种类就越多。例如，英国的广义货币M_4包括由非货币金融机构持有的英镑现钞和硬币、英镑存款和大额可转让存单、商业票据、债券、远期浮息债券、货币金融机构发行的期限在5年内的金融工具、源于回购的货币金融机构的债权和估算的非货币金融机构持有的英镑票据。

(3) 货币层次的划分不是固定不变的，一个国家金融创新速度越快，货币层次重新划分和修订的频率越高。随着金融产品的创新，经济环境的改变，原有的货币层次可能已无法准确地反映货币的构成状况，需要对货币层次进行重新划分。金融产品创新的速度和深度、金融体制的变化，以及中央银行货币政策操作目标的调整，都会影响货币层次的划分和修订。

(4) 货币层次的划分和计量只能在一定程度上反映货币流通的状况。随着金融创新的加速，出现了很多能够行使货币职能的新的金融产品，十分清晰地划分货币层次越来越困难，货币计量也只能做到相对准确。货币层次划分的不确定性，给中央银行货币政策中介目标的确定造成了影响和困扰。在较长一段时间内，我国货币政策监测和分析指标是M_2和新增人民币贷款，但随着金融市场和产品的不断创新，金融结构的多元化，央行必须采用更为合适的、能够全面反映金融与经济关系的中介目标，而不仅仅是货币供应量。例如，社会融资规模已经是我国货币政策监测的重要指标之一。

1.4 货币制度

货币制度作为一国经济制度的重要组成部分，其内容也需要与经济发展的水平相适应，并随着社会经济发展相应地进行调整。因此，在人类社会经济不断进步的同时，货币制度也表现出一系列的演变发展过程。

1.4.1 货币制度的基本内容

1）货币制度的概念

货币制度又称“币制”或“货币本位制”，是指一个国家或地区以法律形式确定的货币流通结构、体系和组织形式。一个国家或地区为了保持其货币流通的正常和稳定，通常要制定、颁布一系列的法律和规定。这些法律和规定强制性地把有关货币流通的各方面、各要素联系起来，并在实践过程中不断地修正、补充，从而形成一个有机整体，这就是一个国家或地区的货币制度。货币制度的基本内容包括货币材料、货币单位、货币铸造、发行和流通程序以及发行准备制度等内容规定。

2）规定货币材料

规定货币材料是货币制度最基本的内容，货币材料的性质决定了货币制度的类型。在金属货币流通的条件下，货币金属是整个货币制度的基础。货币制度规定以何种金属铸造本位货币，就称为何种本位币制度，如以黄金充当币材就是金本位制，用白银充当币材就是银本位制。货币材料虽然是由国家规定的，但国家不能随心所欲地任意指定某种金属为货币材料，它是由客观经济发展的进程所决定的，国家规定只是对流通中已经形成的客观现实进行法律上的肯定。目前，世界各国都实行不兑现的信用货币制度，由于当今货币存在形式的多样化，也就不再对币材作出物理性质的规定。

3）规定货币单位

货币单位是货币的计量单位。对于统一商品价值衡量标准，便于货币行使交易媒介和价值尺度职能具有重要意义。规定货币单位具体包括规定货币单位的名称、货币的单位及其划分、货币单位的价格标准。

首先，要规定本位币的名称。货币名称通常是由习惯形成的。例如，英国的货币是“英镑”，美国的货币是“美元”，印度的货币是“卢比”，我国的货币是“人民币”等。其次，要明确货币的单位及其划分。例如，英国的本位币单位为“镑”，“镑”以下为“便士”“先令”等；我国人民币的单位为“元”，“元”以下为“角”“分”等。最后，要明确货币单位的价格标准。在金属货币流通条件下，价格标准是铸造单位货币的法定含金量。例如，根据美国1934年1月的法令，1美元的含金量为0.888 671克；按照1870年英国的铸币条例，1英镑的含金量为7.97克。可见，在金属本位制度下，货币单位与货币的价格标准是密切相关又各不相同的两个概念。在信用货币制度下，不再硬性规定货币单位的值，货币单位的值主要体现在为维持本国货币币值稳定而采用的一些措施上，如规定中央银行对币值稳定的责任和权力。

4）规定货币的铸造、发行和流通

（1）主币

主币（standard money）亦称本位币，是一个国家的基本通货和法定的计价结算货币。在金属货币流通条件下，本位币是指用货币金属按国家规定的货币单位和价格标准铸造的铸币，其名义价值（面值）与实际价值（市场金属价值）一致，为足值货币。在表征货币流通条件下，本位币依附于其发行基础——金属货币，表征货币只是金属本位币的符号。在信用货币流通条件下，信用货币作为国家垄断发行、强制流通的价值符号。

在金属货币流通的条件下，为保证本位币正常铸造、发行和流通，货币制度主要有以下规定：

① 本位币自由铸造和熔毁的规定。无论是国家还是私人，都可以将其持有的货币金属送到铸币厂，按照国家规定的货币名称、单位和价格标准铸造成本位币，也可以将持有的金属本位币送到铸币厂熔为金属条块，铸币厂仅收取少量的铸造费用或熔化费用。金属本位币的自由铸造和熔毁具有重要经济意义：一方面，使本位币可以自发调节货币流通，满足流通中对货币的需要量；另一方面，可以保证本位币的名义价值与实际价值相一致。

② 本位币无限法偿（unlimited legal tender）的规定。所谓无限法偿，是指无限的法定支付能力，即法律规定不管是用本位币偿还债务或进行其他支付，也不管每次支付的本位币的数额大小，债权人和收款人都不得拒绝接受，否则视为违法。

③ 本位币磨损公差（limits of tolerance）的规定。所谓磨损公差，即法律规定流通中本位币的实际重量与法定重量之间一个可允许的最大差额。本位币可能由于铸造技术或自然磨损等原因，实际重量与法定重量不符，为了保证本位币的名义价值与实际价值相一致，从而保证本位币的无限法偿能力，各国货币制度中通常都规

定本位币的磨损公差。例如，1870年英国的铸币条例规定，1英镑金币的标准重量是123.274 47格令（1格令=64.8毫克），磨损后的铸币重量不得低于122.5格令，如果低于这一重量，可以请求政府兑换新币。

在信用货币流通的条件下，纸币是由国家垄断发行、强制流通的价值符号，具有无限法偿能力。除中央银行外，任何单位和个人都不得自行印制、变造和故意损毁货币，否则视为非法行为，并按国家有关法律的规定予以惩处。

（2）辅币

辅币（fractional currency）是本位币以下的小额货币，主要供小额零星交易和找零之用。在金属货币流通条件下，辅币以贱金属铸造，其实际价值低于名义价值，为不足值货币。法律规定，辅币可按固定比例与本位币自由兑换，以确保辅币可以按名义价值流通。在当代纸币本位制度下，辅币即为本位币单位以下的小额零星货币。

在金属货币流通的条件下，对于辅币，货币制度主要有以下规定：

① 辅币限制铸造的规定。辅币只能由国家铸造，不准公民铸造。这是因为金属辅币是不足值货币，铸造辅币可获得额外收益，国家垄断辅币铸造权，可使这部分收益归国家所有。如果允许公民自由铸造辅币，就会造成公民为获得“额外收益”而用贱金属大量铸造不足值的辅币，使辅币充斥市场，影响货币流通的稳定。

② 辅币有限法偿（limilted legal tender）的规定。所谓有限法偿，是指每次支付辅币的数量不能超过规定的额度，否则债权人或收款人有权拒收，但是，用辅币缴税、向政府兑换本位币的数额则不受此限。

③ 自由兑换的规定。辅币与本位币之间按固定的比例可以自由兑换，目的在于保证名义价值高于实际价值的辅币能正常流通。

在纸币本位制条件下，各国对辅币法偿能力的规定不完全相同，有的规定为有限法偿（如美国），有的则没有做明确规定（如我国）。

拓展阅读 1-4

我国法定数字货币法律属性的再思考

法定数字货币是数字化时代法定货币的新形态，同现行纸币与硬币一样，也具备公私二元属性。首先，每一个法定数字货币具有属于自身独特的字符串，其作用与现行纸币与硬币所具有的冠字号码类似，因此法定数字货币属于种类物。虽然法定数字货币通过分布式记账技术提升了其特定化程度，不需要实物载体，从而具有无形性特征，但法定数字货币是由中央银行发布的，因此虽然其观形态不同于纸币与硬币，但本质上仍为货币。

其次，学术界普遍认为，法定数字货币适用于“占有即所有”的民法规则。法定数字货币与现行法定货币属于同一制定主体发行，是货币的数字化形态，享有与现行法定货币相同的法律地位以及高度流通性，在流通过程中无须识别也无法识别其个性特征。因此，与现行法定货币相同，法定数字货币应当适用于“占有即所有”的规则。

再次，法定货币的法偿性仍应是法定数字货币所具有的根本属性。法定数字货币是由中央银行发行的法定货币，具有强制流通性，即等同于法偿性。此外，《中华人民共和国中国人民银行法（修订草案征求意见稿）》（以下简称《征求意见稿》）第十九条规定，人民币包括实物形式和数字形式；第十八条明确规定，以人民币支付中华人民共和国境内的一切公共的和私人的债务，任何单位和个人不得拒收；第二十二条也明确规定，任何单位和个人不得制作、发售代币票券和数字代币，以代替人民币在市场上流通。这些从法律层面肯定了法定数字货币的法偿属性。

最后，法定数字货币具有身份属性。法定数字货币所具有的数字化形态，使得中央银行能够实时监控法定数字货币的流通情况以及交易信息，便于对其进行监管。另外，应当注意的是，只有中央银行自身或者被其授权的主体，才有权进行追踪和查阅，未经授权的机构无主体资格行使该权利。

资料来源：曹重阳，叶晓川．我国法定数字货币的性质及相关法律问题研究［J］．合肥工业大学学报（社会科学版），2023（2）：38-39.

5）规定发行准备制度

发行准备制度又称发行保证制度，是指通过银行发行的信用货币作为价值符号依靠什么来保证其币值稳定的制度。在表征货币形态下，发行银行券和辅币的银行必须建立金属准备制度，以保证银行券和辅币能随时兑换成金属本位币或本位币金属。凭金属准备发行的银行券，可以通过自由兑换调节流通中的货币量，使之与货币需要量相一致，以有效保持货币流通的稳定。

在信用货币制度下，货币发行准备制度与贵金属脱钩，多数国家主要以外汇资产做准备，也有的国家以物资做准备，还有些国家的货币发行采取与某个国家的货币直接挂钩的方式，如钉住美元或英镑等。各国在准备比例和准备制度上也有差别。目前各国货币发行准备的构成一般有两大类：一是现金准备，包括黄金、外汇等具有极强流动性的资产；二是保证准备，又称证券准备，即以政府债券、财政短期票据、短期商业票据以及其他高品质的资产作为发行担保。

世界各国货币发行制度的趋势是，由现金准备向保证准备、由保证准备向货币供应量的管理与控制逐渐过渡。

1.4.2 货币制度的演变

从货币的存在形态来看，货币制度自产生以来经历了银本位制、金银复本位制、金本位制和不兑现的信用货币制度。

1）银本位制

在银本位制中，白银是本位币的币材，银币具有无限法偿能力，可以自由铸造和熔化，辅币和其他货币则为有限法偿，但它们可以自由兑换成银币，白银可以自由输出输入国境。

银本位制是最早出现的货币制度，而且持续的时间比较长。在公元前及公元初期，欧洲许多国家均有银币流通。16—19世纪，银本位制在世界许多国家盛行。我国长时间使用白银作为货币，唐宋时期白银已经普遍流通，金、元、明时期确定了银两制度，白银是法定主币。宣统二年（1910年）清政府颁布《币制则例》，规定银圆和银两并用。1933年，南京国民政府宣布“废两改圆”，实行银圆流通。1935年实施法币改革，至此银本位制在我国被废止。

资本主义的发展使大规模的贸易增多，白银的体积大但价值低，因此不能适应经济发展的客观需要。19世纪以后，随着白银的劳动生产率不断提高，白银的价值不断下降，金与银之间的比价大幅度地波动，影响了经济的稳定发展，因此，许多国家纷纷放弃了银本位制。

2）金银复本位制

金银复本位制是指以黄金和白银同时作为币材的货币制度。金银复本位制盛行于16—18世纪资本主义发展初期。这一时期，资本主义的商品生产和流通进一步扩大，交易额也不断增加，一方面小额交易需要更多的白银，另一方面越来越多的大额交易使黄金的需要量扩大，同时，黄金的供给量随着人工开采的增加而增加，使金银复本位制代替银本位制成为可能。

金银复本位制按金银两种货币的不同关系又可分为平行本位制、双本位制和跛行本位制。

（1）平行本位制

平行本位制是金银两种货币均各按其所含金属的实际价值任意流通的货币制度。国家对金银两种货币之间的交换比例不加固定，而由市场上自发形成的金银比价自行确定。平行本位制的特点是：金币和银币都是一国的本位币；二者均为无限法偿，可以自由铸造和熔化；金币与银币之间的交换比率完全由金银的市场价格决定。

然而，市场机制形成的金银比价变动频繁，造成交易混乱，使平行本位制极不稳定。此外，若两国之间的金银币比价不同，就会导致金币流向金价较高的国家，银币流向银价较高的国家，即一个国家哪个币材价格高，该币材就流向这个国家，使其逐渐演化为单一本位制。

（2）双本位制

双本位制是指国家以法律形式规定金银两种货币的比价，两者按法定的比例流通。双本位制的特点是：金币和银币都是一国的本位币；二者均为无限法偿，可以自由铸造和熔化；金币与银币之间的交换比率以法律形式予以规定。

双本位制试图克服平行本位制下金币和银币比率频繁变动的缺陷，实际上事与愿违，反而形成了国家官方金银比价与市场自发金银比价平行存在的局面，而国家官方金银比价较市场自发金银比价显然缺乏弹性，不能快速依照金银实际价值比进行调整。因此，当金币与银币的实际价值（市场价格）与名义价值（法定比价）相背离时，市场价格高于法定比价的货币（良币）通常被收藏、熔化而退出流通，市场价格低于法定比价的货币（劣币）则充斥市场，这就是“劣币驱逐良币”规律，又称“格雷欣法则”。因此，在某一时期，市场上实际上只有一种货币在流通，很难有两种货币同时并行流通的局面。这也成了许多国家向金本位制转变的动因。

（3）跛行本位制

跛行本位制是指国家规定金币可自由铸造而银币不允许自由铸造，但金币与银币可以按固定的比例兑换。跛行本位制的特点是：金币和银币都是一国的本位币；二者均为无限法偿；金币可以自由铸造，银币不可以自由铸造，银币的铸造权收归政府；金币与银币之间的交换比率以法律形式予以规定。

实际上，在跛行本位制下，银币已经降为金币的附属物，因为银币的价值通过固定的比例与金币挂钩，而金币是可以自由铸造的，其价值与本身的金属价值是一致的。因此，从严格的意义上来说，跛行本位制只是金银复本位制向金本位制的过渡形式。

与银本位制相比，金银复本位制有其先进之处：金银并用满足了当时生产扩大对通货的需求；金币与银币的价值高低不同，可以分别适用于批发交易和小额交易。与此同时，金银复本位制又是一种不稳定的货币制度，因为货币作为一般等价物具有独占性和排他性。随着黄金产量的增加和经济的发展，西方各资本主义国家先后过渡到金本位制。

3）金本位制

金本位制又称金单本位制，它是以黄金作为本位货币的货币制度，主要有金币本位制、金块本位制和金汇兑本位制三种形式。

（1）金币本位制

金币本位制是以黄金为币材铸造金本位币流通的货币制度。金币本位制的主要特征包括：①铸造金币，有金币流动，金铸币无限法偿；②金铸币可自由铸造、自由熔化为金块（条）；③银行券和辅币作为价值符号，能自由兑换金铸币或黄金；④黄金可以自由输出入国境；⑤建立金准备制度，保证价值符号（表征货币）的可兑换性。

金币本位制是一种相对稳定的货币制度，对资本主义经济的发展曾起过积极的作用：① 由于币值相对稳定，不会发生通货膨胀，从而为促进商品生产和商品流通提供了良好条件。② 在稳定的货币制度下，信用关系不受币值波动的影响，因而促进了信用事业的发展。③ 在金币本位制下，由于各国都以黄金作为币材，各国货币含金量的比率相对稳定，而外汇行市的稳定显然有利于国际贸易的进行，同时，对外贷款和投资的安全性也有了保障。

自1816年英国最早宣布实行金币本位制开始，到1914年各国金币本位制崩溃，这种货币制度盛行了将近100年的时间。第一次世界大战开始后，由于各参战国纷纷把黄金集中于国库，用于向国外购买军火，签发大量不兑换黄金的纸币以弥补军费支出，银行券失去了兑现黄金的可能性，各参战国陆续废止了银行券兑现制度，宣告了金币本位制的崩溃。

（2）金块本位制

1924—1928年，资本主义经济进入相对稳定时期，各国开始酝酿恢复金本位制度。由于各国经济发展不平衡，黄金分布极不平衡，加上黄金产量的增长远远落后于商品生产和流通的扩大，典型的金币本位制已无法恢复，而只是建立了两种被认为“残缺不全”的金本位制——金块本位制和金汇兑本位制。

金块本位制又称生金本位制，其主要特点如下：①不铸造金币，没有金币流通，实际流通的是纸币——银行券；②银行券规定含金量，但不能自由兑换黄金，只能在规定的数额以上兑换金块（如1925年英国规定银行券在1 700英镑以上才能兑换金块）；③黄金集中由政府保管，作为银行券流通的保证金。

（3）金汇兑本位制

金汇兑本位制又称虚金本位制，其主要特点如下：①不铸造金币，没有金币流通，实际流通的是纸币——银行券；②中央银行将黄金和外汇存入另一个实行金本位制国家的中央银行，并规定本国货币与该国货币的兑换比率；③银行券规定含金量，但不能直接兑换黄金，只能兑换外汇；④政府或中央银行通过按固定比价买卖外汇的办法来稳定本国币值和汇率。

金块本位制和金汇兑本位制是两种不稳定的货币制度，原因如下：①这两种货币制度都没有铸币流通，黄金失去了流通手段的职能，从而也失去了自发调节货币流通的可能性；②由于银行券不能自由兑换黄金，所以一旦过多就会贬值；③在金汇兑本位制下，本国货币制度依附于外国货币制度，一旦外国货币制度发生动摇，本国货币制度也必然随之动摇。

金汇兑本位制实质上是一种附庸的货币制度，一般被殖民地和附属国采用。第一次世界大战之前，殖民地国家如印度、菲律宾等实行过这种货币制度。第一次世界大战后，法国、意大利、奥地利、波兰等也推行过这种货币制度。第二次世界大战结束前夕，在美国布雷顿森林召开的国际货币与金融会议上确立的“布雷顿森林货币体系”，实际上是一种全球范围的金汇兑本位制度。这一体系建立了“双挂钩”机制，即美元与黄金挂钩、各国货币与美元挂钩，逐渐形成了以美元为中心的国际金汇兑本位货币制度，也即把各国货币都变成了美国货币的依附货币。直到1973年，美国宣布美元与黄金脱钩，金汇兑本位制才正式退出历史舞台。

金块本位制和金汇兑本位制都是被削弱了的国际金本位制。1929—1933年世界性经济危机的爆发，迫使各国放弃金块本位制和金汇兑本位制，转而实行不兑现的信用货币制度。

4）不兑现的信用货币制度

不兑现的信用货币制度，是指由中央银行代表国家发行以纸币为代表的国家信用货币，由政府赋予无限法偿能力并强制流通的货币制度。

不兑现的信用货币制度的主要特点表现在以下几个方面：

① 市场上流通的信用货币是以国家信用为基础的法偿货币。无论是现金还是存款，都是国家对货币持有者的一种负债。存款货币是银行代表国家对存款人的负债；流通中的现金是中央银行信贷资金的来源，是中央银行代表国家对持有者的负债。

② 市场上流通的信用货币不规定含金量，不能兑换黄金，不建立金准备制度，它只是流通中商品价值的符号。

③ 市场上流通的信用货币是没有内在价值的价值符号，不能自发适应经济运行的需要。不兑现的信用货币制度的稳定性取决于国家的货币政策，并以其作为调控国民经济的重要工具。

④ 从世界范围看，不兑现的信用货币制度下的存款货币、电子货币、数字货币流通具有广泛发展的趋势，而现金货币流通则呈现出日渐缩小的趋势。

1.4.3 中国的货币制度

中国是单一制的社会主义国家，实行统一的货币制度，即人民币制度。1997年和1999年香港和澳门相继回归祖国，由于我国实行“一国两制”的方针，两地继续维持原有的货币制度。

1）人民币制度

我国现行的货币制度是人民币制度。人民币是1948年12月1日开始发行的，人民币的发行标志着新中国货币制度的建立。人民币制度是信用货币制度，具有信用货币制度的一切特征。人民币制度的内容包括以下几个方面：

（1）人民币是我国的法定货币，以人民币支付我国境内的一切公共和私人的债务，任何单位和个人不得拒收。人民币没有法定含金量，也不能自由兑换黄金。

（2）人民币的单位是“元”，元是主币，辅币的名称是“角”和“分”。人民币的符号为“¥”，是取“元”字汉语拼音“yuan”的首字母加两条横线而成。

（3）人民币以现金、存款货币、电子货币、数字人民币等形式存在：现金由中国人民银行统一发行；存款货币由商业银行体系通过业务活动投入流通；电子货币基于存款货币支付流通；数字人民币由中国人民银行发行和管理。

（4）人民币的发行坚持集中统一和经济发行原则。所谓统一，即国家授权中国人民银行统一发行人民币；所谓经济发行，是指为适应生产发展和商品流通的正常需要，通过信贷程序进行的货币发行。

（5）禁止伪造、变造人民币，禁止出售、购买伪造或变造的人民币，禁止故意损毁人民币，禁止在宣传品、出版物或其他商品上非法使用人民币图样。任何单位和个人不得印制、发售代币票券以代替人民币在市场上流通。残缺、污损的人民币按照中国人民银行的规定兑换，并由中国人民银行负责收回、销毁。

（6）我国建立的金银储备和外汇储备是国际支付的准备金，并非作为货币发行的准备或保证，但对稳定国内货币流通也能发挥作用。这两项储备由中国人民银行集中掌管，储备情况定期公布。

（7）对人民币的出入境实行限额管理。

（8）实行人民币在经常项目下的自由可兑换。

2）“一国两制”下的地区货币制度

根据《中华人民共和国香港特别行政区基本法》和《中华人民共和国澳门特别行政区基本法》，港元和澳门元分别是香港特别行政区和澳门特别行政区的法定货币。中国人民银行不在香港特别行政区和澳门特别行政区设立派出机构，而由两地的政府及货币管理当局按照各自的货币管理方法发行和管理货币、制定货币政策。

在香港和澳门相继回归祖国之后，我国出现了人民币、港币、澳门元“一国三币”的特有历史现象。它是特定历史条件下中国人民智慧的结晶，是在一个国家的不同社会经济制度区域内流通的三种货币，而不是三种货币在同一市场上流通，因此，不会产生“劣币驱逐良币”现象。

学史增信

坚定货币文化自信　深入推进央行数字货币研发

中国货币的起源，往往取信于司马迁在《史记·平准书》中的记载，即在高辛氏（即黄帝曾孙帝喾）以前就有龟、贝、金、钱、刀、布作为货币使用。据此，我国的货币使用已有四五千年历史。殷周时期，海贝由装饰物演变为货币，出现了铜铸、银铸、金铸、鎏金、包金等各式各样的仿贝。春秋战国时期，我国发展出布币、刀币、环钱和蚁鼻钱等四大铜铸币体系，在铸币发展时间和阶段上均领先世界，与古希腊近似；楚国铸造的金版在重量和形式上都有固定标准，在当时较为先进。北宋初年，由于铜钱数量不足、铁钱难以携带，四川地区民间自行发行交子。仁宗天圣元年（1023年）官府设置益州交子务，将交子的发行改为官办。交子成为世界上最早的纸币。

我国璀璨的货币史不仅体现为货币实物，还体现为从先秦到宋元时期近两千年间许多领先世界的货币思想。

成书于战国时期的《管子》认为“币重而万物轻，币轻而万物重”，在世界上最早谈到货币价值与商品价值的关系，提出通过控制货币数量来控制商品价格。基本处于同时期的希腊色诺芬（Xenophon）认为黄金可能因数量多而贬值，但作为货币的白银却不会。比较之下，《管子》的货币思想更先进。

西汉贾谊的《谏放民私铸疏》可能是世界上最早的关于货币问题的专题论文，早于亚里士多德在《政治学》中对货币问题的论述。他主张加强国家对货币的管理和垄断，指出不足值货币将使足值货币退出流通。约1 600年后，法国学者尼克尔·奥里斯姆（Nicole Oresme）和英国女王伊丽莎白一世币制改革的主要军师格雷欣（Gresham）才分别提出类似观点。东汉班固认为货币不仅是价值尺度，还是财富再分配的手段，与马克思主义政治经济学中的观点不谋而合，是当时世界上最为先进的货币思想。

西晋鲁褒在《钱神论》中论及当时的货币崇拜现象，可与约1 200年后莎士比亚关于货币力量的论述相提并论。

唐代陆贽明确提出货币数量说，比法国政治哲学家让·布丹（Jean Bodin）早约800年。他认为“物之贵贱，系于钱之多少，钱之多少，在于官之盈缩”。

北宋沈括指出货币流通速度与其数量有关。《续资治通鉴长编》中记载了他的观点：“钱利于流。借十室之邑，有钱十万而聚于一人之家，虽百岁故十万也。贸而迁之，使人飨十万之利，遍于十室，则利百万矣。迁而不已，钱不可胜计。”这一思想的提出比英国古典政治经济学之父威廉·配第（William Petty）早约600年。

南宋末年、元朝初年的叶李根据南宋发行纸钞的经验，负责为忽必烈拟定了《至元宝钞通行条画》。该条画于至元二十四年（1287年）颁行实施，在世界上最早对不可兑换纸币进行管理。

回望历史，我国在数千年中通过不断创新引领货币形制和货币思想的发展，取得了举世瞩目的成就。抚今追昔，我国政治经济社会发生了翻天覆地的变化。适应形势发展需要，改革开放以来货币金银工作也走过了令人瞩目的历程。近年来，货币发行工作坚持问题导向、市场导向和民生导向，抓改革、促服务、强管理，充分满足社会需要。人民币印制技术、防伪标准不断提升，现金流通和金银管理不断加强，反假货币机制不断完善。随着人民币国际化的发展，人民币现钞还走出国门，可在境外越来越便捷、安全地使用，人民币成为中国的闪亮名片。为适应数字经济特别是非现金支付迅猛发展的实际需要，当前货币金银工作除传统货币业务转型发展以外，还面临央行数字货币研发这一艰巨而重要的任务。深入学习研究中国货币史，有利于我们增强"四个意识"、坚定"四个自信"，根据国务院要求，深入推进带有数字货币特征的电子支付工具（DC/EP）研发工作。

资料来源：王信．坚定货币文化自信 深入推进央行数字货币研发［J］．金融会计，2018（12）：26-28.

解读：

党的二十大报告指出："我们必须坚定历史自信、文化自信，坚持古为今用、推陈出新，把马克思主义思想精髓同中华优秀传统文化精华贯通起来、同人民群众日用而不觉的共同价值观念融通起来，不断赋予科学理论鲜明的中国特色，不断夯实马克思主义中国化时代化的历史基础和群众基础，让马克思主义在中国牢牢扎根。"我国货币的使用已有几千年的历史，形成了璀璨夺目的货币历史文化，这是我国文化自信的重要基础之一。在相当长的历史时期内，我国货币形制先进、货币思想领先世界，为世界货币金融的发展作出重大贡献。用现代货币金融学的视角梳理我国货币史，"古为今用"，可以从我国悠久灿烂的货币文化中汲取宝贵营养，获得重要启示。上文通过讲解我国璀璨、悠久的货币历史文化，使学生坚定"四个自信"，增强爱国主义情怀。

本章小结

马克思认为，货币是从商品世界中分离出来的、固定充当一般等价物的特殊商品，并能反映一定的生产关系。现代货币的定义被普遍认可为：任何一种在商品购买或劳务支付中或债务偿付中被普遍接受的物品。

货币不是从来就有的，它是商品生产和商品交换发展到一定阶段的产物，经历了商品货币、可兑现的纸币、不可兑现的信用货币的演化过程。货币形态的演变，首先集中表现在货币材料的变化上。一般而言，作为货币的理想材料应具备以下特点：具有价值稳定性；具有易分割性，易于"找零"；便于携带；不易快速腐化变质；被普遍接受；供给富有弹性。

能够充当货币的东西一定具有现实的购买力，这是我们理解货币最根本的落脚点。购买力就是某物品直接购买商品及劳务的能力。如果一种物品能够被普遍接受且能迅速转变为现实购买力，那么这种物品就是货币。这里就涉及流动性的概念。流动性是指资产转换成交易媒介（现金）的难易程度和速度。

货币在从实物货币到信用货币的发展过程中，发挥着交易媒介、价值尺度、价值储藏、支付手段等功能。其中，交易媒介连同价值尺度构成货币的基础功能，而价值储藏和支付手段则是货币的派生功能。

尽管世界各国中央银行都有自己的货币统计口径，但是，无论存在何等差异，其划分的基本依据和意义都是一致的。各国中央银行在确定货币供给的统计口径时，都以货币流动性即货币作为流通手段和支付手段的方便程度作为标准。

从各国货币层次划分情况来看，货币层次划分的特点可以归纳为以下几个方面：不同货币层次覆盖的金融资产范围大小与流动性强弱密切相关；即使是相同的货币层次，不同国家的货币层次中所包含的金融资产内容也存在很大差异；货币层次的划分不是固定不变的，一个国家金融创新速度越快，货币层次重修划分和修订的频率越高；货币层次的划分和计量只能在一定程度上反映货币流通的状况。

货币制度又称“币制”或“货币本位制”，是指一个国家或地区以法律形式确定的货币流通结构、体系和组织形式。货币制度的基本内容包括货币材料、货币单位、货币铸造、发行和流通程序以及发行准备制度等内容规定。

从货币的存在形态来看，货币制度自产生以来经历了银本位制、金银复本位制、金本位制和不兑现的信用货币制度。

依据法律规定，中华人民共和国的法定货币是人民币，港币和澳门元分别是香港特别行政区和澳门特别行政区的法定货币。

基本概念

货币　资产　流动性　实物货币　可兑现纸币　信用货币　电子货币　数字货币　交易媒介　价值尺度　价值储藏　信用　货币层次　狭义货币　广义货币　准货币　货币制度　本位币　辅币　有限法偿　无限法偿　劣币驱逐良币规律（格雷欣法则）

思考题

（1）正如马克思概括的那样：“金银天然不是货币，但货币天然是金银。”[①]请用所学的知识予以解释。

（2）什么是货币？它与我们日常生活中所说的现金、财富和收入有何区别？

（3）为什么要对货币划分层次？货币层次划分的依据和特点是什么？

（4）简述我国货币层次的划分情况。

---

① 马克思．资本论：第一卷［M］．中共中央马克思恩格斯列宁斯大林著作编译局，译．北京：人民出版社，2004：118.

第1章
在线测试题

(5) 简述数字货币与现金的相同之处与不同之处。

(6) 何谓格雷欣法则？简述“劣币驱逐良币”的内在逻辑。

(7) 试描述我国现行货币制度。

(8) 将下列资产按照流动性从高到低排列：

A.支票账户存款　B.房屋　C.通货　D.洗衣机　E.储蓄存款　F.普通股

第2章

利率与利率结构

学习目标

- 掌握利率的基本概念、种类及影响利率水平的因素。
- 掌握利率的计算方法，明确不同利率计算方法的区别与联系。
- 理解利率的风险结构与期限结构理论，能够利用理论解释利率水平的表现。
- 掌握均衡利率的决定理论，能够利用理论分析利率的决定与变动。

开篇案例

我国利率市场化改革效能持续释放

党的二十大报告提出，深化金融体制改革。国务院办公厅印发的《第十次全国深化“放管服”改革电视电话会议重点任务分工方案》中提到，继续深化利率市场化改革，发挥存款利率市场化调整机制作用，释放贷款市场报价利率（LPR）形成机制改革效能，促进降低企业融资和个人消费信贷成本。

利率市场化改革是金融领域最重要的改革之一。中国人民银行在《深入推进利率市场化改革》一文中指出，党的十九大以来，按照党中央决策部署，中国人民银行持续深化利率市场化改革，重点推进贷款市场报价利率改革，建立存款利率市场化调整机制，以改革的办法推动实际贷款利率明显下行。LPR改革以来，企业贷款利率从2019年7月的5.32%降至2022年8月的4.05%，创有统计以来最低水平。

1）改革步伐加快

近年来重点推进的LPR改革是贷款利率“两轨并一轨”工作的重要一步，是利率市场化改革的关键一环。2019年8月，中国人民银行推动改革完善LPR报价形成机制。改革后的LPR由报价行根据对最优质客户实际执行的贷款利率，综合考虑资金成本、市场供求、风险溢价等因素，在中期借贷便利（MLF）利率的基础上形成市场化报价。目前，LPR已经成为银行贷款利率的定价基准，金融机构绝大部分贷款已参考LPR定价。

LPR改革有助于提升货币政策传导效果，提高金融资源配置效率，促进贷款利率“两轨并一轨”。在LPR改革前的很长一段时间内，我国贷款实际利率同时受到市场利率和贷款基准利率两个因素的影响，即常说的利率“双轨制”。“双轨制”导致市场价格扭曲，阻碍了政策信号向贷款实际利率的传导，更影响了货币政策的实施效果。

2019年8月，中国人民银行创新推出了LPR在中期借贷便利利率上加点的形成方式，这成为破解“双轨制”的关键。LPR改革最终实现了贷款利率“两轨并一轨”，使得LPR以及贷款实际利率的市场化程度都明显提高。

LPR改革更让实体经济得到了真金白银的实惠。LPR由银行报价形成，可更为充分地反映市场供求变化，市场化程度更高，在市场利率整体下行的背景下，有利于促进降低实际贷款利率。LPR改革以来，企业贷款利率创有统计以来最低水平。LPR改革有三方面积极作用：一是取代贷款基准利率成为银行贷款定价的定价基准，金融机构绝大部分贷款已参考LPR定价。二是进一步疏通了货币政策传导机制。贷款利率与LPR挂钩，LPR与公开市场操作利率挂钩，政策利率变化将及时传导到贷款利率。三是引导贷款实际利率下行，从而降低实体经济和居民部门融资成本。由此，贷款利率市场化基本实现。

2）举措稳步推出

近年来，在贷款利率市场化加快推进的同时，存款利率市场化改革也在稳步推进。一系列改革举措有序推出：2021年6月，中国人民银行指导市场利率定价自律机制优化存款利率自律上限形成方式，由存款基准利率浮动倍数形成改为加点确定，消除了存款利率上限的杠杆效应，优化了定期存款利率期限结构；2022年4月，推动自律机制成员银行参考以10年期国债收益率为代表的债券市场利率和以1年期LPR为代表的贷款市场利率，合理调整存款利率水平。

总体上看，推动自律机制成员银行参考以10年期国债收益率为代表的债券市场利率和以1年期LPR为代表的贷款市场利率，有利于银行存款利率市场化程度的提高，且有利于稳定银行的负债成本。这不仅起到了引导存款利率下行的作用，还充分尊重了不同银行间的差异，让市场主体自我决策并获得相应的收益、承担相应的成本。

存款利率市场化调整机制建立后，存款利率很快出现了变化。许多银行已根据债券市场以及贷款市场利率灵活自主地对包括挂牌利率在内的存款利率进行了调整。2022年9月中旬，国有商业银行主动下调了存款利率，带动其他银行跟随调整，其中很多银行自2015年10月以来首次调整了存款挂牌利率。这是银行加强资产负债管理、稳定负债成本的主动行为，显示存款利率市场化改革向前迈进了重要一步。金融机构下调存款利率的效果传导至贷款端后，能使企业的融资成本进一步降低，从而激发出更多的融资需求。

对于下一步的改革，中国人民银行表示，将继续深入推进利率市场化改革，持续释放LPR改革效能，加强存款利率监管，充分发挥存款利率市场化调整机制重要作用，推动提升利率市场化程度，健全市场化利率形成和传导机制，优化央行政策利率体系，发挥好利率杠杆的调节作用，促进金融资源优化配置，为经济高质量发展营造良好环境。

资料来源：陈果静．利率市场化改革效能持续释放［N］．经济日报，2022-10-31（7）．

利率是金融市场中最重要的经济指标，具有“牵一发而动全身”的效应。利率不仅对企业、家庭、个人等微观经济体产生影响，也是调节宏观经济的重要杠杆。利率既然如此重要，我们就要知道：什么是利率与利息？利息的本质是什么？怎样去计量利率？利率是如何决定的？这正是本章要学习的重要内容。

2.1 利率及其种类

2.1.1 利息与利息率

1）利息与利息率的含义

利息是借贷关系中借入方支付给贷出方的报酬，即对资金使用权让渡引起即期消费和机会收益损失的补偿。利息在资金借贷行为发生时就被确立下来，并成为资本收益的一般形式。利息率（以下简称“利率”）是指借贷期间所形成的利息额与本金的比率。按照计算利息时间的长短，利率可以分为年利率、月利率和日利率，相应地利息也称为年息、月息和日息。

2）马克思关于利息的来源与本质的主要观点论述

利率是资本收益率的一般形式。资本能够给人们带来收益，而任何能取得收益的事物都可视为资本。通过与借贷资本作比较，用市场利率和收益进行计算，将事物折换成一定的资本量，就可以用资金价格来衡量，使一些无价值的事物具有价格，如土地价格、人力资本价格等。这一过程被称为资本化。

收益资本化理论是马克思在论述利息的来源和本质时提出的。收益资本化实际上是两个市场规律的体现。一是在充分市场竞争条件下，随着资金与劳动力的自由流动，不同部门和不同投资活动最终会取得趋于一致的收益率，这就是收益率的收敛性。这个规律也是马克思在论述利息的来源和本质时所形容的社会收益平均化过程的体现。在这个过程中，经济活动要最终实现同等的资金获得同等收益或者不同等的资金获得同等收益率的目标。二是在市场上投入一定量的资金或实物，或者投入某种能够带来收益的无价值之客观存在，都应带来趋近于平均收益率的收益。这样，当市场利率成为社会收益率的一般形式后，如果无价值之物需要进行转让，则其价格相当于能带来平均收益率的资金量。两个规律共同作用，使我们能对土地、人力资源和金融资产这样一些无法运用价值定价法来确定其转让价格的客观存在进行近似定价，即通过预期收益和市场利率来将这些无价值之物换算成一定量的资本。资本能够给资本使用者带来收益，这种收益的大小可利用投入的资本量所带来的收益额与该投入的资本量之比即资本的收益率来表示，这就使无法定价的能够给人们带来收益或人们认为其有价值的客观存在具有了市场价格。

马克思针对资本主义经济中的利息指出：“贷出者和借入者双方都是把同一货币额作为资本支出的，但它只有在后者手中才执行资本的职能。同一货币额作为资本对两个人来说取得了双重的存在，这并不会使利润增加一倍。它所以能对双方都作为资本执行职能，只是由于利润的分割。其中归贷出者的部分叫作利息。”[①]由此可见，马克思认为利息本质上是利润的一部分，是利润在借贷双方之间的分割，体现了借贷资本家和职能资本家共同剥削雇佣工人的关系，也体现了借贷资本家和职能资本家之间瓜分剩余价值的关系。

（1）利息直接来源于利润，是利润的一部分。借贷资本家把货币作为资本借贷给职能资本家使用。职能资本家用借来的资本购买生产资料和劳动力，投入生产过程，通过劳动者的劳动创造利润。利息是利润的一部分，作为使用借贷资本的报酬，但是利润不能全部归贷出者所有，不然的话，借入者就没有动力借入资本。

（2）利息是对剩余价值的分割。利润是剩余价值的转化形式，利息只是利润的一部分。剩余价值是利润的本质，利润则是剩余价值的表现形式。利息对利润的分割，也就是对剩余价值的分割。

2.1.2 利率的种类

现实生活中，利率是以某种具体形式存在的。随着金融市场的不断发展，利率的种类不断增加，形成了庞大的利率体系。根据不同的标准，利率可以划分为不同的种类。

1）固定利率与浮动利率

根据借贷期内是否变动，利率可划分为固定利率和浮动利率。固定利率是在整个借贷期内不随借贷供求状况而变动的利率。浮动利率是在借贷期内随市场利率的变化而定期调整的利率。

固定利率对于借贷双方准确计算成本和收益十分方便，通常适用于短期借贷。在通货膨胀的情况下，对债权人尤其是进行长期放款的债权人来说，采用固定利率会给其带来较大的损失，因此需采用浮动利率。浮动利率根据借贷双方的协定，由一方在规定的时间依据某种市场利率进行调整，调整期一般为3~6个月，多适用于3年以上的借贷以及国际金融市场上的借贷。在我国，浮动利率还有另外一层特殊含义，即金融机构在中央银行规定的浮动幅度内（2015年10月，我国央行宣布取消存款利率上限），以基准利率为基础自行确定的利率，如存款利率的上浮或贷款利率的下调。

2）市场利率、官方利率与行业利率

从利率管理的角度出发，利率可划分为市场利率、官方利率和行业利率。市场利率是由货币资金的供求关系决定的利率。官方利率是由一国政府金融管理部门或者中央银行确定的利率，它是国家实施宏观调控的一种手段。行业利率是非政府部门的民间金融组织为了维护公平竞争所确定的利率。例如，银行业协会确定的利率对会员银行有约束作用，对非会员银行则没有约束作用。

市场利率既包括借贷双方在借贷市场上直接融通资金时形成的利率，也包括在证券市场上买卖某种有价证券时的利率。市场利率最接近货币价值变动的界限，能

---

① 马克思，恩格斯．马克思恩格斯文集：第七卷［M］．中共中央马克思恩格斯列宁斯大林著作编译局，编译．北京：人民出版社，2009：395-396.

比较客观、灵敏地反映货币资金供求状况。发达国家的利率大多是市场利率，我国银行间同业拆借利率是较为典型的市场利率。

官方利率作为国家调节经济的重要杠杆，一般由中央银行按照货币政策的要求直接确定。我国目前基本形成了以官方利率为主、市场利率为辅的利率体系。

3）短期利率与长期利率

根据借贷时间的长短，利率可划分为短期利率和长期利率。短期利率一般指借贷时间在1年以内的利率。长期利率一般指借贷时间在1年以上的利率。

一般来说，资金借贷期限长短与利率水平高低及投资风险有直接关系。期限越长的投资，风险越大，利率越高；期限越短的投资，风险越小，利率越低。

4）名义利率与实际利率

根据与通货膨胀的关系，利率可划分为名义利率（nominal interest rate）与实际利率（real interest rate）。名义利率是包括对通货膨胀风险补偿的利率。商业银行电子显示牌上的挂牌利率即为名义利率。实际利率是名义利率剔除通货膨胀因素以后的真实利率。

以欧文·费雪（Irving Fisher）命名的费雪方程式给出了关于实际利率的更准确的定义。费雪方程式表明名义利率i等于实际利率i_r加上预期通货膨胀率π^e，即

$$i = i_r + \pi^e \tag{2-1}$$

重新排列各项，可以发现实际利率等于名义利率减去预期通货膨胀率π^e，即

$$i_r = i - \pi^e \tag{2-2}$$

式（2-2）是一个不精确的算式，仅有本金部分考虑了通货膨胀的影响，而利息部分则没有考虑通货膨胀的影响。若考虑到通货膨胀对利息的影响，名义利率的计算公式可以写成$1 + i = (1 + i_r)(1 + \pi^e)$，即

$$i = (1 + i_r)(1 + \pi^e) - 1 \tag{2-3}$$

从中可推算出实际利率的计算公式为

$$i_r = \frac{1 + i}{1 + \pi^e} - 1 \tag{2-4}$$

例如，某银行的贷款利率为15%，而当年所在国的通货膨胀率为10%，按式（2-2）计算得到的实际利率为5%，而按式（2-4）计算得到的实际利率为4.55%，两者相差0.45%。

实际利率表示以不变价来衡量即按照所能购买的实际产品和服务的数量来计算的真实购买力水平，反映借贷资金的真实利息收益或借款成本。在经济活动中，借贷双方真正关心的是实际利率，而不是名义利率。

根据名义利率与通货膨胀率的比较，实际利率呈现出以下三种情况：当名义利率高于通货膨胀率时，实际利率为正利率；当名义利率等于通货膨胀率时，实际利率为零；当名义利率低于通货膨胀率时，实际利率为负利率。在不同的实际利率下，借贷双方会有不同的经济行为。实际利率越低，借款人借入资金的动力就越大，贷款人贷出资金的动力就越小。一般而言，正利率、零利率和负利率对经济的调节作用是互逆的，只有正利率才符合价格规律的要求。

知识链接 2-1

经验性结论

当 $i=\pi^e$ 时，$i_r=0$：债权人只能实现本金保值，没有真实的利息收益，债务人没有真实的利息负担。

当 $i>\pi^e$ 时，$i_r>0$：债权人不仅能实现本金保值，而且能增值，债务人有真实的利息负担。

当 $i<\pi^e$ 时，$i_r<0$：债权人不仅不能获得真实的利息收益，连本金也会贬值，债务人不但没有真实的利息负担，还会获得通货膨胀率与利息率之间的真实收益。

拓展阅读 2-1

“负利率”的实践逻辑和理论思考

在经济金融运行中，“负利率”大致可分为三种情形：一是名义利率为正，但物价上涨幅度超过了名义利率，结果是实际利率为负；二是名义利率为负，但物价下行幅度超过了名义利率，结果是实际利率为正；三是名义利率为负，但物价下行幅度不足以冲抵名义利率的负值，结果是实际利率为负。从英国古典经济学开始，传统经济金融理论就把名义利率为正作为基础性条件。它既是各种金融产品和金融服务的定价基础（如特定种类金融产品的利率等于基准利率加风险溢价），也是货币政策调控（尤其是价格调控机制）的重要基础。货币均衡与商品均衡以至于宏观经济均衡等都离不开这一条件。从实践层面来看，存贷款之间的利率差额是商业银行等金融机构的一项主要收入来源，即便是代客理财业务（如资产管理等）也把争取被管理的客户资产收益为正作为运作目标。

2008年9月，由美国次贷危机引发的国际金融危机爆发，欧洲成为深受冲击的重灾区。2009年7月，瑞典中央银行率先迈出了名义利率为负的第一步，将存款利率降低到-0.25%（实施1年后，又恢复到零利率水平）。2014年以后，名义利率为负的情形非但没有减缓，反而出现愈演愈烈的态势。2019年以后，加入名义利率为负行列的中央银行已达5家（包括瑞典、丹麦、瑞士、日本的中央银行和欧洲中央银行），同时名义利率为负的情形向商业银行等金融机构的存贷款利率、债券市场收益率等方面扩展。

欧洲一些国家的中央银行实施的存款负利率，在理论上既突破了凯恩斯的流动性陷阱假说，又未能真正摆脱这一陷阱。从突破来看，凯恩斯的流动性陷阱假说建立在名义利率为正的基础上，认为当名义利率水平降低到零利率（即再也不能降低）时，货币需求弹性就将无限扩大，中央银行无论实施多么宽松的货币政策，投入多少货币到经济金融运行中，都不可能扭转经济金融继续下滑的趋势。与此相比，欧洲一些国家的中央银行实施的存款负利率突破了零利率的底线，使得名义利率下行不再有底线限制。然而，这些国家即便实施了在存款、贷款等方面的负利率政策，在短期内依然未能有效扭转国民经济的疲软和下行走势，同时带来了负利率向债券市场负收益率扩展的效应。

这些实践现象透视出四个问题。其一，在经济金融运行中，利率是一个重要的调控机制，对调节资金供求状况有着积极作用，但利率机制并非货币政策和宏观经济调控的唯一工具，更不是在任何条件下都充分有效（换句话说，利率机制不是万能的）。仅靠放松货币政策，增加资金供给，并不必然引致资金流向实体经济，也可能使得大量资金在进入金融市场（尤其是债券市场）以后，引致金融产品价格上行，收益率下行。其二，利率水平并非只有在正值时才能够推进货币均衡从而促进商品均衡。实施负利率也有促进供给增加、刺激消费扩大的功效，也可能有利于促进商品均衡。其关键在于资金的流向和流量。其三，负利率未必引致资金流向他国，使本国经济发展受到资金紧缺的制约。在金融市场比较发达的条件下，负利率一般将引致资金流向金融产品的交易，推高金融产品价格，加大金融风险。其四，货币政策应与财政政策有效配合运用。在陷入流动性陷阱的背景下，应着力强化财政政策的运用（如加大减税力度、政府财政投资力度等），提高政府财政对实体经济的支持水平。运用存贷款负利率来拉升消费能力是必要的，但不可忽视供给侧的结构性调整。不论宏观经济政策如何发力，经济金融运行的状况归根到底取决于实体经济的发展质量和国际竞争力。在经济疲软时期需要充分发挥市场机制的作用，加强国际合作，加大经济结构调整的力度，推进关键性科技的进步，提高实体企业的市场竞争力和创造增加值（尤其是利润）的能力。

资料来源：王国刚．“负利率”的实践逻辑和理论思考［J］．中国金融，2019（20）：23-26.

5）基准利率与非基准利率

根据在整个利率体系中产生的影响，利率可划分为基准利率和非基准利率。基准利率是在金融市场上以及整个利率体系中具有普遍参考作用和决定作用的利率，是重要的金融市场要素，也是货币政策传导中的核心环节。随基准利率的变动而变动的利率，称为非基准利率。

在国际金融市场上，曾经运用最广泛的基准利率是伦敦银行间同业拆借利率（LIBOR）。英国金融行为监管局（FCA）于2023年7月3日发布公告称，隔夜和12个月美元伦敦银行同业拆借利率设置已永久停止，标志着过去长达数十年来金融市场的利率定价基准LIBOR已正式退出历史舞台。为应对LIBOR退出带来的影响，各主要发达经济体积极推进基准利率改革，选定的新基准利率多为无风险基准利率（RFRs），由各经济体独立发布，均为实际成交利率，仅有单一的隔夜期限，且绝大多数由中央银行管理。例如，美国、英国、欧元区和日本分别选择了有担保隔夜融资利率（SOFR）、英镑隔夜平均指数（SONIA）、欧元短期利率（€STR）和日元无担保隔夜拆借利率（TONA）作为基准利率。

在完善社会主义市场经济体制、推进利率市场化改革过程中，中国高度重视基准利率体系建设。经过多年持续努力，目前中国的货币市场、债券市场、信贷市场、衍生品市场等基本上都已培育各自具备一定公信力、权威性、市场认可度的指标性利率，为观测市场运行、指导金融产品定价提供了较好参考。特别是在培育基于实际交易的基准利率方面，与国际上在此次基准利率改革中才开始重视有明显不同，中国在建设银行间市场之初就培育了一系列基于实际交易的基准利率，具有较为突出的先发优势。

中国货币市场交易以回购为主，其中银行间质押式回购的占比最高。目前，中国已形成基于银行间质押式回购交易的利率指标体系，主要包括质押式回购利率（R）、存款类金融机构间的债券回购利率（DR）、银行间回购定盘利率（FR）、存款类金融机构间的回购定盘利率（FDR）等关键利率指标；同时，基于交易所回购交易形成了交易所回购利率（GC）等利率指标。

银行间拆借市场的基准利率由之前的中国银行间同业拆借利率（CHIBOR）转变为上海银行间同业拆放利率（SHIBOR）。债券市场基准利率为国债和政策性金融债收益率。信贷市场基准利率为贷款市场报价利率（LPR）。

总体来看，目前中国的基准利率体系已较为健全，但除LPR被广泛用于贷款利率定价外，其他基准利率主要发挥反映市场资金供求的指标作用，直接用其作为定价基准的金融产品仍较为有限。下一步中国基准利率体系建设的重点在于推动这些基准利率的广泛运用。其中，由于DR最能充分体现银行体系流动性状况和融资利率水平，市场认可度较高，且与国际上的新基准利率RFRs最为接近，未来要重点通过创新和扩大DR在金融产品中的运用，将其打造为中国货币政策调控和金融市场定价的关键性参考指标。

知识链接2-2

贷款市场报价利率（LPR）

中国的金融体系以银行体系为主导，银行贷款是最主要的融资工具，因此贷款利率是中国利率体系的关键。过去很长一段时间，中国的贷款利率主要参考中国人民银行发布的贷款基准利率。由于贷款基准利率有行政色彩，一些银行在贷款定价时协同形成了贷款基准利率0.9倍的隐性下限，不利于利率的有效传导。2013年10月，中国人民银行组织发布了LPR，将其作为贷款定价的市场化参考指标，但运行中报价行仍主要参考贷款基准利率报价，导致原LPR市场化程度不高，运用范围也较为有限。

2019年8月17日，按照国务院部署，中国人民银行发布公告，决定改革完善LPR形成机制。改革后的LPR由各报价行根据最优质客户贷款利率，按公开市场操作利率（主要指中期借贷便利利率）加点形成的方式报价。目前，LPR包括1年期和5年期以上两个品种，共有18家报价行，每月20日（遇节假日顺延）9点前，各报价行以0.05个百分点为步长，向交易中心提交报价，交易中心去掉最高和最低报价后进行算术平均，并向0.05%的整数倍就近取整计算得出LPR，于当日9点30分发布。

自2019年8月20日新的LPR首次发布以来，LPR逐步下行，较好地反映了货币政策取向和市场供求变化，市场化程度明显提高。截至2020年7月，1年期和5年期以上LPR分别累计下降0.4个百分点和0.2个百分点。同时，金融机构积极运用LPR定价，新发放贷款已基本参考LPR定价，存量浮动利率贷款定价基准转换于2020年3月如期启动，并已于2020年8月末完成。随着LPR改革效果逐步显现，贷款利率隐性下限被完全打破，市场利率向贷款利率的传导效率显著提升，带动贷款利率明显下降。2020年7月，企业贷款平均利率为4.68%，同比下降0.64个百分点，明显超过同期LPR降幅，充分体现了LPR改革增强金融机构自主定价能力、提高贷款市场竞争性、促进贷款利率下行的作用。

资料来源：中国人民银行. 参与国际基准利率改革和健全中国基准利率体系［R/OL］. 2020［2023-10-31］. http://www.pbc.gov.cn/goutongjiaoliu/113456/113469/4079810/2020083117120579027.pdf.

拓展阅读 2-2

全球基准利率鼻祖LIBOR退场

在过去几十年里，LIBOR堪称世界上最重要的基准利率，在金融市场交易和资产定价中扮演着重要角色，全球数万亿美元的金融工具和贷款产品以LIBOR为参考利率。如今，LIBOR彻底退出历史舞台。这无疑也标志着一个属于它的利率时代彻底落幕，替代它的担保隔夜融资利率（SOFR）或许将对全球金融产品定价产生重大影响。

LIBOR的起源可以追溯到20世纪60年代末，当时希腊银行家Minos Zombanakis组织了一宗为伊朗国王提供的价值8 000万美元的银团贷款，并将贷款利率与一些参考银行报告的平均融资成本挂钩——这就是LIBOR报价机制的雏形。随后，全球利率市场开始发展，利率掉期、货币衍生品等金融产品逐渐普及，国际市场急需一个统一的利率衡量标准以用于各种金融机构和实体间交易。于是1986年，英国银行家协会（BBA）将LIBOR变为一种报价机制，选定20家（最初为16家）银行作为参考银行，每天伦敦时间11点前这20家银行将各自的拆借利率报给ICE（美国洲际交易所），ICE剔除最高及最低的25%报价，将剩余一半报价的算术平均数作为LIBOR当天的定价。

几十年来，LIBOR曾被广泛应用于英美等国金融市场，影响全球数百万亿美元债券、工商业贷款、住房抵押贷款、利率期货等金融产品的定价。LIBOR作为全球利率市场化的鼻祖，其特点是在50年前就创造性地设计了一种利率动态平衡机制，它能及时反映并随着市场供求关系变化而适时调整。起初，英国银行业大量采纳LIBOR机制，并将其主要应用到银行间无抵押无担保贷款市场，即后来广为人知的信用贷款。随着后期华尔街将大量国际业务放在伦敦市场进行交易，以及美元体系在国际交易、结算、清算上的全球扩张，LIBOR的使用场景被极速放大。在巅峰期，从抵押贷款到信用贷款，从房贷到车贷、“气球贷”，全球有数以百万亿美元级当量的交易都与LIBOR挂钩，LIBOR成为当之无愧的全球利率市场化标杆。

作为一个如此重要的基准利率，LIBOR为什么会被抛弃？不少人认为，LIBOR操纵案是触发国际基准利率改革的直接动因。

经过多年使用，LIBOR的固有缺陷逐渐暴露出来，其中最受诟病的是其形成机制并不依据利率市场交易数据，而是根据世界银行业巨头提供的报价来计算。由于报价行大多在全球利率衍生品交易中持有大额头寸，其中大部分是以LIBOR为基准进行定价的，在缺乏约束机制的背景下，报价行难免会为了自身利益而串谋、操纵LIBOR定价。从2005年起，多家规模较大的金融机构通过操纵LIBOR报价并从中获利。2008年金融危机期间，LIBOR的可信性问题首次浮出水面，当时某些银行担心根据真实流动性报价会暴露自身的流动性状况，因而刻意压低报价，使得计算出来的LIBOR低于市场的真实利率。在接下来的几年里，金融监管机构调查了涉嫌操纵LIBOR的行为。陆续出现的利率操纵案让LIBOR声名狼藉，公信力受到重创。2012年，美国和英国的监管机构调查发现，汇丰银行、巴克莱银行、美国银行、瑞银集团、法国兴业银行、苏格兰皇家银行、德意志银行、花旗集团等大型机构均涉嫌操控利率。从2012年6月至今，美国和英国的司法机构先后向瑞士银行、荷兰合作银行、巴克莱银行等大型投资银行开出70多亿美元罚单。

随着全球发达市场金融业加速创新，交易日趋复杂，尤其是衍生品市场高度发达加上高频交易飞速崛起，LIBOR的利率市场化地位遭遇严重挑战，其作为利率标杆在被大量运用的同时被高度虚拟化，形成了事实上的架空。用15年前英格兰银行行长默文·金的话说，“LIBOR在很多方面就是银行交易中不采用的那个利率（水平）”——这才是LIBOR退出历史舞台的根源所在，至于后期一连串操控LIBOR等的丑闻，不过是加速了LIBOR退出的进程。LIBOR退出的教训再次体现了金融要以服务实体经济为宗旨的必要性，金融市场过度虚拟化和套利交易只会造成破坏和毁灭。在当今全球环境和形势风高浪急的背景下，LIBOR被替代的发展路径存在高度不确定性，但无论是哪条路径，全球基准利率改革必须秉承公正公平诚实之原则，这一点毫无疑问。

资料来源：方彬楠，赵天舒．全球基准利率鼻祖LIBOR退场［N］．北京商报，2023-07-05（8）．

2.1.3 决定和影响利率水平变化的因素

1）平均利润率

当企业从银行和其他金融机构借入资金从事生产经营后，所得利润分为两部分：一部分以利息形式支付给银行和其他金融机构，作为使用借贷资金的代价；另一部分作为企业的利润。一般而言，随着一国市场机制的作用和价格体系的调整与完善，企业间的利润率的差距有逐渐缩小而趋于平均化的趋势，因此企业承担的利息率必然以平均利润率为最高界限，如果利率高出这一界限，企业的实际收益为负，就不会再从金融机构借入资金。理论上，利率在平均利润率和零之间波动。

2）借贷资本的供求关系

理论上，利率的取值限于零到平均利润率之间，但是在某一具体时期的具体市场中，利率则是由借贷资金市场上借贷资金的供求状况决定的。通常情况下，借贷资金的供给大于需求时，利率就会下降；借贷资金的需求大于供给时，利率就会上升。

3）中央银行的货币政策

中央银行通过运用货币政策工具改变货币供应量，从而影响利率水平。一般来讲，中央银行若实行扩张性货币政策，就会增加货币投入量，促使利率水平下降；反之，若实行紧缩性货币政策，就会减少货币供应量，促使利率水平上升。

4）通货膨胀预期

预期通货膨胀率上升，必将引起纸币贬值，从而给借贷资金的本金和利息造成损失，即本金和利息的实际购买力下降。为了弥补这种损失，贷款人必须提高利率水平。因此，在预期通货膨胀率上升期间，利率水平有很强的上升趋势，而当预期通货膨胀率下降时，利率水平也将下降。我们把预期通货膨胀率变化引起利率水平发生变动的效应称为费雪效应（Fisher Effect）。

5）商业周期

利率的波动表现出很强的周期性，在经济周期的扩张（繁荣）阶段上升而在经济周期的紧缩（衰退）阶段下降。在经济周期扩张时期，随着企业和消费者借款增多，对资金的需求迅速上升。此外，通过费雪效应拉升利率的通货膨胀压力增加，而且中央银行可能采取措施限制可供资金以抵消随经济增长产生的通货膨胀。以上情况都将推高利率水平。在经济周期紧缩时期，则会发生相反的情况。随着企业和消费者缩减支出，对资金的需求下降，通货膨胀压力减轻，中央银行开始增加可贷资金供给。以上情况合起来又会降低利率水平。

6）国际利率水平

随着国际经济一体化趋势的形成和国际经济联系的日益加深，国际利率水平及其变动趋势对一国利率水平具有很强的“示范效应”。若国内利率水平高于国际利率水平，资金将大量涌入，导致国内金融市场资金供大于求，国内利率下降，直至与国际利率水平持平；反之，若国内利率水平低于国际利率水平，资金将流出，导致国内资金供不应求，国内利率上升，直至与国际利率水平持平。

总体来说，影响和决定利率的因素多且复杂，除上述因素外，借贷期限与风险、政府预算赤字、国际汇率水平等因素都会影响利率水平。在决定一国利率的过程中，这些因素的相对重要性取决于一国的经济、金融的发展及开放程度。例如，一国的经济体制在金融方面对外完全开放，或者开放的程度比较深，则国内利率受国际市场利率的影响相对较大；否则，这种因素的影响就相对较小。

2.2 利率的计算

2.2.1 单利与复利

1）单利

单利是指在计算利息额时，以本金为基数计算利息，所生利息不再加入本金重复计算下期利息的方法，其计算公式为

$$I = P \times i \times n \tag{2-5}$$

$$S = P(1 + i \times n) \tag{2-6}$$

式中：I为利息额；P为本金；i为利率；n为借贷期限；S为本金与利息之和，简称本利和。

2）复利

复利是指在一定时期内按本金计算利息，随即将利息加入本金，作为下一期计算利息基础的方法。复利就是通常所说的“利滚利”，其计算公式为

$$I = P \times \left[(1 + i)^n - 1\right] \tag{2-7}$$

$$S = P \times (1 + i)^n \tag{2-8}$$

【例2-1】A银行向B企业发放一笔期限为2年、年利率为6%、金额为30万元的贷款，分别采用单利和复利计算，2年以后利息与本利和分别是多少？

解：按单利计算：

$I=P\times i\times n=30\times 6\%\times 2=3.6$（万元）

$S=P（1+i\times n）=30\times（1+6\%\times 2）=33.6$（万元）

按复利计算：

$I=P\times［（1+i）^n-1］=30\times［（1+6\%）^2-1］=3.71$（万元）

$S=P\times（1+i）^n=30\times（1+6\%）^2=33.71$（万元）

上述复利计算采用每年计息一次的方法，在实际工作中，时间单位也可以是半年、季度、月、日，这样的复利称为连续复利。用连续复利计算本利和的公式为

$$S = P \times (1 + i/m)^{n \times m} \tag{2-9}$$

式中：m为每年计息次数。

若例2-1采用每半年一次复利计算，则

$S = P \times (1 + i/m)^{n \times m} = 30\times（1+6\%/2）^{2\times 2}=33.77$（万元）

当其他条件相同时，每次复利计息的间隔时间越短，到期本息和就越大。

综上所述，以单利计息，手续简单，计算方便，借入者的利息负担也比较轻；以复利计息，考虑了资金的时间价值因素，是对贷出者（储户）利益的保护，有利于提高资金的使用效益，并强化利率杠杆的作用。由于复利反映出利息的本质特征，因而相对更合理些。一般来说，单利计算适用于短期借贷，而长期借贷则多采用复利计算。

2.2.2 终值与现值

1）终值与现值的概念

货币是有时间价值的，一年后收入的1元钱不如现在收入的1元钱值钱，因为人们可以将1元钱存入储蓄账户中赚取利息，一年后所拥有的就不止1元钱了。终值（future value）与现值（present value）的概念就是基于这样的常识得到的。

终值是指一笔资金按照一定的速度增值，且增值额始终自动加入本金的条件下，在未来某一时点上的价值，用FV表示。现值是承诺在将来进行的一项支付在今天的价值，即终值的逆运算，用PV表示。例如，甲在保证每年给付5%利息的储蓄账户中存入100元，那么在第一年年末甲的账户中将有105元。这可以表述为：

100×（1+5%）=105（元）

第二年年末甲的账户中有

105×（1+5%）= 100×（1+5%）^{2}=110.25（元）

第三年年末甲的账户中有

110.25×（1+5%）= 100×（1+5%）^{3}=115.76（元）

概括起来，在第n年年末，甲的账户中将有存款100×（1+5%）^{n}元。

从图2-1中的时间轴可以看到账户中的100元存款在每年年末可以获取的金额。

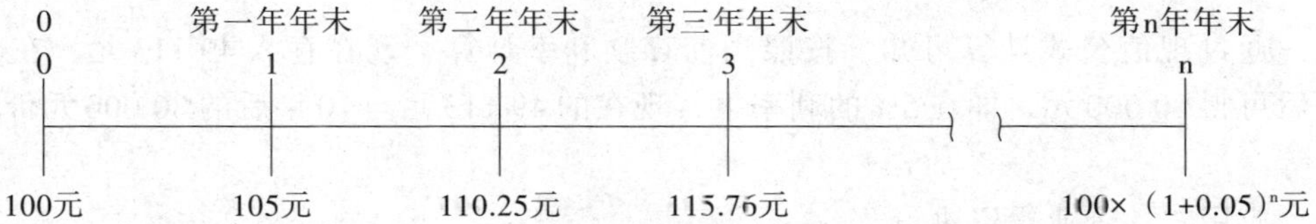

图2-1 终值时间轴

由此可以推导出终值的计算公式为

$$FV=PV（1+i）^n \tag{2-10}$$

图2-1中的时间轴还意味着，人们可以从未来的收益倒算现在的价值。例如，3年后的115.76元相当于今天的100元，即

$$100 = \frac{115.76}{(1+5\%)^3}$$

上面计算的是未来收入在今天的价值，这个过程被称为对未来的贴现。总结上述计算过程，可以得到现值的计算公式，即

$$PV = \frac{FV}{(1+i)^n} \tag{2-11}$$

知识链接2-3

你究竟赢得了多少钱

假如你购买福利彩票获得了2 000万元大奖，此奖项承诺在获奖当日发放100万元奖金给你，其余的奖金将在未来的20年中每年发放100万元。你当然非常兴奋，可是你真的赢得2 000万元了吗？

从现值的角度来看并不是这样，你所得到的2 000万元是未来支付给你的金额，应把它折算成今天的价值。如果我们假定利率为10%，第一次支付的100万元显然是今天的100万元，但第二年支付的100万元用今天的价值来衡量，只有909 091元［1 000 000 /（1+10%）］，远远少于100万元。第三年支付的100万元的现值为826 446元［1 000 000/（1+10%）^{2}］，以此类推。将所有计算所得的现值相加，结果为940万元。虽然你仍然十分兴奋，但由于你懂得了现值的概念，能清楚地意识到你事实上并没有赢得2 000万元，你所得到的还不到2 000万元的一半。

资料来源：米什金．货币金融学［M］．郑艳文，荆国勇，译．北京：中国人民大学出版社，2011.

微课2-1

现值的应用

2）现值的应用

应用一：家庭生活决策

现值用来估计未来资金与现在资金的价值关系，从而为人们日常生活中的经济决策提供依据。

【例2-2】例如，甲预计10年后自己的孩子上大学需要的费用是80 000元，若当前的存款利率为5%，那么甲现在需要为孩子存多少钱？

解：$PV=\dfrac{80\,000}{(1+5\%)^{10}}=49\,113$（元）

通过现值公式计算可知，按照当前存款利率计算，现在存入49 113元，在10年后可得80 000元，即在5%的利率下，现在的49 113元与10年后的80 000元价值相等。

应用二：企业投资决策

由于货币有时间价值，因此只有同一时点的货币金额才能够简单相加减，不同时点的货币金额是不能简单加减的。终值、现值及现金流贴现分析方法的引入，可有效地解决不同时点的货币金额相加减的问题，即将不同时点的货币金额通过求现值贴现到相同的时点，就可以对这些已经经过贴现运算的货币金额进行简单加减。投资决策实质上是进行成本或收益的比较，而成本或收益是在多个不同时点发生的，我们首先需要将这些不同时点的资金流动额换算成同一时点的可进行简单加减的货币金额，然后才能去评价项目是否值得投资并得出最终结论。因此，贴现现金流分析也就成了投资决策中必不可少的分析方法。

【例2-3】李某要投资一家工厂，有方案A和方案B两种投资方案，市场利率为15%。方案A分别在第一年年初投资500万元、第二年年初投资200万元、第三年年初投资200万元；方案B分别在第一年年初投资100万元、第二年年初投资300万元、第四年年初投资600万元。在其他因素相同的情况下，李某应该选择哪种投资方案？

解：方案A的现值为：$PV_A=500+200/(1+15\%)+200/(1+15\%)^2=825$（万元）

方案B的现值为：$PV_B=100+300/(1+15\%)+600/(1+15\%)^3=755$（万元）

由于方案A和方案B的投资时点不同，无法直接相加，因此利用现值公式将未来投资的现金流统一换算成第一年年初这个时点的金额，然后再加总比较大小。755万元小于825万元，说明B方案的投资成本小于A方案，因此选择B方案。

应用三：有价证券估值

$PV = \sum_{t=1}^{n} \frac{S_t}{(1+i)^t} = \frac{S_1}{1+i} + \frac{S_2}{(1+i)^2} + \cdots + \frac{S_n}{(1+i)^n}$是定期定额贴现公式，说明当前投资PV元，按照利率i，在今后n年中，第1年收回S_1元，第2年收回S_2元，…，第n年收回S_n元，就把投资全部收回。

【例2-4】有一张面值1 000元的债券，期限为5年。该债券在每年年末按6%的利率向债券持有人支付利息，到期归还1 000元本金。如果某投资者采用的折现率为5%，则这张债券对他来说现值是多少？投资者愿花多少钱购买这张债券？

解：将数值代入上述公式得

$$PV = \sum_{t=1}^{4} \frac{60}{(1+0.05)^t} + \frac{1\,060}{(1+0.05)^5} = 1\,043\text{（元）}$$

上面计算的现值之和是债券的理论价值。从理论上讲，证券的市场价格将围绕其理论价值上下波动，即当市场价格低于理论价值1 043元时，说明该债券有升值空间，可以考虑购买。

2.2.3 利率与其他收益率、回报率的区别

1）到期收益率

在各种计算利率的常见方法中，到期收益率（yield to maturity，YTM）是最重要的一种。所谓到期收益率，是指来自某种信用工具未来收入的现值总和与其今天的价值相等时的利率水平。由于到期收益率的概念中隐含着严格的经济含义，因此经济学家认为到期收益率是衡量利率水平的最精确的指标。下面将介绍4种信用工具的到期收益率。

（1）普通贷款的到期收益率

普通贷款（simple loan）是指贷款人向借款人提供一定数量的资金，借款人必须在到期日向贷款人归还本金，并支付额外的利息。许多货币市场工具都属于这种类型，如对企业发放的商业贷款。

对于普通贷款而言，使用现值概念计算其到期收益率是非常简单的。例如，一笔面额为100元的一年期贷款，要求一年后偿还100元本金，外加10元利息，根据到期收益率的概念，让贷款未来偿付额的现值等于其今天的价值，这笔贷款的到期收益率的计算过程是

$$100 = \frac{100+10}{1+i}$$

$$1+i = \frac{110}{100}$$

$$i = 10\%$$

因此，对于普通贷款而言，放贷者的到期收益率等于普通贷款的单利。

（2）固定支付贷款的到期收益率

固定支付贷款（fixed-payment loan）是指贷款人向借款人提供一定数量的资金，在约定的若干年度内，借款人每个期间（如每月）偿还固定的金额（其中既包括本金，也包括利息），到期日本息全部清偿完毕。住房按揭贷款通常是这种类型的贷款。计算固定支付贷款的到期收益率，应使贷款今天的价值等于所有未来支付的现值之和。

【例2-5】一笔面额为10万元的抵押贷款，期限为25年，每年偿付12 600元。试计算这笔贷款的到期收益率。

解：应使这笔贷款今天的价值（10万元）等于未来每年偿付额的现值之和，即

$$100\,000=\frac{12\,600}{1+i}+\frac{12\,600}{(1+i)^2}+\cdots+\frac{12\,600}{(1+i)^{25}}$$

$$i=12\%$$

一般地，对于任何固定支付贷款，到期收益率的计算公式为：

$$LV=\frac{FP}{1+i}+\frac{FP}{(1+i)^2}+\frac{FP}{(1+i)^3}+\cdots+\frac{FP}{(1+i)^n} \tag{2-12}$$

式中：LV为贷款金额；FP为每年固定的偿付额；n为到期前贷款年限；i为固定支付贷款的到期收益率。

微课2-2

息票债券的到期收益率

（3）息票债券的到期收益率

息票债券（coupon bond）又称附息债券，简称债券（bond），是金融市场中的债务性金融工具之一。金融工具是能够证明债权债务或所有权关系并据以进行货币资金交易的合法凭证，一般具有期限性、流动性、风险性和收益性4个基本特征。债务性金融工具是付款承诺的表现形式，是承诺在某一个特定时期内定期支付的债务凭证。息票债券是指在到期日之前每年向债券持有人支付定额的利息（息票利息），到期时再偿还事先规定的最终金额（债券面值）。例如，面值为1 000元的10年期息票债券，每年需要向债券持有人支付100元的息票利息，到期日时再向持有人偿还1 000元的面值。我国在1993年首次发行息票债券，息票债券现已成为国债的重要品种。在美国，政府的长期债券、中期债券以及企业债券也可以以息票债券的形式发行。

息票债券的特征包括：一是发行债券的主体是政府或企业；二是规定债券的到期日；三是规定债券的息票利率，即每年支付的息票利息占债券面值的百分比。在上述例子中，每年的息票利息为100元，面值为1 000元，息票利率就等于10%（100/1 000）。息票债券到期收益率的计算就是使该笔息票债券的所有未来支付的现值总和等于其今天的价值。根据息票债券的含义，息票债券的现值相当于所有息票利息支付额的现值总和再加上最终支付的债券面值的现值。

【例2-6】某投资者以889.20元的价格买入了面值为1 000元、息票利率为10%、期限为8年的息票债券。试计算该息票债券的到期收益率。

解：该投资者买入的这张息票债券的到期收益率为

$889.20=100/(1+i)+100/(1+i)^2+100/(1+i)^3+\cdots+100/(1+i)^8+1\,000/(1+i)^8$

利用财务计算器计算得

$i=12.25\%$

一般地，息票债券到期收益率的计算公式为

$$P=\frac{C}{1+i}+\frac{C}{(1+i)^2}+\frac{C}{(1+i)^3}+\cdots+\frac{C}{(1+i)^n}+\frac{F}{(1+i)^n} \quad (2-13)$$

式中：P为债券的价格；C为每期支付的息票利息；F为债券的面值；n为债券的期限；i为附息债券的到期收益率。

根据式（2-13），如果一笔息票债券的C、F、n是已知的，那么债券价格与到期收益率之间存在一定的关系，我们可以通过一笔面值为1 000元、息票利率为10%、期限为10年的息票债券的到期收益率（见表2-1）来分析。

表2-1　**到期收益率的计算**

债券价格（元）	到期收益率（%）
1 200	7.13
1 100	8.48
1 000	10.00
900	11.75
800	13.81

从表2-1中，我们可以发现以下3点有价值的信息：

① 如果息票债券的价格等于其面值，到期收益就等于息票利率。

② 息票债券的价格与到期收益率是负向相关的。也就是说，当到期收益率上升时，债券价格下跌；反之，当到期收益率下降时，债券价格上升。

③ 当债券价格低于其面值时，到期收益率要高于息票利率；当债券价格高于面值时，到期收益率则低于息票利率。

息票债券的特例为统一公债（consols）或永续债券（perpetuity），这是一种没有到期日、不必偿还本金、永远只需要支付固定的息票利息的永久性债券。在拿破仑战争时期，英国财政部发行了最早的统一公债，时至今日仍有交易；在美国的资本市场上统一公债为数不多。

统一公债价格的计算公式为

$$P=\frac{C}{i} \quad (2-14)$$

式中：P为统一公债的价格；C为年息票利息；i为统一公债的到期收益率。

式（2-14）可变换为

$$i=\frac{C}{P} \quad (2-15)$$

【例2-7】债券的价格为2 000元，永久性地每年支付100元利息。试计算该债券的到期收益率。

解：$i = \frac{100}{2\,000} \times 100\% = 5\%$

式（2-15）不仅可以计算永续债券的到期收益率，而且可以近似地计算息票债券的到期收益率。如果息票债券还有很长时间到期（如20年或者更长时间），就与永久支付息票利息的永续债券十分相像，那么式（2-15）中的i就近似等于长期债券的到期收益率。所以，年息票利息除以证券价格得到的收益率被称为当期收益率（current yield），它经常被当作长期债券利率的近似值。

知识链接2-4

统一公债价格公式推导过程

统一公债价格的计算公式为

$$P = \frac{C}{(1+i)} + \frac{C}{(1+i)^2} + \frac{C}{(1+i)^3} + \cdots$$

这也可以写成

$$P = C\left(x + x^2 + x^3 + \cdots\right)$$

式中：$x = 1/(1+i)$

当x小于1时，无穷级数和的公式为

$$1 + x + x^2 + x^3 + \cdots = \frac{1}{1-x}$$

故 $$P = C\left(\frac{1}{1-x} - 1\right) = C\left[\frac{1}{1 - 1/(1+i)} - 1\right]$$

经过代数运算，这个公式可以变换为

$$P = C\left(\frac{1+i}{i} - \frac{i}{i}\right) = \frac{C}{i}$$

（4）贴现发行债券的到期收益率

贴现发行债券（discount bond）又称零息债券（zero-coupon bond），这种债券的购买价格低于其面值（贴现发行），到期时按照面值偿付。与息票债券不同的是，贴现发行债券没有任何利息，发行人到期按照面值偿付。美国的短期国库券和日本的贴现国债，都是较为典型的贴现债券。我国1996年开始发行贴现国债，期限分别为3个月、6个月和1年。

贴现发行债券价格的计算公式为

$$P = \frac{F}{(1+i)^n} \tag{2-16}$$

【例2-8】某公司发行的贴现发行债券的面值是100元，期限为4年。如果这种债券的销售价格为75元，试计算该债券的到期收益率。

解：$\frac{100}{(1+i)^4} = 75$

$i = 7.46\%$

如果上述债券的期限为1年，则

$$\frac{100}{(1+i)} = 75$$

$$i = \frac{100 - 75}{75} = 33.3\%$$

一般地，对于任何1年期贴现发行债券，其到期收益率都可以写为

$$i = \frac{F - P}{P} \tag{2-17}$$

2）利率与回报率的区别

有人认为，知道了债券的利率，就能知道买进债券的全部收益。例如，某投资者购买了票面利率为10%的长期债券，他认为自己获利了，但当利率上升时，他就会惊奇地发现自己并没有获利。如果投资者此时卖出债券，他就亏本了。准确地讲，回报率（return rate）才是衡量投资者在一个特定的时间段持有某种债券或其他有价证券所获取收益的指标。

对任何有价证券而言，回报率就是持有人的利息收入与有价证券价值变动的总和占购买价格的比率。例如，面值为1 000元、息票利率为10%、购买价格为1 000元、持有1年后以1 200元出售的息票债券，所有者在这一年中所收到的息票利息为100元，价值变动为200元（1 200–1 000）。加总这两项，并将其表示为购买价格1 000元的比率，就可以得到该债券一年持有期的回报率为

$$\frac{100 + 200}{1\,000} = \frac{300}{1\,000} = 30\%$$

表2-1表明，该债券的到期收益率只有7.13%，这说明债券的回报率并不一定等于债券的到期收益率。因此，理解利率与回报率的区别十分重要。按到期收益率计算的债券利率，反映的是债券的全部未来收益的贴现率，是债券的满期收益率，只与债券的初始买进价格有关，而与整个期间内的市场价格变化无关。因此，到期收益率是债券的内部报酬率，即由债券本身确定的收益率，不受市场价格因素的影响。实际上，能够准确衡量在一定时期内投资人持有债券或其他有价证券能够得到的收益的指标是回报率，这是一种外部报酬率概念。

一般地，从时间t到时间t+1，持有一种债券的回报率可以表示为

$$R = \frac{C + P_{t+1} - P_t}{P_t} \tag{2-18}$$

式中：R为从时间t到时间t+1持有债券的回报率；P_t为时间t时债券的价格；P_{t+1}为时间t+1时债券的价格；C为息票利息。

式（2-18）分解为两个部分，即

$$R = \frac{C}{P_t} + \frac{P_{t+1} - P_t}{P_t}$$

第一项为当期收益率i_c，即

$$i_c = \frac{C}{P_t}$$

第二项是资本利得率（rate of capital gain），即债券价格相对于最初购买价格的变动。其计算公式为

$$g = \frac{P_{t+1} - P_t}{P_t}$$

式中：g为资本利得率。

式（2-18）可以重新表述为

$$R = i_c + g \tag{2-19}$$

式（2-19）表明债券的回报率等于当期收益率与资本利得率之和。利率上升，意味着债券的资本利得率为负（$P_{t+1}<P_t$），即发生了资本损失，如果这种损失足够大，就意味着出现了负的回报率，即债券变得不具有投资价值。因此，回报率与利率存在很大的差别，尤其是在债券价格剧烈波动引起较大的资本利得或损失的情况下，两者的差别就更大了。

表2-2计算了当利率由10%上升到20%时，息票利率为10%、购买价格和面值相等（1 000元）的不同期限债券1年期的回报率。

表2-2　**回报率的计算**

（1）债券购买时距离到期的年数	（2）最初的当期收益率（%）	（3）最初的价格（元）	（4）下一年的价格（元）	（5）资本利得率（%）	（6）回报率[（2）+（5）]（%）
30	10	1 000	503	−49.7	−39.7
20	10	1 000	516	−48.4	−38.4
10	10	1 000	597	−40.3	−30.3
5	10	1 000	741	−25.9	−15.9
2	10	1 000	917	−8.3	+1.7
1	10	1 000	1 000	0.0	+10.0

注：（4）的数值计算借助于财务计算器，根据式（2-11）计算而得。

从表2-2中可以发现几个有用的结论，这些结论适用于所有债券：

（1）只有持有期与到期期限一致的债券的回报率才与最初的到期收益率相等。

（2）对于到期期限长于持有期的债券而言，利率上升与债券价格负向相关，进而引起投资该债券的资本损失。

（3）债券的到期日越远，利率变动引起的债券价格变动的比率就越大，当利率上升时，回报率就越低。

（4）即使某一债券最初的利率很高，当利率上升时，其回报率也可能变成负数。

通过上述分析可知，期限越长的债券，其价格受利率影响的程度就越大。这一结论可以解释债券市场上的一个重要事实，即长期债券的价格和回报率的波动性比短期债券大。由利率变动所引起的资产回报率波动的风险称为利率风险。控制利率风险是各类投资者需要关注的事情。

长期债务工具的利率风险很大，短期债务工具则相反，当利率上升时，短期债券的资本损失相对较小，因此利率风险也相对较小。任何到期期限与持有期一样的债券不存在利率风险，关键在于持有期末的价格已经固定为面值，因此利率的变动对于这些债券持有期末的价格没有任何影响，回报率也就等于购买债券时已知的到期收益率。

2.3 利率的风险结构

在期限相同的情况下，债券利率之间的相互关系被称为利率的风险结构。现实中有很多风险因素影响利率的大小，其中主要有违约风险、流动性风险、税收风险。

2.3.1 违约风险

违约风险（default risk）又称信用风险，是指证券发行人到期时不能按期还本付息的可能性。它包括两个层面：一是借款者因经营不善，没有足够的现金流来偿付到期的债务；二是借款者有足够的现金流，但他没有到期还本付息的意愿。显然，债券的违约风险越大，它对投资者的吸引力就越小，因此债券发行者所应支付的利率就越高。在到期期限相同的情况下，有违约风险的债券与无违约风险的债券之间的利差被称为风险溢价（risk premium），它是指人们为持有风险债券所必须赚取的额外利息。人们在购买某种具有一定风险的证券时，会在原有的利率水平之上要求一定的风险补偿率。一般来说，信用等级越高的证券，其所需支付的风险补偿率就越低，即风险溢价越小；反之，风险补偿率就越高，即风险溢价越大。

由于中央政府有税收和货币发行的权力作后盾，通常认为购买国债就不会承担信用风险，所以政府债券享有“金边债券”的美誉。当政局的动荡威胁到中央政权的安全时，中央政府债券的持有者也可能遭受损失。地方政府也有一定的征税能力，但是其偿债能力显然不如中央政府，因而地方政府债券具有一定风险。风险更大的是企业债券，因为企业没有征税的权力，只能在竞争中求生存。经济周期的变化或是决策失误都可能使一家信誉卓著的企业面临资不抵债的境地。在经济衰退的年份，经济不景气往往伴随着大批企业的倒闭。由于企业资质的不同，企业债券的利率差异也非常大。一些信誉较好的大企业，其债券利率可能与政府债券相差无几；而那些不知名的企业，往往要借助很高的利率才能将其债券销售出去。特别是在经济动荡时期，后者的债券利率可能比前者高出数倍。也就是说，具有违约风险的债券的风险溢价总为正，并且风险溢价随着违约风险的上升而增加。

违约风险对于风险溢价的影响十分重要，所以对于投资者来说，需要了解企业是否会对其发行的债券违约。穆迪投资者服务公司（Moody’s Investors Service）、标准普尔金融服务公司（Standard & Poor’s Financial Services LLC）与惠誉国际信用评级公司（Fitch Ratings International Credit Rating Company）是世界上3家著名的投资顾问公司，它们根据违约的可能性，对政府债券及企业债券的质量进行评级，从而为投资者提供有关违约风险的信息。这3家投资顾问公司的评级标准大同小异：一般地，违约风险较小的债券被称为投资级债券，其评级为Baa（或BBB）及以上；评级低于Baa（或BBB）的债券具有较高的违约风险，被形象地称为投机级债券或垃圾债券。由于这些债券的利率往往高于投资级债券，因此又被称为高收益债券。

2.3.2 流动性风险

影响债券利率的另一个因素是流动性。具有流动性的资产可以在必要时以较低的成本迅速转换为现金。人们往往偏好流动性高的资产，在其他条件相同的情况下，流动性越高的债券，债券的需求量越大，利率水平越低；反之，流动性越低的债券，其利率水平越高。

流动性因素影响债券利率水平的主要原因在于流动性溢价（liquidity premium），即由流动性不同而引起的企业债券利率与政府债券利率的差额。由于企业债券的流动性相对较差，投资者转手时难以迅速出售，可能给投资者带来一定损失，因此投资者在购买流动性差的企业债券时，就必须获得一定的补偿，这种补偿就是流动性溢价。通常，流动性越高，利率就越低（价格较高）。相应地，由于政府债券流动性高，其债券需求增加，导致政府债券价格上升，利率下降。

需要指出的是，企业债券与政府债券之间的利率差额（即风险溢价），不仅反映了企业债券的违约风险，也反映了企业债券的流动性水平，风险溢价应当被称为"风险和流动性溢价"。为简便起见，我们仍旧称之为"风险溢价"。

2.3.3 税收风险

相同期限的债券之间的利率差异，不仅体现为债券之间风险、流动性的不同，还受到税收因素的影响。债券持有人真正关心的是税后的实际收益，因此，在其他条件相同的情况下，税收因素不同的债券，其回报率也有差异，从而影响债券的需求。债券的需求量越大，利率水平越低。

在美国，州和地方政府债券的违约风险高于国债，流动性低于国债，但根据美国税法，州和地方政府的债券收入可免交联邦所得税和地方税，而国债要交联邦所得税，因此州和地方政府的债券的利率要低于联邦政府债券的利率。可以设想，美国人约翰进入了高收入阶层，每增加1美元收入都要缴纳40%的所得税。如果他持有一张面值1 000美元的国库券，其售价为1 000美元，利息为100美元，那么40%的税率使他持有这张国库券的税后净收入只有60美元，即税后收益率为6%。如果约翰持有的是面值为1 000美元、利息为80美元的市政债券，尽管这张市政债券的利息只有80美元，低于国库券的利息，但是实际得到的净收入还是80美元，高于持有国库券的净收入。很显然，虽然市政债券的违约风险高且流动性低，购买者还是愿意持有市政债券，市政债券需求量的增加，推动其利率水平下降。

2.4 利率的期限结构

到期期限是影响债券利率的另外一个因素。具有相同的风险、流动性和税收因素的债券，由于距离到期日的时间不同，其利率也会有所差异。不同期限债券利率间的相互关系，称为利率的期限结构。

将期限不同，但风险、流动性和税收因素相同的债券的收益率连接成一条曲线，即得到收益率曲线，它描述了特定类型债券利率的期限结构。收益率曲线可以分为向上倾斜的、平坦的和向下倾斜的（通常被称为翻转的收益率曲线）。图2-2（a）中的收益率曲线是向上倾斜的，表示长期债券利率高于短期债券利率；图2-2（b）中的收益率曲线是平坦的，表示长期债券利率与短期债券利率相等；图2-2（c）中的收益率曲线是向下倾斜的，表示长期债券利率低于短期债券利率。通常情况下，长期债券利率高于短期债券利率，因此最常见的收益率曲线是图2-2（a）中的曲线。

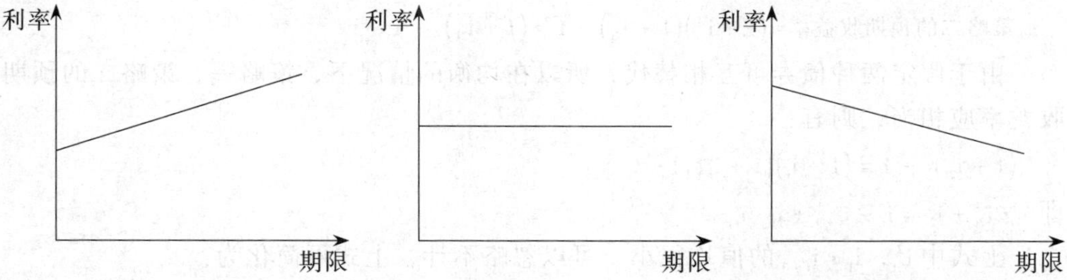

（a）向上倾斜的收益率曲线　（b）平坦的收益率曲线　（c）向下倾斜的收益率曲线

图2-2　收益率曲线

关于收益率曲线，以下现象值得注意：第一，不同期限债券的利率往往同向波动。第二，若短期利率较低，收益率曲线很可能向上倾斜；若短期利率较高，则收益率曲线很可能向下倾斜，即是翻转的形状。第三，收益率曲线几乎总是向右上倾斜的。

目前，主要有三种理论解释利率的期限结构，即收益率曲线的形状所反映的到期期限不同的债券之间的利率联系，分别是预期理论、市场分割理论、流动性溢价和期限选择理论。预期理论可以很好地解释上述三种现象中的前两种，但难以解释第三种现象；分割市场理论可以解释第三种现象，但不能解释前两种现象；流动性溢价和期限选择理论较好地结合了前两种理论的特点，并可以对第三种现象给出解释。

2.4.1　预期理论

预期理论认为，整个债券市场是统一的，不同期限的债券可以完全替代。债券的购买者在不同债券间无特殊偏好，当某种债券的预期回报率低于期限不同的另一种债券的预期回报率时，人们将不再持有该债券而改为持有另一种债券。长期债券的利率等于在其存续期内各个短期债券预期利率的平均值。

预期理论认为，利率的期限结构是由人们对未来短期利率的预期来决定的。如果人们预期未来短期利率会上升，那么债券投资者因预期以后可获得更高的利率，就不愿购买长期债券，而只愿购买短期债券。结果是，短期债券的需求增加，供给减少，其价格上升，即短期利率下降；长期债券的需求减少，供给增加，其价格下跌，长期利率趋于上升，且上升到与长期债券到期前人们对短期利率预期的平均值相等时为止。同理，如果人们预期未来短期利率下降，则长期利率将趋于下降。预期未来短期利率保持不变，则长期利率将趋于水平。

为了证明上述观点，我们进行简单分析。假设某投资者准备在未来两年用闲置资金投资债券，有以下两种不同的投资策略：

策略一：先购买1年期债券，1年后将收回的本息再用于购买1年期债券。

策略二：直接购买2年期债券并持有至到期。

假设i_t为1年期债券的年利率，i_{2t}为2年期债券的年利率，i^e_{t+1}为预计1年后1年期债券的年利率，则：

$$策略一的预期收益率=(1+i_t)(1+i^e_{t+1})-1$$

$$策略二的预期收益率=(1+i_{2t})(1+i_{2t})-1=(1+i_{2t})^2-1$$

由于假定两种债券可互相替代，所以在均衡的情况下，策略一、策略二的预期收益率应相当，则有：

$$(1+i_{2t})^2-1=(1+i_t)(1+i^e_{t+1})-1$$

即 $$2i_{2t}+i^2_{2t}=i_t+i^e_{t+1}+i_t\cdot i^e_{t+1}$$

上式中i^2_{2t}，$i_t\cdot i^e_{t+1}$的值均很小，可以忽略不计，上式可简化为：

$$i_{2t}=\frac{i_t+i^e_{t+1}}{2} \tag{2-20}$$

可见，式（2-20）表示2年期利率等于当年和次年1年期利率的平均值。以此推之，可以得出n年期债券的利率算式为：

$$i_{nt}=\frac{i_t+i^e_{t+1}+i^e_{t+2}+\cdots+i^e_{t+(n-1)}}{n} \tag{2-21}$$

式（2-21）表明长期利率等于债券到期日前预期的各个短期利率的算数平均值。它的意义在于将不同期限的债券视为一个相互联系的统一体，从而对债券市场上不同期限利率的同向波动作出了解释。

预期理论可以解释第一种现象：从历史上看，短期利率具有如果它在今天上升则未来将趋于更高的特征。因此，短期利率的上升会提高人们对未来短期利率的预期。由于长期利率是未来短期利率预期的平均值，短期利率的上升会提高长期利率，短期利率和长期利率出现了同向运动的趋势。

预期理论也可以解释第二种现象：如果短期利率较低，收益率曲线倾向于向上倾斜；如果短期利率较高，收益率曲线通常是翻转的。一般来说，当短期利率较低时，人们通常预期未来短期利率将上升到正常水平，未来短期利率预期的平均值高于当前的短期利率，因此长期利率会大大高于当前的短期利率，收益率曲线向上倾斜；反之，如果短期利率较高，人们通常预期它会回落，由于未来短期利率预期的平均值低于当前的短期利率，长期利率会低于短期利率的水平，收益率曲线向下倾斜，呈现出翻转的形状。然而，预期理论不能合理解释第三种现象。

预期理论的政策含义在于：当货币当局出售短期债券，造成短期债券供给增加时，短期债券价格下降而利率上升，这会引起市场抛售长期债券、购买短期债券，使长期债券供给增加，价格下降，长期利率上升；反之，当货币当局出售长期债券引起长期利率上升时，短期利率也会上升。因此，货币当局可通过调节基准利率来管理宏观经济。

2.4.2 市场分割理论

市场分割理论将不同期限的债券市场看作完全独立、分割开来的市场。于是，各种期限的债券的利率由该种债券的供求状况决定，不受其他期限债券的预期回报率的影响，各种债券间无相互替代性。

市场分割是很强的假定，但是如果考虑到以下因素，这种假定也并非完全没有道理：第一，投资者可能对某种期限的债券具有特殊偏好，如注重未来收入稳定性的投资者可能偏好长期债券。第二，某些机构投资者的负债结构决定了它们在短期债券和长期债券间的选择，如商业银行以吸收短期存款为主，通常倾向于购买短期债券；保险公司、养老基金等的负债是长期的，它们以购买长期债券为主。第三，不同借款人往往只对某种期限的债券感兴趣，如零售商店往往只需借入短期资金，房地产开发商则需要借入长期资金。

市场分割理论可以用来解释债券回报率曲线向右上倾斜的原因。市场分割理论表明，债券回报率曲线的不同形状由不同期限债券的供求差异造成。投资者偏好期限较短、风险较小的短期债券，对长期债券的需求相对少于短期债券，长期债券的价格比较低，利率比较高，债券回报率曲线在多数情形下都为向右上倾斜。

分割市场理论可以对第三种现象作出解释，它的缺陷是不能解释第一、第二种现象。由于它将不同期限的债券市场看作完全分割的市场，所以一种期限债券利率的上升不会影响其他期限债券的利率，因此它无法解释第一种现象。同样，由于市场分割理论无法解释长期债券的供求状况是如何随短期债券的供求状况的变动而变动的，因此它无法解释第二种现象。

市场分割理论表明，货币当局只能通过分别改变短期债券和长期债券的相对供给，方能改变利率期限结构，而不能仅通过改变短期债券的相对供给达到短期利率和长期利率同时调整的目标，或仅通过改变长期债券的相对供给达到长期利率和短期利率同时调整的目标。

2.4.3 流动性溢价和期限选择理论

流动性溢价和期限选择理论是在预期理论和市场分割理论基础上的改进。预期理论假设不同期限债券完全替代，市场分割理论假设“不同期限债券根本不是替代品，持有一种期限债券的预期回报率对另一种期限债券的需求没有任何影响”，这些都与现实经济相差很远。流动性溢价和期限选择理论对这些假设进行了修正。

流动性溢价理论认为，长期债券利率等于该债券到期之前短期利率预期的平均值加上该种债券随供求关系变化而变化的流动性溢价。其关键性假设包括以下两点：①不同期限债券可以相互替代，即一种债券的预期回报率可以影响其他期限债券的预期回报率；②投资者对不同期限债券有所偏好，不同期限债券可以相互替代，但不能完全替代。投资者倾向于偏好期限较短的债券，因为这些债券的利率风险相对较小。所以，只有当正的流动性溢价存在时，即能够获得更高一些的收益率时，投资者才愿意持有期限较长的债券。流动性溢价理论可以用公

式表示为

$$i_{nt}=\frac{i_t+i^e_{t+1}+i^e_{t+2}+\cdots+i^e_{t+(n-1)}}{n}+l_{nt} \tag{2-22}$$

式中：i_{nt}表示期限为n年的长期债券在t时期的年度利率；i_t表示在t时期短期债券的年度利率；i^e_{t+1}表示在t+1时期预期的短期债券年度利率，i^e_{t+2}和$i^e_{t+(n-1)}$等变量的含义同此类似；l_{nt}为t时期到期期限为n年的债券的流动性溢价，它总为正，并且随着债券到期期限n的延长而上升。很显然这是对预期理论的修正。

与流动性溢价理论密切相关的是期限选择理论，它采取了较为间接的方法来修正预期理论，但得到的结论是相同的。它假定投资者对某种到期期限的债券有着特别的偏好，即更愿意投资于这种期限的债券（期限优先）。由于他们偏好于某种债券，因此只有当预期回报率足够高时，他们才愿意购买其他到期期限的债券。由于相对于长期债券，投资者一般更偏好于短期债券，因此，只有当长期债券的预期回报率较高时，他们才愿意持有长期债券。这种推理过程同样可以得到流动性溢价理论的公式，其中期限溢价随着到期期限的延长而上升。

下面考察流动性溢价和期限选择理论是否可以解释全部三种现象。首先，该理论可以解释第一种现象。通过式（2-22）可知，长期债券的利率与该债券到期前短期债券利率预期的平均值密切相关，短期债券利率上升意味着未来短期债券利率的平均值更高，因此短期债券利率与长期债券利率具有同向波动的趋势。

流动性溢价和期限选择理论也可以解释第二种现象。由于投资者对短期债券利率具有合理预期，当短期债券利率较低时，投资者通常预期未来短期债券利率将回升到正常水平，因此未来短期债券利率预期的平均值将高于当前的短期债券利率。加之正的流动性溢价的增加，长期债券利率会大大高于当前的短期债券利率，收益率曲线呈现陡峭向上倾斜的形状。相反，如果短期债券利率较高，投资者通常预期短期债券利率未来将回落。由于未来短期债券利率的平均值会远远低于当前的短期债券利率，虽然存在正的流动性溢价，但长期债券利率仍然会低于短期债券利率，收益率曲线向下倾斜。

流动性溢价和期限选择理论也可以解释第三种现象。由于投资者偏好短期债券，且随着债券期限的延长，流动性溢价也将上升，即使未来短期债券利率预期的平均值保持不变，长期债券利率也将高于短期债券利率，收益率曲线向上倾斜；只有当投资者预期未来短期债券利率将大幅下降，使短期债券利率预期的平均值低于当期短期债券利率加上流动性溢价时，收益率曲线才向下倾斜，但这种情况很少见，因此收益率曲线通常向上倾斜。

微课2-3

流动性溢价和期限选择理论的应用

可见，流动性溢价和期限选择理论较好地描述了长短期债券利率之间的关系，并且与上述现象基本相符，因此它是一种最为流行的利率期限结构理论。该理论的一个特别吸引人的特点是，它使得人们通过观察收益率曲线的倾斜度来判断市场对未来短期债券利率的预测。图2-3（a）中陡峭上升的收益率曲线表明预期未来短期债券利率将上升；图2-3（b）中相对平缓上升的收益率曲线表明预期未来短期债券利率不变；图2-3（c）中平坦的收益率曲线表明预期未来短期债券利率将有所下降；图2-3（d）中翻转的收益率曲线表明预期未来短期债券利率将大幅下跌。

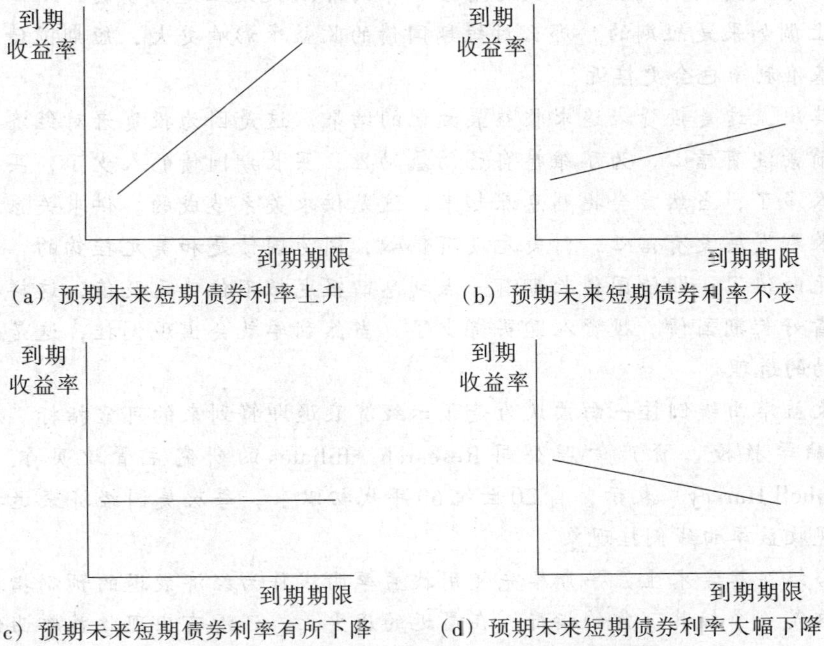

图2-3　收益率曲线和市场对未来短期债券利率的预测

拓展阅读 2-3

美国国债收益率出现严重倒挂

道琼斯市场数据公司的数据显示，自2022年7月5日以来，美国2年期短期国债收益率与10年期长期国债收益率一直处于“倒挂状态”——短期国债收益率高于长期国债收益率。美国这一“倒挂”现象的持续时间也创下1980年5月1日之后的最长纪录。

通常情况下，国债的收益率都是期限越长的越高，因为国债是固定收益类的证券，期限越长，投资者不仅需要付出更多的时间成本，还要能弥补通货膨胀造成的货币贬值的损失。那么，美国短期国债的收益高于长期国债的原因有哪些？

首先，这是由美联储快速加息造成的。美联储为了尽快恢复美国经济，印了大量的美元来购买美国国债和其他资产支持证券，这虽然使美国的经济有所好转，但也带来了另一个问题，那就是通货膨胀。按照美联储的目标，美国的通货膨胀率保持在2%左右是最佳的，然而美国的核心通货膨胀数据最高超过了8%。为了阻止通货膨胀数据继续飙升，美联储在不到一年时间里将基准利率由0上调到了4.5%。基准利率的快速上升，必然引起美国国债收益率的上升，尤其是对短期国债的收益率影响更大。这是因为美联储上调基准利率的目的主要是遏制通货膨胀，只要通货膨胀率下来了，就可能不会再上调了，还有可能会把利率降下来。更何况，如果把基准利率上调得太高，美国的经济也承受不住。由于国债利率的涨跌跟央行基准利率的涨跌大致上是同步的，所以基准利率的上调如果是短期的，那么对短期国债的收益率影响更大，短期国债的收益率跟基准利率也会更接近。

其次，这是投资者追求收益最大化的结果。这是因为投资者对经济长期发展的前景没有信心，为了维持自己的流动性，买长期国债的人少了，买短期国债的人多了，当然就会把利息涨起来，这是供求关系造成的。供求关系表明人们对长期发展没有信心，对美元没有信心，因为国债是和美元挂钩的，一旦未来美元贬值了，即使国债长期有一点利息回报也抵不住美元贬值，这样投资人就不看好长期国债。投资人购买得少了，当然利率就会出现倒挂，这是一个利益驱动的道理。

收益率曲线倒挂一向被认为是预示经济衰退即将到来的可靠指标。杜克大学金融学教授、资产管理公司 Research Affiliates 的研究主管坎贝尔·哈维（Campbell Harvey）表示，自20世纪60年代初以来，每次美国经济衰退之前都会出现收益率曲线倒挂现象。

哈维在其学术生涯早期率先使用收益率曲线作为经济衰退的预测指标，并发现这是一个极其可靠的指标。在最近的历史上，还没有出现收益率曲线倒挂而不引发衰退的例子。哈维指出，目前所有流行的收益率曲线指标都在齐声发出衰退警告。他说："收益率曲线显示经济衰退的可能性很高。"哈维分享的数据显示，从历史上看，美国国债收益率曲线倒挂的时间长短与随后衰退的持续时间有关，倒挂时间越长，通常预示着更严重的衰退。

资料来源：[1] 佚名. 美国国债收益率出现严重倒挂，长期国债不如短期国债高，为什么？[EB/OL]. [2023-10-30]. https://business.sohu.com/a/639278683_121123925. [2] 佚名. 美债收益率曲线倒挂创43年来最长纪录，持续222个交易日 [EB/OL]. [2023-10-30]. https://finance.sina.com.cn/world/2023-05-23/doc-imyutsih7348398.shtml.

2.5 均衡利率的决定

2.5.1 古典利率决定理论

古典利率决定理论流行于19世纪末至20世纪30年代，主要倡导者为奥地利经济学家欧根·冯·庞巴维克（Eugen Von Bohm Bawerk）、英国经济学家阿尔弗雷德·马歇尔（Alfred Marshall）和美国经济学家欧文·费雪。

古典利率决定理论强调非货币的实物因素在利率决定中的作用，实物因素主要是储蓄和投资。投资量随利率的提高而减少，储蓄量随利率的提高而增加，投资量是利率的递减函数，储蓄量是利率的递增函数，利率的变化取决于投资量与储蓄量的交互作用（如图2-4所示）。

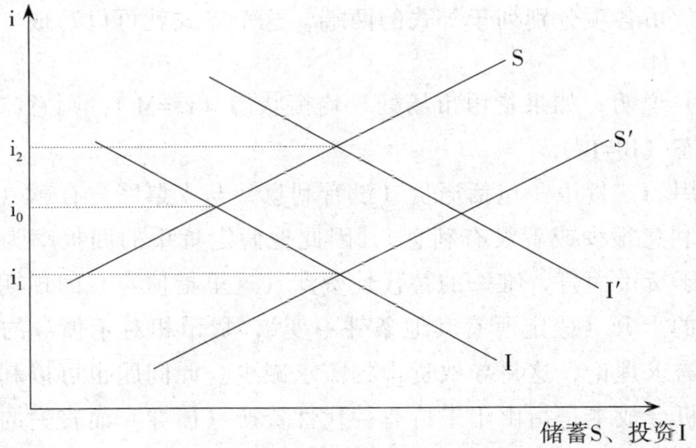

图2-4　古典利率决定理论

在图2-4中，I为投资曲线，该曲线向下倾斜，表示投资与利率水平是负相关关系：利率上升则投资下降，利率下降则投资上升。S为储蓄曲线，该曲线向上倾斜，表示储蓄与利率之间是正相关关系：利率提高则储蓄增加，利率下跌则储蓄减少。古典利率决定理论的核心是“储蓄=投资”，即S=I。在图2-4中，储蓄曲线与投资曲线的交点决定了均衡利率水平i_0。如果某些因素引起边际储蓄倾向提高，则曲线S右移到曲线S′，曲线S′与曲线I的交点i_1即为新的均衡利率。如果某些因素引起边际投资倾向提高，曲线I向右平移到曲线I′，则曲线I′与由线S的交点确定新的利率均衡点为i_2。

根据古典利率理论，利率具有自动调节储蓄和投资，使其达到均衡状态的功能。这是因为在市场经济中，利率是自由波动的，当储蓄供给大于投资需求时，利率将下降，较低的利率会自动刺激人们减少储蓄，扩大投资；反之，当储蓄供给小于投资需求时，利率将上升，而较高的利率又促使人们增加储蓄，减少投资。因此，利率的变动总能使储蓄与投资达到均衡状态。

2.5.2　流动性偏好理论

20世纪30年代资本主义经济大危机后，英国经济学家约翰·梅纳德·凯恩斯（John Maynard Keynes）针对古典经济理论的缺陷，提出了宏观经济理论，其中最为著名的就是流动性偏好理论。和传统的利率理论相反，凯恩斯认为利率不是取决于储蓄和投资的相互作用，而是取决于货币的供求数量。

1）货币市场的供给与需求

凯恩斯假定人们储藏财富的资产只有两类：货币和债券。因此，经济体的财富总量就应当等于货币总量与债券总量之和，即货币供给量（M^s）加上债券供给量（B^s）。人们不可能超越他们所能利用的资源购买更多的资产，因此，需求即人们愿意持有的债券数量（B^d）与货币数量（L^d），也应当等于经济体的财富总量。结论是，债券与货币的供给量必须等于债券与货币的需求量，即

$$B^s + M^s = B^d + L^d \tag{2-23}$$

将债券与货币各项分别列于等式的两端，这个等式就可以写成

$$B^s - B^d = L^d - M^s \tag{2-24}$$

式（2-24）说明，如果货币市场处于均衡状态（$L^d=M^s$），则意味着债券市场同样处于均衡状态（$B^s=B^d$）。

凯恩斯使用的“货币”包括通货（没有利息）与支票账户存款（在他生活的年代，这种存款利息很少或者没有利息），因此他假定货币的回报率为零。在凯恩斯的分析中，对于货币而言，唯一的替代性资产（这里指债券）的预期回报率等于利率。随着利率的上升（假定所有其他条件不变），货币相对于债券的预期回报率下降，根据资产需求理论，这将导致货币的需求减少。此问题也可以利用机会成本的概念来理解。机会成本是指由于未持有替代性资产（债券）而丧失的利息收入（预期回报）。随着债券利率的上升，持有货币的机会成本增加，于是，货币的吸引力下降，货币需求减少。通过上述分析，可以得出以下结论：货币需求量和利率成反比（这里，利率是指债券利率）。

凯恩斯认为，货币需求背后的动机有交易动机、预防动机与投机动机。其中，交易动机和预防动机与收入成正比、与利率无直接关系。如果用L_1（y）表示因交易动机和预防动机而持有的货币量，L_1（y）是收入y的增函数。投机动机与利率成反比，当利率较高时，货币需求减少。如果用L_2（i）表示为投机动机而持有的货币量，L_2（i）为利率i的减函数。货币的总需求量为$L=L_1+L_2$。

凯恩斯假设经济中的货币供应量是由中央银行直接控制的。货币供应量是一个不随利率变化而变化的量，设中央银行控制下的货币供应量为M^s，则货币供应函数是常值函数，即M^s（i）$=M^s$，从而货币供应曲线是一条垂直于横轴的直线（如图2-5所示）。

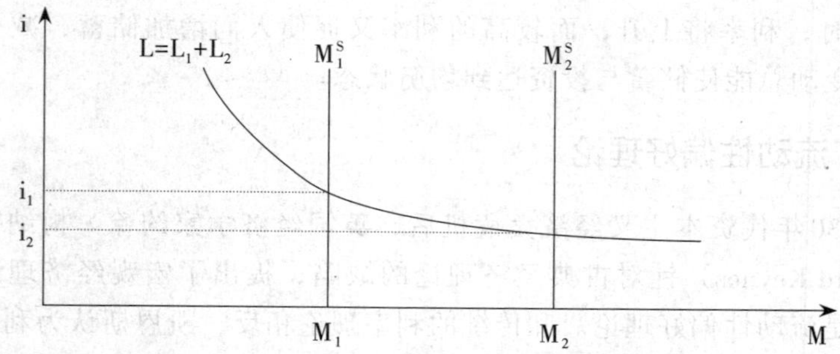

图2-5　流动性偏好理论中均衡利率的决定

在图2-5中，如果中央银行增加货币供应量，使货币供给曲线从M_1^s平移到M_2^s，均衡利率就由i_1下降到i_2。也就是说，当货币需求量不变时，利率高低取决于货币供给量：货币供给量增加，则利率下降；反之，货币供给量减少，则利率上升。当货币供给量固定时，利率高低取决于货币需求量。如果货币需求曲线向上移动，则利率上升，反之则下降。因此，利率高低由货币需求和货币供给所决定。

从图2-5中可以看到，当货币需求曲线向右延伸时，逐渐与横轴平行，此时无

论货币供给曲线 M^s 如何向右移动，即无论怎样增加货币供给量，均衡利率保持不变，这就是凯恩斯理论中著名的“流动性陷阱”假说。

知识链接2-5

流动性陷阱

当利率低至一定水平时，人们一致预期利率将上升，此时持有债券会因债券价格下跌而蒙受资本损失，于是普遍以货币形式来持有财产。货币需求将趋于无穷大，货币需求曲线的尾端逐渐变成一条水平线，增加的货币存量都被自愿贮存了，犹如无底洞一般，货币供给量的增加并不能使利率降低，“流动性陷阱”的名称即由此而来。

按照货币–经济增长原理，假定货币需求不变，当货币供给量增加时，利率必然会下降，从而刺激投资和消费，进而带动整个经济的增长。当遇到“流动性陷阱”时，即使中央银行再增加货币供给量，人们也不会增加投资和消费，利率也不会下降，货币政策就达不到刺激经济的目的。因此，凯恩斯认为，当遇到“流动性陷阱”时，货币政策无效。

日本是首个陷入“流动性陷阱”和长期通货紧缩的主要工业国家。日本在资产泡沫破灭后曾持续减息以期提振经济，却在20世纪90年代陷入“流动性陷阱”，名义利率在1999年下降至零，但物价进入通货紧缩状态，日本央行此时已无法通过减息降低实际利率，经济陷入长期低迷，失业率持续上行。

2008年，美国爆发次贷危机，金融市场遭受重创，市场信心备受打击，导致流动性严重不足，影响了市场的正常运行。在这一背景下，美联储不断下调联邦基金利率向市场注入流动性，以期达到帮助经济恢复正常运行的目的。2007年9月8日到2008年12月17日，美联储共10次下调联邦基金利率，最终使联邦基金利率下调至0～0.25%的历史低点，而次贷危机愈演愈烈，其负面影响已经扩展至实体经济。

根据前面关于“流动性陷阱”理论的分析，美国此时已然陷入“流动性陷阱”之中：美联储无法再进一步下调短期名义利率（也就是联邦基金利率）。此外，由于金融危机期间存在很高的风险溢价，长期名义利率会迅速上升，再加上通货紧缩预期，短期和长期实际利率均会上升，从而抑制投资和消费需求，使利率传导机制受阻，传统性货币政策失效。因此，2008年9月雷曼公司破产后，美联储加大对货币政策工具的创新力度，美国货币政策开始由以短期名义利率为核心的传统性货币政策向以中央银行资产负债表为核心的非传统性货币政策转变。为了保证“零利率”条件下非传统性货币政策的顺利实施，在原有的公开市场操作、再贴现、存款准备金率三大货币政策工具的基础上，美联储创造出了一系列新型的货币政策工具。

资料来源：杨茜．“流动性陷阱”与次贷危机后美国货币政策的演变［J］．经济师，2012（3）：45–47.

2）均衡利率的变动

当货币的需求曲线和供给曲线发生位移时，均衡利率就会发生变动。

（1）货币需求曲线的位移

在凯恩斯货币需求理论中，导致货币需求曲线发生位移的因素包括收入水平和物价水平。这两个因素无论哪一个上升，都会导致货币需求曲线向右移动；反之，则导致货币需求曲线向左移动。

① 收入水平的变动。凯恩斯认为，随着经济周期运行至扩张期以及收入与财富的增加，人们希望持有更多的货币来储藏价值和完成更多的交易。这样，随着收入的提高，每一利率水平上的货币需求量都增加，推动货币需求曲线向右移动。在其他经济变量不变的情况下，利率随收入的增加而上升；反之，利率随收入的减少而下降。

② 物价水平的变动。凯恩斯认为，人们关注的是所持有的实际货币量，即能够购买的商品和劳务的数量。物价水平上升时货币购买力下降，同样数量的货币能购买到的商品和劳务数量减少，为使持有的实际货币数量恢复到涨价前的水平，人们将持有更多的货币。这表明物价水平上升，每一利率水平上的货币需求增加，推动货币需求曲线向右移动。在其他经济变量不变的情况下，利率随价格水平的上升而上升；反之，利率随价格水平的下降而下降。

（2）货币供给曲线的位移

货币供给由中央银行控制，货币供给增加时，会推动货币供给曲线向右移动。在其他经济变量不变的情况下，利率会随着货币供给的增加而下降，这种效应被称为"流动性效应"。

知识链接 2-6

货币供给增长率与利率

从流动性偏好理论中似乎可以得到这样的结论：货币供给的增加将会导致利率下降。这一结论有很重要的政策含义，因为政治家们经常主张增加货币供给，以推动利率下降。

那么，货币供给与利率负相关的结论必定正确吗？诺贝尔经济学奖获得者米尔顿·弗里德曼对这一结论（货币供给增加将会导致利率下降）提出疑问。他承认流动性偏好分析是正确的，并将（在其他条件不变的情况下）货币供给增加将会导致利率下降称为流动性效应。然而，他认为流动性效应只是总效应中的一部分：货币供给增加并不能保证"其他条件不变"，它会对经济产生其他影响，这些影响可能导致利率上升。如果这些影响非常显著，完全有可能出现利率随着货币供给的增加而上升的情况。

货币供给除了产生流动性效应外，还可能产生收入效应、价格水平效应和预期通货膨胀效应。

（1）收入效应。由于货币供给增加导致经济扩张，人们的收入和财富增加，货币需求曲线右移，均衡利率上升，这种现象被称为“收入效应”，即利率随收入水平的提高而上升。

（2）价格效应。由于货币供给增加导致物价水平上升，货币需求曲线右移，均衡利率上升，这种现象被称为“价格效应”，即利率随价格水平的上升而上升。

（3）预期通货膨胀效应。由于货币供给增加导致物价水平上升（意味着更高的通货膨胀率），人们调高对未来物价水平的预期，即预期的通货膨胀率会上升，结果引起利率上升（这种现象被称为“费雪效应”）。

在分析的所有效应中，只有流动性效应的影响表明货币供给增长率越高，利率越低；相反，收入效应、价格效应和预期通货膨胀率效应都表明利率会随着货币供给增长率的上升而上升。这些效应中哪个影响最大？哪个发生影响的速度最快？答案在于在货币供给增长率上升时，利率到底是上升还是下降。

一般来说，由货币供给增长率上升带来的流动性效应会马上发挥作用，因为货币供给增加会马上导致均衡利率下降。收入效应和价格效应要在一段时间之后才发挥作用，因为从货币供给增长到收入和物价水平上升还需要一段时间，之后才会对利率产生影响。同样会引起利率上升的预期通货膨胀率效应起作用的时间既可以很慢，也可以很快，这取决于当货币供给增加时人们对预期通货膨胀率调整的速度。

图2-6中的（a）（b）（c）列示了三种可能，分别描述了在时间T提高货币供给增长速度后，随着时间的推移，利率的反应。图2-6（a）反映的情况是，流动性效应大于其他效应，因此利率从时间T的i_1降低到了最终的i_2。流动性效应迅速降低利率，但随着时间的推移，其他效应开始发挥相反的作用。然而，由于流动性效应的作用最大，利率最终也无法回到其初始水平。

在图2-6（b）中，流动性效应小于其他效应，并且由于预期通货膨胀率向上调整的速度缓慢，预期通货膨胀效应作用的发挥十分滞后。最初，流动性效应降低利率，之后收入效应、价格效应和预期通货膨胀效应开始发挥作用并提高利率。由于这些效应占主导地位，利率最终上升，并超过起初的水平，达到i_2。在短期内，提高货币供给增长速度的确降低了利率，但最终利率攀升并超过了最初的水平。

在图2-6（c）中，由于人们会随着货币供给增长速度的提高迅速提升其对通货膨胀率的预期，因此预期通货膨胀效应最大，且可以迅速发挥作用。开始，预期通货膨胀效应迅速超过流动性效应，利率立即开始攀升。一段时间后，由于收入效应和价格效应也开始发挥作用，利率将进一步攀升，最终的结果是利率远远超过其初始水平。这一结果清楚地表明，提高货币供给增长速度并不能降低利率，降低货币增长速度才能实现调低利率的目的。

如果流动性效应大于其他效应，若要降低利率，就需要增加货币供给量；

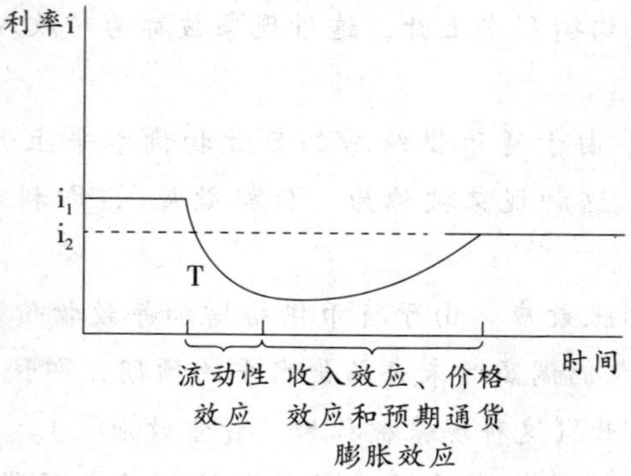

（a）流动性效应大于其他效应

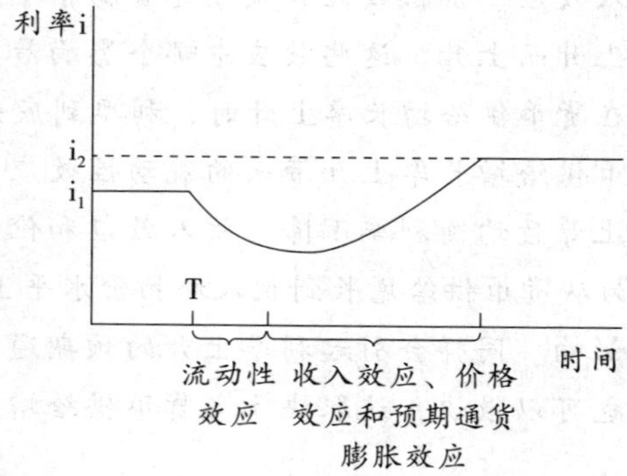

（b）流动性效应小于其他效应，预期通货膨胀率的调整十分缓慢

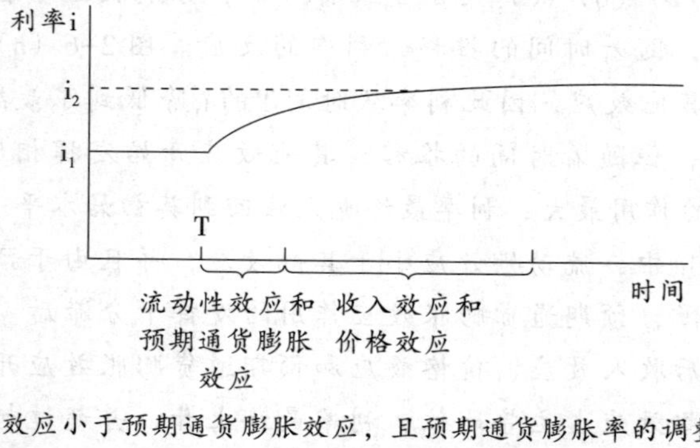

（c）流动性效应小于预期通货膨胀效应，且预期通货膨胀率的调整十分迅速

图2-6　流动性效应与其他效应

如果流动性效应小于预期通货膨胀效应，且通货膨胀率的调整十分迅速，若要降低利率，就需要减少货币供给量；如果流动性效应小于其他效应，且预期通货膨胀率调整十分缓慢，最初，流动性效应使得利率下调，之后，收入效应、价格效应和预期通货膨胀率效应开始拉动利率向上。由于这些效应占主导地位，利率最终超过初始利率水平。从短期来看，货币供给的增加使利率下降，但最终利率会向上攀升并超过其最初水平。此时，选择增加货币供给还是减少货币供给则取决于更关注短期影响还是长期影响。

资料来源：米什金. 货币金融学［M］. 钱炜青，高峰，译. 北京：清华大学出版社，2007.

2.5.3 可贷资金理论

可贷资金理论是由英国经济学家丹尼斯·H.罗伯逊（Dennis H. Robertson）和瑞典经济学家戈特哈德·B.俄林（Gotthard B. Ohlin）提出的利率决定理论。可贷资金理论一方面反对古典利率决定理论对货币因素的忽视，认为仅以储蓄、投资分析利率的决定过于片面；另一方面批评凯恩斯完全否定非货币因素在利率决定中的作用的观点。

1）利率决定的一般过程

可贷资金理论在利率决定问题上同时考虑货币因素与实物因素，基本观点为利率决定于可贷资金的需求与供给的相互作用。可贷资金需求来自某个期间的投资量和该期间人们希望持有的货币量的变动，即

$$D_L = I + \Delta M^d \tag{2-25}$$

式中：D_L为可贷资金需求；I为投资量；ΔM^d为同期货币需求的改变量。

可贷资金供给来自同一时期的储蓄量与该时期货币供给的改变量，即

$$S_L = S + \Delta M^S \tag{2-26}$$

式中：S_L为可贷资金供给；S为储蓄量；ΔM^S为同期货币供给的改变量。

可贷资金的需求和供给分别包括两个方面，是符合现实的。可贷资金的需求一方面来自投资需求，另一方面还可能来自窖藏需求。这是因为货币不只是交易媒介，也是储藏手段，储蓄者也可能窖藏一部分资金而不用于投资。另外，可贷资金的供应不限于储蓄，这是因为中央银行可通过增加货币供给来提供可贷资金，商业银行可以不依靠储蓄的增加去提供更多的信贷资金，如多倍存款创造机制。因此，可贷资金的供给包括储蓄、中央银行增发的货币以及商业银行的多倍存款创造等。

可贷资金的均衡条件为

$$I + \Delta M^d = S + \Delta M^S \tag{2-27}$$

很显然，可贷资金的供给与利率正相关，因为储蓄量与利率正相关；可贷资金的需求与利率负相关，因为投资量与利率负相关（如图2-7所示）。

可贷资金理论认为，可贷资金的总供给与总需求决定均衡利率，如果投资量I与储蓄量S这对实物因素力量的对比不变，货币供求力量的对比足以改变利率。在图2-7中，M_0为货币需求量和货币供给量没有发生改变且达到供求均衡时的可贷资金量，对应的均衡利率为i_0，当货币供应量改变了ΔM^S、货币需求量改变了ΔM^D后，均衡利率变为i_1。因此，利率在一定程度上是货币现象。

2）均衡利率的变动

可贷资金理论认为，可贷资金的需求有投资、货币窖藏等，可贷资金的供给包括储蓄、中央银行增发的货币以及商业银行的多倍存款创造等。为分析方便起见，假设可贷资金的需求就是企业或政府发行债券筹集资金进行投资，可贷资金的供给就是人们对债券的购买，并从债券市场的供求状况来分析均衡利率的变动，因为债券市场利率的变动直接带动整个市场利率的变动。

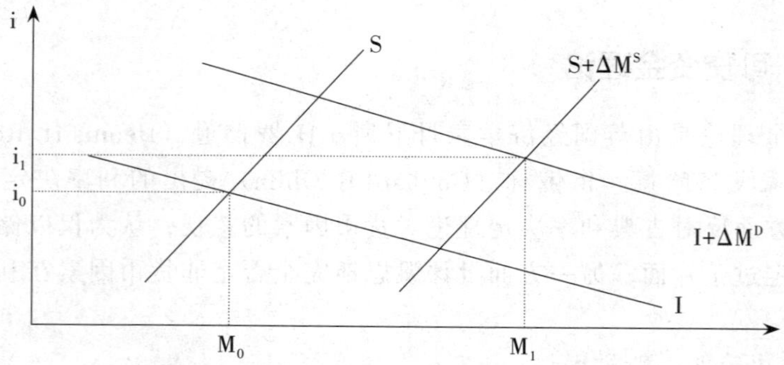

图2-7　可贷资金理论中均衡利率的决定

当债券需求曲线和供给曲线发生位移时，均衡利率水平就会发生变动。

(1) 债券需求曲线的位移

决定债券需求的主要因素有公众持有的财富、债券相对于其他替代性资产的预期回报率、债券相对于其他替代性资产的风险和债券相对于其他替代性资产的流动性。

① 财富。公众持有的财富增加（减少），对债券的需求也会增加（减少）。一般来说，在经济周期扩张阶段，公众财富增加，对债券的需求增加，可贷资金供给曲线向右移动，在其他经济变量不变的情况下，均衡利率下降；在经济周期衰退阶段，公众财富减少，对债券的需求减少，可贷资金供给曲线向左移动，在其他经济变量不变的情况下，均衡利率上升。

② 预期回报率。债券的预期回报率在很大程度上取决于预期通货膨胀率，如果预期通货膨胀率上升，债券的预期回报率就下降，人们对债券的需求减少，可贷资金供给曲线向左移动，在其他经济变量不变的情况下，均衡利率上升；反之，如果预期通货膨胀率下降，债券预期回报率上升，对债券的需求增加，可贷资金供给曲线向右移动，在其他经济变量不变的情况下，均衡利率下降。此外，对未来利率较高的预期会降低长期债券的预期回报率，减少对债券的需求；反之，则增加对债券的需求。

③ 风险。如果持有债券相对于其他替代性资产的风险增加，人们就会减少债券的持有量，因此风险增加导致债券需求减少，使可贷资金供给曲线向左移动，在其他经济变量不变的情况下，均衡利率上升；反之，如果持有债券相对于其他替代性资产的风险下降，在其他经济变量不变的情况下，均衡利率下降。

④ 流动性。如果债券相对于其他替代性资产的流动性增强，债券的需求就增大，可贷资金供给曲线向右移动，在其他经济变量不变的情况下，均衡利率下降；相反，如果债券相对于其他替代性资产的流动性减弱，在其他经济变量不变的情况下，均衡利率上升。

(2) 债券供给曲线的位移

决定债券供给的主要因素有各种投资机会的预期盈利性、预期通货膨胀率、政府预算等。

①各种投资机会的预期盈利性。在经济周期扩张阶段，企业预期能够盈利的投资机会越多，就越愿意借款和增加债务数量，因此，企业的预期投资收益越高，债券的供给就越多，可贷资金需求曲线向右移动，在其他经济变量不变的情况下，均衡利率上升；反之，如果企业预期能够盈利的投资机会越少，对债券的供给就越少，可贷资金需求曲线向左移动，在其他经济变量不变的情况下，均衡利率下降。

②预期通货膨胀率。预期通货膨胀率上升，借款的实际成本就会下降，企业就越愿意借款，导致债券供给增加，可贷资金的需求曲线向右移动，在其他经济变量不变的情况下，均衡利率上升；反之，预期通货膨胀率下降，在其他经济变量不变的情况下，均衡利率下降。图2-8描述了预期通货膨胀率上升对均衡利率的影响。

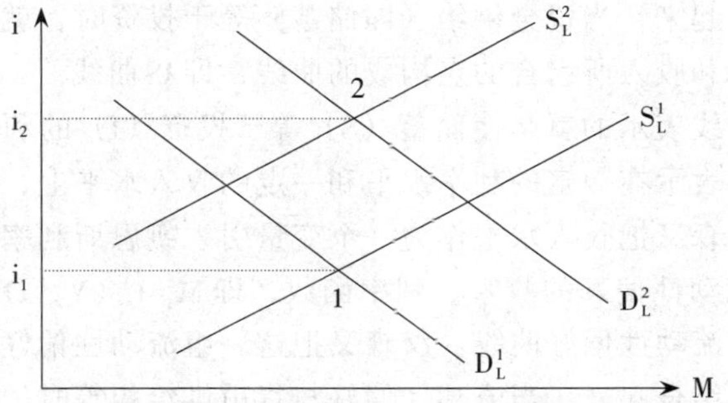

图2-8　预期通货膨胀率上升对均衡利率的影响

如果预期通货膨胀率上升，对于任一给定债券的价格和利率来说，债券相对于实物资产的预期收益率都会下降。结果，债券需求量下降，可贷资金的供给曲线从$S_L{}^1$向左移到$S_L{}^2$。预期通货膨胀率上升也会引起可贷资金的需求曲线发生位移。对于任一给定的债券价格和利率，借入资金的真实成本下降，引起债券供给量上升，需求曲线$D_L{}^1$向右移动到$D_L{}^2$，均衡利率从i_1上升到i_2。

通过供求分析，我们得到了一个重要的结论：预期通货膨胀率上升，利率也将随之上升。这一结论被命名为费雪效应。它的政策意义是，如果要将利率保持在较低水平上，就必须控制通货膨胀率。

③政府预算。如果财政出现赤字，为弥补赤字，政府就要增发债券，使债券供给增加，可贷资金需求曲线向右移动，在其他经济变量不变的情况下，均衡利率上升；反之，政府财政盈余或赤字规模缩小，在其他经济变量不变的情况下，均衡利率下降。

2.5.4　IS-LM模型的利率决定理论

以上介绍的三种利率决定理论分别从不同视角出发，给出了均衡利率形成过程和变动过程的描述。然而，这三种理论均存在缺陷：古典利率决定理论只考虑实物市场的均衡；凯恩斯的流动性偏好理论只考虑货币市场的均衡；可贷资金理论尽管兼顾了实物市场和货币市场，但可贷资金市场的均衡并不能保证实物市场和货币市场各自达到均衡。为弥补可贷资金理论忽视实物市场、货币市场各自均衡的缺陷，英国经济学家约翰·R.希克斯（John R. Hicks）和美国经济学家阿尔文·H.汉森（Alvin H. Hansen）对其进行了改进，提出了著名的IS-LM模型，也称为“希克斯–汉森模型”。希克斯和汉森认为，决定利率的主要影响因素有生产率、节约、灵活偏好、收入水平和货币供给量，因此必须从整个经济体系来研究利率，只有当货币市场与实物市场同时达到均衡时，才能形成真正的均衡利率。

IS-LM模型的利率理论认为，利率受制于投资函数、储蓄函数、流动性偏好函数（即货币需求函数）和货币供给量等四大要素，所以利率决定理论应包括对这些要素的分析。为此，汉森首先把收入水平作为一个变量引入到可贷资金理论中的资金供给函数，建立了资金供给与收入、利率两个变量的函数关系，即M_s=f（Y，i），于是得到了一组在不同收入水平下的资金供给曲线。他接着把这组资金供给曲线与投资函数曲线结合起来，当资金供给（即储蓄）等于投资时，就会形成一条由许多与之相对应的利率和收入所组合的点构成的曲线，即IS曲线。

很显然，IS曲线表示的就是使储蓄（S）等于投资（I）的利率与收入之间的相互关系，实际上是表示在一定的利率水平和一定的收入水平上，投资与储蓄均衡点的轨迹。接着，汉森又把收入水平作为一个变量引入凯恩斯利率理论中的流动性偏好函数，建立了流动性偏好的收入、利率函数，即M_d=L（Y，i），并由此得出一组不同收入水平下的流动性偏好曲线。汉森又把这一组流动性偏好曲线与由中央银行控制的货币供给量结合起来，当流动性偏好与货币供给相等时，就会形成一条由许多与之相对应的利率和收入所组合的点构成的曲线，即LM曲线，以表示使货币需求等于货币供给的利率与收入之间的相互关系。所以，LM曲线也即在一定的利率水平和一定的收入水平上，货币需求与货币供给均衡点的轨迹。

由于IS曲线和LM曲线分别代表商品市场和货币市场的均衡，所以它们都不能单独决定两个市场全部均衡状态下的均衡收入和均衡利率。只有商品市场和货币市场同时达到均衡，即同时满足储蓄等于投资、货币供应等于货币需求时，均衡收入和均衡利率才能确定。

在图2–9中，IS曲线和LM曲线的交点E所决定的收入Y^*和利率i^*就是使整个经济处于一般均衡状态的唯一的收入水平和利率水平。处于E点以外的任何收入和利率的组合都是不稳定的，都会通过商品市场和货币市场的调整而达到均衡。

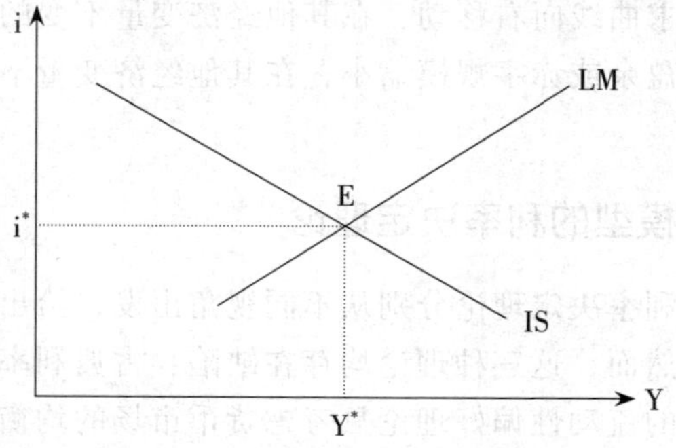

图2–9　商品市场与货币市场的一般均衡

学思笃行

中国基准利率体系建设的先发优势及经验

与国际相比，中国基准利率体系建设虽整体起步较晚，但在培育基于实际交易的基准利率方面，具有明显的先发优势。总体来看，中国基于实际交易的基准利率运行已久，具有全面、透明、易得的市场交易数据，并且中国人民银行始终高度重视对基准利率的监督管理，这些特征为中国基准利率体系建设奠定了良好的基础，有利于保障各个基准利率具有较强的公信力、权威性和市场认可度。中国基准利率体系建设的先发优势及经验可以概括为以下几个方面：

1）基于实际交易的基准利率运行已久

目前国际上正重点培育基于实际交易形成的无风险基准利率。而中国自1996年、1997年分别建立统一的银行间市场和债券市场起，就已培育发布基于实际交易的拆借利率和回购利率，至今已超过20年。特别是近年来中国人民银行加大力度培育的DR，目前已成为观测市场利率中枢最为重要的指标。DR只包括银行业存款类金融机构间以利率债为质押形成的回购交易，有效地剔除了交易参与者信用资质及抵押品资质的干扰，性质上与国际上培育的新基准利率RFRs非常接近。可以说，中国在建设培育基于实际交易生成的无风险基准利率方面已处于领先地位。

2）具有全面、透明、易得的市场交易数据

长期以来，美国、欧盟等经济体普遍存在市场交易分散、信息不集中、透明度低等问题，导致监管当局难以全面掌握交易数据，甚至无法准确获得基于LIBOR的风险敞口等关键数据，加大了基准利率改革难度。而中国的各类交易数据全面准确、时间序列长、信息充分且透明。例如，中国的银行间市场所有交易均在交易中心的交易系统达成，监管有力、组织有序的场外市场形态，既克服了场外市场交易分散、透明度低等弊端，又保持了场外市场的灵活性和交易效率。同时，这也有利于计算发布DR、R等市场交易利率，准确、有效、及时地反映市场资金面变化，确保市场基准利率的代表性和基准性。这是中国在市场基准利率体系建设方面的又一独特优势。

3）始终高度重视对基准利率的监督管理

与国际上出现LIBOR报价操纵丑闻后才进行补救不同，中国人民银行始终高度重视中国基准利率体系的建设培育和监督管理。利率自律机制建立后，在中国人民银行的直接指导下，积极参与基准利率体系建设。监管机构和行业自律机制的全面参与和管理，有效地提高了基准利率的质量和公信力。对于SHIBOR等报价生成的利率，中国人民银行指导制定了实施准则和报价行报价质量考评体系，定期考察报价行报价质量，强调报价成交义务，并实施末位淘汰，确保报价行认真履行报价职责；对于DR、R等实际交易利率，中国人民银行指导交易中心履行市场监测职能，规范交易及履约行为，维护市场秩序，保障交易利率的公允性。

资料来源：中国人民银行. 参与国际基准利率改革和健全中国基准利率体系［R/OL］. 2020［2023-10-31］. http://www.pbc.gov.cn/goutongjiaoliu/113456/113469/4079810/2020083117120579027.pdf.

解读：

党的十九届四中全会提出，健全基准利率和市场化利率体系。基准利率作为各类金融产品利率定价的重要参考，是重要的金融市场要素，也是货币政策传导中的核心环节。健全基准利率体系既是建设金融市场的关键，也是深入推进利率市场化改革的重要内容，对于完善货币政策调控和传导机制具有重要意义。

在完善社会主义市场经济体制、推进利率市场化改革过程中，中国高度重视基准利率体系建设。经过多年持续努力，目前中国的货币市场、债券市场、信贷市场、衍生品市场等基本上都已培育了各自具备一定公信力、权威性、市场认可度的指标性利率，为观测市场运行、指导金融产品定价提供了较好参考。特别是在培育基于实际交易的基准利率方面，与国际上在此次基准利率改革中才开始重视有明显不同，中国从建设银行间市场之初，就培育了一系列基于实际交易的基准利率，具有较为突出的先发优势。

本章小结

利息是借贷关系中借入方支付给贷出方的报酬。利率是借贷期间所形成的利息额与本金的比率。根据不同的标准，利率可以划分为不同的种类。影响和决定利率的因素多且复杂。

单利是指在计算利息额时，以本金为基数计算利息，所生利息不再加入本金重复计算下期利息的方法。复利是指在一定时期按本金计算利息，随即将利息加入本金，作为下一期计算利息基础的方法。由于复利反映出利息的本质特征，因而相对合理些。

货币是有时间价值的，终值是指一笔资金按照一定的速度增值，且增值额始终自动加入本金的条件下，在未来某一时点上的价值。现值是承诺在将来进行的一项支付在今天的价值，即终值的逆运算。

到期收益率是指来自某种信用工具未来收入的现值总和与其今天的价值相等时的利率水平。经济学家认为到期收益率是衡量利率水平的最精确指标。

对任何有价证券，回报率都是持有人的利息收入与有价证券价值变动的总和占购买价格的比率。

名义利率没有考虑到通货膨胀对借款成本的影响，是指以名义货币表示的利率。实际利率是名义利率剔除通货膨胀因素以后的真实利率。后者根据预期物价水平的变动（通货膨胀）作出调整，因此能够更准确地反映真实借款成本，在经济决策中，人们往往更关注实际利率。

在期限相同的情况下，各债券利率之间的相互关系被称为利率的风险结构。影响利率的因素主要有违约风险、流动性风险和税收风险。

不同期限债券的利率间的相互关系，被称为利率的期限结构。有三种期限结构理论解释期限不同债券的利率差别：预期理论认为，长期债券的利率等于在其存续期内各个短期债券预期利率的平均值，利率的期限结构是由人们对未来短期利率的预期来决定的；市场分割理论认为利率差别是由各种债券市场独立的供求关系决定的；流动性溢价和期限选择理论综合了上述两种理论的特点认为，长期债券利率等于债券到期前未来短期债券利率的平均值加上短期债券流动性溢价。

古典利率决定理论强调非货币的实物因素在利率决定中的作用，实物因素主要是储蓄和投资。和传统的利率理论相反，凯恩斯认为利率不是取决于储蓄和投资的相互作用，而是取决于货币的供求数量。可贷资金理论从可贷资金的供求来讨论利率的决定，既考虑了储蓄、投资等实物因素，又考虑了货币供求变动等货币因素。IS-LM模型的利率理论认为决定利率的主要影响因素有生产率、节约、灵活偏好、收入水平和货币供给量，因而必须从整个经济体系来研究利率，只有当货币市场与实物市场同时达到均衡时，才能形成真正的均衡利率。

基本概念

利息　利率　市场利率　固定利率　浮动利率　基准利率　名义利率　实际利率　复利　现值　终值　到期收益率　回报率　风险结构　违约风险　风险溢价　流动性风险　流动性溢价　期限结构　收入效应　价格效应　费雪效应　流动性偏好　流动性陷阱　可贷资金　IS-LM模型

思考题

（1）当利率分别为20%与10%时，明天的1元在哪种情况下今天的价值更高？

（2）如果利率为10%，某种债券明年向你支付1 100元，后年支付1 210元，第3年支付1 331元。这种债券的现值是多少？如果该债券以3 500元出售，其到期收益率是高于还是低于10%？为什么？

（3）如果乙现在存入银行10 000元，年利率为6%，而且10年内不动用这笔资金，按复利计算，如果一年计息一次，10年后乙将拥有多少钱？如果一年计息4次，10年后乙将拥有多少钱？

（4）一张20年期的息票债券，利率为10%，面值为1 000元，出售价格为2 000元。试计算该债券的到期收益率。

（5）面值为1 000元的贴现发行债券，1年后到期，售价为800元，其到期收益率是多少？

（6）一笔100万元的普通贷款，要求5年后偿还200万元，其到期收益率是多少？

（7）什么是利率风险结构？简述利率风险结构的决定因素及其作用。

（8）企业债券的风险溢价通常是逆经济周期的，即经济周期扩张时降低，经济周期衰退时上升。那么，什么是风险溢价？请解释上述现象的原因。

（9）长期利率一定高于短期利率吗？请用利率期限结构理论解释。

（10）运用流动性偏好理论和可贷资金理论解释利率具有顺周期性（经济繁荣时利率上升、经济衰退时利率下降）的原因。

（11）央行减少货币供应的一个重要途径是向社会公众销售债券。运用可贷资金理论分析该行动对利率的影响。这与运用流动性偏好理论进行分析得到的结果是否一致，为什么？

第2章
在线测试题

（12）运用可贷资金理论分析人们对未来不动产价格预期突然上升对利率将会产生怎样的影响。

第3章

外汇与汇率

学习目标

- 掌握外汇、汇率等基本概念。
- 掌握汇率的标价、种类及汇率决定因素。
- 理解国际收支的概念、国际收支平衡的调节以及汇率变动对国际收支的影响。
- 熟悉和理解国际金融体系下的各种汇率制度。

开篇案例

日元大跌把日本民众吓坏了

2022年6月10日，日元对美元汇率维持在133日元兑换1美元的水平，此前一天一度跌破135日元，距离24年来的最低点（140日元左右）越来越近。

在过去两个多月，日元贬值幅度已经超过10%，较2021年年初贬值约20%。这让近年来始终停滞不前的日本经济雪上加霜，日本社会对此怨声载道。10日，日本重新允许外国游客入境，急迫地想拯救经济，但其中没有中国游客的身影，日本旅游经济的损失不可谓不大。日本不断出现这种声音：日本应该将中国视为“救命稻草”，搭上中国发展的顺风车，从而挽救深陷泥潭的日本经济。

《日本经济新闻》10日报道称，日元贬值将对日本国内生产总值（GDP）造成负面影响。大和总研预测称，如果按照2022年1—3月日元对美元汇率（116.2日元）出现10%的日元贬值计算，2022年度实际GDP将被拉低0.05％。目前日元对美元汇率已经明显低于上述水平，对GDP影响也将更大。日本共同社9日称，日本经济同友会最新的调查结果显示，对于目前日元贬值对日本经济的影响，73.7%的企业经营者认为有“负面”影响。

日本大型服装品牌优衣库7日发布消息称，将上调日本市场部分秋冬款商品价格，超轻羽绒夹克从5 990日元涨价至6 990日元（约合人民币350元）等。

日元贬值导致普通日本人的生活负担也加重。东京某公司职员森岛女士觉得优衣库的涨幅“有点高”，她对《环球时报》记者说，优衣库衣服不算太贵，以往换季时会给自己和家人添置几件新衣，涨价以后打算不买或少买衣服。“衣服可以不买，但是饭不能不吃。”森岛说，目前食材、调料、面包、酒水等生活物资的涨幅至少有10%，如果现在衣服也涨价的话，一家人衣食住行算下来，将是一笔不小的开销。

《纽约时报》称，各国都在努力摆脱疫情带来的经济打击，日本在这方面落后于其他国家。日本消费者几十年来习惯了稳定的物价，价格上涨已经“吓坏了”他们，而疲软的日元看起来似乎会抑制国内需求，而不是刺激国外需求。

资料来源：邢晓婧，李辰．经济陷入窘境　日企盼尽快组团访华［N］．环球时报，2022-06-11（4）．

国家与国家之间的贸易往来是外汇产生的直接原因，外汇的产生是汇率出现的基本前提。那么，外汇到底是什么？如何进一步认识汇率？影响汇率变动的因素有哪些？汇率变动对一国的经济有何影响？这是本章要学习与讨论的主要内容。

3.1 外汇

3.1.1 外汇的含义

外汇（foreign exchange）是国际贸易的产物，是实现国际经济活动的基本手段。外汇即国际汇兑，“汇”是货币异地转移，“兑”是货币之间进行转换。

1）外汇的动态含义

从动态上讲，外汇即国际汇兑，是把一国货币转换成另一国货币，并在国际上流通用以清算因国际经济往来而产生的债权债务。从这个意义上说，外汇等同于国际结算。

2）外汇的静态含义

从静态上讲，外汇就是以外国货币表示的、在国际上可以自由兑换且能被各国普遍接受与使用的一系列金融资产，具体表现为进行国际清算的手段和工具，主要形态包括：存放在国外银行的外币资产或以外币表示的银行存款；可以在国外得到偿付的、以外币表示的各种商业票据和支付凭证；外国政府国库券和其他外币表示的各种证券。

3）国际货币基金组织对外汇的定义

国际货币基金组织认为：“外汇是货币当局（中央银行、货币管理机构、外汇平准基金及财政部）以银行存款、国库券、长短期政府债券等形式所保有的在国际收支逆差时可以使用的债权。其中包括由中央银行及政府间协议而发生的在市场上不流通的债券，而不问它是以债务国货币还是以债权国货币表示。”根据国际货币基金组织的定义，我国对外汇作了更为明确的规定。

4）我国对外汇的定义

根据2008年修订的《中华人民共和国外汇管理条例》的定义。外汇是指下列以外币表示的可以用作国际清偿的支付手段和资产：

① 外国现钞，包括纸币、铸币。

② 外币支付凭证或者支付工具，包括票据、银行存款凭证、银行卡等。

③ 外币有价证券，包括债券、股票等。

④ 特别提款权。

⑤ 其他外汇资产。

国际货币基金组织和我国对于外汇所下的定义是广义的静态外汇。狭义的静态外汇，也就是通常我们所说的外汇，是以外币表示的、可直接用于国际结算的支付手段和工具。从这个意义上说，只有存放在国外银行的外币存款以及索取这些存款的外币票据和凭证才是外汇。

3.1.2 外汇的特征

外汇买卖是债权的转移，外汇支付则是完成国际债权债务的清偿，但并不是所有的外国货币都能成为外汇。

广义的静态外汇，具有以下3个明显特点或质的规定：

1）自由兑换性

一种货币能够自由兑换成其他货币或以其他货币表示的资产，才能作为国际支付和国际汇兑的手段。如果某种资产在国际上的自由兑换受到限制，则不能称为外汇。例如，有些国家的货币当局实行外汇管制，禁止本币在境内外自由兑换成其他国家的货币，以这种货币表示的各种支付工具，也不能随时转换成其他货币表示的支付手段，那么这种货币及其标识的支付工具在国际上就不能称为外汇。

2）普遍接受性

这种外币在国际经济往来中被各国普遍接受和使用。

3）可偿付性

这种外币资产是可以保证得到偿付的。

任何以本国货币表示的信用工具、支付手段、有价证券等对本国人民来说，都不能称为外汇。例如，美元资产是国际支付中最为常用的一种外汇资产，但这是针对美国以外的其他国家而言的。

凡是接受《国际货币基金协定》第八条规定的国家，其货币在国际上被承认为可自由兑换货币。这些国家必须履行以下3项义务：①对国际经常往来的付款和资金转移不得施加限制；②不实施歧视性货币措施或多种货币汇率；③在另一成员国要求下，随时有义务换回对方在经常性往来中所结存的本国货币。

迄今为止，全世界已有50多个国家的货币可自由兑换。此外，凡是接受《国际货币基金协定》第十四条规定的国家，其货币被视作有限度自由兑换货币。这些货币的共同特征表现为对国际经常往来的付款和资金转移施加各种限制，如限制居民的自由兑换或限制资本项目外汇的兑换。我国的人民币属于有限度自由兑换货币。

在我国，有20余种外币可以在外汇市场上挂牌买卖，包括美元（USD）、欧元

(EUR)、日元（JPY）、英镑（GBP）、瑞士法郎（CHF）、丹麦克朗（DKK）、瑞典克朗（SEK）、港元（HKD）、加拿大元（CAD）、澳大利亚元（AUD）、新西兰元（NZD）、新加坡元（SIN）、澳门元（MOP）、马来西亚林吉特（MYR）等。

3.2 汇率

外汇作为一种资产，和其他商品一样可以买卖，用货币购买货币，即用一种货币兑换另一种货币。到底可以兑换多少呢？汇率是关键，它是外汇买卖，实现货币相互转换的基础和前提。

3.2.1 汇率的含义与标价

1）汇率的含义

汇率（exchange rate）又称外汇行市或汇价，是不同货币之间兑换的比率或比价，是以一种货币表示另一种货币的价格。

例如，一件价值100元人民币的商品，如果美元兑换人民币的汇率为1∶6.95，则这件商品在国际市场上的价格就是14.39美元。如果美元兑换人民币的汇率涨到1∶7.30，即美元升值，人民币贬值，可以用更少的美元购买此商品，这件商品在国际市场上的价格就是13.70美元。商品的价格降低，竞争力上升，便宜好卖。反之，如果美元兑换人民币的汇率跌到1∶6.35，即美元贬值，人民币升值，则这件商品在国际市场上的价格就是15.75美元，价格上升了，购买需求自然就减少了。

2）汇率的标价方法

汇率既可以用本币表示外币的价格，也可以用外币表示本币的价格，具有双向特征。正因为如此，要确定两国货币之间的比价，首先要确定以哪国的货币作为标准，确定的标准不同，汇率的标价方法不同。在通常情况下，汇率的标价方法有两种：一种是直接标价法（direct quotation）；另一种是间接标价法（indirect quotation）。20世纪五六十年代以后，西方各国的跨国银行又普遍采用了美元标价法（US dollar quotation）。

（1）直接标价法，指以一定单位（1、100、10 000）的外国货币为标准，折合计算一定数量的本国货币的方法。例如，USD1=CNY6.95，就是直接标价法。世界上绝大多数国家包括我国目前都采用直接标价法。在直接标价法下，外币数额保持固定不变，折合的本币数额随着外国货币与本国货币币值对比的变化而变动。若一定单位的外币折合的本币数额增加，则说明外币升值、本币贬值，即外汇汇率上升；反之，如果一定单位的外币折合的本币数额减少，则说明外币贬值、本币升值，即外汇汇率下跌。由此可知，外币的价值与汇率的涨跌成正比。

（2）间接标价法，指以一定单位（1、100、10 000）的本国货币为标准，折合计算一定数量的外国货币的方法。例如，GBP1=CAD2.1，即以英镑作为本币，加元作为外币，就是间接标价法。目前，世界上采用间接标价法的国家主要有英国、英联邦国家、美国和欧元区国家。在间接标价法下，本币数额保持固定不变，折合的外币数额随着本国货币与外国货币币值对比的变化而变动。若一定单位的本币折合的外币数额增加，则说明外币贬值、本币升值，即外汇汇率下跌；反之，如果一定单位的本币折合的外币数额减少，则说明外币升值、本币贬值，即外汇汇率上升。由此可知，外币的价值和汇率的涨跌成反比。

（3）美元标价法，指以一定单位（1、100、10 000）的美元为标准，折合计算一定数量的其他货币的方法。在美元标价法下，美元为标准货币，其他货币为标价货币。在外汇市场上，除英镑、澳大利亚元、新西兰元、欧元等几种货币采用非美元标价法之外，其余大多数货币采用美元标价法。例如，外汇市场上英镑兑换美元的汇率水平为1.1245，则表明1英镑等于1.1245美元。

美元标价法与前两种基本的标价法并不矛盾。银行汇价挂牌时，标出美元与其他货币之间的比价，如果需要计算美元以外的两种货币之间的比价，必须通过各自货币与美元的比价进行套算。

3.2.2 汇率的种类

按照不同的标准、不同的需求、不同的角度，可以将汇率划分为不同的种类。

1）买入价、卖出价和中间价

从银行外汇买卖的角度来看，汇率可分为买入价（buying rate/bid rate）、卖出价（selling rate/ask or offer rate）和中间价（middle rate）。

（1）买入价，即买入汇率，指银行买入外汇时所使用的汇率。

（2）卖出价，即卖出汇率，指银行卖出外汇时所使用的汇率。

（3）中间价，指外汇买入价与卖出价之间的平均价格，是市场报价时使用的汇率。中间价一般在银行间外汇市场上使用。

外汇的买入价和卖出价是站在银行的角度而言的，其价格是银行买入和卖出汇率时使用的价格。在直接标价法下，USD1=CNY6.8535/85，美元为外币，人民币为本币。银行买入外币（美元）的价格是6.8535，即支付6.8535元人民币可买入1美元；银行卖出外币（美元）的价格是6.8585，即卖出1美元收回6.8585元人民币。因此，在直接标价法下，外汇的买入价是前面较小的数字，卖出价是后面较大的数字（见表3-1）。

表3-1 中国银行部分外汇牌价（2023年8月1日16：36）

货币名称	现汇买入价	现钞买入价	现汇卖出价	现钞卖出价	中行折算价
澳大利亚元	473.85	459.13	477.34	479.45	480.16
加拿大元	539	521.98	542.97	545.37	541.89
瑞士法郎	816.39	791.2	822.13	825.65	819.65
欧元	784.09	759.73	789.58	792.18	785.79
英镑	915.63	887.18	922.37	926.45	917.06

续表

货币名称	现汇买入价	现钞买入价	现汇卖出价	现钞卖出价	中行折算价
港币	91.8	91.07	92.16	92.16	91.4
日元	5.0052	4.8497	5.042	5.0498	5.0207
韩国元	0.5541	0.5346	0.5585	0.579	0.5596
日元	5.0052	4.8497	5.042	5.0498	5.0207
新西兰元	439.75	426.18	442.83	448.92	443.69
美元	715.5	709.68	718.36	718.36	712.83

注：本汇率表单位为100外币换算人民币。

资料来源：中国银行官网.

微课3-1

提高利率为什么会遏制汇率的下跌?

在间接标价法下，同样是USD1=CNY6.8535/85，这时美元为本币，人民币为外币。银行买入外币（人民币）的价格是6.8585，即买入6.8585元人民币支付1美元；银行卖出外币（人民币）的价格是6.8535，即卖出6.8535元人民币，收回1美元。因此，在间接标价法下，外汇的买入价是后面较大的数字，卖出价是前面较小的数字。

2）即期汇率与远期汇率

根据外汇买卖的交割期限，汇率可分为即期汇率（spot exchange rate）与远期汇率（forward exchange rate）。所谓交割，是指买卖双方履行交易契约，进行钱货两清的授受行为。外汇买卖的交割是指购买外汇者付出本国货币、出售外汇者付出外汇的行为。由于交割日期不同，汇率就有差异。

（1）即期汇率，又称现汇汇率，是买卖双方成交后在两个营业日之内办理外汇交割时所用的汇率。

（2）远期汇率，又称期汇汇率，是买卖双方事先约定的、据以在未来的一定日期进行外汇交割的汇率。远期汇率典型的有1个月远期、3个月远期、1年远期。

通常，即期汇率与远期汇率在数值上是不同的。当远期汇率高于即期汇率时，称为升水；当远期汇率低于即期汇率时，称为贴水；当两者相等时，则称为平价。升水或贴水的幅度为远期汇率与即期汇率的差。

3）基础汇率与套算汇率

根据汇率制定的方法，汇率可分为基础汇率（basic rate）和套算汇率（cross rate）。

（1）基础汇率，又称基准汇率、直接汇率，指一国货币对国际上某一关键货币所确定的比价，它是确定与其他各种外币汇率的基础。关键货币一般选择国际贸易、国际结算和国际储备中的主要货币，并且与本国的国际收支活动有十分密切的关系。第二次世界大战以后，很多国家将本币兑换美元的汇率定为基础汇率。

（2）套算汇率，又称交叉汇率，是在基础汇率的基础上套算出来的本币与非关键货币之间的汇率。国际外汇市场只公布按美元标价计算的外汇汇率，不能直接反映其他货币之间的汇率，要换算出其他货币的汇率，就要用其他货币对美元汇率进行套算。

一个国家制定出基本汇率后，对其他国家货币的汇率可以按基本汇率换算出来。例如，美元兑换日元的汇率为91.50，美元兑换人民币的汇率为7.4360，则日元兑换人民币的汇率为0.0813（7.4360/91.50）。

4）固定汇率与浮动汇率

根据国际汇率制度，汇率可分为固定汇率（fixed exchange rate）和浮动汇率（floating exchange rate）。

（1）固定汇率，是在金本位制度下和布雷顿森林体系下通行的汇率制度，这种制度规定本国货币与其他国家货币之间维持一个固定比率，汇率波动只能限制在一定范围内，政府承担维持汇率稳定的责任。

（2）浮动汇率，是本国货币与其他国家货币之间的汇率不由货币当局规定，而由外汇市场供求关系决定，可自由浮动，只有在汇率出现过度波动时，货币当局才会干预市场的制度。1973年固定汇率制瓦解后，西方国家普遍实行浮动汇率制。根据各国具体情况的不同，浮动汇率制进一步分为自由浮动、管理浮动、联合浮动、单独浮动等。

5）名义汇率、实际汇率与有效汇率

根据货币的购买力和总体波动及其在国际贸易和金融领域中的总体地位，汇率可分为名义汇率、实际汇率和有效汇率。

（1）名义汇率（nominal rate of exchange），又称双国汇率，是指一种货币以另一种货币为基础的价格，可以表示为本国货币的外币价格，也可以表示为外国货币的本币价格。名义汇率通常是可以在外汇市场上观察到的、挂牌的、交易中使用的汇率，而且有买价与卖价的差价，也就是现实中的货币兑换比率，它可能由市场决定，也可能由货币当局制定。

（2）实际汇率（real exchange rate）有两种含义：①相对于名义汇率而言，是名义汇率与对各类出口商品进行财政补贴和减免税收的之和或之差，其目的在于各国政府实行“奖出限入”的贸易保护政策。用公式表示为：实际汇率=名义汇率±财政补贴和税收减免。②名义汇率减去通货膨胀率，目的在于反映通货膨胀对名义汇率的影响。

（3）有效汇率（effective exchange rate），是一种以某个变量为权重计算的加权平均汇率指数，指报告期一国货币对各个样本国货币的汇率以选定的变量为权数计算出的与基期汇率之比的加权平均汇率之和。有效汇率反映出报告期一国加权平均汇率与基期汇率的变动程度，通常用于度量一国商品贸易的国际竞争力，也可以用于研究货币危机的预警指标，还可以用于研究一国居民生活水平相对于另一国的高低。

6）贸易汇率与金融汇率

根据外汇资金的性质和用途，汇率可分为贸易汇率（commercial rate）和金融汇率（financial rate）。

（1）贸易汇率，指用于进出口贸易及其从属费用方面的汇率。

（2）金融汇率，指用于资金转移和旅游等方面的汇率。

拓展阅读3-1

2023年8月1日汇市观潮

2023年7月31日，欧元兑换美元欧盘阶段上涨，之后回落。纽约尾盘，欧元下跌0.15%，至1.0998美元。欧元区公布的初步数据显示，欧元区7月份的总体通货膨胀率为5.3%，低于6月份的5.5%，但仍高于欧洲中央银行为欧元区20个成员国设定的2%的目标。另一项数据显示，欧元区第二季度GDP增长有所加速，实际增长0.3%，高于预期的0.2%。第二季度GDP的增长归因于法国和爱尔兰的一次性增长。而此前显示，第一季度GDP是停滞不前的。有机构认为，如果不包括法国和爱尔兰，欧元区第二季度GDP环比增长率只有0.04%。这说明货币政策收紧的影响仍在加剧，欧元区GDP在2023年下半年仍存在收缩的风险。为此，主要经济体9月份能否继续收紧货币，颇令投资者怀疑。如果9月份美联储按下停止键，而欧元区央行仍坚决继续提息控通胀，那么欧元或会得到些支撑。相反，若美国经济发展仍充满韧性，息口有望维持在高位，那么美元则会继续有稳中带升的趋势。如图3-1所示，4小时短线图上，欧元/美元继续受压于短期均线下方，技术指标有所钝化，指向性不甚明朗，而日线图的下行态势较为明显。

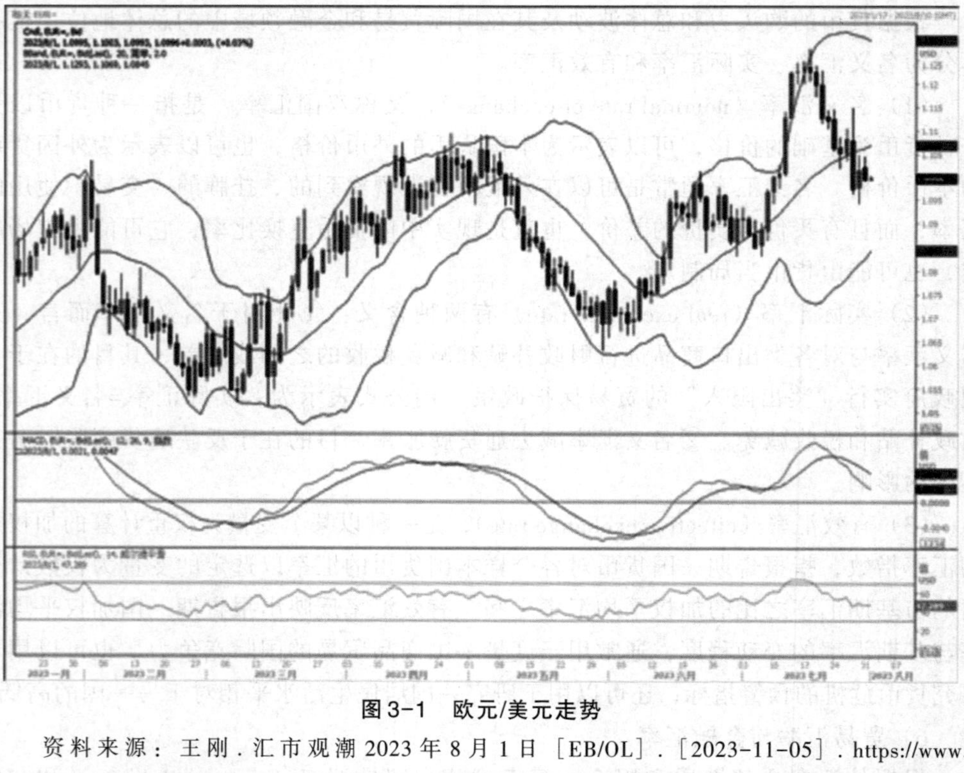

图3-1　欧元/美元走势

资料来源：王刚．汇市观潮2023年8月1日［EB/OL］．［2023-11-05］．https://www.bankofchina.com/fimarkets/foreignx/202308/t20230801_23489977.html?keywords=汇市观潮2023年8月1日．

3.2.3　汇率的决定及其影响因素

1）金本位制度下汇率的决定与变动

（1）汇率的决定因素——铸币平价

金本位制度是19世纪初到20世纪初资本主义国家实行的以黄金为本位货币的货币制度，包括金币本位制、金块本位制和金汇兑本位制。在第一次世界大战前，盛行典型的金币本位制，其特点是金币为本位币，可以自由铸造和熔化，金币与银行券自由兑换，金币作为世界货币自由输出输入。各国规定了每一金铸币单位包含的黄金重量与成色，即含金量（gold content），货币间的比价以含金量来折算，两国本位币的含金量之比即为铸币平价（mint par）。其可表示为：1单位甲币=甲币含金量／乙币含金量=X单位乙币。例如，1英镑铸币的含金量为113.0016格令，1美元铸币的含金量为23.22格令，铸币平价为4.8665（113.0016／23.22），即1英镑约折合4.8665美元。

铸币平价是汇率的决定基础，由其决定的汇率是一种中心汇率，市场汇率会围绕着铸币平价或中心汇率上下波动。

（2）汇率的变动因素——外汇市场的供求及黄金输送点

① 外汇市场的供求。外汇市场中，当外汇供不应求时，市场汇率就会超过铸币平价；当外汇供过于求时，市场汇率就会低于铸币平价。但不管外汇供求发生何种变化，总会限制在黄金点内。

② 汇率的黄金输送点及波动规则。如此规定的汇率可能出现波动，但波幅有一定界限。这个界限称为黄金输送点（gold transport points）。黄金输送点等于铸币平价加上从一国输出或从另一国输入黄金需要支出的费用，包括包装、运输黄金的费用和运输保险费。如果汇率的波动使得两国间在进行国际结算时直接使用黄金比使用外汇更为合算，则贸易商宁可直接运送黄金。通过这一机制，汇率的波动可自动保持在一定范围内：最高不能超过黄金输出点，即铸币平价加运费；最低不能低于黄金输入点，即铸币平价减运费。超过或低于这一界限，就会引起黄金的输出输入和货币汇率的自动调节。其波动规则如图3-2所示。

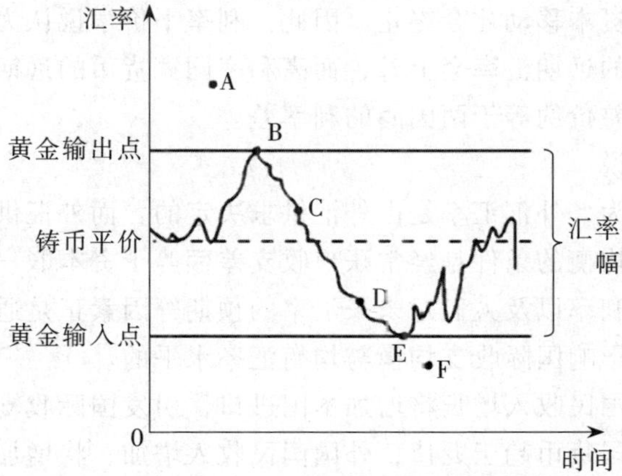

图3-2　金币本位制下汇率波动的规则

总之，在金币本位制下，黄金输送点和黄金—物价—国际收支机制的运作，把汇率的波动限制在一定的幅度内，并对汇率起到了自动调节的作用。

2）纸币流通制度下汇率的决定因素

在纸币流通制度下，各国发行纸币作为金属货币的代表，并且参照过去的做法，以法令规定纸币的含金量，称为金平价。金平价的对比是两国汇率的决定基础，但是纸币不能兑换成黄金，因此纸币的法定含金量往往形同虚设。没有含金量的纸币制度，已经没有等值资产作为货币的发行准备，成为信用货币制度，汇率水平不再由含金量或所代表金量的对比来决定，也没有了一个公认的标尺。因此，经济学家提出了纸币流通条件下的多种汇率决定理论。其中比较有代表性的有以下3种：

（1）购买力平价学说

购买力平价学说的历史非常悠久，其理论渊源可以追溯到16世纪。瑞典学者卡塞尔在1922年首次以较成熟的形式提出了汇率如何决定的购买力平价论。这种理论认为，两国货币之所以能够互相兑换，是因为它们各自在国内具有购买力。本国人之所以需要外国货币或外国人之所以需要本国货币，是因为这两种货币在各自发行国均具有对商品的购买力；两国货币购买力之比就是决定汇率的“首先的最基本的依据”；汇率的变化也是由两国货币购买力之比的变化而决定的，即汇率的涨落是货币购买力变化的结果。也就是说，在不考虑运输成本的情况下，同种可贸易品在各个地区的价格应该是一致的，这种关系被称为“一价定律”。

（2）利率平价学说

利率平价学说认为，汇率的本质是两国货币的相对价格，在开放经济条件下，两国货币之间的汇率由金融资产市场上两国货币资产的收益来决定，即两个国家利率的差额相当于远期兑换率及现货兑换率之间的差额。当本国利率低于外国利率时，投资者为获得较高收益，会将资本从本国转移到外国进行套利活动，获取利息差额。为防止汇率波动对其产生的不利影响，投资者通常会在远期外汇市场上，按远期汇率将在国外的投资收益及投资本金兑换成本国货币来锁定投资收益。可见，两国投资收益存在差异，形成了资本的国际移动。直到通过利率的调整，两国的投资收益相等时，国际资本移动才会终止。因此，利率平价学说认为：同即期汇率相比，低利率国家货币的远期汇率会上升，而高利率国家货币的远期汇率会下降；远期汇率同即期汇率的差价约等于两国间的利率差。

（3）国际收支学说

国际收支学说认为，外汇汇率是由外汇供求决定的，而外汇供求又是由国际收支决定的。国际收支均衡的条件是经常账户收支差额等于资本账户差额。国内外国民收入、价格水平、利率以及人们对未来汇率的预期等因素正是通过影响进出口及国际资本流动，进而影响国际收支均衡与均衡汇率水平的。

具体而言，本国国民收入增长将增加本国进口，引发国际收支赤字，使外汇市场出现超额需求，本国货币趋于贬值；外国国民收入增加，将增加本国出口，引起国际收支盈余，使本币趋于升值。当本国物价水平相对于外国物价水平上升时，将提高本国商品相对于外国商品的价格，引起出口减少，进口增加，导致本币贬值；反之，将导致本币升值。本国利率相对于外国利率上升时，会刺激国外资金流入增加、本国资金流出减少，从而使外汇价格下降。如果人们对外币汇率的未来走势看涨，就会在外汇市场上抛出本币，换成外国货币，造成外汇汇率上涨；反之，将造成外汇汇率下降。

3）纸币制度下影响汇率变动的因素

（1）国际收支

一国的国际收支状况将导致其本币汇率的波动。例如，出口贸易或外商投资会增加外汇收入，在外汇市场上形成外汇供给；进口贸易或向国外没资会增加外汇支出，在外汇市场上产生外汇需求。把这些交易综合起来，全部记入国际收支统计表中，便构成了一国的外汇收支状况。如果外汇收入大于支出，则外汇的供应量增大，在需求不变的情况下，本币对外币升值，外汇汇率下跌。如果外汇支出大于收入，则对外汇的需求量增大，在供给不变的情况下，本币对外币贬值，外汇汇率上涨。由此可见，国际收支状况对汇率的影响归根结底是外汇的供求关系对汇率的影响。

（2）相对利率

利率，就其表现形式来说，是指一定时期内的利息额同借贷资本总额的比率，是宏观经济调控的重要工具之一。当经济过热、通货膨胀率上升时，中央银行便提高利率、收紧信贷；当过热的经济和通货膨胀得到控制时，中央银行便会把利率适当调低。因此，利率是重要的基本经济因素之一。

一国利率水平的高低，是反映借贷资本供求状况的重要标志。也就是说，考察汇率的预期变动，只有当外国利率与汇率的预期变动率之和大于本国利率时，把资本移往国外才有利可图。

本国利率水平相对较高，会吸引外国资本流入，从而增加对本国货币的需求，本币汇率就趋于上浮；反之，本国的利率水平相对降低，会直接引起国内短期资本流出，从而减少对本国货币的需求，本币汇率就趋于下浮。因此，可以说“利率升，货币强；利率跌，货币弱”。

微课3-2

银行的外汇牌价你读懂了吗?

利率的变化对国际资本流动影响的程度有多大，还要看是否满足利率平价学说。

（3）相对通货膨胀率

当一国大多数商品和劳务的价格连续在一段时间内普遍上涨，就称这个国家正面临通货膨胀的压力。一国通货膨胀率升高，货币购买力下降，货币对内贬值，进而对外贬值。国内外通货膨胀率的差异是决定汇率长期趋势的主导因素。在不兑现的信用货币条件下，c两国货币之间的比率是由各自所代表的价值决定的。如果一国通货膨胀率高于他国，该国货币在外汇市场上就会趋于贬值；反之，就会趋于升值。

（4）财政政策与货币政策

一国政府的财政政策和货币政策对汇率变化的影响虽然是间接的，但也非常重要。一般而言，扩张性的财政政策和货币政策造成的巨额财政赤字和通货膨胀会使本国货币对外贬值；紧缩性的财政政策和货币政策会减少财政支出，稳定通货，使本国货币对外升值。但这种影响是相对短期的。财政政策和货币政策对汇率的长期影响，要视这些政策对经济实力和长期国际收支状况的影响而定，如果扩张性政策能最终增强本国经济实力，国际收支顺差扩大，那么本币对外价值的长期走势必然向上，即本币升值；如果紧缩性政策导致本国经济停滞不前，国际收支逆差扩大，那么本币对外价值必然逐渐降低，即本币贬值。

（5）经济增长率差异

国家经济实力是其货币汇率水平的基础，而稳定的经济增长率是衡量经济实力的重要指标。在其他条件不变的情况下，一国经济增长率相对较高，其国民收入增加也相对较快，这样会增加对外国商品和劳务的需求，外汇需求也随之增加。在外汇供给满足不了外汇需求的情况下，该国货币汇率下跌。要注意以下两种特殊情况：

① 对于出口导向型国家来说，其经济增长主要是由出口增加推动的，较快的经济增长伴随着出口的高速增长，此时出口的增长额往往超过进口的增长额，这样会出现汇率不跌反升的现象。

② 如果国内外投资者把该国较高的经济增长率视为经济前景向好、资本收益率提高的反映，则会导致外国对本国投资的增加，如果流入的资本能够抵销经常项目的赤字，该国的货币汇率亦可能不跌反升。

（6）政府的市场干预

政府为了实现一定的经济目标，常常会采用各种措施干预外汇市场和外汇汇率，有时甚至操纵汇率的波动。政府为了避免汇率的波动对国内经济造成不利的影响，需要通过中央银行在外汇市场上买卖外汇（即通常所说的“公开市场操作”），使汇率的变动有利于本国经济的运行。这种干预的目的有3个：①在汇率变动过于剧烈的时候使它趋于缓和；②使汇率稳定在某个水平上；③使汇率上浮或是下降到某个水平上。

（7）国际储备

一般情况下，一国国际储备充足，特别是外汇储备充足时，该国货币汇率往往会趋于上升；国际储备不足或太少，该国货币汇率往往会下跌。

（8）市场预期

市场预期是影响汇率变动各因素中最难把握的。它是指外汇交易者对市场作出判断并据此进行外汇买卖，引起汇率发生变动。也就是说，投资者是买进还是卖出某种外汇，常常取决于对汇率走势的预期，从而引起该种货币汇率的上升或者下降，如投资者认为美元汇率将上升，日元汇率将下降，便会立即买进美元抛出日元，使美元需求大于供给、日元供给大于需求，美元汇率上升、日元汇率下降。

（9）政局的动荡和突发事件

如果一国政府经常更迭，国内出现叛乱或战争，与他国的外交关系恶化以及遭遇严重的自然灾害，而这些事件和灾害又未能得到有效控制，就会导致国内经济萎缩或瘫痪，使投资者信心下降而引发资本外逃，其结果会导致该国货币汇率下跌。

除上述因素外，黄金市场、股票市场、石油期货市场等其他投资品市场价格发生变化也会导致外汇市场汇率联动，这是由于国际金融市场一体化，资金在国际上自由流动，各个市场的联系非常密切，价格的相互传递成为可能和必然。

拓展阅读3-2

我国利率和汇率联动机制的实践

1）我国货币政策和汇率政策的关系

2005年以来，我国对人民币汇率形成机制进行改革，实行以市场供求为基础、参考一篮子货币进行调节、有管理的浮动汇率制度。此后，货币政策和汇率政策的协调主要分为三个阶段：

第一阶段：2005—2013年，主要采用紧缩性货币政策和控制人民币升值幅度的汇率政策，并且二者间的矛盾反复出现。2002年后美国受“911”恐怖袭击和次贷危机影响，逐渐由“强美元”政策转为“弱美元”政策，人民币汇率随着美元指数走低而贬值。我国贸易顺差逐年扩大，外汇储备不断增加，人民币贬值加剧了与其他贸易伙伴的摩擦，人民币升值预期愈加强烈。为维持人民币汇率稳定，央行买入外汇、卖出人民币，增加了基础货币投放。此时，随着消费和投资需求的逐步回升，国内经济面临通货膨胀压力，要求实行偏紧的货币政策。央行通过发行央票回收外汇占款（2005年发行央票125期，共计27 882亿元），但仍无法完全对冲掉结售汇释放的货币，且额外增加了财务成本。在货币政策和汇率政策面临矛盾的背景下，2005年7月21日人民币汇率制度进行重要改革，实行以市场供求为基础、参考一篮子货币调节、有管理的浮动汇率制度。当日人民币交易价格调整为1美元兑换8.11元人民币，人民币对美元升值2%。升值后人民币汇率浮动区间依然有限，在人民币升值压力下央行运用外汇储备维持汇率稳定，对国内经济产生扩张效应，影响了同期央行提高存款准备金率和贷款利率等紧缩性货币政策的效果，导致我国消费价格指数（CPI）在2006年第四季度开始迅速走高，到2008年第一季度高达8.03%。货币政策和汇率政策的矛盾直到2008年下半年才有所缓解。受国际金融危机的影响，我国货币政策转向宽松。同期，汇率政策暂时结束了人民币升值，运用外汇储备固定住人民币汇率。由此带来的货币供应量上升对经济产生扩张效应，进一步强化了同时期扩张性货币政策的效果。在全球经济衰退背景下，2008—2010年我国GDP增速一直保持在9%以上。随着扩张性货币政策效应的逐步释放，国内经济重新面临通货膨胀压力，货币政策转向紧缩，人民币依然处于升值通道，2010年货币政策与汇率政策又重新面临之前的矛盾。在这样的背景下，2010年6月19日央行宣布进一步推进人民币汇率形成机制改革，增强人民币汇率弹性。央行依然运用外汇储备控制人民币升值幅度，但干预程度逐渐降低，人民币汇率呈双向波动。2012年受欧元区主权债务危机影响，全球经济增长放缓，我国经济增速回落，货币政策趋向宽松，货币政策与汇率政策由矛盾转向协调。此时的货币政策也开始转型，利率市场化进程加快。

第二阶段：2014—2015年，主要采用宽松的货币政策和控制人民币贬值的汇率政策。2014年全球经济增长动力不足，我国经济进入新常态，增速换挡期、结构调整阵痛期、前期政策消化期三期叠加，经济下行压力加大，货币政策偏向宽松。人民币结束了升值态势，开始出现贬值预期。2014年6月外汇储备由增转降，对央行资产负债表产生收缩效应，在一定程度上抵消了同期扩张性货币政策的效果。在这样的背景下，我国货币政策和汇率政策的改革力度加大。2014年3月17日，银行间市场人民币汇率日间波动幅度由±1%扩大至±2%；2015年8月11日，央行宣布将优化银行间外汇市场人民币对美元中间价报价机制，人民币汇率市场化程度进一步提高；2015年10月24日，取消商业银行和农村合作金融机构等存款利率浮动上限，“狭义”利率市场化基本完成。央行开始由信号意义较强、制约较多的存款准备金率等传统的货币政策工具转向通过公开市场操作、中期借贷便利、常备借贷便利、抵押补充贷款等工具调节基础货币投放。

第三阶段：2016年至今，主要采用富有弹性的汇率政策配合稳健灵活的货币政策。2016年下半年以来我国经济企稳回升，宏观调控政策由“稳增长”转向“防风险”，货币政策转向稳健中性，人民币汇率在贬值趋势中呈双向波动。2017年，随着人民币汇率中间价报价中“逆周期因子”的引入和我国加强跨境资本流动管理的外汇政策效果显现，人民币汇率在美元指数走弱的态势下由贬转升，汇率发挥价格调节作用，有效化解了跨境资本流出冲击风险。随着汇率市场化改革的推进，外汇占款余额的年度增量在2015年由正转负，央行逐渐退出常态式外汇干预。央行通过将中期借贷便利操作常态化，探索建立利率走廊机制，培育常备借贷便利作为利率走廊上限，增强利率汇率联动效果，推动货币政策从数量型调控逐步向价格型调控为主转型。通过回顾货币政策和汇率政策协调历史可发现，每当二者出现矛盾之时，都推进了人民币汇率制度改革和货币政策调整。

2）我国利率与汇率联动机制演进

2005年汇率制度改革之前，人民币汇率始终保持稳定，尚未实现利率和汇率的联动。2005年汇率制度改革后，人民币汇率市场化程度提高，此时利率市场化基本实现了存款利率管上限、贷款利率管下限的阶段性目标，利率和汇率的相关性逐渐增强。2005—2011年我国经常账户和非储备性质的金融账户均为顺差，国际收支总体顺差的快速增长导致外汇储备大幅增加，人民币呈现升值态势。此时，为了维持人民币汇率相对稳定，央行在外汇市场上买入美元、卖出人民币，进一步加剧了外汇储备的增长，但国内市场的利率并没有因此而下降，这主要是因为我国放弃资本的自由流动，选择汇率稳定和独立货币政策，国内市场利率获得更大的弹性空间。2008年12月利率大幅下降的主要原因是受国际金融危机影响，国内外经济出现下行压力。2008年下半年我国实行了适度宽松的货币政策。2012年非储备性质的金融账户出现逆差，国际收支顺差收窄，2013年国际收支重回“双顺差”格局，2014年再度出现经常账户顺差和非储备性质的金融账户逆差并存的格局。外汇储备在2014年6月由升转降，人民币汇率结束升值趋势出现贬值预期，央行通过减少外汇储备，卖出美元、买入人民币以维持人民币汇率相对稳定，国内市场上的资金供给下降，市场利率上升。2015年4月和5月利率的大幅下降主要是受同年3月和5月央行两次降息的影响。2015年8月汇率制度改革后，人民币汇率中间价形成机制的市场化程度提高，汇率的实际运行空间进一步扩大。2015年10月存款利率上限取消，利率市场化基本完成，人民币利率和汇率联动更加显著。2016年年底前，利率和汇率一直呈同向变动关系，可见此时外汇储备渠道的作用要大于金融市场和产品市场渠道。2017年全球经济出现复苏，我国经济稳中向好，非储备性质的金融账户差额由逆转顺，外汇储备开始回升，人民币汇率升值，利率呈反向变动，此时金融市场和产品市场渠道作用大于外汇储备渠道，这也反映了央行对汇率的干预程度降低。

资料来源：孙少岩，王奕璇，王笑音．基于国际收支视角的人民币汇率与利率联动机制分析［J］．经济纵横，2019（7）：101-112.

3.3 汇率与国际收支

3.3.1 国际收支的含义

国际收支（balance of payment）可分为狭义的国际收支和广义的国际收支。狭义的国际收支指一国在一定时期（通常为一年）内同其他国家为清算到期的债权债务所发生的对外收入和支出的总和。广义的国际收支不仅包括外汇收支，还包括一定时期内全部经济交易的货币价值之和。既包括贸易收支、非贸易收支、已实现外汇收支的交易，也包括资本的输出输入、未实现外汇收支的交易。

国际货币基金组织认为，“国际收支是一种统计报表，系统记载了在一定时期内某个经济主体（一个国家或者一个地区）与世界其他经济体之间的经济交易。其中包括：①商品、服务、收益方面的交易；②该经济体的货币、黄金、特别提款权以及对其他经济体债权债务的所有变化；③无偿转移支付及会计意义上为平衡尚未抵销的上述交易所规定的对应项目”。

3.3.2 国际收支平衡表

国际收支平衡表（balance of payment presentation）是一国根据交易内容和范围设置项目和账户，并按照复式记账法对一定时期内的国际经济交易进行系统的记录，对各笔交易进行分类、汇总而编制出的分析性报表。它记录了一国对外全部经济交易，不仅包括纯粹经济交易引起的货币收支，还包括政治、文化、军事引起的货币收支。

各类交易的情况不同，国际收支平衡表的内容也有所不同，按照《国际收支和国际投资头寸手册》第六版，国际收支平衡表包括经常账户、资本账户、金融账户、净误差与遗漏。

1）经常账户

经常账户又称经常项目，是国际收支平衡表中最基本、最重要的项目，反映了本国与他国之间资源的实际转移情况。经常账户包括货物和服务、初次收入、二次收入。

（1）货物和服务。货物又称有形贸易，反映了一国商品的进口和出口，包括一般商品、用于加工的货物、货物修理、非货币黄金。货物的进口和出口均按离岸价格计算，出口计入贷方，进口计入借方。

服务又称无形贸易，反映一国与他国之间相互提供劳务或服务而发生的收入与支出，主要包括运输、旅游、通信、建筑、保险、金融、电子计算机、信息等方面的服务，专利权和特许使用费，其他商业服务引起的收支，输出计入贷方，输入计入借方。

（2）初次收入。根据《国际收支和国际投资头寸手册》第六版，初次收入反映的是机构单位因其对生产过程所作的贡献或向其他机构单位提供金融资产和出租自然资源而获得的回报，包括两类：①与生产过程相关的收入，包括雇员报酬，对产品和生产的税收和补贴；②与金融资产和其他非生产资产所有权相关的收入，包括投资收益、股息、再投资收益、利息、租金。应收的初次收入计入贷方，应付的初次收入计入借方。

（3）二次收入。二次收入账户显示的是收入再分配，是居民与非居民之间的经常转移，包括个人转移，对所得、财富等征收的经常性税收，社保缴款，社会福利，非寿险和标准化担保净保费，非寿险索赔，经常性国际合作，其他经常转移。居民从非居民处获得的经常转移计入贷方，居民向非居民提供的经常转移计入借方。

2）资本账户

资本账户反映了资本转移和非生产、非金融资产的取得和处置。资本转移是资产（非现金和存货）的所有权转移；与资产（非现金和存货）买卖相联系的转移；债权人减免债务的转移。非生产、非金融资产的取得和处置是指非生产创造的有形资产（土地、自然资源等）与无形资产（专利权、特许权等）。资本输入计入贷方，资本输出计入借方。

3）金融账户

金融账户涉及一国经济体对外资产和负债所有权变更的所有交易，包括直接投资、证券投资、金融衍生产品（非储备）和雇员认股权、其他投资、储备资产。

4）净误差与遗漏账户

目前，世界各国的国际收支平衡表中基本上都设置了净误差与遗漏项目。造成净误差与遗漏的原因主要有以下3个方面：①交易项目的统计方法、口径出现差异；②编制国际收支平衡表的原始资料来自各个方面，当事人出于各种原因故意改变、伪造或压低某些项目的数字，造成资料失实或收集资料不全，如在进出口贸易中经常存在骗取出口退税和逃避进口关税的行为；③投机资本的国际流动，由于其流入流出异常迅速，而且常采取较为隐蔽的形式出入国境，外汇管理当局对其真实资料难以辨别。

表 3-2 列举了我国 2022 年国际收支平衡表的项目，我们可以从中观察国际收支平衡表的构成及各项目之间的关系。

表3-2　　2022年中国国际收支平衡表　　单位：亿美元

项目	金额
1.经常账户	4 019
贷方	39 508
借方	-35 489
1.A 货物和服务	5 763
贷方	37 158
借方	-31 395
1.A.a 货物	6 686
贷方	33 469
借方	-26 782
1.A.b 服务	-923
贷方	3 690
借方	-4 613
1.A.b.1 加工服务	135
贷方	143
借方	-8
1.A.b.2 维护和维修服务	39
贷方	83
借方	-43
1.A.b.3 运输	-224
贷方	1 465
借方	-1 689
1.A.b.4 旅行	-1 052
贷方	96
借方	-1 148
1.A.b.5 建设	67
贷方	143

续表

项目	金额
借方	−76
1.A.b.6 保险和养老金服务	−153
贷方	45
借方	−198
1.A.b.7 金融服务	11
贷方	50
借方	−39
1.A.b.8 知识产权使用费	−312
贷方	133
借方	−445
1.A.b.9 电信、计算机和信息服务	178
贷方	557
借方	−379
1.A.b.10 其他商业服务	419
贷方	944
借方	−525
1.A.b.11 个人、文化和娱乐服务	−12
贷方	14
借方	−26
1.A.b.12 别处未提及的政府货物和服务	−19
贷方	17
借方	−36
1.B 初次收入	−1 936
贷方	1 902
借方	−3 839
1.B.1 雇员报酬	63
贷方	204
借方	−141

续表

项目	金额
1.B.2 投资收益	−2 031
贷方	1 658
借方	−3 689
1.B.3 其他初次收入	32
贷方	41
借方	−9
1.C 二次收入	191
贷方	447
借方	−256
1.C.1 个人转移	15
贷方	57
借方	−42
1.C.2 其他二次收入	176
贷方	390
借方	−214
2. 资本和金融账户	−3 113
2.1　资本账户	−3
贷方	2
借方	−5
2.2　金融账户	−3 110
资产	−2 815
负债	−294
2.2.1　非储备性质的金融账户	−2 110
资产	−1 816
负债	−294
2.2.1.1 直接投资	305
2.2.1.1.1 资产	−1 497

续表

项目	金额
2.2.1.1.1.1 股权	–820
2.2.1.1.1.2 关联企业债务	–677
2.2.1.1.1.a 金融部门	–364
2.2.1.1.1.1.a 股权	–308
2.2.1.1.1.2.a 关联企业债务	–56
2.2.1.1.1.b 非金融部门	–1 133
2.2.1.1.1.1.b 股权	–512
2.2.1.1.1.2.b 关联企业债务	–621
2.2.1.1.2 负债	1 802
2.2.1.1.2.1 股权	1 597
2.2.1.1.2.2 关联企业债务	205
2.2.1.1.2.a 金融部门	125
2.2.1.1.2.1.a 股权	116
2.2.1.1.2.2.a 关联企业债务	10
2.2.1.1.2.b 非金融部门	1 677
2.2.1.1.2.1.b 股权	1 481
2.2.1.1.2.2.b 关联企业债务	195
2.2.1.2 证券投资	–2 811
2.2.1.2.1 资产	–1 732
2.2.1.2.1.1 股权	–477
2.2.1.2.1.2 债券	–1 255
2.2.1.2.2 负债	–1 079
2.2.1.2.2.1 股权	344
2.2.1.2.2.2 债券	–1 423
2.2.1.3 金融衍生工具	–58
2.2.1.3.1 资产	27
2.2.1.3.2 负债	–85
2.2.1.4 其他投资	454

续表

项目	金额
2.2.1.4.1资产	1 386
2.2.1.4.1.1其他股权	−2
2.2.1.4.1.2货币和存款	125
2.2.1.4.1.3贷款	1 011
2.2.1.4.1.4保险和养老金	−56
2.2.1.4.1.5贸易信贷	103
2.2.1.4.1.6其他	204
2.2.1.4.2负债	−932
2.2.1.4.2.1其他股权	0
2.2.1.4.2.2货币和存款	−528
2.2.1.4.2.3贷款	−178
2.2.1.4.2.4保险和养老金	25
2.2.1.4.2.5贸易信贷	−314
2.2.1.4.2.6其他	64
2.2.1.4.2.7特别提款权	0
2.2.2　储备资产	−1 000
2.2.2.1 货币黄金	−35
2.2.2.2 特别提款权	19
2.2.2.3 在国际货币基金组织的储备头寸	−2
2.2.2.4 外汇储备	−982
2.2.2.5 其他储备资产	0
3.净误差与遗漏	−906

注：①本表计数采用四舍五入原则。

②根据《国际收支和国际投资头寸手册》（第六版）编制，资本和金融账户中包含储备资产。

③“贷方”按正值列示，“借方”按负值列示，差额等于“贷方”加上“借方”。本表除标注“贷方”和“借方”的项目外，其他项目均指差额。

④金融账户下，对外金融资产的净增加用负值列示，净减少用正值列示。对外负债的净增加用正值列示，净减少用负值列示。

⑤《国际收支平衡表》采用修订机制，最新数据以此表为准。

资料来源：国家外汇管理局．中国国际收支平衡表时间序列（BPM6）［EB/OL］．［2024-02-05］．https://www.safe.gov.cn/safe/2019/0627/13519.html．

3.3.3 国际收支调节

国际收支平衡表从编制方法上讲是平衡的，但现实中，一国的国际收支不平衡会经常发生。有的国家发生的频率高、程度严重，有的国家发生的频率低、程度较轻；统计口径不同，同一个国家收支差额的性质也会改变。国际交往的主体（企业、居民、政府）成千上万，影响交往的因素也成千上万，以各种口径衡量的国际收支不平衡是必然的。在实践中，只要不计入平衡项目下的收支活动，一国在任一特定年份中的国际收支都不可能做到正好收支相等，有些国家甚至会发生连续的收支逆差或顺差，而对国际收支的调节又会对国内经济的其他变量产生影响。于是，当出现国际收支失衡时，是及时采取措施进行调节，还是允许国际收支差额在一定范围内持续或波动，就成了一个需要选择的问题。

从国际收支余额和其他经济变量的比例来看，如果一国收支余额与其国内生产总值变量的比例在一个可以接受的范围内，如国际贸易赤字占国内生产总值的比例在2%以内，外债余额占外汇储备的比例在50%以内，并且能够长期保持不再继续增长，那么这种收支状况就是能够持续的。只要经济维持增长，经济效率不断提高，一定程度的国际收支差额会随时间的推移而得到改善，或者在未来可以通过成本较低的调节而得到消除，不至于对经济稳定造成影响。

从国际收支与经济增长的角度来看，如果用哈罗德-多马模型（Harrod-Domar Model）来看待经济增长的过程，则经济增长依赖于资本的积累，而资本积累又来自本国的储蓄。如果一国的储蓄率较低，而又要以较高速度增长，就需要超出本国储蓄水平的投资，从而出现经常项目的逆差与资本和金融项目的顺差。也就是说，特定的国际收支状况是特定的经济发展要求和发展阶段的反映，而且在收支顺差或逆差不至于危害经济稳定的前提下，保持一定时期内的收支逆差或顺差，可能比长时间的收支平衡更有利于经济的增长和居民福利水平的提高。第二次世界大战后各国的经验表明，尽管存在连续的逆差或顺差，但其中有些国家仍然同时经历了经济的稳定和增长。

3.3.4 国际收支不平衡的原因

一国的国际收支不平衡可以由多种原因引起，并适合用不同的方法解决。国际收支失衡可以分为以下6种：

1）临时性不平衡

临时性不平衡是指短期的、由非确定或偶然因素引起的国际收支失衡。这种性质的国际收支失衡，程度一般较轻，持续时间不长，带有可逆性，因此，可以认为是一种正常现象。

2）结构性不平衡

结构性不平衡是指国内经济、产业结构不能适应世界市场的变化而发生的国际收支失衡。结构性不平衡通常反映在贸易账户或经常账户上。结构性不平衡包括两层含义。第一层含义是指因经济和产业结构变动的滞后和困难所引起的国际收支不平衡。例如，一国的国际贸易在一定的生产条件和消费需求下处于平衡状态。当国际市场发生变化、新产品不断淘汰老产品、新款式高质量产品不断淘汰旧款式低质量产品、新的替代品不断出现的时候，如果该国的生产结构不能及时根据形势加以调整，那么，其原有的贸易平衡就会遭到破坏，贸易逆差就会出现。这种含义的结构性不平衡，在发达国家和发展中国家都有发生。第二层含义的结构性不平衡，是指一国的产业结构比较单一，随着经济发展或外来冲击的出现，就会发生国际收支失衡。例如，一国出口产品需求的收入弹性低，而进口产品的收入弹性相对较高，随着时间的推移和经济的发展，进口产品数量增长较快，而出口产品数量增长较慢，就会出现贸易逆差。再如，一国出口产品需求的价格弹性较高，而进口产品的价格弹性较低，一旦出现进出口产品的国际价格同时上升，则进口产品数量不会下降很多，出口产品数量却会大幅下降，带来贸易逆差。产品结构单一带来的收支不平衡在发展中国家表现得尤为突出。结构性不平衡与临时性不平衡不同，它具有长期的性质，扭转起来相当困难。

3）货币性不平衡

货币性不平衡是指一定汇率水平下国内货币成本与一般物价上升而引起出口货物价格相对高昂、进口货物价格相对便宜，从而导致的国际收支失衡。在这里，国内货币成本与一般物价上升的原因被认为是货币供应量的过分增加，因此，究其根源，国际收支失衡的原因是货币性的。货币性失衡可以是短期的，也可以是中期的或长期的。

4）周期性不平衡

周期性不平衡是指一国经济周期波动所引起的国际收支失衡。当一国经济处于衰退期，社会总需求下降，进口需求也相应下降，国际收支发生盈余；反之，如果一国经济处于扩张和繁荣时期，国内投资与消费需求旺盛，对进口的需求也相应增加，国际收支便出现逆差。周期性不平衡在第二次世界大战前的发达资本主义国家中表现得比较明显。在第二次世界大战以后，由于发达国家对进口产品的消费相对稳定，经济衰退期间出口下降，国际收支的表现经常出现扭曲。例如，1981—1982年，发达国家在衰退期普遍伴有巨额国际收支逆差。再如，美国在1990—1992年衰退期中，就伴有对日本的贸易逆差（日本当时还没有进入衰退期）。

5）收入性不平衡

收入性不平衡是一个比较笼统的概念，是指一国国民收入相对快速增长而导致进口需求增长超过出口增长所引起的国际收支不平衡。国民收入相对快速增长的原因多种多样，可以是周期性的、货币性的，也可以是国民经济处在高速增长阶段所引起的。

6）预期性不平衡

预期因素从实物流量和金融流量两方面对国际收支产生重要影响。从实物角度，当预期一国经济将快速增长时，本国居民和外国投资者都会增加在本国的实物投资，当本国的资本品供给不能满足需求时，投资就通过进口资本品来实现，出现资本品进口的增加和经常项目的逆差。从金融角度，一方面，经常项目的逆差要由资本和金融项目的顺差来融资；另一方面，在资金自由流动的情况下，对本国经济增长和证券价格上升的预期会吸引国外资金直接投资于本国的证券市场，带来资本和金融项目的顺差。

3.3.5 国际收支调节中汇率水平的作用

国际收支不平衡的产生有不同的原因，但归根结底，国际收支是市场交易的结果，因此就必然会受到市场相对价格的影响。在国际金融学的范畴内，引起相对价格变动最主要的途径是汇率的变动。汇率变动引发的两国商品、要素相对价格变动，会改变两国的供求状况和比较优势，从而改变国际收支的差额。各种原因引起的国际收支失衡，都可以通过汇率政策的单独作用，或者是汇率政策和其他政策的协调配合而得到改善。下面将从国际收支账户的不同类别出发，探讨汇率在调节国际收支中的作用。

1）汇率水平对贸易收支的调节

汇率对贸易收支不平衡的调节，是通过改变进出口商品的相对价格进行的，本币贬值改善收支需要满足以下几个条件：①进出口商品的需求弹性要满足马歇尔-勒纳条件（Marshall-Lerner condition）；②国内总供给的数量和结构要适应出口品和进口替代品生产的要求；③国内存在闲置资源，即存在能随时用于出口品和进口替代品生产的资源。

3.3.4节列举的6种国际收支不平衡的表现与原因，前5种都属于贸易收支的不平衡，第6种在很大程度上也属于贸易因素。当上述6个条件得到满足时，汇率对几类贸易收支不平衡的调节可以归结在表3-3中。

表3-3　**汇率在解决国际收支失衡中发挥的作用（以贸易逆差为例）**

国际收支不平衡的类型	汇率政策如何应对失衡	其他政策的搭配
临时性不平衡	在浮动汇率制度下，汇率按照供需浮动即可调整	在固定汇率制度下，为避免汇率重新定位的成本。可使用融资型政策调节
结构性不平衡	短期内可以通过本币贬值来降低出口商品价格，提高产品的国际竞争力，分担国内调整的压力	产业政策
货币性不平衡	本币贬值，以抵消国内价格上升对出口价格的影响	将本币贬值和紧缩货币供应结合起来
周期性不平衡	本币贬值以减少进口，消除由国内需求过旺带来的贸易逆差	紧缩性的财政货币政策
收入性不平衡	如果收入只是暂时性提高，则本币贬值以增加出口，减少进口	防止经济过热的稳健政策
预期性不平衡	适度贬值以消除逆差，贬值幅度既不能使资本品进口价格出现太大上升，又要促进消费品的出口	采取扩大国内资本品生产的产业政策，控制过度投资以减少逆差

2）汇率水平对资本和金融项目收支的调节

汇率水平对资本和金融项目收支的影响有两条途径。就实物资本品而言，当本币贬值时，相同数量的外国投资能够换取更多数量的本国生产要素，这会导致长期资本流入。就证券等金融产品而言，本币贬值时，如果本国其他基本经济因素没有发生变化，则外国投资者会预期本币汇率在未来回到原有水平，即当前贬值，未来升值，因此，外国投资者会在本币当前贬值后，买入本国的金融资产，以期在未来本币升值后抛出以获取收益，这会带来短期资本的流入。

3）汇率水平在国际收支调节机制和政策中的关键地位

在国际收支自动调节机制的理论中和西方经济学家所提出的调节政策的论述中，都是在假设汇率水平不变的情况下进行的，汇率发生变动，调节的结果就会不同。例如，在物价-现金流动机制中，当一国发生国际收支逆差时（顺差情况正好相反），意味着对外支付大于收入，货币外流，在其他条件既定下，本国物价水平下降，由此导致本国出口商品相对便宜，进口商品相对昂贵，出口相对增加，进口相对减少，贸易差额因此得到改善（见图3-3）。

图3-3　物价-现金流动机制中

但是，上述国际收支的自动调节机制中，如果在第三步后加上一个“本国货币升值”的条件，则整个自动调节进程就不复存在了（见图3-4）。

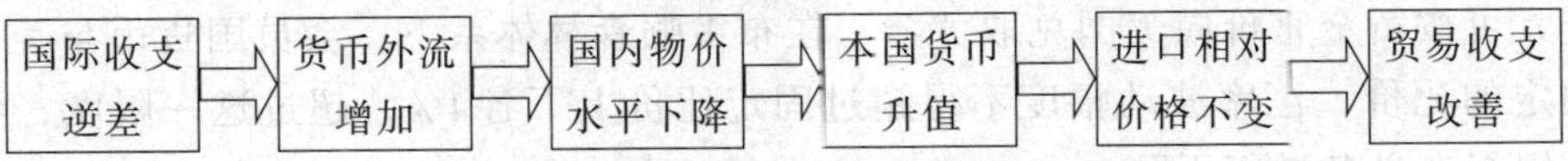

图3-4　汇率对国际收支自动调节的阻隔

由此可见，汇率水平是国际收支自动调节机制和调节政策发挥作用的关键。各种自动调节机制或政策调节路径要发挥作用，都需要假设“汇率不变”，或者本身就以“汇率发生正向变动”为手段。如果政府采取具有某种特定目标的宏观经济政策以调节国际收支，同时却没有对汇率进行调控，那就会出现调节失效甚至南辕北辙的结果，因此，汇率水平在国际收支自动调节机制和调节政策中处于关键的地位。

3.4　汇率制度

3.4.1　汇率制度概述

汇率制度又称汇率安排（exchange rate arrangement），是指一国货币当局对汇率水平的确定、汇率变动方式等问题所作的一系列安排或规定。传统上，按照汇率变动的幅度，汇率制度被分为两大类型：固定汇率制（fixed exchange rate system）和浮动汇率制（floating exchange rate system）。

1）固定汇率制

固定汇率制是指政府用行政手段或法律手段选择一个基本参照物，并确定、公布和维持本国货币与该单位参照物之间的固定比价。充当参照物的东西可以是黄金，也可以是某一种外国货币或某一组外国货币。固定汇率不是永远不能改变的：首先，在外汇市场上的交易中，汇率可以在很小的范围内波动；其次，在经济形势发生较大变化时，需要对汇率水平进行调整。因此，固定汇率制通常表现为可调整的钉住制度。

（1）金本位制度下的固定汇率制

在金本位制度下，货币的含金量是决定汇率的基础，黄金输送点是汇率波动的界限，因而汇率变动的幅度小，这是典型的固定汇率制。由于各国货币的法定含金量一般不轻易变动，所以这种以货币含金量为基础的汇率波动幅度很小，加之政府干预，使其具有相对稳定性。金本位制度下的固定汇率制主要具有以下3个特点：① 黄金成为两国汇率决定的实在的物质基础。② 汇率仅在铸币平价的上下各6‰左右波动，幅度很小。③ 汇率的稳定是自动而非依赖人为的措施来维持的。

（2）布雷顿森林体系下的固定汇率制

1944年，在美国布雷顿森林召开的国际货币金融会议确定了以美元为中心的汇率制度，被称为布雷顿森林体系下的固定汇率制。其核心内容是，美元规定含金量，其他货币与美元挂钩，两种货币兑换比率由黄金平价决定，各国的中央银行有义务使本国货币与美元汇率围绕黄金平价在规定的幅度内波动，各国中央银行持有的美元可按黄金官价向美国兑取黄金。在布雷顿森林体系下，会员国货币与美元建立固定的比价，汇率波动幅度不得超过固定比价上下各1%，超过这一限度，各国中央银行有义务进行干预。

由于这种汇率制度实行“双挂钩”，即美元与黄金挂钩，其他各国货币与美元挂钩，波幅很小，并可适当调整，因此该制度也称为以美元为中心的固定汇率制，或可调整的钉住汇率制度。

布雷顿森林体系下的固定汇率制主要具有以下5个特点：①汇率的决定基础是黄金平价，但货币的发行与黄金无关；②波动幅度小，但仍超过了黄金输送点所规定的上下限；③汇率不具备自动稳定机制，汇率的波动与波幅需要人为的政策来维持；④中央银行通过间接手段而非直接管制方式来稳定汇率；⑤只要有必要，汇率平价和汇率波动的界限可以改变，但变动幅度有限。

从总体上看，布雷顿森林体系下的固定汇率制对第二次世界大战后各国经济增长与社会稳定等方面起了积极的作用。但是，它也存在不可避免的缺陷：①汇率变动缺乏弹性，对国际收支的调节力度相当有限；②容易引起破坏性投机；③随着经济竞争的加剧，西欧国家和日本以及一些发展中国家发展迅速，美国压力加大，美元的中心地位出现动摇，“双挂钩”基础受到冲击。

2）浮动汇率制

浮动汇率制是指汇率水平完全由外汇市场上的供求关系决定，政府不加任何干预的汇率制度。具体而言，它是指一国不规定本币与外币的黄金平价和汇率上下波动的界限，货币当局也不再承担维持汇率波动界限的义务，汇率随外汇市场供求关系变化而自由上下浮动的一种汇率制度。

浮动汇率制在历史上早就存在过，但真正流行是1972年以美元为中心的固定汇率制崩溃之后。

（1）浮动汇率制的主要形式

根据汇率的浮动方式或程度，浮动汇率制有以下3种形式：

① 钉住型或无弹性型浮动汇率制，即钉住一种货币或特别提款权或其他组合（复合）货币而浮动。钉住一种货币浮动是指一种货币的汇率随着另一种货币汇率的变动而上下波动。当所钉住货币的汇率上浮时，该国货币的汇率也随之上浮；反之，亦然。钉住特别提款权或其他组合货币而浮动是指一国货币的汇价随特别提款权或其他组合货币汇价的变动而变动。

② 有限灵活型或有限弹性型浮动汇率制，即一国货币的汇率钉住某一种货币或一组货币浮动，但它允许有一定范围的上下波动区间。

③ 更为灵活型或较高弹性型浮动汇率制，即汇率的波动不受幅度的限制，以独立自主的原则进行汇率调整。这种形式主要有以下3种情况：第一，根据一套指标来浮动，指标因国而异，但大都以本国的外汇储备、国际收支状况、消费指数及与本国贸易关系密切的有关国家物价的变动情况等作为调整本国货币汇价的依据。采用该浮动方式的一般是拉丁美洲的一些国家和地区，如智利、厄瓜多尔、尼加拉瓜等。第二，较灵活的管理浮动，指一国政府对汇价的制定与调整有一定程度的干预。采用这种浮动方式的有中国、新加坡、韩国等。第三，单独浮动，指一国货币在短期内（一般1天到1周）不同其他国家的货币发生固定联系，其汇率根据外汇市场供求状况实行单独浮动。采用该浮动方式的有美国、加拿大、日本、澳大利亚和英国等。

需注意的是，以上分类并不是固定不变的，随着汇率的多样化，有些国家会自动调整其货币汇率制度，以适应本国经济的发展要求。

另外，根据受到政府干预的程度划分，浮动汇率制有以下两种形式：①自由浮动制；②管理浮动制，也称可调节的浮动汇率制。

（2）浮动汇率制的主要特点

浮动汇率制主要有以下5个特点：

① 汇率浮动形式多样化，可包括自由浮动、管理浮动、钉住浮动、联合浮动以及单独浮动等。每个国家根据本国国情，选择适宜的汇率浮动形式。

② 汇率不是纯粹的自由浮动，而是有管理的浮动。

③ 汇率波动频繁且幅度大。从一个较长的时期来考察，这个特点更加明显。

④ 影响汇率变动的因素多元化。其中，一国国际收支变化所引起的外汇供求关系的变化，成为影响汇率变化的主要因素。汇率随外汇市场供求关系的变化而上下浮动。

⑤ 特别提款权等“一篮子”汇价成为汇率制度的组成部分。

值得注意的是，从“任何一个国家都或多或少、或明或暗地对本国货币汇率进行干预”这个角度来看，当今的国际浮动汇率制度，实际上都是管理浮动制或具有管理浮动的特点。

(3) 浮动汇率制对世界经济的影响

任何一种汇率制度对世界经济的影响都是多重的，下面主要从两个方面分析浮动汇率制给世界经济带来的影响。

浮动汇率制对世界经济的正面影响包括以下几个方面：

① 可以防止国际金融市场上大量游资对硬货币的冲击。各国国际收支状况不同，逆差国货币往往趋于疲软，称为软货币；顺差国货币往往趋于坚挺，称为硬货币。在固定汇率制下，国际金融市场上的游资为了保持币值或谋求汇率变动收益，纷纷抢购硬货币、抛售软货币，这样使软货币和硬货币都受到冲击。在浮动汇率制下，汇率基本上由外汇市场供求关系决定，与固定汇率制下通过政府干预而形成的汇率相比更符合货币的实际价值，不好确定哪种货币软或硬，因而可以减少货币受冲击的可能性。

② 可以防止某些国家的外汇储备和黄金流失。在固定汇率制下，当一国货币在国际市场上被抛售时，因该国有责任维持汇率在规定限度内波动，必须动用外汇储备和黄金储备购买本国货币，干预汇率变动，造成该国外汇储备和黄金储备大量流失。在浮动汇率制下，各国无义务维持其汇率稳定，因而不会出现由于被迫干预汇率造成的外汇储备和黄金储备大量流失问题。

③ 有利于国内经济政策的独立性。例如，一国通货膨胀率高，导致国际收支逆差，该国货币当局可以通过本币汇率下浮、外汇汇率上浮来调节，没必要一定采取紧缩性政策措施，这表明实施经济政策的独立性比较强，有利于保持国内经济相对稳定。

浮动汇率制对世界经济的负面影响包括以下几个方面：

① 不利于国际贸易和国际投资，使进出口贸易不易准确核算成本或使成本增加，因此影响长期贸易合同的签订。在浮动汇率制下，汇率波动幅度大而且频繁，进出口企业不仅要考虑商品价格，也要考虑汇率变动风险。由于受汇率变动影响，报价往往不稳定，不仅削弱了商品在国际市场上的竞争力，也容易出现借故拖延付款和要求降价、取消合同订货等现象，给进出口业务带来不利影响。

② 助长了国际金融市场上的投机活动，使国际金融局势更加动荡。由于汇率波动频繁、幅度较大，投机者便有机可乘，通过一系列外汇交易牟取暴利。若预测失误，投机失败，还会引起银行倒闭。

③ 可能导致竞争性货币贬值。各国采取“以邻为壑”政策，实行货币贬值，在损害别国利益的前提下改善本国国际收支逆差状况。这种做法不利于正常贸易活动，也不利于国际经济合作。

知识链接 3-1

不同汇率制度下通货膨胀的国际传导

在固定汇率制下，一国（A 国）的通货膨胀通过两条途径传递到另一国（B

国）：第一，A国商品价格上升，在汇率固定时，B国进口的A国商品价格上升，并通过货币工资、成本等机制，按照一定的比例传递到B国其他产品的价格上，造成B国价格水平的上升；第二，A国商品价格上升，B国国内商品相对便宜，导致出口增加，进口减少，B国货币有升值压力，为维护固定汇率，B国货币当局必须在市场上买入外汇，抛出本国货币，结果使国内货币供应量上升，物价随之上涨。

如果B国采用浮动汇率制，那么当A国发生通货膨胀时，由于B国没有维护固定汇率的义务，B国的货币就会升值，因此传递的第二条途径不起作用；但是，B国货币的升值通常不能将A国商品的涨价完全抵销，B国进口的A国商品的价格仍然会上涨，因此传递的第一条途径会发挥一定作用。

由于价格刚性的存在，通货膨胀的国际传导可能具有不对称性。在固定汇率制下，国际收支顺差国家的物价将会上升，但国际收支逆差国家的物价难以下降。在浮动汇率制下，国际收支逆差国家的货币贬值，进口物价和整体物价水平上升，国际收支顺差国家的货币升值，进口物价和整体物价水平却不容易下降或下降不足。由于物价容易上升却不容易下降，通货膨胀国际传导的净结果就是全球物价水平的上升。

拓展阅读3-3

从“三元悖论”看人民币汇率制度选择

三元悖论由克鲁格曼于20世纪60年代首次提出：开放经济条件下，当局面临多重宏观调控目标时必须有所取舍，资本自由流动、固定汇率制度和货币政策独立性不能同时实现，只能同时实现其中两个目标。三元悖论是开放经济条件下对国际货币体系的归纳，从金本位体系到牙买加体系，这一原则都体现了高度有效性。

1）资本自由流动—固定汇率制度—货币政策无效

蒙代尔-弗莱明模型（1963）对开放经济中的小国在资本自由流动条件下货币政策的有效性进行了研究。根据这一模型，在资本自由流动和固定汇率制度前提下，如果政府为促进经济发展实行宽松的货币政策，会对国内利率形成向下的压力，资本逐利外流从而使国际收支恶化。此时，对外币需求增加和对本币需求减少会造成本币贬值、外币升值，从而影响商业活动的稳定性。以人民币和美元为例，在商业活动中，如果使用美元结算，按照初期合同支付货款，人民币贬值将使国内出口商获利；相反，人民币升值将使国内出口商受到损失。面对人民币贬值压力，为维持固定汇率，中央银行将会在外汇市场进行对冲操作，抛出外币，购买本币，直到抛出的外汇资产价值与货币供给增加量相等为止。由此可见，宽松的货币政策与维持固定汇率实施的对冲政策相抵消，货币政策没有对经济产生影响。按照同样的逻辑，紧缩的货币政策使汇率存在升值压力，为维持固定汇率，央行抛出本币，买入外币，直到货币供应量回到初始水平。由此可知，在资本自由流动和固定汇率制度前提下，货币政策不能起到对经济的调节作用。如果央行一味使用货币冲销政策维持汇率，外汇储备有可能会消耗殆尽，最终不得不放弃固定汇率制度。

2）资本自由流动—浮动汇率制度—货币政策有效

在浮动汇率制度下，汇率完全由市场决定，中央银行不进行干预。如果政府为促进经济发展实行宽松的货币政策，对国内利率形成向下的压力，资本逐利外流阻止国内利率下降，国际收支恶化，此时对外币需求增加和对本币需求减少会造成本币贬值、外币升值。在商品市场上，本币贬值意味着出口增加，进口减少，国际收支改善，并通过乘数效应间接增加收入和就业，当收入增加的数量与银行体系创造的货币供应量相当时，经济就能达到新的均衡点。同理，政府实行紧缩的货币政策，国内利率面临向上的压力，国际资本流向国内，一方面改善国际收支，另一方面对本币需求增加导致本币升值，外币贬值，从而商品市场上进口增加，出口减少，国际收支恶化，间接影响国内收入和就业，直到国民收入的减少量与货币供应减少量相当。

3）资本管制—固定汇率制度—货币政策有效

如果一国资本市场发育不完善，监管能力较弱，那么实行资本管制可以有效维持固定汇率制度，稳定对外经济。资本管制条件使得一国与别国资本流动中断，在资本自由流动受限的前提下，如果政府实行宽松的货币政策，国内利率降低，投资增加，从而扩大就业，增加收入，直到收入增加量与银行体系创造的货币供应量达到平衡。相反，如果政府实行紧缩的货币政策，国内利率升高，投资减少，就业和收入萎缩，直到收入减少量与银行体系减少的货币供应量达到新的平衡。同时，固定汇率制度免受资本自由流动的影响。要保证货币政策有效，固定汇率和资本自由流动不能同时存在，如果不实行资本管制，国际资本自由流动和外汇自由买卖最终会冲垮固定汇率制度。

4）"三元悖论"对我国的制度选择的政策建议

三元悖论对开放经济条件下一国内部均衡和外部均衡之间的冲突作了深刻诠释，即在资本自由流动的前提下，货币政策独立性和固定汇率制度两大目标不能同时实现。在经济全球化和一体化推动全球资本自由流动的国际背景下，面对国内经济增速回落、出口乏力、投资疲软的状态，我国采取积极的财政政策、稳健的货币政策和有管理的浮动汇率制度具有重要的理论基础和现实意义。为预防货币攻击风险，保证国民经济持续健康发展，应该采取积极的防范措施。

首先，在符合国内经济发展的基础上建立更加富有弹性的汇率政策，汇率制度改革要与金融改革和经济发展水平保持一致。一方面可以保证国内货币政策的自主性和有效性，另一方面可以防范投机性货币攻击，这与2016年5月10日某权威人士谈中国经济时提出"汇市要立足于提高货币政策自主性、发挥国际收支自动调节机制，在保持汇率基本稳定的同时，逐步形成以市场供求为基础、双向浮动、有弹性的汇率运行机制"的观点一致。

其次，加强金融监管，建立预防投机性货币攻击的预警机制。健全的金融法规是金融体制健康运行的前提和基础，能有效预防和应对金融风险。现阶段我国金融机构风险管理能力薄弱，缺乏行之有效的风险管理工具。金融监管不力是造成投机性货币攻击的重要条件，这些监管缺陷和漏洞使得攻击发生时，金融体系不堪一击，因此，加强金融体系的抗风险能力是当务之急。值得一提的是，互联网金融的发展使得金融监管任务更加复杂，为了维护金融体系安全稳健运行，市场规则、法律制度和监管体系应该有效结合起来，兼顾安全性、盈利性和流动性在金融机构经营中的动态平衡，同时及时监控国际资本流动状况，对有风险的资本流动进行预警和干预。

最后，积极引导预期。政策导向和社会舆论是形成货币升值或贬值预期的重要因素，会影响央行干预市场的能力，投机者对资本的操作通过羊群效应引导其他投资者，增强投机者的力量。对于投机性货币攻击，应积极引导市场和民众作出正确的预期，增强大众对经济发展的信心，稳定国内经济；同时，积极研究投机者的投机冲击模式，以便在遭遇冲击时能够从容应对。

资料来源：刘晨阳，杨立娜. 从“三元悖论”看人民币汇率制度选择［J］. 亚太经济，2017（1）：63-65；69.

3.4.2 人民币汇率制度

1）人民币汇率制度的发展演变

（1）从固定汇率制度到更加灵活的汇率制度安排。自2005年7月21日起，我国实行以市场供求为基础、参考一篮子货币进行调节、有管理的浮动汇率制度。它包括三个方面的内容：一是以市场供求为基础的汇率浮动，发挥汇率的价格信号作用；二是根据经常项目主要是贸易平衡状况动态调节汇率浮动幅度，发挥“有管理”的优势；三是参考一篮子货币，即从一篮子货币的角度看汇率，不片面地关注人民币与某个单一货币的双边汇率。

具体的做法是：①建立汇率中间价机制。中国人民银行在每个工作日外汇市场闭市后公布当日银行间外汇市场美元等交易货币对人民币汇率的收盘价，作为下一个工作日该货币对人民币交易的中间价格。②建立交易区间机制。以中间价作为基准汇率，人民币兑换美元的每日波动为±0.3%，人民币兑换欧元、港币和日元的每日波动为±1.5%。2004—2014年，人民币兑换美元和人民币兑换非美元货币的中间价与交易区间机制都进行了微调。2014年3月人民币兑换美元每日波动扩大至±2%，增强了人民币汇率弹性。

（2）提高人民币汇率变动的市场化机制。2015年8月11日，中国汇率制度迎来重大变革。中国人民银行发表声明：为增强人民币兑换美元汇率中间价的市场化程度和基准性，中国人民银行决定完善人民币兑换美元汇率中间价报价。声明中表示，自2015年8月11日起，做市商在每日银行间外汇市场开盘前，参考上日银行间外汇市场收盘汇率，综合考虑外汇供求情况以及国际主要货币汇率变化向中国外汇交易中心提供中间价报价。2015年以来，中国外汇交易中心（CFETS）发布人民币汇率指数，外汇市场自律机制和中国外汇市场委员会（CFXC）成立，外汇市场得到大力发展。

（3）继续保持人民币汇率弹性。2019年8月5日，在美元走强、贸易局势紧张的背景下，人民币兑换美元汇率贬值，突破7元。中国人民银行综合施策，加强预期引导，外汇市场运行有序，外汇供需基本自主平衡，人民币汇率实现了预期稳定下的有序调整。现行的人民币汇率制度及其形成机制，比较好地兼顾了市场供求指向、保持对一篮子货币基本稳定和稳定市场预期三者之间的关系。人民币汇率形成机制经受住了多轮冲击考验，汇率弹性增强，较好发挥了宏观经济和国际收支自动稳定器的作用。

2）人民币汇率制度的发展方向

2005年汇率形成机制改革以来，人民币汇率中间价作为基准汇率，对于引导市场预期、稳定市场汇率发挥了重要作用。但是，国际经济金融形势复杂，人民币汇率中间价不可避免地会出现偏离市场汇率幅度较大、持续时间较长的情况，进而会影响中间价的市场基准地位和权威性，维持人民币汇率稳定不断面临新的挑战。总体上，我国汇率制度改革应该也正在朝着更加具有弹性和灵活性的方向稳步推进，不断完善以市场供求为基础、参考一篮子货币进行调节、有管理的浮动汇率制度。只有发挥市场在人民币汇率形成中的基础性作用，增强人民币汇率弹性，保持人民币汇率在合理均衡水平上的基本稳定，才能更好发挥汇率调节宏观经济和国际收支自动稳定器的作用，并有效提升我国经济金融体系应对外部冲击的韧性，使金融市场变得更加安全。

学史增信

人民币“入篮”为国际货币体系添活力

2016年10月1日，人民币正式加入国际货币基金组织特别提款权（SDR）货币篮子，成为由美元、欧元、英镑、日元等发达经济体货币组成的储备货币“精英俱乐部”的一员。这是顺应世界经济发展趋势，新兴市场国家在国际货币体系中代表性和发言权提升的一个显著标志，也是国际社会对中国经济改革和发展的肯定。人民币被纳入SDR货币篮子，开启了人民币向全球储备货币迈进的新征程，也是改革和完善全球经济和金融治理的重要一步。

国外专家学者认为，SDR货币篮子在过去30多年中首次正式扩容，既反映了国际货币体系改革的客观需要，也体现了中国在世界经济舞台中的实际地位。人民币“入篮”是国际货币体系发展史上的一件大事，具有里程碑意义。

2008年的国际金融危机凸显了国际货币体系的内在缺陷和完善全球金融架构的必要性。越来越多的国家认识到，需要对国际货币基金组织SDR货币篮子的货币组成作出调整，以反映各国货币在全球贸易和金融体系中的地位。二十国集团（G20）杭州峰会核准的《二十国集团迈向更稳定、更有韧性的国际金融架构的议程》明确提出，一个稳定、有韧性的国际金融架构对于促进强劲、可持续、平衡增长以及金融稳定至关重要。

比利时布鲁塞尔中欧研究院资深研究员邓肯·弗里曼表示，长期以来，国际货币体系的话语权为西方主要发达国家所垄断，国际货币体系存在过度依赖单一主权货币的缺陷，这种结构是不合理的，也是不公平的，更是不稳定的，2008年爆发的国际金融危机再次暴露了现行国际货币体系的这种不稳定性。人民币加入SDR后，将有助于促进国际货币体系的多元化，提高国际货币体系的稳定性和韧性。中国已成为世界第二大经济体，在全球经济复苏过程中发挥领军作用。人民币“入篮”既标志着中国经济实力和重要作用得到了国际认可，也说明国际社会希望中国在更深层次和更广领域上参与全球经济治理，共同促进世界经济可持续发展。

SDR是国际货币基金组织创设的一种补充性储备资产，与黄金、外汇等其他储备资产一起构成国际储备。SDR可用于弥补成员国官方储备不足，也可用于政府间结算，或向其他成员国换取外汇，弥补国际收支逆差，偿还向国际货币基金组织借的贷款和利息。

美国彼得森国际经济研究所高级研究员塔米姆·巴尤米认为，人民币是SDR来自新兴市场国家的第一个货币，将与美元、欧元、日元和英镑并驾齐驱被用于IMF的信贷和债务交易之中。人民币加入国际货币精英俱乐部，有利于中国在全球金融体系中扮演与其经济实力相称的重要角色。

弗里曼表示，人民币“入篮”进一步反映了已经发生深刻变化的世界经济格局，是现有国际金融体系朝着正确方向深化改革的重要成果。广大发展中国家经过不懈努力，在全球经济中的重要性不断增强，但其话语权和影响力并没有随着经济的发展而相应提升，这种不合理的世界经济秩序在很大程度上成为制约世界经济可持续增长的重要因素。人民币作为发展中国家的货币首次进入到SDR货币篮子，不仅说明发展中国家在全球经济治理当中制度性话语权的提升，更有助于改善以往单纯以发达国家货币作为储备货币的格局，增强国际货币基金组织以及SDR本身的代表性和吸引力。现有国际金融体系只有沿着这个正确方向继续深化改革，世界经济才可能走上一条可持续发展的道路。

资料来源：[1] 任彦，吴刚，王如君. 人民币“入篮”为国际货币体系添活力 [N]. 人民日报，2016-10-05 (3). [2] 唐子湉. 人民币逐步成为国际结算货币 [N]. 南方日报，2016-10-03 [A2].

解读：

作为首个被纳入SDR的新兴市场货币，人民币“入篮”代表着新兴市场经济体在全球经济中的发言权和代表性正在提高。未来中国将在全球经济中扮演更重要的角色，并在国际金融规则制定的过程中发挥更加积极的作用。随着国际上对人民币的认知度提高，境外使用人民币的阻力减小，国外企业和个人对人民币的接受程度不断提高，人民币的身影将更加活跃，被愈发广泛地用在出境旅游、留学、贸易和投融资等跨境交易中。不仅如此，人民币的加入也将增强SDR本身的代表性和吸引力，并提升其稳定性和使用度。人民币“入篮”无疑是一个具有历史性意义的里程碑，这不仅是IMF对人民币跻身全球主要货币之列投出强有力的一票，更预示着人民币将最终成为全球企业、投资者和个人广泛使用的国际货币。

本章小结

外汇的含义可以从两方面阐述：从动态上讲，外汇即国际汇兑，是把一国货币转换成另一国货币，并在国际上流通用以清算因国际经济往来而产生的债权债务；从静态上讲，外汇就是以外国货币表示的、在国际上可以自由兑换且能被各国普遍接受与使用的一系列金融资产，具体表现为进行国际清算的手段和工具。外汇的特征有3个：自由兑换性、普遍接受性和可偿付性。

汇率又称外汇行市或汇价，是不同货币之间兑换的比率或比价，是以一种货币表示另一种货币的价格。汇率的标价方法有两种：一种是直接标价法；另一种是间接标价法。20世纪五六十年代以后，西方各国的跨国银行又普遍采用了美元标价法。从银行外汇买卖的角度来看，汇率可分为买入价、卖出价和中间价。根据外汇买卖的交割期限，汇率可分为即期汇率与远期汇率。根据汇率制定的方法，汇率可分为基础汇率和套算汇率。根据国际汇率制度，汇率可分为固定汇率和浮动汇率。根据货币的购买力和总体波动及其在国际贸易和金融领域中的总体地位，汇率可分为名义汇率、实际汇率和有效汇率。根据外汇资金性质和用途，汇率可分为贸易汇率和金融汇率。

在金本位制度下，汇率的决定因素是货币之间含金量之比。在纸币制度下，汇率的决定主要有3种主流学说，即购买力平价学说、利率平价学说和国际收支学说。影响汇率变动的因素主要包括国际收支状况、利率水平、通货膨胀程度、财政货币政策、经济增长率差异、政府的市场干预、外汇储备的多寡、市场预期心理因素、政局的动荡和突发事件。

国际收支可分为狭义的国际收支和广义的国际收支。狭义的国际收支指一国在一定时期（通常为一年）内同其他国家为清算到期的债权债务所发生的对外收入和支出的总和。广义的国际收支不仅包括外汇收支，还包括一定时期全部经济交易的货币价值之和。既包括贸易收支、非贸易收支、已实现外汇收支的交易，也包括资本的输出输入、未实现外汇收支的交易。

国际收支平衡表是一国根据交易内容和范围设置项目和账户，并按照复式记账法对一定时期内的国际经济交易进行系统的记录，对各笔交易进行分类、汇总而编制出的分析性报表。按照《国际收支和国际投资头寸手册》第六版，国际收支平衡表包括经常账户、资本账户、金融账户、净误差与遗漏。

国际收支不平衡根据性质可分为临时性不平衡、结构性不平衡、收入性不平衡、货币性不平衡、周期性不平衡和预期性不平衡。国际收支不平衡是经济发展过程中常见的现象，对连续巨额的国际收支逆差或顺差必须进行政策调节。汇率在国际收支的调节中处于核心和关键的地位。

汇率制度是指一国货币当局对汇率水平的确定、汇率变动方式等问题所作的一系列安排或规定。最基本的汇率制度可分为固定汇率制和浮动汇率制两大类型。此外，还有钉住汇率制度、爬行钉住制度、管理浮动汇率制度等。各种汇率制度各有优劣，应该根据本国经济结构、特定的政策目的、地区性经济合作情况和国际经济条件的制约等因素进行选择。我国目前实行以市场供求为基础、参考一篮子货币进行调节、有管理的浮动汇率制度。

基本概念

外汇　汇率　直接标价法　间接标价法　即期汇率　远期汇率　基础汇率　固定汇率　浮动汇率　名义汇率　实际汇率　有效汇率　铸币平价　购买力平价学说　利率评价学说　国际收支学说　国际收支　国际收支平衡表　经常项目　平衡项目　汇率制度　固定汇率制度　浮动汇率制度

思考题

（1）什么是外汇？它具有什么特征？

（2）什么是汇率？它的标价方法有哪些？

（3）纸币制度下，汇率的决定及影响因素分别有哪些？

（4）什么是国际收支？国际收支不平衡的原因是什么？

（5）汇率在国际收支调节中的作用是什么？

（6）汇率制度主要有几种形式？它们分别具有什么特征？

第3章
在线测试题

第2篇　金融机构与金融市场

第4章
金融机构

学习目标

- 掌握金融体系的构成。
- 掌握金融机构的界定及分类。
- 掌握直接融资和间接融资的联系与区别。
- 理解互联网金融的主流模式。
- 理解信息不对称条件下的逆向选择与道德风险。
- 掌握金融机构的功能。
- 掌握各类金融机构的含义，理解其运作模式和发挥的主要作用。

开篇案例

商业银行开辟绿色金融新赛道

党的二十大报告提出，“完善支持绿色发展的财税、金融、投资、价格政策和标准体系，发展绿色低碳产业，健全资源环境要素市场化配置体系”。近年来，绿色金融日益成为商业银行支持实体经济的新赛道。绿色金融在实践中有哪些新变化？

1）加快绿色信贷投入

从市场发展角度来看，金融机构作为提供资本市场融资服务的行业主体，近年来持续以构建多层次、多渠道的绿色金融服务体系为抓手，取得积极成效。中国人民银行发布2023年一季度金融机构贷款投向统计报告显示，一季度末，本外币绿色贷款余额24.99万亿元，同比增长38.3%，高于各项贷款增速27.2个百分点。其中，投向具有直接和间接碳减排效益项目的贷款分别为9.19万亿元和7.47万亿元，合计占绿色贷款的66.7%。在我国以间接融资为主的市场环境下，绿色信贷保持了引领与带动作用，不仅数量与规模在扩大，在产品种类上，包括碳配额相关的信贷创新等也在持续丰富。同时，从银行业表现来看，A股42家上市银行披露的2022年年报显示，约半数银行重点提到自身在绿色金融方面的发展情况，绿色信贷还有进一步增量提质的空间。

在党的二十大关于“协同推进降碳、减污、扩绿、增长”目标的绿色发展指引下，绿色金融“线路图”进一步明晰。原中国银保监会[①]曾发布《银行业保险业绿色金融指引》，明确银行保险机构要坚持稳中求进，调整完善信贷政策和投资政策，积极支持清洁低碳能源体系建设。专家表示，这不但有助于引导银行业发展绿色金融，积极服务兼具环境和社会效益的各类经济活动，而且能助力打好污染防治攻坚战，有序推进碳达峰、碳中和工作。

2）充实丰富金融工具

我国工业的部分领域能源结构严重偏碳，污染排放形势依然严峻，打好蓝天、碧水、净土保卫战尤为迫切。商业银行贡献“金融力量”，坚持金融向绿而行，推动实体经济高质量发展。

经过多年探索，我国REITs（不动产投资信托基金）市场已形成较为完善的产业链条，有望成为经济转型升级的助推器。兴业银行成功落地上海能源科技发展有限公司2023年度第一期绿色资产支持票据，发行规模21.1177亿元，全场认购倍数达2.51倍，是银行间市场首单绿色、科创双标类REITs。兴业银行借助多层次REITs产品，有效满足用户盘活存量资产需求，推动形成存量资产和新增投资的良性循环。

“绿水青山就是金山银山。”商业银行加快推动绿色金融创新，将绿色作为经济社会低碳转型发展的底色，因地制宜推出符合绿色产业融资需求特点的产品和服务，持续深化对经济领域新模式、新业态、新需求的扶持实践。在江西省分宜县，银行专项贷款赋能当地电厂打造“火风光储”大基地建设，在光伏储能、乡村振兴及综合智慧零碳城市建设等方面持续发力，有效提升节煤、减排、降碳的经济效益和环境效益。在浙江省常山县，银行机构针对获得碳账户评级的纺织公司，将碳账户核心指标作为贷款准入依据，根据借款人绿色等级和贷款总额的比例确定授信额度，为实现经济高质量发展再添新绿。

目前，我国已初步形成多层次绿色金融产品和市场体系，绿色金融产品不断充实。比如，中国建设银行创新“碳优贷”“碳排放权质押贷”“碳足迹挂钩贷”产品。为提升绿色金融服务质效，中国建设银行制定了绿色信贷白名单政策，选取优质客户，给予定价、授权等政策支持。中国建设银行绿色贷款和绿色债券业务增长迅速，为建设人与自然和谐共生的美丽中国赋能。

3）推动银行自身转型

转型金融的出现，将丰富绿色金融的内涵。金融部门通过转型金融，为商业银行信贷投放开辟新领域和挖掘新渠道。在此过程中，金融机构可不断优化资源配置，倒逼自身在“双碳”目标下的绿色服务升级，形成金融业务创新的增长点。

绿色金融可以发挥金融资源配置能力，引导资金逐步退出高碳行业，流向“双碳”项目。绿色金融将带来巨大的发展机遇，根据中金公司相关研究成果，我国2060年前实现碳中和有望带来累计139万亿元的投资需求。另据最新估算，2022年

① 2018年，中国银行保险监督管理委员会（简称银保监会）成立，中国银行业监督管理委员会（简称银监会）和中国保险监督管理委员会（简称保监会）成为历史。2023年，在中国银行保险监督管理委员会基础上组建了国家金融监督管理总局，不再保留中国银行保险监督管理委员会，银保监会正式退出历史舞台。

我国绿色投资规模达到2.6万亿元，未来5年可能累计增加16.3万亿元，绿色经济已经成为我国经济复苏的重要引擎之一。绿色金融在这一过程中也已经开始扮演重要角色，中国绿色金融市场对全球资本的吸引力和影响力不断提高。

资料来源：王宝会. 商业银行开辟绿色金融新赛道［N］. 经济日报，2023-06-05（7）.

上述案例中，资本市场在商业银行的中介桥梁作用下实现了绿色资金的有效配置，逐步使得绿色产业产生规模效应，并带动其他产业的生态化转型以及社会资源的优化配置，进而实现经济的高质量发展。商业银行是与人们日常生活打交道最多的金融机构，除此之外，还有诸多金融机构在金融支持经济发展尤其是实体经济高质量发展的过程中发挥着专业职能。那么，金融机构都包括哪些呢？金融机构的功能是什么？各种类型的金融机构的主要业务是什么？这是本章要学习和讨论的主要内容。

4.1 金融体系概述

现代金融体系是一个有关资金的集中、流动、分配和再分配的系统，它由资金的流出方（资金盈余单位）和流入方（资金短缺单位）、连接这两者的金融机构和金融市场，以及对这一系统进行管理的中央银行和其他金融监管机构共同构成。在这个体系中，金融机构是最重要的主体之一，它发挥着连接资金盈余单位和资金短缺单位，进而实现金融资源合理流动、有效配置和再配置的功能。如图4-1所示，在经济社会中，同时存在资金的盈余单位和短缺单位，两者均由工商企业、政府、家庭和外国人（自然人和法人）四部分组成（排序不同代表重要性不同），资金由盈余单位到短缺单位的转移主要通过两条渠道：一条是金融机构，即间接融资；另一条是金融市场，即直接融资。

微课4-1

现代金融体系的构成

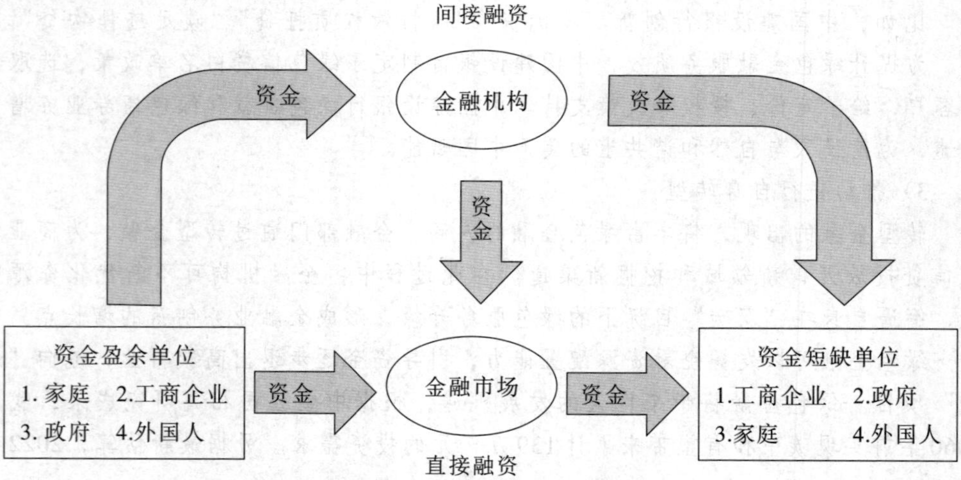

图4-1 金融体系中的资金流动

4.1.1 资金融通渠道概述

1）直接融资

直接融资又称直接金融，是资金短缺单位直接在证券市场上向资金盈余单位发行债务性凭证或股权凭证（即金融工具）来筹集资金的方式（这方面的知识将在第7章专门阐述）。在直接融资的过程中，资金短缺单位通过出售股票、债券等有价证券获得资金，资金盈余单位持有这些凭证，获得本息收入或股息分红。直接融资由资金盈余单位和资金短缺单位直接进行交易，但是也要借助证券公司、证券交易所等金融机构的服务。它们主要的功能是为筹资者和投资者牵线搭桥，提供经纪、承销、咨询、策划等服务。

2）间接融资

间接融资又称间接金融，是指资金供求双方通过金融机构来实现资金融通的一种融资方式。在这种融资方式中，资金盈余单位把资金存放（或投资）到银行等金融机构中去，再由这些机构以贷款或证券投资的形式将资金转移到资金短缺单位手中。在间接融资中，资金盈余单位和资金短缺单位并不发生直接联系，而是分别同金融机构发生一笔独立的交易。在这个过程中，金融机构发挥吸收资金和分配资金的功能，它通过发行债务性凭证或股权凭证来吸收资金盈余者的资金，形成资金盈余单位对金融机构未来收益的要求权（资金盈余单位的金融资产），金融机构再把它转化成对资金短缺单位（借款者）的要求权（金融机构的资产），实现了资金盈余单位、金融机构和资金短缺单位的“三赢”。在间接融资的过程中，金融机构的角色发生了转换，一方面，它以债务人身份从资金盈余者手中筹集资金；另一方面，它又以债权人的身份向资金短缺者提供资金。

3）互联网金融模式

传统金融机构与互联网企业依托互联网技术、信息通信技术等手段，借助互联网和移动互联网等先进、便捷的工具及金融相关功能，依靠云计算、大数据、智能技术等金融科技（FinTech），在开放的互联网金融平台上开创出资金融通、支付、投资、信息中介服务的一种新兴金融业态和服务系统。这里的“新兴金融业态”又可理解为互联网金融模式，是一种区别于商业银行的间接融资和资本市场的直接融资的第三种金融融资模式。互联网金融的主流模式有第三方支付、网络借贷、股权众筹融资、大数据金融。①

（1）第三方支付（third-party payment），指通过第三方支付平台进行交易和结算的模式。这里的“第三方支付平台”是指具备一定实力保障和信誉保证、与各大银行签约、拥有支付牌照的第三方独立机构（非银行机构），除支付手段灵活多样外，还具有资金传递、约束和监督的功能。在第三方支付交易和结算过程中，用户选购商品，划转结算款项至第三方支付平台账户（即第三方账户），第三方支付平台收款后，通知商户货款到账、向用户发货；商户收到第三方通知后按订单发货；

① 张兆曦，赵新娥．互联网金融的内涵及模式剖析［J］．财会月刊，2017（2）：84-91.

用户查验到货商品，通知第三方付款给商户，第三方划转款项至商户账户，交易完成。第三方支付显著的特点是通过拥有支付牌照的第三方支付平台完成支付结算业务，用户和商户之间的结算通过第三方来完成，使网上交易结算更加便捷、安全，杜绝了网络交易中的欺诈行为。

（2）网络借贷（internet lending），主要为传统金融覆盖不到的个体经营者和个体消费者以及小微企业等服务，遵循小额、分散的普惠金融原则。网络借贷包括P2P网络借贷（即个体网络借贷，peer-to-peer lending）和网络小额贷款。由于截止到2020年11月中旬，全国实际运营的P2P网贷机构已经完全归零①，所以本书重点介绍网络小额贷款。网络小额贷款指互联网企业通过其控制的小额贷款公司（即网络小额贷款平台），利用互联网向客户提供的小额贷款。这里的小额贷款公司就是互联网企业基于P2P网络借贷模式而成立的网络小额贷款平台，互联网企业只是通过该平台操作小额贷款公司的放贷业务。

互联网企业投资设立小额贷款公司，目的在于整合企业资源，利用企业金融数据处理优势和风险控制等方面的经验，为小微企业和个人投资者提供金融服务。这不仅有利于进一步推进互联网企业的发展战略，还有利于拓宽互联网企业的业务领域，增强互联网企业的盈利能力和综合竞争力。

（3）股权众筹融资（equity crowdfunding），是指融资方通过互联网形式（主要是通过股权众筹融资中介机构平台，比如互联网网站或其他类似的电子媒介）进行公开小额股权融资的活动。具体是指融资方出让公司一定比例的股份，通过股权众筹融资中介机构平台面向普通的投资者融资，投资者则通过出资入股融资方公司，以期获得未来收益。较常见的股权众筹融资模式有两种：一是在项目选择上以热点项目为主，在企业选择上广撒网、以量大为优势，讲求众筹融资的规模。二是在项目选择上以能够保持长线走势的项目为主，优质项目先融资后定价，讲求众筹融资的效率，且相比传统模式，其打款周期较短，在企业选择上更在意精品化。

（4）大数据金融（big-data finance），即在各个互联网金融模式下累积的非结构化数据，经过实时分析，为互联网金融机构和投资者提供动态的、满足不同风险偏好的金融投资与决策依据。大数据金融主要分为平台金融模式和供应链金融模式两种类型。平台金融模式指平台企业利用自身优势，对其积累的专属数据通过信息化方式进行专业化的挖掘和分析，从而获得其他投资人无法得到的决策依据。平台金融模式具备平台、风险管控、征信体系和数据使用场景等优势。供应链金融模式指供应链中部分核心企业基于相关产业上下游企业营运、交易等数据的累积与分析，通过搭建资金平台或者与特定金融机构合作，为供应链中企业提供金融服务的模式。供应链金融模式具有“一站式”全产业链金融模式、信贷风控、产品服务、授信主体等优势。②

---

① 韩哲．中国再无P2P［N］．北京商报，2020-11-30（2）．

② 陈荣达，余乐安，金骋路．中国互联网金融的发展历程、发展模式与未来挑战［J］．数量经济技术经济研究，2020（1）：3-22．

4.1.2 金融机构的界定及分类

金融机构又称金融中介机构，是专门从事金融活动的组织，通过吸收存款、发行证券、接受他人财产委托等形式形成资金来源，而后将这些资金投向贷款、其他权益性有价证券等金融资产，并向社会提供多种金融产品和金融服务。

现代金融机构体系庞大复杂，构成种类繁多，在各国的名称不一、表现不一，但又都按照一定的规律形成了有机组合。从不同的视角可以将金融机构分为以下几类：

1）根据资金来源和运用方向，分为存款类金融机构和非存款类金融机构

存款类金融机构的资金来源于吸收存款，资金运用方向主要是发放商业贷款、抵押贷款、消费贷款等各类贷款及投资证券等业务，这类机构包括商业银行、储蓄机构、信用合作社等。非存款类金融机构通过发行契约、证券等方式筹集资金，资金运用方向主要为投资债券、股票、货币市场工具以及发放各类贷款等，这类机构主要包括保险公司、养老基金、财务公司、共同基金、证券公司、信托投资公司、金融租赁公司等。

2）根据金融机构的职能作用，分为管理类金融机构和非管理类金融机构

管理类金融机构是具有金融监督管理和调节职能的金融机构，主要指中央银行和各领域的金融监督管理部门，如我国的“一行一总局一会”即中国人民银行、国家金融监督管理总局、中国证监会。非管理类金融机构是接受监督管理、执行政策、从事具体经营业务的金融机构。绝大多数金融机构都属于非管理类金融机构，如商业银行、保险公司、基金公司、信托投资公司等。

3）根据金融机构的经营目的，分为政策类金融机构和非政策类金融机构

政策类金融机构为贯彻、配合政府社会经济政策或意图，由政府创立、控股、参股或配以特殊保证条件，不以营利为目的的金融机构，如我国的国家开发银行、中国农业发展银行、中国进出口银行。非政策类金融机构以营利为主要目的，自主经营、自负盈亏。绝大部分的金融机构都属于非政策性金融机构，它们是金融机构的主体，如商业银行、保险公司、养老基金、财务公司、共同基金、证券公司、信托投资公司、金融租赁公司等。

4）根据金融机构业务所涉及的主权范围，分为国内金融机构和国际金融机构

国内金融机构是指业务活动在一国主权范围内进行的所有金融机构。国际金融机构指业务活动跨越不同国家和地区的所有金融机构，包括全球性金融机构和区域性金融机构两种类型。国际货币基金组织、世界银行、国际开发协会、国际金融公司、跨国银行等属于全球性金融机构。区域性金融机构主要包括亚洲基础设施投资银行、金砖国家新开发银行、欧洲投资银行、亚洲开发银行、美洲开发银行、欧洲中央银行等，其成员为一定区域范围内的国家和地区。国际金融机构依据业务性质又可以分为政策性和非政策性两种类型。

4.2 金融机构的功能

4.2.1 资金融通

资金融通是金融机构最基本的功能，是指金融机构通过自身信用活动充当经济行为主体之间、货币借贷者之间的中间人。金融机构通过独特的信用渠道、信用方式以及风险处理技术，将资金从盈余单位转向赤字单位，实现社会资源的有效转移。在直接融资中，资金供给者和资金需求者之间对于可贷资金的数量、期限、利率等的要求很难达成一致，导致直接融资较难开展。金融机构（如银行）可以提供不同数量、不同期限、不同利率的资金服务，既可以满足资金盈余者（存款）的需求，又可以满足资金需求方（贷款）的需求，可使资金融通顺利进行，完成将储蓄资金向生产性资金的转化。因此，间接融资成为非常重要的融资途径。总的来说，具有资金融通功能的金融机构在一个国家的经济运行中扮演非常重要的角色，主要表现为能够有效动员和筹集资金，合理分配和引导资金流向，有利于提高投融资效益，促进资金在各地区、各部门、各单位间的合理流动，实现社会资源的优化配置。

4.2.2 降低交易成本

金融机构能够有效地降低交易成本（transaction cost）。交易成本是指为进行金融交易所花费的时间和金钱，是资金盈余者与资金短缺者面临的最大的问题。例如，甲需要10万元来购买生产所用的原材料，而乙认为对于自己来说这是一个极好的投资机会，他有足够的资金并想把这笔闲置的资金借给甲。为了保障自己的利益，乙需要雇用一位律师来签署一份借贷合同，在合同中明确规定甲需要支付给乙的利息、借款时间以及归还本金的时间。签署这样一份法律合同来规范该笔交易需要乙支付1 000元费用，即该笔贷款的交易成本。若将该交易成本考虑到整个借贷活动中，乙会发现为了得到500元的利息他需要提前支付1 000元的交易成本，既得不到预期的收益，甚至还要亏本。因此，乙最后选择放弃交易。这个例子说明，像甲这样的小额借款者和乙这样的小额贷款者，可能会被排斥在金融市场之外，双方均难以从中获利。那么，如何能够帮助他们摆脱这种困境呢？答案就是通过金融机构。

金融机构可以显著地降低交易成本，因为它们通过专门化的经营已经形成了降低成本的专长，并且由于其规模很大，因此能够享受到规模经济的好处。规模经济（economics of scale）是指随着交易规模的扩大，平摊在每一单位货币交易上的成本在降低。举例来说，银行可以聘请一位律师来设计一份规范的贷款合同，该合同可以在发放贷款的过程中被重复使用，这就降低了交易的平均成本。银行不会花1 000元来设计一份合同，相反可能会花5 000元聘请专业律师来设计一份规范的贷款合同，如果在之后的5 000笔贷款中都使用这份合同，那么每笔贷款的成本仅为

1元，对于银行来说，给甲发放贷款便有利可图了。

从交易过程来看，金融交易引起的交易成本来源于3个方面：一是在签约之前搜寻有关交易信息而发生的费用；二是签约过程中因谈判而发生的费用；三是签约之后监督、保证和强制实施合同而发生的费用。金融机构把众多储户和投资者的资金聚集起来使用，并利用技术上的规模经济和范围经济，在为投融资双方提供资金融通服务的同时，可以降低资金供给方与资金需求方的搜寻和核实成本、监督和审计成本、风险管理和参与成本等，并通过交易规模的扩大，降低单位货币和单位投资者的交易费用，体现规模经济的优势。

4.2.3 清算支付

清算支付是适应经济发展需求最早产生的功能，汇兑业务是金融机构最初提供的主要业务之一。目前，商业银行仍然是最基本的提供清算支付服务的金融单位。清算支付也称流动性服务（liquidity services），是指为客户办理与货币流动性有关的业务，即通过一定的技术手段和流程设计，在客户之间完成货币收付或清偿因交易引起的债务债权关系。例如，通过存款在账户间的转移来代理客户支付等。

经济的发展使各经济主体之间的交易范围、交易数量和交易种类呈日益扩大趋势，借贷双方对债权债务关系的建立、转移和清偿需求的增加也驱使清算关系日趋错综复杂，每一笔清算关系的货币种类、金额、时间、地区均各异，金融机构便可以通过创造多种金融工具（如商业票据、信用卡等）来促进每笔清算交易的完成。金融机构通过建立一系列支付系统拓宽了支付渠道；通过现代化的通信手段和技术设备提高了支付的技术水平，从而极大地增强了自身的清算支付功能。

4.2.4 风险分担

金融机构较低的交易成本能够降低投资者资产收益的不确定性，这个功能被称为风险分担（risk sharing）。金融机构分担风险的途径有两个，即资产转换（asset transformation）和资产多样化（asset diversification）。

资产转换即金融机构所设计和提供的资产品种的风险在投资者所承受的范围之内，之后，金融机构用销售这些资产获取的资金购买风险大得多的资产。低成本交易允许金融机构以较低的成本进行风险分担，从而使它们能够获取风险资产的收益与已出售资产的成本之间的差额，这也是金融机构的利润。例如，与小型家庭储蓄相比，金融机构可以承受资产和负债期限错配的风险。金融机构通过短期负债合同筹集资金，然后向家庭提供长期固定利率抵押贷款，尽管这种错配使得金融机构面临利率风险和流动性风险，但大型金融机构可以通过专业风险控制机制和套期保值工具来管理风险。

资产多样化即投资于收益变动方向不一致的一系列资产，即资产组合（portfolio），进而将总体风险降低到单个资产的风险之下。资产组合的多样化是“不要把鸡蛋放在一个篮子里”的分散投资风险策略的另一种表述。尽管个人投资者也可以实现投资组合的多元化，但无法像金融机构那样具有成本效益，而且多元化程度取决于投资资金的数量。

4.2.5 弱化信息不对称

交易的一方无法掌握交易另一方的信息或对另一方的信息掌握不充分进而无法作出正确的判断，这种情况被称为信息不对称（asymmetric information）。例如，公司的经理相比股东更清楚公司的运作状况以及自己的诚实状况，两者之间存在信息不对称。信息不对称会导致逆向选择和道德风险。

1）逆向选择

逆向选择（adverse selection）是交易之前产生的信息不对称，本意指人们越不希望做的事情越有人做，而越希望做的事情越没人做。在金融市场上，那些最可能造成不利（逆向）结果即造成信贷风险的借款者，常常就是那些寻找贷款最积极而且最可能得到贷款的人。

下面通过一个例子来说明逆向选择为什么会发生？假设小刘有两个好朋友——小李和小孙，她们是小刘潜在的可以发放贷款的对象。小李和小孙具有截然不同的性格。小李是一个谨慎的人，她只有在投资项目的回报十分稳定时才会寻求贷款；小孙则是一个具有冒险精神的人，她刚好有一个可以迅速致富的投资项目，但是该项目具有很高的投资风险，有可能会血本无归，也有可能会获得高额的回报。小李和小孙谁会更积极地向小刘寻求贷款呢？答案是小孙，原因是如果投资成功，她将获得巨大的回报。而对于小刘来说，她可能不希望将款项贷给小孙，因为这项投资失败的风险太大，小孙有可能无法归还自己的贷款。由于小刘对小李和小孙都非常了解，也就是说在不存在信息不对称的情况下，她会了解到借给小孙的贷款将会被投入到风险较大的项目中，那么将拒绝向小孙贷款。然而，假设存在信息不对称，即小刘无法全面掌握小孙和小李的情况，那么她会更有可能将款项贷给小孙，因为小孙会付出更大的努力来说服小刘以获得她的贷款。因为对方有可能会作出逆向选择，小刘往往会选择不给任何一方发放贷款，尽管在某种情况下小李的确是一个很好的贷款对象。面对这种情况，放贷者会采取相应的保护措施，如提高融资门槛和交易价格。结果使那些风险较小的借款人退出市场，留下的都是质量不高的借款人，从而进一步增加放贷者的风险，导致融资市场的萎缩。

美国著名经济学家乔治·阿克尔洛夫（George Akerlof）在其1970年出版的《柠檬市场：产品质量的不确定性和市场机制》一书中举了一个关于二手车市场的案例。他指出，在二手车市场，显然卖家比买家拥有更多的信息，两者之间的信息是不对称的。买家肯定不会相信卖家的话，哪怕卖家说得天花乱坠。对于买家，唯一的办法就是压低价格以避免信息不对称带来的风险损失。买家过低的价格使卖家不愿意提供高质量的产品，从而使低质品充斥市场，高质品被逐出市场，最后导致二手车市场萎缩。二手车市场这个案例对信贷市场、证券市场、保险市场以及一些非金融市场同样适用。

在证券市场上，证券的优劣依赖于公司经营状况的好坏，优质公司的证券预期收益率高且风险小，而劣质公司的证券预期收益率低且风险大。由于信息不对称，证券的潜在购买者并不能识别证券的优劣，其所愿意支付的证券价格只能是反映发行公司平均质量的证券的价格，这一价格低于优质公司证券的真实价值，高于劣质公司证券的真实价值。因此，优质公司因投资者支付的价格低于其实际价值而不愿出售其证券，只有那些质量低劣的公司才愿意出售其证券。当然，投资者明白这种逆向选择，所以他们选择不在证券市场上直接投资。结果，逆向选择的存在在一定程度上制约了证券市场的发展。

2）道德风险

道德风险（moral hazard）是交易产生之后的信息不对称，即贷款者发放贷款之后，借款者将从事那些贷款者监控不到且并不希望他们进行的活动或投资，因为这些活动或投资很可能会使得贷款无法偿还。道德风险的存在降低了借款者偿还贷款的可能性，贷款者便可能作出不发放贷款的决定。

无论在债务合约还是股权合约中，都存在道德风险。下面首先讲解债务合约中道德风险的例子。假设小唐以10%的固定利率贷款给姑妈50万元，姑妈打算用这笔钱来购买设备扩大生产规模，约定2年之后偿还本金和利息。由于借款利息是固定的，姑妈无论赚取多少，偿还给小唐的金额都是固定的。姑妈觉得：如果扩大生产规模努力经营，可能会赚取40%的利润，扣除偿还的本息，还剩下30%；如果她用于炒股，可能会赚取100%的利润，小唐所收取的仍然是贷款的本金和10%的利息，无法分享成功的收益，而她在扣除偿还的本息后还剩下90%。于是，她会选择用这50万元借款去炒股，道德风险便发生了。考虑到潜在的道德风险，小唐可能不会借钱给姑妈，即使姑妈的项目很有投资前景。

在股权合约中也存在道德风险，即委托–代理的问题。在股份公司的治理结构中，当所有权和控制权分离时，由于公司管理者（代理人）实现利润最大化的动机小于股东（所有者），管理者可能为了优先满足自身利益而做出一些不利于公司发展的行为，从而出现道德风险。如果公司所有者能够完全知晓代理人的所作所为，委托–代理问题就不会出现，但是，由于信息不对称，掌握控制权的管理者比拥有所有权的股东更加了解公司的情况。因此，道德风险问题在一定程度上影响了投资者进行股票投资的积极性，也在一定程度上抑制了通过发行股票筹集资金的活动。

3）信息不对称的解决方法

（1）金融机构的信息占有

金融机构在金融市场上可以解决信息不对称所产生的道德风险和逆向选择问题。金融机构可以通过日常的客户往来积累公司的信息，搜集公司的资料，从而可以辨别信用风险的高低，然后从存款者手中获取剩余资金，并将资金贷放给信用良好的公司。由于金融机构可以将资金中的大部分借贷给信用记录良好的公司，因而可以从贷款者手中获得高于支付给存款者利息的回报，金融机构获得的相应利润就是它从事信息搜集活动的回报。金融机构选择出借资金的方式是发放私人贷款而并不是在公开市场上购买证券，这避免了其他人在信息上搭便车，使金融机构的贷款利率不会因为竞争者而被拉低，以致难以补偿搜集信息而花费的成本。金融机构持有的部分交易类贷款有效地解决了信息不对称的问题。

(2) 抵押和净值

抵押品是债务合约的一个重要特征，是借款者获得贷款的担保物。若借款者发生贷款违约，贷款者便可按照合约规定出售抵押品来弥补其贷款不能收回的损失，这也弱化了逆向选择带来的不良后果。对于贷款者来说，他更愿意发放有抵押品担保的贷款；借款者也可以通过向贷款者提供抵押担保来降低贷款者发放贷款的风险，从而可以用更优惠的利率得到贷款。

净值是一家公司资产和负债之间的差额，具有和抵押品相似的功效。贷款者在选择放贷对象时会选择净值高的公司，因为即使公司进行的投资出现亏损而在债务支付上违约，贷款者也可以通过出售公司净值的方式弥补自己的贷款损失。此外，公司的初始净值越高，其违约的概率就越小，因为它拥有能偿付贷款的缓冲资产。也就是说，当申请贷款的公司拥有较高的净值时，逆向选择的结果并不是十分显著，贷款者便更愿意放贷。净值在一定程度上使借款者和贷款者的动机趋向一致。借款者的净值越大，借款者按照贷款者的期望行事的动力就越大，债务合约中的道德风险就越小，借款就越容易；相反，借款者的净值越低，道德风险就越大，借款就越难。

(3) 贷款承诺

解决信息不对称的另一个方法是金融机构的贷款承诺和信贷额度。贷款承诺是金融机构事先与企业签订的合约，约定在未来的一定时期内，只要合约规定的条件没有发生变化，金融机构就要给予企业信贷支持。贷款承诺分为可撤销的贷款承诺和不可撤销的贷款承诺两种。可撤销的贷款承诺是指在金融机构与企业签订贷款合约后，如果发生了不利于银行的变化，如宏观经济环境恶化、重大人事变更使企业的前景变差等，金融机构就可以拒绝按照承诺向企业提供贷款。不可撤销的贷款承诺是指无论未来的情况发生了什么样的变化，金融机构都必须向企业提供合约中规定的贷款。信贷额度是循环贷款，在规定的时间间隔内，企业如果需要资金，就可以从金融机构获得额度范围以内的贷款。因此，信贷额度对借款者而言具有较高的灵活性，可用作流动资金的主要来源。

贷款承诺使借款者免受信用配给或信用紧缩之苦，它虽然可以帮助解决逆向选择和道德风险问题，但也可能使这些问题更为严重。金融机构会规定潜在借款者获得贷款承诺的条件——前期费用、使用费、利率等，从而使借款者显示出他们的真实类型，或选择较高净现值的投资项目，这在一定程度上解决了逆向选择的问题。此外，在贷款承诺中，金融机构有权了解企业的实际经营情况，监督企业的经营行为，尤其是在可撤销贷款承诺中，如果企业的条件发生了不利于金融机构的变化，金融机构将拒绝继续向企业提供贷款，这样就会使企业的行为在一定程度上变得更为谨慎，又部分地解决了道德风险问题。如果贷款承诺合约签订的时间较早，金融机构获得的借款者信息较少，那么对不可撤销的贷款承诺而言，就可能使信息不对称的问题变得更为严重。

（4）金融监管

金融监管可以减少由于信息不对称带来的道德风险和逆向选择问题。政府可以向公众免费提供信息来帮助投资者识别公司的优劣，也可以鼓励公司披露真实信息。例如，各国均以强制方式要求上市公司披露信息，通过充分、公开、公正的信息披露制度来保护公众投资者，使其免受欺诈和不法操纵行为的损害。此外，政府还可以依据法律对那些有欺诈行为的人施以严格的刑事处罚。必须明确的是，政府监管只能弱化信息不对称所带来的道德风险和逆向选择问题，而不能完全消除它们。

此外，风险投资公司等投资类金融机构的存在也有助于弱化股权合约中的道德风险问题。风险投资公司会在新企业初创期占有一定股份，并在新企业的管理层中派驻自己的人员，以密切跟踪、了解新企业的业务活动，了解其真实收益和成本，督促新企业践行最初的商业计划。风险投资公司向新企业提供启动资金，占有新企业的股权，新企业不能将股权转让给风险投资公司之外的人。这样，其他投资人无法免费利用风险投资公司的监督活动，进而风险投资公司能够从其监督活动中获得全部收益。

4.3 金融机构的构成

随着金融业的繁荣发展，各国逐渐形成规模庞大、功能齐全、种类繁多的金融机构体系。一般地，在间接融资领域中，与资金余缺双方进行金融交易的金融机构有各种类型的银行；在直接融资领域中，为筹资者和投资者双方牵线搭桥，提供策划、咨询、承销、经纪服务的金融机构，有投资银行、证券公司、证券经纪人、金融市场上的各种基金以及证券交易所。与上述金融机构并存的是各种保险企业；从事信托、金融租赁、土地和房地产金融活动的金融机构，在金融系统中也是重要的组成部分。此外，在市场经济国家，金融机构多由中央银行统一领导，接受金融监管机构监督管理。

根据前文对金融机构的分类，金融机构可以分为管理类金融机构和非管理类金融机构。管理类金融机构主要包括一国的中央银行和金融监管机构。中央银行在金融体系中居于主导地位，发挥宏观调控、制定和执行货币政策、维护金融稳定、提供金融服务的作用。金融监管机构是根据法律规定对一国的金融体系进行监督管理的机构，具有按照规定监督管理金融市场、发布有关金融监督管理和业务的命令和规章、监督管理金融机构的合法合规运作等作用（具体内容见第6章中央银行、第12章金融监管）。

本节重点介绍非管理类金融机构。从基本框架来看，金融机构大致可以分为存款性金融机构（银行）、契约性金融机构、投资性金融机构、政策性金融机构及其他金融机构。

4.3.1 存款性金融机构

在金融机构体系中，国际货币基金组织将能够创造存款货币的金融机构统称为存款机构（depository financial institutions）或存款货币银行。该类机构是从个人和机构那里接受存款并发放贷款的金融机构。这些存款机构的主要资产业务为贷款，主要负债业务为存款，同时可为客户提供多种金融服务。存款性金融机构主要有商业银行、储蓄银行和信用合作社等。

1）商业银行

商业银行（commercial banks）是存款性金融机构中最具代表性的金融机构。传统意义上的商业银行专门指以吸收存款为主要负债，以发放贷款为主要资产，以支付结算为主要中间业务，并直接参与存款货币创造的金融机构。随着经济社会的发展和金融业的创新，现代商业银行已成为全面经营货币信用商品和提供金融服务的特殊企业。

我国商业银行体系包括国有控股大型商业银行、全国性和区域性股份制商业银行、城市商业银行、农村商业银行、村镇银行、民营银行。国有控股大型商业银行处于中国金融机构体系的主体地位。目前，我国有6家国有控股的大型股份制商业银行，分别是：中国工商银行、中国农业银行、中国银行、中国建设银行、交通银行、中国邮政储蓄银行。全国性和区域性的股份制商业银行包括广发银行、招商银行、兴业银行、浦发银行、中信银行、中国光大银行、华夏银行、浙商银行、渤海银行等。民营银行包括天津金城银行、上海华瑞银行、浙江网商银行、温州民商银行、深圳前海微众银行、湖南三湘银行、重庆富民银行、四川新网银行等。

2）储蓄银行

储蓄银行的资金来源主要是储蓄存款、定期存款和支票存款，其资金运用主要是发放长期抵押贷款、消费贷款和证券投资。在不同的国家，储蓄银行有不同的名称，具体来说，美国有储蓄贷款协会、互助储蓄银行，英国有信托储蓄银行、房屋互助协会，法国、意大利、德国有住房储蓄银行等。我国的储蓄银行主要有中国邮政储蓄银行和中德住房储蓄银行。

中国邮政储蓄银行（Postal Savings Bank of China，PSBC）成立于2007年，是承继原国家邮政局、中国邮政集团公司经营的邮政金融业务而形成的全国性银行机构。2012年1月，中国邮政储蓄银行整体改制为股份有限公司。2016年9月，中国邮政储蓄银行在香港联交所挂牌上市，2019年12月在上海证券交易所挂牌上市。中国邮政储蓄银行定位于服务“三农”、城乡居民和中小企业，依托“自营+代理”的独特模式和资源禀赋，致力于为中国经济转型中最具活力的客户群体提供服务，加速向数据驱动、渠道协同、批零联动、运营高效的新零售银行转型。中国邮政储蓄银行拥有优良的资产质量和显著的成长潜力，是中国领先的大型零售银行。

中德住房储蓄银行（简称“中德银行”）成立于2004年，是中国首家中外共同投资的住房储蓄银行，合作双方为中国建设银行和德国施威比豪尔住房储蓄银行股份公司。中德银行总部设在天津，并先后在重庆、大连和济南设立分支机构。住房储蓄模式源自德国，有着商业按揭贷款和公积金贷款所没有的优势。首先，住房储蓄模式设置存贷款均为固定利率制，使得利率风险容易控制。其次，其产品种类众多，配贷期限、利率水平可以按照客户的要求自行选择。再次，中德住房储蓄银行不设置分支机构，经营成本低。最后，在具体合同的订立和执行方面，有着很大的独立性，比如说满足配贷条件后，也可以选择放弃或转让合同，不会有任何损失。

3）信用合作社

信用合作社（credit unions）简称信用社，是在西方国家普遍存在的一种互助合作性金融组织。1955年，在国际合作社联盟成立100周年代表大会上通过的《关于合作社界定的声明》，对合作社的定义及原则等作了说明。该声明将合作社定义为人们自愿联合组成的自治性的协会，以通过共同所有和民主控制的企业来满足经济、社会和文化方面共同的需求和渴望。信用合作社作为金融中介，是指由同一地区、同一工会或在同一公司工作的职工组成的互助性的金融机构，既有由农民组成的农村信用合作社，也有由城市手工业者或某一行业等特定范围内成员组成的城市信用合作社。传统意义上的信用合作社的资金来源主要是信用合作社成员（即社员）缴纳的股金和吸收的存款，该部分存款称为股份，支付给社员的收益一般不以利息而以股利的方式支付；同时，信用合作社也可以有一定数量的非成员存款。早期，信用合作社的资金主要用于向其成员提供小额的消费贷款。20世纪80年代，美国的银行法案允许信用合作社开设支票账户，除发放消费贷款外，还能发放抵押贷款。近年来，一些资金充裕的信用合作社增加了家庭住房抵押贷款、信用卡贷款，有的信用合作社还为社员的生产设备更新改造提供中长期贷款。

我国的信用合作社在早期主要包括城市信用合作社、农村信用合作社和农村合作银行。2012年4月前，城市信用合作社全部改造为城市商业银行。农村信用合作社是由农民入股组成、实行入股社员民主管理、主要为入股社员服务的合作金融组织，是经中国人民银行依法批准设立的合法金融机构。农村信用合作社是中国金融体系的重要组成部分，其主要任务是筹集农村闲散资金，为农业、农民和农村经济发展提供金融服务。同时，组织和调节农村基金，支持农业生产和农村综合发展，支持各种形式的合作经济和社员家庭经济，限制和打击高利贷。2003年以来，农村信用合作社纷纷改组为农村商业银行和农村合作银行。农村信用合作社改革是我国农村金融体制改革中最重要的部分。

农村合作银行是由辖内农民、农村工商户、企业法人和其他经济组织入股组成的股份合作制社区性地方金融机构，以农村信用合作社和农村信用合作社县（市）联社为基础组建。其主要任务是为农民、农业和农村经济发展提供金融服务。2003年4月8日，我国首家农村合作银行——宁波鄞州农村合作银行——在浙江宁波挂牌成立。农村合作银行采用的股份合作制，是合作制与股份制有机结合的创新型产权制度。从性质上来说，它是介于合作金融与商业金融之间的一个过渡层次。组建农村合作银行，丰富了我国农村金融机构的种类，满足了不同层次农户的金融需求，促进了符合“三农”特点的“多层次、广覆盖、可持续”的农村金融组织体系架构的完成。与农村信用合作社相比，农村合作银行由于投资股的设立，股东参与经营管理与监督的积极性显著提高，也有利于农村合作银行激励与约束机制的形成。同时，股东身份的落实与农村合作银行经营能力的提高，实现了农村合作银行自主经营、自负盈亏的目标，使得政府得以摆脱最后风险承担者的角色，减少了政府进行行政干预的理由和机会。

拓展阅读 4-1

我国的村镇银行

村镇银行是指经中国银行业监督管理委员会（银监会）依据有关法律法规批准，由境内外金融机构、境内非金融机构企业法人、境内自然人出资，在农村地区设立的主要为当地农民、农业和农村经济发展提供金融服务的银行业金融机构。2006年12月20日，银监会出台了《关于调整放宽农村地区银行业金融机构准入政策　更好支持社会主义新农村建设的若干意见》，提出在湖北、四川、吉林等6个省（自治区）的农村地区设立村镇银行试点，全国的村镇银行试点工作从此启动。2007年3月，我国首家村镇银行——四川仪陇惠民村镇银行——正式开业。该村镇银行是由南充市商业银行发起，5家公司共同出资组建的，注册资本为200万元人民币。2007年12月14日，国内首家外资村镇银行——湖北随州曾都汇丰村镇银行有限责任公司——正式开业，汇丰银行成为首家进入中国农村市场的国际性银行。根据银保监会数据，截至2021年年末，村镇银行在全国共有1 651家，占全部4 602家银行业金融机构的36%左右，成为目前各类银行中数量最多的银行。从地域来看，据Wind企业数据库口径，山东、河北、贵州3省的村镇银行数量位居前三。

根据《村镇银行管理暂行规定》，村镇银行具备以下几个特点：一是地域和准入门槛。机构设置在县、乡镇，在地（市）设立的村镇银行，其注册资本不低于5 000万元人民币；在县（市）设立的村镇银行，其注册资本不得低于300万元人民币；在乡（镇）设立的村镇银行，其注册资本不得低于100万元人民币。二是市场定位。村镇银行的市场定位于满足农户的小额贷款需求和服务当地中小型企业两个方面。三是治理结构。作为独立的企业法人，村镇银行根据现代企业的组织标准建立和设置组织构架，管理结构是扁平化的。四是发起人制度和产权结构。

村镇银行自设立以来，为打赢脱贫攻坚战、推动乡村振兴起到了积极的作用。然而，近年来，受多种因素影响，少数村镇银行逐渐劣变为高风险机构。根据央行发布的《中国金融稳定报告（2021）》，当年第二季度，央行对4 400家银行业金融机构开展评级。结果显示，大型银行评级结果较好，部分农村中小金融机构存在一定风险。农合机构（包括农村商业银行、农村合作银行、农村信用社）和村镇银行风险最高，高风险机构数量分别为271家和122家，总数量占全部高风险机构的93%。该报告显示，分区域来看，绝大多数省份存量风险已压降。浙江、福建、江西、上海等省（直辖市）辖内无高风险机构。辽宁、甘肃、内蒙古、河南、山西、吉林、黑龙江等省（自治区）高风险机构数量较多。化解村镇银行风险问题亟须关注和解决良策。

4.3.2 契约性金融机构

契约性储蓄机构目前主要包括保险公司（insurance company）和养老基金（pension funds），它们是在契约的基础上按期获得资金的金融机构。具体来说，契约性储蓄机构以契约的方式定期、定量地从持约人手中收取资金（保险费或养老金预付款），然后按照合约的规定向持约人提供保险服务或养老金。与存款机构不同的是，契约性储蓄机构可以根据概率精确地预测在未来一年时间里需要支付的赔偿额和退休金。因此，它们在选择资产时并不把流动性作为主要考虑因素，而更倾向于将资金投资于较长期的证券，如公司债券、股票以及长期国债等。

1）保险公司

保险公司是依法成立的在保险市场上收取保费并承担风险补偿责任，拥有专业化风险管理技术的机构组织。

保险公司的资金来源于收取的保费，主要投资于公司债券、股票及长期国债等长期证券。我国保险公司的投资主要集中在国债和证券投资基金上。2000年后，中国证监会批准部分保险资金进入股市，允许保险资金由保险资产管理公司运作，直接进入证券市场从事证券投资活动。按照保险标的划分，保险公司分为人寿保险公司和财产保险公司两大类。

（1）人寿保险公司

人寿保险公司（life insurance company）是为人们因意外事故或死亡而遭受的经济损失提供保险，并且通过向退休者每年支付现金的形式销售养老保险的金融机构。人寿保险公司的资金来源是按照一定标准收取的保险费。如果投保人发生的事故在投保范畴内，人寿保险公司则会按照契约规定支付保险金。投保人缴纳的保险费费率是按照正常的死亡率统计得到的，根据预计事故发生概率和死亡概率可估算出未来的人寿保险偿付费，即保险金的支付具有可预测性。人寿保险公司的资金主要用于购买公司债券、股票和发放长期抵押贷款等长期投资。

（2）财产保险公司

财产保险公司（property and casualty insurance company）是对法人单位和家庭提供财产意外损失保险的金融机构，主要是对火灾、盗窃、车祸等事故造成的财产损失进行保险，包括运输保险、汽车保险、责任赔偿保险、过失诉讼保险、伤害保险等。与人寿保险公司非常相似，财产保险公司的资金来源主要是保险费收入。财产保险公司的保险费费率是根据事故发生的概率和损坏程度来计算的，事故的发生具有不确定性，因此保险费费率的计算不可能像人寿保险公司那样精准。因此，在资金运用上，财产保险公司要比人寿保险公司持有更多的流动性资产，其资金大多投资于流动性强的证券。

2）养老基金

养老基金（pension funds）为加入养老金计划的雇员以年金的形式提供退休后的收入，是一种类似于人寿保险公司的专门金融机构。任何就业人员只要一直缴纳基金，并且工作到退休，退休后就可以按月领取养老金。养老基金的资金来源：一是劳资双方的资金积累，即雇主的缴款及从雇员工资中的扣除部分或雇员自愿缴纳的款项；二是运用积聚资金的收益，如投资于公司债券、股票以及政府债券的收益等。与人寿保险公司一样，养老基金能够精确地预计出未来若干年中它们必须支付的养老金，因此，其资金主要投资于长期公司债券、绩优股票和发放长期贷款。

我国养老保险目前在制度安排上由基本养老金、企业年金和职业年金、个人商业养老保险构成三大支柱。随着人口老龄化的加剧，我国现阶段对养老基金的需求数量越来越高，期待多元化投资经营。2015年11月成立的建信养老金管理有限责任公司（简称“建信养老金公司”），是国内首家专业养老金管理机构，由中国建设银行和全国社会保障基金理事会分别出资成立。

拓展阅读 4-2

人口老龄化背景下我国养老保险制度存在的问题

1）三大支柱发展存在严重不平衡，影响了我国养老金体系的可持续发展

我国养老保险目前在制度安排上由基本养老保险、企业年金和职业年金、个人商业养老保险构成三大支柱，但很多企业不积极缴纳企业年金，企业年金发展缓慢，再加上个人商业保险参与人员也极为有限，使我国养老保险制度仍在很大程度上依赖于公共养老保险制度。2018年年底美国第二支柱和第三支柱的资产占GDP的121.79%，而中国仅占GDP的1.64%，显然我国的三大支柱存在结构性不平衡问题，我国的养老保险将面临巨大的财政负担和不可持续的风险。

2）大统筹账户不适应人口老龄化

目前，我国对养老金实行“部分基金制”财务制度，将收付实现制和基金制相结合。其账户含有社会统筹和个人账户：社会统筹部分实行收付实现制，而个人账户实行基金制。从时间上来看，我国养老保险制度更接近收付实现制。在当前人口老龄化加剧的情况下，收付实现制是引起养老金不足的最主要原因。随着人口年龄结构的变化，在职劳动者对退休劳动者的养老金支付越来越难维持。我国的“人口红利”逐渐消失，在老年人抚养费用增加的大环境下，与原先设计的“社会统筹和个人账户相结合”发生了偏差，这必然会增加养老保险制度的风险，使之难以应对社会老龄化。

3）小账户制度转轨增大了财务风险

1997年我国进行了养老保险制度的改革，但是历史形成的隐性成本仍然使我国养老金存在缺口。“老人”和“中人”在职时的缴费将用于支付上一代老年人的退休费用，因此他们的养老保险基金没有累积；政府必须使用社会统筹账户中的基金来偿还这一巨大无形债务的一部分，因而“新人”的养老负担将加重。这种方式不仅会影响养老保障金的增值，还会影响养老保障金的可持续发

展——"空账户"将被代代相传。由于个人账户受到人口老龄化和巨大的转换隐形费用的影响，随时都有账户崩溃的危险，因此，必须准备好应对当前财政压力的缓冲机制。

4）养老金缺口压力持续增大

由于人口老龄化带来的支付压力和巨大的转换费用对养老金发展造成阻碍，因此政府作为社会管理者应该提供财政支持。政府每年都对社会保障进行支付，且支付额每年持续增长。财政补贴只能推迟缺口问题暴发的时间，而不能从根本上解决问题，还会造成政策制定的模糊性，使部分地方企业引导工人提前退休，导致企业和个人都不积极缴费，从而减少养老保险费收入。也就是说，财政补贴不仅引起了政府的巨大压力，还阻碍了问题的及时解决。政府虽在短期内解决"老人"和"中人"的养老金差距，但在长期财务平衡中留下了隐患。

5）养老保险基金监管体系不完善

养老保险基金投资不仅能给基金增值，而且有助于缓解养老金差距造成的财政压力，促进资本市场稳定和经济发展。我国政府为了确保基金的安全，把养老基金的投资范围大部分限制在银行和国债上。因此，如果存在通货膨胀，基金的增值就会受到很大影响，不能很好地规避风险。同时，由于中国资本市场发展不足，养老基金在投资时缺乏有效的风险控制措施，仅在形式上有一个起限制作用的、繁琐的行政审批程序，因而并没有从实际意义上管控风险。

资料来源：张艳萍，王烨沁，董明秀．国际养老保险制度变革对中国的启示［J］．浙江万里学院学报，2022（2）：8-13.

4.3.3 投资性金融机构

投资性金融机构，是指在金融市场上为投资活动提供中介服务或直接参与投资活动的金融机构，主要包括证券公司（投资银行）、投资基金管理公司和财务公司等。

1）证券公司

证券公司（securities company）是依法成立的专门从事各种有价证券经营及相关业务的金融企业。在不同的国家，证券公司有着不同的称谓。在美国，证券公司被称作投资银行（investment bank）或者证券经纪商（broker-dealer）；在英国，证券公司被称作商人银行（merchant bank）。

证券公司不吸收存款，也不发放贷款。其业务范围包括证券发行业务，自营、代理证券买卖业务（投资银行的认购承销业务），证券私募业务，企业收购与兼并业务，公司重组业务，融资收购业务，创业投资业务，项目融资业务，国际金融业务，投资管理业务，租赁融资业务，资产管理业务等。

证券公司的类型主要有4种：一是独立的专业性证券公司。这种形式的证券公司广为存在，有各自专长的专业方向。二是商业银行拥有的证券公司。商业银行通过兼并、收购、参股现存的证券公司来从事投资银行业务。三是全能型银行直接经营证券业务。四是一些大型跨国公司的财务公司从事证券业务。

在我国，证券公司主要分为两种：一是经纪类证券公司。它们提供交易的基本条件和服务，接受客户的委托，以自己的席位从事证券买卖，收取一定的佣金。二是综合类证券公司。它们既可从事经纪业务，又可开展自营、承销及其他业务，因而是同时为本人或客户从事证券买卖、为客户提供服务的经济组织。

2）投资基金管理公司

投资基金管理公司是依法设立的对基金的募集、基金份额的申购和赎回、基金财产的投资、收益分配等基金运作活动进行管理的投资性金融机构。投资基金管理公司汇集众多分散的个人或企业闲置资金，通过多元化的资产组合进行投资。投资基金的主要优势是投资组合、分散风险、专家理财、规模经济。

投资基金按照组织形式和法律地位划分，可分为公司型基金和契约型基金；按照基金能否赎回划分，可分为封闭式基金和开放式基金；按照募集方式划分，可分为公募基金和私募基金。

公司型基金在美国盛行，美国法律不允许设立契约型基金；契约型基金在英国较为普遍；目前我国绝大多数投资基金都属于契约型基金。许多国家和地区都采用两种形式并存的办法，力求把两者的优点都利用起来。

从境外尤其是发达国家或地区的基金业发展来看，通常先从封闭式基金起步，经过一段时间的探索，逐步转向发展开放式基金。我国的投资基金业也是先选择封闭式基金试点，逐步发展到开放式基金，开放式基金是我国今后发展的主流。

由于私募基金对投资者的风险承受能力要求较高，其监管又相对宽松，所以各国法律法规明确规定了私募基金持有人的最高数量（如最高100人或200人）和投资者的资格要求，否则私募基金不得设立。在证券投资领域，典型的私募基金是对冲基金，比较著名的有量子基金、老虎基金等。

3）财务公司

财务公司又称金融公司，是指经营部分银行业务的金融机构，它通过发行债券、股票、商业票据或从银行借款获得资金，并主要提供耐用消费品贷款和抵押贷款业务。与商业银行不同的是，财务公司不通过吸收小额客户的存款来获取资金，其特点是大额借款、小额贷款。财务公司可以分为销售财务公司、消费者财务公司和商业财务公司3类。

销售财务公司是由一些大型零售商或制造商建立的、旨在以提供消费信贷的方式来促进企业产品销售的公司。汽车金融公司是典型的销售财务公司，是指经原中国银行业监督管理委员会批准设立的、为中国境内的汽车购买者及销售者提供金融服务的非银行金融机构。上汽通用汽车金融公司、大众汽车金融（中国）公司、丰田汽车金融（中国）公司、福特汽车金融（中国）公司、戴姆勒-克莱斯勒汽车金融（中国）公司是我国早期成立的汽车金融公司。

消费者财务公司专门发放小额消费者贷款，旨在为那些在其他渠道很难获得贷款的消费者提供资金，在我国称为小额贷款公司。

商业财务公司主要向企业发放以应收账款、存货和设备为担保的抵押贷款。商业财务公司在我国称为企业集团财务公司，是指为企业集团成员单位提供金融服务的非银行金融机构，其宗旨和任务是为本企业集团内部各成员单位筹资和融通资金，促进技术改造和技术进步。

拓展阅读4-3

我国财务公司的金融功能演变

自1987年我国首家财务公司成立以来，财务公司行业不断发展壮大，截至2021年12月末，全行业法人机构数量达到256家，在我国金融体系中已占有一席之地。目前财务公司是企业集团产融结合的典型模式和有效载体，对实体经济发展的促进作用日益显现。未来，财务公司将在金融监管部门的监管创新下，在企业集团的大力支持下，在金融同业的竞争合作下，以推进集团司库体系建设为发展方向，持续深化内部金融功能，以促进金融控股平台构建为发展方向，加快拓展外部金融功能。

自1987年以来，我国财务公司的金融功能不断调整演化，大致经历了以下4个阶段：

1987—1996年：盘活企业内部资金的初期探索阶段。改革开放后，我国经济快速发展，涌现一批大型国有企业集团。为支持大型企业集团盘活内部资金，减少外部融资，中国人民银行于1987年批准成立了东风汽车工业财务公司，标志着我国财务公司的正式诞生。这一时期，财务公司的规模普遍较小，业务品种单一，一般是由集团结算中心转型而来，其主要功能是开展结算和集团内存贷款业务。

1996—2004年：运营中长期资金的正式立法阶段。由于发展初期一部分财务司违规拆借、超范围经营，曾出现过流动性问题。为解决财务公司出现的问题，中国人民银行于1996年颁布了《企业集团财务公司管理暂行办法》，标志着对我国财务公司的正式立法。2000年，中国人民银行又颁布了《企业集团财务公司管理办法》。这一时期，根据中国人民银行颁布的这两个办法，财务公司的定位是支持集团企业技术改造、新产品开发及产品销售的，以中长期金融业务为主的非银行金融机构，其主要功能是集团内部结算平台和内部银行。

2004—2014年：加强资金集中管理的快速发展阶段。中国银监会成立后，为加强财务公司监管，发挥财务公司服务实体经济的作用，于2004年和2006年两次修订颁布了新的《企业集团财务公司管理办法》。这段时间，根据这两个管理办法，财务公司是以加强企业集团资金集中管理和提高企业集团资金使用效率为目的，为企业集团成员单位提供财务管理服务的非银行金融机构。对于符合条件的财务公司，除了可以经营在2006年管理办法中第二十八条规定的全部十一项业务外，还可以申请第二十九条规定的其他五项业务。与此前相比，财务公司的金融功能调整较大，业务范围较宽，同时财务公司行业法人机构数量呈现爆发式增长。

2014年至今：拓展资金管理功能的两重属性阶段。经过此前10年的快速成长，财务公司行业整体上保持良好发展态势，继续深化业务结构转型。为有效发挥财务公司功能作用，推动财务公司更好地服务于国家大集团战略，提升我国企业集团的国际竞争力，2014年，国资委和中国银监会联合颁发了《关于进一步促进中央企业财务公司健康发展的指导意见》。自此，在相关监管部门的指导和支持下，财务公司不仅具有作为金融机构对集团成员单位提供金融服务的服务属性，还具有作为集团总部管理职能重要组成部分的辅助管理属性，由此在原来金融服务功能的基础上又拓展出了财务公司的资金管理功能。

资料来源：武传德，李蒙，孙钰雯. 试论我国财务公司金融功能博弈演进［J］. 银行家，2022（10）：77-81；7.

微课 4-2

政策性金融机构

4.3.4 政策性金融机构

政策性金融机构是指那些由政府创立、控股、参股或配以特殊保证条件，不以营利为目的，为贯彻、配合政府社会经济政策或意图，秉持某些特殊的信贷原则，在有关业务领域内从事政策性融资活动，担当政府调控、管理工具职责的金融机构。政策性金融机构最早出现在欧洲，第一家开发银行于1822年诞生在比利时。政策性金融机构蓬勃兴起是在以下两个时期：一是20世纪二三十年代，美国、德国、法国、英国等国为应对金融危机与大萧条，在农业、进出口、小企业、住房等领域成立了各种形式的政策性金融机构；二是20世纪60年代，日本、韩国、印度等国为实施经济复兴计划或经济赶超策略迅速建立覆盖领域非常广泛的政策性金融体系。与其他国家相比，我国的政策性金融机构起步较晚，主要由政策性银行、政策性融资担保机构和政策性保险机构组成。

1）政策性银行

政策性银行是由政府投资设立的、根据政府的决策和意向专门从事政策性金融业务的银行，其经营活动不以营利为目的，并且根据具体分工的不同，服务于特定的领域。1994年以前，我国没有专门的政策性金融机构，国家的政策性金融业务分别由工、农、中、建4家国有专业银行承担。1994年，为了适应经济发展的需要，根据政策性金融与商业性金融相分离的原则，我国相继成立了国家开发银行（China Development Bank，CDB）、中国进出口银行（the Export Import Bank of China）和中国农业发展银行（Agricultural Development Bank of China）3家政策性银行。

1994年3月，国家开发银行正式成立，是中国第一家政策性银行，主要支持国家重点建设项目，如国家基础设施、基础产业和支柱产业的大中型基本建设。国家开发银行于2008年12月改制为国家开发银行股份有限公司。2015年3月，国务院明确国家开发银行定位为开发性金融机构，既开展政策性金融业务，又开展商业性金融业务。中国进出口银行于1994年7月成立，是负责承担机电产品和成套设备等资本性货物进出口金融业务的政策性银行。中国农业发展银行于1994年11月正式成立，是承担国家规定的农业政策性金融业务的政策性银行。

知识链接 4-1

政策性银行和商业银行的不同

总的来说，政策性银行与商业银行有相同之处，如对贷款与融资支持项目要进行严格审查，贷款资金要求还本付息、周转使用等。政策性银行与商业银行的不同之处表现在：一是不以营利为经营目标。政策性银行的设立主要是为了弥补商业性融资机制的不足，经营时主要考虑国家宏观经济目标和社会效益，不以营利为目标，但必须考虑盈亏，坚持专业化管理的基本原则，力争保本微利或减少亏损。二是具有特定的业务领域和对象。政策性银行业务领域为社会经济协调发展急需但商业银行无法支持的行业或项目，原则上不与商业银行竞争。三是资金运作的特殊性。政策性银行的资本金多由政府财政拨付，政府往往为政策性银行设定了特定的资金来源，如发行金融债券或向中央银行举债；资金运用以发放长期贷款为主，贷款利率和担保等贷款条件较同期商业银行更为优惠。

2）政策性融资担保机构

政策性融资担保机构是指依法设立，由政府及其授权机构出资并实际控股，以服务小微企业和“三农”主体为主要经营目标的融资担保、再担保的政策性金融机构。我国现有的政策性融资担保机构是由各级政府投资或控股的，主要目的也各不相同。政策性融资担保机构坚守准公共定位，弥补市场不足，降低服务门槛，以贷款担保业务为主，聚焦支小支农主业。同时，政策性融资担保机构也围绕战略性新兴产业集群，扩大对高成长性、知识密集型企业的融资担保规模，对暂时遇到资金困难的商贸流通、居民生活服务、外贸等企业加大担保支持力度，积极为产业链、供应链中的核心企业及上下游企业提供担保服务。

3）政策性保险机构

政策性保险机构是利用保险的基本运作原理开展政策性金融业务的非银行金融机构。政策性保险机构通过收取保险费的方式获得融资，但它获得的保险费收入小于所承担的灾害发生后损失的赔付额，因此，政策性保险机构的部分收入还来自财政或者再保险公司。政策性保险机构的业务范围包括农业保险、中小企业融资保险以及重大自然灾害保险等。

中国出口信用保险公司（China Export & Credit Insurance Corporation）于2001年12月成立，是由国家出资设立、支持中国对外经济贸易发展与合作、具有独立法人地位的国有政策性保险公司。

4.3.5 其他金融机构

1）信托投资公司

1985年在荷兰召开的国际私法会议上通过的《关于信托的法律适用及其承认的国际公约》，将“信托”定义为，一个人（即委托人）在生前或死亡时创设的一种法律关系，委托人为受益人的利益或者为某个特定目的，将其财产置于受托人的控制之下。《中华人民共和国信托法》规定，信托是指委托人基于对受托人的信任，将其财产权委托给受托人，由受托人按委托人的意愿以自己的名义，为受益人的利益或者特定目的，进行管理或者处分的行为。信托投资公司（unit trust）是指从事信托业务、充当受托人的非存款性金融机构，其职能是财产实务管理，即接受客户委托，代客户管理、经营、处置财产。信托投资公司具有财产管理和运用、融通资金、提供信息与咨询以及社会投资等功能。

我国的信托投资公司是伴随着经济体制改革而建立的，1979年中国国际信托投资公司的成立，标志着新中国信托业的诞生。1998年，中国人民银行对信托投资公司的功能进行了重新定位，将信托投资公司规范为真正从事受托理财业务的金融机构，实现信托业与银行业、证券业严格的分业经营、分业管理。信托投资公司主要经营资产、动产、不动产信托，基金管理及兼并重组，企业财务顾问等业务，其收入来源主要为手续费和佣金。金融信托是建立在信用基础上的资产（动产、不动产、金融资产等）所有者为获利或其他目的而将财产的管理或处理权委托给受托人（信托投资公司）的一种经济行为，它是在实物信托的基础上演变和发展起来的，是现代信用经济发展的产物。由于金融信托使财产管理、财务管理、投资开发、长期金融、社会福利和公益事业等功能得到充分发挥，在大多数西方发达国家，金融信托已发展成为一个具有相当规模的产业——金融信托业，在国民经济中发挥不可或缺的作用。

拓展阅读4-4

诺贝尔基金会和家族信托

自1901年首次颁发以来，举世闻名的诺贝尔奖已跨越了两个世纪。年年金秋，诺贝尔奖的桂冠得主总会成为人们共同的谈资。众人不禁发问，诺贝尔奖奖金从何而来？诺贝尔奖为何能延续百年不断？

答案在于诺贝尔奖的奖金是由诺贝尔基金会发放的。诺贝尔基金会成立于1900年，是根据诺贝尔先生遗嘱所建立的私人机构，专门管理诺贝尔的遗产及诺贝尔奖的颁发，属于典型的以遗嘱方式设立的家族信托。家族信托是一种财产管理方式，具体是指信托机构受个人或家族的委托，代为管理、处置家庭财产，以实现富人的财富规划及传承目标。主要信托关系包括委托人、受托人、受益人和受托物。

诺贝尔基金会主要由4个部分组成：理事会和董事会、四个奖金颁发机构、五个诺贝尔委员会、四个诺贝尔学会。理事会和董事会在诺贝尔基金会的运作中扮演重要角色，其重要任务之一就是要使基金保值增值，以保证诺贝尔奖能永远发下去。根据诺贝尔的遗嘱，这笔基金应由遗嘱执行人投资于“安全的证券”(safe securities)。当时社会对这一名词的普遍解释为“国债与贷款”，也就是以固定财产作抵押，中央或地方政府作担保，能支付固定利息的国债或贷款。同时，诺贝尔先生希望诺贝尔奖奖金能保证获奖者在20年没有其他收入的情况下也能继续其研究。1901年，约15万瑞典克朗的奖金正好相当于当时一位教授

20年的工资。其后百年中，随着诺贝尔基金会运作模式的完善，其投资收益、经济状况和货币价值的变化，奖金金额和价值出现了较大变动。2021年，诺贝尔奖的奖金增加到了1 000万瑞典克朗。

诺贝尔奖获得者是诺贝尔基金会的获益人。诺贝尔奖的评定工作由4家奖金颁发机构负责，即瑞典皇家自然科学院、皇家卡罗琳医学院、瑞典皇家科学院和挪威议会的诺贝尔委员会。诺贝尔委员会负责获奖人推荐工作，并组织专家参加奖金颁发评议。诺贝尔学会则主要负责监督和调查奖金的颁发过程。

在这份家族信托关系中，诺贝尔先生是委托人，其3 100万瑞典克朗的遗产是受托物，诺贝尔基金会董事会扮演了受托人的角色，诺贝尔奖获得者则成为了这份家族信托的受益人。

诺贝尔基金会是典型的以遗嘱方式设立的家族信托。历经百年沧桑，诺贝尔奖仍在全人类科教文领域的金字塔顶端熠熠生辉，其背后的诺贝尔基金会正是这座塔底坚固的基石。从基金会的设立到投资策略的部署，从基金管理人的选定到获奖人的评定，诺贝尔基金历经考验，经久不衰。

为了保证每年诺贝尔奖的正常发放，诺贝尔基金会的财产管理需充分考虑金融市场方方面面的风险。基金会认为，3.5%的年化收益率可以在跑赢通货膨胀的基础上覆盖诺贝尔奖未来的开销。为此，基金会为资产布局作出了具体规划。诺贝尔基金会在股票类产品上布局了半数左右的资产。其目标持仓比例为55%，有-15%到+10%的调整范围；在固定收益类、房地产类、另类资产类的资金布局分别为10%到25%不等。为了分摊占据多数的股票类投资风险，诺贝尔基金会将股票类投资均匀地分布在各个股票市场上，包括瑞典股票市场、美国股票市场、新兴国家股票市场和欧洲其他股票市场等。当然，投资与风险并存。在2008年金融危机时，诺贝尔基金会的投资总收益跌幅达到了19%。

按照诺贝尔基金会的说法，只要基金会能获得每年不低于3.5%的投资收益，诺贝尔奖就能持续发放下去。不得不说，诺贝尔基金深谙财富管理和传承之道。

资料来源：中国民生信托．诺贝尔奖背后的信托故事［EB/OL］．［2023-11-05］．https://www.163.com/dy/article/GMUBG6020519QIKK.html.

2）金融租赁公司

1952年世界上第一家金融租赁公司在美国成立，开启了现代金融租赁业的发展历程。我国的融资租赁业起源于1981年，最早的金融租赁公司（financial leasing company）以中外合资企业的形式出现，如中国融资租赁有限公司（China Financial Leasing Co.，Ltd）。2000年7月，中国人民银行颁布了《金融租赁公司管理办法》，标志着我国租赁业进入正规发展轨道。

从租赁的目的划分，租赁可以分为金融租赁（financial leasing）和经营租赁（operation leasing）。金融租赁是指出租人根据承租人选定的租赁设备和供应厂商，以对承租人提供资金融通为目的而购买该设备，承租人通过与出租人签订融资租赁合同，以支付租金为代价，而获得该设备的长期使用权的一种融资形式。金融租赁的特点包括：

（1）涉及三方当事人（出租人、承租人、供货商），并至少由两份合同（买卖合同和租赁合同）构成的自成一类的三边交易。

（2）出租人只负责按承租人的要求融资购买设备，设备的质量、规格、数量、技术上的检查验收等事宜都由承租人负责。

（3）完全付清。基本租期内，设备只租给一个特定的承租人使用。租金总额=设备货价+前项资金的延付利息+租赁手续费-设备期满时的残值。

（4）不可撤销。一般情况下，在基本租期内，租赁双方无权取消合同。

（5）设备的所有权和使用权分离，法律上所有权属于出租人，经济上使用权属于承租人。

（6）基本租期结束时，承租人对租赁物一般有退租、续租和留购3种选择权。

与金融租赁相对应的是经营租赁，它是指出租人根据市场需要购进通用设备，通过不断出租给用户使用从而收回租赁投资，并获得相应利润的一种租赁方式。经营租赁的特点是：

（1）一般涉及两方当事人，即出租人和承租人。作为出租人的租赁公司购买设备的过程是独立行为，一般与承租人无关。

（2）可撤销。合同期间，承租人可以中止合同，退回设备，以租赁更先进的设备。若合同中附有违约责任条款，应遵照执行。

（3）不完全支付。在基本租期内，出租人只能从租金中收回设备的部分垫付资本，需通过该台设备以后的多次出租补足未收回的投资和应获利润。因此，经营租赁的租期较短。

（4）租赁物由出租人批量采购。这些租赁物多为具有高度专门技术、需要专门保养管理、技术更新快、购买金额大、通用性强、有较好的二手市场且垄断性强的设备。

（5）出租人不仅提供融资便利，还提供维修、管理等专门服务，并承担过时风险，负责购买保险。因此，经营租赁的租金比金融租赁要高得多。

（6）经营租赁中的租赁物的所有权不可转让，即租期结束后，承租人对租赁物只有退租或续租两种选择权。

金融租赁公司的主要业务有融资租赁业务，吸收股东1年期以上定期存款，接受承租人的租赁保证金，向商业银行转让应收租赁款，经批准发行金融债券，同业拆借，向金融机构借款，境外外汇借款，租赁物品残值变卖及处理业务，经济咨询等。

3）资产管理公司

组建资产管理公司（assets management corporation）来管理和处置银行的不良资产是国际上的通行做法。20世纪80年代以来，许多国家成立了专门机构处理银行的不良资产。资产管理公司通常在金融业出现危机时由政府设立，不以营利为目的，承担挽救深陷危机的金融业的职责。资产管理公司的职责在于通过向银行系统注入资金以挽救金融业，重建公众对银行体系的信心；通过运用有效的资产管理及变现战略，从银行的不良资产中尽可能多地收回资金；在尽可能少动用政府资金的前提下，使金融业实现资本重组；考虑到政治、经济和社会等方面因素，尽量减轻金融业重组对社会的负面影响。

我国的金融资产管理公司是经国务院决定设立的收购国有银行不良贷款、管理和处置因收购国有银行不良贷款形成的资产的国有独资非银行金融机构。金融资产管理公司以最大限度保全资产、减少损失为主要经营目标。目前，我国有4家资产管理公司，即中国华融资产管理公司、中国长城资产管理公司、中国东方资产管理公司、中国信达资产管理公司，分别接收从中国工商银行、中国农业银行、中国银行、中国建设银行剥离出来的不良资产。中国信达资产管理公司于1999年4月成立，其他3家于1999年10月成立。2000年11月10日，国务院颁布了《金融资产管理公司条例》，进一步明确了金融资产管理公司的设立、业务范围、经营管理、清算等，并对资产管理公司不良贷款收购的范围、额度和资金来源以及如何实施债转股等核心问题作出了明确的规定。

学思笃行

标准普尔入驻中国信用评级市场

标准普尔创立于1860年，是普尔出版公司和标准统计公司1941年合并而成的世界权威金融分析机构，总部位于美国。其子公司专为全球资本市场提供独立信用评级、指数服务、风险评估、投资研究和数据服务。1975年，美国证券交易委员会（SEC）认可标准普尔为“全国认定的评级组织”。标准普尔是全球金融基础建构的重要一员，近50年来一直发挥着领导者的作用，为投资者提供独立的参考指针，作为投资和财务决策的信心保证。

鉴于中国债券市场已成为全球第二大市场，标准普尔致力于将信用评级业务扩展到中国。2017年起，中国出台信用评级市场开放的相关政策，标准普尔开始筹划在华独资经营事宜。2017年7月，中国人民银行发布了2017年第7号公告，明确了境内外评级机构进入银行间债券市场开展业务的要求，意味着包括标准普尔、惠誉国际、穆迪三大国际评级机构在内的境外评级机构也能以独资形式进入中国市场。

2018年3月末，中国人民银行主管的行业组织中国银行间市场交易商协会发布了《银行间债券市场信用评级机构注册评价规则》，规定国际信用评级机构可以境外法人主体或境内法人主体方式申请注册。按照平等对待原则，境外与境内信用评级机构遵循相同的注册要求和注册流程，实现“一视同仁”。标准普尔的在华独资企业向交易商协会递交了注册申请。

2019年1月28日，中国人民银行营业管理部发布公告称，对美国标准普尔全球公司在北京设立的全资子公司予以备案。同日，中国银行间市场交易商协会也正式接受其开展银行间债券市场信用评级业务的注册申请。这标志着首家国际评级机构全资子公司获准在国内债券市场开展评级业务，标准普尔成为首家获得信用评级牌照的纯外资机构。

标普全球评级在中国境内的实体——标普信用评级（中国）有限公司以“标普信评”这一品牌在中国运营。中国银行间市场交易商协会注册通知书显示，“标普信评”将获准对金融机构、企业发债人和债项、结构融资债券、境外发行人发行的人民币计价债券进行评级。根据2018年3月中国银行间市场交易商协会发布的《银行间债券市场信用评级机构注册评价规则》，银行间市场的评级牌照分为A、B两类。其中，A类信用评级机构可在银行间债券市场开展全部类别的信用评级业务，B类信用评级机构则在银行间债券市场开展部分类别的信用评级业务。标准普尔获得的是A类信用评级牌照，可以在银行间债券市场开展全部类别的信用评级业务。

在获准进入中国银行间债券市场后，标普信评又获得为交易所债券市场评级的资格。2020年10月22日，标普信评宣布已在中国证监会完成从事证券评级业务的备案，成为首家完成此备案登记的外商独资评级机构。这意味着标普信评将可以对经中国证监会依法注册发行、在交易所债券市场上市交易或挂牌转让的债券及资产支持证券（国债除外），以及相关证券的发行人、发起机构、公司和其他经证监会规定的对象开展评级。这是标准普尔长期致力于发展中国信用市场所取得的又一里程碑式的发展。

至此，标普信评具有为交易所债券市场和银行间债券市场评级的双重资格。标普信评将更好地服务于全球第二大债券市场，为市场参与者提供透明、全球可理解的信用评级和研究观点。

资料来源：彭红枫．金融学类专业课程思政教学案例集［M］．北京：经济科学出版社，2021.

解读：

信用评级业对外开放是我国金融业开放的重要组成部分。标准普尔进入中国信用评级市场，是我国主动扩大金融业对外开放的举措，有利于促进我国信用评级业和金融市场高水平、国际化发展。

标普入场中国是资本市场信用建设的一个大事件。自古以来，中国就极为重视诚信建设，诚信不仅是个人安身立命的根本，也是社会良序发展的基石。当前，诚信问题已成为我国社会治理中的关键问题之一。党的十九大报告中指出，“推进诚信建设和志愿服务制度化，强化社会责任意识、规则意识、奉献意识”。推进诚信建设，要不断采取各类措施推进社会信用体系建设，而加快推进信用立法、完善信用法律法规体系作为社会信用体系建设的基础工程，具有重大而深远的意义。

完善的金融信用体系是推动金融业健康稳步发展的原动力，信用缺失的金融市场秩序必然一片混乱，因此，规范金融市场信用秩序势在必行。信用体系的建设不仅能够促进金融市场的发展，而且可以增强大众信用意识，降低金融市场风险。在金融信用体系建设中，需要大力发展信用评级机构。除了引进国外评级机构之外，政策层面在未来也需要重视本土信用评级机构的相关问题，以进一步完善中国资本市场的诚信制度建设。

对于中国本土信用评级机构而言，在外资评级机构引进的背景下，应该致力于学习国际评级机构先进的评级经验，提高自身的评级方法和评级技术，为资本市场提供更加准确的评级。信用评级业不断开放，外资评级机构陆续到来，只有提高评级质量，本土评级机构才能够在竞争更加激烈的评级市场上站稳脚跟，建立中国自身的评级话语权，防止被外资评级机构所替代。

本章小结

现代金融体系是一个有关资金的集中、流动、分配和再分配的系统，它由资金的流出方（资金盈余单位）和流入方（资金短缺单位）、连接这两者的金融机构和金融市场以及对这一系统进行管理的中央银行和其他金融监管机构共同构成。

直接融资又称为直接金融，是资金短缺单位直接在证券市场上向资金盈余单位发行债务性凭证或股权凭证（即金融工具）来筹集资金的方式。间接融资又称为间接金融，是指资金供求双方通过金融机构来实现资金融通的一种融资方式。互联网金融模式，是一种区别于商业银行的间接融资和资本市场的直接融资的第三种金融融资模式。互联网金融的主流模式有：第三方支付、网络借贷、股权众筹融资、大数据金融。

金融机构又称为金融中介机构，是专门从事金融活动的组织，通过吸收存款、发行证券、接受他人财产委托等形式形成资金来源，而后将这些资金投向贷款、其他权益性有价证券等金融资产，并向社会提供多种金融产品和金融服务。

金融机构在经济运行过程中具有资金融通、降低交易成本、清算支付、风险分担和弱化信息不对称等功能。

信息不对称是指交易的一方无法掌握交易另一方的信息或对另一方的信息掌握不充分进而无法作出正确的判断。金融市场的信息不对称会导致逆向选择和道德风险问题。

逆向选择是交易之前产生的信息不对称，在金融市场中是指那些最可能造成不利（逆向）结果即造成信贷风险的借款者，常常就是那些寻找贷款最积极，而且是最可能得到贷款的人。

道德风险是交易产生之后的信息不对称。贷款者发放贷款之后，借款者将从事那些贷款者监控不到且并不希望进行的活动或投资，因为这些活动或投资很可能会使得贷款无法偿还。

金融机构大致可以分为存款性金融机构、契约性储蓄机构、投资性金融机构、政策性金融机构及其他金融机构。其中，存款性金融机构主要有商业银行、储蓄银行和信用合作社；契约性储蓄机构包含保险公司和养老基金；投资性金融机构主要包括证券公司（投资银行）、投资基金管理公司和财务公司；政策性金融机构主要包括政策性银行、政策性融资担保机构和政策性保险机构；其他金融机构主要有信托投资公司、金融租赁公司和资产管理公司。

基本概念

金融体系　金融机构　直接融资　间接融资　有价证券　互联网金融　第三方支付　网络借贷　股权众筹融资　大数据金融　存款性金融机构　契约性金融机构　投资性金融机构　政策性金融机构　保险公司　养老基金　证券公司　投资基金管理公司　财务公司　信托投资公司　金融租赁公司　资产管理公司　信息不对称　逆向选择　道德风险

思考题

第4章
在线测试题

（1）简述金融体系中资金流动的路径与参与主体。

（2）试用逆向选择理论解释人们更愿意向家庭成员而不是陌生人发放借款。

（3）简述金融机构如何弱化信息不对称的问题。

（4）什么是政策性银行？它与商业银行的主要区别是什么？

（5）简述金融机构的功能。

（6）论述我国金融机构体系的结构与职能。

第5章

商业银行

学习目标

- 理解和掌握商业银行的基本概念、性质和职能。
- 了解商业银行的类型和组织形式。
- 熟悉商业银行的各项业务及其构成。
- 明确现代商业银行经营管理的基本理论和基本原则。
- 掌握商业银行资产负债管理方法

开篇案例

美国硅谷银行破产案

2020年新冠肺炎疫情在全球暴发，各国经济与消费受到了严重的影响。美国的CPI从2020年2月的2.3%下降到6月的接近0。为此，美国再次开启了量化宽松货币政策，即通过大量印钞向市场注入流动资金，刺激经济增长。由于基础货币的大量投放，又正值俄乌冲突导致的全球粮食和能源供应紧张，美国的通货膨胀率在2022年7月高达9.1%。为抑制通货膨胀，美联储启动加息周期，在2022年3月至2023年5月短短一年多的时间里加息10次。持续的加息导致债券的价格大幅下跌，美国硅谷银行资不抵债，于2023年3月11日被政府接管，并引发多家银行被挤兑。

硅谷银行2019—2022年财报显示：负债端即存款，增幅很快，2021年存款增幅是2019年的3倍；资产端即贷款和投资，贷款增长缓慢，可供出售的证券投资从2020年开始逐年下降，持有至到期日的证券投资逐年增加，2022年是2019年的近7倍。两者之间的区别在于，前者是短期持有储备流动性，后者是持有至到期为了获利。由此可见，硅谷银行的资产更偏重持有至到期的证券投资。那么，是这些投资导致其破产的吗？硅谷银行倒闭的原因到底是什么？

资料来源：张桥云．深度解析硅谷银行破产原因——基于资产负债表视角［EB/OL］．［2023-11-10］．https://mp.weixin.qq.com/s?__biz=MzA4NjQxNzkwMQ==&mid=2650775341&idx=1&sn=5ba0d3302bb7c16c9060f32244bfe6b0&chksm=87c237afb0b5beb9a9148447c0a8e7296957a6fc331299ac5b517c233d47b4a16c7776d5fba9&scene=27.

要想回答上面的问题，我们不禁会问：商业银行到底是什么样的机构？为什么我们会把钱存进银行？存进银行的钱最终去了哪？商业银行的业务都有哪些？它是怎样经营管理的？相信通过本章的学习，我们会找到答案。

5.1 商业银行概述

商业银行是在商品交换和市场经济的发展中孕育和发展起来的，是为适应商品生产扩大和市场经济发展需要而形成的一种金融组织。商业银行是间接金融领域中最主要的金融机构，也是存款性金融机构的典型形式。在微观金融领域，商业银行充当间接融资的中介；在宏观金融领域，商业银行发挥信用创造功能。经过几百年的演变，现代商业银行已经成为各国经济活动中最主要的资金集散机构和金融服务机构，并成为各国金融体系中最重要的组成部分。

5.1.1 商业银行的起源与发展

1）商业银行的起源

西方商业银行的起源可以追溯到公元前的古巴比伦时期，现代商业银行则萌芽于文艺复兴时期的意大利。“银行”一词的英文“bank”是由意大利文“banca”演变而来的，后者在意大利文中有长凳的意思。最初的银行家均为居住在意大利北部伦巴第的犹太人，他们为躲避战乱，迁移到英国，以兑换、保管贵重物品、汇兑等为主要业务。他们在市场上各执一凳，据以经营货币兑换业务。倘若有人遇到资金周转不灵，无力支付债务，就会招致债主们群起捣碎其长凳，兑换商的信用也即宣告破碎，英文的“破产”（bankruptcy）一词即源于此。

在英国，早期的银行业是由金匠业发展而来的。17世纪中叶，英国的金匠业极为发达，人们为了防止金银被盗，将金银委托给金匠保存。当时，金匠不仅代人保管金银，签发保管凭条，还可按顾客的书面要求，将金银划给第三者。金匠还利用自有资本发放贷款，以获取利息。同时，金匠签发的凭条可以代替现金流通于市场，称为“金匠券”，由此开辟了近代银行券的先河。1694年，历史上第一家股份制银行——英格兰银行的诞生是现代商业银行产生的象征。继英格兰银行之后，欧洲各资本主义国家都相继成立了商业银行。自此，现代商业银行体系在世界范围内逐渐普及。

同西方商业银行相比，中国的商业银行产生较晚。中国关于银行业的记载，较早的是南北朝时的寺庙典当行。到了唐代，出现了类似汇票的“飞钱”，这是我国最早出现的汇兑业务。宋真宗时，四川富商发行的交子成为我国早期的纸币。到了明清以后，当铺是中国主要的信用机构。中国自办的第一家商业银行是1897年成立的中国通商银行，它是中国现代银行事业的创始。1904年成立的户部银行，1907年成立的交通银行，均为官商合办性质。第一次世界大战期间及其后数年，随着民族资本主义工商业的发展，中国的私人银行业发展较快，仅在1912—1927年间就新设立了186家银行。1927年以后，南京国民政府的官僚开始垄断全国的金融业务及金融机构，其中包括以多种形式渗入和控制国内各大商业银行。

新中国成立之后，创建了中国人民银行，其当时集中央银行、监管和专业银行于一身，后来逐渐成立中国工商银行、中国银行、中国农业银行和中国人民建设银行四大专业银行和交通银行。2004年至2008年，四大专业银行相继进行股份制改革，转变为商业银行，中国人民建设银行改制后更名为中国建设银行。随着市场经济的发展，中国逐渐形成了多样化的商业化银行体系。第三方支付、网上银行、手机银行的兴起，大数据、云计算、区块链等科技与金融的深度融合正在改变银行的外在环境和自身的管理。

拓展阅读5-1

银行服务跨境电商服务同质化问题仍待改进

杭州的服装、佛山的家具、深圳的电子、川渝汽摩配……从沿海到内陆，从东部到西部，如今，越来越多具备传统外贸优势的国内产业集群通过跨境电商实现了成功“出海”，打响了中国品牌的“金字招牌”。

外贸新业态发展方兴未艾，新模式层出不穷。随着全球化进程不断深入以及数字经济的快速迭代，跨境电商凭借其无接触、低成本、高效率的优势，犹如外贸行业中的一匹“黑马”，成为发展速度最快、潜力最大、带动作用最强的外贸新业态。

海关数据显示，2022年，我国跨境电商进出口规模首次超过2万亿元，达到2.1万亿元，比2021年增长7.1%，占全国货物贸易进出口总值的4.9%。2023年上半年，在我国外贸进出口同比增长2.1%的背景下，跨境电商进出口规模达1.1万亿元，同比增长16%，表现格外亮眼。

近年来，国家支持政策的密集出台，为跨境电商飞速发展营造了良好环境。2023年4月，国务院办公厅印发的《关于推动外贸稳规模优结构的意见》提出，要支持外贸企业通过跨境电商等新业态新模式拓展销售渠道、培育自主品牌，推动跨境电商健康持续创新发展。2023年以来，各地方政府也针对跨境电商行业的发展需求接连出台相关举措，多维度发力，推动跨境电商实现跨越式发展。

在政策利好的作用下，数百万中小企业加速入局跨境电商，伴随而来的是企业对跨境金融服务延伸的迫切需求。面对外贸市场新业态的发展商机，各家商业银行纷纷抢滩这一业务“红海”，不断加深对跨境电商交易场景和跨境生态的渗透，为中国外贸品牌“出海”提供了有力支持。

然而，从当前跨境电商金融服务来看，仍然存在服务类型单一、产品缺乏差异性等突出问题。具体表现在各家商业银行的金融服务主要集中于交易汇兑、贸易融资等基础领域，相关金融产品的设计也呈现出高度同质化。

相较于传统的外贸行业，跨境电商的跨境属性以及线上化特点，对金融服务的专业化、便利化以及综合化水平均提出了更高的要求。在跨境电商平台快速发展的当下，各家银行机构需要继续开拓服务跨境电商的视野和思路，在“红海”中寻找业务发展的新“蓝海”，不断提升服务跨境电商的能力和水平。

跨境结算是针对外贸企业最基础的金融服务。作为外贸新业态，跨境电商“小额、海量、高频”的特点对银行的数字化结算能力提出了更高的要求。目前，市场上已经形成了境外支付机构境外收款、境内支付机构或境内银行承接境外资金的主流跨境结算模式。银行业应在现有模式下，创新承接的数字化结算产品，不断降低跨境电商的结算成本。同时，各家银行机构也要加大与境内外支付机构、跨境电商平台和市场采购联网平台等市场主体的深度融合，为外贸新业态打造“金融+非金融”的综合服务体系。

推动跨境电商高质量发展，还要加强对海外仓等配套设施建设的支持力度。海外仓是跨境电商出口卖家为提升订单交付能力而在国外接近买家地区设立的仓储物流节点，也是小微企业“借船出海”的重要平台。与我国庞大的跨境电商市场规模相比，海外仓的建设仍然具有很大的发展空间，是可以持续探索的新“蓝海”。一方面，各家银行与海外仓建设项目积极对接，通过提供全球现金管理、内保外贷、出口信贷、涉外非融资性保函等产品，为海外仓建设和运营提供金融支持；另一方面，银行业也要不断延伸服务触角，以“海外仓+金融服务”理念，为海外仓全产业链中各环节的不同参与主体提供一揽子、综合性的金融服务方案。

跨境金融市场规模的稳步增长为金融机构的业务发展提供了更广阔的市场机遇和创新空间，而监管的日趋严格和市场环境的不断变化也给金融机构的风险防控带来了重大挑战。跨境汇款动辄数十万笔交易明细，如何有效甄别虚假交易，需要银行创新风险防控手段，加强对大额、拆分、高频和异常规模等异常交易情况的实时监控，有效识别虚假和违规交易。同时，在开展跨境业务时，各家银行机构也要深入了解目标市场的金融政策、法规和监管框架，持续监测和调整风险管理策略，定期评估业务的政策风险，以适应不断变化的市场环境。

资料来源：张冰洁．银行服务跨境电商服务同质化问题仍待改进［N］．金融时报，2023-10-26（5）．

2）商业银行的发展

商业银行的发展主要体现在经营模式上。纵观商业银行发展的历史演进，世界各国由于社会生产发展的环境和商业银行产生的条件各不相同，商业银行的业务范围和经营特点存在一定的差异，但是它们的发展基本循着两种传统：分业经营和混业经营。

分业经营和混业经营作为商业银行业务经营模式，是建立在商业银行业务经营范围的划分基础上的。从商业银行发展的历史来看，按业务经营范围划分，商业银行主要有职能分工型和全能型两大类型。相应地，商业银行业务经营模式大致可分为分业经营模式与混业经营模式两大类。

（1）职能分工型商业银行和分业经营

职能分工型商业银行，是指国家以法律形式规定商业银行可以经营的业务范围，不得突破。分业经营是指商业银行在国家法律规定的业务范围内，开展业务经营活动。具体来说，国家法律限定银行业务与证券、保险、信托等非银行业务相分离，商业银行不得兼营证券、保险、信托等非银行业务，不能直接参与工商企业的投资。这种模式下的商业银行的业务主要是吸收存款，发放短期工商企业贷款。长期信贷业务、证券投资业务、保险业务等则由专业性银行或非银行金融机构来经营。传统上，英国是职能分工型商业银行分业经营的典型代表。在英国，早期银行的资金主要来源于流动性较大的活期存款，商业银行的信用创造能力有限。传统的商业银行理论认为，银行的资金来源于客户的存款，这些存款经常被提取，因此为了应对存款人难以预料的提款，银行只能将资金短期使用，不能用于长期贷款或进行长期投资。在这种背景下，英国政府就对商业银行业务进行严格限制以保持流动性和安全性。

事实上，商业银行的业务范围在20世纪30年代以前很少受到限制，各国商业银行大都可以综合经营多种业务。以美国为例，20世纪20年代末以前，美国的商业银行与投资银行几乎融为一体，商业银行在证券市场上扮演重要的角色。然而，在1929—1933年的大萧条中，大量银行破产倒闭，造成历史上最大一次货币信用危机，不少西方经济学家归咎于银行的综合性业务经营，尤其是长期贷款和证券业务经营。1933年美国国会通过了《格拉斯-斯蒂格尔法案》，明确禁止商业银行承销公司证券和从事经纪商活动，同时禁止投资银行从事商业银行业务，禁止银行从事保险及其他被认为是有风险的非银行业务。以《格拉斯-斯蒂格尔法案》的出台为标志，美国金融业分业经营的格局开始形成。美国金融业的分业经营，对其他国家金融体系的形成产生了巨大的影响。日本在1948年的《证券交易法》中复制了美国的银行、证券分离制度。韩国等国家后来也实行了类似的分业经营。中国在1995年开始实施分业经营改革时，也主要借鉴了美国的分业经营模式。

（2）全能型商业银行和混业经营

全能型商业银行是指法律允许商业银行经营一切金融业务，没有职能分工的限制。在此规定下开展的业务经营模式，称为混业经营。在此模式下，商业银行可以经营一切金融业务，除了短期贷款业务等传统业务外，还可以提供长期贷款业务、经营证券业务、信托业务等。因此，商业银行混业经营模式被称为“金融百货公司”或“金融超级市场”。德国是全能型商业银行混业经营的典型代表。作为后起的资本主义国家，德国面临英、法等老牌资本主义国家的竞争，企业不仅需要短期流动性贷款，更需要长期固定资金贷款。为强有力地支持企业发展，商业银行甚至可以投资于企业的股票和债券，替公司承销证券，参与企业的决策和发展，并为企业并购提供财务支持和财务咨询等投资银行服务。

（3）经营模式比较

建立在职能分工型和全能型银行体制基础上的分业经营和混业经营，各有优势与局限性。

①职能分工型体制基础上的分业经营优势与局限性。

分业经营的优势表现在：有利于提供专业化的业务及培养专业化的管理人才；有利于银行业内部协调管理；有利于银行业安全稳健经营。

分业经营的局限性表现在：不利于金融业的充分竞争；不利于金融业资源共享，不能满足工商业及社会公众对融资多样化的要求。

分业经营的弊端使发达国家首先突破法律的限制，混业经营重新掀起浪潮。20世纪70年代末以来，伴随金融自由化浪潮的迅速发展和金融创新的层出不穷，商业银行的上述两个传统特征和分工界限已被突破，欧美许多发达国家都相继取消了商业银行业务限制。1986年，英国颁布了《金融服务法案》，宣布银行业可以直接进入证券交易所进行交易，从而确立了英国金融业混业经营的新时代。1998年4月，日本正式启动"大爆炸"式的金融改革，实施了"金融体系改革一揽子法"，放宽了银行、证券和保险等行业的业务限制，废除了银行不能直接经营证券、保险的禁令，允许各金融机构跨行业经营各种金融业务。在此期间的美国，无论是商业银行还是投资银行都开始尝试突破《格拉斯-斯蒂格尔法案》的限制，并在大多时候得到了司法的认可，美国的分业经营体制事实上已经解体，混业经营成为普遍现象，美国的大商业银行基本上成为典型的美国式全能银行。1999年11月12日美国颁布了《金融服务现代化法案》，正式放开银行从事其他金融业务的限制，对已经发生的混业经营从法律上进行了认定。这标志着全能型银行体制混业经营在美国的全面实行。在主要发达国家中，美国是最后一个从立法上正式废除分业经营的国家，因此，美国《金融服务现代化法案》的颁布，在某种意义上标志着分业经营在西方主要国家走向终结，并将影响全球金融体系经营模式的深刻变革。

②全能型银行体制基础上混业经营的优势与局限性。

与分业经营相比，混业经营更能适应经济发展的客观需要。

混业经营的优势表现在：有利于实现规模经济；有利于分散风险；有利于金融服务多样化，提高服务经济发展的效率，提高自身的竞争能力，特别是国际竞争力。

混业经营的局限性表现在：经营管理难度大；金融风险传递迅速并且控制难度大。

所以，商业银行面临着专业人才的培养、治理能力的提高和风险防控机制的建立等诸多挑战。

拓展阅读5-2

我国银行分业经营与混业经营的选择

随着金融业的不断发展，国际上对分业和混业经营模式进行不断修正，现阶段发达市场经济国家多采用混业经营模式。混业经营有两种基本形式：一是在一家银行内同时开展信贷中介、投资、信托、保险等业务；二是以金融控股公司的形式把分别独立经营金融业务的公司连接在一起。

在改革开放之前，我国是分业经营。改革开放之后，四家国有商业银行纷纷成立自己的信托投资公司、证券营业部，开始经营证券、信托等业务。然而，我国银行在这期间的"混业经营"与发达市场经济国家中的银行所实施的混业经营有着重大的原则性区别：典型的混业经营，在一家银行内的不同大类银行业务之间，在人事、资金方面均实行独立的管理，特别是决策各有其严格的程序。而在我国银行里，资金调度和经营决策并不独立。在实践中，这种情况给金融业带来一定程度的混乱。于是，我国于1995年颁布的《中华人民共和国商业银行法》确立了严格的分业经营原则。

我国实行分业经营，是符合我国商业银行业的发展和管理水平的，但弊端也是存在的。分业经营导致资源不能合理优化配置，金融创新受到抑制，在全球经济金融一体化的趋势下竞争压力不断增大。目前，随着经济的发展和金融改革的深化，分业经营与混业经营的界限不断模糊化。现实生活中，在现行政策法令允许的范围内，商业银行正充分利用广泛的机构网点、资金、信息、清算效率和客户基础优势，积极拓展与资本市场有关的中间业务，并不断加强与证券业和保险业的合作，扩大业务范围，从而促进自身进一步发展。

资料来源：钱水土，等．货币金融学［M］．3版．北京：机械工业出版社，2020：157.

（4）商业银行主要发展趋势

① 竞争日趋激烈。随着银行及其竞争者不断扩大业务范围，金融服务领域竞争的广度和深度进一步加强。在金融发展与金融深化的过程中，商业银行面临“金融脱媒”的现象，主要表现在负债端的“存款脱媒”和资产端的“贷款脱媒”。在美国，这种现象比较明显，美国的银行业持有的金融资产所占市场份额由早期的2/3减少为现在的近1/5。

② 业务日趋多元化。随着科技不断发展、竞争日趋激烈，业务多元化的趋势明显加快。新业务对银行业产生了积极的作用，开辟了新的收入来源——非利息收入，该项收入一直在持续增长。这也是中国银行业正在经历的一个趋势。

③ 技术进步。银行业和金融服务正从过去劳动密集型转向资本密集型行业，人们越来越多地使用计算机、手机来管理金融账户，“虚拟银行”遍布世界，通过网络提供服务。科技与金融的融合，很可能会颠覆性地重塑整个银行业。

④ 合并与融合。这种趋势在美国比较突出。1980—2009年，美国商业银行的数目从大约14 000家锐减到不足7 000家，独立注册的银行的数目更是触及一个多世纪以来的最低点，银行平均规模变得庞大，兼并收购变为常态。

⑤ 全球化趋势。地理扩张和金融服务的整合使其规模不断扩大，促使商业银行超越国界在全球范围内经营。

5.1.2 商业银行的性质和职能

1）商业银行的性质

从起源和发展历史来看，商业银行在业务经营中具有以下特征：以追求利润最大化为目标；以经营金融资产和负债为对象；向客户提供多功能、综合性服务。

（1）商业银行是企业，具有一般企业的特征

商业银行以获取利润为经营目的和发展动力。就此而言，商业银行与一般的工商企业无异。但是，商业银行又与一般的工商企业有所不同，是一种特殊的企业。

首先，一般工商企业经营对象是具有一定使用价值的商品和劳务，从事商品的生产和流通；商业银行是以多种金融资产和金融负债为经营对象，经营的是特殊商品——货币和货币资本，经营的内容包括货币收付、借贷以及各种与货币运动有关的或者与之相关的金融服务。其次，商业银行对整个社会的影响要远远大于一般的工商企业。最后，商业银行的责任特殊。一般工商企业以营利为目标，只对股东和使用自己产品的客户负责；商业银行除了对股东和客户负责之外，还必须对整个社会负责。

（2）商业银行不同于其他金融机构

商业银行是一种特殊的金融企业，它既有别于中央银行，又有别于专业银行（西方指定专门经营范围和提供专门性金融服务的银行）和其他非银行金融机构。中央银行是国家的金融管理当局和金融体系的核心，具有较强的独立性，它不为客户办理具体的信贷业务，不以营利为目的。专业银行和非银行金融机构只限于办理某一方面或几种特定的金融业务，业务经营具有明显的局限性。商业银行是为工商企业、公众及政府提供金融服务的金融机构，业务范围和服务对象广泛，素有“金融百货公司”和“万能银行”之称。

2）商业银行的职能

（1）信用中介

信用中介职能是商业银行最基本、最能反映其经营活动特征的职能。这一职能表现为商业银行通过负债业务将社会上的各种闲散资金集中起来，再通过资产业务，把它们投向社会经济各个部门。

（2）支付中介

商业银行作为货币的经营机构，具有为客户保管、出纳和代理支付货币的功能，这便是支付中介职能。具体来说，支付中介职能是指商业银行利用活期存款账户，为客户办理各种货币结算、货币支付、货币兑换和转账存款等货币经营业务的职能。

（3）信用创造

商业银行利用其可以吸收各类活期存款的有利条件，通过发放贷款、从事投资业务而衍生出更多存款，从而增加社会货币供应量。

（4）金融服务

金融服务职能是指商业银行向社会中的个人、企业及政府部门提供优质的金融服务。商业银行利用其在国民经济活动中的特殊地位以及在提供信用中介和支付中介业务过程中所获得的大量信息，运用电子计算机等先进手段和工具，为客户提供担保、代收代付、代办保险、财务咨询、代理融通、信托、租赁、计算机服务、现金管理、基金管理等金融服务。

5.1.3 商业银行的组织形式

1）单一银行制

单一银行制又称独家银行制，是指一家银行只在一个地区设立一处营业机构独立经营，不设或限设分支机构的组织形式。目前只有美国还部分地存在这种银行制度。

单一银行制的优点是：①限制银行业垄断，有利于自由竞争；②有利于银行与地方政府的协调，能适应本地区需要，集中全力为本地区服务；③管理层次少，有利于中央银行管理和控制；④各银行的独立性和自主性很强，经营较为灵活。

单一银行制的缺点是：①商业银行不设分支机构，则不能满足现代经济的横向发展和商品交换范围扩大的需求，其业务范围和金融创新受到限制；②业务集中某一地区或某一行业，容易受到经济波动的影响，经营风险集中；③银行规模较小，经营成本高，不易取得规模经济效益。

2）分支行制

分支行制又称总分行制，是指一家银行能够在总行之下在不同区域包括国外设立分支机构的组织形式。这种银行的总部一般都设在大城市，下属分支机构由总行领导。分支行制起源于英国的股份制商业银行，目前世界各国一般都采用这一银行制度，其中尤以英国、德国、日本等最为典型，我国银行业主要采用这种组织形式。

分支行制的优点在于：①分支机构较多、分布广、业务分散，易于吸收存款、调剂资金、分散风险，提高银行的安全性；②银行规模较大，易于采用现代化设备，提供多种便利的金融服务，取得规模效益；③总行家数少，便于金融当局的管理。

分支行制的缺点在于：①分支行制的总行家数较少，容易导致过分集中和垄断，易造成大银行对小银行的吞并；②分支机构庞大，内部层次多，不利于管理。

3）银行控股公司制

银行控股公司制又称为集团银行制，是指由某一集团成立控股公司，再由该公司控制或收购若干银行而建立的一种银行制度。在法律上这些银行是独立的，但其业务与经营政策同属一家控股公司控制。由于银行控股公司制可以回避开设分支机构的限制，因而在美国得到迅速发展。银行控股公司制有两种类型，即非银行控股公司和银行控股公司。前者是非银行的大企业通过控制银行的大部分股权而组织起来的，后者是大银行通过控制小银行的大部分股权而组织起来的，花旗银行就是典型的银行控股公司。

4）连锁银行制

连锁银行制又称联合制，是指由某个人或某一集团通过购买若干家独立银行的多数股票或其他法律允许的方式取得对这些银行控制权力的一种组织形式。在连锁银行制下，被控银行在法律上是独立的，但实际上这些银行的经营决策被某个人或某一集团所控制。这种银行制度往往以大银行为中心，确定银行业务模式，形成集团内部联合、统一指挥，投资大型行业，以获取高额利润。

5.2 商业银行的资产负债业务

商业银行的业务一般分为负债业务、资产业务和表外业务三大类。前两者为表内业务，即经营的产品和业务计入资产负债表中，表外业务则是不计入资产负债表、不直接形成资产或负债的业务。本节介绍的是商业银行的资产负债表及其表内业务。

5.2.1 商业银行资产负债表

要理解商业银行的各项业务运作，首先要考察商业银行的资产负债表。商业银行的资产负债表是银行的主要会计报表之一，它反映银行总的资金来源（负债+所有者权益）和资金运用（资产）的情况。资产负债表包括三大项目：资产、负债和所有者权益。简化的商业银行资产负债表见5-1。资产负债表的左方代表商业银行持有的体现资金运用的各项资产；右方代表体现商业银行资金来源的各项负债和银行资本金。资产负债表的左右两边始终相等，即：

资产总额 = 负债总额 + 银行资本（所有者权益）

这一恒等式说明，资产是商业银行对吸收的资金来源加以运用从而获取收益的过程。因此，商业银行的资产负债关系可以简化为：银行累积资金的运用=银行累积的资金的来源。当资产收益大于因负债所支付的利息和费用时，便形成了银行的利润。银行资本始终为资产总额减去负债总额后的差额。一旦银行的负债超过资产，即银行资本为负值，也就意味着银行可能破产。表5-1显示了商业银行资产负债表中的主要项目。

表5-1　**简化的商业银行资产负债表**

资产	负债与资本
现金资产	存款
库存现金	活期存款
在中央银行的存款	储蓄存款
存放同业存款	定期存款
托收中的现金	借款
贷款	向中央银行借款
工商企业贷款	同业拆借
消费者贷款	其他拆入资金
不动产贷款	其他负债
同业贷款	
其他贷款	银行资本（股东权益）
证券投资	资本
政府债券	资本盈余
其他有价证券	未分配利润
其他资产	附属资本
资产总计	负债与资本总计

5.2.2　商业银行的负债业务

商业银行的负债业务是形成其资金来源的业务，是商业银行最基本、最主要的业务，是商业银行资产业务和其他经营活动的前提和基础。商业银行的负债主要分为两类：公众存款和非存款负债。

1）存款业务

不论在哪一个国家，存款始终是商业银行的主要负债和经常性的资金来源，是商业银行生存和发展的基础。商业银行存款来自个人、企业、社会团体、政府机构和其他组织以及金融同业。传统的分类方法是将存款分为活期存款、储蓄存款和定期存款三大类。我国的城乡居民储蓄存款挂牌利率如表5-2所示。

表5-2　　城乡居民储蓄存款挂牌利率表

项目	年利率（%）
一、城乡居民及单位存款	
（一）活期存款	0.20
（二）定期存款	
1.整存整取	
三个月	1.25
六个月	1.45
一年	1.65
二年	2.05
三年	2.45
五年	2.50
2.零存整取、整存零取、存本取息	
一年	1.25
三年	1.45
五年	1.45
3.定活两便	按一年以内定期整存整取同档次利率打六折
二、协定存款	0.90
三、通知存款	
一天	0.45
七天	1.00

注：数据截至2023年6月8日。

资料来源：中国银行官网。

除了传统的存款业务，为了吸收更多的存款，西方国家打破法规限制，在商业银行存款工具上创造了许多新品种，比如可转让支付命令账户、货币市场存款账户和自动转账服务账户等。

（1）活期存款

活期存款（demand deposit）是指客户可以随时到银行凭支票取款或支付的存款，这类存款是主要用于交易和支付用途的款项，支付时需要使用银行规定的支票，因而又有支票存款之称。活期存款的特点是存取自由、便于结算，客户还有可能以此获得银行贷款。因此，个人、企业、社会团体、政府机构、非银行金融机构都在银行开立活期存款账户，商业银行彼此之间也可开立这种账户。

活期存款传统上不支付利息，因为它是资金来源中最具波动性和最不可预测的存款，客户可以不事先通知银行而将其取走。在美国历史上，商业银行早期也对存款付息，而且竞相以抬高利率的办法吸引客户，使存款成本不断上升。1933年美国政府颁布《格拉斯-斯蒂格尔法案》(Glass-Steagall Act)，其中Q条例禁止向活期存款支付利息，对使用支票的次数和最低存款余额则无法定限制。到了1986年，美国政府废除了Q条例，银行又开始对活期存款付息。目前，保留活期存款账户的主要是经营性机构，银行可以通过加快结算速度、降低结算过程的交易费用来提高自身盈利，也可以通过向开户企业提供贷款承诺等方式争取更多的存款。

（2）储蓄存款

储蓄存款（savings deposit）是为居民个人积蓄货币资产和获取利息而设定的一种存款金融工具，包括活期储蓄存款和定期储蓄存款。活期储蓄存款的持有人能够取得利息收入，但不能签发支票，也不能透支。定期储蓄存款则由客户与储蓄机构约定存期，一次或分次存入本金，其利率高于活期储蓄存款，但储户必须在约定期满方可按定期储蓄存款利率获取利息收入。若要提前支取，客户必须提前告知银行提款意向。

（3）定期存款

定期存款（time deposit）是银行与客户事先约定存款期限并支付利息的存款。客户存入款项时，银行一般签发载明存款金额、利率和期限的定期存单，作为客户存款所有权及获取利息的证书，到期时凭此提取存款本息。定期存款期限短则1周，长至几年，通常为3个月、6个月和1年不等。商业银行对定期存款有到期支付的责任，期满时必须无条件地向客户支付本金和利息。定期存款人在约定期限到期前提取，银行会处以罚息。

（4）可转让支付命令账户

可转让支付命令（negotiable order of withdrawal，NOW）账户实际上是一种付息的活期存款账户。NOW账户只对居民和非营利机构开放，开立该种账户的客户可以随时开出支付指令书，支付指令书经背书后可转让，银行将满足客户提款或对第三者进行支付的需要，因而该账户实际上具有支票账户的功能，但其存款人可以获得利息收入。NOW账户由美国马萨诸塞州的互助储蓄银行于1972年首创，经国会允许后，迅速发展至马萨诸塞州和新罕布什尔州的所有互助储蓄银行和商业银行。1980年，《放宽对存款机构管理和货币管理法》颁布后，全美的商业银行均可设立NOW账户。NOW账户的开放产生了兼具储蓄存款和活期存款优点的新式存款工具，在客户中颇具吸引力。

（5）货币市场存款账户

货币市场存款账户（money market deposit account，MMDA）是商业银行为应对来自货币市场基金的竞争而开发出的存款品种，其性质介于活期存款和储蓄存款之间。该账户具有以下特点：

① 对于日常平均余额在2 500美元及以上的账户，不存在利率上限的限制，银行可以每周调整；对于存款余额不足2 500美元的账户，适用于NOW账户的利率上限。

② 存户每月最多可以办理6次转账业务，其中3次可以使用支票付款，这部分符合活期存款的性质。

③ 账户没有最短存期的限制，存户取款需要提前一周通知。

④ 10万美元的存款额可以得到联邦存款保险公司的保险。

（6）自动转账服务账户

自动转账服务（automatic transfer service，ATS）账户于1978年出现，是由早期的电话转账制度演变而来的。存款人可以在银行开立两个账户，即有息的储蓄账户和无息的支票账户。客户对支票账户上的平均余额有一个授权额度，客户的存款平时放在储蓄账户计收利息，当支票账户出现透支时，银行自动将资金从储蓄账户转移到支票账户上。ATS账户使客户兼得活期账户和储蓄账户的双重优点，既可以利用活期账户开出支票对外支付，又可以利用储蓄账户获取利息收入。表5-3显示的是中国银行的客户存款结构情况。

表5-3　**中银集团及中国内地客户存款结构**　金额单位：百万元人民币

项目	2022年12月31日		2021年12月31日	
	金额	占比	金额	占比
集团				
公司存款				
活期存款	5 370 057	26.58%	5 275 514	29.08%
定期存款	4 462 328	22.09%	3 968 527	21.87%
结构性存款	328 602	1.63%	351 445	1.94%
小计	10 160 987	50.30%	9 595 486	52.89%
个人存款				
活期存款	3 757 373	18.60%	3 487 433	19.22%
定期存款	5 384 034	26.65%	4 299 050	23.70%
结构性存款	255 289	1.26%	300 628	1.66%
小计	9 396 696	46.51%	8 087 111	44.58%
发行存款证	290 082	1.44%	160 419	0.88%
其他	354 060	1.75%	299 871	1.65%

续表

项目	2022年12月31日		2021年12月31日	
	金额	占比	金额	占比
合计	20 201 825	100.00%	18 142 887	100.00%
中国内地				
公司存款				
活期存款	4 614 933	27.88%	4 482 516	30.06%
定期存款	3 246 549	19.62%	2 892 996	19.40%
结构性存款	299 839	1.81%	320 078	2.15%
小计	8 161 321	49.31%	7 695 590	51.61%
个人存款				
活期存款	3 097 561	18.72%	2 711 693	18.19%
定期存款	4 713 810	28.48%	3 920 101	26.29%
结构性存款	246 813	1.49%	297 935	2.00%
小计	8 058 184	18.69%	6 929 729	46.48%
其他	331 027	2.00%	285 430	1.91%
合计	16 550 532	100.00%	14 910 749	100.00%

注：其他项目包含应付利息。

资料来源：中国银行股份有限公司．2022年年度报告（A股印刷版）[R/OL]．[2024-02-05]．https://www.boc.cn/investor/ir3/202304/t20230428_22977412.html．

2）非存款负债（借款）

虽然存款构成商业银行最主要的资金来源，但当存款无法满足贷款和投资增长的需求时，商业银行便会寻求存款以外的其他资金来源，即非存款负债。非存款负债不仅提高了商业银行的资金管理效率、扩大了银行的经营规模，还加强了与外部的联系和往来。非存款负债包括短期借款和长期借款。

（1）短期借款

短期借款是商业银行一种持久地增加资金来源的手段，对商业银行的经营具有重要意义。总的来说，短期借款包括同业拆借、向中央银行借款、转贴现借款和转抵押借款、回购协议、大面额存单及欧洲货币市场借款。

① 同业拆借。同业拆借是指金融机构之间的短期资金融通，主要用于支持日常性资金周转，是商业银行为解决短期资金余缺、调剂法定准备金头寸而相互融通资金的重要方式。同业拆借通过各银行在中央银行的存款账户进行，利率相对较低，融资对象、数额和时间均较灵活。

② 向中央银行借款。商业银行为满足资金需求，可以向中央银行申请借款，其借款形式主要有两种：一是再贷款；二是再贴现。在市场经济发达的国家，由于商业票据和贴现业务广泛流行，再贴现已成为商业银行向中央银行借款的主要渠道。再贴现是指银行将未到期票据再向中央银行贴现。对中央银行而言，再贴现是买进票据，让渡资金；对商业银行而言，再贴现是卖出票据，获得资金。再贷款是商业银行以政府债券等作为抵押直接从中央银行取得现款，它一般只能用于补充商业银行准备金和资产临时性调整的急需，不能用于扩大银行资产规模。

③ 转贴现借款和转抵押借款。转贴现借款是指商业银行在资金紧张、周转不畅的情况下，将已经贴现但仍未到期的票据，交给其他商业银行或贴现机构进行转贴现以取得借款的方法。转抵押借款是指商业银行在资金紧张、中央银行控制很严、资金周转不畅时，可以通过转抵押的方式，向其他商业银行取得资金。

④ 回购协议。回购协议是指商业银行向其他金融机构出售流动性强、安全性高的优质证券等金融资产时，事先签订协议，约定在未来一定时期会按照约定的价格购回所卖出的证券，以获得临时可用资金的交易方式。回购协议相对于即时资金提供者又称为“逆回购协议”。回购协议最常见的交易方式有两种：一种是证券的卖出与购回采用相同的价格，协议到期时以约定的收益率在本金外再支付费用；另一种是购回证券时的价格高于卖出时的价格，其差额就是即时资金提供者的合理收益。

⑤ 大面额可转让定期存单。大面额可转让定期存单是银行负债证券化的具体表现，也是西方商业银行通过发行短期金融债券筹集资金的主要形式。其特点是可以转让，且有较高的利率，集中了活期存款流动性和定期存款盈利性的优点。在西方国家，大面额存单由大银行直接出售，利率由发行银行确定，既有固定利率也有浮动利率，期限在1年以内，在二级市场上的存单期限一般不超过6个月。也有国家发行期限长达3～5年利率固定的大面额存单。大面额存单可流通转让、自由买卖，但不能赎回；存单到期还本付息，过期不计利息。

⑥ 欧洲货币市场借款。西方各国银行在国际金融市场上的借款活动多在欧洲货币市场进行。欧洲货币市场既不受交易货币发行国的管制，也较少受到交易所在国的约束，在税收、利率、法定存款准备金等方面的负担或限制均较国内宽松，这对于巨额资金需求者是一个理想的筹资场所。西方国家的商业银行在欧洲货币市场上借入短期负债的方式，主要是吸引固定利率的定期存款。另外，商业银行还可以在欧洲货币市场上出售商业银行承兑汇票、银行承兑汇票等来筹集短期资金，或者直接向其他银行借入短期款项。

（2）长期借款

商业银行的长期借款一般采用发行金融债券的形式，依据资金运用的项目需要，有针对性地发行约期付息、定期还本的债务凭证以筹集长期资金。金融债券突破了银行原有存贷关系的束缚，它面向社会筹资，筹资范围广泛，既不受银行所在地区资金状况的限制，也不受银行自身网点和人员数量的束缚。金融债券信用等级较高，投资风险较小，并且收益率高于同期存款利率，具有一定流动性，因而对客户有较强的吸引力，有利于银行提高筹资的数量和速度。同时，发行债券所筹的资金不用缴纳法定准备金，这有利于提高银行资金的利用率。

银行发行的金融债券根据筹措的资金能否计入银行资本，可以分为资本性金融债券和一般性金融债券，其差别主要是前者的求偿权列在存款人之后，如属于次级债券的资本票据和资本债券。金融债券的利率根据债券市场资金松紧、借款银行的信誉、债券发行总额、币别以及期限而定，一般低于同类企业债券利率。鉴于这种资金来源的长期性，债券利率也成为体现发行银行风险状况的指示器，陷入困境的银行不得不以高利率或是以较大折扣发行债券。

5.2.3 商业银行的资产业务

商业银行的资产业务是指商业银行对其通过负债业务筹集的资金加以运用并取得收益的业务。从本质上说，银行的资产业务就是银行的资金运用，它既包括盈利性资金（如贷款、投资等）运用，也包括非盈利性资金（如库存现金等）运用。总的来说，商业银行的资产业务主要包括现金资产、贷款和证券投资三大类。

1）现金资产

现金资产又称一级准备，是商业银行为维持其流动性而必须持有的资产，是商业银行维护支付能力的第一道防线。狭义的现金资产仅指库存现金（因为存放在银行的金库中，所以被称为库存现金）；广义的现金资产包括库存现金、在中央银行的存款、存放同业存款、托收中的现金。现金资产具有流动性强、安全性高、交易成本低的特点。

（1）库存现金。库存现金是指商业银行保存在金库中的现钞和硬币。库存现金的主要作用是应对客户提现和银行本身的日常零星开支。库存现金属于非盈利性资产，所需保护费用和保险费用较高。因此，从经营的角度来讲，库存现金不宜保存太多，适度规模即可。

（2）在中央银行的存款。在中央银行的存款由两部分组成：一是法定存款准备金；二是超额准备金。法定存款准备金是按照法定比率向中央银行缴存的存款准备金。规定缴存准备金的最初目的是保证银行备有足够的资金，以应对存款人的提取，避免发生挤兑引起银行倒闭。现已逐渐成为中央银行进行宏观调控的一般性货币政策工具之一。法定存款准备金具有强制性，一般不得动用。超额准备金是指在存款准备金账户中超过了法定存款准备金的那部分存款，这部分存款犹如工商企业在商业银行的活期存款，是商业银行在中央银行账户上保存的用于日常支付和债权债务清算的资金，是商业银行的可用资金，直接影响着商业银行的信贷扩张能力。

（3）存放同业存款。存放同业存款是指商业银行存放在代理行和相关银行的存款。其目的是便于银行在同业之间开展代理业务和结算收付。由于存放同业的存款属于活期存款，可以随时支取，因此可以视同银行的现金资产。

（4）托收中的现金。托收中的现金又称在途资金，是指在银行间确认与转账过程中的支票金额。在途资金在收妥之前，是一笔占用的资金，又由于通常在途时间较短，收妥后即成为存放同业存款，所以被视为现金资产。

2）贷款

贷款是商业银行的传统核心业务，也是商业银行最主要的盈利性资产，是商业银行实现利润最大化目标的主要手段，也是风险较大的资产。贷款是商业银行作为贷款人按照一定的贷款原则和政策，以还本付息为条件，将一定数量的货币资金提供给借款人使用的一种借贷行为。这种借贷行为由贷款的对象、条件、用途、期限、利率和方式等因素构成。

商业银行按照不同的分类方式可分为不同的种类：按照期限划分可分为活期贷款、定期贷款和透支；按照对象可分为工商企业贷款、消费者贷款、不动产贷款和同业贷款等；按照保障条件可分为抵押贷款、质押贷款、担保贷款和信用贷款；按照管理方法可分为备用信贷和循环信贷；按照风险程度可分为正常、关注、次级、可疑、损失5类；按照偿还方式可分为一次性还清贷款和分期还清贷款；按照发放贷款的银行家数可分为单独贷款和联合贷款。

贷款收益是商业银行利润的主要来源之一，其规模和结构对银行的流动性、安全性也具有重要影响。贷款在到期前无法转换为现金，其流动性较差；贷款违约概率比其他资产高，商业银行面对的信用风险主要是贷款违约风险。正是由于缺乏流动性和较高的违约风险，贷款的回报率比其他资产高。

3）证券投资

证券投资已成为商业银行重要的资产业务，它不仅为银行带来丰厚的利润，还为银行在流动性管理、资产优化配置以及合理避税等方面起到了积极作用。商业银行证券投资是指为了获取一定收益而承担一定风险，对有一定期限的资本证券的购买行为。西方国家商业银行证券投资的对象通常包括政府债券、公司债券、资产证券化证券、股票、商业票据、银行承兑汇票、金融期货与期权等。我国商业银行证券投资主要对象是政府债券，包括国库券和公债券。

商业银行证券投资的主要功能有以下4个方面：

（1）保持流动性，获得收益。商业银行在管理资产的流动性时有两点需要决定：一是如何以较低的成本来满足中央银行变更法定存款准备金率的要求；二是为了避免存款外流的损失必须持有多少现金。这意味着商业银行必须持有流动性资产。商业银行通常把现金资产作为流动性需要的第一准备。现金资产尽管流动性很高，但它是非盈利性资产。为了满足上述两点要求而持有过多的现金便会使银行获益的机会成本上升。所以，商业银行还需要把短期证券、短期放款、短期票据等流动资产作为第二准备，尽管它们的回报率比其他资产都低，但使银行在流动性和收益性这两种需要之间保持平衡。

（2）分散风险，提高资产质量。银行贷款收益较高，但风险也较大。进行证券投资可以提高银行全部资产的分散化程度，降低资产组合风险，提高资产的单位收益。

（3）管理风险。证券投资是商业银行重要的利率风险管理工具。由于大部分证券的流动性比较高，银行通过持有证券组合可以及时调整利率敏感性。同时，证券投资的选择面广且比贷款更容易转移，因此用证券投资来分散风险比贷款更加便利。

（4）合理避税。商业银行投资的证券大都集中在国债和地方政府债券上，而地方政府债券往往具有税收优惠，故银行可以利用证券组合达到避税目的，使银行资产的税后收益进一步提高。

商业银行证券投资的主要种类包括：①国库券，是政府发行的短期债券，期限在1年以内，所筹资金主要用于弥补中央财政预算暂时性的收支不平衡；②中长期国家债券，是政府发行的中长期债务凭证，2~10年为中期国家债券，10年以上为长期国家债券，所筹资金用于平衡中央财政预算的长期缺口；③政府机构债券，是指除中央财政部门以外的其他政府机构所发行的债券；④市政债券（或地方政府债券），是由地方政府发行的，所筹集的资金多用于地方基础设施建设和公益事业发展。

5.2.4 商业银行的资本

商业银行的资本又称所有者权益，是指商业银行自身拥有的或者能永久支配使用的资金，是银行股东或债权人为赚取利润而投入银行的货币资金和保留在银行中的利润，是银行的净值。资本这一概念与银行的资产不同，资产是针对银行的资金运用而言的，而资本则是银行的资金来源，从数额上看仅占资产的一小部分，远低于一般工商企业自有资本占总资产的比重。一定数额的达到法定要求的资本不仅是商业银行得以建立、开业的基础，也是其生存、发展、壮大的前提条件。

从本质上看，属于商业银行的自有资金才是资本，它代表着投资者对商业银行的所有权，也代表着投资者对所欠债务的偿还能力。因此，商业银行的资本主要包括实收资本、资本公积、盈余公积和未分配利润。但是，在实际工作中，商业银行持有的长期债券等一些债务也被当作银行资本。对于商业银行资本的构成，金融界一直存在争议，具体内容也在不断发生变化。从监管角度来理解，银行资本分为核心资本和附属资本。其中附属资本不能超过核心资本的100%。

1）核心资本

核心资本包括实收资本或股本、资本盈余、盈余公积、未分配利润等。

（1）实收资本或股本。实收资本或股本是商业银行最原始的资金来源，是筹建银行时所实缴资本或发行股票面值的合计金额。在我国，商业银行作为企业实行注册资本制，实缴资本是指企业投资者按照企业章程或合同、协议的约定，实际投入企业的资本。因此，在投资者足额缴纳资本之后，企业的实收资本应该等于企业的注册资本。《中华人民共和国商业银行法》规定，商业银行的注册资本最低限额为10亿人民币。在股份制商业银行中，注册资本主要表现为普通股（ordinary shares）和优先股（preference shares）。普通股和优先股是银行股金资本的基本表现形式。

（2）资本盈余。资本盈余（capital surplus）又称资本公积，包括股票溢价、法定资产重估增值，以及接受捐赠的资产所增加的资本。它可以按照法定程序转增资本金，即计提法定公积金，这部分资金不能用于分配股息或红利，只能用于弥补经营亏损，或将其转化为股本。

（3）盈余公积。在我国，盈余公积是商业银行按照金融企业会计制度规定，从税后利润中提取的公积金。它是商业银行自我发展的一种积累，包括法定盈余公积金（达到注册资本的50%）和任意盈余公积金。这部分公积金既可用以弥补亏损，又可转增银行资本。

（4）未分配利润。未分配利润（undivided profit）是商业银行税后利润中扣除优先股股息、普通股股息等各种形式的利润分配之后的余额，在未分配前与实收资本和公积金具有同样的作用。它包含两层含义：一是这部分净利润没有发给银行的投资者；二是这部分净利润未指定用途。这部分利润尚存于商业银行中，对那些难以进入股市筹资的银行，在经济发展缓慢、资金紧张或所得税税率较高时，往往选择这种方法增加自有资金。

2）附属资本

商业银行的附属资本包括长期附属债务（long-term subordinated debt）、混合资本债券（hybrid capital bond）、资本准备金（capital reserves）、损失准备金（reserves for losses）等。

（1）长期附属债务。长期附属债务是指商业银行发行的期限在5年以上的长期债券，是资本债券和信用债券的合称，包括资本票据、资本证券、浮动利率长期债券等。之所以能够成为银行的附属资本，是因为这种债券的持有者在银行进行盈利分配时，其取得债务本息的权利位于存款人之后；在银行倒闭时，其求偿权也在各类存款人之后。对银行来说，这类债务资本的好处是筹资成本低，债务利息可以在税前列支，冲减当期应纳税所得额，是用来弥补商业银行的资本金不足的很好的筹资方式。

（2）混合资本债券。混合资本债券同时兼有股票和债券两种特性，但更接近于股权资本。与普通债券相比，混合资本债券具有以下特征：

① 期限在15年以上，发行之日起10年内不得赎回。发行之日起10年后发行人具有一次赎回权，若发行人未行赎回权，则可以适当提高混合资本债券的利率。

② 当发行人清算时，它的本息清偿顺序列于一般债务和次级债务之后、先于股权资本。

（3）资本准备金。资本准备金是商业银行从未分配利润中专门划拨出来用于应对即将发生的有关股本的重大事件的基金。该笔资金主要用于未来回购股票、支付可能的法律诉讼费用、延期税收支付或尝付其他意外债务等项目。目前，多数国家允许银行从税前利润中提留准备金，银行由此可得到免税优惠，但是，准备金的提留规模有一定限制，一方面是来自政府的限制，另一方面则是银行的自我控制，以避免银行的股票价格受到不良影响。

（4）损失准备金。损失准备金是银行从经营收入中提取并留存的资金储备，是为防备未来可能出现的一切亏损而设立的。一般来说，损失准备金可分为贷款呆账、坏账损失准备金和证券投资损失基金风险准备金两类。在我国，贷款呆账准备金是商业银行在从事放款业务过程中，按规定以贷款余额的一定比例提取的，用于随时补偿可能发生的贷款呆账的准备金。坏账准备金是按照年末应收账款余额的3%提取，用于核销商业银行的应收账款损失。投资基金风险准备金，按照规定，我国商业银行每年可按上年年末投资余额的3‰提取，如达到上年年末投资余额的1%时可实行差额提取。如果损失准备金在抵偿贷款及证券投资损失之后还有余额，就按照监管当局的规定计入银行资本中。

3）资本充足性

资本充足性是银行安全经营的要求，也是在安全经营基础上追求更多利润的保障。确定银行资本充足度标准的目的是使银行资本规模适度且结构合理，既与银行的总体风险状况匹配，也与银行谋求利润最大化的经营目标相协调。规模适度是指银行资本数量必须超过金融管理当局所规定的能够保障正常营业，并足以维持充分信誉的最低限度。结构合理是指各种资本在资本总额中占有合理的比重，以尽可能降低商业银行的经营成本与经营风险，增强经营管理与进一步筹资的灵活性。

商业银行应当拥有足够的资本，不过商业银行的资本也不是越多越好，因为资本过多，商业银行用于支付普通股股息、优先股股息或债券利息的费用便越大，资本成本也越高，从而加重商业银行的经营负担。同时，过高的资本说明商业银行经营管理的水平很差，缺乏存款等筹资渠道，或者没有把握住良好的投资机会，使银行承担着沉重的机会成本。因此，对商业银行来讲，资本充足的确切含义是资本适度，而不是资本多多益善。另外，资本充足的含义还包括资本构成的合理，即普通股、优先股、未分配利润、长期债券等应在资本总额中占有合理的比重，以尽量降低商业银行的经营成本与经营风险，增强经营管理与进一步筹资的灵活性，并符合金融管理当局对不同资本种类的不同要求及银行本身的经营目标和方针政策。

微课5-1

存款准备金的功能

拓展阅读5-3

《巴塞尔协议Ⅲ》与我国的银行资本监管政策

2010年《巴塞尔协议Ⅲ》的推出使全球的金融监管发生了重大变化，我国监管当局充分借鉴国际经验，紧密结合国内银行业的经营特点和监管实践，确立了我国银行业实施新监管标准的政策框架。

2011年5月，中国银监会推出《中国银行业实施新监管标准指导意见》，明确了一系列监管标准，包括资本充足率、杠杆率、流动性、贷款损失准备等，被称为中国版的《巴塞尔协议Ⅲ》。

该指导意见强化了资本充足率监管，其表现在以下方面：

（1）改进了资本充足率计算方法，对资本定义、风险加权资产计算方法等进行了新的规定，将监管资本分为核心一级资本、其他一级资本和二级资本，并采用差异化的信用风险权重方法。

（2）提高了资本充足率监管要求，明确了核心级资本充足率、一级资本充足率和资本充足率分别不得低于5%、6%和8%；引入了逆周期的资本监管框架，包括建立2.5%的留存超额资本和0～2.5%的逆周期超额资本；对系统重要性银行的附加资本提高要求，暂定为1%。按照上述标准，正常条件下系统重要性银行和非系统重要性银行的资本充足率将分别不低于11.5%和10.5%。

（3）引入杠杆率监管标准，要求商业银行的一级资本占调整后表内外资产余额的比例不低于4%，以弥补资本充足率的不足，控制银行业金融机构以及银行体系的杠杆率积累。

（4）强化贷款损失准备监管，建立贷款拨备率和拨备覆盖率监管标准。贷款拨备率（贷款损失准备占贷款的比例）不低于2.5%，拨备覆盖率（贷款损失准备占不良贷款的比例）不低于150%，原则上按两者孰高的方法确定监管要求。同时建立动态调整贷款损失准备制度。

（5）合理安排过渡期。新资本监管标准从2012年1月1日开始执行，系统重要性银行和非系统重要性银行要求分别于2013年年底和2016年年底前达标。

2012年6月7日中国银监会公布《商业银行资本管理办法（试行）》，自2013年1月1日起实施。该办法坚持我国银行业资本监管的成功经验，以《巴塞尔协议Ⅱ》三大支柱为基础，考虑《巴塞尔协议Ⅲ》的新要求，分别对监管资本要求、资本充足率计算、资本定义、信用风险加权资产计量、市场风险加权资产计量和操作风险加权资产计量、商业银行内部资本充足评估程序、资本充足率监督检查和信息披露等进行了规范。它体现了宏观审慎监管和微观审慎监管有机结合的银行监管新理念，使我国资本监管制度在更高水平上与国际标准接轨。

这些监管措施的出台，推动了中国银行业实施国际新监管标准的脚步。

资料来源：钱水土，等. 货币金融学［M］. 3版. 北京：机械工业出版社，2020：162.

5.3 商业银行的表外业务

表外业务（off-balance sheet activities，OBS）是银行从事的，按通行会计准则不计入资产负债表或不直接形成资产或负债，但能改变银行损益状况的业务。目前，对于商业银行资产负债表之外的其他业务，金融界并没有一个统一的认识，或者称为中间业务，或者称为表外业务，国内称为中间业务。国际上，巴塞尔委员会将中间业务表述为表外业务，即“不列入资产负债表，而仅可能出现在财务报表脚注中的交易活动”。根据巴塞尔委员会对表外业务狭义、广义概念的区分，广义的表外业务是指商业银行从事的所有不在资产负债表内反映的业务。

据此，广义的表外业务按照是否会形成银行的或有资产和或有负债可以分为两类：一类是金融服务类表外业务。这类业务是不承担任何风险、稳妥地获得手续费收入的业务活动，不会影响银行资产负债表内资产质量，主要包括与贷款有关的服务、信托、咨询等。另一类是狭义的表外业务。狭义的表外业务是指构成银行或有资产、或有负债的具有一定风险性的表外业务。这种或有资产、或有负债有可能转变为银行的实有资产和实有负债，对银行资产负债表形成收益或损失。

狭义的表外业务，目前可以分为3类：①担保类业务，比如信用证、保函等；②承诺类业务，比如贷款承诺等；③衍生金融工具交易类业务，比如远期、期权交易等。

可见，日常工作中我们所说的中间业务，是指广义的表外业务，即2001年6月

21日中国人民银行发布的《商业银行中间业务暂行规定》中规定的中间业务。该规定中将中间业务定义为“不构成商业银行表内资产、表内负债，形成银行非利息收入的业务”，并将其划分为适用于审批制的中间业务（包括形成或有资产、或有负债的中间业务与证券、保险业务相关的部分中间业务）和适用于备案制的中间业务（指不形成或有资产、或有负债的中间业务）两大类业务。而我们日常直接称谓的表外业务，是指从会计准则的角度反映的狭义的表外业务。

商业银行中间业务与表外业务的关系我们用图5-1表示。

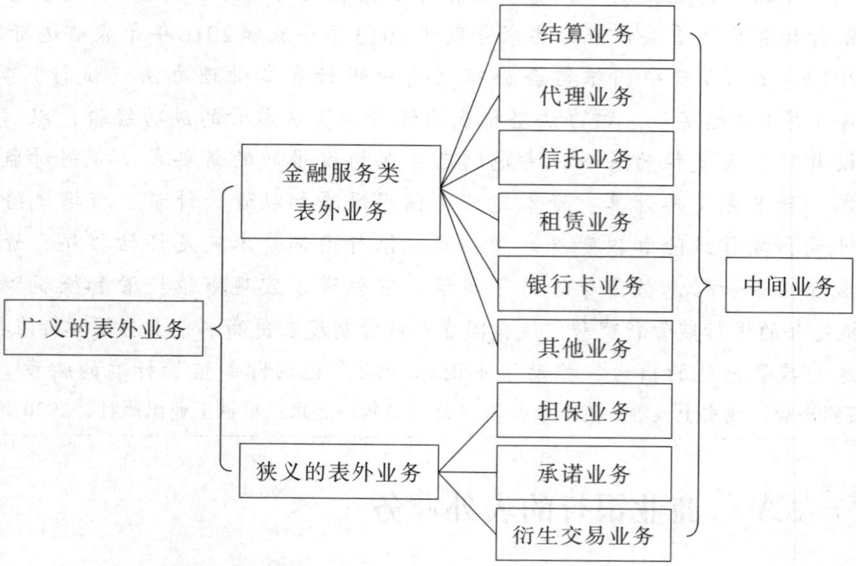

图5-1　商业银行的中间业务与表外业务的关系

5.3.1　金融服务类表外业务

1）结算业务

结算业务又称为货币结算，是由存款业务衍生出来的业务。结算是指商业银行通过银行本票、银行汇票、支票等结算工具，采用转账结算、汇兑结算、委托收款、托收结算、信用证结算等方式来完成收付双方的货币收付、结清其债权债务的业务。

2）代理业务

代理业务是指商业银行接受政府、企业单位、其他银行或金融机构以及居民个人的委托，以代理人的身份代表委托人办理一些经双方协定的经济事务的业务。在代理业务中，委托人和银行必须用契约方式规定双方的权利、义务，包括代理的范围、内容、期限以及纠纷的处理等，并由此而形成一定的法律关系。代理业务主要包括：①公司代理，如代理公司发行、承销、兑付有价证券，代发工资、养老金，代理公司股票、债券过户，代办回收债券，代理基建项目预算终审，代理政策性银行业务等。②个人代理，如代个人保管财产。在代理业务中，银行一般不动用自己的资产，不为客户垫款，不参与收益分配，只收取代理手续费，因此其属于风险较低的表外业务。

3）信托业务

信托即信任委托，是指委托人依照契约的规定为自己或第三者（即受益人）的利益，将财产转给受托人，由受托人依据谨慎的原则，代委托人管理、运用和处理所托管的财产，并为受益人谋利的活动。信托业务种类依据不同的标准可划分有多种类型：按委托人的不同可分可划分为个人信托和法人信托；按信托财产的内容可划分为金钱信托、动产信托和不动产信托；按信托关系建立的方式可划分为明示信托和法定信托；按受益人可划分为公益信托、私益信托、自益信托和他益信托。

与信贷业务不同，商业银行对信托业务一般只收取有关的手续费，而营运中所获得的收入则归委托人或其指定的受益人所有。同时，信托业不同于简单的代理活动，因为在代理关系中，代理人只是以委托人的名义在委托人指定的权限范围内办事，在法律上委托人对委托财产的所有权并没有改变；在信托关系中，信托财产的所有权从委托人转移到了受托人手中，受托人以自己的名义管理和处理信托财产。

4）租赁业务

租赁是所有权与使用权之间的一种借贷关系，是在财产所有权不变的前提下，承租人通过向出租人交付租金来租用使用权的经济行为。商业银行开展租赁业务是指商业银行作为出租人以收取租金为条件，将生产工具、运输工具和耐用消费品提供给企业和个人使用，主要包括融资性租赁和经营性租赁。融资性租赁是银行出资购买承租人选定的设备，按租赁合同将设备出租给承租人使用；租赁期届满，承租人一般会以低于设备残值的价格将设备承购下来；租赁合同涉及三方当事人，银行、承租人、生产设备的厂商。经营性租赁是银行按租赁合同将出资购买的物件（主要是通用设备或通用物品）交付承租人使用；在租赁期满后，租赁物件仍要退回银行。

5）银行卡业务

银行卡是由银行发行、供客户办理存取款业务的新型服务工具的总称，因为各种银行卡是由塑料制成的，又用于存取款和转账支付，所以有人称之为“塑料货币”。银行卡分为借记卡和贷记卡（即信用卡），两者均可进行提现、消费、转账支付等业务，区别在于贷记卡具有短期融资功能，其持有人可在授信额度内获取短期资金融通便利，因此申请人向银行申请办理贷记卡时，银行要对申请人进行信用调查与评估。

或有债权、或有债务表外业务是指不在资产负债表内反映，但在一定条件下会转变为资产业务和负债业务的或有资产、或有负债的业务。它主要包括贷款承诺、担保和金融衍生业务三大类，这也是我们通常指的表外业务，可称之为狭义的表外业务。

5.3.2 狭义的表外业务

1）担保业务

担保是商业银行接受客户委托，对客户提供信用担保服务的业务，这种业务在国际结算领域中较为常见。担保业务有备用信用证、履约担保书、投标保证书、预付款保函、留置金保函、贷款担保、跟单信用证等。银行的风险在于被保证人不能履行合同义务时，银行须代为偿还。可以说，担保使银行承担了与贷款额完全相同的信贷风险。所以，银行自签发担保文件之日起就承担着信贷敞口风险。

2）承诺业务

传统上，承诺主要是由一个银行向顾客允诺对未来交易承担某种信贷义务。银行的贷款承诺是银行与借款客户间达成的一种具有法律约束力的正式契约。银行在有效承诺期限内，按照约定的利率，随时准备应客户要求向其提供一定金额内的贷款，并收取一定的承诺佣金。承诺可分为可撤销的承诺和不可撤销的承诺。可撤销的承诺包括透支、信用额度，这类承诺减轻了银行潜在的风险，对银行的利益予以更多保护；不可撤销的承诺包括票据发行便利、循环信用额度、备用信用额度等，这类承诺容易引发客户的道德风险问题，使银行债权恶化的可能性增大。

3）金融衍生工具交易业务

在该类业务下，银行使用的业务工具多为金融工具创新的产物，金融工具创新源于规避金融管制、竞争资金来源以及规避金融风险的需要。狭义的表外业务中涉及的金融衍生工具是为适应市场环境改变而作为风险管理手段产生于各种基础金融工具之上的。金融衍生工具是指一类合同，这些合同赋予持有者某种义务或对某种金融资产拥有买卖的选择权。这些合同是从原始的证券或资产派生出来的，本身不能独立存在，故它们的价值由其交易的金融资产的价格决定。衍生金融工具包括期货合约、期权合约、远期合约、互换协议、资产证券化等。对持有者来说，这些工具除了帮助实现特定的财务目标和投资目标外，还被用于投机，因而这类工具既为最终用户提供了更好的管理与其商业交易相关的金融风险的机会，又会因为最终用户用之满足投机的需要而使金融风险增大。

5.4 商业银行经营管理

5.4.1 商业银行经营管理的一般原则

各国商业银行在业务经营管理过程中都遵循着安全性、流动性和效益性的“三性”目标。《中华人民共和国商业银行法》也明确规定了商业银行安全性、流动性和效益性的经营原则。

1）安全性

安全性是指商业银行应努力避免各种不确定因素对它的影响，保证自身的稳健经营和发展。银行的特点在于极其依赖从外部借入资金经营，因此安全性对于商业银行非常重要。另外，银行在经营过程中始终面临各种风险，如信用风险、市场风险、管理风险、营运风险、环境风险、道德风险等。风险是指遭受损失的可能性，上述风险一旦转变为现实，就成为损失，从而直接危及银行的安全。如果商业银行不能采取有效措施，控制各类风险，则必然会削弱银行的清偿力，危及商业银行的声誉及自身的安全。安全性管理要求商业银行坚持稳健经营的理念，保持较高的资本充足率，合理安排资产负债结构，提高资产质量，保持足够的清偿能力，运用各种法律允许的政策和措施来分散和控制风险，提高抗风险的能力，能够随时应对客户的提取需求，使客户对银行保持坚定的信任。

2）流动性

流动性是指商业银行能够随时满足客户提现和必要的贷款需求的支付能力，包括资产的流动性和负债的流动性两种含义。资产的流动性是指资产在不发生损失的情况下迅速变现的能力。商业银行是典型的负债经营，资金来源的主体部分是客户的存款和借入款。存款是以能够按时提取和随时对客户开出支票支付为前提的，借入款是要按期归还或随时兑付的。负债的流动性是指银行以适当的价格取得可用资金的能力。衡量商业银行资产流动性的标准有两个：一是资产变现的速度，某项资产变现的速度越快，则该项资产的流动性就越强；二是资产变现的成本，某项资产变现的成本越低，该项资产的流动性就越强。衡量银行负债流动性的标准也有两个：一是取得可用资金的价格。取得可用资金的价格越低，该项负债的流动性就越强。二是取得可用资金的时效。取得可用资金的时效越短，则该项负债的流动性就越强。

3）效益性

商业银行作为企业法人，以取得最大效益为其基本原则，盈利是其首要目的，因此商业银行的效益性原则又称盈利性原则。盈利性原则要求商业银行在稳健经营的前提下，尽可能提高银行的盈利能力，力求获取最大利润，以实现银行的价值最大化目标。商业银行的盈利来自各项收入与各项支出之差。商业银行的收入主要有贷款的利息收入、证券投资收入、出售资产的收入，以及手续费、佣金等服务收入等；商业银行的支出主要有存款及其他借入资金的成本，各种营运及管理成本（工资、办公费、公关宣传费、设备维修费等），贷款、投资及其他（如衍生金融工具交易、担保等）业务的损失，以及缴纳的税金。盈利性原则是商业银行经营活动的最终目标，它要求商业银行尽量减少现金资产，扩大盈利资产比重；以尽可能低的成本，取得更多的资金；减少贷款和投资损失；加强内部经济核算，提高商业银行职工劳动收入，节约管理费用开支；严格操作规程，完善监管机制，减少事故和差错，防止内部人员因违法犯罪活动而造成商业银行的重大损失。

4）“三性”原则的关系

商业银行“三性”原则之间是对立统一的关系。安全性和流动性是统一的，即流动性越强安全性越高。在实际经营过程中，这两者与盈利性是对立的，即流动性越强的资产安全性越高，但盈利性越差；反之，流动性越差的资产安全性越差，但盈利性相对会更高。尽管安全性与盈利性对立，但安全性是商业银行获得盈利的前提和保障，也就是说只有在安全的前提下才能实现盈利。因此，商业银行需要在三者之间找到平衡点，在满足流动性和安全性的前提下实现最大的盈利。

5.4.2 商业银行经营管理理论

商业银行经营管理理论经历了4个阶段：资产管理、负债管理、资产负债综合管理、资产负债外管理。

1）资产管理理论

（1）商业贷款理论

资产管理思想可以追溯到18世纪英国商业银行所遵循的确定银行资金分配方向的理论，即商业贷款理论。该理论认为，商业银行在分配资金时，应着重考虑保持银行自身的高度流动性，这是因为银行的主要资金来源是周转性很高的活期存款。由于存款决定是外在的，因此银行资金的运用只能是短期的工商企业周转性贷款，以便与较高比重的活期存款相匹配。这种贷款期限较短，并且以真实的商业票据作为贷款的抵押，这些票据到期后会形成资金自动偿还，所以该理论又被称为自偿性贷款理论和真实票据理论。该理论的缺陷是：①忽视了活期存款中的一部分也有一定的稳定性；②在经济衰退期，有真实票据作抵押的贷款，也会出现违约现象；③受该理论的影响，银行的资金运用局限在很狭窄的范围内。

（2）资产可转换理论

第一次世界大战以后，为迅速恢复经济，再加上资本主义世界经济大危机的爆发和影响逐渐加深，西方国家开始大量发行公债，政府借款需求急剧增加，商业银行逐步把部分资金转移到购买政府证券中去。该理论是由美国经济学家哈罗德·G.莫尔顿（Harold G. Moulton）于1918年在《政治经济学杂志》上发表的《商业银行及资本形式》一文中提出的。该理论认为，流动性要求仍然是商业银行需特别强调的，但商业银行在资金运用中可持有具有可转换性的资产，这类资产应具有信誉高、期限短、容易转让的特性，使银行在需要流动性时可随即转让它们，获取所需资金。资产可转换理论扩大了银行的资金运用范围，丰富了银行资产结构，突破了商业贷款理论对银行资产运用的局限，使银行在注重流动性的同时，扩大了资产组合的范围。

（3）预期收入理论

预期收入理论是美国金融学家赫伯特·V.普鲁克诺（Herbert V. Prochnow）于1949年在《定期放款与银行流动性理论》一书中提出的。该理论认为，商业银行的流动性状态从根本上讲取决于贷款的按期还本付息，这与借款人未来预期收入和商业银行对贷款的合理安排密切相关。借款人的预期收入有保障，期限较长的贷款也可以安全收回。因此，预期收入理论强调的是贷款偿还与借款人未来预期收入之间的关系，而不是贷款的期限与贷款流动性之间的关系。预期收入理论也有缺陷。首先，它把资产经营完全建立在银行预测的基础上，缺乏足够的可靠性；其次，在资产期限很长的情况下，不确定性增加，债务人收入状况可能会恶化，未来的偿付能力可能比预期的要小。因此，预期收入理论必须慎重使用。

2）负债管理理论

20世纪60年代以前，资产管理理论支配着商业银行的经营管理。到了60年代，通货膨胀成为困扰各国经济发展的难题，普遍受到政府利率管制的商业银行深感吸收资金能力的衰弱。寻求资金、扩大负债，已成为当时银行界的第一渴求，这一时期，商业银行资产负债管理的重心由资产管理转向以负债管理为主。

负债管理理论认为，银行负债不是既定的，而是可以由商业银行加以扩张的，资金来源是银行可以控制的。该理论强调商业银行可以使用借入资金来满足存款的提取和增加放款需要，保持资金的清偿能力和流动性。而商业银行以借入资金的方式来保持银行的流动性，不仅可以扩大资产规模，提高商业银行处理资金需求问题的灵活性，而且由于无须经常保有大量的高流动性资产，资金可以投入到更有利可图的资产上以获得最大利润，这对银行实现盈利无疑是有好处的。此外，商业银行根据资产的需要调整和组织负债，让负债适应和支持资产，也为银行扩大业务范围和规模提供了条件。负债管理的出现，标志着商业银行在资产负债管理上更富进取性，摆脱了被动负债的制约，也促进了同业拆借、可转让定期存单、欧洲美元、商业票据等负债市场的工具和业务的迅速发展。

3）资产负债综合管理理论

20世纪70年代末，由于许多西方发达国家相继放松或逐步取消了利率管制，整个金融界出现了金融自由化浪潮，种类繁多的浮动利率资产和浮动利率负债品种纷纷涌现。商业银行争取在金融市场上主动融资权利的同时，也面临新的风险，即利率风险。在市场利率波动的环境下，资产和负债的配置状态极有可能对银行的利润及经营状况产生很大影响。片面强调资产或负债管理而忽视另一方面，都不利于银行经营目标的实现。资产负债综合管理理论不像资产管理理论和负债管理理论那样，只将资产负债管理的重点放在资产方或负债方，也不是对资产管理理论、负债管理理论的否定，而是吸取了前两种管理理论的精华，并对其进行了深化和发展。

资产负债综合管理的基本思想，是在资金的配置、运用以及在资产负债管理的整个过程中，根据金融市场的利率、汇率及银根松紧等变动情况，对资产和负债两个方面进行协调和配置，通过调整资产和负债双方在某种特征上的差异，达到合理搭配的目的。对于流动性而言，应从资产和负债两个方面进行流动性需要的预测，也通过这两个方面去寻找满足流动性需要的途径；既重视对流动性资产同易变性负债间缺口的分析以及对贷款增长额同存款增长额之间差距的分析，又密切监控商业银行日常流动性头寸的情况，保持随时调节头寸、安排头寸的能力。资产负债综合管理已经成为现代商业银行普遍采用的基本方法和手段。

4）资产负债外管理

20世纪80年代末，随着金融管制的放松和金融自由化的发展，银行竞争日益激烈，收益减少，金融创新不断出现。银行开始拓展传统的负债和资产业务以外的新型业务领域，开辟新的盈利源泉，如期货、期权等多种衍生金融工具的交易，于是表外业务应运而生。资产负债外管理并不是对资产负债综合管理的否定，而是补充。

5.4.3 商业银行资产负债管理方法

商业银行的资产主要是金融资产，以贷款和证券投资为主。负债主要是金融负债，存款和非存款负债占比高达80%～90%，自有资本占比非常小。商业银行资产和负债的特征决定其利润表的特征，即收入主要来源于生息资产带来的利息收入，支出主要是吸收负债支付的利息支出。两者之间的差额便是银行的净利息收入，构成银行利润的主体部分。因此，利率的变动将直接影响银行的净利息收入，进而影响银行的利润。

除此之外，利率的变动对银行资产和负债的市值也产生影响，进而影响银行的净值。净利润、净值直接关系到银行的投资价值、利润和风险。因此，防范利率风险对商业银行资产负债管理来说至关重要。

1）利率敏感性缺口管理

利率敏感性缺口管理主要是通过管理利率敏感性资产和利率敏感性负债之间的差额，将风险暴露头寸降低到最低程度，以获取最大收益。利率敏感性资产和负债是指在一定时期内到期或需要重新定价、利率需要重新设定的资产和负债，主要包括浮动利率计息的资产和负债，短期资产和负债。利率敏感性缺口是指某一具体时期内，利率敏感性资产与利率敏感性负债的差额，即

利率敏感性缺口（GAP）=利率敏感性资产（IRSA）-利率敏感性负债（IRSL）　　(5-1)

如果利率敏感性资产大于利率敏感性负债，缺口为正，称为资产敏感性缺口；如果利率敏感性资产小于利率敏感性负债，缺口为负，称为负债敏感性缺口；如果利率敏感性资产等于利率敏感性负债，缺口为零，称为零缺口。

利率敏感性缺口用利率敏感性比率表示为：

利率敏感性比率（ISR）= 利率敏感性资产（IRSA）÷利率敏感性负债（IRSL）　　(5-2)

缺口为正，比率大于1；缺口为负，比率小于1；缺口为零，比率等于1。

简单地比较利率敏感性资产和利率敏感性负债，只能得出缺口的状态，即正缺口、负缺口和零缺口，并不能判断出银行利率风险的暴露情况，需要结合未来利率的走势来预测净利息收入的变化。表5-4显示了利率敏感性缺口、利率敏感性比率、利率变动与净利息收入之间的关系。

表5-4　利率敏感性缺口、利率敏感性比率、利率变动与净利息收入之间的关系

利率敏感性缺口	利率敏感性比率	利率变化	利息收入变化	变动幅度	利息支出变化	净利息的收入变化
正缺口	>1	上升	增加	>	增加	增加
正缺口	>1	下降	减少	>	减少	减少
负缺口	<1	上升	增加	<	增加	减少
负缺口	<1	下降	减少	<	减少	增加
零缺口	=1	上升	增加	=	增加	不变
零缺口	=1	下降	减少	=	减少	不变

商业银行通过缺口管理，在对未来利率走势预测的基础上，通过重新配置资产与负债的规模及期限来调整利率敏感性缺口，使缺口性质和规模与银行利率预期值相一致，从而努力提高净利息收入。表5-4显示，当缺口为正时，利率下降对银行是不利的，因为净利息收入会减少。可采取的策略是尽量延长资产到期日或缩短负债到期日，或者增加利率敏感性负债或减少利率敏感性资产，让缺口由正变负，以此来增加商业银行净利息收入。

当缺口为负时，利率上升对银行是不利的，因为净利息收入也会减少。可采取的策略是尽量缩短资产到期日或延长负债到期日，或者减少利率敏感性负债或增加利率敏感性资产，让缺口由负变正，以此来增加商业银行净利息收入。

当缺口为零时，无论利率上升或下降，净利息收入都没有变化。因此，尽可能将重新定价的资产和负债的数量相匹配，使利率敏感性缺口为零，就可以规避利率风险。

不过，采用利率敏感性缺口管理规避利率风险也有局限性：首先，利率走势难以准确预测。其次，资产价值和负债价值对市场利率变化的敏感程度不一定同步。最后，某些银行的资产和负债重新定价的时间点不容易确定。

2）久期缺口管理

久期是度量到期日的一种方法，计算投资资金收回的平均时间，是考虑了所有盈利资产产生的现金流入和所有与负债相关的现金流出的一种用价值与时间加权来度量到期日的方法。最初它用于计算债券的平均到期时间，之后应用到银行领域。久期用公式表示为：

$$D=\frac{\sum_{t=1}^{n}\frac{C_t}{(1+i)^t}\times t}{\sum_{t=1}^{n}\frac{C_t}{(1+i)^t}} \tag{5-3}$$

式中：D为金融工具的久期；C_t为t时期的预期现金流；i为金融工具的到期收益率，也就是市场利率；t为各现金流发生的时间。

如果公式的分母与该金融工具的市场价值或价格是等价的，久期的公式可以简化为：

$$D=\frac{\sum_{t=1}^{n}\frac{C_t}{(1+i)^t}\times t}{P} \tag{5-4}$$

为了更好地理解久期是度量投资资金收回需要的平均时间，我们举例说明。假设银行向客户发放一笔5年期的贷款，支付给银行的年利率是10%，贷款的票面价值是1 000元，与当前的市场价值（价格）相同，该贷款的当前到期收益率为10%。这笔贷款的久期是多少？

根据上面的公式可得：

$$D=\frac{\frac{100}{(1+10\%)^1}\times 1+\frac{100}{(1+10\%)^2}\times 2+\cdots+\frac{1\,000}{(1+10\%)^5}\times 5}{1\,000}=4.17\text{（年）}$$

从上例中我们可以发现，金融工具的偿还期和久期并不是一个概念。偿还期是名义期限，是金融工具的生命周期，该例中偿还期限为5年。久期考虑的是到期之前的全部现金流量，比如期间利息的支付、部分本金的提前偿还等因素的时间价值。该例中久期的计算结果为4.17年，也就是用4.17年就收回了贷款，久期小于偿还期限。由此可见，不支付利息的金融工具的久期等于偿还期。分期付息的金融工具的久期一定小于偿还期。

通过上例，我们理解了久期是度量投资资金收回的平均时间，但久期模型很难直观反映出金融工具的价格对市场利率变化的敏感程度。借助债券的定价公式：

$$P=\frac{C_1}{(1+i)^1}+\frac{C_2}{(1+i)^2}+\cdots+\frac{C_n}{(1+i)^n}+\frac{FV}{(1+i)^n}$$

对债券定价公式中的i求导，等式两边同时除以P，经过整理后可以得出金融工具的价格变动比：

$$\frac{\Delta P}{P}\approx -D\times\frac{\Delta i}{1+i} \tag{5-5}$$

微课5-2

金融工具价格变动比公式推导

式中：ΔP为金融工具的价格变动；Δi为市场利率的变动。

从公式可以明显看出，久期度量了金融工具的市场价值对利率变动的敏感程度。公式左侧代表市场价格的变动百分比，右侧是该金融工具所附利率的相对变化，D代表久期。前面的负号提醒我们，金融工具的市场价格与利率是反方向变动的。

我们将金融工具市场价格变动比公式应用到银行的净值变动上，银行的净值为资产与负债的差额，银行净值的变动为资产变动与负债变动的差额。用公式表示为：

$$\Delta NW=\Delta A-\Delta L \tag{5-6}$$

将价格变动比公式中的P分别换成A和L，ΔP分别换成ΔA和ΔL，可得银行净值的价格变动公式：

$$\Delta NW=-A\times\frac{\Delta i}{1+i}\times\left(D_A-D_L\times\frac{L}{A}\right) \tag{5-7}$$

式中：ΔNW为净值的变动值；A为资产，ΔA为资产的变动值；L为负债，ΔL为负债的变动值；D_A为资产加权久期；D_L为负债加权久期。

从公式中可知，净值的变动受久期缺口、资产规模以及利率变动因素的影响。久期缺口等于银行资产加权久期与负债加权久期和负债资产比率的乘积的差额，即

$$D_{gap}=D_A-D_L\times\frac{L}{A} \tag{5-8}$$

根据银行净值价格变动公式可知，当久期缺口为正时，如遇利率上升，银行净值将会减少；反之，如遇利率下降，银行净值则增加。当久期缺口为负时，如遇利率上升，银行净值将会增加；反之，如遇利率下降，银行净值则减少。只有当久期缺口为零时，利率的变动对银行净值没有任何影响，从而避免了利率风险。

久期度量了利率变动对银行净值的影响，但仍然存在一定的局限性。首先，资产和负债的利率与市场利率几乎不可能同幅变动。其次，对于某些资产和负债的久

期计算不那么容易做到。最后，久期缺口管理运作成本较高，也无法对利率风险进行精准预测。

除采用上述两种方法对利率风险管理外，随着金融工具的不断创新，金融机构更多地使用金融衍生品诸如期货、期权、互换、利率上限、下限和双限等方式规避资产负债管理过程中产生的风险。

知识链接5-1

金融期货应对利率风险

金融期货合约是指买卖双方即日达成一项协议，协议要求在未来某时间以现金对某种特定证券进行交割。金融期货合约属于银行的表外业务。合约由买方和卖方组成，买方称为多头，同意买入标的资产，对期货价格看涨，通过低买高卖获利，若期货价格下跌则亏损。卖方称为空头，同意卖出标的资产，对期货价格看跌，通过高卖低买获利，若期货价格上涨则亏损。银行利用空头套期保值或多头套期保值交易来规避利率风险。

例如，一家银行未来3个月要筹集一笔资金，但是预测利率将会上升，那么筹集资金的成本就会增加，即利息支出会增多。为了避免利率上升导致银行成本增加，银行可以利用空头交易在期货市场上获利，抵销现货市场由于利率上升带来的融资成本增加，从而规避利率风险。

再如，未来3个月某银行有一笔现金流入，但是预测利率会下降，这将会使未来投资或贷款收益下降。银行利用多头交易可规避收益减少的风险：在期货市场以低价买入利率期货合约，在合约到期之前高价卖出，获利部分抵补现货市场因利率下降导致的收益减少，从而达到套期保值的目的。

学思笃行

微众银行——以数字金融助准小微企业高质量发展

小微企业作为支撑国民经济发展的“毛细血管”，是经济新动能培育的重要源泉，是保障就业、造福民生的重要支撑，在推动经济增长、激发创新活力等方面发挥着重要作用。相较大中型企业而言，小微企业获得金融服务的程度与其在社会经济与民生就业中发挥的作用尚不匹配，‘小微企业融资难”也是公认的世界性难题，这严重制约了小微企业持续健康高质量发展。党中央、国务院对此高度重视，就服务小微、支持实体等方面作出了一系列重大决策部署。2022年中央工作经济会议继续指出，“引导金融机构加大对小微企业、科技创新、绿色发展等领域支持力度”“鼓励支持民营经济和民营企业发展壮大”。截至2022年年末，我国普惠型小微企业贷款余额超过23万亿元，近5年年均增速约25%，远高于其他国家；企业类贷款平均利率较2021年下降0.47个百分点。

作为深化金融改革的产物，微众银行自2014年12月成立起就以践行普惠金融为己任，将自身定位为专注于服务小微企业和普罗大众的数字银行，并明确提出了

“让金融普惠大众”的使命，致力于成为“融入生活、持续创新、全球领先的数字银行”。微众银行积极响应党中央、国务院政策号召，持续运用科技手段探索破解小微群体融资难题的新方法、新途径，为国内银行业深化金融业供给侧结构性改革、解决金融服务供给不平衡不充分问题提供了崭新的思路。

为解决小微企业融资难、融资贵问题，作为国内首家互联网银行，微众银行于2017年推出国内首个线上无抵押企业流动资金贷款产品“微业贷”，通过数字营销降本增效，以线上服务能力点对点精准触达小微企业，有效降低金融服务的门槛和成本，扩大服务覆盖面和精准度。截至2021年年末，微众银行“微业贷”已触达全国29个省份超270万家小微企业，累计发放贷款金额超1万亿元。2020年，微众银行综合运用转贷款、支小再贷款等手段，进一步降低小微企业的融资成本，为小微企业纾困解难。截至2021年年末，微众银行先后与中国进出口银行深圳分行和国家开发银行深圳分行达成75亿元的转贷款合作，惠及4.6万户小微企业，并运用支小再贷款方式投放贷款金额逾244亿元，惠及4.8万户小微企业，将纾困政策要求落到实处，进一步扩大普惠金融的覆盖面。

微众银行在做深做广普惠金融服务的同时，进一步深耕数字化供应链金融服务模式及战略性新兴产业，在“微业贷”基础上延展出供应链金融及科创金融两大场景，主要针对供应链上下游小微企业和科创型中小微企业、专精特新中小微企业，做好既精又准、既深且透的差异化金融服务。其中，“微业贷”供应链金融自2018年以来已与近500家品牌达成合作，触达30个国家重点产业的近13万家供应链上下游小微企业。“微业贷”科创贷款则围绕国家科技创新的路线图和产业链布局，为全国19个省份近18万户科创型企业累计授信1 115亿元。为深入服务重点产业领域小微企业，微众银行积极与各地政府及平台机构合作，通过创新金融服务模式，持续降低金融服务风险，扩充企业融资渠道。2021年，微众银行推出线上化、批量化“政银担”融资担保业务模式，相继与湖南及广东相关机构签约并实现成功应用，以融资担保模式服务“三农”及战略性新兴产业项目。

在以产品创新手段缓解小微企业融资难问题的同时，微众银行关注小微企业发展新需求，通过构建全链路的商业服务生态圈，为小微企业提供融资、票据贴现、账户管理、支付结算、现金管理等服务，并发起“助力企业100%公益行动”，满足小微企业金融、非金融的多层次服务需求。微众银行将以金融科技延伸普惠金融服务半径，持续陪伴和见证小微企业成长。

资料来源：李南青．坚定践行数字化、高质量、可持续的普惠金融发展之路［J］．银行家，2023（6）：18-21.

解读：

习近平总书记2020年7月21日在主持召开企业家座谈会时指出：“要强化对市场主体的金融支持，发展普惠金融，有效缓解企业特别是中小微企业融资难融资贵问题。”2023年4月27日，中国银保监会办公厅印发《关于2023年加力提升小微企业金融服务质量的通知》指出，“2023年小微企业金融服务工作，要以习近平新时代中国特色社会主义思想为指导，深入贯彻党的二十大精神，完整、准确、全面贯彻新发展理念，积极践行金融工作的政治性和人民性，聚焦稳增长、稳就业、稳物价任务和改善预期、提振信心目标，加力提升小微企业金融服务质量，切实增强金融服务获得感，促进小微市场主体全面复苏和创新发展，更好激发市场活力和内生发展动力”。上述内容体现了党中央及相关决策机构执政为民、实现共同富裕的理念和时代担当。

自创立以来，微众银行始终坚持以人民为中心的发展思想，坚守“让金融普惠大众”的初心使命，坚定“微+众+科技”的发展方向，踔厉奋发，勇毅前行，努力实现数字普惠金融高质量发展，以此助力人民群众美好生活和促进共同富裕，为全面建成社会主义现代化强国、全面推进中华民族伟大复兴贡献微众力量。

在全面建设社会主义现代化国家的新征程上，大力发展普惠金融服务是金融机构的天然使命。随着金融科技的发展与金融机构数字化程度的加深，普惠金融服务将进一步“量增、价降、质提、面扩”。在对小微企业滴灌金融活水的同时，金融机构更要协助企业实现自主“造血”，并以数字金融作为实现高质量发展的着力点，助力更多小微企业培育内生动能，充分激发市场活力，助力小微企业发展良性循环，共同为实体经济高质量发展贡献力量。

本章小结

商业银行是间接金融领域中最主要的金融机构，也是存款性金融机构的典型形式。在微观金融领域，商业银行充当间接融资的中介；在宏观金融领域，商业银行发挥信用创造功能。从商业银行发展的历史来看，按业务经营范围划分，商业银行主要有职能分工型和全能型两大类型。相应地，商业银行业务经营模式大致可分为分业经营模式与混业经营模式两大类。

从商业银行的性质上看，商业银行是特殊的金融企业。是以多种金融资产和金融负债为对象，经营的是特殊商品——货币和货币资本，为工商企业、公众及政府提供金融服务的金融机构，业务范围和服务对象都非常广泛。商业银行除了对股东和客户负责之外，还必须对整个社会负责。

商业银行的职能包括信用中介职能、支付中介职能、信用创造职能、金融服务职能。信用中介职能是商业银行最基本、最能反映其经营活动特征的职能。这一职能表现为商业银行通过负债业务将社会上的各种闲散资金集中起来，再通过资产业务，把它们投向社会经济各个部门。支付中介职能是指商业银行利用活期存款账户，为客户办理各种货币结算、货币支付、货币兑换和转账存款等货币经营业务的职能。商业银行利用其可以吸收各类活期存款的有利条件，通过发放贷款、从事投资业务而衍生出更多存款，从而发挥了信用创造的职能。金融服务职能是指商业银行向社会中的个人、企业及政府部门提供优质的金融服务。

商业银行从组织形式上看，有单一银行制、分支行制、银行控股公司制和连锁银行制。绝大部分国家的商业银行实行的是分支行制。

商业银行的业务一般分为负债业务、资产业务和表外业务三大类。负债业务包括存款、短期借款和长期借款。资产业务包括现金资产、贷款、证券投资。表外业务是银行从事的，按会计准则不计入资产负债表或不直接形成资产或负债，但能改变银行损益状况的业务。商业银行资本是自身拥有的或者能永久支配使用的资金，是银行股东或债权人为赚取利润而投入银行的货币资金和保留在银行中的利润，是银行的净值。

商业银行的经营目标为：安全性、流动性和盈利性。“三性”原则之间是对立统一的关系。安全性和流动性是统一的，即流动性越强安全性越高。两者与盈利性是对立的，即流动性越强的资产安全性越高，但盈利性越差；反之亦然。尽管安全性与盈利性对立，但安全性是商业银行获得盈利的前提和保障，商业银行需要在三者之间找到平衡点，在满足流动性和安全性的前提下实现最大的盈利。

商业银行经营管理理论包括资产管理理论、负债管理理论、资产负债综合管理理论和资产负债外管理。资产负债综合管理已经成为现代商业银行普遍采用的基本方法和手段。资产负债外管理是资产负债综合管理的有益补充。资产负债综合管理的方法包括：运用利率敏感性缺口管理法和持续期缺口管理法，根据预测利率的变化，积极调整银行的资产负债结构；运用金融市场上的转移利率风险工具，如金融期货、期权、互换等衍生金融工具，来控制不可预测的利率、汇率的波动对银行产生的影响。

基本概念

商业银行　分业经营　混业经营　信用中介　支付中介　信用创造　单一银行制　总行制　银行控股公司制　连锁银行制　资产业务　负债业务　银行资本　表外业务　资产负债管理　利率敏感性缺口　久期缺口

思考题

(1) 简述商业银行的业务类型与经营模式。

(2) 商业银行的职能有哪些？

(3) 简述商业银行的主要资产业务。

(4) 简述商业银行的主要负债业务。

(5) 简述商业银行的表外业务。

(6) 商业银行的经营原则是什么？它们之间是怎样的关系？

(7) 利率敏感性缺口管理和久期缺口管理能解决什么问题？它们之间的区别是什么？

第5章
在线测试题

第6章

中央银行

学习目标

- 了解中央银行产生的历史背景和必要性。
- 明确中央银行制度的类型。
- 掌握中央银行的性质、职能和具体表现。
- 熟悉中央银行的主要业务。

开篇案例

金融统计大数据服务宏观调控的探索与实践

金融统计大数据能完善金融统计框架，弥补信息缺口，发达国家金融监管部门相继运用大数据技术完善金融统计，通过金融统计大数据监测金融关联风险，使用金融统计大数据监测实体经济运行。

（1）德国央行建立大额信用登记数据库。2016年7月，德国央行主导构建的加强版货币市场统计报告正式开始运行，涵盖了德国境内总资产在10亿欧元以上的金融机构，从担保资产、非担保资产、外汇资产以及隔夜交易资产4个维度监测金融机构特别是银行之间的关联交易。

（2）欧洲央行建立货币金融统计的新模块AnaCredit（Analytical Credit Datasets）。欧洲央行2011年开展此项工作，2018年正式投入使用。AnaCredit是对基于金融工具和交易对手的货币金融统计的扩展和细化，更是面向大数据时代的金融统计数据模型。通过AnaCredit，欧洲央行能分析贷款的投向和风险，也能清晰地了解金融机构之间的关联交易，可用于衡量金融体系的内部关联性，评估金融体系的稳定性。

（3）美联储采集即时交易对手资产负债数据。美联储2015年起开始采集即时交易对手资产负债统计数据。该统计制度从交易对手方出发，涵盖了美国国内全球系统重要性银行表内资产负债和表外资产变动。所有数据都是颗粒化的，并包含了国内外交易对手的国别、工具类型、货币、期限结构等信息，按季度进行汇总并对外公布。即时交易对手资产负债统计有助于美联储动态监测系统重要性银行的资产负债风险敞口。

中国人民银行也较早就开展了金融统计大数据方面的探索，主要有：

一是建立理财与资金信托统计，服务交叉性金融产品监测。为综合评估金融机构理财、资金信托业务对货币政策传导和金融稳定的影响，2010年，中国人民银行建立逐笔、逐产品统计的理财与资金信托统计，成为金融统计大数据的试验田，有效监测了我国交叉性金融产品的发展。在理财与资金信托统计探索的基础上，2018年，“一行两会一局”共同建立了金融机构资管产品逐笔统计制度，实现对约80万亿元金融机构资管产品余额的全覆盖。根据制度，将对每只产品进行从来源到运用、从发行到终止的全生命周期统计，实现对复杂资管产品的全方位统计。

二是建立标准化存贷款统计，服务利率监测。近年来，中国人民银行积极推进利率市场化，利率监测对中央银行货币政策决策和金融风险防范尤为重要。为监测市场利率，2012年起，中国人民银行开展标准化存贷款抽样统计，逐笔采集样本单位每笔存贷款的产品类型、客户类型、期限、额度、利率和资产质量等信息，统计对象包括全国500余家法人金融机构的5 000余家顶层支行（即金融机构最高层级支行），每月采集近1亿笔存贷款的明细数据。标准化存贷款统计与总量统计相结合，初步建立了“总量与结构、数量与价格、存量和流量兼备”的存贷款统计体系。

近年来，中国人民银行积极开展了金融统计大数据服务宏观调控的实践。

一是国家金融基础数据库投产使用。国家金融基础数据库建设是金融统计大数据的关键支撑。目前，国家金融基础数据库软硬件基础设施已部署到位，成功搭建业界领先的大数据智能云平台架构，统一管理的金融统计数据采集系统和大数据智能分析平台已完成部署，并与中国人民银行各分支机构及4 600余家金融机构互联互通，实现数据智能化、整体化采集和使用，数据库存储能力达PB级。

二是金融基础数据统计制度落地实施。为解决数据标准不统一、信息归集和使用难等问题，从源头出发探究解决方案，中国人民银行加强金融业综合统计标准的研究和制定。2020年7月，中国人民银行发布金融基础数据统计制度，金融基础数据统计是体现大数据发展方向的标准化逐笔统计，覆盖存款、贷款、同业、债券、股权、SPV等各类金融工具，涉及600多个维度，能很好地满足宏观调控的信息需求。2020年9月，金融基础数据完成第一批数据采集，下一步将分批推进金融基础数据的统计。

三是搭建完善主体信息库，实现数据有效关联。中国人民银行在对内部已有的数据进行梳理，并充分利用外部成熟数据库的基础上，初步建立了金融机构主体信息库和企业主体信息库，覆盖4 600多家法人金融机构和2 000多万家企业，主体信息的建立为数据关联打下了坚实的微观基础，数据关联建立后就可以监测股权链、担保链、资金链等较为复杂的关联关系，实现对金融机构、金融市场、金融交易对手、金融活动的刻画，分解金融体系复杂性，反映金融机构关联性，测度金融市场传染性。

四是利用基础数据加强金融风险传染研究，服务系统性风险防控。金融风险主要通过各种关联关系渠道传播，中国人民银行利用国家金融基础数据信息，对金融机构同业关系、银行企业信贷关系进行系统性梳理，形成同业关系和共贷关系网络，从机制上深入研究金融风险的关联性、脆弱性、传染性、危害性和预防性，并建立模型模拟金融风险传染过程。

五是加强大数据分析应用能力建设，助力宏观调控。逐步实现对金融机构、金融基础设施和金融活动的全覆盖，已经构建的宏观杠杆率、资管产品、社会融资成本和贷款到期等监测指标，有利于提高宏观政策的有效性；逐笔金融基础数据支持展示贷款、债券等金融工具在不同企业的分布，准确反映金融资源分布，有效服务优化金融资源配置，深化金融改革；利用大数据技术为金融服务实体经济提供靶向数据支持，问题导向特征明显，在直达性和精准性方面提升金融服务实体经济的能力。

资料来源：阮健弘．金融统计大数据服务宏观调控的探索与实践［J］．中国人民银行政策研究，2021（5）：1-8.

目前，各国中央银行都运用大数据技术完善金融统计，对关联交易进行监测等。那么，中央银行为什么这样做？中央银行的性质和职能是什么？它在金融体系和整个国民经济中发挥什么作用？这正是本章要学习和讨论的内容。

6.1 中央银行的起源与发展

6.1.1 中央银行产生的背景

中央银行作为一国政府在金融领域的主要代表，是现代金融体系中的重要组成部分，是一国政府调控金融和经济的特殊金融组织。关于中央银行的历史起源可以追溯到17世纪中后期，到19世纪初，中央银行初步形成并得到发展。中央银行的产生有着深刻的历史背景和客观经济原因。

1）历史背景

（1）商品经济的发展

13—14世纪，西欧的商品经济得到初步发展。15—16世纪，欧洲资本主义制度逐渐形成，社会生产加速转向商品化。到了17世纪，西欧的商品经济得到迅速发展，带动了科学发明和技术革新。18世纪中叶开始的工业革命极大地促进了生产力的发展和商品经济的扩大，促使货币经营越来越普遍，而且越来越有利可图。

（2）货币信用关系与经济关系的普遍化

随着商品经济的快速发展，以货币关系为特征的银行信用逐渐替代商业信用，成为信用的主要形式。银行不仅通过吸收存款和金融创新手段来增加资金来源，还直接向企业提供资金和为商业票据办理承兑、贴现和抵押贷款等业务，将商业信用转化为银行信用，扩展了信用范围和规模。银行信用的发展促进了社会化大生产和商品经济的发展。

（3）商业银行的普遍设立

商品经济的发展和资本主义生产方式的兴起，为银行业的普遍发展创造了条件。银行的发展不仅表现为数量的迅速增加，发行银行券、为企业办理转账和为新兴行业提供融资等服务逐步取代了传统的高利贷式的银行模式，并逐步发展为现代商业银行。银行业的发展极大地促进了资本主义的发展，也为商业银行向中央银行的转变创造了条件。

（4）经济发展中新矛盾的显现

虽然信用制度与银行体系已经成为商品经济运行的重要支撑，但是银行的大量设立和业务活动的创新及信用规模的扩大并没有相应的制度作保证，银行体系并不稳定，新的矛盾不断产生和积累。这具体表现在以下几个方面：①银行券的分散发行被社会接受的程度差异较大，不利于商品经济的发展；②规模有限的商业银行难以应付票据交换和清算业务的日益增长需要；③银行的破产倒闭使信用体系和经济运行不断受到冲击；④缺乏统一的监管规则使金融秩序经常出现混乱。因此，建立稳定的信用制度和银行体系成为金融和经济发展最为迫切的问题之一。

2）客观经济原因

（1）统一银行券的发行

由于货币信用迅速扩展，银行数量急剧增加，商业银行发行的银行券也越来越多。银行券的分散发行带来了“货币发行纪律”问题。也就是说，如果银行券的发行超过客观需要，将造成经济混乱。因此，解决问题的最好办法是由信誉卓著、资金雄厚的大银行统一货币发行。

（2）票据交换和清算

随着银行业务的不断扩大，银行数量的增加，银行间债权债务关系变得复杂，加上结算效率的降低和信用纠纷增多等因素，需要建立全国统一的权威性清算机构，作为银行间票据交换和资金清算中心，保证资金顺畅流通，促进经济的健康发展。

（3）银行的支付保证和最后贷款人

银行竞争的日益激烈和复杂的债权债务关系，使银行面临的流动性风险日益增大，挤兑、破产的现象时有发生。为了维护存款人的利益和金融体系的稳定，客观上需要有一家权威机构适当集中各家银行的一部分现金准备，当商业银行发生支付困难时，充当银行的“最后贷款人”。

（4）对金融业的监督管理

随着商品经济的发展，银行业在经济中的地位和作用日益凸显。保证金融稳定，促进金融市场健康发展，加强金融监管已经成为经济发展的重要条件。由于金融行业的特殊性，完全依靠行政手段难以发挥金融促进经济发展的作用。因此，对金融行业的监管，需要建立一个专门的机构代替政府执行监督管理职能。

（5）政府融资

政府职能的加强增加了政府的开支。为了弥补财政赤字，政府经常需要从银行获得资金融通。而政府融资要与多家银行建立联系，会带来诸多不便，因此需要建立一个专业机构对政府的收支、资金往来和融资进行专门管理。这个专业的金融机构就成为政府的银行，为政府服务。

6.1.2 中央银行的产生、发展与制度类型

1）中央银行的产生与发展

关于中央银行的产生，不能不提及两家银行，即瑞典银行（Sveriges Riksbank，现改名为瑞典中央银行）和英格兰银行。1656年建立的瑞典银行于1668年被收归国有，执行部分中央银行职能，因此有些学者将1668年的瑞典银行作为中央银行的正式开端。

1844年《英格兰银行条例》确定了英格兰银行的货币发行权，之后它又取得了清算银行的地位，成为商业银行的中心。因此，从法律赋予中央银行货币发行特权来看，英格兰银行是历史上第一家具有真正意义的中央银行，它被誉为中央银行的鼻祖。

19世纪末20世纪初，在英格兰银行转化为中央银行的带动下，许多国家的中央银行相继成立，如法兰西银行（Banque de France）、德意志帝国银行（Reichsbank）、美联储等，出现了中央银行成立的第一次高潮。在这一时期，中央银行基本上是由普通银行通过国家法律赋予集中货币发行权和对其他银行提供清算服务及资金支持而逐步演变成的。

1913—1945年是中央银行制度的普遍推行时期。第一次世界大战之后，为了克服世界性金融危机和通货膨胀，1920年在比利时首都布鲁塞尔举行的历史上第一次国际经济会议，指出了各国建立中央银行的必要性，以共同维持国际货币体系和经济稳定，由此推动了中央银行产生与发展的又一次高潮。1930年，在瑞士巴塞尔成立了国际清算银行（Bank for International Settlements，BIS），由各国中央银行参加，使中央银行的地位和作用得到了加强。

在中央银行制度的普及与发展时期，新成立的中央银行绝大部分是由政府直接组建的，并借鉴了欧美中央银行发展的经验，具备了比较全面的现代中央银行的特征。经济和金融发展较晚的亚洲和非洲国家中央银行的普遍设立，完成了中央银行的制度在全世界范围内的扩展。目前，几乎所有的国家都建立了自己的中央银行，中央银行制度成为世界各国的一项基本经济制度。

2）中央银行制度的类型

由于各国的社会制度、历史文化传统、经济发展水平、金融发展状况的不同，中央银行的制度与结构也存在较大的差异。归纳起来，中央银行的制度有以下4种：

（1）单一制中央银行制度，是指全国只设立一家中央银行和若干分支机构的制度形式。它的最大特点是权力高度集中、职能完善、部门体系完整统一，其中职能机构分为金融机构与监督、政策与市场、金融与服务3个部分。典型代表是英格兰银行。我国实行的也是单一制中央银行制度。

（2）多元制中央银行制度，是指中央银行体系由中央和地方两级相对独立的中

央银行机构共同组成，分别行使金融管理权的制度形式。典型代表是美联储。

（3）跨国型中央银行制度，是指几个国家组成货币联盟，为其成员国执行中央银行职能的制度形式。典型代表是欧洲中央银行，它是欧洲一体化进程逐步深入的产物。欧洲中央银行由两部分组成：一是欧洲中央银行本身；二是欧洲中央银行体系。

（4）准中央银行制度，是指国内没有真正专业化的、具备完全职能的中央银行，而是由几个履行有限中央银行职能的机构组成一个准中央银行体系的制度形式。新加坡是准中央银行制度的典型代表。新加坡不设中央银行，而由货币局发行货币，金融管理局负责银行管理、收缴存款准备金等业务。

6.1.3 我国中央银行的发展概要

1905年，清政府设立户部银行，它是模仿西方国家中央银行而建立的我国最早的中央银行。户部银行于1908年更名为大清银行，经理国库，发行纸币。1912年，大清银行改组为中国银行，与1908年成立的交通银行共同承担了中央银行的部分职能。

1924年，孙中山在广州组建大元帅府（后改组为广州国民政府），设立了中央银行。1926年，北伐军攻占武汉，同年12月在武汉设立中央银行。这两家银行成立的时间较短，虽然都采用了中央银行的名称，但都没有真正行使中央银行的职能。1927年4月，蒋介石在南京组建新的国民政府。1928年10月，国民政府行政院颁布了《中国银行条例》，后又公布了《中国银行章程》。1928年11月，新的中央银行成立，总部设在上海。该行被授予经理国库、发行货币的中央银行职能。1942年7月，国民政府公布了货币统一发行办法，中央银行垄断货币发行权，成为真正意义上的中央银行。

中国共产党于1932年2月在江西瑞金成立了中华苏维埃共和国国家银行，其隶属财政部，执行发行货币、经理国库、代发公债及还本付息等中央银行及商业银行职能。

新中国的中央银行是中国人民银行。中国人民银行是在解放区银行的基础上，由当时的华北银行、北海银行和西北农民银行于1948年12月1日在石家庄成立的。

中国人民银行的发展历程根据其特点和在经济中的作用，大致可分为以下3个阶段：

第一阶段，新中国成立至1978年以前，全国只有一家银行，即中国人民银行，它具有中央银行和商业银行的双重职能。

第二阶段，1979—1983年。随着金融体制改革的深入，我国先后恢复和成立了多家专业银行，如中国农业银行、中国人民建设银行（后更名为“中国建设银行”）、中国银行和中国工商银行。

第三阶段，1984年至今。1984年，中国工商银行成立后，中国人民银行开始专门行使中央银行职能。1995年3月，第八届全国人民代表大会第三次会议通过了《中华人民共和国中国人民银行法》，这标志着中国的中央银行制度正式进入法治化发展的新阶段。1998年，中国人民银行及其分支机构在全国范围内进行管理体制改革，撤销省级分行，设立9个大区分行，分别为天津分行、沈阳分行、上海分行、南京分行、济南分行、武汉分行、广州分行、成都分行、西安分行。其目的是使我国中央银行制度更趋成熟，更有利于经济的发展。

2003年，中国人民银行对银行、金融资产管理公司、信托投资公司及其他存款性金融机构的监管职能被分离出来，成立了中国银行业监督管理委员会，即中国银监会，“一行三会”（中国人民银行、中国银监会、中国证监会、中国保监会）分业监管的框架基本建立。以银行为主体、多种金融机构并存的具有中国特色的金融体系形成。2018年，中国银行保险监督管理委员会（简称中国银保监会）成立，中国银监会和中国保监会成为历史。2023年，在中国银保监会基础上组建了国家金融监督管理总局，中国银保监会正式退出历史舞台。

知识链接6-1

中国人民银行的主要职能

（一）拟订金融业改革、开放和发展规划，承担综合研究并协调解决金融运行中的重大问题、促进金融业协调健康发展的责任。牵头国家金融安全工作协调机制，维护国家金融安全。

（二）牵头建立宏观审慎管理框架，拟订金融业重大法律法规和其他有关法律法规草案，制定审慎监管基本制度，建立健全金融消费者保护基本制度。

（三）制定和执行货币政策、信贷政策，完善货币政策调控体系，负责宏观审慎管理。

（四）牵头负责系统性金融风险防范和应急处置，负责金融控股公司等金融集团和系统重要性金融机构基本规则制定、监测分析和并表监管，视情责成有关监管部门采取相应监管措施，并在必要时经国务院批准对金融机构进行检查监督，牵头组织制定实施系统重要性金融机构恢复和处置计划。

（五）承担最后贷款人责任，负责对因化解金融风险而使用中央银行资金机构的行为进行检查监督。

（六）监督管理银行间债券市场、货币市场、外汇市场、票据市场、黄金市场及上述市场有关场外衍生产品；牵头负责跨市场跨业态跨区域金融风险识别、预警和处置，负责交叉性金融业务的监测评估，会同有关部门制定统一的资产管理产品和公司信用类债券市场及其衍生产品市场基本规则。

（七）负责制定和实施人民币汇率政策，推动人民币跨境使用和国际使用，维护国际收支平衡，实施外汇管理，负责国际国内金融市场跟踪监测和风险预警，监测和管理跨境资本流动，持有、管理和经营国家外汇储备和黄金储备。

（八）牵头负责重要金融基础设施建设规划并统筹实施监管，推进金融基础设施改革与互联互通，统筹互联网金融监管工作。

（九）统筹金融业综合统计，牵头制定统一的金融业综合统计基础标准和工作机制，建设国家金融基础数据库，履行金融统计调查相关工作职责。

（十）组织制定金融业信息化发展规划，负责金融标准化组织管理协调和金融科技相关工作，指导金融业网络安全和信息化工作。

（十一）发行人民币，管理人民币流通。

（十二）统筹国家支付体系建设并实施监督管理。会同有关部门制定支付结算业务规则，负责全国支付、清算系统的安全稳定高效运行。

（十三）经理国库。

（十四）承担全国反洗钱和反恐怖融资工作的组织协调和监督管理责任，负责涉嫌洗钱及恐怖活动的资金监测。

（十五）管理征信业，推动建立社会信用体系。

（十六）参与和中国人民银行业务有关的全球经济金融治理，开展国际金融合作。

（十七）按照有关规定从事金融业务活动。

（十八）管理国家外汇管理局。

（十九）完成党中央、国务院交办的其他任务。

（二十）职能转变。完善宏观调控体系，创新调控方式，构建发展规划、财政、金融等政策协调和工作协同机制，强化经济监测预测预警能力，建立健全重大问题研究和政策储备工作机制，增强宏观调控的前瞻性、针对性、协同性。围绕党和国家金融工作的指导方针和任务，加强和优化金融管理职能，增强货币政策、宏观审慎政策、金融监管政策的协调性，强化宏观审慎管理和系统性金融风险防范职责，守住不发生系统性金融风险的底线。按照简政放权、放管结合、优化服务、职能转变的工作要求，进一步深化行政审批制度改革和金融市场改革，着力规范和改进行政审批行为，提高行政审批效率。加快推进“互联网+政务服务”，加强事中事后监管，切实提高政府服务质量和效果。继续完善金融法律制度体系，做好“放管服”改革的制度保障，为稳增长、促改革、调结构、惠民生提供有力支撑，促进经济社会持续平稳健康发展。

资料来源：中国人民银行. 中国人民银行职能［EB/OL］.［2023-02-05］. http://www.pbc.gov.cn/rmyh/105226/105436/index.html.

6.2 中央银行的性质与职能

中央银行的性质是指中央银行自身所具有的特殊属性，是由其在国民经济中的地位决定的，并随着经济、政治的发展而发生变化。

6.2.1 中央银行的性质

从中央银行业务活动的特点和发挥的作用看，它的业务活动与一般的金融机构不同。同时，中央银行又是制定和实施货币政策、监督管理金融行业的宏观管理部门。所以，中央银行的性质体现为它具有国家性质，是一个“特殊的金融机构”。

中央银行的特殊性主要表现在以下3个方面：

1）地位的特殊性

中央银行是全国金融事业的最高权力机构，是代表国家管理金融事业的部门。它对整个国民经济进行宏观调控和监督管理，以实现金融业的稳健经营和规范发展，并代表国家参加国际金融组织和国际金融活动。

2）业务的特殊性

中央银行不以营利为目的，业务对象不是一般的工商企业和居民个人，而是商业银行等金融机构。同时，国家还赋予中央银行一些特有的权力和业务，如垄断货币发行权、集中存款准备金、经理国库、管理黄金和外汇储备、维护支付清算系统的正常运行等。

3）管理的特殊性

中央银行的管理职能是以经济手段为基础，如调整利率和法定存款准备金率以及公开市场操作等，并辅以一定的行政手段和法律手段。这与行政机构单凭行政权力行使管理职能是有区别的。

综上所述，中央银行的性质可以概括如下：中央银行是为商业银行等普通金融机构和政府提供金融服务的特殊金融机构，是代表国家制定和实施货币政策、监督管理金融业、规范与维护金融秩序、调控金融和经济运行的宏观管理部门。

6.2.2 中央银行的职能

微课6-1

中央银行的职能

中央银行的职能是中央银行性质的具体体现。随着中央银行制度的发展，现代中央银行的职能有了更加丰富的内容，但发行的银行、银行的银行和政府的银行仍被看作是中央银行的三大基本职能。

1）中央银行是发行的银行

所谓发行的银行，是指国家赋予中央银行集中与垄断货币发行的特权，是国家唯一的货币发行机构。集中与垄断货币发行权既是中央银行区别于其他金融机构的最基本、最重要的标志，也是中央银行发挥其全部职能的基础。

作为发行的银行，中央银行垄断货币发行权的目的有两个：一是保持货币流通顺畅；二是有效控制货币量和稳定币值。

货币发行是中央银行的重要资金来源，也为中央银行调节金融活动和全社会货币、信用总量，促进经济增长提供了资金力量。作为发行的银行，中央银行必须根据经济发展的需要来决定货币发行量。特别是在纸币本位制下，单位纸币的价值主要取决于纸币发行量。中央银行有责任保持货币币值稳定和规范货币发行，以保证金融市场的稳定。

2）中央银行是银行的银行

所谓银行的银行，是指中央银行是以政府、商业银行和其他金融机构为业务对象，其业务内容仍具有银行固有的“存、贷、汇”的业务特征，同时中央银行也是商业银行和其他金融机构的管理者。作为银行的银行，中央银行的职能作用表现如下：

（1）集中存款准备金。各国都以法律的形式规定，商业银行必须按照存款的一定比例向中央银行缴存存款准备金，其目的：一是保证商业银行或其他金融机构的支付和清偿能力；二是调节信用规模和控制货币供应量。

（2）充当商业银行的“最后贷款人”。当商业银行出现支付困难或需要补充资金时，可以向中央银行申请再贴现、再抵押或再贷款等方式融通资金。中央银行作为最后贷款人发挥的作用：一是避免银行倒闭引发金融危机；二是为商业银行办理资金融通、调剂银行资金头寸；三是调节银行信用规模和货币供应量，最终达到影响经济的目的。“最后贷款人”的角色确立了中央银行在金融体系中的核心和主导地位，确定了中央银行对金融机构实施金融监管的必然性与必要性。

（3）组织、参与和管理全国的清算。各金融机构通过其在中央银行的存款账户进行划拨款项，办理结算，从而清算彼此间的债权债务。中央银行组织、参与和管理清算，一方面加快了资金的周转速度，减少了清算费用，解决了非集中清算带来的不便；另一方面，可以通过清算系统对商业银行的经营情况进行了解、监督和控制，便于行使监管职能。目前，大多数国家的中央银行已成为各自国家资金清算中心。

3）中央银行是政府的银行

所谓政府的银行，是指中央银行根据法律制定和实施货币政策，对金融业实施监督管理，负有保持货币币值稳定和保障金融业稳健运行的职责，代表政府参加国际金融组织，参与国际金融事务与活动，同时为政府代理国库，办理政府所需要的银行业务，提供各种金融服务。

中央银行作为政府银行的职能，主要体现在以下几个方面：

（1）经理国库。国家财政收支一般不再另设专门机构经办，而是由中央银行经理。一国政府的收入和支出均通过财政部门在中央银行内开立的各种账户进行。主要包括按国家预算要求代收国库库款，按财政支付命令拨付财政支出，向财政部门反映财政收支执行情况，经办其他有关国库事务等。

（2）代理政府债券的发行。中央银行通常代理政府债券的发行，并代办债券到期时的还本付息等事宜。

（3）为政府融通资金。当财政收支不平衡，出现赤字时，中央银行有义务向政府融通资金。其主要有以下两种方式：一种是直接向政府提供贷款或透支。这只是短期性融资，中央银行一般不会承担向政府提供长期或无限额贷款的责任。另一种是购买政府债券。一般分为两种情况：一是中央银行在一级市场购买政府债券；二是中央银行在二级市场上购买政府债券，即公开市场业务。公开市场业务是各国中央银行采用的一项重要的货币政策工具。

（4）持有和经营管理国际储备。中央银行对国际储备的管理包括：①对储备资金总量进行调控，使之与国内货币发行和国际贸易等所需的支付数量相适应，对储备资产结构特别是外汇资产结构进行调节；②对储备资产进行经营和管理，负责储备资产的保值及经营收益；③保持国际收支平衡和汇率基本稳定。

（5）代表政府参加国际金融组织和活动。随着经济全球化和金融国际化步伐的加快，国际性的金融协调越来越重要。中央银行代表政府参加国际金融活动与事务，参加各种国际性金融会议，办理政府间金融往来及清算等。

（6）制定和实施货币政策。货币政策是政府对经济实行宏观调控的基本经济政策之一，中央银行在政府的授权下制定并监督执行货币政策，货币政策必须要与国家经济社会发展的根本利益和长远利益保持一致，实现稳定币值和物价、促进经济增长的目的。

（7）制定并监督执行金融管理法规。政府对金融业的监管，是由中央银行或中央银行及其他金融监管机构进行监管。主要内容包括：①制定有关金融法规、基本制度、业务活动准则等；②监督管理金融机构的业务活动；③管理、规范金融市场。

（8）为政府提供经济金融情报和决策建议，发布经济、金融信息。中央银行作为全国的清算中心以及货币发行中心，能够随时掌握经济活动及经济运行的基本情况，为政府的经济决策献计献策，并发挥主导作用。

知识链接6-2

货币当局与中央银行是一回事吗？

货币当局（monetary authority）与中央银行（central bank）是否指的是同一个机构呢？

简单地说，货币当局是指有权发行通货（currency）的国家机构。在美国，美联储和财政部都有权发行通货，因此美国的货币当局包括美联储和财政部。在我国，现在只有中国人民银行能发行货币，所以我国的货币当局一般就是指中国人民银行。

从这个角度分析，货币当局是一个功能概念，而不是一个机构概念，大多情况下是指中央银行，而且包括执行中央银行职能的其他政府机构。

国际货币基金组织（IMF）2002年1月公布的《货币与金融统计手册》对“货币当局”的解释是：“在有些国家，中央银行的一些特定职能全部或部分由中央政府履行。这些职能包括货币发行、持有国际储备以及与IMF进行的交易。在这种情况下，应当考虑编制货币当局账户。涉及中央政府履行的中央银行职能数据和中央银行概览中的数据一同纳入这一账户。”①

因此，货币当局和中央银行是两个相互联系但又不完全相同的概念。这取决于各国中央银行成立的历史背景及所承担的职能是否由一家中央银行全部履行。例如，货币发行、货币政策的制定与执行、银行监管、干预本币汇率、管理国际储备等职能不完全单独由中央银行负责时，仅仅用“中央银行”一词就不足以概括其功能，此时用“货币当局”较妥当。如果以上职能全部由中央银行履行，中央银行就是该国的货币当局，我国便是如此。

资料来源：汪洋．中央银行的逻辑［M］．北京：机械工业出版社，2015：61.

① 国际货币基金组织．货币与金融统计手册［S/OL］．［2023-12-24］．https://www.imf.org/External/pubs/ft/mfs/manual/chi/pdf/chapter7.pdf.

6.3 中央银行的业务

微课6-2

中央银行的业务

中央银行是具有特殊职能的银行，作为发行的银行、银行的银行和政府的银行，其业务活动区别于一般商业银行和其他非银行金融机构，有着法定业务权力、法定业务范围和法定业务限制。因此，中央银行的业务活动必须围绕着各项法定职责展开，其基本原则必须服从于履行职责的需要。具体表现为不以营利为目标，保持资产的流动性，执行业务的主动性和保持业务的公开性，即非营利性、流动性、主动性和公开性。

6.3.1 中央银行的资产负债表

中央银行在履行职能时，其业务活动所形成的债权债务将综合地反映在资产负债表上。资产负债表是中央银行业务活动的综合会计记录。中央银行的资产主要包括国外资产和国内资产。国外资产主要是外汇储备、黄金储备、国际货币基金组织头寸及特别提款权等。国内资产主要是对各级政府、金融机构等提供的资金，主要有贷款、购买政府债券、票据贴现、再贷款等。负债项目最重要的是储备货币，包括货币发行和存款准备金，它是各国央行资产负债表中占比最大的负债项目。表6-1是中国人民银行（货币当局）2022年12月的资产负债表数据，该表是按照国际货币基金组织以相对统一的口径要求编制的。

表6-1 货币当局资产负债表

Balance Sheet of Monetary Authority

单位：亿元人民币

项目Item	2022年12月
国外资产 Foreign Assets	226 906.56
外汇 Foreign Exchange	214 712.28
货币黄金 Monetary Gold	3 106.57
其他国外资产 Other Foreign Assets	9 087.71
对政府债权 Claims on Government	15 240.68
其中：中央政府 Of which: Central Government	15 240.68
对其他存款性公司债权 Claims on Other Depository Corporations	143 132.29
对其他金融性公司债权 Claims on Other Financial Corporations	1 557.00
对非金融性部门债权 Claims on Non-financial Sector	
其他资产 Other Assets	29 947.25
总资产 Total Assets	416 783.78

续表

项目Item	2022年12月
储备货币 Reserve Money	360 956.03
货币发行 Currency Issue	110 012.57
金融性公司存款 Deposits of Financial Corporations	227 876.54
其他存款性公司存款 Deposits of Other Depository Corporations	227 876.54
其他金融性公司存款 Deposits of Other Financial Corporations	
非金融机构存款 Deposits of Non-financial Institutions	23 066.92
不计入储备货币的金融性公司存款 Deposits of Financial Corporations Excluded from Reserve Money	5 208.41
发行债券 Bond Issue	950.00
国外负债 Foreign Liabilities	1 574.47
政府存款 Deposits of Government	41 272.91
自有资金 Own Capital	219.75
其他负债 Other Liabilities	6 602.21
总负债 Total Liabilities	416 783.78

注：①自2017年起，对国际金融组织相关本币账户以净头寸反映。

②"非金融机构存款"为支付机构交存中国人民银行的客户备付金存款。

③2021年8月份，由于IMF进行SDR分配，我国SDR持有量增加，按8月末SDR兑换人民币汇率折合人民币2 679亿元，计入8月末"其他国外资产"科目。

④自2022年12月起，"货币发行"含流通中数字人民币。12月末流通中数字人民币余额为136.1亿元。

资料来源：中国人民银行.货币当局资产负债表［EB/OL］.［2023-12-24］. http://www.pbc.gov.cn/diaochatongjisi/resource/cms/2023/01/2023011817033268834.pdf.

6.3.2 中央银行的资产业务

1）再贴现业务

（1）再贴现业务的概念

再贴现是商业银行为弥补营运资金的不足，将其持有的通过贴现业务取得的未到期的商业票据向中央银行申请转让，以此获得中央银行资金融通的经济行为。再贴现业务是中央银行调节资金，实现对宏观经济调控的一个重要手段。

（2）再贴现业务的一般规定

①再贴现业务受理的对象：在中央银行开设账户的商业银行等存款货币银行。

②再贴现票据对象：必须是以商品交易为基础的"真实票据"。

③申请和审查：中央银行在接受再贴现申请后，应审查并确定是否符合再贴现的条件。

④再贴现率的确定：部分国家制定“惩罚性利率”，即再贴现利率高于货币市场利率；多数国家将其作为“基础利率”充当货币政策工具。

⑤再贴现的金额：由再贴现票据的票面金额扣除再贴现利息而得。即

再贴现金额＝票据面额－再贴现利息

再贴现利息＝票据面额×日再贴现率×未到期日数

日再贴现率＝年再贴现率÷360＝月再贴现率÷30

⑥再贴现额度：限制对商业银行的再贴现金额，并对银行进行检查。

⑦再贴现的收回：再贴现票据到期后，中央银行通过票据交换和清算系统向承兑单位和承兑银行收回资金。

（3）再贴现业务的作用机制

中央银行在购买商业银行持有的票据后，自身资产增加的同时也形成了对商业银行的负债，下面以中央银行购买10亿元票据为例加以介绍。

表6-2中，中央银行的资产增加了10亿元票据，负债也增加了商业银行在中央银行的准备金存款或新发行货币10亿元。

表6-2　　**中央银行资产负债表**

资产		负债	
票据	+10亿元	准备金存款（新发行货币）	+10亿元

表6-3中，商业银行通过转让票据改变了自己的资产结构，增加了准备金存款或库存现金10亿元。商业银行可以继续持有准备金存款，但更大的可能是利用这笔资金发放贷款或购买其他证券，由此引起整个银行体系的资产负债的倍数扩张。

表6-3　　**商业银行资产负债表**

资产		负债
准备金存款（库存现金）	+10亿元	
票据	-10亿元	

因此，中央银行通过调节再贴现率来影响银行借入资金的成本，干预或影响市场利率，控制或调节信贷规模，从而实现对货币供应量的控制。

2）贷款业务

（1）对商业银行的贷款

向商业银行融通资金是保证商业银行的支付能力，履行中央银行作为“银行的银行”的重要职能之一。中央银行对商业银行的贷款是短期贷款，多为以政府债券或商业票据为担保的抵押贷款。

随着金融市场的发展和金融创新的不断涌现，商业银行融资渠道和融资手段也不断变化。但是中央银行贷款仍是商业银行扩大信用能力的重要渠道和保证支付的

重要手段。

（2）对其他非银行金融机构的贷款

贷款对象包括证券公司、信托投资公司、租赁公司以及政策性金融机构等。

（3）对政府的贷款

作为“政府的银行”，中央银行有义务向政府提供信贷支持。对政府的贷款可以采用两种方式：一是直接提供贷款；二是买入政府债券。由于为政府直接提供贷款会引发通货膨胀，因此直接提供贷款的形式都是短期贷款，并且限制额度。

（4）其他贷款

其他贷款是指对非金融部门的贷款，以及对外国政府和外国金融机构的贷款。

3）证券买卖业务

（1）证券买卖业务的概念

证券买卖业务是中央银行作为市场参与者的一员，在公开市场进行证券的买卖活动，由此可以进行基础货币的投放或回笼。

（2）证券买卖业务的内容

证券买卖业务的对象被限定在政府债券、国库券等流动性高的安全资产。由于各国的国情不尽相同，因此各国法律规定中央银行可以买卖的证券种类也不同。例如，美联储主要通过国库券来进行公开市场操作；英格兰银行规定中央银行买卖证券的种类是商业票据和政府债券；中国在公开市场上操作的工具是国债、中央银行融资券和政策性金融债券。证券的买卖只能在二级市场上进行，买卖的方式为买（卖）断或回购。

（3）证券买卖业务的作用机制

与中央银行的再贴现业务一样，中央银行购买或出售证券也将引起自身负债的变化，下面以中央银行购买10亿元债券为例加以介绍。

如表6-4所示，中央银行在公开市场通过转账方式购买商业银行持有的债券，在形成自身新的资产的同时，也创造了对商业银行的负债。商业银行利用卖出债券所获得的准备金存款，增加贷款或购买其他债券，由此引起整个银行体系的资产和负债的连续变化（见表6-5）。

表6-4 **中央银行资产负债表**

资产		负债	
债券	+10亿元	准备金存款	+10亿元

表6-5 **商业银行资产负债表**

资产		负债
准备金存款（库存现金）	+10亿元	
债券	-10亿元	

由于中央银行在公开市场上买卖证券的数量可以灵活控制，同时执行起来方便快捷，所以许多国家视其为最有效和最常用的货币政策工具，因而也成为其主要的资产业务，并随着证券市场的发展，在中央银行资产业务中的重要性不断提高。

(4) 证券买卖业务的特点

与公开市场的其他投资者以营利为目的不同，中央银行证券买卖业务的目的是调节和控制货币供应量。尽管在证券买卖中会出现价差收益或亏损，但中央银行并不是为了获取收益，而是通过对货币量的调节，影响整个宏观经济。

(5) 证券买卖业务与贷款业务的异同

中央银行证券买卖业务和贷款业务的相同之处表现在以下几点：

① 两者都是调控货币供应量的工具。

② 对货币供应量的影响相同，都会通过货币乘数引起货币供应量的多倍扩张或收缩。

③ 融资效果相同，买入证券相当于贷款，卖出证券相当于收回贷款。

中央银行证券买卖业务和贷款业务的不同之处表现在以下几点：

① 主动性和灵活性不同。中央银行的证券买卖业务具有主动性，规模大小完全可以控制，并且执行速度较快，不会有行政性延误。而中央银行贷款业务较为被动，规模难以控制，无法做到灵活变动。

② 资产的流动性不同。尽管贷款以短期为主，但只能到期收回。证券买卖业务不存在期限问题，可以随时操作。因此，证券买卖业务的资产流动性要高于贷款业务的资产流动性。

③ 收益形式不同。贷款业务有利息收入，证券买卖业务获得的收益是买卖过程中的价差。

④ 对金融环境要求不同。证券买卖业务对金融环境要求较高，以发达的金融市场为条件，而贷款业务对金融环境没有过多要求。

4）储备资产业务

(1) 储备资产业务的概念

大多数政府将外汇、黄金和其他国际清算手段作为储备资产委托中央银行保管和经营，形成中央银行的储备资产业务。

(2) 中央银行保管储备资产的意义

① 稳定币值。币值稳定是经济稳定的必要前提，因此当一国出现商品供不应求、物价上涨时，中央银行将持有的储备资产出售，平抑物价，保持币值稳定。

② 稳定汇率。汇率的变化会影响国际收支状况甚至对整体经济产生重大影响。中央银行通过买卖黄金、外汇，使汇率保持合理水平。

③ 调节国际收支。当国际收支出现逆差时，中央银行可以动用储备资产弥补差额，保持国际收支平衡。

(3) 储备资产的构成

① 黄金是最古老的储备资产，最安全可靠。由于黄金没有收益，还要支付较

高的管理成本，因此在世界各国的储备资产中的比重不断下降。

② 外汇具有流动性好、管理成本低、收益性好的特点，但是持有外汇需要承担较高的风险，比较适合作为周转手段。

③ 特别提款权和在国际货币基金组织的头寸。这部分储备安全、可靠、流动性高，但不能随意获得，要按份额分配。

(4) 保管和经营储备资产应注意的问题

① 确定合理的储备资产数量。储备资产过多则会浪费资源，过少则可能丧失国际支付能力；还要考虑国际收支状况、国内经济政策、进口数量、汇率制度、债务数量及长短期债务比重等因素。

② 保持合理的储备资产结构。考虑安全性、流动性、收益性的有机统一。

5）我国中央银行的主要资产业务

(1) 贷款业务

我国法律规定，中国人民银行贷款业务的对象必须是中国人民银行批准、持有经营金融业务的许可证、在中国人民银行开立独立的往来账户、按规定向中国人民银行缴存存款准备金的商业银行和其他金融机构。

根据1994年发布的《信贷资金管理办法》的规定，可以获得中国人民银行贷款的机构有以下3类：①商业银行、城市信用社、农村信用社；②信托投资公司、金融租赁公司和企业集团财务公司等非银行金融机构；③政策性银行。

(2) 再贴现业务

我国中央银行的再贴现业务起步较晚，1986年，中国人民银行出台《商业汇票承兑、贴现暂行办法》并于1987年在全国推行票据贴现和再贴现业务。由于商业信用不发达、票据市场不规范，再贴现业务的发展几乎停滞。1994年，经国务院批准，中国人民银行专门安排再贴现资金用于煤炭、电力、冶金、化工、铁道等行业的已贴现票据的再贴现。1997年3月，中国人民银行对四大国有商业银行的总行开办再贴现业务，这标志着再贴现业务已成为中央银行金融宏观调控的手段。

近年来，再贴现业务在调控基础货币、引导和促进票据业务发展、贯彻国家货币政策等方面发挥了非常关键的作用，但仍面临以下亟须解决的问题：

① 缺乏以诚信为原则的市场信用基础。我国信用制度不健全和信用状况不佳阻碍了再贴现业务的发展。

② 缺乏统一、完善的商业票据市场。只有少数经济较发达的城市拥有票据中心，并没有形成覆盖全国统一的和完善的票据市场。

③ 缺乏灵活有效的再贴现管理方式。中国人民银行分支行办理再贴现业务有时滞，且手续繁杂。

④ 缺乏差别利率管理。实际办理再贴现业务的期限与利率不匹配，不能真正地在票据市场上发挥指导作用。

(3) 证券买卖和储备资产业务

中国人民银行根据货币供应量和商业银行准备金头寸及市场外汇汇率等指标的

变化，决定证券买卖的具体操作。我国证券买卖的交易对象是国债、中央银行债券和政策性金融债券。证券买卖的参与者是参加同业拆借市场的各类金融机构，包括商业银行、保险公司、证券公司、投资基金和农村信用联社。

我国的储备资产包括黄金、外汇、特别提款权和在国际货币基金组织的头寸。由于特别提款权和在国际货币基金组织的头寸是分配的，在一定时期内比较稳定，而黄金的重要性在降低，因此中央银行储备资产的管理业务主要表现在对外汇储备资产的管理。安全性、流动性和盈利性是外汇储备经营管理的基本原则，同时考虑外汇储备资产的特殊性，灵活运用“三性”原则。

6.3.3　中央银行的负债业务

中央银行的负债是指金融机构、政府和特定机构持有的对中央银行的债权。中央银行的负债业务主要包括存款业务、货币发行业务和其他负债业务。

1）存款业务

银行作为金融机构，吸收存款是其重要的业务之一。与商业银行开展存款业务不同的是，中央银行的存款业务是通过资金的运用创造资金的来源。它的意义主要体现在以下几个方面：①有利于调控信贷规模和货币供应量；②有利于维护金融业的稳定；③有利于资金的支付清算；④有利于政府资金融通。

中央银行存款业务的特点包括：①存款原则具有特殊性，与商业银行开展存款业务的原则不同，中央银行的存款业务具有一定的强制性，并以法律的形式规定；②存款动机具有特殊性，中央银行吸收存款是出于金融宏观调控和监督以及履行其职能的需要；③存款对象具有特殊性，中央银行的存款业务对象是金融机构和财政部门等，不面向普通大众；④存款当事人关系具有特殊性，中央银行与存款人之间的关系不仅是经济关系，更是一种管理与被管理的关系。

（1）准备金存款业务

准备金存款是中央银行存款业务中重要的组成部分，是商业银行等存款性金融机构按吸收存款的一定比例提取的准备金，它由以下几个部分组成：①自存准备金，指商业银行等存款性金融机构以库存现金的方式保存的准备金；②法定准备金，指商业银行等存款性金融机构按照法定要求缴存到中央银行的存款；③超额准备金，指商业银行等存款性金融机构在中央银行存款中超过法定准备金的部分。

准备金存款业务的基本内容包括：①规定存款准备金比率，按照存款的类别、金融机构类型、规模和经营环境规定准备金率；②规定可充当法定准备金的内容，根据流动性将金融资产划分为一线准备和二线准备；③确定准备金计提的基础，确定计算准备金存款的数量和确定缴存存款准备金的基期。

我国中央银行的准备金存款制度是在1984年中国人民银行行使中央银行职能之后建立的。在最初阶段，存款准备金是按照存款种类分别核定的。1985年存款准备金率得到统一。

1998年，中国人民银行对存款准备金制度进行了改革：将原金融机构在中国人民银行的“准备金存款”和“备付金”存款两个账户合并；将法定存款准备金率由13%下调到8%；各金融机构的法定准备金按旬考核并纳入法人统一考核。

由于法定存款准备金的缴存具有强制性，同时为不削弱中央银行调节货币量的作用，中央银行是不支付法定存款准备金利息的。与其他国家不同的是，中国人民银行对存款准备金支付利息。这是因为中国人民银行尚处于行政职能向金融职能转变的过渡时期，随着改革的深入将逐步取消存款准备金的利息支付。

（2）中央银行的其他存款业务

中央银行的其他存款业务包括政府和公共机构存款、其他金融机构存款、外国存款和特种存款。

（3）中央银行存款业务与其发挥职能作用的关系

①作为发行的银行，中央银行存款业务与流通中现金的投放有直接的关系。

②作为银行的银行，中央银行通过准备金存款业务调节信用规模和货币供应量，组织全国性清算业务，并发挥最终贷款人的职能。

③作为政府的银行，中央银行为政府经理国库，融通资金。

2）货币发行业务

（1）货币发行的含义、种类、渠道与程序

货币发行具有两层含义：从货币发行的过程看，指货币从中央银行的发行库通过各家商业银行的业务库流向社会；从货币发行的结果看，指货币从中央银行流出的数量大于流通中回笼的数量。

货币发行一是满足社会商品流通扩大和商品经济发展的需要，二是满足履行中央银行各项职能的需要。货币发行按其性质划分为经济发行和财政发行，前者是为了满足商品流通的需要，后者是为了弥补财政赤字。

中央银行货币发行的渠道是通过再贴现、贷款、购买证券、收购金银和外汇等业务活动，将货币注入流通，并通过同样的渠道反向组织货币回笼。图6-1是高度概括的货币发行的渠道与程序。

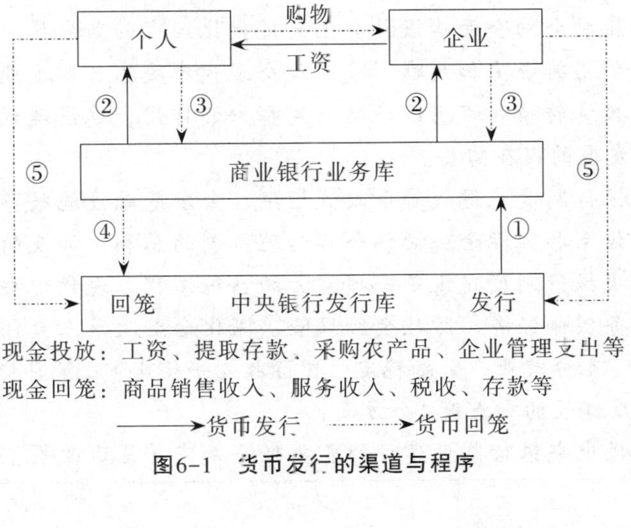

图6-1 货币发行的渠道与程序

(2) 货币发行业务的原则

① 垄断发行原则。货币发行权高度集中于中央银行，货币发行是中央银行最重要的负债业务。

② 信用保证原则。中央银行发行货币必须遵守信用保证原则，即要建立某种准备金制度，如以黄金、外汇、证券等作为发行准备，从而保证中央银行独立发行。

③ 弹性原则。货币发行要具有一定的伸缩性和灵活性，以适应经济状况变化的需要。

3）其他负债业务

中央银行的负债业务除存款业务和货币发行业务外，还有中央银行债券、对外负债和资本业务。

(1) 中央银行债券

这是中央银行为调节金融机构多余的流动性向金融机构发行的短期债务凭证。它是中央银行的一种主动负债业务，具有可控制性、抗干扰性和预防性。

(2) 对外负债

中央银行对外负债的主要形式有向外国银行借款、对外国中央银行负债、向国际金融机构借款、在国外发行的中央银行债券。中央银行对外负债是为了平衡国际收支、维持本币汇率稳定和应对货币危机或金融危机。

(3) 资本业务

这是中央银行筹集、维持和补充资本的业务。其资本由政府出资、地方政府和国有机构出资、私人银行或部门出资。由于中央银行的特殊地位和法律特权，其资本业务的重要性与一般金融机构不同。

拓展阅读 6-1

建设现代中央银行制度从何处入手

当前再度强调建立现代中央银行制度，具有承前启后的重要历史意义。金融是市场经济的核心，而现代中央银行制度是有效管理货币金融的基础性保障。在全面建成小康社会向全面建设社会主义现代化国家的新发展阶段中，金融在资源配置中的作用将会更加明晰。建立健全现代中央银行制度能更好地优化金融体系在储蓄投资转换和市场经济功能发挥中的作用，建设现代中央银行制度是推动高质量发展的内在需要。

现代中央银行制度是现代货币政策框架、金融基础设施服务体系、系统性金融风险防控体系和国际金融协调合作治理机制的总和，涉及的内容的确非常广泛。现代中央银行制度建设是一项重大的系统工程。现代中央银行制度建设要紧密围绕服务实体经济、防控金融风险、深化金融改革三大任务进行，着重实现币值稳定、充分就业、金融稳定、国际收支平衡4个政策目标。对应地，现代中央银行制度建设的重点有4个方面：

第一，现代中央银行制度建设的首要任务是完善货币政策框架，保障币值稳定。物价稳定是中央银行的核心任务，是货币政策的基本目标。国际金融危机后，货币政策框架最为重要的挑战在于货币主义的“失效”。回到中国的货币政策框架改革来看，货币主义是否还适用？物价稳定钉住哪个指标？中国经济是否持续处于货币化进程？对于现代中央银行制度建设来说，这些都是非常基础的问题。

第二，现代中央银行制度如何更好地保障充分就业。过去10余年来，充分就业在货币政策目标体系中的地位和作用明显提升。2020年8月美联储的政策框架转向了平均通货膨胀目标制，其中最为重大的变化是美联储将实施跨期、弥补的策略，使得美国实现“复胀”，进而填补就业缺口，使得货币政策能更好地促进充分就业。在新冠疫情冲击和结构转型深化的背景下，中国经济面临更大的增长压力和失业缺口，货币政策如何承担更多的就业保障职能，是中央银行制度建设的又一重点。

第三，现代中央银行制度如何权衡物价稳定与金融稳定的关系。这是一个老问题，但是自国际金融危机以来，学术界出现了诸多的讨论，政策界也进行了重大的改革，一个基本趋势是，金融稳定是现代中央银行需要强化的基本职能之一。于中国而言，中央银行承担更大金融稳定职能是以与货币政策相互统筹的方式进行。现代中央银行制度第三大任务是构建货币政策与宏观审慎“双支柱”政策框架。当前国际上诸如逆周期缓冲资本、系统重要性缓冲资本、流动性要求等宏观审慎政策工具呈现微观化态势。如何将货币政策和宏观审慎有效统筹起来，在政策框架、政策工具和组织安排等方面仍有改革完善的巨大空间。

第四，现代中央银行制度如何有效保障国际收支平衡。国际收支平衡在新发展格局中的重要性进一步凸显。在以国内大循环为主体、国内国际双循环相互促进的新发展格局中，国际收支是内外两个循环相互链接的核心环节，维持国际收支基本平衡对实现双循环非常关键。

资料来源：陈果静. 建设现代中央银行制度从何处入手［N］. 经济日报，2021-07-06（7）.

学思笃行

中国人民银行深入推进利率市场化改革

利率市场化改革是金融领域最重要的改革之一。党的十九大以来，按照党中央决策部署，中国人民银行持续深化利率市场化改革；重点推进贷款市场报价利率（LPR）改革，建立存款利率市场化调整机制，以改革的办法推动实际贷款利率明显下行；完善中央银行政策利率，培育形成较为完整的市场化利率体系；同时，坚持以自然利率为锚实施跨周期利率调控，发挥市场在利率形成中的决定性作用，为经济高质量发展营造适宜的利率环境。

在推动贷款和存款利率进一步市场化方面。一是推动LPR改革。目前，LPR已经成为银行贷款利率的定价基准，金融机构绝大部分贷款已参考LPR定价。LPR由银行报价形成，可更为充分地反映市场供求变化，市场化程度更高，在市场利率整体下行的背景下，有利于促进降低实际贷款利率。LPR改革以来，企业贷款利率从2019年7月份的5.32%降至2022年8月份的4.05%，创有统计以来最低水平。二是建立存款利率市场化调整机制。随着存款利率市场化机制的逐步健全，2022年9月中旬，国有商业银行主动下调了存款利率，带动其他银行跟随调整。这是银行加强资产负债管理、稳定负债成本的主动行为，显示存款利率市场化改革向前迈进了重要一步。

在健全市场化利率形成和传导机制方面。一是持续完善央行政策利率体系。目前我国已形成以公开市场操作利率为短期政策利率和以中期借贷便利利率为中期政策利率、利率走廊机制有效运行的央行政策利率体系。二是建设较为完整的市场化利率体系和利率传导机制。经过近30年的持续推进，我国的市场化利率体系不断建设完善，培育了以质押式回购利率、上海银行间同业拆放利率（Shibor）等为代表的货币市场基准利率，国债收益率曲线趋于成熟，存贷款利率市场化程度也日益加深。在此情况下，中国人民银行通过货币政策工具调节银行体系流动性、释放政策利率调控信号，在利率走廊的辅助下，引导市场基准利率充分反映市场供求变化，并通过银行体系最终传导至贷款和存款利率，形成市场化的利率形成和传导机制，调节资金供求和资源配置，实现货币政策目标。

在以自然利率为锚实施跨周期利率调控方面。我国货币政策始终坚持以我为主，以静制动，引导市场利率水平稳中有降，效果较好。目前我国定期存款利率约为1%至2%，贷款利率约为4%至5%，真实利率略低于潜在实际经济增速，处于较为合理水平，是留有空间的最优策略。

在坚持发挥市场在利率形成中的决定性作用方面。贷款方面，中国人民银行充分尊重商业银行对贷款利率的定价权和利率的浮动权，由银行综合考虑借款人信用风险、贷款期限等因素与其协商确定贷款利率。目前我国贷款利率市场化程度已经比较高，贷款差异化定价已经比较普遍。存款方面，中国人民银行亦遵循市场化、法治化原则，由商业银行自主定价。随着存款利率由行政管制走向市场化，存款产品也由单一化走向差异化。在传统活期存款和定期存款的基础上，银行根据存款人类型、期限、金额等要素，开发出不同的存款产品，例如大额存单、结构性存款等，满足不同客户需要。不同银行、不同产品、不同期限的存款利率定价有所不同。

中国人民银行将继续深入推进利率市场化改革，持续释放LPR改革效能，加强存款利率监管，充分发挥存款利率市场化调整机制重要作用，推动提升利率市场化程度，健全市场化利率形成和传导机制，优化央行政策利率体系，发挥好利率杠杆的调节作用，促进金融资源优化配置，为经济高质量发展营造良好环境。

资料来源：中国人民银行货币政策司．深入推进利率市场化改革［J］．中国金融，2022（19）：20-21.

解读：

我国利率市场化改革是政府自上而下推动，逐步试点放开的典范。中国人民银行依次放开了货币市场、贷款市场和存款市场的利率管制。市场化利率机制有助于增强货币政策传导效果，有利于人民币国际化和商业银行转型升级。同时，中国利率市场化过程一直面临保增长和防风险的短期阻力，这就使得我国只得选择渐进式改革的模式。实践证明，渐进式利率市场化改革减少了金融抑制行为，实现了金融深化的目标。我国利率市场化改革是中国特色社会主义市场经济发展的内在要求，是中国制度自信的成功典范。我国利率市场化改革是社会主义市场经济的有机构成部分。

本章小结

中央银行的产生具有深刻的历史背景和客观经济因素。世界上第一家中央银行是英格兰银行。中央银行的制度可分为4种类型：单一制中央银行制度、多元制中央银行制度、跨国制中央银行制度和准中央银行制度。

中央银行的性质是为商业银行等普通金融机构和政府提供金融服务的特殊金融机构，是代表国家制定和实施货币政策、监督管理金融业、规范与维护金融秩序、调控金融和经济运行的宏观管理部门。中央银行的职能是中央银行性质的具体体现，它的三大基本职能为发行的银行、政府的银行、银行的银行。

中央银行的资产业务分为三大类：再贴现和贷款业务、证券买卖业务和黄金外汇储备业务。中央银行的再贴现业务是向商业银行融通资金，贷款业务意味着中央银行行使“最后贷款人”的职责。中央银行的证券买卖业务不是为了获取收益，而是为了调节和控制货币供应量，是中央银行宏观调控的手段。中央银行的黄金外汇储备业务是以稳定币值、稳定汇价和调节国际收支为目标。

中央银行的负债业务分为存款业务、货币发行业务和其他负债业务。存款业务主要包括准备金存款、政府存款、外国存款和特种存款等。中央银行的货币发行主要是通过贷款、购买证券、购买金银和外汇等业务活动进行的。中央银行的其他负债业务包括发行中央银行债券、向外国银行借款、对外国中央银行负债、向国际金融机构借款和向外国发行中央银行债券。

基本概念

中央银行　货币发行　法定准备金　最后贷款人　再贴现　储备资产业务　货币投放　货币回笼　中央银行债券

思考题

(1) 分析中央银行产生的必要性。

第6章
在线测试题

(2) 中央银行制度的类型有哪几种?

(3) 如何认识中央银行的性质?

(4) 简述中央银行的三大职能。如何理解中央银行职能的新变化?

(5) 中央银行为什么要垄断货币发行?为什么货币发行是中央银行的负债业务?

(6) 中央银行有哪些业务?这些业务与商业银行有什么不同?

(7) 中央银行准备金存款的内容与目的是什么?

第7章

金融市场

学习目标

- 掌握金融市场的主体、类型、功能等基础知识。
- 掌握各种类型的金融市场与金融工具。
- 掌握各种金融工具的基本运作原理。
- 掌握各种衍生金融工具的功能与风险。
- 了解金融市场国际化的表现、利益及风险。

开篇案例

我国多层次资本市场发展历程

我国资本市场的正式形成以1990年上海证券交易所成立为标志。20世纪80年代，一些小型国有企业和集体企业开始尝试股份制。上海飞乐音响公司是国内第一家公开发行股票的公司。之后，为迎合股票交易需求，中国工商银行上海分行静安营业部开设了股票交易柜台。与此同时，深圳也有少数公司开始发行股票并在柜台交易。于是，沪深两地在政府支持下相继于1990年和1991年成立上海证券交易所和深圳证券交易所，这一时期资本市场的形成主要受到自上而下的政策推动。

2003年，国务院提出建立多层次资本市场体系，满足不同企业的融资需求，从战略角度确立了多层次资本市场方向。2004年，为解决中小民营企业融资问题，深圳证券交易所设立中小企业板。2009年，为契合民营企业融资发展的现实需求，深圳证券交易所设立创业板，创业板的发展为风险投资（venture capital，VC）和私募股权（private equity，PE）机构提供了良好的渠道，带动了风险投资行业的发展。

2006年，中关村科技园区非上市股份公司进入代办转让系统进行股份报价转让（俗称“新三板”）。2012年，经国务院批准，决定扩大非上市股份公司股份转让试点，首批扩大试点新增上海张江高新技术产业开发区、武汉东湖新技术产业开发区和天津滨海高新区。2013年12月31日起，中小企业股份转让面向全国接收企业挂牌申请。2019年，上海证券交易所设立科创板并试点注册制。

2021年9月，习近平主席在中国国际服务贸易交易会全球服务贸易峰会上宣布将设立北京证券交易所，打造服务创新型中小企业主阵地。随后证监会向社会公众公开征求意见。北京证券交易所（简称“北交所”）统筹新三板各层级协调发展，发挥带头作用，做活做强基础层与创新层，加强与沪深交易所、区域性股权市场的互联互通，加快完善中小企业全链条制度体系。

至此，我国形成了由主板、科创板、创业板、新三板以及区域性股权交易市场构成的多层次资本市场体系。

首先，沪深两大交易所的主板市场定位于为成熟的大型企业提供融资与交易服务，对上市公司盈利水平、最低市值、股本大小等有较高要求，以中小投资者居多。

其次，科创板与创业板目前都实行注册制，但在定位上科创板面向世界科技前沿、面向经济主战场、面向国家重大需求，主要服务于符合国家战略、突破关键核心技术、市场认可度高的科技创新企业；创业板主要服务于成长型创新创业企业，支持传统产业与新技术、新产业、新业态、新模式深度融合，更加强调推动传统产业的创新升级。

再次，新三板以机构投资和高净值自然人为主体，服务创新型、创业型、成长型中小企业，后又划分为基础层与创新层，并设置“转板”制度。新三板实施以来一直存在流动性不足的问题，为解决这一问题，随后又设置精选层，吸引了一些小而美的优质企业。北交所建设的思路是平移精选层各项基础制度，上市公司由创新层公司产生，形成基础层、创新层与北交所层层递进的市场结构，同步试点注册制。

最后，区域性股权交易中心通常由省级人民政府监管，是为特定区域内的企业提供股权、债券的转让和融资服务的私募市场。

2003年至今，我国多层次资本市场发展立足实体经济发展战略，以政策为依靠，综合考虑企业融资与交易需求、投资者风险承受能力等因素，借鉴域外资本市场多层次建设经验，形成具有中国资本市场特色的多层次结构。这一时期我国资本市场建设方面已经积累了一定经验，市场经济改革与发展到一定阶段，与早期交易所成立时的制度相比，具有更强的合理性，并能更好地与我国金融市场发展现状和方向互相契合，且国际上已有较为成熟的经验提供，因此这一时期的多层次资本市场建设摆脱了浓厚的从上及下的政策色彩，但也不是完全由市场发展而推动，并在交易所激烈竞争中演进，主要依据国家经济发展需要，紧跟市场需求，作为经济战略的一部分而改革发展，同时综合考虑外部环境，在全球竞争中借鉴国际经验发展成独具特色的分级市场。这种以维护我国金融市场健康稳定发展为核心，重视市场发展需要的方式，显然得到了金融市场的积极反馈。

资料来源：冯卉. 他山之石：我国多层次资本市场制度演进与未来发展［EB/OL］.［2023-11-07］. http://www.thfr.com.cn/page.php?id=91369.

"开篇案例"中，我国紧紧围绕服务实体经济高质量发展的根本方向，研究资本市场差异化的制度安排，健全多层次资本市场体系，助力打造战略性新兴产业集群，支持传统产业转型升级，推动产业智能化、绿色化、融合化，引导更多资源集聚到现代化产业体系的关键领域。那么，在范围更大的金融市场中，资金又是通过何种渠道转移的？怎样在金融市场中融资？金融市场中的金融工具有哪些？金融市场在经济中发挥着怎样的重要作用？上述问题将在本章中进行学习和讨论。

7.1 金融市场概述

7.1.1 金融市场的含义

金融市场是市场体系的重要组成部分。与其他市场不同的是，金融市场是资金融通的场所。也就是说，金融市场是个人、企业、政府和金融机构交易金融工具的场所。由于计算机网络技术在金融交易中被广泛运用，资金融通日趋无形化，因此，越来越多的人更倾向于将金融市场理解为多种金融产品交易活动的组织系统或营运网络。金融市场发达与否已成为衡量一国市场经济发达程度的重要标志。

作为资金融通的场所，金融市场有广义和狭义之分。广义的金融市场是指一切从事货币资金借贷行为的场所，包括货币的借贷、票据的承兑与贴现、有价证券的买卖、黄金和外汇的交易。狭义的金融市场特指证券市场，即股票和债券的发行与流通市场。

作为广义的资金融通的场所，金融市场中发生的资金转移通过直接融资和间接融资两种渠道来完成。如第4章图4-1所示，图中箭头表明资金通过两条路径由资金所有者向资金短缺者转移。

间接融资是指资金的转移是通过金融中介机构来完成的。关于这方面的知识，在第4章"金融机构"中已经作了阐述，本章主要阐述金融市场中直接融资的渠道与方式。

作为狭义的金融市场的证券市场，资金融通渠道表现为直接融资。直接融资是指资金短缺单位直接在证券市场上向资金盈余单位发行债务性凭证或股权凭证（有价证券形式的金融工具），如债券或股票，来融通资金。在直接融资中，资金不通过任何金融中介机构，而是通过买卖有价证券，使需要融通的资金直接从资金所有者手中转移到资金短缺者手中。也就是说，资金所有者购买证券、付出货币资金，成为债权人；资金短缺者售出证券、取得货币资金，成为债务人。

证券市场中常用的金融交易工具是债务性工具和权益性工具。债务性工具即债券，资金短缺者发行债券，资金供给者购买债券，双方形成契约关系，借款者承诺定期向债券持有人支付固定的利息，并在债券到期时偿还本金。权益性工具是指借款人通过发行普通股股票（common stock，以下简称"股票"）等股权工具来筹集资金。股票是代表持有人对发行股票的公司具有相应份额的财产所有权和资产收益索取权的权益性凭证。与债券不同，股票并不是承诺，股权持有人只拥有剩余索取权，即公司必须首先支付债权人，如有剩余才能向股权持有人进行支付，但拥有股权同时意味着拥有了公司的一定份额，持有人有权参与公司重大决策的投票。

随着20世纪80年代我国证券市场的出现，直接融资飞速发展。尤其是“入世”后，对外开放推进了我国证券市场的市场化、国际化进程，促进了市场的成熟和发展壮大。

拓展阅读7-1

2022年A股428家IPO盘点：广东再夺第一，浙江紧追江苏

以中国移动挂牌为开端，A股2022年IPO数量达到428家（按照上市日期口径计算），将上市公司总数推升到5 000家以上。428家上市公司分布在上交所、深交所和北交所三大交易所，其中北交所83家、上交所155家、深交所190家，分别占比19.4%、36.2%和44.4%。

根据公司属性分类。428家上市公司中，中央国有企业17家，外资企业16家，民营企业358家，公众企业14家，地方国有企业22家，还有集体企业1家。民企占比约为84%，国企（地方国企+央企）占比约为9%，外企、公众企业和集体企业占比约为7%。

按照地域分类。经济第一大省广东和第二大省江苏新上市公司数量明显领先，其中广东78家，江苏70家，稳居第一阵营。两大“豪强”新增IPO总计148家，占比大约为35%。第二阵营均超过20家，其中浙江55家领衔，北京43家，上海36家，山东也有21家。在经济总量上，山东超过浙江，但浙江最近几年新增上市公司数量明显高于山东。比如在2021年，浙江斩获87家，而山东只有32家，显示出浙江省的市场主体更有活力。第三阵营最少为10家，其中四川15家，安徽14家，湖北12家，河南11家，陕西10家。这5个省份都属于中西部省份，相互之间差距并不大。少于10家的地区，包括福建9家，天津、江西和辽宁各7家，重庆和湖南6家，河北5家，新疆4家，甘肃、黑龙江和云南各2家，广西、贵州、吉林、内蒙古、山西、西藏各1家。海南和青海挂零。

按照行业分类。据时代数据统计，428家上市公司共来自28个行业。其中，电子元件及设备行业最多，新增上市公司62家；第二是材料行业，新增上市公司53家；第三是工业机械行业，新增上市公司45家。半导体、软件开发、生物医药、电气设备、医疗保健、汽车与汽车零部件、食品饮料行业分别新增上市公司44家、35家、32家、26家、19家、16家、10家。新增上市公司少于10家的行业有：通信、环保、航天军工各9家，商业服务8家，农林牧渔7家，交通运输和家用电器各5家，建筑建材、纺织服装、包装印刷、文化传媒、石油天然气各4家，金融、家居用品、休闲用品各3家，电力、化肥农药各2家，批发零售1家。

按照市值看新上市公司。截至2022年12月31日，超过万亿元的只有中国移动，其以大约1.57万亿元总市值位列A股第二，险胜工商银行（1.55万亿元），而贵州茅台则以2.26万亿元蝉联“股王”。市值超过千亿元的新上市公司还有中

国海油、晶科能源、龙源电力和联影医疗。龙源电力是央企，和中国海油、中国移动一样，都实现了“A+H”。兰州银行是A股第42家上市银行，为国有企业，最新市值达217亿元。地产企业在2022年没有一家新上市公司，这可能和持续的调控政策有关。随着光伏行业的大发展，光伏组件龙头企业晶科能源在2022年春节前完成从美股分拆至A股，并获得跨市场带来的丰厚红利。晶科能源（JKS）在美股的最新市值（2023年2月）仅有26亿美元（约合177亿元人民币），而晶科能源（688223）在A股的市值超过了1 500亿元人民币，差异近10倍。晶科能源A股IPO募资100亿元，未来几年用于扩张的“弹药”比较充足了。市值超过百亿元的企业，A股中坚力量共计81家，其中海光信息市值984亿元，差点跻身千亿市值俱乐部。整体来看，新上市企业平均市值大约为133亿元，但中值仅有38亿元，表明多数企业还是中小市值规模，通过上市从资本市场融资，对于其未来发展具有转折意义。

资料来源：[1] 野火财经．2022年A股428家IPO盘点：广东再夺第一，浙江紧追江苏［EB/OL］．［2023-11-10］．https://www.sohu.com/a/639617258_100106891.［2］张照．A股2022年IPO盘点：428家公司上市，总募资近6000亿元，北上深IPO数量高居前三［EB/OL］．［2023-11-10］．https://baijiahao.baidu.com/s?id=1753966478735849314&wfr=spider&for=pc.

7.1.2 金融市场的构成要素

金融市场与普通商品市场一样，是由交易主体、交易客体、交易价格、组织形式等基本要素组成的。

1）金融市场的交易主体

金融市场的交易主体是指任何参与交易的个人、企业、政府和金融机构，除此之外，还包括金融监管机构。金融市场的交易主体可以分为非专门从事金融活动的主体与专门从事金融活动的主体两大类。非专门从事金融活动的主体主要由个人、企业和政府部门组成，它们不以金融交易为主，参与交易是为了满足自身在资金供求方面的需要，在它们之间发生的金融交易是直接金融。专门从事金融活动的主体则主要由以金融活动为主的机构或个人组成，包括各类银行和各种非银行金融机构等。金融监管机构通常分为政府监管机构和自律组织，前者如国家金融监督管理总局、中国证券监督管理委员会，后者如各种行业协会、交易所等。

2）金融市场的交易客体

金融市场的交易客体又称为交易对象，是指金融市场的参加者进行交易的标的物——金融工具，如可转让定期存单、商业票据、各级政府债券、公司债券、股票以及各种金融衍生工具等。金融工具是能够证明债权债务或所有权关系并据以进行货币资金交易的合法凭证，一般具有期限性、流动性、风险性和收益性4个基本特征。其中，期限性是指一般具有规定的偿还期限；流动性是指在必要时迅速转变为现金而不致遭受损失的能力；风险性是指购买的本金和预定收益遭受损失可能性的大小；收益性则是指能够带来价值增值的特性。对于不同的金融工具，上述4个特征的表现程度并不相同。

3）金融市场的交易价格

金融市场的交易价格是指各种金融工具的买卖价格。在金融市场上，各种交易都是在一定的价格下实现的，但金融市场的交易价格不同于商品市场的商品交易价格，商品市场的商品交易价格反映交易对象的全部价值，而金融市场的交易价格有不同的表现形式。在借贷市场上，借贷资金的价格就是借贷利率；在专门的证券市场上，金融工具的价格通常表现为它的总值，即本金加收益的折现值；在外汇市场上，金融工具的价格通常用汇率反映货币的价格。

4）金融市场的组织形式

金融市场的组织形式是指金融市场的金融工具进行交易的规则和场所的规定。金融市场中的各种交易工具各自具有约定俗成的或法定的交易规则，并且所开展的交易可以在有形市场中进行或在无形市场中进行。

7.1.3 金融市场的功能

金融市场对经济发展有着巨大的推动作用，这种推动作用具体地表现为金融市场的几大功能。

1）实现价格发现与货币资金的优化配置

金融市场具有价格发现、集中和分配资金的功能。在金融市场上，买卖双方的互动决定了交易性金融资产的价格，或者决定了资产的收益率。由于企业的融资成本在相当大的程度上取决于投资者要求的回报率，因此金融市场通过其价格发现机制，对社会资金在各种不同金融资产上的配置提供了信号。同时，金融市场能提供理想的场所，利用自己的独特形式、多样化工具把居民个人、企业、政府部门、金融机构闲置分散的、小额的资金聚集起来，并通过竞争机制使这些资金流向最需要的地方。这种将资金从低效率利用的部门转移到高效率利用的部门的功能，实现了资金的合理配置和有效利用。

2）实现收益的风险管理与规避

经济生活中存在大量的不确定性，风险的存在是客观的，因此，完全消除风险是不可能的，但可以通过金融工具的多样化组合管理来分散风险。由于金融工具的可分割性与流动性，金融市场可以为投资者分散风险提供合理的管理机制。投资者可采用各种证券组合方式来分散风险，提高资金的安全性与盈利性，也可利用对冲交易、套期保值交易来规避和分散风险。利用各种金融工具，投资者还可以把风险从较厌恶风险的人转嫁给厌恶风险程度较低的人，从而实现风险的再分配。

3）成为政府宏观调控和微观主体投资决策的信息系统

金融市场是国民经济的“晴雨表”，是公认的国民经济信号系统。各种金融工具的交易价格灵敏地反映了经济运行的状况及态势，可以为政府宏观调控和微观主体投资决策提供大量的信息资料。投资者通常以股价变化趋势以及上市公司公告的各类信息作为金融决策的依据。企业可以根据证券行情涨落所反映的公众对各产业、各企业的心理预期来调整生产经营并进行投资决策。中央银行依据金融市场的各类信息，通过法定存款准备金率、公开市场操作、调整再贴现率等手段调节货币供应量，实现宏观经济的有效调控。

7.1.4 金融市场的分类

1）按融资期限分类

根据融资期限，金融市场可划分为货币市场和资本市场。

货币市场又称短期资金市场，是指融资工具的到期期限在一年以内的金融市场，其中包括拆借市场、回购市场、短期债券（国库券）市场和票据市场等。

资本市场又称长期资金市场，是指融资工具的到期期限在一年以上或未规定期限的金融市场，主要有长期债券市场和股票市场。

2）按交易性质分类

根据交易性质，金融市场可划分为发行市场和交易市场。

发行市场又称一级市场，是指筹集资金的公司或者政府机构将其新发行的证券（如债券或股票）销售给最初购买者的金融市场。

交易市场又称二级市场，是交易已发行证券的金融市场。

3）按金融工具交易的场所分类

根据金融工具交易的场所，金融市场可划分为场内市场和场外市场。

场内市场即证券交易所。证券交易所是按照国家有关法律规定，经政府主管机关批准设立的证券集中竞价的有形场所。

场外市场又称为柜台交易市场或店头交易市场，是在证券交易所之外进行证券买卖的市场。原则上，在场外交易的证券以未上市的证券为主。然而，现在情况发生了很大的变化，为数不少的上市证券，尤其是政府债券和公司债券也都纷纷涌入场外交易市场进行交易。

除此之外，金融市场还可划分为有形市场与无形市场。

有形市场是有固定交易场所的市场，一般是指证券交易所等固定的交易场地。在证券交易所进行交易首先要开立账户，然后由投资人委托证券公司买卖证券，证券公司负责按投资者的要求进行操作。

无形市场是指在证券交易所外进行金融工具交易的总称。它的交易一般通过现代化的通信工具在各金融机构、证券公司及投资者之间进行。无形市场是一个无形的网络，金融资产及资金可以在其中迅速转移。在现实世界中，大部分的金融资产交易均在无形市场上进行。

4）按交割方式分类

根据交割方式金融市场可划分为现货市场与衍生市场。

现货市场实际上是指即期交易的市场。即期交易是金融市场上的最普遍的一种交易方式。相对于远期交易市场来说，现货市场指市场上的买卖双方成交后须在若干个交易日内办理交割的金融交易市场。现货交易包括现金交易、固定方式交易及保证金交易。现金交易是指成交日和结算日在同一天发生的证券买卖。固定方式交易则是指成交日和结算日之间相隔很短的几个交易日，一般在7天以内。保证金交易又称为垫头交易，是投资者在资金不足又想获得较多投资收益时，采取交付一定比例的现金，其余资金由经纪人贷款垫付，买进证券的一种交易方法。

衍生市场是各种衍生金融工具进行交易的市场。所谓衍生金融工具，是指由原生性金融产品或基础性金融工具创造出的新型金融工具。它的一般表现形式为合约，这些合约的价值由其交易的金融资产的价格决定。衍生金融工具包括远期合约、期货合约、期权合约和互换协议等。

5）按交易的地域范围分类

根据交易的地域范围，金融市场可划分为国内金融市场及国际金融市场。

国内金融市场是指金融工具交易的范围仅限于一国之内的市场，它除了包括全国性的以本币计值的金融资产交易市场之外，还包括一国范围内的地方性金融市场。

国际金融市场则是金融工具交易跨越国界进行的市场，是进行金融资产国际交易的场所。

国内金融市场及传统的国际金融市场都要受到所在国金融监管当局的管制，而新兴的国际金融市场（如离岸金融市场）则是完全国际化的市场，它不受任何国家法令的限制，主要经营境外货币，如欧洲货币市场。国际金融市场是国内金融市场发展到一定阶段的产物，是与实物资产的国际转移、金融业较为发达、资本的国际流动及现代电子信息技术的高度发展相辅相成的。

6）按金融资产的结构分类

根据金融资产的结构金融市场可划分为货币市场、资本市场、外汇市场、黄金市场和其他衍生金融市场。货币市场、资本市场和衍生金融市场如前所述。外汇市场是以不同国家货币计值的两种票据之间的交换市场。黄金市场是专门集中进行黄金买卖的交易中心或场所。

7.2 货币市场与金融工具

货币市场中交易的不是现金，而是那些期限不超过一年的短期债权证券。这些短期证券风险低、流动性强，其具有的特点接近货币，在货币供应量层次划分上被置于现金货币和存款货币之后，称为“准货币”，所以将该市场称为货币市场。货币市场通常交易量巨大，违约风险较低，交易的金融工具到期期限少于一年，因此是需要短期资金的企业、政府和金融中介机构融资的重要场所。

我国的货币市场是由若干子市场构成的，主要包括拆借市场、回购市场、债券市场、票据市场和大额可转让定期存单市场。

7.2.1 拆借市场

拆借市场又称银行同业拆借市场，是商业银行等金融机构之间的短期资金借贷市场。拆借市场的出现是由于实施了法定存款准备金制度，银行必须按照存款的一定比率向中央银行缴纳准备金，而银行日常收付额的变化总是使有的银行准备金不足，有的银行准备金出现多余。准备金多余的银行需要对多余资金加以利用、收取利息，同时准备金不足的银行为了免受中央银行的处罚，双方自然形成了资金借贷的需求。

同业拆借市场最早出现于美国。1921年，美国纽约形成了以调剂联邦储备银行会员银行的准备金头寸为内容的联邦基金市场。美国的存款金融机构在联邦储蓄银行的准备金账户上的存款资金被称为联邦基金，而同业拆借就是准备金账户上的存款资金不足或有余的金融机构之间以转账方式进行的借贷活动，所以美国的同业拆借市场被称为联邦基金市场。相应地，其拆借利率就被称为联邦基金利率。我国统一的银行同业拆借市场建于1996年1月。2007年，中国人民银行授权全国银行间同业拆借中心计算、发布中国货币市场基准利率——上海银行间同业拆放利率(Shanghai Interbank Offered Rate，Shibor)。目前公布的Shibor品种包括隔夜、1周、2周、1个月、3个月、6个月、9个月及1年。

拆借市场具有以下几个特点：第一，交易的同业性。拆借市场有着严格的准入条件，一般只在实力强、信誉好和经常有业务往来的金融机构之间进行。第二，交易的短期性。融通资金的期限一般比较短，拆借资金的期限多为一日或者几日，最长不超过一年。第三，交易金额的大宗性和无担保性。同业拆借基本上是信用拆借。第四，拆借利率的参考性。拆借市场的利率是一种市场化程度很高的利率，能够灵敏地反映资金供求的状况及变化，从而成为货币市场的参考利率。第五，是交易简便的无形市场。参与拆借的机构基本上是在中央银行开立存款账户，由资金交易中心进行撮合成交，并进行资金划账。同业拆借可以使商业银行在不用保持大量超额准备金的前提下，就能满足存款支付的需要。基于拆借市场的特点，目前，拆借市场所进行的短期资金融通已经不限于弥补或调剂准备金头寸，拆借市场已经发展成为各金融机构弥补流动性不足和充分运用资金进行有效资产负债管理的重要场所。

拆借市场的重要作用在于：一方面，使银行在遇到临时流动性需求时，能够在拆借市场中从其他金融机构借入短期资金，而不必出售那些高盈利性资产，满足了银行之间在日常经营活动中经常发生的头寸余缺调剂需要。这样既避免了流动性不足的危机，也不会减少预期的资产收益，以便于银行实现其经营目标。另一方面，使银行在有超额存款准备金时，能够在拆借市场中向其他金融机构贷出短期资金，而取得利息的收入，提高了资金使用的效益。由于同业拆借期限短，风险小，许多银行愿意把闲置资金投放到拆借市场中，以便及时调整资产的负债结构，保证正常的流动性。

7.2.2 回购市场

回购市场又称回购协议市场，是指通过签订证券回购协议进行短期资金融通交易的市场。也就是说，回购市场中的融资是通过交易回购协议实现的。回购协议是证券持有人在卖出证券的同时，与买方约定在一定期限和价格下买回同该笔证券而签订的协议。回购交易实际上是一种抵押贷款，卖方以卖出的证券作为抵押品，向买方短期借款，并在一定期限内购回证券归还借款。例如，某证券公司看准时机，打算在今日用500万元购入一家前景十分看好的公司的股票，但该证券公司只持有面值为500万元的国债，次日才会有一笔现金入账。这时，证券公司可以在回购市场上签订隔夜回购协议，将手中的500万元国债售出，承诺第二天购回等面值国债，年利率为5%。也就是说，该证券公司今日以5%的利率借入500万元，第二天支付5 000 694元再把国债购回，其中694元（5 000 000×5%×1/360）为借款利息。

回购交易是20世纪70年代美国商业银行的一种创新业务，按照当时的金融法律规定，企业在银行支票账户的活期存款不计付利息，银行不能随意挪用客户的资金，商业银行为了使用这部分资金，创造了隔日回购安排。一家企业在营业日结束时，其支票账户上的余额资金都全数清理，用于购买银行持有的短期政府债券，银行同意第二天以稍高的价格购回这些证券。这种安排使银行和企业实现了双赢，在短期内被更多的证券投资商利用，从而形成了回购市场。我国的回购交易始于1993年的国债回购业务。上海证券交易所于1993年12月6日发布了《关于国债交易专场回购业务的通知》，正式开办了以国债为主要品种的交易业务。参与国债回购交易的市场主体包括中央银行、商业银行，以及财务公司、保险公司、证券投资基金、证券公司等非银行金融机构以及非金融机构法人。

回购市场具有流动性强、安全性高、收益稳定并较银行存款收益高、融资成本低的特点。回购协议多以短期为主，流动性强，例如，上海证券交易所的国债回购交易期限共有9种：1天、2天、3天、4天、7天、14天、28天、91天和182天。回购协议一般期限较短，又有债券作抵押，投资者可以根据资金市场行情的变化，及时抽回资金，安全性高。回购利率是市场公开竞价的结果，一般可获得平均高于银行同期存款利率的收益，收益稳定并较银行存款收益高。银行通过回购交易融入资金，无须交纳存款准备金和存款保险费，融资成本较低。

回购市场按照不同的标准有不同的分类。按照交易场所不同，分为场内回购和场外回购：场内回购，是指在证券交易所、期货交易所、证券交易中心、证券交易报价系统内，由其设计并经主管部门批准的标准化回购业务；场外回购，是指在交易所和交易中心之外的证券公司、信托投资公司证券部、国债服务中心、商业银行证券部及银行同业之间进行的证券回购交易。按证券转移行为法律性质的不同，分为质押式回购和买断式回购：质押式回购指以质押的形式将债券交给融券方，约定期限到了再返还资金解除质押交易，债券不过户，质押期间任何人不能交易它，只能作为担保制度；买断式回购指以买断的形式进行交易，债券过户，持有人可以在市场上进行交易，但要保证在回购期满的时候再卖给融资方。按交易的主动性不同，分为正回购和逆回购：正回购指融资出债券，到期收回债券归还资金；逆回购指融券出资金，到期收回资金归还债券。

7.2.3 短期债券（国库券）市场

短期债券（国库券）是国家信用的表现形式。国家信用是指以国家为债务人，从社会上筹措资金以满足财政需要的一种信用形式。短期债券（国库券）是指政府为解决财政先支后收的矛盾而发行的短期政府债券。短期债券（国库券）市场是指期限在1年及1年以下的短期债券交易市场。

在美国等债券市场发达的国家，国库券市场已经成为货币市场的核心。货币市场中交易的债券（国库券）是政府发行的短期债券，期限有3个月、6个月、9个月和1年。由于期限短，有政府信用作保证，几乎无违约风险，因此常常被当作无风险的金融工具。国库券没有利息支付，而是以贴现的方式发行。投资者的收益是购买国库券的价格与面值的价差。例如，甲以985元购买了一张面值为1 000元、90日到期的国库券，15元就是甲投资该种国库券的利息收入，贴现率是6%［（15/1 000）×（360/90）］。

作为重要的货币市场，国库券市场的作用体现在：第一，它是弥补国家财政赤字的重要场所；第二，它为商业银行的二级准备提供了优良的资产，因为它比现金资产等一级准备具有更高的收益；第三，它为中央银行的宏观调控提供了平台，中央银行通过国库券的公开市场操作可以灵活地调控货币供给量；第四，增加了社会投资渠道。国库券信用好、流动性强、收益免税，是机构投资者和居民个人短期投资的理想工具。

知识链接 7-1

国库券的价格与收益计算及一般意义的贴现公式

国库券通常采用贴现方式发行，即以折扣价格发行，期满按票面面额偿还，投资者的收益是国库券的购买价格与面值之间的差额。

以贴现方式发行的国库券，其发行价格、市场转让价格和投资收益率的计算方式如下：

发行价格=面额×［1–年贴现率×（发行期限/360）］

市场转让价格=面额×［1–年贴现率×（未到期天数/360）］

在已知发行价格或市场转让价格时，国库券的投资收益率为：

收益率=［（面额–发行价格或市场转让价格）/面额］×（360/发行期限或持有期限）

除了国库券之外，一般意义上的贴现公式，即包括票据市场上的票据贴现或票据转让，其市场价格计算公式为：

贴现金额或市场转让价格=票据面额×［1–年贴现率×（未到期天数/360）］

即

贴现金额或市场转让价格=票据面额–贴现利息

贴现利息=票据面额×年贴现率×未到期天数/360

日贴现率、月贴现率和年贴现率的换算关系是：

日贴现率=年贴现率/360=月贴现率/30

7.2.4 票据市场

票据市场是短期资金融通的主要场所，是直接联系产业资本和金融资本的枢纽。票据市场是各类票据发行、流通及转让的市场，主要包括商业票据的承兑市场和贴现市场，也包括其他融资性票据市场，如企业短期融资券票据市场和中央银行票据市场。

商业票据最初产生于商品交易的延期支付，是非银行企业为满足短期流动资金需求而开具的可流通转让的债券。商业票据的签发不需要担保，其流通完全依赖于签发人的信用，因此只有那些信誉良好的企业才能发行商业票据。与国库券相同，商业票据以贴现的方式售出。商业票据没有到期之前，票据持有人如果需要资金，可以通过贴现的形式将商业票据转让出去而获得贴现金额，但贴现是有成本的。贴现的成本就是票据转让人按照贴现率支付的贴现利息额。

【例 7-1】某企业持有一张 90 天后到期的一年期商业汇票，面额为 200 万元，银行确定该票据的年贴现率为 5%，该企业经过贴现所得到的贴现金额是多少？

解：企业需要支付给银行的贴现利息为：

贴现利息=票面面额×贴现率×距离未到期天数/360=200×5%×90/360=2.5（万元）

企业得到的贴现金额为：

贴现金额=票面面额－贴现利息=200－2.5=197.5（万元）

商业票据经银行承兑便转化为银行承兑汇票。银行承兑汇票是指由在承兑银行开立存款账户的存款人签发，向开户银行申请并经银行审查同意承兑的，保证在指定日期无条件支付确定的金额给收款人或持票人的远期汇票。由于银行介入，并承诺到期履行支付义务，因此信用风险较小。

中国的票据市场在明清时期曾有一定的规模。解放初期，在商品交易过程中，票据仍然广泛使用。到 20 世纪 50 年代初，在全国实行信用集中，取消商业信用，以银行结算划拨取代商业票据。从此，票据融资和票据市场的概念从经济生活中消失。进入 20 世纪 90 年代，中国人民银行再度倡导发展票据市场，不过当时的票据市场上大多是商业银行进行的票据承兑、贴现和再贴现业务。2005 年 5 月 25 日，《短期融资券管理办法》《短期融资券承销规程》《短期融资券信息披露规程》出台，推动我国票据市场的进一步发展。近年来，由于中国人民银行对票据市场发展的推动，以银行承兑汇票为主的商业票据业务发展较快。《中国货币政策执行报告（2022 年第四季度）》指出："票据承兑业务稳定增长。2022 年，企业累计签发商业汇票 27.4 万亿元，同比上升 13.4%；期末商业汇票未到期金额 17.4 万亿元，同比上升 16.0%。"

拓展阅读 7-2

中国票据市场四十年（1981—2021 年）发展回顾

2021 年是建党 100 周年以及"十四五"规划开局之年，同样也是中国票据市场在改革开放后开始办理票据融资业务以来的第 40 个年头。

1981—1994 年是票据市场起步探索阶段。1981 年，第一笔同城商票贴现及跨省市银票贴现顺利完成，开启了票据融资业务办理的先河。此后，全国越来越多的省（自治区、直辖市）开始试点票据承兑、贴现业务。在此期间，《商业汇票承兑、贴现暂行办法》《中国人民银行再贴现试行办法》《银行结算办法》等规定陆续发布，体现了国家推动票据市场制度完善的决心，但由于当时市场经济刚刚起步以及相关规章制度不够完善等原因，票据业务的发展比较缓慢。相关数据显示，1990年，全国各地票据承兑贴现仅有238亿元，再贴现85亿元；截至1993年年底，全国再贴现余额仅为48.66亿元。

1995—2015年是票据市场快速发展阶段。1995年《中华人民共和国票据法》的颁布是新中国成立以来票据发展史上具有里程碑意义的大事，标志着票据市场进入到了有法可依的新发展阶段。此后，一系列相关配套规章制度陆续出台，我国票据市场制度体系框架基本形成。在此阶段，得益于我国经济的高速发展、法律制度的进一步完善、电票系统的顺利建成以及票据作为重要信贷资产得到商业银行的广泛重视，票据市场规模快速增长，并且增速超过宏观经济增速。2015年，票据市场累计贴现量达到102.1万亿元，比1999年增长409倍，年均增长率达到45.61%；累计承兑量22.4万亿元，比1999年增长44倍，年均增长率26.71%。

2016年至今是票据市场规范发展阶段。2010年后票据市场近乎疯狂的飞速发展埋下了大量的风险隐患，而这些风险在2016年得以集中暴露，给相关参与者造成了严重损失。这一时期，国家管理部门下决心严肃整治票据市场乱象，票据市场进入严监管阶段。也正是在这一背景下，上海票据交易所于2016年12月8日成立，整治行业乱象、规范市场发展成为上海票据交易所自成立之初就肩负的重要使命之一。2017年，得益于上海票据交易所的成立，票据风险得以有效控制，票据市场增长有了基础。此后几年，票据市场规模始终保持着稳健增长的态势。2018年票据承兑发生额、承兑余额、贴现发生额、贴现余额分别较2017年增长24，80%、22.29%、38.83%、45.22%；2019年较2018年分别增长11.55%、6.44%、25.35%、22.46%。2020年，全市场票据承兑发生额22.09万亿元，同比增长8.41%；贴现发生额13.41万亿元，同比增长7.67%。

此外，40年来，票据市场结构也发生了巨大变化，由最初的全部为银票到如今市场中商票银票并存，并且商票占比逐年提升。根据上海票据交易所的数据，2020年商票签发金额为3.62万亿元，同比增长19.77%，商票签发金额占比为16.39%，较上年提升1.55个百分点；商票贴现金额为1.03万亿元，增长9.85%，占比为7.68%。

资料来源：肖小和，蔡振祥. 中国票据市场四十年（1981—2021年）发展回顾与启示（上）[J]. 中国货币市场，2021（7）：59-63.

7.2.5 大额可转让定期存单市场

货币市场中还流通着一种商业银行发行的大额可转让定期存单（negotiable certificates of deposit，简称CDs）。大额可转让定期存单是由商业银行发行的，上面标明存款金额、到期日和利率，可在市场上流通转让的定期存款凭证。大额可转让定期存单为不记名证券，在一级市场上发行后，在到期前可在二级市场上任意交易。大额可转让定期存单是美国花旗银行于1961年创新的金融工具。投资者主要是个人，面额为500元及其整数倍，即大额可转让定期存单面额不得低于500元，以500元的倍数1 000元、1 500元、2 000元等发行。大额可转让定期存单的期限为1个月、3个月、6个月、9个月和12个月5个档次，利率水平通常是在同期定期储蓄存款利率的基础上再加上1～2个百分点。

我国商业银行从1986年开始开展大额可转让定期存单业务，经历了起步、停滞、重启、发展阶段。我国交通银行于1986年发行了第一张大额定期存单，却在1997年由中央银行宣布暂停发行。2014年10月国务院签发《存款保险条例》，旨在保护存款人的合法权益，及时防范和化解金融风险，维护金融稳定。另外，我国不仅颁布了《中华人民共和国票据法》和《中华人民共和国中国人民银行法》，还在2015年6月2日颁布了《大额定期存单管理暂行办法》。这“三法一条例”使商业银行在发行大额定期存单时有了法律依据。包括中国工商银行、中国银行等银行在内的多家商业银行于2015年6月15日发行首批大额存单，投资人包括个人及非金融机构，认购起点分别为30万元及1 000万元人民币。几家银行也均采取固定利率模式。中国工商银行面向个人客户的大额存单为6个月和1年期两款，发行利率最高约为央行存款基准利率的1.4倍，认购起点金额30万元，到期一次还本付息。中国建设银行发布的《中国建设银行个人大额存单2015年第1期产品说明书》显示，其12个月的大额存单产品的利率亦为3.15%，为同期限央行存款基准利率的1.4倍。2020年12月14日，“工、农、中、建、交、邮储”六大行均发布公告，自2021年元旦起，提前支取靠档计息的个人大额存单、定期存款等产品，计息方式由靠档计息调整为活期存款挂牌利率计息。随着靠档计息产品成为过去式，大额存单的“线上转让”功能及可拆分的“智能性”促进大额可转让定期存单业务进一步发展。

7.3 资本市场与金融工具

与货币市场相对应，资本市场是个人、企业和政府借贷长期资金的市场。资本市场金融工具的期限为一年以上，主要包括长期债券和股票。

7.3.1 长期债券市场

债券是筹资人发行的，承诺按一定利率支付利息并按事先约定在到期日偿还本金的债权债务凭证。一年以上的债券为长期债券，包括公司债券和长期政府债券。

公司债券是指公司依照法定程序发行、约定在一定期限内还本付息的有价证券。我国公司债券期限一般为5~10年，可通过以下3种方式募集：①公司直接向社会公众募集；②委托特定人代为募集，特定人收取适当的手续费；③由承销商承销公司债总额，再向社会公众出售获取利益。

公司债券按照发行目的，可以分为普通公司债券、改组公司债券、利息公司债券和延期公司债券等；按照债券本身的情况，有是否记名、是否参加利润分配、是否可以提前赎回等公司债券；根据发行人是否给予持有人选择权，有附权和不附权的区别。

我国发行的长期政府债券的期限一般为3年、5年、7年、10年等，最长为50年。从债券的形式来看，长期政府债券可分为以下几种：①凭证式国债，即以凭证式国债收款凭证记录债权，不能上市流通，从购买之日起计息；②无记名（实物）国债，即以实物券的形式记录债权，面值不等，不记名，不挂失，可上市流通；③储蓄国债，即面向个人投资者发行，满足长期储蓄性投资需求的不可流通记名国债；④记账式国债，即以记账形式记录债权，通过证券交易所的交易系统发行和交易，可以记名、挂失，可上市转让。由中央政府发行的政府债券称为国债，由地方政府发行的债券称为地方债，又叫市政债券。1993年，为避免因地方政府兑现能力不足导致债务违约，国务院禁止地方政府发行债券。直到2009年4月，国家为应对金融危机，才恢复了地方政府债券的发行。据中国人民银行《2022年金融市场运行情况》统计，2022年，债券市场共发行各类债券61.9万亿元，同比基本持平。其中，银行间债券市场发行债券56.0万亿元，同比增长5.4%，交易所市场发行5.8万亿元。2022年，国债发行9.6万亿元，地方政府债券发行7.4万亿元，金融债券发行9.8万亿元，公司信用类债券发行13.8万亿元，信贷资产支持证券发行3 345.4亿元，同业存单发行20.5万亿元。截至2022年12月末，债券市场托管余额144.8万亿元，同比增长11.3万亿元，其中银行间债券市场托管余额125.3万亿元，交易所市场托管余额19.5万亿元。商业银行柜台债券托管余额416.1亿元。

7.3.2 股票市场

微课7-1

股票交易的类型

股票没有到期日，因此股票市场属于资本市场的一种。股票是由股份有限公司发行的，用来证明股票持有人对公司资产具有相应份额的所有权的凭证。股东与公司之间不是债权债务关系，股东是公司的所有者。股票投资者在股票投资中获得的收益有两种，即公司发放的红利和股票价格的上涨。

股票分为普通股和优先股。普通股对公司资产的索取权是剩余索取权，公司在支付完债务利息和优先股股息之后，才能将剩余利润分配给普通股股东。当公司面临破产而进行清算时，财产优先偿还公司的债权人、优先股股东，之后若还有剩余财产才用来偿还普通股股东。由此可见，股票投资的风险要大于债券。普通股股东有权就公司重大事项进行发言和投票表决。普通股股东还具有优先认股权，即当公司增发新普通股时，现有普通股股东有权优先以低价购买新发行的股票，以保持其对企业所有权的份额不变，从而维持其在公司中的权益。

优先股是相对于普通股而言的，其优先权体现在两个方面：一是利润分红，股份有限公司分派股息的顺序是优先股在前，普通股在后；二是对剩余财产的分配，当股份有限公司面临破产清算时，优先股股东的优先分配权在普通股股东之前，但在债权人之后。除此之外，优先股具有固定的股息收益率，所以优先股的股息不像普通股股息那样根据公司经营情况而增减。对公司来说，由于股息固定，并不影响公司的利润分配。优先股的权利范围比普通股小。优先股股东一般没有选举权和被选举权，对股份有限公司的重大事项无投票权，但在某些情况下可以享有投票权。

股票的交易分为场内交易和场外交易。场内交易是指股票在证券交易所挂牌交易，股份有限公司必须提交申请，并要符合证券交易所设定的各项标准，由证券交易所上市委员会批准后，方能上市挂牌交易。证券交易所的股票交易价格由交易双方公开竞价确定，实行“价格优先、时间优先”的竞价成交原则。证券交易所有会员制和公司制两种形式，大多数国家实行会员制。

场外交易又称柜台交易，是指在交易所外进行交易的活动。场外交易没有固定的、集中的交易场所，主要是依靠电子网络联系成交。场外交易市场与证券交易所的区别在于不采取经纪制，交易价格由做市商确定，而不是以拍卖方式交易股票。投资者直接与做市商进行交易，做市商先用自有资金买进证券作为库存，再以略高的价格卖出，从中赚取差价。

20世纪80年代是我国股票市场的萌芽时期，上海、深圳先后设立了股票交易柜台，促进了我国股票流通市场的发展。90年代初，上海证券交易所、深圳证券交易所和中国证监会的正式成立标志着我国股票市场开始逐步纳入全国统一监管体制，区域性试点推向全国，全国性市场由此开始发展。我国股票市场在20多年的时间里取得了举世瞩目的成就，在促进国有企业改革、推动经济结构调整和技术进步方面发挥了突出的作用。目前，我国企业发行的股票品种有A股（人民币普通股）、B股（境内上市外资股）、H股（香港上市外资股）、N股（纽约上市外资股）等。截至2022年年底，我国境内上市公司总计5 079家，总市值达45 794.37亿元。中国人民银行发布的《2022年金融市场运行情况》统计，2022年，股票市场主要指数回落。2022年年末，上证指数收于3 089.3点，较2021年年末下跌550.5点，跌幅为15.1%；深证成指收于11 016.0点，较2021年年末下跌3 841.4点，跌幅为25.9%。两市全年成交额224.5万亿元，同比减少13.0%。

7.4 衍生金融工具市场

微课7-2

衍生金融工具

衍生金融工具是在原生性金融工具（如股票、债券、外汇等）基础上衍生出来的，其回报依赖于原生性金融工具，是从传统金融工具中派生出来的新型金融工具。衍生金融工具具有以下特征：第一，杠杆性。衍生工具在运作时多采用财务杠杆方式，即采用缴纳保证金的方式金融交易，参与者只需投入少量资金，即可进行资金量巨大的交易。第二，虚拟性。人们进行交易的对象是虚拟化的价格、信用和风险，而不是真正的交易合约标的物本身。第三，高风险性。衍生金融工具的虚拟性和高杠杆性决定了其高风险性和高投机性的特征，尤其是衍生金融工具的杠杆性在放大收益的同时，也放大了风险。

7.4.1 远期合约

远期合约（forward contract）是指由双方签订的承诺在未来某一时间以一定的

价格进行某种金融交易的协议。其中一方同意购买指定价格的标的资产在将来的指定日期交易时称为多头（long position）；相反，其中一方同意卖出指定价格的标的资产在将来的指定日期交易时称为空头（short position）。

远期合约作为最简单的衍生金融工具具有以下特征：第一，远期合约是场外交易，是通过现代化通信方式在场外（柜台交易市场）进行的，由银行给出双向标价，直接在银行与银行之间、银行与客户之间进行。第二，远期合约是非标准化合约，合约的规模和内容按交易者的需要而制定。第三，远期合约交易不需要保证金，信用风险主要通过变化双方的远期价格差异来承担。第四，远期合约以实物交割为主，大多数远期合约最终要进行实物交割，因此投机程度大大降低。

远期合约有货币远期和利率远期两种。

货币远期可以用来降低由于汇率的变动带来的外汇风险。例如，英国甲公司在2015年3月签订了一份从美国乙公司进口摄影器材的合同，合同价值为1 000 000美元。当时，英镑兑换美元的汇率为1：1.6，合同用英镑计值为625 000英镑（1 000 000/1.6）。双方达成一致，甲公司在2015年9月收到货后付清全部款项。如果6个月后英镑兑换美元的汇率下跌，那么合同的英镑价值将会增加。为了减少汇率下跌而导致的英镑损失，甲公司可以签订一笔9月份交割的约定汇率为1：1.55的远期合约，买入1 000 000美元。9月份甲公司根据合约支付645 162英镑（1 000 000/1.55）买入美元。如果市场汇率下跌至1：1.5，则甲公司可减少21 505英镑（666 667-645 162）的损失。

利率远期一般用来规避因利率变动带来的资产价值损失的风险。例如，A银行的资金经理李某预知一年后有一笔1 000万美元贷款到期，并打算用这笔资金购买5年期政府债券，希望确保一年后对政府债券投资的收益率至少达到当前7%的水平。与此同时，B银行经理王某手中恰好有1 000万美元的5年期政府债券，3年后到期。李某预期未来3年利率将会上升，而利率上升将会使这些政府债券的市场价格下降，从而带来资本损失。在这种情况下，这两家银行可以签订一份在一年后以7%的收益率交易面值1 000万美元的5年期政府债券的远期合约。一年后，若市场利率低于7%，则A银行收益，B银行损失；若利率高于7%，则A银行损失，B银行收益。

远期合约没有固定的交易场所，其优点是合约内容由双方协商签订，对交易日期和交易金额没有限制，比较灵活，能够满足交易双方的不同需求。这也制约了远期合约的应用，因为市场中很难找到对各项条件都能达成一致的对方。此外，远期合约在到期前不发生现金流动，因此容易发生到期时出现损失的一方由于损失金额巨大而拒绝履行合约，有潜在的违约风险。

7.4.2 期货合约

期货合约（futures contract），是在远期合约基础上发展起来的一种标准化买卖合约，由期货交易所统一制定，规定在将来某一特定时间和地点交割一定数量标的物的标准化远期合约。

期货合约具有以下特点：第一，期货合约是标准化远期合约，合约的数量、质量、交货时间和地点等是标准化的，由期货交易所统一制定，唯一的变量是价格。第二，期货交易是场内集中交易，是在期货交易所组织下成交的，具有法律效力。第三，期货交易实行保证金制度和每日结算制度，期货交易所的会员经纪公司必须向交易所或结算所交纳结算保证金，而期货交易双方在成交时都要经过经纪人向交易所或结算所交纳一定数量的保证金。第四，期货交易大多以对冲方式结束交易，只有极少比例的期货合约被交割，大多数期货交易都会以对冲方式结束，达到通过期货合约价格的波动来套期保值或投机的目的。

期货合约要素包括：①双方同意未来交易的价格称为期货价格（futures price）；②双方将来交易的指定日期为结算日（settlement date）或交割日（delivery date）；③双方同意交换的“东西”称为标的资产（underlying asset）。

期货合约与远期合约相比有所改进，具体表现如下：①期货合约的交易是在有组织的交易所进行的；②合约具有标准化的特点，合约的内容（如交割日期、交割地点、价格、数额等）都是统一规定的；③每手合约的金额较小，方便交易。

购买期货的投资者需要事先在交易所开立保证金账户，按照交易的所有期货合约总额存入一定比例的保证金。保证金账户采取每日结算制，即每天收市时根据当天期货价格的波动计算盈余或损失，盈余金额加入保证金账户，损失金额从保证金账户中扣除。扣除损失后，账户中剩余的金额要求达到最低保证金水平，否则该期货合约将被强行平仓。这种清算方式保证了期货交易不会出现违约风险。

金融期货基本可以分为三大类：货币期货、利率期货和股票价格指数期货。货币期货，也叫外汇期货，是指交易双方约定在未来某一时间，依据现在约定的汇率以一种货币买卖另一种货币的标准化合约的期货交易。它是以外汇为标的物的期货合约，主要用来规避汇率风险。利率期货，是指交易双方在未来某一日，按约定条件买卖一定数量的某种长短期信用工具的标准化期货合约交易，交易的对象有长期国库券、政府住宅抵押证券、中期国债、短期国债等。股票价格指数期货，简称股指期货，是指以股票指数为标的物的标准化期货合约，双方同意在将来某一特定日期，按约定价格买卖某种标的指数，到期后通过现金结算差价。

金融期货产生于20世纪70年代，第一份金融期货合约源于1972年美国芝加哥商品交易所设立的国际货币市场分部，推出了外汇期货交易，包括英镑、加拿大元、德国马克、法国法郎、日元和瑞士法郎期货合约。1975年10月，芝加哥期货交易所推出了第一份抵押债券的利率期货合约，同年开始交易美国政府国库券期货合约，从而成为世界上第一个推出利率期货合约的交易所。此后，多伦多、伦敦等地也开展了金融期货交易。第一份股票价格指数期货合约的交易于1982年在堪萨斯交易所展开。我国目前有四大期货交易所，分别是上海期货交易所、郑州商品交易所、大连商品交易所和中国金融期货交易所。前三个是商品期货交易所，最后一个是金融期货交易所。

拓展阅读 7-3

中国金融期货交易所

中国金融期货交易所（以下简称"中金所"）是经国务院同意，中国证监会批准设立的，专门从事金融期货、期权等金融衍生品交易与结算的公司制交易所。中金所由上海期货交易所、郑州商品交易所、大连商品交易所、上海证券交易所和深圳证券交易所共同发起，于2006年9月8日在上海正式挂牌成立。成立中金所，发展金融期货，对于深化金融市场改革、完善金融市场体系、发挥金融市场功能、适应经济新常态，具有重要的战略意义。

中金所以服务实体经济需要、服务多层次资本市场体系建设为宗旨，通过向市场提供安全、高效、完善的金融衍生产品及服务，促进金融风险合理转移与配置，提升金融市场效率，促进社会经济繁荣。

中金所的主要职能是：组织安排金融期货等金融衍生品上市交易、结算和交割，制定业务管理规则，实施自律管理，发布市场交易信息，提供技术、场所、设施服务，以及中国证监会许可的其他职能。

中金所按照"高标准、稳起步"的原则，积极推动金融期货新品种的上市，努力完善权益、利率、外汇3条产品线，满足参与者多样化风险管理需求。采取全电子化交易方式，以高效安全的技术系统为强大后盾，在借鉴国内外交易所先进技术成果和设计理念的基础上，建立了一个结构合理、功能完善、运行稳定的金融期货交易运行平台。

中金所稳步扩大金融期货市场对外开放程度，积极加入国际期货行业组织，与境外主要交易所签订合作谅解备忘录，做实信息共享与互换、人员培训、业务学习、产品开发等合作内容，满足境内外投资的跨境交易需求。

中金所采取全电子化交易方式，以高效安全的技术系统为强大后盾，在借鉴国内外交易 所先进技术成果和设计理念的基础上，建立了一个结构合理、功能完善、运行稳定的金融期货交易运行平台。截至2022年10月，中金所上市品种有沪深300股指期货、上证50股指期货、中证500股指期货、中证1 000股指期货等4个权益类产品和2年期国债期货、5年期国债期货和10年期国债期货等3个利率类产品。

资料来源：中国金融期货交易所官方网站（http://www.cffex.com.cn/gk/）.

7.4.3 期权合约

期权合约赋予期权持有人在一定时期内以确定的价格买卖标的金融工具的权利。期权是一种选择权，持有人可以选择执行买或卖的权利，也可以选择放弃这种权利。期权合约中确定的价格称为执行价（exercise price）或敲定价（strike price）。

按照期权的权力内容，期权分看涨期权（call option/call）和看跌期权（put option/put）。看涨期权赋予了买方（buyer）以执行价格买进某种金融工具的权利；看跌期权赋予了买方以执行价格卖出某种金融工具的权利。期权的卖方（writer/seller）在出售期权时，必须开立资金账户并存入一定的资金，以保证当期权买方决定执行期权时，卖方有能力完成交易。买方在购买期权时，必须支付给卖方一笔期权费（option premium），日后无论是否选择执行合约，该费用都不予退还。期权到期日（expiration date）或截止日（maturity date）后期权失效。

按照期权行权的时间，期权可分为欧式期权（European options）和美式期权（American options）。欧式期权的买方只有在合约到期当天才能执行合约，美式期权的买方可以选择在到期日之前的任何一天执行合约。

按标的资产不同，期权有货币期权、利率期权、股票期权、期货期权等。

期权的最大好处是这种选择权让买方能够在期权到期时根据具体情况，采取对自己最有利的行动，因此买方可能承受的最大风险是有限的。下面这个货币期权的例子可以解释这一点。某美国进口商进口了一批价值100万欧元的货物，3个月后付款。如果即期汇率是1.10美元/欧元，那么货款为110万美元。为规避3个月后美元汇率下跌的风险，该进口商买入欧元看涨期权。期权的执行价是1.20美元/欧元，若执行合约则需支付120万美元。期权费是0.0065美元/欧元，那么每份标准数额为62 500欧元的合约的期权费为406.25美元。100万欧元共需要买入16份这样的合约，支付期权费共计6 500美元（16×406.25）。3个月后，如果美元兑换欧元的汇率超过了1.20（如1.22），那么该进口商应选择执行合约，因为以执行价购买欧元的花费要比在即期市场中购买欧元的花费低，即节省了13 500美元（1 000 000×1.22−1 000 000×1.20−6 500）。如果3个月后美元兑换欧元的汇率低于1.20，那么该进口商应选择不执行合约，因为以执行价购买欧元的花费要比在即期市场中购买欧元的花费高，而这时发生的最大损失为期权费6 500美元。

2015年2月9日，上证50ETF期权在上海证券交易所正式上市交易。这是中国资本市场第一个上市期权产品，开启了中国期权市场发展的序幕。上证50ETF的全称为上证50交易型开放式指数证券投资基金，由上海证券交易所最具代表性的50只股票组成样本股，目标是建立一个成交活跃、规模较大、主要作为衍生金融工具基础的投资指数。由于风险波动大，股票期权在上市初期制定了严格规定，投资者进场门槛不低于50万元。2020年1月2日，中国外汇交易中心发布《关于试点利率期权业务有关准备事项的通知》，为更好发挥银行间利率衍生产品对实体经济的支持作用，满足市场成员利率风险管理需求，完善利率风险定价机制，经中国人民银行批复同意，全国银行间同业拆借中心于2020年2月24日起试运行利率期权交易及其相关服务。

7.4.4 互换

互换（swaps）是交易双方相互交换彼此拥有的现金流的金融合约。其基本形式有货币互换（currency swaps）和利率互换（interest rate swaps）两种。货币互换是指两种以不同货币表示的现金流的交换；利率互换是指以同种货币表示但采取不同计息方式的现金流的交换。

以货币互换为例。货币互换是将一种货币的本金和固定利息与另一货币的等价本金和固定利息进行互换。货币互换的主要原因是双方在各自国家中的金融市场上具有比较优势。假定英镑兑换美元的汇率为1：15。A公司想借入5年期的1 000万英镑借款，B公司想借入5年期的1 500万美元借款。由于A公司的信用等级高于B公司，两国金融市场对A、B两家公司的熟悉状况不同，因此市场向它们提供的固定利率也不同，如表7-1所示。

表7-1　**市场向A公司和B公司提供的借款利率（%）**

项目	美元借款利率	英镑借款利率
A公司	8.0	11.6
B公司	10.0	2.0

从表7-1中可以看出，A公司的借款利率均比B公司低，即A公司在两国金融市场都具有绝对优势，但优势大小有所不同。A公司在美元市场上的绝对优势为2.0个百分点，在英镑市场上只有0.4个百分点。这就是说，A公司在美元市场中有比较优势，而B公司在英镑市场中有比较优势。这样，双方就可以利用各自的比较优势借款，然后通过互换得到自己想要的资金，并通过分享互换收益降低筹资成本。

于是，A公司以8.0%的利率借入5年期的1 500万美元借款，B公司以12.0%的利率借入5年期的1 000万英镑借款。然后，双方先进行本金的交换，即A公司向B公司支付1 500万美元，B公司向A公司支付1 000万英镑。

假定A公司和B公司商定双方平分互换收益，则两家公司都将使筹资成本降低0.8个百分点，即双方最终实际筹资成本分别是，A公司支付10.8%的英镑利息，而B公司支付9.2%的美元利息。

这样，双方就可以根据借款成本与实际筹资成本的差异计算各自向对方支付的现金流，进行利息互换。也就是说，A公司向B公司支付10.8%的英镑借款利息，计108万英镑；B公司向A公司支付8.0%的美元借款的利息，计120万美元。互换后，A公司的最终实际筹资成本为10.8%的英镑借款利息，而B公司的最终实际筹资成本变为8.0%的美元借款利息加1.2%的英镑借款利息。若汇率水平不变，B公司的最终实际筹资成本相当于9.2%的美元借款利息。若担心未来汇率水平发生变动，B公司可以通过购买美元远期或期货来规避汇率风险。

在贷款期满后，双方要再次进行借款本金的互换，即A公司向B公司支付1 000万英镑，B公司向A公司支付1 500万美元。到此，货币互换结束。

由于货币互换涉及本金互换，因此，当汇率变动很大时，双方就将面临一定的信用风险。当然，这种风险仍比单纯的贷款风险小得多。

互换可使交易双方节省成本。例如，利率互换可以让金融机构在不改变资产负债表的情况下把固定利率资产变为利率敏感性资产，有利于金融机构降低交易成本，提高经营利润。但是，与远期合约一样，互换交易很难达成，缺乏市场流动性。互换合约的双方同样面临违约风险。

近几年我国互换衍生品市场保持平稳增长。据中国人民银行发布的《2021年金融市场运行情况》统计，2021年，利率互换名义本金总额为21.1万亿元，同比增长7.5%；互换利率有所下降，2021年年末，1年期FR007互换利率收盘价（均值）为2.21%，较2020年年末下降27个基点；5年期FR007互换利率收盘价（均值）为2.56%，较2020年年末下降28个基点。据《2022年金融市场运行情况》统计，利率互换名义本金总额为21.0万亿元，同比基本持平；互换利率涨跌互现，2022年年末，1年期FR007互换利率收盘价（均值）为2.19%，较2021年年末下降3个基点；5年期FR007互换利率收盘价（均值）为2.77%，较2021年年末上升21个基点。

7.5 其他金融市场

7.5.1 投资基金

投资基金是一种把众多投资者的资金集中起来，投资于股票、债券、货币市场工具等证券的投资方式。投资基金由基金发起人设立，由基金托管人按照规定开设基金财产的资金账户和证券账户，并委托职业经理人管理。投资基金通过发行份额募集资金，基金的投资人（即份额持有人）不参与基金的管理和操作，只定期取得投资收益。基金管理人进行投资运作，收取基金管理费。投资基金的主要优势在于这种方式使中小投资者把零散资金委托给专业人士集中运作，可以达到投资分散化和降低风险的效果。

按照法律地位，投资基金可划分为契约型基金和公司型基金。契约型基金是基于信托契约原理而组织起来的代理投资制度，托管人、管理人和投资者三方签订基金契约，由基金托管人保管信托资产，基金管理人投资信托资产，基金投资者享有投资收益。公司型基金通过发行基金股份来募集资金，成立股份有限公司，然后再由公司委托投资顾问公司进行投资，投资者购买基金股份成为公司股东。

按照资金筹集方式，投资基金可分为公募基金和私募基金。公募基金是指受相关政府主管部门监管的，以公开发行方式向不特定投资者募集资金的投资基金。私募基金面向特定的投资群体，以非公开发行方式募集资金，一般对投资者有一定的要求，如最低投资额度一般为100万元，因此只有大型投资机构和有实力的个人投资者才能参与。

按照设定的投资风险与收益目标，投资基金可分为成长型基金、收入型基金和平衡型基金。成长型基金的投资目标是资产的长期增值，因此基金管理人通常选择信誉度较高、有长期增长潜力的公司投资。收入型基金的投资目标是比较稳定的收益，投资对象以能够带来稳定现金收入的有价证券为主，如债券、票据等，收益不是很高，但风险较小。平衡型基金介于前述两者之间，投资分散于股票和债券，以保证投资的盈利性和安全性。

按照交易机制，投资基金可分为开放式基金和封闭式基金。开放式基金又称共同基金（mutual fund），是指基金发行总额不固定，投资者可以随时按单位基金净值申购或者赎回基金单位的一种基金。封闭式基金是在发行时确定发行总额，到规定期限前不能增发和赎回，但投资者可以在证券市场上转让、买卖的投资基金。

对冲基金（hedge fund）又称避险基金或套利基金，意思是“风险对冲过的基金”。对冲基金起源于20世纪50年代的美国，其最初宗旨是利用期货、期权等金融衍生工具的买空卖空，结合相关的股票投资，在一定程度上规避和化解投资风险。例如，基金经理在投资于一只股票的同时，购入该股票在一定价位的看跌期权。当股票价格跌破期权的执行价时，看跌期权允许期权持有人以执行价卖出股票，在一定程度上降低了股票价格下跌的损失。如今的对冲基金已经不再以初始时期的宗旨为投资目标，而变成了一种充分利用各种金融衍生工具的杠杆效应承担高风险、追求高收益的投资模式。

我国的投资基金创始于1998年3月，经过短短十几年的发展，现在已经具有了相当规模，成为重要的投资工具。尤其是2001年开放式基金推出以来，取得了飞速发展，到2011年年底，开放式基金占全部基金资产净值的比重已超过94.86%。据中国证券投资基金业协会的统计，截至2023年6月底，中国境内共有基金管理公司144家。具体来看，外商投资基金管理公司48家（包括中外合资和外商独资），内资基金管理公司96家，取得公募基金管理资格的证券公司或证券公司资产管理子公司12家、保险资产管理公司1家。以上机构管理的公募基金资产净值合计27.69万亿元。

7.5.2 风险投资与创业板市场

1）风险投资

根据美国风险投资协会（National Venture Capital Association，NVCA）的定义，风险投资是由职业金融家投入到新兴的、迅速发展的、具有巨大竞争潜力的企业中的一种权益资本。目前，我国的风险投资主要以建立公司制的风险投资基金形式存在，风险投资机构首先通过发行股份从投资人处筹集资金，组成以自身资产为主要经营对象、专门从事风险资本投资管理职能的股份有限公司。风险投资一般以掌握部分股权的形式对新兴的、有快速成长潜力的企业进行投资，但其投资的目的并不是控制被投资企业的所有权，也不是经营企业，而是通过注入资金和提供增值服务帮助被投资企业发展，在得到丰厚利润后，通过公开上市等方式退出，早日实现投资回报。

风险投资的运作一般包括以下几个步骤：

（1）初审。对潜在投资企业的项目建议书进行初步筛选，寻找投资机会。

（2）项目审议。风险投资公司的项目评估小组对通过初审的项目进行进一步全面的审议。审议的内容一般包括企业的背景资料及行业、技术、市场等方面的情况。

（3）项目谈判。风险投资公司进一步就投资形式、资金使用、股本结构、股权转化价格、交易达成的前提条件、交易费用等有关问题与企业管理层进行谈判。

（4）交易完成。双方签署有关的法律文件。

（5）项目跟踪。投资生效后，风险投资公司的投资专家将在其所投资企业的董事会中占有席位，跟踪项目，监督商业计划的执行情况，并对改善企业的经营状况以获取更高利润提供建议和必要的支持。

（6）资金退出。风险投资的期限一般为5~10年，资金最终会退出获得投资的企业。风险投资退出的方式有以下3种：①股份上市，指将被投资企业改组成上市公司，进入证券市场，风险投资的股份通过首次公开发行实现资金的收回和资本增值；②股份回购，当被投资企业不是很成功的时候，达不到公开上市的条件，风险投资公司一般会选择由企业购回风险投资股份的方式实现退出，这是风险投资公司回避风险的一种备用退出方法；③破产清算，相当一部分的风险投资是不成功的，当被投资企业经营失败，宣布破产时，有关人员将对企业进行破产清算，这意味着风险投资公司对该项的投资遭受部分或全部损失。

风险投资起源于15世纪的欧洲，20世纪70年代在美国兴起，并很快在世界范围内产生巨大影响。我国风险投资业起步较晚，1985年9月，国务院批准成立中国新技术创业投资公司，这是新中国第一家专营风险投资的全国性金融机构。1998年《关于尽快发展我国风险投资事业的提案》（全国政协九届一次会议"一号提案"）提交之后，风险投资有了迅猛的发展。

在我国的私募股权投资中，风险投资发展较早。2003—2014年，我国颁布《外商投资创业投资企业管理规定》，修订《中华人民共和国合伙企业法》，各地政府也纷纷出台地方性政策法规。在一系列政策推动和宏观经济稳定发展的大环境下，风险投资迅速发展。2012—2022年，风险投资机构的设立数量整体呈现稳步增长态势。其中，国内风险投资机构数量从2012年的631家发展到2022年的747家，年复合增长率为1.70%。2012—2016年，平均每年新增注册的风险投资机构约为20家；2017年至今，风险投资机构的增长步伐逐步放缓，平均每年新增注册3家。截至2022年年底，风险投资机构的总体数量为1 132家，其中，中国境内的风险投资机构747家。风险投资机构已经成为中国创投行业中的重要组成部分，为中国创投行业的发展贡献了自己的力量。风险投资机构的投资事件数量从2012年的百余起增长到如今的千余起。其中，2012—2016年投资事件呈现快速增长态势，从195起增长到2 133起，年复合增长率高达81.86%。自2017年起，我国风险投资机构的投资事件数量逐渐趋于稳定，呈现小幅波动态势。我国风险投资机构投资热度在2021年达到历史最高，全年共计发生2 259起投资事件，同比增长54.09%，在2022年回落至1 470起，同比减少34.93%。

2）创业板市场

创业板市场又称二板市场，是指交易所主板市场以外的，为高成长的新兴创新公司特别是高科技公司筹资并进行资本运作的市场。创业板市场与主板市场不同，更注重公司的发展潜力，其上市标准低于主板市场。在创业板市场上市的公司大多具有业绩不稳定、经营时间较短、规模较小的特点，因此创业板市场投资风险较大。

创业板市场的主要特点如下：

（1）实施保荐人制度。由保荐人对发行公司进行上市推荐和辅导，核实公司披露文件所载资料的真实、准确和完整，督导发行公司遵守上市规定，完成招股计划中所提标准。保荐人对发行人发布的定期公告撰写跟踪报告，对上市公司的信息披露负连带责任。

（2）强调主营业务突出。创业板上市公司募集到的资金只能用于一种业务，有利于上市公司形成核心竞争力。

（3）简化报审环节。创业板市场的申报程序比主板市场有所简化，不再要求征求发行人注册地省级人民政府意见，也不再要求就募集资金投资投向是否符合国家产业政策和投资管理规定征求国家发展和改革委员会意见。

（4）对公司治理提出从严要求，即要求董事会下设审计委员会，强化独立董事职责，并明确控股股东责任。

（5）监管方式以信息披露为本，增强了信息披露的充分性和及时性，强化市场约束。

创业板起源于20世纪60年代的美国，当时美国证券交易委员会（the U.S. Securities and Exchange Commission，SEC）提出了“自动操作系统”作为解决问题的设想，并由全美证券商协会（National Association of Securities Dealers，NASD）来进行管理。1968年，自动报价系统研制成功，全美证券商协会改称美国全国证券交易商协会自动报价系统（National Association of Securities Dealers Automated Quotations，NASDAQ）。1971年NASDAQ市场正式成立，当日完成了NASDAQ的全面操作，中央牌价系统显示出2 500种证券的交易行情。1975年，NASDAQ建立了新上市标准，要求所有的上市公司都必须将在NASDAQ市场上市的股票和场外交易（over-the-counter）市场证券分离开来。NASDAQ是创业板市场的典型，素有“高科技企业摇篮”之称，曾孵化了微软公司、英特尔公司、苹果公司、思科公司等一大批高科技企业，对美国以计算机信息技术为代表的高科技产业的发展以及美国近年来经济的持续增长起到了十分重要的作用。在NASDAQ成功经验的影响下，世界其他地区的资本市场也开始设立自己的创业板市场。1995年6月，伦敦证券交易所设立了创业板市场——另类投资市场（alternative investment market，AIM）。1999年11月，中国香港联合交易所创业板市场（HKEx Growth Enterprise Market，GEM）正式成立。

中国内地创业板市场于2009年10月在深圳证券交易所设立，定位于服务自主创新企业和其他成长型创业企业，发展至今只有十几年时间，但发展速度较快。中国经济网发布的数据显示，截至2023年4月28日，已有1 248家创业板上市公司披露2022年年度报告。2022年，创业板上市公司业绩稳步提升，合计实现营业收入35 015.66亿元，平均每家实现28.06亿元，同比增长20.43%，合计实现净利润2 417.56亿元，平均每家实现1.94亿元，同比增长11.07%。2022年，面对复杂多变的市场环境，创业板上市公司顶住压力、抢抓机遇，经营业绩逆势成长，发展质量稳步提升，为稳住经济大盘提供了坚强保障。

微课7-3

特里芬难题

7.5.3 外汇市场与外汇交易

1）外汇市场

世界上大部分国家都发行自己的货币，当这些国家之间发生贸易和资本往来时，就需要将一种货币兑换成另一种货币。外汇市场提供了不同货币兑换的场所。汇率是外汇市场中的价格，它代表了一种货币能够兑换多少另一种货币。除货币外，外汇市场还流通着大量的以外币表示的金融工具，如股票、债券等有价证券。外汇交易的参与者包括中央银行、商业银行、外汇经纪人、外汇交易商、跨国公司、国际投机者等。

国际上规模较大且有影响的外汇市场有伦敦、纽约、巴黎、法兰克福、苏黎世、东京、香港等，这些外汇市场大都没有固定的交易场所，属于无形外汇市场。另外，由于各个外汇市场遍布世界各地，开市和收市的时间相互交错，因此外汇市场具有24小时不停地运作的特点。

外汇市场的功能主要表现在以下3个方面：

（1）实现购买力在国家间的转移。各国进行的商品、服务和金融资产的交易必须把一种货币兑换成另一种货币作为支付手段来实现，而这种兑换就是在外汇市场中进行的。进口商和其他需要对外支付外汇者在外汇市场把本币兑换成外币，从而把本币的购买力转化为外币购买力，再进行交易的支付。出口商和其他收汇者把收到的外币兑换成本币，从而使外币的购买力转化为本币购买力，再用于国内交易的支付。外汇市场的基本功能就是提供货币转换机制，实现国与国之间货币购买力或资金的转移。

（2）提供资金融通。外汇市场向国际贸易参与者提供了资金融通的便利。参与外汇市场交易活动的商业银行为进出口商提供短期贷款，保证了国际贸易的顺利进行。跨国金融资产在外汇市场中的交易，使资金能够快速地在国家间转移，促进了国际借贷和国际投资活动的顺利进行。

（3）提供外汇保值和投机的机制。在国际贸易和金融交易中，交易双方都面临着外汇风险。交易双方可以在交易发生的同时通过外汇市场进行远期外汇买卖，从而对冲由于市场汇率波动而带来的经济损失，以保证预期的收益。同时，外汇期货、期权等金融衍生工具也为投机者提供了获取利润的机会。

2）外汇交易

（1）即期外汇交易

即期外汇交易又称现汇交易，是指交易双方以当时的市场价格成交，并在成交后两个营业日办理交割手续的外汇交易。即期外汇市场交易的价格称作即期汇率。在外汇市场中，利用即期外汇交易进行投资获取利润的行为叫作套汇交易，即利用不同外汇市场的汇率差异而进行的以营利为目的的交易。套汇交易可分为直接套汇和间接套汇。例如，纽约外汇市场上丹麦克朗兑换美元的即期汇率为6.550：1，伦敦外汇市场上此汇率为6.5207：1，如果忽略交易成本，那么用100万美元进行直接套汇的利润为4 493美元［（1 000 000×6.550）/6.5207－1 000 000］。若纽约外汇市场上丹麦克朗兑换美元的即期汇率为6.550：1，英镑兑换美元的即期汇率为0.6518：1，伦敦外汇市场上丹麦克朗兑换英镑的即期汇率为10.253：1，如果忽略交易成本，那么用100万美元进行间接套汇的利润为20 291美元［（1 000 000×0.6518）×10.2530/6.550−1 000 000］。

（2）远期外汇交易

远期外汇交易又称期汇交易，是指双方先签订合同，规定交易的币种、数额、价格、交割时间等，在未来在约定日期进行交割的一种外汇交易方式。远期外汇交易的期限一般有1个月、3个月、6个月和12个月。

远期外汇市场交易的价格称为远期汇率。即期汇率与远期汇率的差额称为远期差额。远期汇率高于即期汇率称为远期升水；远期汇率低于即期汇率称为远期贴水。

知识链接7-2

远期差额的计算

远期汇率反映的是一种货币未来交割的供给和需求，因此它在一定程度上能够提供未来即期汇率的走势信息。远期升水与远期贴水的比例一般用百分数的形式表示。其表达式为：

远期升水/贴水＝（FN−S）/S×12/N×100%

式中：FN代表远期汇率；S代表即期汇率；N是远期合约的月份期限。

例如，美元兑换英镑的6个月远期汇率是1.630：1，即期汇率是1.610：1，则：

英镑的远期贴水=（1.630−1.610）/1.610×12/6×100%＝2.48%

国际债券投资者可以利用远期外汇交易规避风险。假设美国国库券利率比英国国库券的利率高，两者分别为4.5%和2.25%，则英国的投资者为追求高利息，就会用英镑兑换美元，然后将其投资于3个月期的美国国库券，待该国库券到期后将美元本利兑换成英镑汇回国内。这样，投资者可多获得1.25%的利息。但是，如果3个月后，美元汇率下跌，投资者就得花更多的美元去兑换英镑，因此就有可能换不回投资的英镑数量而招致损失。为此，英国投资者可以在买进美元现汇的同时，卖出3个月的美元期汇，这样，只要美元远期汇率贴水不超过两地的利差(1.25%)，投资者的汇率风险就可以消除。

除即期外汇交易和远期外汇交易外，外汇市场中还有外汇期货、外汇期权、外汇互换等衍生金融工具的交易。

3）我国外汇市场的发展历程

我国的外汇市场，是伴随着改革开放，从无到有、从小到大、从封闭到开放发展起来的。其间，大致经历了4个阶段：第一阶段，1979年外汇分配制度改革，开启了外汇市场的初创化发展。第二阶段，1994年人民币汇率制度并轨，形成统一规范的外汇市场。第三阶段，2005年重启汇率市场化改革，推进外汇市场的市场化发展。第四阶段，2010年人民币跨境结算量大幅提高，提升了外汇市场的对外开放水平。历经10年汇率改革，2016年10月1日人民币正式加入特别提款权

（SDR）货币篮子，这是人民币国际化的重要里程碑。2017年5月8日，中国外汇市场自律机制发布《中国外汇市场准则》，旨在向中国外汇市场参与者和从业人员提供通用性的指导原则和行业最佳实践的操作规范，促进外汇市场专业、公平、高效、稳健运行。2020年7月13日银行间市场人民币外汇主经纪业务正式上线。2022年5月11日，国际货币基金组织（IMF）执董会完成了五年一次的特别提款权（SDR）定值审查。2022年7月21日，中国人民银行印发的《关于支持外贸新业态跨境人民币结算的通知》正式实施。

7.5.4 黄金市场

黄金市场是进行黄金买卖的交易中心，是完整的金融市场体系的重要组成部分。在黄金市场上买卖的黄金形式主要有金条、金币、金丝和金叶等，其中交易最多的是金条。参与黄金交易的主体包括黄金交易商、银行、对冲基金、机构和个人投资者、经纪公司等。

1）黄金市场的类型

（1）按影响力分类

根据影响力，黄金市场可分为主导性黄金市场和区域性黄金市场。

① 主导性黄金市场。该市场价格及交易量的变化对其他黄金市场具有主导性作用，如伦敦、纽约、苏黎世、香港等黄金市场。

② 区域性黄金市场。该市场交易规模较小并集中在本地区，对其他黄金市场影响不大，如巴黎、法兰克福、布鲁塞尔、新加坡、东京等黄金市场。

（2）按交易方式分类

根据交易方式，黄金市场可分为黄金现货交易市场和黄金期货交易市场。黄金现货交易是指成交后双方在两个营业日内完成交割的交易方式。黄金期货交易是指交易双方签订黄金期货合约，约定在未来的某一时间交割的交易方式。黄金期货交易是黄金现货交易的补充，具有杠杆作用，有一定的灵活性。大多数黄金市场既有黄金现货交易又有黄金期货交易。

（3）按有无固定场所分类

根据有无固定场所，黄金市场可分为无形黄金市场和有形黄金市场。无形黄金市场没有特定的交易场所，如伦敦黄金市场，交易主要通过黄金交易商之间的联系网络进行。有形黄金市场有固定的交易场所，一是设专门独立的黄金交易场所，如香港金银业贸易场、新加坡黄金交易所等；二是设在商品交易所之内，如设在纽约商品交易所内的纽约黄金市场，设在芝加哥商品交易所内的芝加哥黄金市场。

（4）按对黄金交易的限制程度分类

根据对黄金交易的限制程度，黄金市场可分为自由交易市场和限制交易市场。自由交易市场是指黄金可以自由买卖和自由输出输入的黄金市场，如苏黎世黄金市场。限制交易市场，有的是对交易人实行限制，只允许非居民而不允许居民自由买卖；有的是对黄金的输出入实行管制，只准许居民在国内黄金市场自由买卖。

2）黄金市场的职能

（1）增加投资渠道

黄金的稀有性决定了它的珍贵性，因此黄金类似于货币，具有储藏价值的功能。当证券市场或经济出现波动时，黄金因具有保值、增值功能，可以作为不动产、货币、有价证券之外的另一种投资选择，用来规避风险。所以，黄金市场的发展为投资者增加了一种投资渠道，从而在一定程度上分散了投资风险。

（2）货币政策功能

通常，各国中央银行的国际储备中都有一定数量的黄金，中央银行可以通过在黄金市场上买卖黄金来增加或减少自己的黄金储备，从而控制货币供给。虽然黄金市场的这个职能作用有限，但是由于其对利率和汇率的敏感性不同于其他手段，因而可以作为货币政策操作的一种对冲工具。

3）我国黄金市场的发展历程

从新中国成立至今，我国的黄金市场经历了4个阶段：

第一阶段，冻结民间黄金买卖，鼓励黄金生产（1949—1978年）。1950年4月，中国人民银行制定下发《金银管理办法（草案）》，冻结民间金银买卖，明确规定国内的金银买卖统一由中国人民银行经营管理。

第二阶段，“统一管理，统购统配”（1978—1993年）。改革开放以后，冻结民间黄金买卖的管制政策开始出现松动，1979年中国人民银行铸造发行纪念币、投资性金银币，1982年我国放开了中断20多年的黄金饰品零售市场，中国金币总公司也从这年起开始发行著名的熊猫金币。在此阶段，“统一管理、统购统配”的黄金管理体制逐步建立并得到完善。

第三阶段，逐步市场化（1993—2001年）。从1993年开始，黄金生产企业进行市场导向改革，“统购统配”的黄金交易破土而出，出现一些地方性的黄金交易市场。1999年12月28日，白银放开交易，上海华通有色金属现货中心批发市场成为中国唯一的白银现货交易市场。白银的放开给中国黄金市场的放开打下了基础。2000年8月，上海老凤祥型材礼品公司获得中国人民银行上海分行批准，开始经营旧金饰品收兑业务，成为国内首家试点黄金自由兑换业务的商业企业。

第四阶段，全面市场化（2001年至今）。2001年4月，中国人民银行行长戴相龙宣布取消黄金“统购统配”的计划管理体制，在上海组建黄金交易所。2001年6月11日，中国人民银行正式启动黄金价格周报价制度，根据国际市场价格变动对国内金价进行调整。2002年10月30日，上海黄金交易所正式开业，中国黄金市场走向全面开放。2003年4月，中国人民银行取消了黄金生产、加工、流通审批制，改为工商注册登记制，标志着黄金商品市场的全面开放。随后，我国黄金市场发展迅速，郑州黄金交易中心、大连黄金交易中心、山东黄金交易中心、山东招金黄金交易中心等地方性黄金交易市场纷纷成立，各大商业银行也先后推出个人黄金交易、纸黄金交易和个人账户金交易等，我国黄金市场的交易产品和交易主体日益增多。2007年9月，经国务院同意，中国证监会批准上海期货交易所上市黄金期货。在黄金期货的基础上，包括期权、远期等更多衍生产品都将逐步推出，进一步扩大中国黄金市场的深度和广度。上海黄金交易所黄金市场在金融市场资源配置中的基础性作用得到进一步发挥，市场运行平稳，交易量、交易额增长迅速。

7.5.5 金融市场的国际化

金融市场的国际化是指本国和外国的金融市场之间由于密集的交易往来而相互影响、相互促进，并逐步形成统一的国际金融市场。金融市场的国际化是世界金融业的发展趋势之一。20世纪70年代以来，世界各国金融市场的发展超越了国界的限制，与世界金融体系日益融合，金融市场国际化的趋势日益明显并不断加速。

1）金融市场国际化的表现

（1）金融机构的跨国扩张

世界范围内大批跨国银行及其分支机构的增加，离岸金融中心和金融机构的发展，以及各类直接融资代理机构的扩张，都是金融机构跨国经营的表现。尤其是近年来银行业跨国兼并和收购的交易不断增多，银行不仅通过跨越国界实现同业并购，而且越来越多地涉足跨行业的并购，迅速拓展在境外的市场份额。

（2）金融工具交易国际化

随着世界各国外汇管制和其他金融管制的逐步放松，全球投资者可以在欧洲债券市场和全球性股票市场上交易任何一国的金融资产。各类融资票据、公司股票、存托凭证以及金融衍生产品的国际交易量迅速增加。

欧洲债券市场不是一个地理概念，而是一个境外概念。在这个市场中，外国债券（foreign bond）作为国际债券市场上的传统工具，是一种在境外发行并以发行国货币计价的债券。例如，美国通用电气公司在中国发行以人民币计价的债券，就是外国债券。外国债券在国际债券市场中所占据的重要地位已历经数个世纪。美国在19世纪建造的大部分铁路，其资金都是由在英国发行的外国债券融得的。国际债券市场较近的一个创新是欧洲债券（Eurobond），它是一种以发行国以外的货币计价的债券，如英国发行的以美元计价的债券。目前，在国际债券市场上新发行的债券中，欧洲债券占80%以上，而且这种债券的增长速度非常迅猛。欧洲债券的一个变种是欧洲货币（Eurocurrency），这是存放在本国之外银行的外国货币。最为重要的是欧洲货币是欧洲美元（Eurodollars），即存放在美国以外的外国银行或是美国银行的国外分支机构的美元。由于这些短期存款同样可以赚取利息，因此它们类似于短期欧洲债券。应当注意的是，欧元可能会与欧洲债券、欧洲货币和欧洲美元相混淆。以欧元计价的债券，只有其发行国为欧元区以外的国家时，才可以称为欧洲债券。事实上，大部分欧洲债券并不以欧元计价，而以美元计价。同样，欧洲美元只是存放在美国以外的银行的美元，与欧元没有任何联系。

在全球性股票市场上，各国的工商企业可在符合条件的基础上在他国上市融资，各国投资者可购买他国的股票而为该国的公司提供资金。

（3）货币国际化

随着欧元的出现及日本政府积极推动日元国际化，美元、英镑、欧元、日元已成为国际结算和各国外汇储备的主要货币，另外一些中等发达国家甚至发展中国家的货币也逐渐成为可自由兑换的货币，朝着世界货币的方向发展。

(4) 现代信息网络全球化

网络信息技术在国际金融领域的普及，消除了各国市场之间信息传递的时空障碍，并提供了高速度、低成本处理大规模金融交易的技术手段，使全球范围的资金调拨和交易清算能够在瞬间完成，从而使各国的金融市场在时间和空间上实现紧密联结，成为一个连续的、统一的国际金融市场。投资者可在任何一个主要金融市场进行24小时连续不断的金融交易。

(5) 金融工具价格的趋同化

任何一国的利率和汇率的变动，都会导致投资资金在国家间的迅速流动，从而使全球金融市场的价格信号趋向一致。

2）金融市场国际化的利益

金融市场的国际化扩大了市场规模，增加金融市场的流动性，产生规模经济效应，降低国际筹资成本，为投资者带来更高的收益。国际竞争将促进金融创新和多元化，增加交易品种，改进交易制度，有利于提高市场效率。外国金融机构和投资者对市场交易活动的参与，迫使资本流入国加强市场监督和调控，促进金融市场的完善。现代经济在很大程度上依赖于金融，金融市场的国际化促进了金融的发展，对经济增长起到了间接的带动作用。

3）金融市场国际化的风险

伴随金融市场国际化而来的外国资本的大量流入可引起资产泡沫，造成价格扭曲，而资本的撤出又会使泡沫破裂，金融资产价格暴跌。资产价格的过度波动将大大降低金融市场的稳定性，从而使本国金融体系遭受重创，严重时还会危及实体经济，甚至引发经济危机。金融市场国际化的加深加强了本国、外国金融市场之间的联系，导致二者的相关性上升，产生传染效应，增大金融体系的系统性风险。一旦主要金融市场发生金融危机，将在全球范围内迅速传染和蔓延。金融市场国际化带来的金融产品、交易主体多元化等因素都加深了金融监管的复杂性，对本国金融监管当局的监管能力和监管技术都提出了更高的要求。金融监管的提升如果无法跟上金融市场国际化的进程，则很容易使本国的金融安全遭到威胁。

从全球金融发展的经验来看，金融市场的国际化是经济全球化发展的必然结果，但是，金融市场的国际化发展利弊兼具：一国可以从金融市场国际化进程中获得巨大经济利益，加速其经济发展；同时，金融市场国际化也会给整个金融体系带来不稳定因素，造成经济的动荡。因此，在我国金融市场快速发展，逐步对外开放的过程中，要加强金融市场稳定性的建设，提高应对金融风险的能力，消除金融市场国际化带来的隐患。

学史增信

中国共产党领导下的百年金融回顾

一百年筚路蓝缕，一百年风雨兼程。翻开厚重的历史典籍，中国共产党历代领导人在革命和建设当中，都十分重视金融事业发展。重温党建金融百年恢宏岁月，不仅对当前中国金融业的稳定发展有着可贵的历史借鉴价值，更对中国实现以强国之姿傲然屹立于世界民族之林有着必然的现实指导意义。

1）新中国成立前的28年：革命战争时期的红色金融

回溯中国近代史，可以说，中国金融业萌芽于大革命时期，发轫于井冈山革命根据地。为了解决农民群众被盘剥的问题，满足革命战争的需要，各革命根据地纷纷建立金融机构，根据需要发行流通货币，积极发展革命根据地经济。从中国共产党诞生直到新中国成立，在战火连天的革命战争岁月里，整个金融业都有着鲜明的战时特征。革命战争年代的金融发展虽历程坎坷，但中国共产党始终没有放弃对经济金融工作的坚定领导，在跌宕中砥砺前行，极大活跃了农村革命根据地和各解放区的经济，革命战争时期的红色金融在中华民族的艰难征程中起到了举足轻重的作用。

2）计划经济时期的30年：新生金融体系的曲折创建

新中国成立初期，饱受战争折磨的新中国满目疮痍、百废待兴。此时，中国人民银行已于新中国诞生前夕建立，拉开了中国金融事业新发展的序幕，为新中国的建立作好了准备。中国共产党挑起复兴的重担，开始有计划地恢复国民经济，进行金融经济建设。

3）改革开放后的42年

1978年，党的十一届三中全会明确实施“对内改革，对外开放”的政策，正式拉开了改革开放的序幕。同时，我国经济体制改革被提上重要议程。改革开放以前，囿于计划经济体制，银行充当的只是“算账管资金”的“会计”角色。在改革开放的新时代，我们“要把银行办成真正的银行”，响应邓小平同志的指导思想，我们党开始在全国范围内有计划地进行金融体制改革。

4）继往开来的新时代

在中国共产党成立一百周年之际，金融发展也步入了新的历史时期。在新的经济发展趋势下，我们要矢志不渝地坚持中国共产党的领导，在稳定金融发展的同时学会利用科技优势大胆进行金融创新，以不屈不挠的革命精神在发展道路上披荆斩棘。在新时代，我们首先要继续用稳健的手段对金融进行宏观把控，根据经济形势变化对金融政策进行适当微调。其次，以调整优化金融结构体系为重点，适度将金融资源向经济发展薄弱区域倾斜；进一步强化对实体经济的金融支持，为实体经济的发展提供更高效的金融服务；着力防范化解系统性金融风险，完善风险防范制度体系，运用科技手段实时动态监管金融市场的各种波动。在稳定金融发展的同时，应立足于中国的国情和实际发展状况，贯彻新发展理念，学会运用时代赋予的优势开拓金融发展新局面。创新是生产率长期增长的核心，是经济发展的强大助推器。金融事业的发展离不开金融创新。在当今高度信息化时代，以互联网为核心的科学技术正席卷世界范围各领域，中国以往的人口红利和低成本劳动力优势不再，互联网迅速扩张发展的态势正倒逼中国经济增长模式的转变。经济模式转型必然引发金融模式转型，如何运用各金融要素的重新组合进行金融产品创新、金融机构创新、金融体制创新以及金融监管创新等，从而形成新的金融“生产函数”以实现效益最大化，推动中国经济高质量发展成为我们亟待解决的问题。科技的进步为金融高质量发展提供了新的发展空间和展现舞台，同时也给金融监管带来了新的风险和挑战。

资料来源：王钰婷，李新功. 中国共产党领导下的百年金融回顾［J］. 征信，2021（8）：16-20.

解读：

中国共产党领导的金融事业经历了从无到有、从弱到强、从国内走向国际的曲折发展。纵观党领导的金融事业发展历程，无论是革命战争时期、社会主义建设初期还是改革开放时期，中国共产党人始终坚定不移地发展我国金融事业。革命战争时期，党领导人民消灭旧金融，解除农民身上被盘剥的顽疾，在战火纷飞的年代建立起红色金融体系；社会主义建设时期，顺应时代发展建立新的金融体系，面对危机力挽狂澜；改革开放新时期，秉承红色基因、汲取红色金融工作沉淀下来的宝贵财富，从红色金融发展到互联网金融、普惠金融，继续推进金融事业向前发展。无论哪一时期的金融工作，无一不以人民为中心。中国共产党成立至今百年能够取得如此辉煌伟业，究其根本，就在于始终以人民为中心。本文通过回溯百年党建金融史，让学生从历史中汲取宝贵的精神财富和经验，秉承红色基因继承和发扬红色精神，把先辈们用鲜血和汗水铸就的中国特色金融事业稳步向前推进，是对中国共产党百年华诞最好的献礼。

本章小结

金融市场中资金的转移通过直接融资或间接融资两种方式完成。直接融资是资金直接从资金所有者手中转移到资金短缺者手中的融资方式；间接融资是资金先从资金所有者手中转移到金融中介机构，再由金融中介机构把资金转移给资金短缺者的融资方式。

货币市场是交易期限不超过一年的短期证券的市场。资本市场是个人、企业和政府借贷长期资金的市场。资本市场金融工具的到期期限为一年以上，主要包括长期债券和股票。

衍生金融工具是从传统金融工具中派生出来的新型金融工具。常见的衍生金融工具包括远期、期货、期权和互换。

投资基金是一种把众多投资者的资金集中起来，投资于股票、债券、货币市场工具等证券的投资方式。投资基金可以使投资分散化和降低风险。

风险投资一般以掌握部分股权的形式对新兴的、有快速成长潜力的企业进行投资，通过注入资金和提供增值服务帮助被投资企业发展，在得到丰厚利润后，通过公开上市等方式退出，早日实现投资回报。

创业板市场是指交易所主板市场以外的，为高成长的新兴创新公司特别是高科技公司筹资并进行资本运作的市场。其上市标准低于主板市场，投资风险较大。

外汇市场提供了不同货币兑换的场所。外汇交易可分为即期外汇交易和远期外汇交易。

黄金市场是进行黄金买卖的交易中心。作为可替代投资渠道，黄金市场在一定程度上分散了投资风险。上海黄金交易所已成为全球最大的场内实物黄金市场。

金融市场的国际化是世界金融业的发展趋势之一。在金融市场国际化的进程中，一国既能够得到利益，也会加剧自身金融体系的不稳定性。

基本概念

金融市场　直接融资　间接融资　债务性工具　权益性工具　股票　债券　货币市场　资本市场　一级市场　二级市场　场内市场　场外市场　现货市场　衍生市场　拆借市场　回购市场　票据市场　债券市场　股票市场　远期合约　期货合约　期权合约　货币互换　利率互换　投资基金　对冲基金　外汇市场　黄金市场

思考题

(1) 简述直接融资和间接融资的区别。
(2) 如何理解金融市场的分类？
(3) 简述金融市场的功能。
(4) 货币市场和资本市场中常见的金融工具分别有哪些？
(5) 简述衍生金融工具特征。
(6) 简述回购市场的分类。
(7) 简述看涨期权与看跌期权的区别、欧式期权与美式期权的区别。
(8) 金融市场国际化的利弊是什么？

第7章
在线测试题

第3篇 金融宏观调控

第8章 货币需求

学习目标

- 掌握货币需求的内涵，理解货币需求的不同研究视角。
- 掌握费雪的现金交易方程式和剑桥学派的现金余额方程式的货币需求理论和异同。
- 掌握凯恩斯货币需求理论的主要内容及其政策含义。
- 了解凯恩斯货币需求理论的发展情况。
- 掌握弗里德曼货币需求理论的主要观点及其政策含义。
- 掌握弗里德曼货币需求理论与凯恩斯货币需求理论观点的主要区别。

开篇案例

利率的变化是如何影响货币需求的

根据央行2023年7月11日公布的上半年金融数据，人民币存款增加3.71万亿元，同比少增1.12万亿元，存款增速放缓，主要源于非金融企业存款同比少增8 709亿元和财政存款同比多减6 129亿元。6月末，人民币存款余额同比增长11%，增速比上月末低0.6个百分点。M1同比增长3.1%，增速较上月末下降1.6个百分点，反映资金活化程度有所下降；M2同比增长11.3%，增速较上月末下降0.3个百分点；M2-M1“剪刀差”8.2%，较上月末扩大1.3个百分点。6月信贷口径下人民币贷款增加3.05万亿元，超出市场预期，同比多增2 296亿元，或与6月OMO、MLF和LPR接连降息、端午假期和暑期旅游推动以及银行年中冲业绩等因素有关。

那么，降息是如何影响货币需求的呢？

1936年，凯恩斯出版了他的划时代巨著《就业、利息和货币通论》，书中提出了见解独到的货币理论。他认为，货币具有价值贮藏功能，不论是放在腰包里，还是锁进公司保险箱，都不会像储存粮食那样担心发霉烂掉，即使隔上三年五载，拿出来照样能花。货币用于交易，流动性最强。在这一点上，其他资产都望尘莫及。即便是债券、股票等具有流动性的资产，也必须先将它们转换成货币才能用于购买商品和劳务。正因为如此，人们对货币情有独钟，货币成为人们生活中不可或缺的一部分。凯恩斯特别强调货币的流动性作用，因而他的货币理论又被称作流动性偏好理论。凯恩斯将人们持有货币的动机分为三类。一是交易动机。倘若你每月一日发工资，总不会在这一天把一个月的吃穿用的额度全都安排妥当，而是要留出一部分钱以便日常花销。二是预防动机。这也是生活常理，人难免有个小病小灾，倘若手头没有应急的资金，叫天天不应，叫地地不灵，若碰上一回，便会乖乖改掉不留钱的毛病。三是投机动机。一年365天，发财机会随时都有，手里拿着钱，瞅准机会投出去，说不定就会发一笔意外之财。

由于存在流动性偏好，便产生了货币需求。人们的货币需求并非长年累月一成不变的。影响货币需求的主要变量是利率，对不同的货币需求，利率的作用大不一样。众所周知，银行利率高了，储户拿到的利息就多，但利率再高，人们也不可能为了多得利息而不吃不喝，把钱都存进银行里。用经济学语言来说，就是交易动机产生的货币需求对利率的变化不敏感。同理，利率是升还是降，跟你生不生病没有必然关系。因此，出于预防动机的货币需求也会因利率调整而发生变化。出于交易动机和预防动机的货币需求，其多少取决于人们的收入。也就是说，人们会量入为出，根据自己的财力留出日常花销和应急的钱。然而，利率对投机需求的影响却非比寻常。人们持有货币，等待赚钱机会，是要付出机会成本的，其代价是损失银行利息。当银行利息很高时，利息损失就大，持币成本也高，这时人们就会减少货币需求，多往银行存款；反之，当利率降低，持币成本也降低，人们会更多地提现，去寻找其他的赚钱门路。利率如果一降再降，当利息收入已微不足道时，人们就有可能把存款全部取出来，捂紧钱袋，等待时机，从而导致投机性货币需求无限扩大，这时经济就进入了“流动性陷阱”。

资料来源：袁晓梅，陈宁．财政与金融［M］．2版．北京：人民邮电出版社．2022：284-285．

“开篇案例”中提到的“货币需求”是一个理论性较强的货币金融范畴。在商品经济社会里，不仅全社会的产出与劳务的价值需要通过货币来核算，而且实现商品的交换也需要货币做媒介。面对总体经济既定和潜在的产出，需要多少货币是合适的？货币是否中性？货币需求和利率关系如何？是什么决定了货币需求？不同的经济学流派给予了不同的回答。本章主要阐述货币需求理论的演变过程，即从新古典的货币数量论的货币需求思想，到凯恩斯的货币需求理论及其主要发展，再到弗里德曼的现代货币数量论，也介绍了以金属货币为基础的马克思货币需求理论，以及马克思和弗里德曼货币需求理论的政策含义。

8.1 货币需求概述

微课8-1

货币需求
概述

8.1.1 货币需求与货币需求理论

1）货币需求的含义

货币需求（money demand）是指在一定时期内，社会各阶层（包括个人、单位、政府）愿意以货币形式持有资产的需要，或者社会各阶层对执行流通手段、支付手段和价值贮藏手段的货币的需求。在理解货币需求内涵时要注意把握以下几点：

（1）货币需求量是有条件限制的，是一种能力与愿望的统一

它以收入或财富的存在为前提，是在具备获得或持有货币的能力范围之内愿意持有的货币量，是有效需求（effective demand）。不能把货币需求仅理解为一种主观欲望，一种纯心理的占有欲望。换言之，只有同时满足两个基本条件才能形成货币需求：一是必须有能力获得或持有货币；二是必须愿意以货币形式保有其资产。

（2）货币需求产生的根本原因在于货币所具有的职能

在市场经济中，各种商品价值的衡量和比较都需要用货币这一统一尺度，人们以货币为取得收入的主要形式，用货币作为交换和支付手段，以货币作为财富的贮藏手段，由此对货币产生了一定数量的需求。

（3）货币需求主要是一个宏观经济学问题

因为市场需求是由货币所体现的有现实购买力的需求，所以宏观调控主要是需求方面的管理。当然，它必然要通过对货币供给的控制来实现，由此不能忽视货币供给问题在宏观调控中占有的突出地位。

（4）货币需求是一个存量的概念

货币需求是在某一时点上社会各部门在其拥有的全部资产中愿意以货币形式持有的数量或份额，而不是在某一段时间内各部门所持有的货币数额的变化量。

（5）现实中的货币需求不仅包括对现金的需求，而且包括对存款货币的需求

因为人们对货币的需求源于货币具有的功能，而在信用货币制度下，具有该功能的货币形式已经发生了变化，服务于经济的不仅包括现金货币，还有存款货币，而且存款货币的比重和作用大大超出现金货币的比重与作用。

2）货币需求理论

（1）货币需求理论研究的内容

人们为什么要持有货币？这个问题吸引了许多伟大的经济学家。欧文·费雪在20世纪早期，约翰·凯恩斯在20世纪二三十年代，以及威廉·鲍莫尔（William Baumol）、詹姆斯·托宾（James Tobin）、哈里·马科维茨（Harry Markowitz）、米尔顿·弗里德曼自20世纪50年代以来都分别对此问题作过解答。凯恩斯被公认为“现代货币需求理论之父”，他创立了一个概念框架，推动了现代货币需求理论的发展。现代货币需求理论的基石即为凯恩斯所分析的3个动机：交易动机、预防动机和投机动机。弗里德曼对现代货币需求理论的贡献是将这3个动机综合在了一起。

货币需求理论是研究货币需求的动机、构成和数量的理论。货币需求理论的主要研究内容是一国经济发展在客观上需要多少货币量，货币需要量是由哪些因素决定的，这些因素相互之间有什么关系，以及一个经济单位（企业、个人或家庭）在现实的收入水平、利率水平和商品供求关系等经济背景下保持多少货币的成本最小、收益最大等问题。

（2）货币需求理论发展的特点

从货币需求理论的发展脉络来看，古典经济学中的货币数量说、卡尔·马克思（Karl Marx）的货币必要量公式和费雪的现金交易方程式是从社会的角度出发考察的宏观货币需求。自从剑桥学派提出现金余额说以来，西方经济学家主要从微观主体的角度出发考察微观货币需求。

货币需求理论的发展具有以下几个特点：

① 考察对象不断拓宽。马克思以及前人基本上重视贵金属；费雪开始注意存款通货；凯恩斯较为明确地指出货币就是现钞和支票存款；弗里德曼所说的货币已是较大口径的广义货币。总之，他们的考察对象是从黄金到纸币再到一切可称为货币的金融资产，是一个不断演进的过程。

② 考察范围不断扩大。费雪及其前人从宏观总量上考察货币需求，而剑桥学派开始关注微观主体的持币动机，从而扩大了对货币需求考察的范围。

③ 对影响货币需求的变量的分析不断深化。费雪阐明了总支出仅仅决定于货币数量的变动，而对利率波动不具有敏感性。剑桥学派认为对实际余额的需求是与实际收入成比例的，且不排除利率对货币需求的影响。凯恩斯提出了持有货币的3种动机，他将其归结成流动性偏好理论，并认为货币需求的交易成分和预防成分与收入成比例，而货币需求的投机成分对利率及利率预期极为敏感。弗里德曼的货币需求理论将货币视作一种资产，得出了货币的需求是持有货币的机会成本和恒久性收入的函数。由此可以看出，对影响货币需求的变量的分析过程，就是从f（Y）发展为f（Y，r）并不断纳入更多自变量的过程。

8.1.2 与货币需求相关的概念

1）主观货币需求与客观货币需求

按照货币需求的动机，货币需求可以划分为主观货币需求与客观货币需求。

（1）主观货币需求是指个人、家庭或单位在主观上希望拥有货币的欲望。

（2）客观货币需求是指个人、单位或国家在一定时期内能满足经济发展客观需要的货币需求。主观货币需求在量上是无限制的，是一种无约束性的无效货币需求，因此不是货币需求理论的研究对象。

2）微观货币需求与宏观货币需求

客观货币需求又可以分为微观货币需求与宏观货币需求。当从个人、家庭或单位的微观角度考察其在既定的收入水平、利率水平和其他经济条件下，保持多少货币最为合适时，这种类型的货币需求可称为微观货币需求。当从整个国民经济的宏观角度考察一个国家在一定时期内的经济发展和商品流通所必需的货币量，即能保持社会经济平稳健康发展的货币量时，这种类型的货币需求可称为宏观货币需求。

3）名义货币需求与真实货币需求

名义货币需求是指整个社会或某一经济部门在不考虑价格变动情况下的货币需要量，一般用M_d表示。真实货币需求则是在扣除价格变动因素后的货币需要量，也就是以某一不变价格为基础计算的商品量和劳务量对货币的需求。将名义货币需求用某一具有代表性的物价指数（如GDP平减指数）进行平减后，就可以得到真实货币需求，所以真实货币需求通常可记为M_d/P。

在金属货币流通的条件下，流通中的货币需求可以自发调节，所以不存在名义货币需求与真实货币需求的矛盾。在信用货币制度下，当价格水平很少变化时，也没有必要区分名义货币需求与真实货币需求，但在价格水平经常变动且幅度较大的情况下，区分这两种货币需求是非常必要的。

必须指出，价格变动的情况异常复杂，既有合理因素（如对某些商品予以合理调价），也有非合理因素（如通货膨胀或通货紧缩）。现实状况往往是：如果根据过高的通货膨胀预期所计算的名义货币需求量安排货币供给，过度的货币供给就会成为直接推动物价上涨的因素；反之，如果不考虑价格不可避免的波动而简单按实际货币需求供给货币，则会因货币供给不足而直接抑制经济的增长。所以，区分名义货币需求和实际货币需求相当重要，但如何根据变化了的实际情况测算这两种货币需求是繁杂而困难的问题。

8.2 马克思的货币需求理论

马克思在其《政治经济学批判》和《资本论》等著作中深刻地研究了货币需求理论问题。他的货币必要量理论集中表现在其货币流通规律公式中。马克思的货币必要量公式是在总结前人对流通中货币数量广泛研究的基础上，对货币需求理论的简要概括，马克思对这个问题的分析无论是在理论上还是在表述上都达到了当时比较完美的境界。其货币必要量公式为

货币必要量=商品价格总额/同名货币的流通速度

或 $$M = P \cdot Q / V \tag{8-1}$$

式中：M代表执行流通手段职能的货币量；P代表商品价格水平；Q代表流通中的商品数量；P·Q代表商品价格总额；V代表同名货币的流通速度。

这一公式表明，货币必要量的决定因素是流通的商品数量、价格水平和货币流通速度。货币需要量与商品数量、价格水平的乘积即商品价格总额成正比，与货币流通速度成反比。这一公式的前提是金币（或金属货币）流通。

之所以公式右方决定左方，是因为商品价格取决于商品价值和黄金价值，商品价格有多大，就需要有多少金币来实现它，商品价格总额是一个既定的值，必要的货币量是根据这一既定值确定的。商品与货币交换后，商品退出流通，货币却留在流通领域媒介其他商品的交换，从而一定数量的货币流通几次，就可以媒介数倍于其商品的交换。公式中的货币流通量总是等于货币必要量，因为马克思认为，货币的贮藏手段职能可以调节货币的流通。

马克思在分析纸币流通时指出，纸币本身没有价值，只有流通时才能作为黄金的代表。由于流通所能吸收的黄金量是客观决定的，所以无论向流通中投入多少纸币，所能代表的也只是客观所能吸收的黄金量。假定流通中需要10万克黄金，如果投入10万张纸币，那么一张纸币就代表1克黄金；如果投入20万张纸币，那么

每张纸币只能代表0.5克黄金，从而价格为1克黄金的商品，用纸币表示就是2张纸币，即物价上涨了一倍。

由此得出纸币流通规律：纸币的发行限于它所代表的金（或银）的实际流通的数量，纸币投入增多，则纸币贬值，物价上涨。因此，与金属货币制度相比，在纸币流通条件下，货币数量与价格之间的决定关系颠倒过来了。

马克思的货币必要量公式具有重要理论意义，它揭示了商品流通决定货币流通这一基本原理，但是由于该公式是以完全的金币流通为条件和基础的，因此还有一些问题需要引起注意。

（1）马克思的货币必要量公式强调商品价格由其价值决定，商品价格总额决定货币必要量，而货币数量对商品价格无决定性影响。这个论断适用于金属货币流通，而不适用于纸币流通。因此，在信用经济发达的今天，对货币必要量进行深入的研究和探讨就不能简单地套用这一公式。

（2）直接运用这个公式测算实际生活中的货币需求还存在许多操作上的困难。也就是说，货币必要量公式的计算结果只能是理论分析中的定性的量，而非实践中可以测量的值。

（3）马克思的货币必要量公式反映的是货币交易性需求，即执行流通手段职能的货币需要量，不包含执行支付手段、贮藏手段职能的货币需要量。

知识链接8-1

卡尔·海因里希·马克思

卡尔·海因里希·马克思（Karl Heinrich Marx，1818—1883）作为“千年第一思想家”，其思想理论源于那个时代又超越了那个时代，是整个人类精神的精华，指引着中国特色社会主义的改革与发展。马克思既是顶天立地的伟人，也是有血有肉的常人，为人类指明了从必然王国向自由王国转型的路径，为中国特色社会主义建设提供了理论源泉。

马克思一生著作众多，且其思想一直在不断地探索、深化与拓展。1857年8月至1858年2月，马克思完成了一系列文稿的研究与撰写，它们被认为是马克思政治经济学相关理论与思想的核心重要文献。从《〈政治经济学批判〉导言》开始，到《〈政治经济学批判〉序言》为止，马克思在总结并提炼过去15年的政治经济学批判的基础上，开始构建基于历史唯物主义世界观与方法论的政治经济学，这些文稿被认为是《资本论》的初稿。作为概念体系相对完整而独立的著作，这些文章全面、系统地解读了政治经济学的整体思路与研究方法、将“商品”作为研究的逻辑起点的原因、商品的交换与流通中的货币辩证法、“资本一般”的界定与形式规定性及资本生产总过程等，标志着马克思政治经济学的创立。

马克思在1861—1863年撰写了篇幅最大的手稿，包括23个笔记本（1 472页），构成了随后《资本论》著作的重要内容。马克思在黑格尔哲学的基础上，超越其思想并对“剩余价值学说史”予以细致梳理，以“资本一般”为切入点进一步推动其政治经济学的研究。

《资本论》作为马克思最重要的著作，是其一生政治经济学思想的高峰。其中，《资本论》第一卷出版后，由于身体原因马克思未能完成其他各卷的修订与出版工作；在马克思逝世后，恩格斯编辑并出版了《资本论》的后两卷。该著作审视了资本社会的结构与发展的逻辑，形成了一系列非常经典的政治经济学理论，包括劳动价值论、剩余价值论、资本、资本的运动、利润率下降规律、经济危机的必然性等。

资料来源：惠宁，周宇．影响世界的25位经济学家［M］．北京：社会科学文献出版社，2023：126-130.

拓展阅读8-1

马克思货币学说研究

在货币需求论上，马克思明确反对货币数量论，认为商品流通完全不以货币流通为转移，商品的价格并不取决于货币需要量。货币并不是中性的非生产的关系，物价是商品价值的货币表现，物价的降低与货币量的多少是毫无关系的。债券、股票资本化的规则的利息收入流来自对剩余价值的分割，假使没有剩余价值的生产，债券、股票的“价值”就如空中楼阁，只能是庞氏骗局。假如资本家都把他们的资本转化为货币资本，那么结果就会是货币资本的大大贬值和利息率的惊人下降。因此，在货币的需求上，马克思看到了生产商品的劳动生产率的问题。首先一点是，代表价值的商品生产的量决定了通货需求，但是在资本主义社会，货币的矛盾促使其解体，向资本转化，而资本成为生产的界限时，货币的需求逐渐脱离实体经济，并脱离其实体本身，黄金无法满足资本逐利的需求，揭示了决定货币需求量的本质所在。

反观之，新古典经济学的体系依靠传统货币数量论外生的货币需要量来完成价格水平的决定，将货币看作“现实的面纱”而不予考虑，将资本主义经济看成物物交换的经济。

凯恩斯的货币学说则认为货币和信用的“符号经济”是真正和真实的经济，转而把商品、劳务和劳动只看作“符号经济”的函数，并且确实完全依存于后者，将货币的需求归结于人的三大心理因素，把需求问题同货币问题混为一谈。“在凯恩斯体系里没有生产率活动的余地，没有办法使得一种经济更富于生产性”。似乎只要企业主和工人舍得花钱，保持有效需求，生产率就会稳步提高，但是马克思说，资本是生产率的限制，是生产力的阻碍，是由资本主义对利润的无限追求的本质所决定的，货币转化为资本，资本转化为虚拟资本是逻辑的必然，并不是人的心理因素决定经济规律。就这一点来说，马克思和凯恩斯的货币学说是没有根本性共同点的。

在弗里德里希·哈耶克（Friedrich Hayek）的体系中，保持货币中性即实际利率与自然利率相等，是实现市场经济自动均衡和价格体系稳定的条件。在货币数量不变的情况下，只依靠储蓄来扩张生产，就可达到新的均衡；反之，假如膨胀信用，增加货币数量以扩张生产，则不能建立新的均衡，而必然发生危机。马克思早就指出，“政治经济学的肤浅性也表现在，它把信用的膨胀和收缩，把工业周期各个时期更替的这种单纯的征兆，看作是造成这种更替的原因”。

弗里德曼则认为货币数量论不是别的而是货币需求理论，将各种因素囊括进货币需求函数，形式上依旧是传统货币数量论。他再三强调货币需求的稳定性及物价、名义收入的极为重要性，但除一个持久性收入变数可以说明其函数的稳定性之外，其他变数都不能为此提供任何理由，更没有产生新的价值。

资料来源：曾红艳．整体视阈下马克思货币学说研究［M］．北京：社会科学文献出版社，2019：184-185.（内容有改动）

8.3 传统货币数量论

8.3.1 现金交易说及交易方程式

1）现金交易说的理论基础

传统的货币数量理论可分为早期货币数量理论和近代货币数量理论，美国经济学家欧文·费雪的现金交易说是近代货币数量说的代表，它和现金余额说一起组成的近代货币数量理论（又称新古典货币数量理论）对货币需求理论影响深远。费雪的研究是建立在前人货币数量理论基础上的，即古典经济学中早期的货币数量学说成为费雪的交易方程式（equation of exchange）的理论基础。

被誉为“经济学之父”的英国经济学家威廉·配第（William Petty）在其《政治算术》中就已经提出了宏观货币需要量的命题。他注意到了宏观货币需求理论的几个实质问题，并以严密的逻辑把它们联系起来：①为实现一国正常的商品流通需要多少货币；②流通中已有多少货币；③客观需要与实际存在的货币的差额；④货币流通速度；⑤货币增发量；⑥对于新发行货币的保证。

约翰·洛克（John Locke）进一步发展了早期的货币数量学说。他认为货币也是商品，其市场价值由供求关系决定。由于货币能够换取任何商品，所以货币具有无限的需求，不存在供大于求的情况。因此，货币的价值完全由供给数量决定，其数量越少，货币的价值就越高，购买力就越大。

理查德·坎蒂隆（Richard Cantillon）在洛克研究的基础上，又对货币数量增加引起物价上涨的过程作了论述。坎蒂隆认为，货币数量的增加来自两个方面：一是由金银矿的开采而造成的货币数量的增加；二是由对外贸易的顺差而造成的货币量的增加。虽然货币数量与物价有因果关系，但是货币数量增加后物价并不按比例上涨，两者之间无严格的比例关系。

古典经济学的奠基人亚当·斯密认为，一国流通中必需的货币量取决于该国每年所流通的商品价值量，即取决于该国每年所销售商品的价格总额，而不是商品的价格总额取决于流通中的货币量。亚当·斯密反对把货币需求看成是无限的。他指出，对黄金的需求，正像对其他各种商品的有效需求一样，在任何一国都是一个有限的量。

约翰·S.穆勒（John S. Mill）通过对前人的各种理论加以综合分析，提出了自己的货币数量学说，其学说支配货币理论界几十年。穆勒认为货币只是便利交换的工具而已，货币的价值由货币的供求决定，物价上涨的比例就是货币数量增加的比例。

爱德文·W.甘末尔（Edwin W. Kemmerer）是近代货币数量理论的先驱，他的分析对费雪及现代货币数量理论都产生了一定程度的影响。甘末尔在《一般物价关系下的货币与信用工具》一书中继承并发展了早期货币数量学说的集大成者约翰·穆勒的货币供求决定说，提出运用数学工具表示货币数量与物价关系的最早公式。

2）现金交易说的内容

费雪的现金交易说的中心思想在于解释总的物价水平为什么会发生变化。费雪的贡献体现在用一个数学方程式把直接影响物价变化的各个因素归纳在一起，将货币数量学说更为严谨地表达出来。后人把这个方程式称为交易方程式或费雪方程式。由于把货币看成是购买力，强调的是货币作为交易工具的作用，所以交易方程式所阐述的货币数量理论被称为“现金交易数量说”。

交易方程式发表在费雪1911年所著的《货币的购买力》一书中。费雪所谓的“货币的购买力”实际上是指“通货的购买力”。在具体的研究上，费雪认为物价决定于以下3个因素：①流通中货币平均数量（M）；②流通货币的效率，即流通速度（V）；③商品的交易数量（E）。以P作为加权平均后的一般物价水平，T表示用货币进行交易的社会总商品量，则E = PT，所以有

$$MV=PT \tag{8-2}$$

货币流通速度由公众的支付习惯、信用范围的大小、交通和通信的发达程度等制度上的因素决定，这些因素比较稳定，因而货币流通速度也是比较稳定的。商品的交易数量决定于影响生产者的因素，如自然资源、技术条件等，这些因素在短期内不会发生明显的变化，因而也可以假设商品交易数量在短期内是不变的。既然货币流通速度比较稳定，商品的交易数量在短期内不变，那么一般物价水平就必然由流通中的货币数量决定。因此，费雪交易方程式又可表示为

$$P=MV/T \tag{8-3}$$

费雪认为，物价水平与货币流通数量、货币流通速度和用货币进行交易的商品量的关系如下：①物价与货币流通数量呈正比例的变动；②物价与货币流通速度呈正比例的变动；③物价与用货币进行交易的商品量呈反比例的变动。费雪还指出，货币数量决定物价水平，但不一定在任何情况下都完全保持相同的比例。

费雪将交易方程式进行一定的变形，就得到了货币需求方程式为

$$M=PTV \tag{8-4}$$

该公式表明，决定一定时期名义货币需求数量的因素主要是这一时期全社会一

定价格水平下的总交易量与同期的货币流通速度。该公式具有一定的理论和现实意义。在货币流通速度比较平稳时期，也常常用它来预测货币需求。例如，在我国计划经济体制下，20世纪60年代，曾长期奉行的8：1的经验公式，即对于8元钱的商品交易需要1元钱的现金发行。但是，这样做要冒较大的风险，因为即使对货币流通速度预测的误差很小，用它除以商品劳务总额的观测值之后所得到的货币需求预测值的误差也将相当惊人。

费雪对现金交易数量的研究是建立在对前人特别是对甘末尔的研究基础上的。他的现金交易数量研究的出发点是宏观角度，也就是说，费雪探讨货币需求的最初动机是说明一国商品与劳务的交易总值与交换过程中的货币流通总量的恒等关系。从宏观上看，费雪认为有以下3个因素影响货币需求：①社会支付制度，包括收入和支出的规律性、时距、次数等。通常，收支时距越短，越有规律，则货币需要量越小。②金融制度。金融机构愈发达及支票流通越广泛，则货币需要量越小。③经济形势。国民经济中工商业越发达，人口密度越大，则货币需要量越大。

拓展阅读8-2

欧文·费雪的传奇

欧文·费雪（1867—1947）是货币主义（monetarism）和计量经济学的创始人、著名的交易方程式（MV=PT）的阐释者。詹姆斯·托宾说他是美国有史以来最伟大的经济学家，保罗·萨缪尔森（Paul Samuelson）说他的博士论文《价值与价格理论的数理研究》是经济学界前所未有的最伟大的博士论文。当代最杰出的经济思想史学家马克·布劳格称费雪为“美国有史以来最伟大的当然也是最具有传奇色彩的经济学家之一”。

费雪的一生确实充满传奇。1898年，31岁的费雪就成为耶鲁大学教授。在他所处的时代，这是个了不起的成就。要知道，与费雪同出萨姆纳门下的大名鼎鼎的凡勃伦的职称终身没有超过副教授。然而，同年，志得意满的费雪就被诊断出肺结核，在当时这是绝症，等于被判了死刑。费雪没有被病魔击倒，而是成为一名为健康而战的斗士。此后，他隐居三年，通过长途旅行、呼吸新鲜空气、保持健康的生活方式和坚持锻炼身体配合治疗，不仅战胜了肺结核，而且成为健康的象征。最后，费雪活到了80岁的高龄。在他的时代，费雪就是经济学家中的著名“怪人”。他天资异常卓越，因而自视甚高，有时甚至飞扬跋扈。面对争论，他态度坚决、自以为是、从来不知道妥协；生活上，他秉持清教徒的精神，严于律己，不抽烟、不饮酒，也不饮用咖啡和茶，极少吃肉；他没有幽默感，很少会笑，总是衣着整洁而古板。可费雪同时是一个仁慈的父亲和温情的丈夫。1893年他同玛吉·海泽结婚，他们幸福生活了将近半个世纪，终生不渝地彼此相爱。

最令人震惊和感慨的是费雪对现代经济学作出的大量基础性贡献。费雪是美国第一位计量经济学家，他是美国最早将数学方法系统应用于经济研究的人。1930年，他与弗里希等一同创建了美国计量经济学会并担任第一届会长。实际上，费雪是现代经济学最重要的奠基者之一。“今天许多标准的新古典理论，在起源、风格精神和本质方面都是费雪式的……他的货币理论和价格理论是许多现代经济学的基础。”另外，费雪“被认为在分布滞后回归、生命周期储蓄理论、‘菲利普斯曲线’、对消费而非对‘收入’征税的情况、现代货币数量论、实际利率与名义利率的区别以及经济学家们的工具箱中许多更标准的分析工具等方面有所建树”①。即使在今天，费雪也是任何经济学研究者都无法绕过的一座高峰。现在，费雪仍然是他所处时代被引用次数最多的经济学家，而且主要是在基本理论而不是在思想史中被引用。费雪被引用的次数同与他同时代的经济学家韦斯利·米切尔、约翰·贝茨·克拉克、陶西格的被引用次数的比例，在1976—1980年是9：3：1：1。费雪最令人吃惊的是他的多产和才华。他一生写过30多本书，独立发表过2 000多篇文章，此外还有数百篇与他人合作发表的文章。这实在是一串让人瞠目结舌的数字。这样一个多产而深刻的思想家，很容易被看成是象牙塔中孤芳自赏的隐者，可费雪又同时是一个积极的改革者和社会活动家，他是禁烟协会成员，国际联盟活动的积极参与者和支持者。他在1933—1934年间曾经给罗斯福写过100封信提供广泛的政策建议。

资料来源：赵峰．与大师同行：经济思想史公开课［M］．北京：中国人民大学出版社，2016：212-213.

费雪从宏观货币需求角度出发而得到的一些基本结论也适合于分析个人的货币需求。费雪认为，MV=PT已经表明，个人在手中持有若干货币的基本理由是使日常生活中的交易活动顺利进行，而持有量的多少取决于V、P和T 3个变量。费雪认为，个人的货币需求受以下3个因素的影响：第一，个人的习惯。个人愈节俭，在银行的存款愈多，货币需求就愈少。第二，个人对未来收入及价格变动的预期。预期收入愈少，预期价格变动幅度愈低，则货币需求愈大。第三，个人对财富量的预期变化。预期利率下降，证券价格上升，都会使预期财富增加而减少货币需求。

总之，费雪涉及了微观货币需求问题，但真正建立起微观货币需求理论的是费雪之后的经济学家。

8.3.2 现金余额说及剑桥方程式

费雪的交易方程式没有考虑微观主体对货币需求的影响，许多经济学家认为这是一个缺陷。以英国剑桥大学阿尔弗雷德·马歇尔和阿瑟·C.庇古（Arthur C. Pigou）为代表的剑桥学派在研究货币需求时，某种程度上弥补了这一不足，更重视微观主体的行为。

剑桥学派认为，处于经济体系中的个人对货币的需求，实质上是以怎样的方式保持自己的资产问题（个人资产选择的角度），决定人们持有货币多少的因素包括：①个人财富的总额，货币的需求首先受到个人所拥有的财富总额的限制；②人

① 托宾．欧文·费雪［M］// 伊特韦尔，等．新帕尔格雷夫经济学大辞典（E.J卷）．北京：经济科学出版社，1996：395.

们持有货币的机会成本，即货币以外各种资产的收益，人们往往要将持有货币资产的好处与持有其他金融资产和实物资产的好处进行权衡；③对未来收入、支出和物价变动的预期。

1）马歇尔的现金余额说

马歇尔是剑桥学派的创始人，也是现代微观经济学的奠基人。他于1923年出版了《货币信用与商业》一书，系统地提出了现金余额说。他认为，货币包括金属铸币和纸币，是商品与劳务的购买手段和债务的清偿手段，是不经任何审查即可普遍流通之物。马歇尔认为，货币的价值与其他商品价值一样，是由供给与需求决定的。供给为当时存在的通货量，需求则为人们对于货币的需要量。他把货币比作机油，欲使机器灵活运转，需要不断加些机油，但加油过多反而会阻碍机器的运转。货币亦如此，其量过多，必将丧失信用。马歇尔认为，费雪的交易方程式有很大缺点。他认为，在一般情况下，人们都把财产和收入的一部分用货币的形式持有，而另一部分用非货币的形式（实物形态或直接消费）持有。如果储存货币过多，必然受到损失。因此，人们常将储存货币所得到的利益与购买消费品所得到的享受及投资于生产所得到的收益加以权衡，而决定其应储存的货币量，即应保有的备用购买力数量。他认为，不论社会状况如何，社会各阶层人民用通货形态保存财富以备购买的数额是一定的，如果流通中的货币量增加，必然引起物价上涨。假定其他情况不变，在通货数量与物价水平之间便存在着一种直接的关系。若通货数量增加10%，物价水平就上升10%。因此，他认为，货币的价值决定于全国居民用通货保持的实物价值与信用货币数量的比例。

2）庇古的剑桥方程式

1917年，庇古发表了《货币的价值》一文，用数学方程式对马歇尔的现金余额说予以解释。庇古认为，在其他条件不变的条件下，对于每个人来说，名义货币需求与名义收入之间保持着较稳定的比例关系。对整个经济体系来说，也是如此。把这一想法用一个方程式表示，即剑桥方程式（Cambridge equation）：

$$M=KPY \quad 或 \quad M/P=KY \tag{8-5}$$

式中：M为人们手中愿意持有的货币量，也可看作人们对货币的需求量；P为最终产品和劳务的平均价格；Y为全部财富，即以货币计量的国民收入；K为用货币形态保持的财富与总财富之间的比率，即现金余额系数，实际上相当于费雪交易方程式中货币流通速度的倒数（K=1/V）；KY为实际货币需求量。

根据该式，如Y与M不变，则单位货币的币值（1/P）与K的变化成正比。因为币值越高，物价越低，物价与K的变化成反比，所以货币的币值或一般物价水平决定于K。马歇尔认为，“货币的价值决定于全国居民欲以通货保持的实物价值与该国货币数量的比例”。由于K是庇古依据马歇尔的理论假设的，因此人们一般称K为“马歇尔的K”。

庇古把马歇尔的分析进一步明确化。他说，人们拥有的财产与收入有3种用途：一是投资于实物形态，从事生产；二是用以直接消费；三是保持货币形态，形成现金余额。投资于生产可得利润与利息，消费可得享受，保持现金余额可得便利与安全。此3种用途是互相排斥的，人们究竟在三者之间保持什么样的比例，由各自的主观意志所决定，K也就因此而变动。

庇古认为，K和Y是比较稳定的，因此P的变化主要取决于M的变化。如果货币供应量增大，货币供给大于人们想保存的货币量，有了现金余额，人们会扩大支出，从而需求增加，物价上涨；反之，人们会缩小支出，从而需求减小，物价下跌。可见，人们保持在手边的现金余额的大小是决定物价水平的根本因素。庇古还分析了现金余额变化引起物价变化的传导中介是货币流通速度。他说，现金余额增加，货币流通速度就减慢，即使货币数量不变，货币必然升值，物价必然下跌。在经济萧条时期，一方面货币数量减少，另一方面现金余额增加，所以物价的跌落便更为剧烈。在经济繁荣时期，一方面货币数量增加，另一方面现金余额减少，物价则迅速恢复和上升。

剑桥方程式所阐述的现金余额说与费雪的现金交易说所表达的方式不一样，但两者所得出的结论是相同的，即物价水平取决于货币数量。但是，剑桥方程式中的货币需求决定因素多于交易方程式，特别是利率已经成为不容忽视的因素，只是在剑桥方程式中没有明确地表示出来。

8.3.3 现金交易说和现金余额说的区别

费雪的交易方程式把货币需求与支出流量联系在一起，重视货币支出的数量和速度，而剑桥方程式则是从用货币形式保有资产存量的角度考虑货币需求，重视这个存量占收入的比例。所以，费雪的交易方程式被称为现金交易说，而剑桥方程式则被称为现金余额说。此外，这两种学说的区别还体现在以下几点：

1）对货币需求分析的侧重点不同

现金交易说强调的是货币作为商品交换媒介的功能，认为人们需要货币是为了便利交换；现金余额说则强调价值贮藏功能，认为货币是资产的一种形态。这是两种学说的最大区别。

2）所强调的货币需求决定因素有所不同

现金交易说重视影响交易的金融及经济制度等因素；现金余额说重视持有货币的成本与持有货币的满足程度的比较，重视预期和收益等不确定性因素。此外，现金余额说中决定货币需求的因素多于现金交易说。

3）分析的出发点和角度不同

现金交易说侧重从整个国民经济的角度考虑货币数量问题，属于宏观货币需求理论；现金余额说则重视微观主体的行为，转向微观货币需求研究。

4）对实际货币需求研究的深度不同

现金交易说没有明确地区分名义货币需求与实际货币需求；现金余额说分析了实际货币需求，它不受物价水平的影响，物价变动只能影响名义货币需求。

总之，现金余额说与现金交易说相比，有一定的进步，但是它也有很大的局限性。例如，这里它认为人们以货币形式持有的财富占总收入的比例K是一个常数，实际上K是受多种因素决定的一个变量（如利率、通货膨胀率等）。现金余额说放弃对K的进一步研究，简单地将其视为一个常数，影响了它的研究深度。

8.4 凯恩斯的货币需求理论及其发展

微课8-2

凯恩斯的货币需求理论及其发展

8.4.1 凯恩斯的货币需求理论

凯恩斯是英国著名的经济学家，是宏观经济学的创始人。他早期是剑桥学派的一员，1936年《就业、利息和货币通论》一书出版，标志着凯恩斯独树一帜的新学说开始形成，由此逐步形成了他的货币需求理论。凯恩斯继承了现金余额说的分析方法，从资产选择的角度来考察货币需求。凯恩斯对人们持有货币的各种动机进行了详尽的分析，进而得出实际货币需求不仅受实际收入影响，而且受利率影响的结论。由于凯恩斯将人们持有货币的动机称为流动性偏好，因此他的货币需求理论又被称为“流动性偏好论”。

1）货币需求源于“流动性偏好”三大动机

凯恩斯货币需求理论最显著的特点是注重对货币需求的各种动机的分析，凯恩斯将人们保有货币的动机分为交易动机、预防动机和投机动机3类。前两类动机承袭了庇古的思想，而投机动机是他的独创。正是有了投机动机，进而有了投机性货币需求，凯恩斯的货币需求理论才与庇古的理论迥然不同。

（1）交易动机，是指个人或企业为了应付日常交易需要而产生的持有货币需要。它决定人们进行交易持有多少货币。凯恩斯将交易需求看作收入的稳定函数。收入越多，此项货币需求就越大；收入越少，此项货币需求也就越小。

（2）预防动机，又称谨慎动机，是指人们为了应对紧急情况而持有一定数量的货币。它的产生主要是因为未来收入和支出的不确定性，其大小也主要取决于收入水平的多少。

（3）投机动机，是指人们为了在未来的某一适当时机进行投机活动而保持一定数量的货币。这是凯恩斯货币需求理论中最有特色的内容。投机动机的货币需求的大小决定于3个因素：①当前的利率水平；②投机者心目中的正常利率水平；③投机者对利率变化趋势的预期。

2）货币需求分为交易性货币需求和投机性货币需求

凯恩斯认为，交易动机和预防动机主要与货币的流通手段职能有关，主要取决于收入水平，而对利率变化不敏感，所以可以把这两种动机合二为一，由这两种动机产生的货币需求统称为交易性货币需求。交易性货币需求有以下几个特征：

（1）货币主要充当交换媒介。交易性货币需求主要出于商品交换，货币持有者将货币作为商品交换的媒介，货币发挥流通手段的职能以满足商品交易的需要。

（2）交易性货币需求相对稳定。出于交易动机的货币需求一般可以事先确定，原因是在一定时期内用于交易的货币金额、用途、支出时间是完全可以事先预测的，因而这类货币需求是稳定的。出于预防动机的货币需求虽难以事先确定，但由于它主要作为交易的使用金，所以受交易规模、货币收入的影响，也受手持现金而损失的利息收入大小的影响。上述因素在短期内是相对稳定的，因此出于预防动机的货币需求也是可以预计的。

（3）交易性货币需求是收入的递增函数。交易性货币需求主要取决于收入和货币流通速度。货币流通速度在短期内是相对稳定的，因此交易性货币需求主要取决于人们的收入。收入增加会使开支增加，从而使交易数量增加，这必然增加货币的交易性需求。预防性货币需求只有在一定收入水平上才会产生，并随收入的增加而上升，因而预防性货币需求也是收入的递增函数。

（4）交易性货币需求对利率不敏感。由于持有货币会丧失利息收入，所以利率变动会影响货币需求，但交易性货币需求主要用于必不可少的日常交易，利率再高、利息损失再大，也必须保持一定数额的现金，以保证正常的交易顺利进行，也必须保持起码的预防性货币以备不测。投机性货币需求则与利率因素密切相关，有以下几个特征：

① 货币主要发挥财富贮藏的职能。凯恩斯在复杂的经济中抽象出两种金融资产——货币和债券。债券包括各种缺乏流动性但能带来收益的生息资产。由于货币自身的特征，使其不仅具备极好的流动性，能充当交换媒介，还能作为积累而发挥财富贮藏的职能。因此，人们在选择自己资产的形式时，需要对金融市场作出预测，权衡具有流动性且有贮藏作用的货币所带来的效用与有收益的债券所带来的效用，将二者进行比较之后，才能决定是持有货币还是购买债券。

② 投机性货币需求难以预测。人们出于投机动机产生的货币需求注重的是货币的流动性，但流动性偏好随着人们对未来情况所作的估计而发生变化，并且人们对未来的估计不尽相同。这种心理现象是变化莫测的，加上市场行情变化的影响，导致货币投机性需求难以预测。

③ 投机性货币需求对利率极为敏感，是利率的递减函数。在一般情况下，市场利率与债券价格反向变动，人们预期利率上升，则意味着预期债券价格下降；预期利率下降，则意味着债券价格上升。这种预期影响着人们持有资产的决策，从而影响投机性货币需求。具体而言，当前利率较低时，人们预期利率会上升，将抛出债券而持有货币；当前利率较高时，人们预期利率下跌，将抛出货币而持有债券。所以，投机动机的货币需求是当前利率水平的递减函数。

3）凯恩斯货币需求理论模型

凯恩斯认为，交易性货币需求主要取决于收入水平，而投机性货币需求主要取决于利率水平。所以，交易性货币需求可表示为

$$M_1=L_1(Y) \quad (8\text{-}6)$$

式中：M_1代表为满足交易动机和预防动机而持有的货币量；Y代表收入水平；L_1代表M1与Y之间的函数关系。

投机性货币需求可表示为

$$M_2=L_2(r) \tag{8-7}$$

式中：M_2代表为满足投机动机而持有的货币量；r代表市场利率；L_2代表M_2与r之间的函数关系。

综上所述，凯恩斯的货币需求函数为

$$M=M_1+M_2=L_1(Y)+L_2(r) \tag{8-8}$$

式中：M_1表示交易动机和预防动机引起的货币需求，它是Y的函数；M_2表示投机动机的货币需求，是r的函数；L是作为“流动性偏好”函数的代号，货币最具有流动性，所以流动性偏好函数也就相当于货币需求函数。这个函数表明，货币的总需求是由收入和利率两个因素决定的，其最重要的贡献在于将利率引入了货币需求函数。

对于任何既定的价格水平，根据$M_1=L_1(Y)$，可以求出每一个收入水平Y上的货币需求。同理，根据$M_2=L_2(r)$，可以求出在每一个利率水平上的货币需求。因此，可以求出每一个可能的收入和利率水平上的货币总需求。如图8-1（a）所示，曲线L_1与利率无关，是一条与货币需求横轴垂直或与利率纵轴平行的直线。L_2是一条向右下倾斜的曲线，即利率越高，货币需求越少，利率越低，货币需求越多。如果将L_1与L_2相加，则货币总需求曲线为L，如图8-1（b）所示。

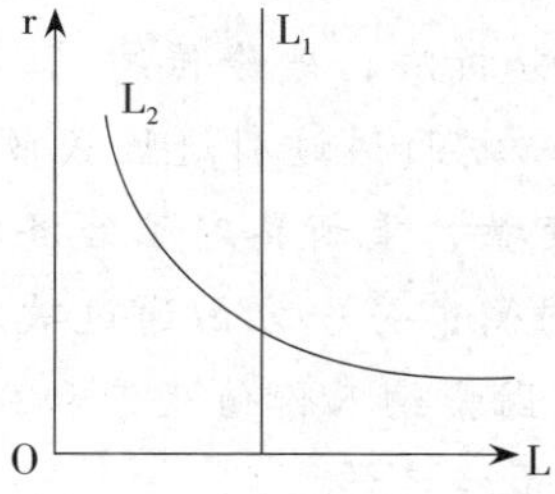

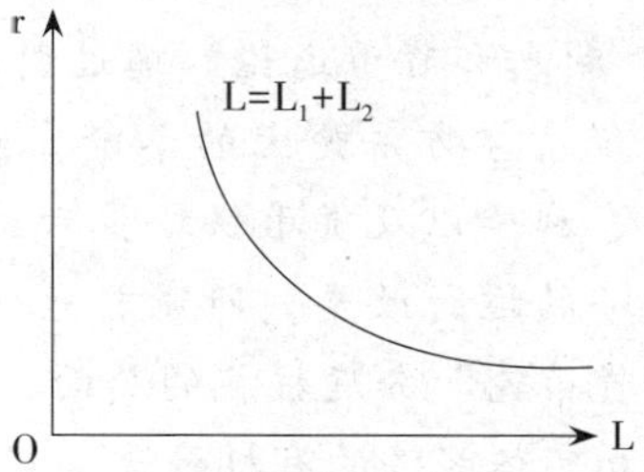

图8-1　凯恩斯的货币需求曲线

值得注意的是，L曲线并非一条单独的在（Y，r）平面上的曲线，而是在该平面上的一系列随收入而变化的曲线。

4）流动性陷阱

凯恩斯认为，当利率降到一定低点之后，由于利率太低，人们不再愿意持有没有什么收益的债券或其他资产，而宁愿以货币的形式来持有其全部财富，即货币需求变为无限大。如果利率稍微下降，不论中央银行增加多少货币供给，都将被货币需求所吸收。因此，利率不会再下降，这就像存在一个大陷阱，中央银行的货币供给都落入其中。在这种情况下，中央银行试图通过增加货币供给来降低利率的意图就会落空。此时货币需求曲线就会变成与横轴平行的直线，人们把这一直线称作“流动性陷阱”。如图8-2所示，当利率降至r_0时，货币需求曲线变成与横轴平行的直线，在该直线上货币需求的利率弹性变得无限大。

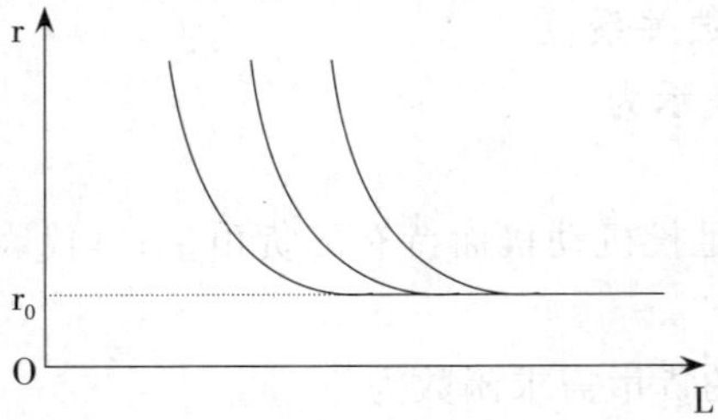

图8-2　凯恩斯的“流动性陷阱”

知识链接8-2

约翰·梅纳德·凯恩斯

在继承与批判新古典经济学的基础上，约翰·梅纳德·凯恩斯（1883—1946）破除了实体经济与货币经济分割的局面，提出了以有效需求（effective demand）为核心的产量决定理论以及需求管理政策，开创了宏观经济学。凯恩斯一生著述颇丰，其有关经济萧条现象的解释对二战后经济复苏的实践具有较强的指导意义。他于1936年出版了著作《就业、利息和货币通论》，更是掀起了一场经济学方法、经济理论和经济政策的革命，为现代宏观经济学的创立奠定了坚实的基础。后续学者对其经济思想局限性的探讨与修正推动着凯恩斯理论的不断发展。

1）方法革命

《就业、利息和货币通论》通过引进总体分析法，破除传统“二分法”，实现了对古典经济学方法论上的革命。凯恩斯一方面通过引进国民收入、就业、消费、投资、利率以及货币供给量六大宏观变量，重新界定了经济学的研究对象为宏观经济的运行效率，研究非充分就业均衡；另一方面通过破除传统“价值论”和“货币论”分庭抗礼的局面，将货币因素纳入价值生产和分配研究中，实现了货币和实体经济的有机融合，首创了货币经济学。

2）理论革命

《就业、利息和货币通论》通过批判萨伊定律，提出了有效需求不足理论，坚持货币非中性原理及货币供给外生性原理，奠定了现代宏观经济学的基础，实现了对古典经济学理论层面的革命。基于对欧洲经济慢性萧条现象的持续观察与思考，凯恩斯意识到萨伊定律成立的约束条件是短缺经济，而在自己所处的时代，国民经济的有效需求不足明显。具体来说，这一不足主要体现在消费不足与投资不足两个方面。其中，消费不足源于马尔萨斯有效需求论，投资需求不足的分析则与马克思关于利润下降导致生产不足的分析相似。基于经济环境的不确定性以及经济个体的有限理性，凯恩斯认为经济个体对未来的预期是不充分的，导致经济总产出取决于经济总需求，而经济总需求受制于边际消费倾向递减、资本边际生产力递减以及流动性偏好三大心理规律趋于不足，从而导致经济系统的有效需求内生不足。此时的供需均衡量往往低于充分就业的总产出，这就从科学层面彻底取代了萨伊定律，实现了对古典经济学的革命。

凯恩斯对货币的非中性认知肇始于《货币改革论》，完成于《就业、利息和货币通论》，他明确指出"我们现在已经把货币这个东西，引入因果关系（causal nexus）中，这还是创举。货币数量之变动，如何影响经济体系，现在我们也已得一瞥。不过，我们由此推论，认为货币是一种饮料，可以刺激经济体系，促其活动，则我们必须记得，在此饮料发挥作用之前，还有几重难关"。可见，凯恩斯非常注重货币非中性原理的适用条件，以建立严谨的理论体系。在货币非中性原理的基础上，凯恩斯主张货币供给外生性，主张放弃金本位制，实行纸币本位制，进行适度的国家干预以稳定国内物价。他强调中央银行应以国内价格水平稳定为目标，以调控信贷进而创造货币。

资料来源：惠宁，周宇．影响世界的25位经济学家［M］．北京：社会科学文献出版社，2023：195-196.

8.4.2 凯恩斯的货币需求理论的发展

凯恩斯的货币需求理论在20世纪50年代后得到深入研究和扩展。对凯恩斯货币需求理论的发展作出重大贡献的包括新古典综合派和新剑桥学派。

1）新古典综合派的货币需求理论

新古典综合派的主要代表人物鲍莫尔、爱德华·惠伦（Edward Whelen）、托宾等是凯恩斯的后继者，他们从不同方面推进了凯恩斯的货币需求理论。

（1）鲍莫尔的平方根定律

第一次深入分析交易性货币需求与利率关系的是美国经济学家鲍莫尔。他于1952年11月在《经济学季刊》上发表了一篇题为《现金的交易需求——一种存货的理论分析》的论文，运用管理科学中最佳存货控制技术对货币需求进行研究。

鲍莫尔在分析时，提出以下假定：人们收入的数量一定，间隔一定；支出的数量事先可知，且速度均匀；人们将现金换成生息资产，采用购买国库券的形式；每次变现（出售债券）与前一次的时间间隔及变现量都相等。

在此假设的基础上，鲍莫尔运用最适度存货确定方法推导出平方根定律，对凯恩斯的交易性货币需求理论进行了修正，认为利率是交易性货币需求的重要影响因素。其公式为：

$$M=\frac{1}{2}\sqrt{\frac{2bY}{r}} \tag{8-9}$$

式中：M表示适度的货币需要量；b表示交易费用，即变现手续费；Y表示交易量；r表示利率。

该式表明：适量的交易性货币需求的确定原则是使现金存量的成本降到最低限度。交易性货币需求的变化与交易量、变现手续费和利率呈平方根关系。具体来说，人们出于交易动机而持有的货币的利率弹性是-0.5，即利率提高1%，货币需求减少0.5%；货币需求的收入弹性为0.5，即收入提高1%，货币需求增加0.5%。

这表明，交易性货币需求在很大程度上受利率变动的影响，并且具有规模经济的特征。

鲍莫尔的平方根定律问世以后，对西方货币理论产生了重大影响。众多学者在研究货币理论和货币政策问题时都涉及该理论。

鲍莫尔从人们保持适度的现金用于交易，而将暂时闲置的部分用于获利这一现象出发，得出交易性货币需求在很大程度上受利率变动影响的结论，具有普遍适用性。这是对凯恩斯货币需求理论的重要发展。该理论又可以广泛应用在国际金融领域，即国际储备不必与国际贸易量按同一比例增减。但是，该理论忽视了影响货币交易需求的时间价值、通货膨胀等因素，将弹性值固定为一个常数也是欠妥的。

（2）惠伦的立方根定律

美国经济学家惠伦论证了预防性货币需求与利率的函数关系，得出立方根定律即惠伦模型。立方根定律论证了预防性货币需求受利率影响的观点，从而修正了凯恩斯关于预防性货币需求对利率不敏感的观点。

惠伦认为，预防性货币需求来自人们对未来事物不确定性的考虑。为稳妥起见，人们实际持有的货币总是大于预计的净支出需要量，这个超额部分就是预防性货币需求。惠伦认为，决定人们预防性货币需求的因素主要有两个：一是持币的成本，包括非流动性成本（变现手续费）和持有预防性货币余额的机会成本；二是收入和支出的平均值及变化情况和变现的可能次数。

总成本（C）最小时的预防性现金持有量（M）为

$$M=\sqrt[3]{\frac{2bS^2}{r}} \quad (8-10)$$

该式表明，预防性货币需求有一个最佳的量，其确定的依据是收入和支出的状况以及持币的成本。预防性货币需求与净支出分布的方差（S^2）、转换现金的手续费（b）和以利率（r）表示的持币机会成本呈立方根变化关系。最佳的预防性货币需求对非流动性成本和净支出方差的弹性为1/3，对利率的弹性为-1/3。也就是说，在其他因素不变时，收入和支出每增加一个单位则预防性货币需求增加1/3个单位；在其他因素不变时，利率每上升一个百分点，则预防性货币需求下降1/3个百分点。因此，预防性货币需求同样受利率变动的影响，同样具有规模经济的特征。

立方根定律证明了预防性货币需求对利率的敏感性，但把预防性货币需求看作是固定的，只进行静态的定量分析是不够的。预防性货币需求的收入和支出弹性、利率弹性不应是一个固定的数值，而应在一个弹性区间内变动。

（3）托宾的资产组合理论

在凯恩斯的投机性货币需求分析中，人们对货币或债券这两种资产的选择是相斥的（或者选择货币，或者选择债券，两者不能兼得），原因是人们对未来利率变化的预期是不确定的。然而，现实情况与凯恩斯的假定并不完全吻合，投资者通常对自己作出的对未来利率变化的估计并不完全自信，因而在资产选择上一般采取既持有货币也持有债券的组合形式。基于这种情况，1958年美国经济学家托宾在他发表的《流动偏好——对付风险的行为》一文中对凯恩斯的货币需求理论作了重要的修正和拓展，他以人们对未来预期的不确定性为前提，研究如何持有资产，形成了对投机活动和金融管理产生深远影响的资产组合理论。

托宾认为，人们在选择资产组合时，不仅要考虑资产组合的预期收益率，而且要考虑风险。托宾的资产选择理论假设人们在投资上追求高利率（或高收益），而且他们不愿保留有风险的资产，只有当报酬足够高的时候才保留它们；在具有同一利率的资产中间，人们寻找安全的投资。这一理论说明，不同风险好恶的人（风险厌恶者、风险爱好者、风险中立者）会有不同的资产组合选择，一个不愿冒风险的投资者分配资金的最好办法就是将其资金在各种投资之间进行分散，于是一种最优的资产组合至少会包括一部分安全资金。所以，持有货币是由于人们追求资产安全的需要。

托宾从投资者基于风险的考虑，在微观的资产选择理论框架内，推导出了和凯恩斯相同的结论：利率越高，预期收益越高，则货币持有量比例越小，即货币投机需求与利率之间存在反方向变动的关系。

托宾从投机者资产选择行为出发进行分析比较切合现实，但忽略了物价波动的因素，分析的资产只包括货币和债券也不够全面。

知识链接8-3

詹姆斯·托宾

詹姆斯·托宾（1918—2002）是美国著名的经济学家和计量经济学家，新古典经济学综合派重要代表人物之一，与这一学派旗手式人物萨缪尔森是校友。托宾于1939年在美国的凯恩斯主义基地——哈佛大学——获得学士学位，1940年在哈佛大学获得硕士学位，1947年在哈佛大学获得博士学位。托宾的工作一直以教学为主，先后在耶鲁大学、剑桥大学、奈洛比大学、明尼苏达大学、加利福尼亚大学担任经济学讲师、教授。像许多经济学诺贝尔奖获得者一样，托宾既埋头于学术，又活跃于美国学术机构和政府部门：托宾曾于1958年担任计量经济学会会长，1961—1962年担任肯尼迪总统经济顾问委员会成员，1971年成为美国经济学会会长，1972年开始担任全国科学学会秘书长，后来担任经济项目会长，1977年成为美国东方经济学会会长。1996年，托宾成为全国咨询委员会以及美国联合国协会的一员。

托宾教授是美国最杰出的凯恩斯主义经济学家之一，他对凯恩斯主义的货币理论有一定的发展，最突出的是他的资产选择理论。

他的研究范围很广，涉及宏观理论和政策、货币银行、公共财政、消费者行为、福利经济学、资产组合选择以及资产市场（q比率）、投资以及资本积累、国际货币体系（托宾税）等多个领域。2002年3月去世之前，托宾的兴趣主要集中在社会保障和医疗保健以及国际货币改革等领域。

资料来源：陈雨露，汪昌云．金融学文献通论·原创论文卷［M］．2版．北京：中国人民大学出版社，2021：37-38.

拓展阅读 8-3

托宾与凯恩斯

托宾（Tobin，1958）以资产组合理论进行了无风险资产（货币）和有风险资产（其他金融资产）的区分，从期望效用角度给出了最优资产组合。

托宾的资产选择理论是对凯恩斯投机性货币需求理论的发展。托宾从金融资产选择的角度来解释投机性货币需求，将凯恩斯的流动性偏好理论扩大，修正为资产偏好或资产组合理论。凯恩斯关于投机性货币需求的理论，实际上隐含着投资者对所谓正常预期利率有一个比较明确的定位，因此只能在两种资产中，即货币和债券中任选一种，而不能二者兼有。托宾认为，投资者对自己的预计往往并不完全有把握，因此，一般人都是既持有货币又持有债券。托宾将前人的资产选择理论和货币需求理论结合起来，用投资者避免风险的行动动机来解释对闲置货币余额的需求。

由于人们对待风险的态度不同，因此他们可能作出不同的选择，据此，托宾将人们分为三种类型，即风险回避者、风险爱好者和风险中立者。托宾认为，现实生活中前两种人只占少数，绝大多数人都属于风险中立者，因此资产选择理论就以他们为主进行分析。他还认为，收益的正效用随着收益的增加而递减，风险的负效用随风险的增加而增加。若某人的资产构成中只有货币而没有债券时，为了获得收益，他会把一部分货币换成债券，因为减少了货币在资产中的比例就带来收益的正效用。随着债券比例的增加，收益的边际效用递减而风险的负效用递增，当新增加债券带来的收益正效用与风险负效用之和等于零时，他就会停止将货币换成债券的行为。同理，若某人的全部资产都是债券，为了安全，他就会抛出债券而增加货币持有额，一直到抛出的最后一张债券带来的风险负效用与收益正效用之和等于零时为止。只有这样，人们得到的总效用才能达到最大。

这一理论说明了在不确定状态下人们同时持有货币和债券的原因，以及对二者在量上进行选择的依据。利率越高，预期收益越高，而货币持有量比例越小，这就证实了货币投机性需求与利率之间存在反方向变动的关系。托宾模型还论证了货币投机性需求的变动是通过人们调整资产组合实现的。这是由于利率的变动引起预期收益率的变动，破坏了原有资产组合中风险负效用与收益正效用的均衡，人们重新调整自己资产组合的行为，导致了货币投机性需求的变动。所以，利率和未来的不确定性对货币投机性需求具有同等重要性。

托宾模型虽然较凯恩斯投机性货币需求理论更切合现实，但许多西方学者也指出该模型存在许多不足之处。例如，托宾模型忽略了物价波动的因素，只包括两种资产即货币和债券，而不包括其他金融资产，这显然与当代金融的实际情况不符。

资料来源：包屹红，曾蜜．金融学原理［M］．武汉：华中科技大学出版社，2022.

2）新剑桥学派的货币需求理论

凯恩斯认为，人们的货币需求动机有3种，即交易动机、预防动机和投机动机。新剑桥学派认为，随着经济的发展，仅这3种动机不能反映全部现实状况，应予以扩展。英国经济学家文特劳布是新剑桥学派的主要代表人物，和其他经济学家共同提出了货币需求七动机说。

（1）产出流量动机。当企业决定增加产量或扩大经营规模时，无疑需要有更多的货币。它相当于凯恩斯提出的交易需求，由企业的行为决定。

（2）货币–工资动机。这种货币需求是由货币–工资增长的连带效应造成的。在现代经济中，通货膨胀是一种普遍的现象，当货币供给增加以后，往往连带着工资的增长。

（3）金融流量动机。这是指人们为了购买高档商品需要储存货币的动机。高档商品在实际购买之前一般要有积累货币的时间。

（4）预防和投机动机。在手中保留超出交易需要的货币，一方面以备不测之需，另一方面等待时机以进行投机。

（5）还款和资本化融资动机。这是由于随着信用的发展，债权债务关系十分普遍，大部分个人或企业都负有一定的债务。同时，在现代社会里，融资具有资本化的特点，即各种融资形式都以取得报酬为前提，因此，为了保证自己的信誉，保证再生产顺利进行，必须按规定的条件偿还债务、支付利息等，这就需要保持一定的货币量。

（6）弥补通货膨胀损失的动机。这是通货膨胀造成的后果．因为在物价上涨、货币贬值的情况下，即使维持原有的生活或生产水平，也需要更多的货币量。

（7）政府需求扩张的动机。除了个人或企业外，政府也有需求扩张的动机。现实中，财政赤字往往是货币需求大大增加的重要原因，特别是当政府有意识地采取这种政策以支持战争或应对经济危机时，情况更是如此。

为了更清楚地说明问题，新剑桥学派将以上七大动机归纳为三大类。第一类是商业性动机，包括产出流量动机、货币–工资动机和金融流量动机。由这三种动机产生的货币需求与收入紧密相关。第二类是投机性动机，包括预防和投机动机、还款和资本化融资动机及弥补通货膨胀损失动机。基于这类动机而产生的货币需求与人们对未来的预期高度相关，而这又与金融市场的发展状况和利率水平紧密相连。第三类是公共权力动机，即政府需求扩张动机，是政府为干预经济尤其是在实施赤字财政政策和膨胀性货币政策时具有的需求扩张动机。由此，动机产生的货币需求主要取决于政府的经济政策，当政府实施扩张性的经济政策时，这类货币需求就会增加；反之，则会减少。

新剑桥学派的货币需求七动机说沿袭了凯恩斯对货币需求动机的分析方法，对于人们为什么持有货币的不同动机进行了区别讨论。其实，新剑桥学派的货币需求七动机说中的前六大动机是对凯恩斯提出的三大动机的细分，基本上没有超出凯恩斯提出的范围，只是政府需求扩张动机是新剑桥学派的独创。

8.4.3 凯恩斯货币需求理论的政策含义

凯恩斯货币需求理论及其后继者对该理论的发展，最重要的贡献在于引入并强调了利率对货币需求的影响。

凯恩斯认为，利率取决于流动性偏好和货币数量，流动性偏好决定货币需求。在一定的货币供给量下，人们对货币的流动性偏好越强，利率就越高，而高利率将阻碍投资。这样，在资本边际效率递减和存在流动性偏好两个因素的作用下，投资需求出现不足。消费需求不足和投资需求不足将产生大量的失业，形成生产过剩的经济危机。因此，解决失业和复兴经济的最好办法是政府干预经济，采取赤字财政政策和膨胀性的货币政策来扩大政府开支，降低利息率，从而刺激消费，增加投资，以提振有效需求，实现充分就业。

凯恩斯提出的流动性陷阱也有着重要的政策意义。

凯恩斯认为，由于陷入流动性陷阱，利率已经达到不能再低的程度，此时增加货币供给不能作用于利率，从而不能影响投资，无法提高收入水平。此时，政府需通过财政政策去实现货币政策不能达到的目标。

凯恩斯认为，如果已经达到充分就业，仅采用膨胀性货币政策是不够的，特别在经济危机中，增加的货币数量可能被增大的流动性偏好所吸收，而对利率不发生影响，从而对实际投资不起作用。因此，必须同时采取其他政策，其中最主要的是赤字财政政策。凯恩斯认为，资本主义经济的病根在于有效需求不足，而有效需求不足很难靠居民或企业的自发调节去解决，而必须要有政府的干预才能实现。一方面，政府可以直接扩大投资；另一方面，政府的投资活动可以带动私人投资。他认为，政府采取赤字财政的政策来扩大公共投资，可以扩大有效需求，促进就业增长，从而促进经济增长。

总之，当利率和收入水平都很低时，货币政策效果甚微，但财政政策效果卓著；当利率和收入水平提高时，货币政策能充分发挥作用，而财政政策几乎没有效力；在中等利率与收入水平下，货币政策和财政政策都有一定的效力。也就是说，在不同的利率和收入水平上，货币政策与财政政策对于利率和收入水平的影响程度各不相同。

8.5 弗里德曼的现代货币数量论

8.5.1 现代货币数量论的主要内容

由于1929—1933年的世界性经济危机、第二次世界大战相继发生，世界经济长期萧条，因此，1936年至20世纪50年代末是“萧条经济学”——凯恩斯学派的全盛时期。在这之后，大规模的经济萧条现象已经不是世界经济的主题，取而代之的是通货膨胀问题。到70年代，简单的通货膨胀又变成了更为复杂的“滞胀”，即经济停滞与高通货膨胀同时存在。在这种经济环境下，弗里德曼在1956年发表了著名论文《货币数量说的重新表述》，提出了他的货币需求理论，这标志着现代货币数量论的诞生。伴随这一理论出现的，还有一个崭新的宏观经济学派——货币学派。

知识链接8-4

米尔顿·弗里德曼

米尔顿·弗里德曼（1912—2006）基于现代货币数量论和“自然率假说”，创立了现代货币主义理论。弗里德曼以研究消费函数、货币史，主张自由放任资本主义而闻名。其代表作《实证经济学方法论》首次明确了实证经济学与规范经济学的内涵与关系；《美国货币史》重新确立了货币理论在经济学中的重要地位；《资本主义与自由》提倡政府角色最小化以让自由市场发挥作用。他的理论不仅对美国、中国、智利、冰岛等地区的经济政策产生了较大影响，还深刻地改变了经济学的教学方式。

在弗里德曼看来，《美国货币史》是他最富影响力的著作。该书用历史的、实证的资料去检验理论的正确性，在方法论方面也有突出的贡献。该书由弗里德曼与安娜·J.施瓦茨（Anna J. Schwartz）合作完成，于1963年出版，作者考察了1867—1960年美国的货币实践，论证了货币因素在经济中的作用，用历史数据检验了美国历史上的货币供给与经济波动之间的关联。该书指出货币供给始终都是经济波动的唯一来源，并将1929—1933年的大萧条归因于当时美联储的货币紧缩政策。该书的主要贡献在于：一是发现了货币供应量和宏观经济活动之间存在的内在关系；二是解释了20世纪30年代大萧条的原因；三是成功发起了对“凯恩斯革命”的“反革命”，重新确立了货币理论在经济学中的重要地位。

弗里德曼在其回忆录中这样评价道：“我和施瓦茨合作出版的三卷货币史著作里，最出名的是《美国货币史》。该书对凯恩斯学派与货币学派之间的辩论产生了深刻影响。不仅如此，该书对20世纪30年代大萧条的重新解释，对政府在指导经济方面所扮演的恰当角色这一广泛争论产生了重大影响。”

资料来源：惠宁，周宇．影响世界的25位经济学家［M］．北京：社会科学文献出版社，2023：284-288.

1）前提假设

弗里德曼的现代货币数量论的理论假设包括以下几点：

（1）采用长期分析，价格及价格预期对产出起作用。在通货膨胀条件下，价格或多或少会影响实际国民收入，但在“滞胀”条件下，价格只影响名义国民收入。

（2）货币量的层次为广义货币（M2），即包括货币和准货币。弗里德曼扩大了货币的涵盖内容，将货币定义在了广义货币层次上。广义货币总量与国民收入的相关系数最大，并且货币总量与国民收入的相关系数要分别大于货币总量中各个组成部分（如现金、活期存款、定期存款）与国民收入的相关系数。

2）货币需求函数

（1）货币需求影响因素

弗里德曼将货币看作资产的一种形式，用消费选择理论来分析人们对货币的需求。消费选择理论认为，消费者在选择消费品时，须考虑3类因素：①收入，它构成预算约束；②商品价格，以及替代品和互补品的价格；③消费者的偏好。费里德曼认为，影响人们货币需求的因素主要有以下3类：

① 总财富水平。弗里德曼用收入来代表财富总额，但这个收入不是统计测算的现期收入，而是长期收入，即永恒收入，是指一个人在比较长的一个时期内过去、现在和今后预期会得到的收入的加权平均数，它具有稳定性的特点。弗里德曼认为，货币需求与长期收入呈正比关系，由总财富决定的长期收入水平越高，货币需求越大。弗里德曼进一步把财富分为人力财富和非人力财富两大类。人力财富是指个人获得收入的能力，其大小与接受教育的程度紧密相关；非人力财富指各种物质性财富，如房屋、生产资料等。这两类财富都能带来收入，但人力财富缺乏流动性，给人们带来的收入是不稳定的，很难转化为非人力财富；非人力财富能够给人们带来较稳定的收入。因此，如果长期收入主要来自人力财富，人们就需要持有更多的货币以备不时之需；反之，人们的货币需求就会下降。因此，非人力财富带来的收入在总收入中所占的比重与货币需求成反比。

② 持有货币的机会成本。弗里德曼指出，持有货币就不能持有其他三类资产（如实物、债券、股权），这是持有货币的机会成本。这个机会成本的大小取决于货币预期报酬率与这三类资产的预期报酬率的对比，即货币与其他资产的预期报酬率之差。货币的名义收益率（r_m）在通常情况下为零，其他资产收益率一般可以分为两部分。第一部分是目前的名义收益率：一是预期的固定收益率，如债券利率和债券价格的预期波动；二是预期的非固定收益率，如股票的收益率，这里包括股票价格的预期波动。第二部分名义收益率是指预期的实物资产价格变动率。通货膨胀时，物价上涨就是持有货币的机会成本之一。

③ 持有货币给人们带来的效用。持有货币可以给人们带来流动性效用，此效用的大小以及影响此效用的其他因素，如人们的嗜好、兴趣等，也是影响货币需求的因素。

在上述货币需求的诸多决定因素中，弗里德曼十分重视长期收入对货币需求的影响，也很重视预期物价变动率对货币需求的影响。

（2）货币需求函数

弗里德曼对货币需求的分析同样以微观主体行为作为始点，并吸收了包括凯恩斯在内的经济学家对货币需求理论的研究成果，对货币需求量的各种因素进行了深入的分析，在此基础上建立了独具特色的货币需求函数。在《美国和英国的货币趋势》一书中，弗里德曼将单个财富持有者的货币需求理论函数简化为

$$M/P = f\,[Y;\ W;\ r_m,\ r_b,\ r_e;\ (1/P)\times(dP/dt);\ U] \tag{8-11}$$

式中：M为个人财富持有者保有的货币量，即名义货币需求量；P为一般物价水平；M/P为实际货币需要量；Y为长期收入；W为物质财富（非人力财富）占总

财富的比率；r_m为预期的货币名义收益率；r_b为固定收益的债券收益率；r_e为非固定收益的债券（股票）收益率；（1/P）×（dP/dt）为预期物价变动率，即实物资产的名义报酬率；U为货币的效用以及影响此效用的因素。

弗里德曼货币需求函数中的自变量明显多于凯恩斯的货币需求函数，W和U都是弗里德曼列出的独特变量。下面将具体分析弗里德曼货币需求函数中的各个变量：长期收入对货币需求具有重要作用，由于波动幅度较小，所以货币存量与恒久性收入的比值（也可称为货币流通速度）是相对稳定的；W与货币需求正相关，前面已有分析；r_m表示货币名义收益率，可看作存款货币的利率，这反映了所考察货币的口径已大于过去各学派对货币考察的口径，它是持币机会成本的抵销项；r_b和r_e以及（1/P）×（dP/dt）是人们持有货币的机会成本，与货币需求负相关。

（3）货币需求函数的简化

弗里德曼和其他学派的学者对货币需求函数作了较为细致的研究。由于货币需求函数中自变量较多，为了便于分析，把一些在某种条件下可以忽略的自变量省略。

① 由于在短期内货币的效用及影响此效用的因素（如人们的嗜好、偏爱等）不会发生无规则的大幅度的变化，因而可省略U。

② 由于财富的构成比例在一定时期内也是比较稳定的，它对货币需求的影响不会有显著的变化，所以W可以省略。

③ 根据一些国家的统计数据，只有当物价变动幅度很大、持续时间很长时，才会对货币需求量产生显著影响，但这种情况很少发生，因此（1/P）×（dP/dt）也可以略去。

④ 一般情况下，狭义的货币收益率（r_m）仅指定期存款的利率，这个利率通常不高，该变量对货币需求的影响应该是极不显著的，可以略去。两种金融资产的收益率r_b、r_e受大致相同的因素决定，二者高度正相关，用一个收益率作变量，完全可以替代和反映出另一个收益率的变动，因此可以将二者合并，以"市场利率"统称之，用i表示。

由此，弗里德曼货币需求理论函数的最终简化式为

$$M/P=f(Y, i) \tag{8-12}$$

（4）货币需求函数的实证

根据货币需求函数的简化式，实际货币需求是由实际收入和市场利率这两个因素决定的。弗里德曼及货币学派学者在大量的实证分析中摸索建立方程式为

$$M/P=aY^{b}i^{c} \tag{8-13}$$

运用回归分析方法检验时，可以用对数方法把非线性方程化为线性方程，即

$$\ln(M/P) = \ln a + b\ln Y + c\ln i \tag{8-14}$$

该二元回归方程被认为是"近年来货币数量论者通过大量的对货币需求的经验研究所得出的基本公式"。回归系数可用最小二乘法求得。货币学派根据美国1892—1960年的统计数据计算得出：lna = 3.003；b = 1.394；c = − 0.155。

将上述回归系数写入方程，有

$$\ln(M/P) = 3.003 + 1.394\ln Y - 0.155\ln i$$

式中：M为广义货币（M_2）；Y为实际长期收入；i为4~6个月商业票据利率。

该式表明，Y与i的变动可以高度解释（拟合优度R^2=0.99）M的变动，且实际货币需求的收入弹性为1.394。该收入弹性说明，当实际收入提高1%时，实际货币需求将提高1.394%；反之，亦然。同时，该式还说明，实际货币需求的利率弹性为-0.155，即当利率提高1%时，实际货币需求下降0.155%，几乎无弹性。

不过，对于货币需求的收入弹性结论，弗里德曼自己也多有修正。1959年，他认为是1.8；1970年，他认为是1.0～2.0，并将其分为1.0～1.5和1.5～2.0两个区间。

3）弗里德曼现代货币数量论的贡献

弗里德曼的现代货币数量论对货币理论的贡献体现在以下几个方面：

（1）研究的货币口径增大，从凯恩斯的M_1扩展到M_2。

（2）提出长期收入概念，以此可以代表人们持有的财富总额——货币、债券、股票和非人力财富的总和。同时，严格地将名义量和实际量加以区分。

（3）提出具有决定意义的论断，即货币需求函数具有稳定性。这是因为影响货币供给和货币需求的因素相互独立；在货币需求函数的变量中，有些自身就具有相对的稳定性，如长期收入的波动幅度比现期收入小得多；货币流通速度（长期收入除以货币存量）也相对稳定。

（4）将货币视为一种资产，从而将货币理论纳入了资产组合理论的框架，摒弃了古典学派视货币为纯交易工具的狭隘理念，并在一般均衡的资产组合理论中，特别强调货币量在经济中的枢纽作用，纠正了凯恩斯学派忽视货币量的偏颇。

（5）在货币需求函数中，首先设置了预期物价变动率这一独立变量，确定了预期因素在货币理论中的地位。

（6）特别强调实证研究的重要性，纠正了以往学者在经济理论尤其是在货币理论中只顾抽象演绎的缺陷，使货币理论向可操作的货币政策靠拢。

8.5.2 弗里德曼现代货币数量论的政策含义

弗里德曼现代货币数量论认为，价格水平变动率与利率会影响货币流通速度与实际货币需求，但是这种影响是非常微小的，因而决定货币需求的关键因素是长期收入，所以货币流通速度和实际货币需求是相当稳定的。弗里德曼由此得出了与早期货币数量论相似的政策结论：财政政策的作用非常小，而货币政策的作用是重要的。因此，以弗里德曼为代表的现代货币数量论者反对凯恩斯主义有关国家干预经济的政策，尤其是财政政策。这正是货币主义与凯恩斯主义的重大分歧之一。

弗里德曼的货币需求稳定性的结论对中央银行有重要意义。由于货币需求是稳定的，中央银行不应该采取管理货币需求的政策，而应该采取管理货币供给的政策。货币供给应配合货币需求，而货币需求是稳定的，因而货币供给也应该是稳定的，中央银行应采取稳定的货币政策。弗里德曼的规则论由此产生。

8.5.3 弗里德曼的现代货币数量论与凯恩斯的货币需求理论的区别

弗里德曼的现代货币数量论是基于特定的历史背景提出的，该理论与凯恩斯的货币需求理论有着明显的区别。

（1）在凯恩斯的货币需求函数中，利率仅限于债券利率，收入为即期的实际收入水平。在弗里德曼的货币需求函数中，利率包括各种财富的收益率，收入是具有高度稳定性的长期收入，是决定货币需求的主要因素。

（2）凯恩斯的货币需求函数以利率的流动性偏好为基础，认为利率是决定货币需求的重要因素。弗里德曼则认为，货币需求的利率弹性较低，即对利率不敏感。

（3）凯恩斯认为，货币流通速度与货币需求函数不稳定。弗里德曼则认为，货币流通速度与货币需求函数高度稳定。

（4）凯恩斯认为，国民收入是由有效需求决定的，货币供给量对国民收入的影响是一个间接作用的过程，即经由利率、投资及投资乘数而作用于社会总需求和国民收入。弗里德曼则认为，由于货币流通速度是稳定的，货币流通速度的变动直接引起名义国民收入和物价水平的变动，所以货币是决定总支出的主要因素。

货币理论是持续演进的。从费雪到凯恩斯和弗里德曼，货币理论发展经历了多个里程碑。古典的货币数量论适应了金属货币时代的特征，凯恩斯的货币需求理论很好地解释了大危机前后的货币运行规律，弗里德曼的货币主义在滞胀条件下应运而生，这些都是一个时代的思想成果，也是一个时代货币政策实践的指南。

8.6 我国的货币需求分析

我国对货币需求问题的研究是建立在马克思货币需求理论的基础上的。我国的货币需求理论的研究大致可以分为两个阶段，即计划经济阶段的货币流通必要量理论和建立社会主义市场经济阶段的货币需求理论。

货币需求的宏观分析，是货币当局决策者为实现一定时期的经济发展目标，确定合理的货币供给增长率，从总体上考察货币需求的方法。在我国计划经济阶段，货币需求基本上是货币供给的一个被动的结果，或者货币需求外生于货币供给。一方面，由内在机制决定货币需求的基础——货币职能“窒息”；另一方面，经济关系、经济变量如收入分配、价格、利率等被扭曲。更为严格地讲，在计划经济体制下，家庭、企业很少（或没有）形成经济剩余，也不是进行独立决策的经济单位，企业的经营性货币需求受到计划严格管制的财政拨款和银行贷款的影响。企业的投资性货币需求不是由企业的收益率决定的，而是由国家的投资率决定的，因而只能附属于政府或国家，银行则成为国家的出纳机构，金融交易活动基本上被禁止。因此，计划经济体制下不存在典型的进行资产组合选择的货币需求主体。这一切在市场运行过程中必然被重新安排。

8.6.1 8：1经验公式

20世纪60年代初，我国的银行工作者基于理论界对马克思货币必要量公式的研究，对我国多年的商品流通与货币流通之间的关系进行实证分析，得出了一个经典的8：1经验公式。其具体含义是：每8元零售商品供应需要1元人民币实现其流通。其式可表示为：

社会商品零售总额÷流通中货币量（现金）= 8

如果值为8，则说明货币流通正常；否则，说明货币供给超过了经济运行对货币的客观需求。

应该说，8：1经验公式提出的虽是单一比例，即零售商品总额与现金流通量间的比例关系，但反映了商品供给与货币需求之间的本质联系。实际验证的结果如下：第一个五年计划期间货币流通比较正常，这个比值在这几年间均稍高于8；20世纪60年代初，生产极度紧张，这个比值一度降到5以下；1963年以后，经济迅速恢复，这个比值恢复到8；1966—1976年的10年间，市场供应一直紧张，这个比值明显低于8；1976年后经济开始好转，这个比值很快接近8。

8.6.2 影响我国货币需求的主要因素

改革开放后，8：1经验公式赖以存在的基础不复存在。经济体制改革对中国的货币需求产生了重要的影响。经过40多年的体制改革，中国经济运行的市场化程度大幅度提升，经济货币化进程、价格改革基本完成，金融市场从无到有、规模逐渐壮大、运作日渐规范，企业的约束机制也逐渐建立起来。社会主义市场经济体制的确立，使我国现阶段货币需求的决定与影响因素，逐渐接近经典的货币需求理论的分析。

除了收入、物价水平等变量外，利率、其他金融资产收益率等机会成本变量也成为影响我国货币需求的重要因素。此外，随着我国外向型经济的发展，汇率变动对货币需求的影响也日益受到重视。

1）收入

无论从宏观角度还是从微观角度分析货币需求，收入都是决定我国货币需求量最重要的因素。从宏观视角看，收入的替代指标是总产出。从国民收入核算的基本原理可知，国民总产出即为国民总收入，因此，伴随着产出的逐年增加，经济总量增加，我国对交易性货币的需求也必然不断增加。从微观角度看，国民总收入即为要素提供者与企业经营者收入之和，经济增长带来的收入增长在市场经济下主要表现为各微观经济主体的货币收入增加，伴随着生产流通的扩大和生活水平的提高，货币支出就会相应扩大，也就需要更多的货币量来充当商品交易的媒介，交易性货币需求必然同样增加。综合起来，更通常的说法是，伴随着一国经济的增长和收入的增加，该国经济运行对执行交易媒介职能的货币将产生更多的需求。众多学者以经济增长率作为收入增长率衡量指标，用模型测算货币需求总量的变化，也证实了这个关系。

2）物价水平

当商品供不应求时，价格趋于上升，供过于求时，价格趋于下降。这种市场供求状态对货币需求的影响，主要是通过改变人们的预期而产生的。例如，商品供应短缺，会使人们产生物价上涨预期，要求以实物代替货币，用于贮藏的货币需求减少。

从理论上说，物价水平的变动对交易性货币需求和资产性货币需求产生不同方向的影响。就交易性货币需求而言，在商品和劳务量既定的条件下，价格水平越高，用于商品和劳务交易的货币需求也必然增多，因此物价水平和交易性货币需求之间是同方向变动的关系；相反，物价水平与资产性货币需求间则呈反向变动关系，这是因为在物价水平持续上升的情况下，微观经济主体作为资产持有的货币，其价值会伴随着物价水平的上升而不断下降，为了避免损失，理性的经济主体会相应减少资产性的货币需求。

就我国目前的状况来说，物价水平的上升更容易引起货币需求总量的增加，原因在于交易性货币需求对物价上升更富有弹性，而资产性货币需求对物价上升不敏感。目前，在我国社会保障体制还需进一步完善，城乡居民消费升级与供给间结构矛盾依然突出的情况下，即使在物价不断上涨的通货膨胀时期，居民部门也缺乏将货币性资产转化为商品性资产或其他证券类资产的意愿，资产性货币需求并不随着物价的上涨而下降，甚至经常出现在通货膨胀时期资产性货币需求增加的情况。

3）其他金融资产收益率（利率）

改革开放以来，随着金融市场从无到有、从小到大的发展历程，除了货币之外，人们还通常持有股票、债券、保险等非货币性金融资产。非货币性金融资产是货币的替代物，当债券、股票等金融资产的收益率上升时，人们往往愿意减少货币的持有数量，而相应增加持有股票债券等非货币性金融资产的数量。在之前所述的西方货币需求理论中，货币资产的收益率通常被假定为零，利率被视为债券和股票收益率的代表，因而得出利率与资产性货币需求反方向变动的关系。在现实中，存款性货币的收益率大于零，因此人们会比较存款利率与债券利率、股票收益率之间的关系，根据自己的风险偏好进行资产组合配置与调整，资产性货币需求也会发生相应变动。

近几年我国的货币市场和资本市场发展较快，金融工具的种类不断增加，规模逐渐加大，非货币性金融资产对货币资产的替代效应已经逐渐显现。可以预期，随着我国金融市场的快速发展和不断规范，金融资产对货币资产的替代性将越来越强，人们的资产性货币需求将会随着金融市场的稳健发展而出现增速减缓的趋势。

4）其他因素

（1）信用的发展状况

一般来说，在一个信用形式比较多样、信用制度比较健全的社会，经济主体所必需的货币量相对要少一些；反之，对现实的货币需求就大。经过40余年的改革与发展，我国的商业信用、国家信用、消费信用规模逐渐扩大。商业信用的发展使企业间的债权债务关系可以相互抵消，从而减少企业对交易性货币的需求。国家信用主要采取发行国债的方式，为微观经济主体提供了可供选择的非货币性金融资产，从而减少了资产性货币需求。

（2）金融机构技术手段的先进程度和服务质量

先进的金融技术手段和高质量的金融服务往往能提高货币流通速度，减少现实的货币需求；反之，则增加货币需求。近几年我国金融业对电子基础设施建设投入了大量资金，金融电子化、科技化水平迅速提高，移动支付、数字货币的快速发展对传统的货币需求产生越来越重要的影响。

（3）社会保障体制的健全与完善

目前我国的社会保障体制还不尽完善，部分居民对未来医疗、失业、养老、子女教育费用的担忧，对住房的需求等，都增加了居民对未来支出的不确定预期，从而增加了其预防性货币需求。

8.7 货币需求的实证分析

20世纪50年代以来，西方学者对货币需求的研究围绕两个问题进行实证检验：一是货币需求对利率变动是否敏感；二是货币需求函数长期内是否稳定。这两个问题是以凯恩斯和弗里德曼为代表的现代货币需求理论的争论焦点，对于宏观调控也有着重要的指导意义。

8.7.1 货币需求对利率变动是否敏感

如果利率不影响货币需求，则货币流通速度更可能是一个常量，或至少是可预测的，因此数量论的总支出由货币数量决定的观点很可能是正确的。相反，凯恩斯学派的货币需求理论证明，货币需求对利率变动十分敏感。如果这种解释是正确的，那么货币需求就变得难以确定，货币供应与总收入之间的关系也将变得不甚清晰，还可能出现一种货币需求对利率超敏感的情况，即“流动性陷阱”。存在“流动性陷阱”，则意味着货币当局调节利率的货币政策可能是无效的。由于这关系到财政政策和货币政策谁更重要，遂成为西方经济学争论的焦点问题之一。

弗里德曼是竭力提倡和最早对货币需求进行实证研究的经济学家之一。他根据1892—1960年美国的经济数据估算认为：货币需求对于国民收入是有弹性的，但对于利率缺乏弹性。对于弗里德曼的研究结果，经济学家并不都是认同的。许多经济学家认为弗里德曼的研究存在明显的缺陷：首先，弗里德曼将货币定义为M_2，本身就包含了利率因素，当市场利率变化时，货币的利率随之变动，货币需求当然会对市场利率不敏感，如果货币改用M_1，结论可能就大大不同。其次，弗里德曼的研究先将货币需求对恒久性收入进行回归，然后将残差对利率回归，这时结论成立的前提条件是利率与收入相互独立，但利率与收入通常是相关的。最后，货币需求在现实中是不可测的，弗里德曼用货币供给代替货币需求，只有在货币均衡时才能成立，如何保证货币供求总是均衡呢？

因此，自弗里德曼用计量经济学的方法研究货币需求以来，很多经济学家也开展了这方面的研究，由于假设和使用方法不同，研究结果与弗里德曼的结论相差甚远，大量实证研究表明货币需求对利率敏感。然而，当名义利率下跌为零时，就再也无法下跌了。在这种情况下，由于货币需求是完全平坦的，因而会出现“流动性陷阱”。事实上，美国近年来就出现了这种流动性陷阱，这也是美联储不得不求助非常规货币政策的一个原因。

8.7.2 货币需求函数长期内是否稳定

货币需求函数的稳定性也是凯恩斯学派和货币学派争论的焦点之一，关系到央行应当以利率还是货币供给量作为货币政策的中介目标，因而具有重要现实意义。如果像凯恩斯所设想的那样，货币需求不仅不稳定，而且具有不可预测性，那么在货币政策机制中就必须以利率而不是以货币供应量作为中介目标；相反，如果货币需求函数是稳定的，则证明以货币供应量作为货币政策中介目标会优于利率目标，从而证明以弗里德曼为代表的货币学派理论的正确性。

直到20世纪70年代初期，实证分析的结论是完全支持货币需求函数稳定性的。货币学派的布伦纳和梅尔茨在20世纪60年代的研究中发现，货币需求函数在长期内是稳定的；戈德菲尔德利用第二次世界大战后至1974年的数据得出实证，支持了货币需求函数具有稳定性的结论。然而，1973年之后，金融创新的飞速推进改变了货币所包含的内容，所估计的货币需求函数表现出了极大的不稳定。戈德菲尔德将货币需求函数表现的这一不稳定现象称为“货币失踪”，即根据货币需求函数所预测的货币需求量大大超过公众持有的实际货币量，这一事实对货币政策如何运作以及如何估计其对经济的作用都提出了严峻的挑战，并最终导致各国央行纷纷放弃货币数量目标，转向利率调控。

拓展阅读8-4

通往无现金社会为什么需要央行数字货币？

作为支付工具的货币经历着两次重要的革命：第一次是黄金退出流通领域并被作为国家法定货币的现金所替代；第二次是正在发生的去现金化的革命。

随着POS机刷卡业务、网上银行和手机银行的发展，商业银行的活期存款能够满足越来越多的原来由现金才能实现的经济交易活动，现金逐步被银行活期存款这一支付工具所替代。随着数字经济的发展，一些平台公司凭借对自身平台的垄断地位可以开发并垄断第三方支付业务，在平台上为用户提供第三方电子支付工具。最终，第三方支付与银行的支付工具不断替代现金的这一去现金化革命，加速了通往无现金社会的进程。

无现金的社会需要一种安全、高效、便捷的数字支付工具。单从技术条件上来看，这样的支付工具可以是中央银行发行的数字货币，也可以是商业银行或第三方平台公司的电子支付工具，甚至也有可能是虚拟货币。

商业银行的电子支付工具的发展和推广一直是去现金化革命的主导力量。商业银行一直有激励获得社会中的存量现金，这些现金能够成为银行的超额准备金并以此支持其信贷扩张。商业银行更有激励降低储户的提现需求，这也是为什么商业银行一直在不断提升以活期存款作为支持的银行电子支付工具的便捷性。

第三方支付的电子支付工具是平台公司金融化的产物，平台公司凭借对交易平台的垄断地位可以开发第三方支付工具，比如在盒马上购物就只能使用支付宝进行支付。比特币等虚拟货币在去现金化的革命中更像一个搅局者，在一些不受监管约束的国家和地区，这些虚拟币的确是在一些场景中发生了交易。由于平台公司并没有商业银行的现金柜台业务，所以平台用户持有的现金并不能直接与第三方支付工具之间进行交易，而只能是用户的银行活期存款与之发生交易，是第三方支付工具直接替代银行支付工具。

商业银行和第三方支付的电子支付工具以及比特币等虚拟货币，在替代现金使用的过程中都可视为私人数字货币。中央银行也可以发行数字货币作为替代现金的法定货币，为公众提供安全、高效、便捷的数字支付工具，这是央行数字货币可以存在的充分性。如果私人数字货币已经能够满足数字经济社会的需求，那么单从技术层面来看，中央银行就没有发行央行数字货币的必要性。

如果商业银行的电子支付工具能够满足数字经济社会的需求并完全替代现金，那么储户将失去提现的权利。当对单个银行失去信心时，该银行的所有储户原来的选择是可以试着将其存款转存到其他银行或者提取为现金并持有这两个选择，如果没有央行数字货币的发行，那么储户在无现金的社会就会失去提现的权利。如果平台公司的第三方支付工具能够满足数字经济社会的需求并完全替代现金，并且不进入到商业银行的信贷业务，那么平台公司通过提供支付服务，成为向商业银行提供批发性融资的中介机构。由于第三方支付工具替代商业银行的电子支付工具时，都与商业银行的支付工具发生了交换，那么在其替代银行支付工具时，仅仅是将用户的活期存款转移到平台的支付公司在银行的账户上。因此，这些银行的活期存款货币最终还是回归到了银行体系。如果虚拟货币的发展不受任何约束，它发展的极致便是替代所有的商业银行甚至中央银行，那么不同虚拟货币之间的竞争最终会带来价格体系和货币秩序的紊乱，这也正是历史上自由银行时代所经历过的乱象。因此，公众所需要的数字支付工具的背后并不是简单的技术层面的问题。

资料来源：刘学．通往无现金社会为什么需要央行数字货币？[J]．北大金融评论，2023（2）：84-91.

学史增信

超大国家的货币创新

在唐宋时期，随着国家的长期稳定和商品经济的恢复性发展，中国形成了涵盖全境广泛地域的贸易网络，出现了跨地区、长周期甚至跨国的大规模非即时贸易。

这种往往是非即时交割的“大买卖”，产生了大量赊销或借贷的信用需求，而传统的货币难以满足越来越多的非即时交易需求。

需求是创造之母。唐代的“飞钱”，就是当时商人们为满足跨地区、跨时交易而发明的。有了纸币，商人们到京师等地经商就可“以轻装趋四方，合券乃取之”。作为民间的信用券，“飞钱”最初为官府所禁；后认识到确有需求，政府允许商人在户部、度支、盐铁三司办理“飞钱”业务，但要收取1/10的手续费；由于没有商人愿意接受如此高的费用，官办机构无人光顾，最后只好免费兑换。可见，货币的革新必须踏着经济需求的节拍起舞。正是中国这个超大经济体发展对货币的新需求，推动了货币史上这一重大的货币创新。

宋太祖借鉴唐代“飞钱”的经验教训，允许商人入钱京师，领取票券后到各州变换，但整个兑换过程有3%～4%的“加饶”（溢价），并设置了专门机构管理钱币汇兑。政府信用，加上合理的费用，使宋代“飞钱”一度运行顺利。

人类信用制度的发生与发展是一个渐进过程，无论是商人为满足跨时交易而产生的创意，还是帝王的意愿或是权臣的设计，都会产生一定作用，但任何单一因素都不足以催生信用货币。中国宋代的交子和会子，是信用货币在人类社会大范围使用的先例，它们的诞生与发展也证明了这一点。

由于交子有使用期限，通常一届三年，因此更像是限期兑换的借据。真正拥有纸币特点的货币是南宋的会子，其面额一定，且无使用期限的限制，只于破损时准予调换。从北宋时代的交子到南宋时代的会子，宋代开启了从“现金交换”到“信用交换”的历史过渡期。从货币史的角度看，在一个大国内出现普遍的信用交换，信用货币成为一个社会交换的主要媒介，是具有重大历史意义的事件。

中国宋代出现信用货币，主要是因为商业经济发展，社会对货币的需求量大增。此外，作为传统币材的铜在长期消耗下日渐短缺，从而导致“钱荒”。加剧这一困境的还有所谓“漏泄之弊”——对外贸易导致大量钱币外流。“蕃舶巨艘，形若山岳……贩于中国者皆浮靡无用之异物，而泄于外夷者乃国家富贵之操柄”，“一入海舟，往而不返”。除去上述经济因素，战争的压力也不可忽视。当时宋与西夏、辽、金等国的战争耗费，以及“岁币”的贡银也加大了对货币的需求。根据李剑农的看法，宋的货币本位之所以由铜制的缗钱转变为银钱，除了出现交钞的因素以外，很大程度上与金国索要“岁币”时只要绢和银有关。

除了宏观层面的因素，铸钱成本太高也决定了传统铸币制度难以延续。据宋高宗绍兴元年（1131年）的计算，因铜、铁、铅、锡的价格高，加上管理铸钱的官员和工人工钱，每铸钱1 000，本钱为2 400文。一方面是货币需求增加，另一方面是铸币成本大增，再加上区域间经济活动频繁导致的货币运输成本和安全成本的困扰，在这些因素的共同推动下，即便是不思进取的宋代官员也只有创新货币制度这条路好走了。

综上所述，是超大型国家对货币的广泛需求推动了货币创新。中国宋代能够出现信用货币，有多种原因。首先，宋朝政府是一个赋税收益颇丰的大一统政权，可以为交子和会子提供足够的国家信用；其次，战争费用包括赔款或羁縻他国所需的

“岁币”，都产生了大量的货币需求。信用货币之所以出现，是因为只有它才能满足在中国这样一个人口众多、地域广阔、商品经济发达的国家进行商品交易的货币需求。中国宋代能够出现纸币形态的信用货币，是一次超大型国家对货币需求变化的适应性尝试。

资料来源：王湘穗. 币缘论：货币政治的演化［M］. 北京：中信出版集团，2017：79-81.

解读：

在金融货币领域，宋朝的最重要贡献是在1 000年前发明和流通了交子和会子等纸币，这是人类货币史上的一次伟大革命，开启了人类最早的信用货币体系试验；今天，数字货币的崛起，又是人类货币史上的一次伟大革命，势必会加速人类数字经济时代的到来。人类社会已进入数字时代，“数化万物”成为大势所趋，金融数字化成为人类社会发展到数字经济时代金融体系的必然选择。党的二十大报告提出，“加快建设制造强国、质量强国、航天强国、交通强国、网络强国、数字中国”“加快发展数字经济”。未来央行数字货币的发行与应用必定将对全球货币金融格局带来深远影响。了解我国宋代交子等信用货币的创造发展过程及在我国璀璨的历史文化中的重要作用，有利于学生增强民族自信和文化自信，勇于开拓创新，坚定对实现中华民族伟大复兴中国梦的信心。

本章小结

货币需求是指在一定时期内，社会各阶层（包括个人、单位、政府）愿意以货币形式持有财产的需要，或者社会各阶层对执行流通手段、支付手段和价值贮藏手段的货币的需求。

货币需求理论的主要研究内容是一国经济发展在客观上需要的货币量，货币需要量是由哪些因素决定的，这些因素相互之间有什么关系，以及一个经济单位（企业、个人或家庭）在现实的收入水平、利率水平和商品供需状况等经济背景下保持多少货币的成本最小、收益最大等问题。

马克思的货币必要量公式表明，货币需要量的决定因素是流通的商品数量、价格水平和货币流通速度。货币必要量与商品数量、价格水平的乘积即商品价格总额成正比，与货币流通速度成反比。

费雪从现金角度出发提出交易方程式，认为决定一定时期名义货币需求量的因素主要是这一时期全社会一定价格水平下的总交易量与同期的货币流通速度。

以马歇尔和庇古为代表的剑桥学派开始从微观角度对货币需求展开研究。剑桥方程式中的货币需求决定因素多于费雪方程式，特别是利率已经成为不容忽视的因素。

凯恩斯从资产选择的角度来考察货币需求，将人们持有货币的动机称为流动性偏好，并从交易动机、预防动机和投机动机的角度说明货币需求是由收入和利率两个因素决定的，其最重要的贡献在于将利率引入货币需求函数。他认为，货币需求与收入成正比，与利率成反比。凯恩斯指出，当利率降到一定低点之后，会出现

“流动性陷阱”，此时扩张的货币政策会失效。

新古典综合派和新剑桥学派对凯恩斯货币需求理论的发展作出了重大贡献。新古典综合派的主要代表人物有鲍莫尔、惠伦、托宾等，他们主要对利率因素对货币需求的影响展开了研究，并建立了模型；新剑桥学派的代表人物文特劳布和其他经济学家共同提出了货币需求七动机说，丰富了凯恩斯的三动机说。

货币学派的代表人物弗里德曼提出了现代货币数量论。他采用长期分析对广义货币需求展开研究，认为影响人们货币需求的因素主要有3类，即总财富水平、持有货币的机会成本和持有货币给人们带来的效用。弗里德曼的货币需求函数可最终简化为只包括收入和利率两个变量的形式。

基本概念

货币需求　现金交易说与费雪方程式　现金余额说与剑桥方程式　流动性偏好　投机性货币需求　流动性陷阱　平方根定律　永恒收入

思考题

（1）试分析费雪交易方程式和剑桥方程式的区别。

（2）凯恩斯货币需求理论的主要内容是什么？

（3）简述凯恩斯学派货币理论的发展。

（4）费里德曼货币需求理论的主要内容是什么？

（5）试分析凯恩斯货币理论和费里德曼货币理论的区别和政策意义。

第8章
在线测试题

第9章

货币供给

学习目标

- 掌握基础货币的构成、性质与特点。
- 掌握决定基础货币变化的主要因素。
- 理解中央银行对基础货币的调控。
- 掌握商业银行存款货币创造的机制与制约因素。
- 理解货币供给、基础货币和货币乘数三者的关系。
- 理解影响货币乘数的因素与中央银行对货币乘数的调控。

开篇案例

防挤兑自救：流动性危机下美版BTFP“四万亿”出笼

美国加利福尼亚州硅谷银行（Silicon Valley Bank）、纽约签名银行（Signature Bank）的先后倒闭引发了金融市场的震荡，美国中小型银行面临更加广泛的挤兑（bank run）威胁。截至2023年2月，美国小银行总存款规模为5.5万亿美元，存款若大规模流出则将威胁美国金融体系的稳定性。据国内券商估算，美国至少有257家银行面临与硅谷银行资产负债结构类似的境况，即使只发生小规模的挤兑，也将有更多银行面临“爆雷”。美联储面临的是整个银行业的危机和流动性危机。

值此关键时刻，最后贷款人（lender of last resort，LLR）如期而至，即当金融资产流动性普遍受限，出现挤兑风险时，最后贷款人将实行“弹性货币供给制度”，它随时准备创造更多的货币，为银行提供必要流动性，阻止因流动性欠佳的金融资产转换成货币受阻而引发挤兑，避免恐慌进一步蔓延。

2023年3月12日，美联储宣布推出一项名为银行定期融资计划（Bank Term Funding Program，BTFP）的紧急融资工具。根据美联储的公告，该计划可向银行、储蓄协会、信用社等符合条件的存款机构提供长达一年的贷款，这些贷款以美国国债、机构债务、抵押支持证券（MBS）和其他合格资产等为抵押品，且按照抵押品票面价值提供贷款，贷款利率则按一年期隔夜指数互换（OIS）外加10个基点计算。此举旨在增加金融体系中的额外储备金，缓解资金压力。据估算，美国银行可通过BTFP进行融资的总规模约为4.4万亿美元，引发全球市场人士高度关注。

美联储的创新性工具短期来看有助于美国中小银行的稳定，但与其抗通货膨胀的初衷相背离，使其有可能在未来某个时候不得不调高通货膨胀的容忍度。这将给我们带来外部金融稳定的有利条件，同时要密切关注大宗商品及资源类价格的波动影响。该计划的最大吸引人之处，在于银行可以借入与其抵押品面值相等的资金。这意味着银行不用关注抵押品的市场价值，在满足客户提款要求时不必亏本出售它们的债券。这对银行业来说是个福音。根据联邦存款保险公司（FDIC）的数据，2022年年底美国的银行在证券方面的浮亏为6 200亿美元。BTFP项目推出一周就共计为存款机构提供了119.4亿美元融资。

本质上，BTFP计划可看作是一种量化宽松（QE）政策。这个美联储阻止系列商业银行倒闭的新工具实际上就是再启印钞机，限量供应货币流动性。除BTFP之外，美联储还为金融机构提供了其他融资支持，包括初级信贷工具新增资金1 483亿美元，其他信贷扩展工具新增资金1 428亿美元。

美联储担当最后贷款人的角色，教科书般地回答了“提供多少现金？向谁提供？以何为基础？何时提供？”的经典问题。市场的流动性危机或将在美联储的强力支持措施中得到快速的缓和，但问题是，一年之后的银行以债券为抵押的贷款到期了怎么办？美联储持续的加息如何替换现有的抵押债券？这些都值得投资者密切关注。

资料来源：周心钰．防挤兑自救，美版BTFP“四万亿”出笼　中国系统重要性银行抗风险受青睐［J］．证券市场红周刊，2023（12）：174-176.

面对危机，中央银行如何操作才能稳定市场流动性实现合理的货币供给呢？商业银行体系在货币供给机制中又在发挥怎样的作用？这正是本章要学习和讨论的内容。货币供给主要研究货币供给的形成与调控机制，包括货币供给的主体、货币供给的方式、影响货币供给量的因素以及货币管理当局对货币供给量的控制等内容。

9.1　中央银行基础货币的供给

微课9-1

中央银行基础货币的供给

货币供给（money supply）是指一定时期内一国银行系统向经济中投入或收回货币的行为过程。货币需求在这个过程中得到满足。货币供给必然会在实体经济中形成一定的货币量，这些货币量都是由银行系统供给的，都是银行的负债。因此，一国各经济主体（包括个人、企事业单位和政府部门等）持有的、由银行系统供应的债务总量就称为货币供给量（money supply quantity）。货币供给量是一个存量的概念，即一个国家在某一时点上实际存在的货币总量。

货币供给理论的产生和形成比货币需求理论要晚得多。直到20世纪60年代末，现代意义上的货币供给理论才出现。这是因为，在很长的时间里，绝大多数经济学家把货币供给量作为货币当局能够完全控制的外生变量，因而不去研究货币供给的决定过程，只研究中央银行改变货币供应量时经济发生的变化。

事实上，中央银行并不能完全控制货币供应量，因为货币供应量的创造涉及3个主体的行为：①中央银行的基础货币供给；②商业银行体系存款货币创造；③机构与个人提供的存款。这是一个错综复杂的过程，货币供应受各种因素的影响。在这个过程中，中央银行的基础货币注入最为重要，它是货币供给量产生的源头。

9.1.1 基础货币及其决定

1）基础货币的定义与特点

基础货币（base money，通常用B表示），被定义为社会公众持有的现金（currency，C）和商业银行在中央银行的准备金（reserve，R）之和，即

$$B=C+R \tag{9-1}$$

由于一个单位的基础货币投放可以派生出超过自身数倍的货币供给量，所以基础货币又被称为高能货币或储备货币，是整个银行体系存款扩张、货币创造（money creation）的基础，其数额大小对货币供应总量具有决定性的作用。

基础货币具有5个显著特点：①它是中央银行的负债；②流通性很强；③具有派生性；④与货币供给的各相关层次有较高的相关度，它的变化对于货币供给变化起着决定性作用；⑤具有可控性，即中央银行能够控制它，并且通过对它的控制来影响货币供给量。在基础货币的5个显著特点中，流通性和派生性是其最本质的特征。

2）基础货币的决定

（1）基础货币的来源

从基础货币（B）的构成来看，基础货币来源于流通在银行体系之外的现金（C）和商业银行在中央银行的存款准备金（R）两个方面。现金是由中央银行发行的，存款准备金是商业银行存放在中央银行的存款。从性质上来看，基础货币是中央银行的负债。

由于基础货币是中央银行的负债，我们从中央银行的资产负债表中就可以直观地看到基础货币的来源。我们忽略不同国家货币当局资产负债表编制的自身特点，仅从共性出发建立一个中央银行资产负债表简表（见表9-1）。

表9-1 **中央银行资产负债表**

资产（A）	负债（L）
A_1：政府债券 A_2：贴现贷款 A_3：外汇资产 A_4：其他资产	L_1：流通中现金 L_2：存款准备金 L_3：政府存款 L_4：其他负债 L_5：资本金
合　计	合　计

因为A=L（资产=负债），即

$$A_1 + A_2 + A_3 + A_4 = L_1 + L_2 + L_3 + L_4 + L_5 \tag{9-2}$$

所以

$$MB = C+R= L_1 + L_2 = (A_1 + A_2 + A_3 + A_4) - (L_3 + L_4+ L_5) \tag{9-3}$$

从等式中可知，基础货币由流通中的现金C（在资产负债表中用L_1表示）和存款准备金R（在资产负债表中用L_2表示）两部分组成。

知识链接9-1

我国货币供给的口径

1）现金供给与货币供给

在我国，由于历史原因，许多人一直将现金发行视同货币供给，其实现金发行只是货币供给的一部分。直到1994年，官方才正式使用货币供给概念。由于货币供给中的现金与其余部分的变动并不一致，如果把现金看成货币供给，就会作出错误判断。

2）中国货币层次的划分

根据我国现行的货币统计实践，目前，中国人民银行将货币供应量划分为M_0、M_1和M_2三个层次：①流通中的现金，即在社会上流通的现金，用符号M_0表示；②狭义货币供应量，即M_0+企事业单位活期存款，用符号M_1表示；③广义货币供应量，即M_1+企事业单位定期存款+居民储蓄存款+证券公司客户保证金+其他定期存款，用符号M_2表示。

在这三个层次的货币供应量中，M_0是最活跃的货币，流动性最强；M_1反映经济中的现实购买力，流动性仅次于M_0；M_2不仅反映社会现实的购买力，还反映潜在购买力，能较好地体现社会总需求的变化。

3）货币供给口径划分的依据

现金、存款和各种有价证券均属于货币范畴，但它们的流动性是不相同的。现金和活期存款是直接的购买手段和支付手段，随时可以形成现实的购买力。定期存款到期方能支付，如要提前支付，则要蒙受一定的损失，因而流动性较差。票据、债券、股票等有价证券，必须在金融市场上出售之后，才能转化为现实购买力。

上述各种货币转化为现实购买力的能力不同，从而对商品流通和经济活动的影响也有别。因此，有必要把这些货币形式进行科学的分类，以便中央银行分层次分别对待，从而提高宏观调控的有效性。

各国中央银行在确定货币供给的统计口径时，都以流动性作为划分货币层次的标准。流动性程度不同的货币在流通中转手的次数不同，所形成的购买力也不同，从而对商品交换和商品流通活动的影响程度不同。流动性强的货币如现金、活期存款可以直接进入市场，引起市场供求关系变化。流动性较差的货币，如定期存款，虽然也能形成购买力，但是必须转成活期存款，或者提前支取现金才能购买商品。这类流动性较差的货币对市场的影响，就不如现金或活期存款来得那么直接和迅速。

从20世纪70年代开始，货币供给量逐渐取代利率而成为一些国家货币政策的中介目标，对货币供给内容的约定则是执行货币供给量政策的前提。货币当局要明确到底控制哪一层次货币及这一层次货币与其他层次的界限。只有在对货币层次进行科学划分的基础上，才能真正把握经济增长、物价、投资、国际收支等整个经济状况。

资料来源：包屹红，曾蜜．金融学原理［M］．武汉：华中科技大学出版社，2022：248-250.

（2）决定基础货币变化的主要因素

①影响商业银行存款准备金变动的因素决定基础货币的变化。

第一，存款准备金率的变化。存款准备金包括商业银行在中央银行的存款和实际持有的库存现金。商业银行在中央银行的存款又可以划分为两部分：中央银行要求商业银行必须持有的准备金即法定存款准备金（required reserve，RR）和商业银行自愿持有的额外的准备金即超额存款准备金（excess reserve，ER）。例如，中国人民银行要求存款机构每吸收1元钱的货币存款，必须将其中的一部分（例如1角钱）以准备金形式持有。这1角钱货币被称为法定存款准备金，1角钱占1元钱的比率（10%）被称为法定存款准备金率（required reserve ratio，RRR）。法定存款准备金率是指商业银行等存款金融机构上交中央银行的准备金占存款的百分比。

如果中央银行提高法定存款准备金率，商业银行上交的存款准备金就多，基础货币量增加；反之，中央银行降低法定存款准备金率，商业银行上交的存款准备金就少，基础货币量就减少。

当前，我国的货币政策工具箱包含传统型工具与创新型工具。根据货币政策工具调节的是货币供应量还是利率，它们可以进一步分为数量型工具和价格型工具。存款准备金类工具是典型的数量型工具，通过影响商业银行信贷规模来调控货币供应量。法定存款准备金率是央行为了防范银行挤兑风险、确保存款安全而要求的银行存款准备金占其存款总额的比例。创新的存款准备金工具包括定向降准和差别准备金率，它们是跨周期的调节工具，具有明确的政策指向，主要支持“三农”、小微企业和战略性新兴产业等。2023年3月27日，中国人民银行降低金融机构存款准备金率0.25个百分点（不含已执行5%存款准备金率的金融机构）。本次下调后，金融机构加权平均存款准备金率约为7.6%。央行强调，此次降准是“为推动经济实现质的有效提升和量的合理增长，打好宏观政策组合拳，提高服务实体经济水平”。

第二，流通中现金量的变化。流通中的现金流入银行系统的数量增加，可使商业银行上缴的存款准备金随之增加；流通中现金流出银行系统，可使商业银行上缴的存款准备金减少。某些资本主义国家的财政部门有直接向流通中投入现金的权力，所以财政部门直接投入流通中现金量的多少也会相应地增减存款准备金。

第三，中央银行买卖信用证券数量的变化。中央银行通过公开市场业务（open market operation）买进有价证券，可使商业银行上缴的存款准备金增加；反之，如果中央银行卖出有价证券，商业银行上缴的存款准备金减少。同时，中央银行买卖外汇也会引起商业银行存款准备金和基础货币的变化，具有和普通公开市场业务一样的影响。

2014年以前，我国贸易顺差较大，外汇储备持续高速增长。中央银行通过回笼外汇向市场投放基础货币；2014年以后，受外部环境变化影响，贸易顺差以及外汇储备高速增长的基础削弱，我国央行开始转变货币供给方式，主要通过公开市场业务的方式投放基础货币，但能够与中央银行直接开展公开市场操作的一级交易商一般为资金充足的大型金融机构，中小型金融机构只能通过一级交易商获得资金，从而形成了流动性分层。

第四，中央银行对商业银行放款、贴现的松紧。中央银行作为最后贷款人，如果扩大或放松对商业银行的放款、贴现，那么商业银行在中央银行的存款准备金将增加；反之，商业银行上缴的存款准备金则减少。

②影响流通中现金变动的因素决定基础货币的变化。

第一，公众收入和消费变化。一般来说，公众手持现金量会随着货币总收入的增加而增加。同时，由消费倾向所决定的支出构成变化，也会引起现金量的复杂变动：积蓄增加会减少现金持有，购买增加则形成手持现金暂时增加。

第二，物价变动状况。一般来说，在币值和物价比较稳定的情况下，公众的手持现金除了随着季节性的变化有所变动外，是比较稳定的。在币值和物价不稳定，甚至是持续的恶性通货膨胀的情况下，往往会出现提取存款、储存现金、抢购商品等混乱局面，暂时会出现流通中现金增加的现象。

第三，经济发展和体制变动情况。例如，商品交易发展、就业人数增加、集贸市场扩大、价格调整等因素，往往导致流通中现金量增加。

第四，信用发展程度。例如，银行存款利率的提高、储蓄网点的增多、非现金结算的广泛开展等，这些因素往往会影响流通中现金量。

9.1.2 中央银行对基础货币的控制

1）中央银行控制基础货币的手段

控制基础货币是中央银行的一项重要任务，由此可实现对信用总量的控制。在现代经济中，中央银行主要通过经济手段控制和调节基础货币，最明显的表现是改变其资产负债表的规模和结构。中央银行资产负债表中L_1和L_2总是受到资产负债表其他组成部分的影响。或者说，中央银行资产负债表中任何一个项目的变动都会引起基础货币量的增减。具体来讲，中央银行主要通过以下几种手段来改变资产负债表的规模和结构：

① 调整存款准备金率，影响商业银行发放贷款扩张货币的基础能力。

② 公开市场操作，即中央银行在金融市场上买卖有价证券。中央银行如果从商业银行手中购买证券，则增加银行准备金；如果从个人手中购买证券，则增加流通中现金。

③ 外汇交易干预，即中央银行买卖外汇储备货币，其原理与买卖有价证券相同。

④ 中央银行对商业银行贴现贷款的扩张或收缩，商业银行在该交易中主动性更强。

⑤ 非银行公众对现金的提取，该行为不改变中央银行负债总额和基础货币总额，但改变了负债结构，使中央银行储备负债减少、现金负债增加。

2）中央银行控制基础货币的力度

从以上中央银行控制基础货币的手段来看，中央银行控制力最强的，就是能够直接决定存款准备金率以及增减对商业银行和其他金融机构的资产。此外，基础货币变动的效果还取决于商业银行和其他金融机构的反应。比如，调整存款准备金率有时不能直接作用到基础货币的增减上，因为商业银行的存款准备金包含法定准备金和超额准备金两部分，当超额准备金充足时，中央银行调高法定存款准备金率，只能降低超额准备金的数量、增加法定准备金数量，基础货币总量不变。因此，虽然法定准款准备金率的制定完全由中央银行掌控，但对基础货币量的影响效果不确定，取决于商业银行超额准备金的多少。

公开市场操作和贴现贷款是决定基础货币供给的两个主要因素。虽然中央银行能够完全控制公开市场购买或公开市场出售的规模，但是中央银行不能单方面决定或准确估计商业银行向中央银行借款的数额。中央银行制定贴现率（贴现贷款的利率，discount rate），然后由商业银行决定是否借款。贴现贷款的规模虽然受中央银行设定的贴现率的影响，但不是由中央银行完全控制的，商业银行的决策也会发挥作用。

因此，我们还可以将基础货币从其来源再进行分类，它包括两部分：一部分是中央银行以公开市场操作方式出售证券而注入到流通中的通货及增加的商业银行准备金，称为非借入性基础货币（nonborrowed monetary base，MB_n）；另一部分是由中央银行的贴现窗口增加的商业银行准备金，称为借入准备金（borrowed reserve，BR）。于是，基础货币又可以表示为：

基础货币=非借入性基础货币+借入准备金

或者

$$B=MB_n+BR \tag{9-4}$$

由于中央银行可以直接地、主动地进行公开市场操作，所以一般认为中央银行能够完全控制非借入性基础货币，而对借入准备金的控制力较弱。

“加快构建新发展格局，着力推动高质量发展”，是党的二十大报告中一个重要部分。深化金融体制改革、建设现代中央银行制度至关重要。现代中央银行制度建设的核心内容就是现代货币政策调控体系建设。本书第11章将围绕现代货币政策调控体系建设展开更为详细的论述。

知识链接 9-2

政府是如何“踩刹车”或“踩油门”的？

我们将政府对宏观经济的调控比喻为开车，当经济太热时，政府要“踩刹车”，当经济太冷时，政府要“踩油门”。下面先看我国政府是怎么“踩刹车”

或“踩油门”的，再看美国是如何做的。

经济太热时，总需求大于总供给，需求太多、供给不足，导致价格上升，通货膨胀率不断攀升，利率不断提高。就像1993年我国的经济过热现象，如果不降温，就会出现硬着陆。于是，我国政府从1993年起对经济进行了大力整顿，到1997年经济实现了软着陆。

经济太冷时，我国政府就会实施“踩油门”政策。在财政政策上，减少税收，增加支出；在货币政策上，降低利率，增加货币供给量。当经济太冷时，央行会打开货币供给的水龙头，把利率从高位降下来，就是我们常说的降息。

当利率很低时，人们更愿意贷款去投资、去买房。当人们觉得贷款消费合适时，钱就会重新流入经济领域。当人们愿意投资、消费、生产，觉得有钱可赚的时候，经济就会从谷底回升，由冷变暖。

美国为了刺激经济回升，是怎样‘踩油门’的？美国自从2001年发生“9·11”恐怖袭击事件以后，经济开始走下坡路。美国中央银行前后降息了12次，利率从6.5%降到1.25%，目的就是想把经济从衰退中拉起来。

美国政府为了刺激经济回升，采取的是扩张性的财政政策。第一招是减税计划，每人一年减税1 000多美元。让国民和企业手上的钱多一点，消费多一点，这样可以让经济复苏。第二招是扩大财政支出，增加军事费用，如攻打伊拉克共支付了747亿美元。一方面减税，另一方面增加军费，加大政府的支出，结果是美国政府出现了更大的财政赤字，只能通过大量发行国债来弥补财政赤字。所以，美国现在是全世界最大的债务国。

资料来源：韩秀云. 宏观经济通识课［M］. 北京：中信出版集团，2019：95-96.

9.2 商业银行体系的多倍存款货币创造

存款货币是由存款货币银行创造的。存款货币银行是国际货币基金组织采用的有关金融机构分类中的一个口径，通常指接收活期存款并可以创造存款货币的金融机构。在整个金融体系中，商业银行与其他金融机构的显著区别在于最初只有商业银行才能经营活期存款业务，并具有创造派生存款的能力。金融管制放松后，一些其他的金融机构也被允许经营活期存款业务，但从规模和影响来看远不及商业银行，因此，商业银行仍然是存款创造最重要的主体。为简化起见，说到存款货币银行时，往往就用商业银行这一概念来代替。

9.2.1 多倍存款货币创造的前提条件

多倍存款货币创造是指商业银行吸收一笔原始存款后，经过银行体系连续存贷引致的存款总额不断扩张，最终创造出超过原始存款数倍的存款量。

商业银行存款的初始增加要引起多倍的存款创造，需要具备两个基本的前提条件，即部分法定准备金制度和非现金结算制度。

1）部分法定准备金制度

部分法定准备金制度是相对于全额准备金制度而言的。部分准备金制度，是指商业银行吸收存款后，只需缴存部分金额作为法定存款准备金，其余金额可以全部或部分贷出的制度，即中央银行规定的法定存款准备金率大于或等于零，但必须小于100%。只有部分法定准备金制度才能为创造多倍存款货币提供可能。

2）非现金结算制度

非现金结算制度是指国家规定个人、社会组织、政府机关等各类社会主体的资金收付要通过在商业银行开立的账户办理转账结算，不得使用现金（通常规定零星小额资金收支可以使用）。非现金结算制度保证了中央银行基础货币投放不游离于商业银行体系之外，能够保证商业银行体系可吸纳的存款量，使多倍存款创造成为可能。

在部分准备金条件下，借款人获得的贷款完全以现金取出，并长期持有这些现金，银行就失去了新的存款来源，因而也不能继续存款的创造过程。只有在支票流通和转账结算的前提下，借款人的借款转存在银行，才能创造新的存款，并进一步创造派生存款。

9.2.2 存款分类与多倍存款货币创造的过程

为清晰地讨论存款货币的创造过程，有必要将存款划分为原始存款和派生存款。因此，在分析多倍存款货币创造过程之前，我们首先定义原始存款和派生存款。

1）原始存款与派生存款

原始存款（primary deposit），是整个商业银行体系最初吸收的存款，具体是指商业银行吸收的现金存款或中央银行对商业银行提供的再贷款、再贴现（re-discounting）而形成的存款，是商业银行从事资产业务的基础。这部分存款不会引起货币供给总量的变化，仅仅是流通中的现金变成了商业银行的活期存款，存款的增加正好抵销了流通中现金的减少。原始存款对于商业银行体系而言，是现金的初次注入，是商业银行进行信用扩张的基础。

派生存款（derivative deposit），是相对于原始存款而言的，是指由商业银行以原始存款为基础发放贷款而引申出的超过最初部分存款的存款。派生存款产生的过程，就是商业银行吸收存款、发放贷款，形成派生存款，最终导致银行体系存款总量增加的过程。

微课9-2

多倍存款货币创造的过程

2）多倍存款货币创造的过程

为了简单清晰地描述存款货币的多倍创造过程，我们举例说明。

以银行活期存款为例：

①假定中央银行规定的法定存款准备金率为10%（法定存款准备金率用r_d表示），并且只考虑法定存款准备金率对存款派生的影响；

②假定商业银行保有的超额存款准备金为零，即超额存款准备金率为零（超额存款准备金率用e表示）；

③假定现金漏损率（cash leakage rate，用c表示）为零（即没有现金游离开银行系统）。

为简单起见，假设中央银行注入10 000元的贴现贷款存入A银行。A银行的资产负债T型账户见表9-2。

表9-2　**A银行的资产负债T型账户（一）**　单位：元

资产		负债	
准备金	+10 000	活期存款	+10 000

如果按照规定提取存款准备金1 000元，其余的9 000元全部贷款给客户甲，此时，A银行的资产负债T型账户见表9-3。

表9-3　**A银行的资产负债T型账户（二）**　单位：元

资产		负债	
存款准备金	+1 000	活期存款	+10 000
贷款	+9 000		

假定客户甲将这9 000元贷款存入自己的开户行B银行，B银行按照规定提取900元法定存款准备金后，再将其余的8 100元全部贷款给客户乙，此时，B银行的资产负债T型账户见表9-4。

表9-4　**B银行资产负债T型账户**　单位：元

资产		负债	
存款准备金	+900	活期存款	+9 000
贷款	+8 100		

假定客户乙再将这8 100元贷款存入自己的开户行C银行，C银行按照规定提取810元法定存款准备金后，将其余的7 290元全部贷款给客户丙，此时，C银行的资产负债T型账户见表9-5。

表9-5　**C银行的资产负债T型账户**　单位：元

资产		负债	
存款准备金	+810	活期存款	+8 100
贷款	+7 290		

此时，商业银行体系最初增加的10 000元原始存款，所引起的活期存款增量已经达到27 100元（10 000+9 000+8 100）。

继续推理这个过程，活期存款还会进一步增加（D银行、E银行、F银行等等）。因此，最初10 000元准备金增量所引起的存款增加总额将达到100 000元，见表9-6。

表9-6　　商业银行多倍存款货币创造过程（假定r_d=10%，e=0，c=0）

商业银行	存款增加（元）	贷款增加（元）	准备金增加（元）
A银行	10 000	9 000	1 000
B银行	9 000	8 100	900
C银行	8 100	7 290	810
D银行	7 290	6 561	729
E银行	6 561	5 904.9	656.1
…	…	…	…
所有银行总计	100 000	90 000	10 000

由表9-5可以看出，各商业银行的活期存款数额构成了一个无穷递减等比数列，即10 000，10 000×（1−10%），10 000×（1−10%）^{2}，…。根据无穷递减等比数列的求和公式，可得出整个银行体系的存款总额为：

10 000+10 000（1−10%）+10 000（1−10%）^{2}+10 000（1−10%）^{3}+ …

= 10 000×1/［1−（1−10%）］

= 10 000×1/10%

= 100 000（元）

其中，派生存款=100 000−10 000 = 90 000（元）。

这表明，在r_d=10%的情况下，商业银行吸收10 000元原始存款后，经银行系统的资产、负债业务的不断转化，最终可以变成100 000元的存款，增加了10倍，恰好是法定存款准备金率10%（0.1）的倒数。

以上简单清晰地说明了存款货币的多倍创造过程，与其倍数扩张过程相对称，派生存款紧缩也是成倍数缩减，即原理一样。如果以R表示原始存款，D表示存款增加总额，可用公式表示如下：

$$D = R\times 1/r_d \qquad (9\text{-}5)$$

9.2.3　存款乘数与多倍存款货币创造的制约因素

1）存款乘数

存款货币银行多倍存款货币创造，强调的是商业银行体系吸收原始存款在部分法定存款准备金制度和非现金结算制度下能够带来的派生存款的创造。因此，我们将原始存款+派生存款（商业银行体系存款总额）与原始存款之比，即存款总额与原始存款的倍数，称为存款乘数。

由于存款乘数受到法定存款准备金率的约束，存款货币创造的倍数恰恰是法定存款准备金率的倒数，因此有：

$$\text{存款乘数}=\frac{\text{存款总额}}{\text{原始存款}}=\frac{1}{\text{法定存款准备金率}}$$

我们用K表示存款乘数，则有：

$$K=1/r_d \qquad (9\text{-}6)$$

存款乘数有别于货币乘数，因为存款乘数的基数口径比较窄，仅仅是商业银行的存款准备金，而货币乘数的基数是基础货币，基础货币不仅包括商业银行的存款准备金，还包括公众手中的现金（后面专门阐述）。

2）多倍存款货币创造的制约因素

（1）法定存款准备金率

存款乘数表明，商业银行存款货币创造能力与法定存款准备金率成反比，即提高法定存款准备金率，将降低银行存款货币创造能力，从而降低其信用扩张能力；反之，降低法定存款准备金率，将提高银行存款货币创造能力，从而提高其信用扩张能力。正因为如此，中央银行可以通过调节法定存款准备金率来调控货币供应量。在现实生活中，存款货币的多倍创造和收缩要复杂得多，它还受到诸多因素的制约。

（2）现金漏损率

现金漏损率（c）是指银行在扩张信用及创造派生存款的过程中，被提取而流出银行体系的现金占银行活期存款的比例。由于现金外流，银行可用于放款的资金减少，因而削弱了银行体系创造存款货币的能力。因此，现金漏损率与存款乘数成反比。由于现金漏损率等于流出银行体系的现金数额与活期存款之比，在推导存款乘数时要在原来 $1-r_d$ 的基础上再减去c。仍利用无穷递减等比数列求和公式，可得出存款乘数为：

$$k=1/(r_d+c) \tag{9-7}$$

在上例中，假定借款人甲从A银行获得了9 000元的贷款后，从其账户中提走了900元的现金，B银行能得到的存款就只有8 100元了。因此，B银行不仅满足10%的法定存款准备金率的要求，还出现了10%的现金漏损率，则它发放贷款的数量就不是7 290元，而是6 561元了。假定其他银行也存有10%的现金漏损率，则银行系统的存款创造能力就达不到10倍，而只有5倍［1/（10%+10%）］了。

（3）超额存款准备金率

为了应对存款的变现和机动放款的需要，即保有充分的流动性，银行在实际经营中所提留的准备金总是多于法定存款准备金，其差额称为超额存款准备金。银行的超额存款准备金同活期存款在数量之间的比率关系，可用超额存款准备金率（e）来表示。把超额存款准备金因素也考虑进去，则银行体系创造存款的扩张乘数公式应修正为

$$k=1/(r_d+c+e) \tag{9-8}$$

在上例中，假定B银行获得9 000元的贷款后，现金漏损出现900元，还另外保有5%的超额存款准备金，则它发放贷款的数量就不是6 561元了，而是5 904.9元。假定其他银行也保有5%的超额存款准备金，则银行系统的存款创造能力就达不到5倍，在综合考虑了法定存款准备金率、现金漏损率和超额存款准备金率后的存款派生倍数就降为4倍［1/（10%+10%+5%）］了。

（4）定期存款比率及其准备金率

企业等经济行为主体既会持有活期存款，也会持有定期存款。银行对定期存款（D_t）也要按一定的法定准备金率（r_t）提留准备金。定期存款的准备金率要比活期

存款的准备金率低，因而定期存款占存款总额的比例越高，商业银行能用于发放贷款的资金就越多，创造的派生存款就越多，反之则相反。

设定期存款同活期存款总额（D_d）之间的比例为t，则（$r_t \cdot D_t$）/D_d=$r_t \cdot t$。考虑这一因素后，存款的扩张乘数公式可修正为

$$k = 1/(r_d + c + e + r_t \cdot t) \tag{9-9}$$

在上例中，假定甲得到9 000元贷款后，有20%转化成了B银行的定期存款，另外的80%转化为B银行的活期存款。定期存款的法定准备金率为8%，在综合考虑超额准备金率、现金漏损率等因素后，存款乘数进一步降为3.8倍［1/（10% + 10% + 5% + 8%×20%）］。

以上分析了影响存款扩张乘数的若干主要因素。就实际情况来说，存款货币扩张的乘数究竟能达到多少，还受到国民经济所处的发展阶段、国家宏观政策、微观主体的经济行为、财政存款比率等多种因素的制约与影响，中央银行能直接影响的只是法定存款准备金率，而诸多制约因素也加大了中央银行货币调控的难度。

同时，上述公式至少存在一个缺陷，即它仅仅研究了货币供应中的商业银行体系存款部分，而没有对货币供应中的另一重要组成部分——流通中的现金进行研究，接下来“货币乘数与货币供给”一节，将加入这部分内容进行研究。

拓展阅读 9-1

货币供给：一个复杂体系

以人民币为例，简单地描述一下银行货币（现金和存款货币）的供给过程。人民币现金是中国印钞造币总公司（直属于中国人民银行）印刷的纸币。这并不意味着中国人民银行可以随意地向市场供给（发行）纸币，因为如果居民不需要这么多纸币的话，他们就会将多余的纸币存到商业银行，再由商业银行上交中国人民银行的金库，央行不能拒绝现金退出流通。一般而言，现金是通过以下三条渠道发行的：

一是商业银行的渠道。每家商业银行在中央银行都有一个存款账户，如果商业银行的客户有现金需求，而商业银行库存现金不足，它就会从在中央银行的存款账户提取现金，现金再经由商业银行流向社会。这是一条基本的央行货币发行渠道。

二是财政的渠道。经理国库是央行的一项基本职能，如果财政出现赤字，需要中央银行向财政提供信用，即财政透支。财政透支多以中央银行扩张货币性负债（增加商业银行对中央银行的债权）的方式实现，政府部门用其在商业银行的财政性存款完成支付，（经由商业银行的渠道）结果是现金流向社会。

三是外汇和黄金占款。中央银行购买外汇和黄金，必须（主要经由商业银行）向外汇和黄金的持有人支付人民币，中央银行外汇资产和黄金占款增加多少，基础货币的供给就增加多少。其中一部分将以现金形式流向社会。

以上三条渠道中，对经由第二条和第三条渠道的基础货币供给，中央银行在多数情况下处于相对被动地位。中央银行对现金货币供给的控制权关键在第

一条渠道。如果中央银行能够影响或控制商业银行在中央银行账户上的存款量，中央银行就能够控制这条渠道的货币发行。

在存款准备金制度的约束下，假如商业银行信用扩张过快，流动性就有可能出问题，商业银行就会希望中央银行扩大信用。如果此时中央银行拒绝的话，很可能引发支付危机。显然，这与中央银行最后贷款人的身份不符。结果是，中央银行为了避免商业银行出现流动性危机，而被迫扩大信用（所谓的倒逼机制）。因此，从中央银行的货币发行渠道来看，在社会经济对货币需求旺盛的情况下，中央银行对货币发行的控制权相对不足，但是如果中央银行意图主动向社会注入货币，自主操作空间就较大。

资料来源：李义奇．货币常识：历史与逻辑［M］．北京：社会科学文献出版社，2021：130-131.

9.3 货币供给与货币乘数

上一节讨论了存款货币的派生过程。实际上，市场上的货币存量包括商业银行体系的存款量和游离开银行体系的流通中的现金量。这两个变量加在一起，构成社会的货币供给量。

9.3.1 货币供给

1）货币供给的含义

如上文所述，货币供给是指一定时期内一国银行系统向经济中投入或收回货币的行为过程。对于货币供给的含义，要注意从以下几个方面加以理解：

（1）货币供给中所指的货币，在经济理论界并没有统一的认识。因此，人们对许多金融理论和实务问题都存在争议，如货币供给在整个社会经济活动中的重要性，货币政策（monetary policy）对宏观经济调控的作用等。因此，有必要进一步厘清货币供给的定义和内容。

（2）货币供给量是一个存量概念。货币供给量是指一个经济体在某一时点上的货币存量，包括被财政部门、各生产经营单位、家庭和个人所持有的，由银行体系所供给的存款量和现金发行量。因此，银行是影响和决定货币存量大小的重要机构。

（3）货币供给量是一个现实的客观存量。货币需求量虽然有客观性，但毕竟是一个预测量，而货币供给量实实在在地反映一定时点上银行资产负债表上的银行负债总额。具体地说，存款量是商业银行的负债，而现金发行量则是中央银行的负债。

（4）货币供给与货币需求是紧密相连的。研究货币供给的目的，是使社会实际提供的货币量能够与商品流通和经济发展对货币的需求量相吻合。所以，对货币供给有重要研究价值的不是实际的货币供给量，而是合理的货币供给量。

（5）货币供给既是外生变量（exogenous variable），又是内生变量（endogenous variable）。外生变量又称政策变量，是指在经济运行过程中由经济循环外部因素，即非经济因素所决定的变量；内生变量即非政策性变量，是指在经济体内部由纯粹的经济因素所决定的变量。中央银行能够运用货币政策工具对社会的货币量进行扩张和收缩，所以货币供给首先是一个外生变量。然而，货币供给量的变化又受制于客观经济过程，即除了受中央银行货币政策工具操作的左右外，还取决于经济社会中其他经济主体的货币收付行为；同时，中央银行对货币的供给又受客观经济发展的制约，因此它又是一个内生变量，即不为政策因素所左右的非政策性变量。

知识链接9-3

货币供给与货币政策调控

货币政策指中央银行运用货币政策工具控制和管理货币供应量或利率，以实现特定目标的政策。沃尔什（Walsh）将货币政策调控总结为“政策工具→操作目标→中介目标→最终目标”这一传导链条，如图9-1所示。

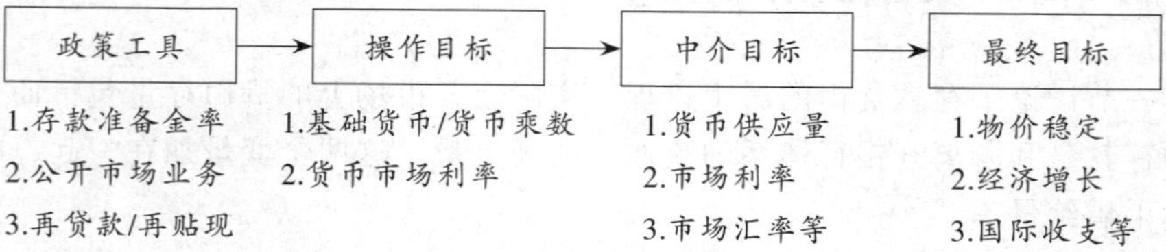

图9-1　货币政策调控体系

资料来源：WALSH C E. Monetary theory and policy［M］. Cambridge，MA：MIT Press，2017.

具体来说，央行的货币政策调控是为了实现最终目标。央行通过把名义变量（货币供应量或市场利率）控制在一定范围内来达到最终目标。这个名义变量就是中介目标，也称为名义锚（nominal anchor），可以缓解货币政策制定者面临的时间不一致问题（time-inconsistency problem）。央行无法直接控制中介目标，而是通过设置操作目标间接调控中介目标。操作目标通常是商业银行的准备金指标和短期政策利率指标，可以直接反映货币政策取向是宽松、中性还是紧缩。一般来说，央行通过使用货币政策工具来达到预定的操作目标。我国货币政策调控与上述传导链条的基本逻辑一致，但更为复杂。由于我国经济正向高质量发展转型，利率市场化改革尚未完成，我国货币政策调控呈现双重中介目标并行、多种类型工具混用的特征。货币政策调控包含三个层次：政策目标、政策工具与传导渠道。其中，货币政策目标包含最终目标、中介目标和操作目标。在最终目标层面，西方发达国家主要倡导将维持币值稳定作为唯一的政策目标。然而，当前我国经济正处于过渡阶段，货币政策目标既包含稳币值与稳增长，也包含优化经济结构与防范金融风险。在中介目标层面，随着我国货币政策框架转型，我国中介目标由数量型向价格型转变。2011年之前，我国的货币政策中介目标以M_2为主。2011—2018年，中国人民银行引入社会融资规模作为中介目标。2018年之后，我国不再公布数量型的中介目标，但也没有确定新的价格型中介目标。此外，货币政策的操作目标与中介目标密切相关，由于当前我国数量型和价格型中介目标双重并行，操作目标也呈现多元化特征。

与双重目标对应，我国货币政策工具也是多种并用。传统工具主要有存款准备金、再贴现和公开市场业务。2014年之后，我国经济进入新常态，传统货币政策工具的有效性下降，中国人民银行积极推进货币政策工具创新。当前，我国的货币政策工具箱包含传统型工具与创新型工具。根据货币政策工具调节的是货币供应量还是利率，它们可以进一步分为数量型工具和价格型工具。存款准备金类工具是典型的数量型工具，通过影响商业银行信贷规模来调控货币供应量。法定存款准备金率是央行为了防范银行挤兑风险、确保存款安全而要求的银行存款准备金占其存款总额的比例。创新的存款准备金工具包括定向降准和差别准备金率，是跨周期的调节工具，具有明确的政策指向，主要支持“三农”、小微企业和战略性新兴产业等。再贴现指中央银行通过买进商业银行持有的已贴现但尚未到期的商业票据，向商业银行提供流动性。创新型再贴现工具众多，包括抵押补充贷款（PLS）、常备借贷便利（SLF）、中期借贷便利（MLF）、定向中期借贷便利（TMLF）和信用风险缓释工具（CRMW）等。一般而言，传统的再贴现工具影响货币供应量，是数量型工具；而创新的再贴现工具通过拍卖报价、LPR等渠道影响市场利率，是价格型工具。公开市场操作是指中央银行通过在公开市场购买和出售有价证券，调节市场流动性。由于交易证券的特征不同，公开市场操作影响的中介目标也不同。此外，中国人民银行还积极使用窗口指导、LPR、利率走廊和前瞻性指引等其他工具共同满足调控需求。

资料来源：金钊，曾燕，等. 法定数字货币：研发趋势与应用实践［M］. 北京：中国社会科学出版，2021：240-242.

2）基础货币与货币供给的关系

在前面学习的知识中我们知道，社会公众手中持有的现金（C）和商业银行持有的准备金（R）之和构成基础货币（B）。基础货币是创造派生存款的基础，相对于经济体在某一时点上为社会经济运行服务的货币量（即货币供给量）来讲，它是从货币产生的源泉角度来定义的。货币创造过程源于商业银行体系，其基础是存款。社会公众手中持有的现金与商业银行持有的准备金（存款）之间是可以相互转化的。现金转化为存款，货币创造就有了基础；商业银行持有的准备金（广义上包括库存现金）是其可直接操作（发放贷款）的资金来源，因而是存款货币创造的源泉。

现代信用货币的形式可以简单概括为现金和银行存款。从货币供给的运行过程来看，现金的运行机制比较简单，而银行存款在运行中能创造出更多的可用货币。与现金运行相比，银行存款的运行具有两个明显特点：①存款运行在银行体系内进行；②存款在运行过程中能够自行扩大，即存款运行结果不仅会引起结构的变化，还会导致总量的增加。

以Ms表示货币供给量，我们可以通过图9-2来形象地描述基础货币量与货币供给量之间的关系。图中，基础货币B=C+R，其中：C为公众手中的现金，它不创造派生存款；R作为商业银行的准备金，又称原始存款，ΔR为派生存款，R+ΔR构成商业银行体系的存款额。存款额用D表示，D=R+ΔR，C+D构成货币供给量，进而Ms=C+D。

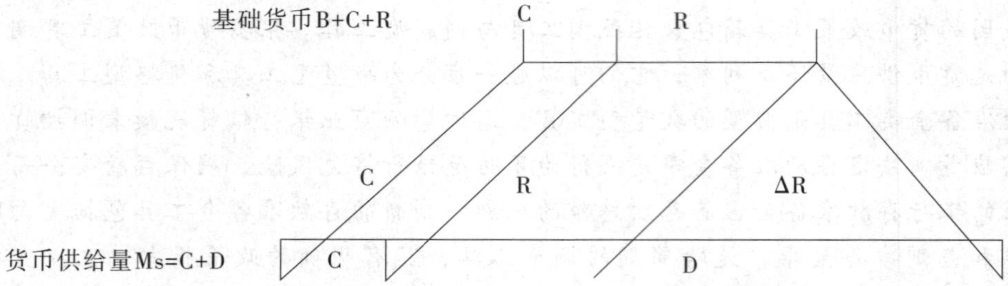

图9-2　基础货币量与货币供给量之间的关系

从图9-2的梯形中，我们希望知道货币供给量究竟应该是基础货币的多少倍，这个倍数就是货币乘数问题。因此，在考察存款货币派生时，把原始存款扩展到基础货币范畴，则相应把简单存款扩张倍数（存款乘数）扩展到了货币乘数范畴。

9.3.2　货币乘数

1）货币乘数的概念

乘数是指每单位外生变量（如政府支出或银行储备）的变化所带来的引致变量（如GDP或货币供给量）的变动情况。货币乘数（monetary multiple，用m表示），是指一定量的基础货币与货币供给量扩张关系的数量表现，是基础货币增加或减少一单位时引起的货币供给量增加或减少的倍数，又可以表述为基础货币的既定变动与所引起的货币供给量变动的比值，亦称基础货币的扩张倍数。

2）货币乘数与存款乘数的比较

比较货币乘数与存款乘数，两者的目的都在于说明存款派生的量，但是认真分析，两者有以下两点区别：

（1）货币乘数说明增加一个单位基础货币的供给可相应引起商业银行存款货币的增加，而存款乘数通常指商业银行存款与法定存款准备金的比率。在推导存款乘数时往往基于以下假设：①现金漏损为0，活期存款变化不影响公众对现金的需求；②超额存款准备金率为0，银行不愿持有超额存款准备金，活期存款变化不影响超额存款准备金需求；③对所有活期存款的准备金要求相等，对其他银行负债无准备金要求。在这些假设条件下，货币乘数与存款乘数相等，都是法定存款准备金率的倒数。在实践中，上述假设是不现实的，货币乘数会因公众和银行的行为而连续变化。

（2）货币乘数是包括商业银行缴存中央银行的存款准备金和流通中现金在内的中央银行对社会总负债的改变量，因此西方学者通常将其定义为总体信用的扩张倍数；存款乘数只反映中央银行对商业银行负债的改变量，是中央银行全部负债的一部分，因此通常被称为简单的存款扩张乘数或倍数。

3）货币乘数模型与应用

以Ms表示货币供给量，以m表示货币乘数，B表示基础货币，那么整个货币供给模型为

$$Ms = m \cdot B \quad (9\text{-}10)$$

可得货币乘数模型：

$$m = Ms / B \quad (9\text{-}11)$$

货币供给量、基础货币和货币乘数构成货币供给的三要素。其中，基础货币是货币创造的基础，货币乘数是货币创造的能力或倍数。货币乘数m反映了基础货币转化为货币供给的倍数。由于货币乘数大于1，因此基础货币又被称为高能货币。

（1）货币供给模型推导

在前面学习的知识中我们知道，商业银行的准备金包括法定存款准备金（RR）和超额存款准备金（ER）两部分，即R=RR+ER，其中，法定存款准备金（RR）等于法定存款准备金率（r_d）乘以活期存款（D），即$RR= r_d \times D$（来自$RR/D=r_d$）。

从前面学习的知识中我们也知道，公众手中的现金C等于现金漏损率c乘以活期存款D，即C=c×D（来自C/D=c），而商业银行的超额存款准备金（ER）等于超额存款准备金率（e）乘以活期存款（D），即ER=e×D（来自ER/D=e），进而，R=RR+ER可变为$R= r_d \times D+ e \times D$。

因为B=R+C，故$B = r_d \times D+ e \times D+ c \times D=（r_d + e + c）\times D$，等式两边同除以（$r_d$ + e + c），就可以得到活期存款（D）与基础货币（B）之间的表达式：

$$D= [1/ (r_d + e + c)] \times B \quad (9\text{-}12)$$

由M_1定义的货币供给等于现金加上活期存款即M_s = D+C，将C替换为c×D，可得Ms = D+C=D+ c×D=（1+c）×D，用式（9–12）中的D的表达式代入该公式中的D，得到

$$Ms= (1+c) / (r_d + e + c) \times B \quad (9\text{-}13)$$

由此，我们推导出与式（9–10）形式相同的表达式。可以看出，与基础货币相乘的比率为货币乘数，反映了基础货币（高能货币）既定变动所引起的货币供给量变动的倍数。可以用与式（9–11）形式相同的表达式表示货币乘数（m），即

$$m= (1+c) / (r_d + e + c) \quad (9\text{-}14)$$

该式说明，货币乘数是储户决定的现金比率（c）、银行决定的超额存款准备金率（e）和中央银行决定的法定存款准备金率（r_d）的函数。

（2）货币供给模型的应用

①狭义货币乘数。如果仅考虑狭义货币供给（M_1），利用上式就可以求出狭义货币层次的货币乘数。

【例9–1】某国的法定存款准备金率为10%，现金漏损率为10%，超额存款准备金率为5%，流通中现金为5 000亿元。试计算，该国狭义货币M_1以及货币乘数m_1。

解：由流通中现金5 000亿元及现金漏损率10%可计算出活期存款总额为50 000亿元（5 000/10%），故

$$M_1 = C + D = 5\,000 + 50\,000 = 55\,000 \text{（亿元）}$$

$$\begin{aligned} m_1 &= M_1/MB \\ &= 55\,000/[5\,000 + 50\,000 \times (10\% + 5\%)] \\ &= 4.4 \end{aligned}$$

或

$$\begin{aligned} m_1 &= (c+1)/(c+r+e) \\ &= (10\% + 1)/(10\% + 10\% + 5\%) \\ &= 4.4 \end{aligned}$$

②广义货币乘数。如果考虑广义货币供给M_2，用D_d表示活期存款，D_t表示定期存款，定期存款占活期存款的比例$t = D_t/D_d$，则广义货币供给为

$$\begin{aligned} M_2 &= C + D_d + D_t \\ &= C + (1+t)D_d \end{aligned} \tag{9-15}$$

广义货币乘数m_2的推导和表示方法有两种。

一种方法是用r表示全部存款（活期存款和定期存款之和）的综合法定准备金率（加权平均数），用e表示全部存款的综合超额准备金率，即全部存款准备金$R = (r+e)(D_d+D_t) = (r+e)(1+t)D_d$，从而广义货币乘数$m_2$可化简为：

$$\begin{aligned} m_2 &= M_2/B \\ &= [C+(1+t)D_d]/[C+(r+e)(D_d+D_t)] \\ &= [C+(1+t)D_d]/[C+(r+e)(1+t)D_d] \\ &= [C/D_d+(1+t)]/[C/D_d+(r+e)(1+t)] \\ &= (1+c+t)/[c+(r+e)(1+t)] \end{aligned} \tag{9-16}$$

【例9-2】某国活期存款和定期存款加权平均法定准备金率为10%，平均超额准备金率为5%，现金漏损率为10%，定期存款占活期存款的比例为30%。试计算该国广义货币供给乘数。

解：

$$\begin{aligned} m_2 &= (1+c+t)/[c+(r+e)(1+t)] \\ &= (1+10\%+30\%)/[10\%+(10\%+5\%)(1+30\%)] \\ &= 4.75 \end{aligned}$$

另一种方法是用r表示活期存款法定准备金率，用e表示活期存款超额准备金率，用r_t表示定期存款法定准备金率（商业银行一般对定期存款不持有超额准备金，如果持有，则r_t包括了超额准备金部分），则定期存款的准备金为$R_t = r_tD_t = t \cdot r_tD_d$。

广义货币乘数m_2可化简为

$$\begin{aligned} m_2 &= M_2/B \\ &= [C+(1+t)D_d]/(C+R_r+R_e+R_t) \\ &= [C+(1+t)D_d]/(C+rD_d+eD_d+t \cdot r_tD_d) \\ &= [C/D_d+(1+t)]/(C/D_d+r+e+t \cdot r_t) \\ &= (1+c+t)/(c+r+e+t \cdot r_t) \end{aligned} \tag{9-17}$$

【例9-3】某国活期存款法定准备金率为10%，超额准备金率为5%，现金漏损

率为10%，定期存款法定准备金率为5%，定期存款占活期存款的比例为30%。试计算该国广义货币供给乘数。

解：$m_2 = (1+c+t)/(c+r+e+t\cdot r_t)$

$= (1+10\%+30\%)/(10\%+10\%+5\%+30\%\cdot 5\%)$

$= 5.28$

9.3.3 决定货币乘数的因素

1）货币乘数的影响因素

通过货币乘数的推导，不难发现，影响货币乘数的主要因素已经反映在货币乘数模型中。具体而言，有以下几个因素：

（1）法定存款准备金率

法定存款准备金率主要指活期存款法定准备金率，广义上也包括定期存款法定准备金率（r_t），该因素总体上与货币乘数呈反向变动关系。在经济运行中，法定存款准备金率主要受以下3类因素影响：①中央银行货币政策的意向。政策放松，则法定存款准备金率低；政策紧缩，则法定存款准备金率高。②商业银行存款负债的结构。定期存款比例高，则综合法定存款准备金率低；活期存款比例高，则综合法定存款准备金率高。③商业银行的经营规模和处所。中央银行根据不同商业银行在上述方面的差别，可能实行有差别的法定存款准备金政策。

（2）现金比率

现金比率，是指非银行部门所持有的中央银行现金负债（C）与商业银行活期存款负债（D）之间的比例，该因素总体上与货币乘数呈反向变动关系。在经济运行中，现金比率的高低主要受以下因素影响：①非银行部门的可支配收入（Y），现金比率是其递增函数；②非银行部门持有现金的机会成本（Pc），现金比率是其递减函数；③金融市场的完善程度（Fm），现金比率是其递减函数；④其他非经济因素（u）。一般情况下，社会不稳定，现金比率上升；社会稳定，现金比率平稳。

【例9-4】承接例9-1，假设现金比率从10%增加到15%，包括法定存款准备金率（10%）、超额准备金率（5%）在内的其他要素保持不变，试计算狭义货币乘数。

解：$m_1 = (c+1)/(c+r+e)$

$= (15\%+1)/(15\%+10\%+5\%)$

$= 3.83$

狭义货币乘数随着现金比率的增加，从4.4下降到3.83。在其他因素（基础货币）不变的条件下，狭义货币乘数和狭义货币供给都会下降约13%。

实际上，不同国家和不同时期的现金比率变化是不确定的。支票账户替代物的增加会使现金比率上升；所得税税率上升以及地下经济的发展会使现金比率上升；利率的下降相当于持币机会成本下降，会使现金比率上升；收入和财富水平的上升可能会使现金比率上升，但其他耐用品的收入需求弹性如果大于现金的收入需求弹性则可能使现金比率上升。

（3）定期存款比率

定期存款比率是指非银行部门持有的商业银行的定期存款负债与活期存款负债的比例，该因素与定期存款法定准备金率一起对货币乘数产生影响。在经济运行中，定期存款比率的高低主要受以下因素影响：①非银行部门的可支配收入（Y），定期存款比率是其递增函数；②持有定期存款的机会成本（Pt），定期存款比率是其递减函数；③定期存款的利率（I），定期存款比率是其递增函数。

（4）超额存款准备金率

超额存款准备金率是指商业银行持有的超额存款准备金（实际持有的存款准备金超过应当保留的存款准备金部分）与非银行部门所持有的商业银行的活期存款之间的比例。在经济运行中，超额存款准备金率主要受以下因素影响：①商业银行持有超额存款准备金的机会成本（Pe），超额存款准备金率是其递减函数。②商业银行借入准备金的代价（Ie），超额存款准备金率是其递增函数。③非银行部门对现金的偏好（Ce），超额存款准备金率是其递减函数。④非银行部门对定期存款的偏好（Te），超额存款准备金率是其递减函数。⑤中央银行货币政策的意向，即预期中央银行采取紧缩政策，超额存款准备金率上升；反之，则下降。⑥商业银行的业务经营传统，若银行注重安全性，则超额存款准备金率较高；若银行注重盈利性，则超额存款准备金率较低。

实际上，不同国家在实践中通常根据因素法计算货币乘数，如美联储货币乘数的计算公式可简化为

$$m = 1/c + r + e + t \cdot rt, \tag{9-18}$$

该货币乘数的影响因素包括法定存款准备金率（r）、超额存款准备金率（e）、现金漏损率（c）、定期存款准备金率和定期存款的比率。

我国运用因素法对货币乘数的分析为

$$m = 1/c + r + e + h + (r + e)(c + h) \tag{9-19}$$

式中：h为财政性存款比率。

2）中央银行对货币乘数的控制

中央银行对货币供给的调控，既通过基础货币，又通过货币乘数。中央银行对货币乘数影响力有多大，取决于其影响货币乘数因素的能力。

（1）中央银行对现金比率通常没有直接的影响，这一变量直接对公众的货币需求和活期存款作出反应。公众通过支票和储蓄账户提取资金获得现金。如果银行现金出现缺口，就会从中央银行获取现金，并通过借记其在中央银行的准备金存款账户来进行支付。中央银行发行银行券的行为是由公众的行为触发的，所以公众被视为现金比率的决定因素。

（2）法定存款准备金率是由中央银行制定的。例如，中国人民银行于2023年3月27日降低金融机构存款准备金率0.25个百分点。此次降准略超过市场此前预期，不过具有必要性。展望未来，中国人民银行表示，将坚决贯彻落实党的二十大、中央经济工作会议和全国两会精神，按照党中央、国务院决策部署，精准有力实施好稳健货币政策，更好发挥货币政策工具的总量和结构双重功能，保持货币信贷总量

适度、节奏平稳，保持流动性合理充裕，保持货币供应量和社会融资规模增速同名义经济增速基本匹配，更好地支持重点领域和薄弱环节，不搞大水漫灌，兼顾内外平衡，着力推动经济高质量发展。

（3）超额存款准备金率主要由商业银行的决策决定，受中央银行的影响很小。商业银行在决定超额存款准备金水平时主要考虑持有超额存款准备金的成本和收益，对利率水平、未来政策预期和其他经济现象很敏感。

综上所述，某一时点上的货币供给由公众、银行和中央银行共同决定。从长期看，货币供给的变化主要由基础货币的变化所支配；从短期看，货币乘数的变化至少与基础货币的变化同样重要，导致货币供给每周、每月和每季的变动。

在过去的100多年中，现金比率的变化是导致货币乘数变化的最重要的原因，然而在中央银行对货币供给及货币乘数的控制上存在争论。例如，对于美国，货币学派认为美联储能够对短期货币供给进行准确的控制，并认为这样做是重要的；凯恩斯主义和其他非货币学派则倾向于怀疑美联储的短期控制货币能力，认为货币供给的增长趋势是重要的，而短期波动是无害的。

知识链接9-4

大萧条与货币供给

1930—1933年，美国金融体系出现了历史上最困难、最混乱的情况。1933年3月，银行体系和其他许多金融中介市场已经瘫痪，银行倒闭浪潮席卷全美，经济已经崩溃。企业违约率和破产率越来越高，除了美国联邦政府，其他借款人都深受其苦。

此次金融危机的一个显著特点是，银行倒闭与宏观经济不景气同步发生。值得注意的是，1929—1930年衰退发生后，美国经济曾一度有复苏迹象，但1930年11—12月第一次银行危机爆发后，经济复苏戛然而止，1931年年中时又爆发了银行大恐慌，从而再一次引发了经济衰退。1933年3月，许多银行宣布“放假”、停止营业，此时美国经济已经触底，金融体系全线崩溃。此后，一直到1933—1935年，美国通过实施罗斯福新政才逐步恢复和重建了金融体系，经济也终于缓慢地从大萧条中复苏。

为什么银行倒闭与宏观经济不景气同步发生？对此一种可能的解释是，银行倒闭是金融系统对总产出下降的反应，但事实是，金融体系出现问题导致产出下降。还有很多因素与美国产出下滑毫无关系，却也导致了金融恐慌，很多经济学家都详尽地论述了这些情况。

关于金融体系出现问题导致产出下降，在所有相关研究中，弗里德曼和施瓦茨的解释最有说服力。他们重点研究了银行出现困境的情况，明确指出银行出现困境会从两个方面加剧经济紧缩：一是减少银行股东的财富；二是导致货币供给量迅速下降，这一点尤为重要，它有力地支持了货币主义观点。

资料来源：伯南克．伯南克论大萧条：经济的衰退与复苏［M］．陈剑，译．北京：中信出版集团，2022：59-61.

9.4 货币供给的内生性与外生性

9.4.1 货币供给内生论

所谓货币供给的内生性，是指货币供给取决于社会的货币需求，由经济体系内的经济行为主体的行为所决定，中央银行难以对货币供给进行绝对控制，从而使货币供给量具有内生变量的性质。

货币供给内生论，最早可追溯至重商主义后期的代表人物詹姆斯·斯图亚特。他在1767年出版的《政治经济学原理的研究》一书中指出，一国流通只能吸取一定量的货币，经济活动水平使货币供给量与之相适应，这一原理后来被亚当·斯密加以继承，又被银行学派加以发展。马克思从劳动价值论出发，认为在金属货币时代是商品和黄金的内在价值决定了商品的价格，从而又与流通的商品量共同决定了社会的必要货币量，这实际上也属于货币供给内生论。后来，瑞典经济学家米尔达尔打破了传统货币数量说所坚持的货币流通速度稳定的结论，将银行学派的货币供给内生论进一步加以发展，从而把信用货币制度下M与P（或PY）的单向的前因后果重塑为双向的相互作用。

近代货币供给内生论较具代表性的观点来自1959年英国拉德克利夫的报告，以及格利、肖和托宾等人。

托宾认为，由于商业银行与其他金融机构之间、货币与其他资产之间的区别日渐消失，货币越来越多地取决于经济过程的内部变动，即成为内生变量，从而使人为的对货币供给的“外生”控制日渐失去有效性。金融机构的多样化与金融资产的多样化使货币的供给函数变得复杂，银行与其他非银行金融机构的资产负债规模及社会大众对资产结构的选择，都对社会货币供给产生影响，因而并非由货币当局直接控制。他还认为，真正的存款创造过程是一个反映银行与其他私人单位的经济行为的内生过程。他将银行对准备金的需求行为函数与社会大众的货币需求行为函数引进货币乘数的计算，从而得出了货币乘数具有内生性的结论。

现代货币供给内生论有适应性货币内生论和结构性货币内生论之分。适应性货币内生论认为，当银行和其他金融中介机构的储备不够充足时，中央银行必须适应性地供给，否则金融结构将不稳定，甚至危及整个经济。持这种观点的有温特劳布、卡尔多、莫尔等。

结构性货币内生论认为，中央银行通过公开市场操作来控制非借贷准备金增长，这限制了银行对可得到的准备金数量的约束。此时，金融机构额外的储备通常是通过负债管理即在联邦基金市场、欧洲美元市场和大额可转让定期存单市场上借入资金产生的。持这种观点的有罗西斯和派尔利等。它与适应性货币内生论不同的是引入了银行持有的二级准备金和银行关于资产负债决策的模型。银行二级准备金被视为银行持有的债券，它的存在减缓了贷款需求、支票需求和定期存款需求上的变化。当发生公众集体提取存款的未预期行为时，银行就会出售二级准备金来应对这些额外的资金需求。银行关于资产负债决策的模型给银行提供一个寻找最便宜的融资来源的动机。这一动机影响到它们对由银行借贷增加导致的高利率作出的反应，从而使中央银行对货币供给的控制失灵。结构性货币内生论强调二级准备金的缓冲作用，银行在它的组合资产与非银行公众组合资产之间进行内部的公开市场操作，尽管在这些交易中总的准备金存量保持不变，但可使银行系统融到更多的资金。这一理论的另一个重要观点是银行通过负债管理不一定能得到需要的足够的储备。当货币市场不能供应足够的储备时，就会出现流动性不足，中介机构不得不收回贷款、出售资产以满足其储备需要，造成信贷紧缩，这可能导致信贷危机和金融危机。

9.4.2 货币供给外生论

货币供给的外生性是指货币供给独立于货币的需求，由中央银行根据政策、意志或由经济过程之外的因素决定，从而使货币供给量具有外生变量的性质。

货币供给外生论的思想，最早可以追溯到19世纪初英国的金块论者。金块论者认为，贵金属货币的供给完全受制于自然条件，即贵金属矿藏的有无、多寡及开采的程度等，而这些条件绝非经济活动本身能够决定，因此，货币供给是外生的。在他们看来，贵金属货币的供给机制就是贵金属本身的开采与生产。另外，他们认为，货币流通速度是稳定的，货币供给决定了名义收入和物价水平，此后的大多数货币数量论者均持相似的观点。

希克斯在其《经济学展望》一书中认为，休谟时代的货币供给毫无疑问是外生的。萨缪尔森也认为，早期金矿和银矿的偶然发现使货币供给处于混乱状态。凯恩斯和新古典主义者虽然反对传统的货币数量论，但也是外生论者。弗里德曼及以他为代表的新货币数量论者则更是主张货币的外生性。

弗里德曼提出的“不变增长率”的货币控制规则就以货币供给能够被中央银行控制作为必要前提。货币主义者根据公认的存款与货币创造模型$Ms=B\times m$，在统计数据的支持下得出了以下几个结论：①基础货币（B）与货币乘数（m）相互独立，互不影响；②影响货币乘数的各因素在短期内是稳定的，长期而言则常会起反向作用而相互抵消，因而货币乘数可看作常数；③基础货币对货币供给量的影响比货币乘数对货币供给量的影响要大；④中央银行通过公开市场操作等政策工具，不但可以主动增减基础货币量，还可抵消货币乘数内某些系数变动的影响。由此，他们得出了货币供给外生的结论。

9.4.3 我国货币供给的内生性与外生性

在现行体制条件下，中国的货币供给到底是内生变量还是外生变量？这一问题是直接从货币供给能否由中央银行有效控制这一角度提出的。

认为货币供给可由中央银行有效控制的观点，其论据有：①经济体系中的全部货币都是从银行流出的，从本源上来说，都是由中央银行资产负债业务决定的，只要控制住每年新增贷款的数量，货币供应的总闸门就可以把牢；②中国的中央银行不是没有控制货币供给增长的有效手段，而是没有利用好这个手段，如果不论来自各方的压力有多大，中央银行始终不渝地按照稳定通货、稳定物价的政策严格掌握信贷计划，那么货币供给就不会增长过快，等等。

认为货币供给不能由中央银行决定的观点也很普遍。其中有一种观点是从“究竟谁是货币当局”这个角度提出的。这种观点认为，在中国目前的条件下，中央银行没有独立的决策地位，货币紧缩或松动的决策大都是由更高的决策层作出的，因而，只能认为货币政策的执行权在中央银行，但决策权并不在中央银行。这种观点实际上是从另一角度肯定了货币供给外生论，因为其认为是真实经济活动之外或模型以外的因素即高于中央银行的决策层在决定着货币供给。另一种观点则从“倒逼机制”角度出发，认为在中国现行体制下，工商企业特别是大中型国有企业、地方政府和个人对各自利益的追求形成了一种合力，即偏好经济增长和收入增长的合力，该合力倒逼中央银行吐出基础货币，从而直接影响货币增长速度。对于这种合力，中央银行本身是难以左右的，因此这种倒逼机制说明，货币供给的变动事实上是内生的。

学史增信

古代中国货币供给与经济繁荣的关系

历史上，中国商品经济的繁荣几乎完全是货币供给的函数。秦灭六国后，市场规模扩大并没有伴随货币供给的扩大，虽然“秦半两”成为统一的货币，但秦国禁止原来的六国私铸货币而导致货币数量减少。因此，这种货币的统一不仅没有带来红利，利率反而飙升到200%。商品经济相较于战国时期甚至春秋时期后退了。

汉朝的繁荣则和文景两帝开放民间货币私铸有密切关系。到汉武帝铸造三官五铢，货币供给达到高峰。从武帝元狩五年至平帝元始五年的123年间，国家共铸钱280亿枚。西汉桓谭在《新论》中记载，当时国库与皇室年收入竟多达123亿钱。在西汉到东汉期间利率已降到20%左右，其中王莽变法时期的利率为10%～36%。

东汉之后商品经济的衰退，则与货币数量剧减有直接的关系。魏晋南北朝至唐初，因汉朝厚葬习俗导致货币减少，加上停止铸币，年利率上升1倍以上，月利率在6分以上。到了唐朝，商品经济开始复苏。政府不仅开始重新铸钱，为了解决货币不足的问题，绢帛也被用来充当货币。此时，利率又开始下降，比如政府就规定“私债五分”，中唐至宋，月息为三分到五分。

创造了纸币的宋朝，恰是中国历史上铸钱的顶峰，不仅铸币规模前所未有，而且黄金、白银甚至铁都加入了货币供给的行列。为解决金属货币移动的问题，交子、会子、钱引等一系列制度被发明出来。

宋朝是中国历史上空前繁荣的一个时代，与其同步的是前所未有的货币供给。北宋咸平至景德年间（998—1007年），在江南铸钱每年高达180万贯。熙宁至元丰年间（1068—1085年），年铸币多达370万贯至500万贯。这段时间利率下降也最为明显，在官私借贷中出现了一分或一分半的低利。

在纸币发行规模更大的元朝，利率反而陡升。这是因为元朝疆域辽阔，适合远距离大规模交易的货币——金银，被蒙古统治阶级勾结斡脱商人输往西亚牟利。货币短缺的严重后果一直延续到接续政权的明朝。很多人不理解为何明朝推翻元朝后不恢复宋朝旧制，反而比元朝更严厉地压制商品经济。只要从货币的角度观察，立刻就会明白：由于缺少货币，明朝的商品经济根本无法恢复到宋朝的水平。明朝从1368年至1572年的两百余年间铸币总额才400万至600万贯，只相当于宋朝1080年的规模，流通货币规模更是只有宋朝的1/8。“官府很清楚，经过元代，民间的金属货币资源近乎枯竭，如果依靠金属货币，无法逃脱‘钱荒’的陷阱。”这决定了明朝只能依赖非货币的计划经济维持基本的社会分工。

明朝后来废弃纸币，也并非“由于内外大规模战事停止，国家财政压力减轻，纸币的财政功能相对不再突出”，而是因为无锚发行的纸币信用荡然无存，致使商品经济大规模萎缩。直到大航海使得美洲白银流入，货币供给大增，才为张居正的“一条鞭法”和商品经济的大繁荣创造了可能。

由于1971年布雷顿森林体系瓦解，信用货币取代了商品货币，无限的“未来收益”取代有限的“过去积累”，成为货币新的“锚”，货币不足的历史性难题得到了解决。基于非货币分工的计划经济在解除了货币约束的市场经济面前迅速瓦解，退出了历史舞台。中国改革开放的成功并非偶然，坐在“船舱”里的我们需要意识到自己赶上了千年一遇的历史大潮。明朝贸易顺差带来的白银流入和改革开放贸易顺差带来的美元流入，在效果上几乎一样，都带来了商品经济的大繁荣。明朝的覆灭与白银流入急剧减少几乎同步。因此，在中美博弈中，货币视角极为重要。

资料来源：赵燕菁. 大崛起：中国经济的增长与转型［M］. 北京：中国人民大学出版社，2023：175-178.

解读：

习近平总书记说，“历史是一面镜子”，“坚定文化自信，离不开对中华民族历史的认知和运用”。古希腊、罗马帝国和古埃及都有过相当发达的货币经济，但最终都消失于无形。唯有中国货币经济延续至今，而且从来没有中断过与世界的交流和互动。中国作为世界货币经济的重心，至少延续到18世纪末。货币的广泛使用刺激了商品经济的繁荣。商品经济的发达，得益于货币供给的充足。古代中国，特别是宋、元、明时期，货币量的充足供给推动了商品经济的发展和经济增长，为现代经济的成长准备了条件。

忆古思今，当代城市的发展、市场的繁荣也离不开货币的使用和货币数量的充足供给。值得注意的是，货币供应量的增加不一定能促进经济增长，而要看这些货币用在什么地方。党的二十大报告指出，我们坚持可持续发展……实现中华民族永续发展。这就需要改变银行信贷的激励机制，引导更多的资金流向生产性投资，而不是非生产性投机，让新诞生的货币造福于社会。

本章小结

货币供给是指一定时期内一国银行系统向经济中投入或收回货币的行为过程。一国各经济主体（包括个人、企事业单位和政府部门等）持有的、由银行系统供应的债务总量称为货币供给量。货币供给量是一个存量的概念，即一个国家在某一时点上实际存在的货币总量。

货币供给主要研究货币供给的形成与调控机制，包括货币供给的主体、货币供给的方式、影响货币供给量的因素以及货币管理当局对货币供给量的控制等内容。

货币供应量涉及的3个主体及其行为是：①中央银行的基础货币供给；②商业银行体系存款货币创造；③机构与个人提供的存款。

基础货币通常被定义为社会公众持有的现金和商业银行在中央银行的准备金之和。从性质上看，基础货币是中央银行的负债。

决定基础货币变化的因素主要是影响商业银行存款准备金变动的因素和影响流通中现金变动的因素。

中央银行对基础货币控制力最强，能够直接决定存款准备金率以及增减对商业银行和其他金融机构的资产。由于中央银行可以直接地、主动地进行公开市场操作，所以一般认为非借入性基础货币中央银行能够完全控制。而控制力较弱的是由中央银行的贴现贷款所创造的基础货币，即借入准备金。

多倍存款货币创造是指商业银行吸收一笔原始存款后，经过银行体系连续存贷引致的存款总额不断扩张，最终创造出超过原始存款数倍的存款量。

商业银行多倍存款创造需要两个基本的前提条件，即部分法定准备金制度和非现金结算制度。

存款乘数是指原始存款+派生存款（商业银行体系存款总额）与原始存款之比，即存款总额与原始存款的倍数。存款乘数有别于货币乘数，是因为存款乘数的基数口径比较窄，仅仅是商业银行的存款准备金。而货币乘数的基数是基础货币，基础货币除了包括商业银行的存款准备金，还包括公众手中的现金。

货币乘数是指一定量的基础货币与货币供给量扩张关系的数量表现，是基础货币增加或减少一单位时引起的货币供给量增加或减少的倍数。货币乘数主要由3个变量决定，其中现金比率主要由公众决定，法定存款准备金率主要由中央银行决定，超额存款准备金率主要由商业银行决定。

中央银行对货币供给的调控，既通过基础货币，又通过货币乘数。中央银行对货币乘数影响力有多大，取决于其影响货币乘数因素的能力。

基本概念

货币供给　基础货币　原始存款　派生存款　存款货币创造　存款乘数　法定存款准备金制度　非现金结算制度　现金漏损率　超额存款准备金率　货币乘数

思考题

(1) 什么是货币供给？
(2) 试述货币供给的影响因素。
(3) 什么是基础货币？如何定义基础货币的量？基础货币的性质与特点是什么？
(4) 简述中央银行对基础货币的控制。
(5) 简述多倍存款货币创造机制。
(6) 什么是货币乘数？存款乘数和货币乘数的区别在哪里？
(7) 简述影响货币乘数的因素。
(8) 简述中央银行对货币乘数控制的能力。

第9章
在线测试题

第10章
通货膨胀

学习目标

- 掌握通货膨胀的定义和衡量指标。
- 掌握通货膨胀的常见类型。
- 掌握通货膨胀的成因。
- 理解和掌握通货膨胀的正负效应。
- 掌握治理通货膨胀的手段。
- 理解和掌握通货紧缩的定义、影响及治理对策。

开篇案例

全球货币超发危如累卵

2008年，为了应对次贷危机，美国实施大规模量化宽松政策；2010年，为了应对欧债危机，欧洲实施了超大规模的量化宽松政策……由于并没有造成通货膨胀，2020年为了应对疫情，各国超发货币的规模更加史无前例，长期货币超发危如累卵，这一次，欧美恐怕要买单。

2008年因为次贷危机实施大规模量化宽松政策，美联储资产负债表规模跃升至2万亿美元以上之后，再也没能恢复到之前的“正常水平”。2020年新冠肺炎疫情暴发后，美联储实行史无前例的“无限制”量化宽松政策，推出数万亿美元财政刺激计划，货币供应量出现大跃升，M_2年增幅达到17.2%的历史高值。更明显的变化体现在2021年6月美联储的资产负债表上——规模已突破8万亿美元，比2020年年初扩张1倍，比金融危机前的2008年8月扩张7.8倍。

2021年美联储一度连续几个月对高涨的CPI置之不理，在月度CPI上涨5.4%，PPI涨幅达到7.3%高位时，美联储仍行动迟缓，表面上是持“通货膨胀暂时论”，背后实际上是醉心于各种“通货膨胀诱惑”。比如，通货膨胀能促进短期的经济复苏和增长、增加就业、企业因资金利率水平较低而更易获得盈利、股市指数不断创下新高、房价也开始攀升等。通货膨胀带来短期皆大欢喜的画面，但很快就被随之而来的经济乱象甚至经济衰退所代替。

2009年，欧洲央行资产负债表的规模是1.72万亿欧元，为了应对欧债危机，欧洲央行实施了量化宽松政策。2013年，资产负债表规模扩张到4.53万亿欧元，扩张了163.37%。疫情暴发之前，欧洲央行资产负债表的规模为4.93万亿欧元，到2021年10月已经扩张至8.37万亿欧元，又扩张了69.78%。

2012—2020年，日本央行的资产负债表规模快速扩张，从158.36万亿日元扩大到604.43万亿日元，增幅高达281.68%。疫情发生以后，日本央行加大了资产购买力度，并实施贷款支持计划，向资金紧张的小企业提供资金，资产负债表规模再度扩张至728.89万亿日元，增幅为20.59%。

显然，无论是美联储、欧洲央行，还是日本央行，不仅疫情期间"大放水"，而且在长期超发货币基础上进一步实施量化宽松政策——美国自2008年次贷危机以来，欧洲自2010年欧债危机以来，日本自安倍政府执政以来……好在在长期低利率的背景下，10多年的持续货币超发并未造成严重的通货膨胀。2020年，在长期超额货币本来就已无处可去的背景下，为了缓解疫情影响的燃眉之急，各国又拼命放纵一把。因此，全球通货膨胀应声而起！

2022年6月美国CPI同比涨幅达到9.1%，创近40年来新高，美联储于2022年6月、7月、9月和11月连续4次加息75个基点；欧洲央行也在2022年7月加息50个基点的基础上，9月和10月均加息75个基点。部分发达经济体持续加息对克服通货膨胀的效果有待观察，美国9月通货膨胀依然保持了8.1%的高位，核心CPI回升至6.6%。高通货膨胀引发的信用收缩持续到2023年，美联储持续大幅加息使得美元兑换其他主要国家货币维持升值态势，美元指数攀升至110以上。这种持续大幅加息有可能引发美国经济"硬着陆"，也可能导致全球经济衰退。在新冠肺炎疫情下，发达经济体出现了有史以来规模最大的一轮信用扩张，"疫情泡沫"直接拉高了通货膨胀水平，而克服通货膨胀的方式就是加息，退出量化宽松政策，全面收缩信用，抑制过剩的需求。

资料来源：[1] 滕泰，张海冰. 全球通胀与衰退 [M]. 北京：中译出版社，2022：14-18. [2] 谢伏瞻. 2023年中国经济形势分析与预测 [M]. 北京：社会科学文献出版社，2022：60.

那么，通货膨胀产生的具体机理究竟是什么？通货膨胀应该如何衡量？通货膨胀会对人们的生活产生什么样的影响？又该如何防范与治理通货膨胀呢？这将是本章所要介绍和探讨的问题。

10.1 通货膨胀的定义与衡量

10.1.1 通货膨胀的定义及其理解

1）通货膨胀的定义

近代西方经济学家对于通货膨胀（inflation）的定义有不同的观点。

凯恩斯之前的经济学家认为，通货膨胀是“太多的货币追逐太少的货物”，即货币的过度发行导致单位货币购买力的下降。凯恩斯则认为货币数量增加在充分就业前引起的物价上涨是“半通货膨胀”，在充分就业后货币增加导致物价同比例增长，才是真正的通货膨胀。

哈耶克认为：“通货膨胀一词的原意和真意是指货币数量的过度增长，这种增长会合乎规律地导致物价上涨。”

弗里德曼认为：“物价持续上涨就叫作通货膨胀。”

萨缪尔森加上时期的概念指出：“物价和生产要素价格普遍上涨的时期——面包、汽车、理发的价格上升，工资、租金等也都上升。”

新剑桥学派的琼·罗宾逊（Joan Robinson）认为：通货膨胀是“由于国际经济活动的工资报酬率的日益增长而引起的物价总水平的持续上升”。

根据大多数经济学家的论述，通货膨胀可定义为：一个经济体中大多数商品和服务的价格在一段时间内普遍持续上升的现象。

2）对通货膨胀定义的理解

弗里德曼的名言是：“无论何时何地，通货膨胀永远都是一种货币现象（Inflation is always and everywhere a monetary phenomenon）。”这是弗里德曼从第二次世界大战之后美国和其他国家的经历中得出的论断，他其实是指，物价水平只有持续地向上运动才属于货币现象。当通货膨胀被定义为物价水平的持续上涨时，大多数的经济学家（无论是货币学派还是凯恩斯学派）都会同意他的论断，认为货币是通货膨胀唯一的原因。

一般定义下的通货膨胀包含以下几个要点：

（1）强调把“商品和服务的价格”作为考察对象，目的在于与股票、债券以及其他金融资产的价格相区别。

（2）通货膨胀指物价水平的上涨现象，并不是指地区性或个别商品的价格，而是“大多数商品和服务的价格”或“一般物价水平”。

（3）必须是物价在一段时间内“持续”上涨才算发生了通货膨胀，并非偶然的价格跳动，而是一个过程，并且这个过程具有上涨的趋向。

弗里德曼的名言在近几年的欧美经济中得到了很好的应验，美国的M_2增速从疫情前的不到7%快速上升到2021年年初的27%，最终埋下了高通货膨胀的种子。2022年以来，美联储疯狂加息试图控制一度失控的通货膨胀。

知识链接10-1

反通货膨胀的旗手——弗里德曼

20世纪70年代的经济“滞胀”为货币学派带来了大展宏图的历史机遇。长期实施凯恩斯主义的扩张性经济政策终于给西方经济带来了恶果。70年代之后，各国的经济发展缓慢下来，赤字越来越大，失业越来越多，通货膨胀率越来越高。在这种经济形势下，经过10多年发展起来的货币学派选择了通货膨胀为主要靶子，提出了以稳定货币、反对通货膨胀为中心内容的一系列政策主张。

与其他经济学家不同，弗里德曼把通货膨胀的责任完全归到了政府的身上。弗里德曼认为，根治通货膨胀的唯一出路是减少政府对经济的干预，控制货币增长。控制货币增长的方法是实行“单一规则”，即中央银行在制定和执行货币政策的时候要“公开宣布并长期采用一个固定不变的货币供应增长率”。

由于这些政策主张顺应了西方经济在新形势下发展的需要，因此赢得了许多的赞同者和追随者，并且得到官方的特别赏识。1979年，以撒切尔夫人为首相的英国保守党政府将货币学派理论付诸实施，奉行了一整套完整的货币主义政策。美国前总统里根上台后提出的“经济复兴计划”中，也把货币学派提出的制定一种稳定的货币增长政策作为主要项目。瑞士、日本等被认为是“成功地控制了通货膨胀”的国家，自称其“成功的秘密”就在于实行了货币学派的“稳定的货币供应增长率”政策。货币学派一时声名鹊起，被普遍看作凯恩斯学派之后的替代者，弗里德曼更是被称为“反通货膨胀的旗手”。

资料来源：郭晖．金融学概论［M］．2版．北京：人民邮电出版社，2017：373.

10.1.2 通货膨胀的衡量

微课10-1

通货膨胀的衡量

1）通货膨胀率与价格水平

无论对通货膨胀的定义有何不同，世界各国对通货膨胀程度的度量实际上都使用物价指数。通常说通货膨胀率（inflation rate）多高，实际上就是指物价指数上涨了多少。通货膨胀率被定义为物价总水平的增长率，如物价指数上升了5%，通货膨胀率就是5%。如果物价下跌，则通货膨胀率为“负”。通货膨胀率的计算公式为：

$$\text{当期通货膨胀率}=\frac{\text{当期物价指数}-\text{基期物价指数}}{\text{基期物价指数}}\times 100\% \qquad (10\text{-}1)$$

2）衡量通货膨胀的指数

价格水平高低是通过各种物价指数来衡量的，一般常用的物价指数有消费者物价指数（consumer price index，CPI）、生产者物价指数（producer price index，PPI）和国内生产总值平减指数（gross domestic product deflator，简称“GDP平减指数”）。这几项指数所反映的内容不同，因而在数值上往往不尽一致，有时相差甚远。

（1）消费者物价指数

消费者物价指数，又称居民消费价格指数或消费者价格指数，是一种用来测量各个时期内城市家庭和个人消费的商品与劳务的价格平均变化程度的指标。

消费者物价指数表示的是不同时期为购买一篮子商品所支付的成本的价格指数。这一篮子商品通常包括食品、衣服、住房、燃油、交通运输、学费及其他日常生活所必需的商品和服务。在建立价格指数时，通常按照每种商品在经济生活中的重要程度来确定商品价格的权数。因此，消费者物价指数反映了价格水平变动对居民生活费用的实际影响。在实践中，除了美国、荷兰、瑞典等少数国家采用生活费用指数理论外，包括中国在内的大多数国家都使用固定篮子指数理论。

从2001年起，我国采用国际通用做法，逐月编制并公布以2000年价格水平为基期的居民消费价格定基指数。2016年1月我国开始公布的权重体系以2015年全年的调查作为基期，根据2015年全国城乡居民消费支出调查数据以及有关部门的统计数据，按照制度规定对CPI权数构成进行了相应调整。

虽然CPI只是反映商品和服务价格变化的指标之一，但是当前各国最常用的物价指标。对家庭而言，收入增长如果跑不赢CPI，意味着消费水平的降低；对企业而言，CPI常常与市场销售状况息息相关；对政府而言，CPI过高很可能会影响社会稳定；对股市投资者而言，CPI大幅向上，往往意味着股市掉头向下……可见，CPI已成为居民、企业、政府和投资者心中衡量通货膨胀的信号灯。

一般来说，在我国，3%的CPI被认为是通货膨胀警戒线，当CPI的增幅大于3%时，称为通货膨胀；当CPI的增幅大于5%时，称为严重的通货膨胀。从理论上看，国内外学者们并没有就温和通货膨胀的界限达成一致意见。从实际上看，也不存在所谓的“3%的CPI是温和通货膨胀警戒线”的国际统一惯例。真实情况是，理想的通货膨胀率因为所在国的经济发展水平、消费习惯等存在差异而不同。一般来说，发展中国家温和通货膨胀率的界限要略高于发达国家。

自2005年以来，中国政府绝大多数年份将物价上涨的控制目标定在3%左右，有3年定在3.5%左右，极少数年份定在4%。以往在我国，只要CPI接近或超过3%，就会触动政府、市场和公众敏感的神经。进入21世纪以来，我国共经历了4次通货膨胀——2004年，2007—2008年，2010—2011年，2019—2020年。前3次CPI突破了3%以后，宏观政策开始收紧，货币紧缩政策随后降临。可见，3%这条线确实是判断中国是否进入通货膨胀通道的一个重要标准。在每一轮通货膨胀中，食品价格对CPI的贡献都在70%以上。同样幅度的食品价格上涨，由于发展中国家CPI中食品的权重要大于发达国家，其引发的CPI的波动幅度较发达国家更为明显。比如，由于食品价格在中国的CPI中占比高达三成左右，而美国的CPI中食品价格占比不足一成，所以食品价格上涨对中国CPI的影响要明显大于美国等发达国家。

2019年第四季度至2020年第一季度，中国CPI连续6个月超过3%，最高达到5.4%，但是我国的宏观决策部门并没有采用紧缩的手段来应对通货膨胀，因为虽然CPI超过了3%的警戒线，甚至达到了5%的相对高点，但其实主要推手只是食品（特别是猪肉）价格的上涨，其对CPI上升的贡献在70%以上，而以猪肉为代表的食品价格的上涨并不意味着整个经济的总需求过剩，甚至也不意味着食品本身需求的过剩，因为居民对食品的需求本身是刚性的，食品价格的上涨主要是由食品自身的供给周期决定的。

近年来我国实施稳健的货币政策，为物价稳定提供坚实基础。我国2022年CPI为2%，是非常理想的通货膨胀水平，过去5年平均通货膨胀水平也是2%左右，过去10年（2013—2022年）CPI平均也是2%，非常不容易。这表明，中长期CPI保持在2%左右，是央行认可的一个合意水平；央行更注重用CPI来衡量物价的稳定情况。

消费者物价指数的增幅不等于通货膨胀率，它只是衡量通货膨胀率的其中一个指标。CPI采用固定权数按加权算术平均指数公式计算：

$$CPI = \frac{\text{一组固定商品按当期价格计算的价值}}{\text{一组固定商品按基期价格计算的价值}} \times 100 \tag{10-2}$$

例如，2010年某国普通家庭每个月购买一组商品的费用为800元，而2020年购买这一组商品的费用为1 000元，那么该国2020年的消费价格指数为（以2010年为基期）：

$$CPI = \frac{1\,000}{800} \times 100 = 125$$

也就是说，消费者物价指数上涨了25%。

知识链接10-2

CPI关乎千家万户幸福

2023年3月5日，政府工作报告透出重磅信息，备受老百姓和投资人关心的2023年物价水平及赤字率揭晓——2023年居民消费价格涨幅由2022年的2%拟按3%安排，赤字率目标由2022年的2.8%左右提高至3%。两个“3%”的安排，有利于稳定市场消费预期，强化市场对积极财政政策的正确预期，从长期来看有助于稳定投资者信心，长线利好大食品种业上市公司。

CPI关乎老百姓的衣食住行大消费，老百姓对大食品价格的涨跌尤为敏感。政府工作报告提出，2023年CPI涨幅3%左右。数据显示，2023年1月CPI同比涨幅2.1%，较2022年12月回升0.3个百分点；核心CPI同比1%，较2022年11月上行0.3个百分点，其中，食品价格上涨6.2%，非食品价格上涨1.2%。食品价格和非食品价格的涨幅均在扩大，食品价格方面，鲜菜价格对CPI环比表现出明显的拉动效应。

据国家统计局介绍，CPI包含食品烟酒、衣着、居住、生活用品及服务、交通通信、教育文化娱乐、医疗保健、其他用品及服务等8大类、268个基本分类（见表10-1），并选出600种左右具体商品和服务，进行经常性的定期调查。各类商品在CPI指数中所占权重不同，遵循“每年小调整，五年大调整”的原则。

表10-1　**居民消费价格指数（CPI）的构成**

一级分类	二级分类	权重
食品烟酒	粮食、食用油、鲜菜、畜肉类、水产品、蛋类、奶类、鲜果	31.79%
	卷烟、酒类	3.49%
衣着	服装、鞋类	8.51%
居住	租赁房房租、水电燃料	17.22%
生活用品及服务	家用器具、家庭服务	5.64%
交通通信	交通工具、交通工具燃料、交通工具使用和维修	9.95%
	通信工具、通信服务、邮递服务	
教育文化娱乐	教育服务、旅游	13.75%
医疗保健	中药、西药、医疗服务	9.64%
其他用品及服务		

数据来源：国家统计局，权重数据系专家估算所得。

值得重视的是，大食品当中又包括粮食、淀粉、干豆类和豆制品、油脂、肉禽及其制品，蛋、水产品，菜、调味品等。其权重不尽相同（见表10-1），有研究者估算，当前食品占了三分之一，对CPI起决定性作用。更微观地看，猪肉价格是决定食品CPI走势的重要因素。业内有食品束缚CPI、猪价绑架CPI的说法。

CPI关乎千家万户的幸福。有研究者指出，在2002年到2011年间，CPI年平均涨幅是2.6%，其中食品的平均涨幅是6.4%，贡献了总体涨幅的97%。在2012年到2021年期间，CPI累计上升22.6%，其中60%的贡献来自食品。

根据国家统计局公布2023年7月份居民消费价格指数（CPI）数据，7月份CPI同比下降0.3%，环比上涨0.2%。分类别来看，食品烟酒价格同比下降0.5%，衣着价格上涨1.0%，居住价格上涨0.1%，生活用品及服务价格下降0.2%，交通通信价格下降4.7%，教育文化娱乐价格上涨2.4%，医疗保健价格上涨1.2%，其他用品及服务价格上涨4.1%。在食品烟酒价格中，猪肉价格下降26.0%，鲜菜价格下降1.5%，粮食价格上涨0.3%，鲜果价格上涨5.0%。扣除食品和能源价格后的核心CPI同比上涨0.8%，涨幅比上月扩大0.4个百分点。1-7月份，全国居民消费价格同比上涨0.5%。

资料来源：周心钰. 两会两个“3%”逐步释放消费潜力，长期利好大食品种业上市公司［J］. 证券市场红周刊，2023（9）：109-110.

消费者物价指数作为指标的优点是资料容易收集，公布次数较频繁，居民消费品的价格变动能及时反映消费的供给与需求的对比关系，能直接地与公众的日常生活相联系，有其他指标难以比拟的优越性。其缺点是范围较窄，只包括社会最终产品中的居民消费品这一部分，不包括公共部门的消费、生产资料、进出口商品、资本产品和中间产品的价格变动趋势。

（2）生产者物价指数

生产者物价指数又称工业生产者出厂价格或批发物价指数（wholesale price index，WPI），是根据大宗商品（包括最终商品、中间产品及进口商品）的加权平均批发价格编制的物价指数。生产者物价指数将统计范围从商品拓展到各种资产，尤其是实际资产存量和金融资产。

生产者物价指数的优点是能较好地反映大宗商品的价格波动，较灵敏地反映企业生产成本的变化，并能在一定程度上预示消费者物价指数的变动趋势。其缺点是没有将各种劳务价格包括在内，也不能反映消费者日常购买力的变化，反映面窄，有可能导致信号失真。因此，国家统计局通常同时公布CPI和PPI这两个指标，以此判断物价总体发展水平。

例如，根据国家统计局公布的数据，2023年7月，全国居民消费价格指数（CPI）同比下降0.3%，但环比由上月下降0.2%转为上涨0.2%；受国内生产供应总体充足、部分行业需求改善及国际大宗商品价格传导等因素影响，全国工业生产者出厂价格指数（PPI），环比、同比降幅均收窄，国内物价运行总体稳定。

从我国过去10多年的历史来看，PPI由于受国际大宗商品的影响，对供给的反应更敏感，这导致其波动要远大于CPI，而且较容易出现负增长。

（3）GDP平减指数

GDP平减指数是衡量一国经济在不同时期内所生产和提供的最终产品与劳务的价格总水平变化程度的经济指标。GDP平减指数是名义国内生产总值和实际国内生产总值的比率。名义国内生产总值是用生产物品和劳务的当年价格计算的全部最终产品的市场价值总和。实际国内生产总值是用从前某一年作为基期的价格计算出来的当期全部最终产品的市场价值总和。可用公式表示为

$$\text{GDP平减指数} = \frac{\text{报告期价格计算的国内生产总值}}{\text{基期价格计算的当期国内生产总值}} \times 100\% \tag{10-3}$$

GDP平减指数的优点是包括范围广，可以衡量生产的所有产品与服务的价格，既包括消费资料也包括生产资料，既包括有形商品也包括无形商品（劳务），因此能准确反映物价总体水平的变动情况。它的缺陷是资料较难搜集，需要对不在市场上发生交易的商品和服务进行换算。因此，多数国家每年只统计一次，不能迅速反映通货膨胀的程度和动向。另外，GDP平减指数只包括国内生产的产品，并不反映进口品的价格变动。

10.2 通货膨胀的类型与成因

10.2.1 通货膨胀的类型

经济学家根据不同的标准划分出不同类型的通货膨胀。

1）按市场机制的作用程度分类

按市场机制的作用程度，货膨胀可分为公开型通货膨胀和隐蔽型通货膨胀。

（1）公开型通货膨胀又称开放式通货膨胀，其前提是市场功能完全发挥，价格对供求反应灵敏，过度需求通过价格的变动得以消除，价格总水平明显地、直接地上涨。

（2）隐蔽型通货膨胀又称压制型通货膨胀，是表面上货币工资没有下降，物价总水平也未提高，但居民实际消费水平却下降的现象。其前提是在经济中已积累了难以消除的过度需求压力，但由于政府对商品价格和货币工资进行严格控制，过度需求不能通过物价上涨而吸收，商品供不应求的现实通过准价格形式表现出来，如黑市、排队、凭证购买、有价无货以及一些产品在价格不变的情况下质量下降等。

2）按产生的原因分类

按产生的原因，通货膨胀可划分为需求拉上型通货膨胀（demand-pull inflation）、成本推进型通货膨胀（cost-push inflation）和供求混合型通货膨胀（supply and demand-push inflation）。这几种类型的通货膨胀将在后文中予以讨论。

3）按物价总水平上涨的幅度分类

按物价总水平上涨的幅度，通货膨胀可分为爬行式通货膨胀、温和式通货膨胀、奔腾式通货膨胀和恶性通货膨胀。

爬行式通货膨胀（creeping inflation）是指价格总水平年上涨率不超过2%~3%，并且在经济生活中没有形成通货膨胀的预期。当温和式通货膨胀（moderate inflation）发生时，价格总水平的上涨速度比爬行式通货膨胀快，但又不是很快，具体百分比没有统一的说法。奔腾式通货膨胀（galloping inflation）的物价总水平上涨率在两位数以上，且发展速度很快。恶性通货膨胀（hyper inflation）又称超级通货膨胀，物价上涨特别猛烈，且呈加速趋势。此时，货币已完全丧失了价值贮藏功能，部分丧失了交易媒介功能，持有者争先恐后地将其抛出，货币制度面临崩溃的危险。

萨缪尔森描述了相似的分类方法，他把通货膨胀分为温和的通货膨胀、急剧的通货膨胀和恶性通货膨胀3种类型。在他看来，温和的通货膨胀是指通货膨胀率为一位数（即不超过10%）的通货膨胀。一般而言，发生温和的通货膨胀时，经济表现还算平稳，企业处于相对宽松的有利环境，企业家感觉未来的商业环境比较稳定可控，此时着眼于长远发展的企业家往往会加快新技术、新产品的研发。企业为了扩大市场占有率，也会在通货膨胀初期顶住原材料等成本上涨的压力，通过自身的技术创新、管理创新或产品结构调整等消化吸收成本压力，因此温和的通货膨胀也可能是行业重新洗牌的契机。

如果通货膨胀率突破两位数，甚至达到三位数，如物价总水平以每年20%、100%，甚至200%的速率上涨，即为急剧的通货膨胀。在这种较高的通货膨胀率下，经济会发生严重的扭曲，货币会明显贬值，人们会积极地囤积商品、购置房产，以此降低高通货膨胀率给自己带来的经济损失，而人们的这种预期心理会使货币购买力加速下降，通货膨胀率进一步提高，金融市场逐渐消亡，资本逃向国外。

恶性通货膨胀是指价格水平每年以百分之一百万，甚至以百分之十亿的惊人速率持续上涨。这种通货膨胀爆发后，通常会使整个经济窒息。恶性通货膨胀一旦发生，其会完全失去控制，导致社会物价持续飞速上涨，人们对货币彻底失去信心。这时整个社会金融体系处于一片混乱之中，正常的社会经济关系遭到破坏，最后容易导致社会崩溃、政府垮台。

这种通货膨胀在经济发展史上十分少见，通常发生在战争或者社会大动乱之后。目前公认的恶性通货膨胀在世界范围内只出现过4次。第一次发生在1923年的德国，当时第一次世界大战刚结束，德国的物价在一个月内上涨了2 500%，1马克的价值下降到第一次世界大战前价值的一万亿分之一。第二次发生在1946年的匈牙利。第二次世界大战结束后，匈牙利的1便士价值只相当于第二次世界大战前的1/849 329。第三次发生在中国国民政府统治时期，从1937年6月到1949年5月，伪法币的发行量增加了1 445亿倍，同期物价指数上涨了36 807亿倍。第四次是于2009年爆发的津巴布韦通货膨胀，通货膨胀率高达231 000 000%。

津巴布韦是非洲南部的内陆国家，由于政治原因，以英美为首的西方国家对其实行经济封锁，要求其尽快偿还外债，从而造成该国外汇、燃油和电力的严重短缺。另外，津巴布韦连续4年遭遇旱灾，粮食歉收，食品价格快速上涨，蔬菜的售价往往一夜之间就会翻一番，有时候傍晚的售价就会暴涨到当天清晨的3倍。2008年7月，津巴布韦的通货膨胀率已达到231 000 000%，发行千亿津元面额钞票。2009年1月9日，1美元可兑换250亿津元，津巴布韦陷入严重的恶性通货膨胀境地。当前该国已经改用美元和南非兰特等作为交易结算货币，停止本币的流通和使用。

知识链接10-3

德国历史上最严重的一次通货膨胀

德国在第一次世界大战中作为战败国，被迫签署了《凡尔赛协议》，该协议要求德国支付320亿美元战争赔款。对于当时的德国政府而言，要想用税收收入来偿付战争赔款是十分艰难的。于是，德国政府通过增加货币供给来支付战争赔款。

货币供给增加导致的通货膨胀率十分惊人：流通中的马克从1922年1月的1.15亿元增加到1923年12月的49 700亿元。过量的货币供给必然导致极高的通货膨胀率。德国物价指数从1914年的100增加到1923年12月的126.161万亿倍，德国马克变得一文不值。到1923年，德国平均每两天物价就要上涨一倍。德国进入到人类历史上最惨烈的恶性通货膨胀中。当时一片面包就要1 000亿马克，德国工人每天的工资必须支付两次，拿到钱后要在一小时之内花掉。中产阶层一夜之间沦为赤贫，社会财富遭到疯狂洗劫，手中有几个美元就可以像国王一样生活。外国人蜂拥而至，用几个英镑、几个法郎、几个美元就可以四处抢购德国人的不动产、珠宝和艺术品。

资料来源：郭晖．金融学概论［M］．2版．北京：人民邮电出版社，2017：403.

拓展阅读10-1

津巴布韦的恶性通货膨胀

20世纪80年代，被称为非洲的“菜篮子”和“米袋子”的津巴布韦是非洲最富裕的国家之一。到了2008年4月4日，继2008年1月津巴布韦中央银行发行最大面值为1 000万津元的纸币后，其又发行了当时世界上面额最大的2.5亿津元纸币，可仍旧有人提议要发行更高面值的纸币。在津巴布韦，人们对货币的使用早已不是论张，而是论“堆”或用秤来称量，这种现象被称为津巴布韦化。津巴布韦是世界上百万富翁最多的国家，然而它又是最贫困的国家之一。如果在津巴布韦乘坐出租车，即使全用五万面额的纸币付费，数钞票付给司机所要花费的时间也差不多与路途全程所用的时间相当，其2008年通货膨胀率高达2 200 000%。每一个到津巴布韦旅行的游客，都会摇身一变成为百万富翁。

津巴布韦的通货膨胀在我们看来似乎是不可思议和无法想象的，其通货膨胀的原因与政府的货币供给量有密不可分的关联，价格持续上涨的过程，成为津币价值持续贬值的过程。而津巴布韦通货膨胀的起因之一是粮食等生活必需品的减产、供应不足。而粮食减产主要是因为土地改革导致土地废弃。再者，津巴布韦政府出现了巨额财政赤字，津巴布韦的财政支出用于土地改革、对白人农场主的压制以及政府支出。津巴布韦的产品供应能力下降，而社会上流通的货币与原来一样多，这必然导致物价上涨。物价上涨导致政府系统开支增大，在政府收入不变的情况下，为了不出现财政赤字，政府发行更多的货币在市场上流通。然而新增的货币又造成新的一轮物价上涨。此次的物价上涨导致了许多工人发出要求涨工资的呼声，工厂给工人上涨的工资从销售产品价格的上涨中获取，又使得物价普遍上涨。上涨的价格需要用更多的货币去购买，因为小额货币不能满足人们的需求，政府又发行大额货币，如此恶性循环，最终导致津巴布韦居高不下的通货膨胀和物价上涨。

高涨的物价给津巴布韦带来的无疑是一箩筐的困扰。在津巴布韦，最紧俏的日用产品是点钞机，津巴布韦国营报纸上每天充斥着日本和新加坡生产的高质量点钞机广告，而每台的价格在3.45亿至12亿津元之间。津巴布韦低收入家庭平均最低生活消费已经飞升到4 100万津元/月。然而在这个国家，目前有超过60%的劳动力失业，其他部分劳动力每月则只能挣到400万津元。这样高昂的物价和低廉的劳动力导致津巴布韦民众生活苦不堪言，却也使他们深陷尴尬的情境之中。去餐馆吃饭，一盘鱼香肉丝，居然要1.2亿津元。当用完餐准备结账时，一沓沓的钞票堆在餐桌中央，给用餐者的感觉像是坐在拉斯维加斯的赌桌旁一样。每次用完餐，还得再等半小时结账。

这样的恶性通货膨胀不仅严重影响了民众的生活，还阻碍了津巴布韦正常的经济发展。据统计，2002年，津巴布韦国内生产总值增长率为-11.9%，2007年则为-4.4%。2001年津巴布韦人均国内生产总值为258美元，2007年则仅为130美元。同时，受居高不下的通货膨胀的影响，国民的生活水平迅速下降。2006年，津巴布韦的失业率在60%以上，而2007年这一比率更是达到了80%以上。高额的失业率，使国民的收入水平迅速下降，而即使依然在工作的一部分劳动力，其收入水平也比较低。在津巴布韦，人们手头上不敢持有过多的货币，生怕货币贬值，货币在津巴布韦似乎成了烫手山芋，人们一有货币，就想方设法把它变成产品。然而，津巴布韦国内资源短缺问题严重，食用盐、味精、鸡蛋、牛奶、面粉等都常常断货。在这种情况下，人民的生活水平低是可想而知的事情。这也导致津巴布韦国民的平均寿命迅速下降。据统计，津巴布韦国民的预期寿命仅为39岁，为了躲避这场灾难，无数津巴布韦国民搬至邻国南非。

资料来源：王荣，卢丹．宏观经济学（微课版）[M]．北京：人民邮电出版社，2018：310-312.

10.2.2 通货膨胀的成因

微课10-2

通货膨胀的成因

传统的通货膨胀理论侧重于从需求或供给方面分析通货膨胀的形成原因和机理。从理论规范的要求出发，通货膨胀的成因可归纳为需求拉上说、成本推进说和供求混合推进说。

1）需求拉上说

需求拉上说产生于20世纪50年代以前，是产生最早、流传最广、影响力最大的通货膨胀理论。需求拉上型通货膨胀，又称超额需求通货膨胀，是指社会总需求过度增长，超过了既定价格水平下商品和劳务方面的供给，从而导致物价上涨。

当总需求与总供给的对比处于供不应求的状态时，过多的需求拉动价格水平上涨，可以表述为“过多的货币追求过少的商品”。对物价水平产生需求拉上作用的有以下两个方面：①实际因素，如投资需求增加；②货币因素，或货币需求减少，或货币供给增加过快。

这样的分析是以总供给给定为假定前提的。如果投资的增加引起总供给同等规模的增加，物价水平可以保持不变；如果总供给不能以同等规模增加，物价水平上升较缓；如果丝毫不能引起总供给增加，需求的拉动将完全作用到物价上。需求拉上型通货膨胀可用图10-1加以具体说明。在图10-1中，横轴代表总产出，纵轴代表物价水平。社会总供给曲线AS可按社会的就业状况而分成AB、BC和CS共3条线段。

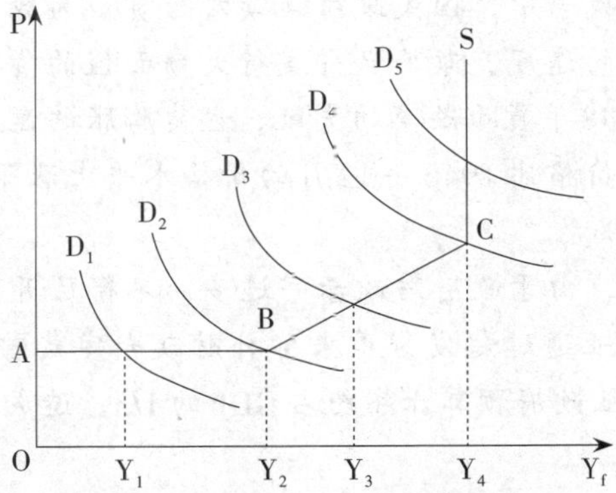

图10-1 需求拉上型通货膨胀

（1）线段AB呈水平状态，意味着供给弹性无限大。这是因为这时社会上存在大量的闲置资源或失业人群。当总需求从D_1增至D_2时，总产出从Y_1增至Y_2，而物价并不上涨。

（2）线段BC表示社会逐渐接近充分就业，这意味着闲置资源已经很少，从而总供给的增加能力也相应较小。此时，在需求拉动之下的产出扩张将导致生产要素资源价格的上涨。因此，当总需求从D_2向D_3、D_4增长时，产出虽然也增加，但增加幅度减缓，同时物价开始上涨。

（3）线段CS表示社会的生产资源已经达到充分利用的状态，即不存在任何闲置的资源，Y_f就是充分就业条件下的产出。这时的总供给曲线就成为无弹性的曲线。在这种情况下，当总需求从D_4增加至D_5时，只会导致物价的上涨。

知识链接10-4

重温各国货币超发的原因和影响

从历史上看，各国货币超发的根源无外乎四种：战争筹款、财政赤字、外汇流入和刺激经济。

战争筹款导致货币超发的一个经典案例是美国独立战争期间的“大陆币”。1775年至1783年，美国独立战争爆发，领导者们为军事开支大量发行货币，这种货币被称为“大陆币”。自1775年6月开始的4年里，美国共发行“大陆币”40次，累计2.42亿美元。“大陆币”为美国军队带来了武器，支付了士兵的军饷以及其他战争开支，同时也带来另一个副产品——物价的飞涨。1780年的大陆会议针对当时飞速上涨的物价作出决定，各州物价不得超过1774年（即战争开始前）价格水平的20倍。仅仅两个月后，此规定就宣告破产，“大陆币”持续贬值，连原先的1/50的价值还不到。当时的年均通货膨胀率接近100%，是近代经济史上一次典型的货币滥发造成的严重的通货膨胀。

战争筹款导致货币超发的另一个经典案例是中国国民党政权时期的法币贬值和金圆券崩溃。1937—1949年间，国民政府同样选择了开动印钞机来为战争的开销融资。到1945年抗日战争结束时，中国纸币的发行量达到1937年时的300倍，而价格水平则达到抗战全面爆发前的1 600倍，年均增长率为150%。

在紧接着的解放战争中，国民政府继续发行货币为战争筹款。由于印钞机已无法跟上物价上升的速度，政府只得发行大额面值的货币，但这仍然无法平抑物价水平。随着1948年货币改革的失败，通货膨胀的速度再次加快。到1949年时，国统区的商品价格比1946年12月的价格水平上涨了5 400多万倍，相当于每个月平均上涨90%。

除了为战争筹款，由于政府财政赤字过多而不得已开动印钞机的案例也不在少数。例如玻利维亚通过超发货币来弥补财政赤字就曾造成恶果。1985年，经济危机导致玻利维亚政府预算赤字约占GDP的1/3，造成该国当年通货膨胀率高达11 750%。

由于中国加入WTO后顺差大幅增加，且决策部门期望保持人民币汇率稳定——为了把人民币汇率维持在他们能够接受的范围之内，唯一的办法就是央行参与外汇市场买卖：只要有人有合法购买人民币的需求（结汇需求），央行就必须卖给他；否则，若这些购买人民币的需求（结汇需求）得不到满足，就会以价格形式表现出来——人民币汇率就必定大幅升值！为了避免人民币汇率过度升值对出口竞争力形成负面影响，中国人民银行不得不满足外贸顺差和各种形式的外资流入形成的结汇需求，由此形成了巨额的人民币流动性投放。

货币超发最为常见的目的是刺激经济。美国在2008年金融危机过后，欧盟在2010年欧债危机之后，日本央行在2012年实施财政刺激政策之后，以及2020年疫情期间各国采取的量化宽松政策，都是在经济低迷的时候通过投放大量货币来刺激经济增长的“无奈之举”。

资料来源：滕泰，张海冰．全球通胀与衰退［M］．北京：中译出版社，2022：18-19．

2）成本推进说

成本推进说是一种侧重从供给或成本方面分析通货膨胀形成机理的假说。20世纪50年代后期，资本主义国家出现了“滞胀”（stagflation）。对此，需求拉上说无法解释，于是就有经济学家从总供给的方面寻找答案。成本推进型通货膨胀是指在总需求不变的情况下，由供给方面成本的提高而导致的一般价格水平持续显著的上涨。

成本推进的原因：一是工会力量对于提高工资的要求（工资推进型通货膨胀）；二是垄断行业企业为追求利润制定垄断价格（利润推进型通货膨胀）。

（1）工资推进型通货膨胀

工资推进型通货膨胀是指在不完全竞争条件下的劳动力市场中，过高的工资导致一般物价水平的上涨。这种理论的假定前提是存在强大的工会组织，从而存在不完全竞争条件下的劳动力市场。在完全竞争条件下的劳动力市场中，工资率完全取决于劳动力的供求，因此工资的提高不会导致通货膨胀。但是，在不完全竞争条件下的劳动力市场中，由于工会组织的力量强大，工资不再是竞争的结果，而是工会与雇主集体协商的产物，这种工资一般会高于因竞争而得到的工资。工会迫使企业提高工资，并使工资的增长快于劳动生产率的增长，生产成本就会提高，从而导致物价上涨。价格的上涨又导致工会提出新一轮的工资提高，又会对物价上升产生压力，于是就形成了工资-物价螺旋上升的结果。

2021年以来，美国国内的劳动力市场不断有劳动力紧缺的呼声，而美国劳工重返市场的积极性似乎有限，直到2023年的统计，美国的就业量才接近疫情前的水平。劳动力市场趋紧自然能够推动工资上涨，这也是通货膨胀的一种可能来源。

（2）利润推动型通货膨胀

利润推动型通货膨胀是指因垄断企业和寡头企业利用市场优势谋求过高利润而导致一般价格水平上涨，从而导致通货膨胀。这一理论得以实现的前提条件是商品和劳动力市场是不完全竞争的，因为在完全竞争的市场中，价格完全由商品的供求状况决定，任何企业都无法通过控制产量来改变市场价格，而在不完全竞争的市场中，垄断企业和寡头企业为了追求利润的更大化，可以通过其市场地位操纵产品价格，从而使价格上涨的速度大大超过成本支出增加的速度。

成本推进说的目的在于论证在不存在需求拉上的条件下也能产生物价上涨。所以，总需求给定是假设前提。既然存在这样的前提，当物价水平上涨时，取得供求均衡的条件只能是实际产出的下降，相应的则必然是就业率的降低。因此，这种条件下的均衡是非充分就业的均衡。成本推进型的通货膨胀可用图10-2表示。

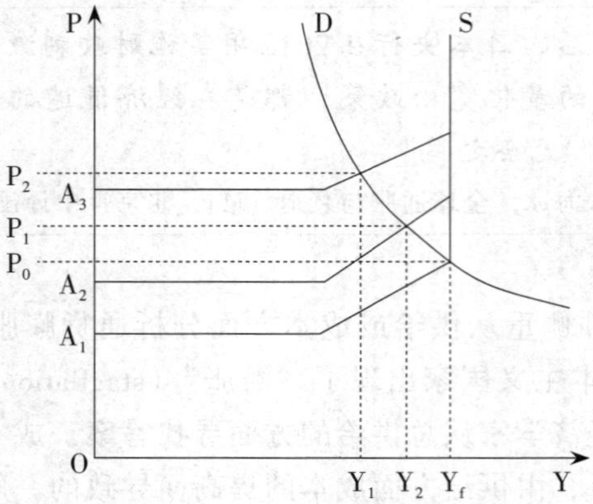

图10-2 成本推动型通货膨胀

在图10-2中，初始的社会总供给曲线为A_1S。在总需求不变的条件下，由于生产要素价格提高，生产成本上升，使总供给曲线从A_1S上移至A_2S、A_3S。结果，生产成本提高导致失业增加、实际产出缩减。在产出由Y_f下降到Y_2、Y_1的同时，物价水平却由P_0上升到P_1、P_2。

典型的案例是1973年和1979年的石油输出国组织（OPEC）两次大幅提高油价，对各国的经济和物价产生了强烈影响。在2020年和2021年，能源、原材料等大宗商品涨价潮席卷全球，背后既与疫情引发的短期供给冲击有关，也与美国挑起的贸易摩擦及全球各国减碳趋势的高涨引发的长期供给冲击有关。

知识链接10-5

可口可乐涨价与成本推动型通货膨胀

饮品行业经历2023年第一季度的短暂复苏后，进入第二季度普遍遭遇业绩回落，在旺季不旺之下促销压力倍增。同时，受白糖、塑料等主要原材料价格上涨的影响，生产成本上涨，进一步压缩了渠道链可支配利润的空间。产品涨价已经成为饮品行业一个普遍性的问题，如何将涨价潮危机转化为新的机遇，是众多饮品企业面临的重大挑战。福祸相依，永远不要浪费一次好危机。

近期因可口可乐产品涨价一事引发了饮品行业对更多新话题的探讨：产品价格策略怎么制定？高性价比产品如何研发生产？怎样应对内卷严重的市场竞争？企业如何创新成长，稳中求进？“横看成岭侧成峰”，换个角度看世界，能够探源事物的本质。饮品行业的价格变动，不是单一层面反映出来的问题，需要从不同维度洞察。

维度一：成本变化导致的价格变动，是重要诱因之一，也是大多数人看到的表象。首先，原材料成本上涨是导致饮品行业涨价的主要原因之一。原材料的价格波动，运输成本和包装材料成本的增加，都会对品牌商造成压力，他们不得不将成本转嫁给消费者。其次，人工成本上涨和通货膨胀等因素也对饮品涨价起到了一定的推动作用。

维度二：行业严重内卷，造成市场促销活动不断，营销推广费用连年增长，运营成本不断提高，促使企业通过产品涨价来缓解成本压力。笔者所在的团队通过对2023年啤酒市场的深度调研，发现已经弱化多年的餐饮连锁专卖店的渠道管控行为重新登上舞台。啤酒节、音乐节、啤酒市集等活动遍地开花，餐饮店、大排档等场所普遍采取啤酒买一送一、免费喝、抽奖送等形式。此外，在便利店系统、KA（重要客户）商超端架陈列、专柜投放、产品投奖等方面，市场运营费用居高不下，各大饮品品牌需要提高产品销售价格来缓解成本压力。

资料来源：仝建成. 涨价潮下，饮品品牌如何化危为机？[J]. 销售与市场，2023（15）：84-89.

3）供求混合推进说

供求混合型通货膨胀是指总需求和总供给均发生变化的情况下所发生的通货膨胀。供求混合推进说的主张者反对将通货膨胀的原因简单地区分为“需求拉上”或是“成本推进”，而认为，在现实经济社会中，实际通货膨胀率取决于货币需求和生产成本在制度结构方面的相互影响，既有来自需求方面的因素，也有来自供给方面的因素，即所谓“拉中有推、推中有拉”。例如，过度需求—物价上涨—提高工资—成本（工资）推进通货膨胀。该理论将供求两个方面的原因结合起来，即“成本推进”只有加上“需求拉上”才有可能产生持续性的通货膨胀。

在现实经济中，这样的观点也得到了佐证。当非充分就业的均衡存在时，政府不会袖手旁观，就业的难题往往会引出政府的需求扩张政策，以期缓解矛盾。逐渐地，失业率和产出可以恢复到充分就业水平，但物价则进一步上升。这样，成本推进与需求拉上并存的混合型通货膨胀就会成为现实。供求混合型通货膨胀如图10-3所示。

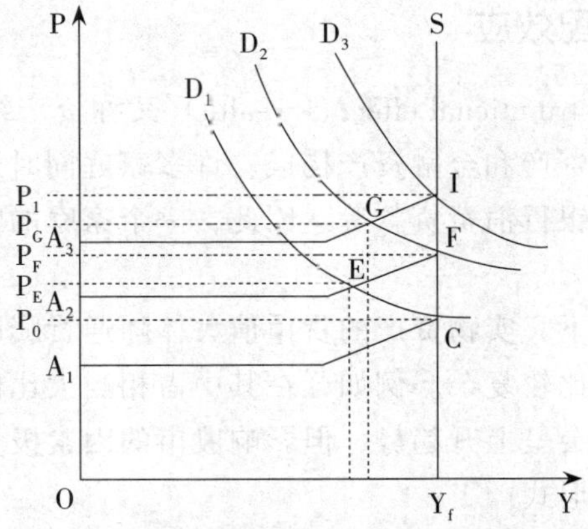

图10-3　供求混合推进型通货膨胀

图10-3实际上是将图10-1和图10-2综合在一起所得的结果。由于需求拉上（即需求曲线从D_1上升至D_2、D_3）和成本推进（即供给曲线从A S上升至A_2S、A_3S）的共同作用，物价沿C—E—F—G—I螺旋式上升。

10.3 通货膨胀的影响

微课10-3

通货膨胀的影响

当通货膨胀完全可以预期时，各种商品与生产要素的价格就都会按预期的通货膨胀率调整，通货膨胀对经济影响很小。实际上，通货膨胀是难以完全准确预测的，当各种价格无法按通货膨胀率调整时，在通货膨胀不能完全预期的情况下，通货膨胀将严重影响经济活动。其影响可以归纳为以下几个方面：

10.3.1 收入再分配效应

在发生通货膨胀的情况下，由于货币贬值，名义货币收入与实际货币收入之间会产生差距，名义货币收入的增加往往并不意味着实际货币收入的等量增加，有时是实际货币收入不变甚至下降。只有剔除物价的影响，才能明确了解人们实际货币收入的变化。由于社会各阶层收入来源不相同，因此在物价总水平上涨时，有些人的收入水平会下降，有些人的收入水平反而会提高。这种由物价上涨造成的收入再分配，就是通货膨胀的收入再分配效应（income redistribution effect）。

在现代国家，大多数人依靠工资或薪金生活，工资收入差不多就是其全部收入。在物价持续上涨的时期，工资收入只有每隔一段时间才会作一定幅度的调整，使之与物价上涨保持大致相同的比率，才能保证实际收入水平不下降。这种通货膨胀条件下的定期工资调整，只有依靠强大的工会力量才能做到；否则，工资的增长常会落后于物价上涨，这是一种较普遍的现象。货币工资的增长相对于物价上涨的滞后时间越长，遭受的通货膨胀损失相应地也就越大。此外，依靠利息和租金收入生活的人受到的损失也会比较严重。整体上，通货膨胀对浮动收入者、实际财富持有者、雇主和政府有利，但对靠固定的货币收入维持生活的低收入者不利。

10.3.2 财富分配效应

财富分配效应（distributional effect of wealth）又称资产结构调整效应。一个家庭的财富或资产由实物资产和金融资产构成。许多家庭同时还有负债，如汽车抵押贷款、房屋抵押贷款和银行消费贷款等。因此，一个家庭的财产净值是其资产价值与债务价值之差。

在通货膨胀的环境下，实物资产的货币值大体随通货膨胀率的变动而或高或低地升降，而金融资产则比较复杂。例如，在其中占相当大比例的股票，其行市是可变的，在通货膨胀之下会呈上升趋势，但影响股市的因素极多，所以股票绝非通货膨胀中稳妥的保值资产形式。

各种金融资产的共同特征是有确定的货币金额。显然，物价上涨，实际的货币额减少；物价下跌，实际的货币额增多。在这一领域之中，预防通货膨胀损失的办法，通常是提高利率或采用浮动利率，但在严重的通货膨胀条件下，这样的措施往往难以弥补损失。一般来说，当发生通货膨胀时，社会财富的一部分会从债权人手中转移到债务人手中，即通货膨胀使债权人的部分财富流失，而使债务人的财富相应增加，从而形成了财富的再分配效应。

本质上，通货膨胀最终是对中低收入者储蓄收取的一种税，对负债者（包括政府）会产生一定程度的债务免除，起到了‘劫贫济富”的效果。因为通货膨胀拉大了贫富差距，所以也成为普通民众的“痛苦指数”。

正是由于以上情况，每个家庭的财产净值往往会发生很大变化。一般来说，小额存款人和债券持有人最易受通货膨胀的打击。大的债权人不仅可以采取各种措施规避通货膨胀带来的损失，而且他们往往又是大的债务人，可享受通货膨胀带来的巨大好处。

10.3.3 强制储蓄效应

强制储蓄效应（forced saving effect）中的“储蓄”指的是用于投资的货币积累，并非一般意义上的银行储蓄。这种积累的主要来源包括家庭、企业和政府。在正常情况下，上述3个部门的储蓄有各自的形成规律：家庭储蓄由收入剔除消费支出构成；企业储蓄由用于扩张生产的利润和折旧基金构成；政府储蓄的来源则比较特殊。

如果政府用增加税收的办法筹资并用于生产性投资，那么这部分储蓄是从家庭和企业的储蓄中挤出来的，虽有强制性，但全社会的储蓄总量并不会增加。

如果政府向中央银行借债，从而造成直接或间接增发货币，这种筹措建设资金的办法就会强制增加全社会的储蓄总量，结果将使物价上涨。在公众名义收入不变条件下，按原来的模式和数量进行的消费和储蓄的实际额均随物价的上涨而相应减少，其减少部分大体相当于政府运用通货膨胀实现强制储蓄的部分。

上述分析基于这样的假定，即经济已运到充分就业水平，因此用扩张货币的政策来强制储蓄会引起物价总水平的上涨。如果在实际经济运行中尚未达到充分就业水平，生产要素闲置，这时政府扩张有效需求虽然也是一种强制储蓄，但并不会引发持续的物价上涨。

10.3.4 资源配置效应

通货膨胀的资源配置效应（distribution of resources effect）是指在通货膨胀中，由于各种商品和生产要素价格的上涨幅度不同，因而可以改变各种商品和生产要素的相对价格，引起相对价格体系的变动，最终使经济资源配置状况发生改变。通货膨胀的资源配置效应主要有以下3种观点：

1）正效应

在一定时期和条件下，通货膨胀引起的相对价格变化会使资源配置从不合理状态转为合理状态或趋于优化状态。例如，原来某个行业就业不好，现在由于这一行业的货币收入增长率超过了物价上涨率，从而使这一行业得到快速发展，使人力资源配置趋于合理。

2）负效应

在一定时期和条件下，通货膨胀引起的相对价格变化不仅不会改善资源配置，反而会使资源配置更加不合理，使社会生产率下降。在通货膨胀的情况下，资源的价格发生混乱，导致价格引导、资源分配的机制被严重扭曲：通货膨胀造成扭曲的相对价格，必然引起错误的资源配置；通货膨胀助长投机并导致社会资源的浪费；通货膨胀打击储蓄意愿并降低资本积累速度；通货膨胀妨碍金融市场的健康发展。

3）混合效应

在一定时期和条件下，通货膨胀引起的相对价格变化会使一些生产部门的资源配置趋于合理，而另一些生产部门的资源配置趋于不合理。

10.3.5 产出效应

通货膨胀的产出效应（output effect）一般表现为通货膨胀与经济成长到底是怎样的一种关系，相关论点可分为促进论、促退论和中性论。

1）促进论

所谓促进论，就是认为通货膨胀具有正的产出效应，可以促进经济的增长。促进论的基本观点是：西方国家经济长期处于有效需求不足、实际经济增长率低于潜在经济增长率的状态，因此政府可以实施通货膨胀政策，利用增加赤字预算、扩张投资支出、提高货币供给增长率等手段来刺激有效需求，促进经济增长。

持这种观点的学者认为，通货膨胀具有以下3种有利于投资的效应：一是政府通过增加货币供给所得的新增收入，可以直接用于增加投资；二是在存在通货膨胀的情况下，工资增长幅度通常要落后于物价上涨速度，企业的利润率相应提高，也会刺激私人的投资积极性；三是通货膨胀实质上是通过价格上涨实行国民收入再分配，这种再分配有利于高收入阶层，而高收入阶层的边际储蓄率和投资率相对较高。因此，通货膨胀可通过以上3个效应增加投资，从而有利于促进经济增长。

2）促退论

促退论正好与促进论相反，是一种认为通货膨胀会损害经济成长的理论。这种理论认为，持续的通货膨胀会通过降低效率的途径损害经济增长。其具体分析如下：一是通货膨胀会降低借款成本，从而诱发过度的资金需求，而过度的资金需求会迫使金融机构加强信贷配额管理，从而削弱金融体系的运营效率；二是较长时期的通货膨胀会增加生产性投资的风险和经营成本，从而资金流向生产性部门的比重下降，流向非生产性部门的比重增加；三是当通货膨胀持续一段时间后，在公众舆论的压力下，政府可能采取全面价格管制的办法，削弱经济的活力。

3）中性论

持中性论的学者认为通货膨胀对实际产出和经济增长既无正效应，也无负效应。其理由是，公众会根据对通货膨胀发展的预期，按照物价上涨水平作出合理的行为调整，因此，通货膨胀的各种影响作用会相互抵消。

10.3.6 恶性通货膨胀将导致经济社会危机

一般而言，温和的通货膨胀总体有益，但通货膨胀率超过一定程度形成恶性通货膨胀时，就会对经济、社会及居民生活产生严重干扰和伤害。由于价格信号失真，恶性通货膨胀会使企业无法判断价格的高涨有多大程度上是基于真实的消费需求，难以作出适当的生产或销售决策，导致产业链上下游紊乱；通货膨胀一旦失控，不只是货币信用受损的问题，还会引发实物抢购风潮，或是资金向实物资产大转移，扰乱整个经济运行，甚至酿成社会事件或造成政局不稳，从而引发经济社会危机。

恶性通货膨胀会使正常的生产经营难以进行：在物价飞涨时，产品销售收入往往不足以补进必要的原材料；地区之间的物价上涨幅度极不均衡，从而造成原有商路的破坏、流通秩序的紊乱；迅速上涨的物价使债务的实际价值下降，如果利率的调整难以弥补由物价上涨所造成的货币债权损失，正常的信用关系就会极度萎缩。恶性通货膨胀是投机的温床，而投机是经济机体的腐蚀剂。

恶性通货膨胀会引起突发性的商品抢购和银行挤兑的风潮。它所造成的收入再分配和居民生活水准的急剧下降则会导致阶级冲突的加剧。这一切的后果往往是政治动荡。

最严重的恶性通货膨胀会危及货币流通自身：纸币流通制度不能维持；金银贵金属会重新成为流通、支付的手段；经济不发达地区则会迅速向经济的实物化倒退。

1923年间德国曾发生恶性通货膨胀，从那时起，德国人民对于货币贬值的恐慌一直延续至今。如果1922年1月的物价指数为1，那么1923年11月的物价指数则为100亿。如果一个人在1922年年初持有3亿德国马克债券，两年后，这些债券的票面价值早就买不到一片口香糖了。两位教授曾将德国的通货膨胀数字绘成书本大小的直观柱状图，可是限于纸张大小，未能给出1923年的数据柱，结果不得不在脚注中加以说明：如果将该年度的数据画出，其长度将达到200万英里。德国在第一次世界大战败北之后，丧失了1/7的领土和1/10的人口，各种商行及工业产品均减少，同时按1921年币值赔偿1 320亿金马克赔款。在操作中，德国不得不靠发行纸币来渡过难关，最终陷入灾难的深渊。当时德国政府以极低的利率向工商业者贷款，同时投放巨额纸币，它们又很快贬值，从而债务人得以用廉价的马克偿还贷款。“新富”们在通货膨胀中发了大财，“旧富”们面临崩溃。各个经济部门和各个家庭在此不公平中受到致命打击。

20世纪30年代后半期到整个40年代，中国的恶性通货膨胀在世界上曾是一个典型。据统计，从1937年6月到1949年5月，上海的物价上涨了68×10^{13}倍，每月平均上涨24.5%，每年平均上涨近14倍。在连年战争的背景之下，恶性通货膨胀使经济更加畸形扭曲；多年已不流通的银圆重新成为主要的支付手段；在农村，基本退回到实物交易的状态。这一时期的恶性通货膨胀给中国人民造成了几十年挥之不去的梦魇。

2008年7月，津巴布韦中央银行发行了单张面额为1 000亿津元的钞票，以对付失控的通货膨胀。即使是面值千亿的钞票，竟还不够买一个面包，或一天的公交车票。根据官方统计数字，当时津巴布韦的年通货膨胀率已高达2 200 000%，不过非官方机构统计，津巴布韦的实际通货膨胀率可能已高达10 000 000%～

15 000 000%。

2009年4月，津巴布韦政府宣布不再流通本国货币，后大量使用外币，美元、南非兰特、博茨瓦纳普拉、英镑和欧元成了法定货币。在以后的几年里，政府又允许澳元、人民币、日元、印度卢比成为法定货币，而且不设定汇率，于是这个非洲内陆国家就成了世界上也许是唯一的九种货币共存的国度，唯独没有本国的货币。津巴布韦的通货膨胀率迅速转向稳定。2010至2012年，通货膨胀率一直维持在3%到4%的合意水平；在初级品价格大幅下降的情况下，2013年、2014年，通货膨胀率分别为1.63%、-0.22%。2015年，津巴布韦央行宣布采取“换币”行动，2015年6月15日至2015年9月30日，175 000万亿津巴布韦元可换5美元，每个津元账户最少可得5美元。据英国《卫报》报道，津巴布韦2015年7月宣布将把人民币设为法定货币。津巴布韦储备银行和中国人民银行最终达成协议，从2016年年初开始人民币和美元一样在津巴布韦通用。2019年，津巴布韦发行新货币，这是10年以来该国再次使用本国货币，不再与美元维持等值；同年9—12月，1元人民币可兑换45 ~ 46元津币。2022年1—9月，一直维持在1元人民币可兑换46.5 ~ 50.8元津币。

10.4 通货膨胀的治理

通货膨胀破坏正常的经济秩序，增加不确定性，普通公众对它也高度关注，警惕地跟踪相关物价指数的变化。因此，治理通货膨胀，保持物价稳定，是一国政府的重要经济目标之一。2022年中央经济工作会议也强调，2023年要“推动经济运行整体好转”，同时强调“突出做好稳增长、稳就业、稳物价工作”，有效防范化解重大风险，推动经济运行整体好转。治理通货膨胀的对策主要包括以下几个方面：

10.4.1 抑制总需求政策

如果通货膨胀主要由总需求过度膨胀引起，那么采取抑制总需求的政策就能取得明显的效果。抑制总需求的政策主要包括紧缩性货币政策和紧缩性财政政策。

1）紧缩性货币政策

紧缩性货币政策的实质可以归结为控制货币供应量，但这种控制通常并不是指货币存量的绝对减少，而只是减缓货币供应量的增长速度。当然，中央银行也可利用传统的政策工具，尤其是三大法宝（通过公开市场业务出售政府债券，减少货币存量；提高再贴现率；提高商业银行法定存款准备金率）影响信贷与投资，以此遏制总需求的急剧膨胀。

2）紧缩性财政政策

紧缩性财政政策主要是通过削减、压缩财政支出和增加税收的办法来治理通货膨胀，一方面压缩政府支出形成的需求，另一方面抑制私人部门的需求。具体的措施包括：①削减政府支出，包括减少军费开支和政府在市场上的采购；②限制公共事业投资和公共福利支出；③增加赋税，以抑制私人企业投资和个人消费支出。但是，财政支出有很大的刚性，如教育支出、国防支出和社会福利支出的削减往往困难重重，并非完全由政府控制；增加税收则会遭到公众的强烈反对，政府轻易不愿尝试。

10.4.2 物价与收入政策

物价与收入政策又称工资-物价管制政策，主要指紧缩性收入政策对工资和物价的控制，以此治理成本推动型与供求混合型通货膨胀。其主要内容是政府制定一套关于物价和工资的行为准则，采取强制性或非强制性的手段，由劳资双方共同遵守，借以限制物价和工资率上涨，同时又不造成大规模的失业。

物价与收入政策一般包含以下内容：①确定工资-物价指导线，政府根据劳动生产率的提高幅度等因素，确定一个增长标准，并据此采取措施控制各个部门的工资增长率；②进行强制性限制，即政府颁布法令对工资和物价实行管制，甚至实行暂时冻结；③运用税收手段，即通过对增加工资超限的企业按工资超额增长比率征收特别税等办法来抑制收入增长速度。

物价与收入政策也存在以下缺陷：①如果是保守性的指导性政策或税收政策，效果取决于劳资双方与政府能否通力合作。②强制性的物价与收入政策会妨碍市场机制对资源的有效配置。如果禁止价格上涨，价格配置资源的机制也就失去意义。③如果在价格管制的同时没有采取相应的紧缩需求的措施，公开型通货膨胀就会转变为隐蔽型通货膨胀，物价与收入政策的效果将大打折扣。

10.4.3 收入指数化政策

收入指数化政策又称指数联动政策，是按物价变动情况自动调整收入的一种分配方案。此政策为了消除通货膨胀引起的收入分配变动对经济的不利影响，而对货币性契约订立物价指数条款（index linked contracts），使工资、利息、各种债券收益以及其他货币收入的名义价值按照物价水平的变动进行调整，使其实际价值保持不变。在实践中曾广为采用的指数化政策包括债券（存款）指数化、税收指数化和工资指数化。其作用主要有以下4个方面：

（1）可以借此剥夺政府从通货膨胀中获得的收益，杜绝其制造通货膨胀的动机。

（2）可以消除物价上涨对个人收入水平的影响。

（3）可稳定通货膨胀环境下微观主体的消费行为，避免出现抢购囤积商品、储物保值等加剧通货膨胀的行为。

（4）可割断通货膨胀与实际工资、收入的互动关系，稳定或降低通货膨胀预期，从而抑制通货膨胀。

瑞典学派经济学家还认为，收入指数化方案对面临世界性通货膨胀的小国更有积极意义，但也有尖锐的否定意见。这类意见指出，收入指数化政策只能在一定程度上缓解通货膨胀造成的不公平的收入再分配，并不能从根本上对通货膨胀起到抑制作用，并且全面实行收入指数化政策会面临很高的技术性要求，还会造成工资-物价的螺旋上升，进一步加剧通货膨胀。

10.4.4　供给政策

供给政策是以阿瑟·拉弗（Arther Laffer）等为首的供给学派提出的。该学派学者认为，由于供给不足，需求相对过剩就会引起通货膨胀，而通货膨胀又反过来会损害经济的供给能力。因此，供给学派认为，治理通货膨胀，尤其是“滞胀”，根本的方法在于增加生产和供给，这样也可避免单纯依靠紧缩总需求引起的衰退。为了增加生产和供给，关键的措施包括：一是减税，进而提高人们的储蓄和投资能力，调动人们的投资积极性；二是削减政府开支，消灭财政赤字，平衡预算，并缓解对私人部门的挤出效应；三是限制货币增长率，稳定物价。政府的主要职责在于为增加供给创造良好的环境和提供必要的条件，而不应对经济多加干预，市场机制会对经济进行自动调节。只有这样，减税对经济的刺激作用才能充分发挥，生产和供给的增加才能彻底消除通货膨胀。

凯恩斯学派和供给学派都认为，总供给减少是导致通货膨胀的主要原因。凯恩斯学派认为，总供给减少的最主要原因是影响供给的一些重要因素发生了变化，因此，治理必须从增加供给着手，主要对策包括政府减少失业津贴的支付、改善劳动条件、加强职业培训和职业教育、改进就业信息服务、调整财政支出结构和税收结构等。供给学派则认为，税率偏高是总供给减少的主要原因，因此政府应首先降低边际税率以刺激投资，刺激产出。

供给学派强调了长期被忽视的供给因素，认为治理通货膨胀特别是“滞胀”的根本出路在于增加供给，有重要的积极意义，但是该学派过分夸大了减税对增加供给的刺激作用，现实状况和理论描述相距甚远。

10.4.5　国际合作

全球通货膨胀问题需要各国政府与中央银行共同应对。通货膨胀问题，对全球任何经济体都很重要，尤其是通货膨胀率较高，会伤害经济，也会让民众生活受损，这从美国与欧洲最近几年的高通货膨胀实例中体现得非常清楚。过去十年全球整体上面临的是通货紧缩环境，几乎所有央行都在治理通货紧缩，并未过多关注通货膨胀。2022 年 4 月，国际货币基金组织（IMF）发布的《全球金融稳定报告》（GFSR）就指出，全球经济正面临明显的通货膨胀压力，融资成本也在上升。各国政府应采取有效措施，既要防止通货膨胀失控，也要防止出现“滞胀”的局面，要防止通货膨胀由供应方的压力转成需求方的压力。一国的通货膨胀在很多时候是与世界联动的。一个国家采取行动治理通货膨胀，结果是坏处始终留给自己，好处却让别国分享了。这个矛盾使各个国家都不太愿意治理通货膨胀，这样一来容易引起全球性的通货膨胀。所以，世界各国中央银行要通力合作，有效控制通货膨胀。

通货膨胀和衰退往往是经济的两极，通货膨胀伴随着经济过热，衰退往往伴随着通货紧缩，在经济史上二者接踵而来的情况并不多见。一边治理通货膨胀，一边又要提防隐藏在后面的经济衰退风险，决策者往往会陷入两难：治理通货膨胀的紧缩政策会加剧经济滑坡，而针对衰退的刺激政策又会给通货膨胀火上浇油。

在这种情况下，仅靠紧缩的“退烧药”或者扩张性的“强心针”都是不够的，必须从通货膨胀和衰退发生的根源入手，才能找到真正有效的药方。如果价格上涨的长期根源既来自货币超发，又来自供给成本冲击和行业竞争格局的变化，而衰退的风险除了治理货币超发所采取的紧缩措施外，也来自供给冲击以及供给结构的老化，那么除了紧缩要谨慎、防止刺破泡沫之外，根本的出路还在于合理引导和吸纳超发货币，并从原材料供给、劳动力供给入手降低产品成本，畅通国际大循环以降低流通成本，反垄断以促进市场自由竞争，壮大中等收入群体以稳需求。此外，推动创新、要素改革、引导预期等政策，也是治理通货膨胀型衰退或衰退式通货膨胀的重要药方。

总之，治理通货膨胀是一个十分复杂的问题，不仅通货膨胀的成因及影响是多方面的，而且其治理的过程也必然会牵涉经济社会的方方面面，影响到各个产业部门、各个企业、社会各阶层和个人的既得利益，因此不可能有十全十美的治理对策。各国必须根据本国实际情况，从宏观经济全局出发，采取适当的措施，才能保持经济的持续稳定发展。

拓展阅读10-2

反通货膨胀的斗士——沃尔克

20世纪70年代，“滞胀”一直困扰着美国。1979年夏，通货膨胀率高达14%，失业率达6%，经济到了全面衰退的边缘，美联储陷入了一个极其艰难的境地。在这种形势下，保罗·沃尔克（Paul Volcker）被任命为美联储主席。1979年沃尔克上台后把自己的中心任务定为反通货膨胀。

沃尔克的观点不同于凯恩斯理论与前任伯恩斯的非货币观点。他坚定地认为，控制通货膨胀能带来长期繁荣，控制通货膨胀主要靠央行和货币政策，而不是其他政策。他在就任美联储主席前就告诉卡特总统，当前急需紧缩货币反击通货膨胀，他将采取比前任们更紧缩的货币政策。

对将要面临连任大选的卡特来说，任命沃尔克需要很大的勇气。

沃尔克上任后，很快就实施了非常紧缩的政策，并导致了1980年的衰退。正如当时的副总统沃尔特·蒙代尔所言，沃尔克的政策确实赶走了通货膨胀，但也把我们赶出了白宫。里根也接受了货币主义的思想，相信要对抗通货膨胀就需要控制货币供给并付出衰退的代价，因而支持了沃尔克的紧缩政策。

沃尔克就任初期，美联储内部严重分裂为两种意见：一方认为应以稳定通货膨胀为重点；另一方则认为应重点避免经济衰退。1979年9月18日的议息会议，以4∶3的结果勉强通过了加息50基点的决定。这种严重的分裂导致市场认为美联储不会再出台更加紧缩的政策。1979年10月6日的联邦公开市场委员会（FOMC）会议上，沃尔克成功推动了一项重要改革，即将调整利率目标改为调整货币量目标。

过去，美联储通过调整银行准备金与货币量以实现其目标利率，改革后，利率自由变动以实现央行设定的货币量目标。这一改革体现了重大的政策思路转变，本质是从渐进加息的政策模式变为激进的紧缩模式。此后，利率短期大幅上升，货币增速显著下降。这一做法有利于迅速显示央行抗击通货膨胀的决心，并避免了政治上对加息过高的批评与争论。

紧缩政策引发了1980年与1982年的两次深度衰退，沃尔克也承受了巨大的政治压力。他不得不面对充满反对声音的国会听证会甚至弹劾威胁。农民们在华盛顿宪法大道上滚动拖拉机，聚集在美联储总部外抗议高利率。房屋建筑商向美联储邮寄了几块纸片，上面印着恳求美联储主席救济的字样。

令人欣慰的是，通货膨胀率在1980年4月开始下行，并于1983年中降至3%以下。沃尔克付出了沉重的代价，成功控制了困扰美国十几年的通货膨胀，为八九十年代的大缓和奠定了基础。

对美国大通货膨胀期间政策历史的回顾给我们提供了三个启示：第一，高通货膨胀代价很大，为了追求低失业率而纵容通货膨胀率上升，等通货膨胀率高企时再控制将得不偿失。第二，高通货膨胀主要是货币因素造成的，对抗通货膨胀主要靠央行。第三，在反通货膨胀过程中，央行应走在市场前面，打压通货膨胀预期、显示决心是关键。

资料来源：吴立元，肖立晟. 美国通胀启示录［J］. 21世纪商业评论，2022（12）：128.

10.5 通货紧缩

10.5.1 通货紧缩的含义

除了恶性通货膨胀的危害，与通货膨胀相对立的通货紧缩（deflation），也是全球各个经济体都力图回避的状况。

第二次世界大战以后，世界经济经常处于通货膨胀之中，因此当时专门对通货紧缩进行论述和研究的教科书和研究文献都比较少见。近年来，一些国家和地区持续发生通货紧缩，此现象逐渐引起经济学家的重视，与此相关的研究也成为一个热点。在通货紧缩状态下，人们会更倾向于保存货币而不是去消费，生产活动和投资趋于收缩或停滞。最近30多年来，日本仅有两年CPI涨幅超过2%，其余均在零上下徘徊或为负值，如此长时间的通货紧缩，自然伴随着日本经济的长期低增长。

西方比较流行的经济学教科书中都有对通货紧缩的定义。

保罗·萨缪尔森和威廉·D. 诺德豪斯（William D. Nordhaus）在其经典教科书《经济学》中定义通货紧缩为“物价总水平的持续下跌”。约瑟夫·E. 斯蒂格利茨（Joseph E. Stiglitz）、罗伯特·巴罗（Robert Barro）、奥利维尔·布兰查德（Olivier Blanchard）、罗伯特·J. 戈登（Robert J. Gordon）等在其各自的著作中对通货紧缩的定义基本上都表述为一般物价水平的持续下跌。

综合以上观点，通货紧缩一般被定义为商品和服务的货币价格总水平持续下降的现象。

10.5.2 对通货紧缩含义的理解

通货紧缩是否就是通货膨胀的反义词？听上去是这样，但又并非那么简单。毫无疑问，二者的一个显著区别在于通货膨胀情况下物价上涨，而通货紧缩情况下物价下跌。对通货紧缩含义的理解还应注意以下几个要点：

1）从本质上说通货紧缩是一种货币现象

实体经济中的总需求对总供给的偏离，或实际经济增长率对潜在经济增长率的偏离是产生通货紧缩的根本原因。当总需求持续小于总供给或实际经济增长率持续低于潜在经济增长率时，就会出现通货紧缩现象。

2）通货紧缩表现为物价水平的持续、普遍下降

个别商品和服务价格的下降，是由于某些商品或服务供大于求或技术进步、市场开放、生产效率提高降低了成本所致，反映了不同商品和服务之间比价的变化，不是通货紧缩；商品和服务价格的暂时或偶然下跌是受诸如消费心理变化、季节性因素等非货币因素影响而引起的价格变化，它们与货币本身没有必然联系，也不是通货紧缩。

3）通货紧缩是一种实体经济现象

通货紧缩通常与经济衰退相伴，表现为投资的边际效益下降和投资机会相对减少，信贷增长乏力，消费和投资需求减少，企业普遍开工不足，非自愿失业增加，收入增长速度持续放慢，各类市场普遍低迷。

知识链接 10-6

日本的通货紧缩

日本的通货紧缩由来已久，是日本战后经济的“头号大敌”。日本长期以来的人口大幅负增长，以及日益严重的人口老龄化现象，导致消费和生产的负增长。由于日元持续升值，进口成本降低了，而出口增速放缓。物价的长期低迷导致企业销售业绩和盈利预期下滑，国内产业空心化加剧，失业和收入状况恶化，企业投资、居民消费和私人部门信贷均受限制等。这些因素导致通货紧缩加剧，因此对于日本经济来说，复苏进程充满艰辛。

20世纪90年代，随着泡沫经济的破灭，日本物价开始下滑。1998年以来，日本进入了长期通货紧缩时代。物价不涨并不完全是一件好事。通货紧缩往往意味着需求减少和经济不景气。

在这“失去的30年”里，世界GDP排名第三的“经济大国”在国际上的存在感渐渐减弱。“贸易立国”已经成为过去，根据联合国贸易和发展会议（UNCTAD）数据，2020年日本进出口总额占GDP的比率仅有24.75%，在世界上排名184位。

少子高龄化让日本失去了人口红利，内需不足以拉动经济增长，日系企业更是没能赶上IT化的风潮，被中美甩在身后。

2013年黑田上任日本央行总裁时，提出了让日本物价上升2%的目标，试图

把常年处于通货紧缩状态的日本拉回到缓和安定的通货膨胀状态，给经济注入活力，推动日本经济发展。

于是，日本央行开始推行“异次元金融缓和政策”，这一政策正是“安倍经济学”的最重要组成部分之一。政策推行之初，日本央行自信满满表示会在两年内达到这个目标。两年间，日本央行不断通过金融机构购买国债，增加日元供给。

在太平洋战争中，为了维持巨额军费开支，日本央行就是通过这种方式大量购买战时国债，导致了战后日本出现恶性通货膨胀——根据日本央行的调查，1954年，日本的物价大约达到了18年前的300倍。

然而，这一次，同样的方法却没能奏效。2016年，日本央行进一步导入了负利率，这意味着银行将钱存入央行时会出现缩水，从而有望促使银行积极放宽面向企业的贷款。可是6年过去了，截至2022年，这个看似简单的目标一次都没有实现。

资料来源：尚倩玉．从未经历过的涨价危机——俄乌冲突后，日本被迫实现了三十年来的梦想［J］．看天下，2022（17）：139-146.

10.5.3 通货紧缩的社会经济效应

1）通货紧缩对经济增长的影响

促进论认为适度的通货紧缩有利于经济的增长；促退论认为通货紧缩会抑制经济增长，甚至使经济衰退。在大多数情况下，物价疲软、下跌将直接导致经济增长乏力，甚至出现负增长。

2）通货紧缩的财富效应

通货紧缩的财富效应与通货膨胀的财富效应刚好相反。例如，物价降低将提高购买力，现金将会升值，固定利率的存款、债券将会升值，从而加重货币性负债债务人的负担。如果从宏观上讲，通货紧缩将使全社会的财富缩水。

10.5.4 通货紧缩的治理

无论是通货膨胀还是通货紧缩，都是不稳定的，都会破坏原有商品或服务的比价关系，从而使社会各经济主体的利益重新调整。关于通货紧缩的治理，主要有以下几种措施：

1）实行积极的货币政策

积极的货币政策包括：①较大幅度地增加货币供应量，尤其是扩大中央银行基础货币投放；②下调法定存款准备金率和完善准备金制度；③加快利率市场化；④加速货币信贷主体的货币投放积极性，消除货币投放中的障碍。

2）实行积极的财政政策

积极的财政政策包括：①调整财政投资的内容和方向；②加大启动消费需求的财政政策力度；③加速推进税费体制改革，这是持续扩大内需、遏制通货紧缩的一项重要措施。

3）结构性调整

对于由某些行业的产品或某个层次的商品生产绝对过剩所引发的通货紧缩，可以采用结构性调整的办法加以治理。例如，长线产品限制生产、短线产品鼓励生产；新兴行业鼓励发展，夕阳产业限制发展。

4）完善社会保障体系

如果造成通货紧缩的主要原因是中低层居民收入过低以致消费需求不足，可以通过建立、健全社会保障体系，改善国民收入的分配格局，提高中低收入居民的收入水平，缓解通货紧缩的矛盾。

学史增信

陈云稳定新中国金融物价的历史性贡献

新中国成立前后，共产党接收的国民党统治的社会经济，千疮百孔，十分落后。生产萎缩，交通梗阻，民生困难，失业者众多。尤其是国民党政府长期滥发纸币，造成物价飞涨、投机猖獗、市场混乱。恶性通货膨胀犹如恶魔缠绕旧中国近12年。国民党政府曾采取发行公债、税收、控制物资、限制物价、币制改革等一系列经济手段治理，但是都没奏效，以致财政经济崩溃。这是国民党政权垮台的重要原因之一。稳定物价，治理恶性通货膨胀，是共产党从推翻国民党政府到掌握全国政权过程中面临的新课题，对共产党执政能力是严峻的考验。

党中央和毛泽东未雨绸缪，提早从理论和实践两个方面，为新中国经济工作的开展准备条件。1949年3月，党的七届二中全会确定新民主主义经济方针和总政策。6月，根据党中央筹谋，成立中央财政经济委员会。新中国成立后，中央财政经济委员会转换为政务院财政经济委员会，这两个机构均简称“中财委”。大政方针“由党中央和毛主席决定”，中财委是“党中央的财经参谋部和具体作战的指挥机构”，陈云出任中财委主任。

新中国成立前后，稳定物价的斗争具有很大难度。当时解放战争还在进行，开支浩大；为了社会稳定，人民政府对旧政府留下来的几百万军政公教人员采取包下来的政策，财政负担加重；恢复生产和交通需要大量的资金，全国正规税制尚未建立，人民政府入不敷出，暂时只能靠大量发行货币弥补财政亏空。在这种情况下，旧社会留下来的投机资本在新解放的城市继续兴风作浪，新中国成立前后发生了四次大的物价波动。

1949年5月，陈云从东北赶赴北平，参加筹组中财委。在毛泽东和党中央的领导与支持下，陈云协同中共华东局、上海市委和南京市委，6月在上海打赢“银圆之战”，基本结束旧中国货币流通市场长期混乱的局面，为整饬恶性通货膨胀创造先决条件。此后，资本家的投机活动从金融领域转向商品流通领域，聚集于粮食和纱布市场。陈云指挥刚成立的中财委，集中力量统筹调拨全国物资，掌控市场主要商品特别是粮食与纱布的供应，利用市场吞吐政策，狠狠打击投机商人，稳住第二次物价涨势。7月，陈云主持中财委召开上海财经会议，从金融、物价、财政、贸易、管理以及军事和政治等多个角度，确定解决通货膨胀和财政困难的综合治理方案，大大增强了人民政府在稳定物价斗争中的主动性和计划性。

新中国成立后，陈云领导中财委，依照上海财经会议确定的综合治理方案，指挥全国财经干部，通过调运物资、保障供给、发行公债、紧缩银根、集中抛售、控制市场、打击投机商人、维护正常秩序、适量发行、保障财政运转、努力生产、迅速恢复经济等几个方面的共同发力，先后平抑两次物价上涨风。陈云领导中财委，依据货币和物价运动规律，利用金融、贸易、财政、生产等经济手段，辅之以必要的行政干预，综合治理通货膨胀取得成功的事实，使民族资本家叹服。

在新旧社会历史变迁的大背景下，陈云领导中财委，在治理恶性通货膨胀、稳定物价的历史进程中，初步确立国营企业在国民经济结构中的领导地位，巩固了新民主主义经济制度；初步建立了集中统一的财经管理体制，使中国这样一个地大人多、贫穷落后的国家，能够把有限的财力、物质力量管好用好。经济环境的治理、新经济制度和经济体制的初步确立，奠定了新中国经济恢复和发展的根基。

资料来源：迟爱萍. 陈云对新中国财经工作的历史性贡献［J］. 中国经济史评论，2019（2）：5-8.

解读：

陈云是中华人民共和国的开国元勋之一。新中国成立后，他长期主持国家财经工作，创造性地贯彻党中央和毛泽东、邓小平的指示，提出过许多正确的指导思想、工作方针和重大措施，为新中国经济建设的奠基、开拓和发展，做了大量卓有成效的工作。陈云在新中国成立初期最为突出的历史性贡献就是，领导中财委用不到1年的时间稳定金融物价，统一全国财经，为新中国经济的起步创造基础条件。

中国共产党用不到1年的时间就将国民党12年未能解决的恶性通货膨胀问题解决了，成功的根本原因有三个。第一，恶性通货膨胀的性质、产生的原因已发生根本性变化。社会性质的变化，是陈云领导中财委得以治理通货膨胀的重要社会基础。第二，人民政府与国民党政府性质完全不同，共产党执政意志与人民利益的一致性，使政府与社会形成旧中国从未有过的良性互动，为恶性通货膨胀的治理提供政治保障。通货膨胀的最终解决要靠社会生产的发展。第三，统一国家财政经济，彻底消除通货膨胀的隐患。稳定市场物价，必须解决国家财政收支平衡和市场物资供求平衡问题。

习近平总书记明确指出："人民立场是中国共产党的根本政治立场，是马克思主义政党区别于其他政党的显著标志。"坚持人民立场，一切从人民群众的根本利益出发，人民利益至上，是我们党同一切剥削阶级政党的根本区别。践行以人民为中心的发展思想，是具体的，而不是抽象的。当前，中国社会的主要矛盾已经转化为人民日益增长的美好生活需要和不平衡不充分的发展之间的矛盾，这就需要在继续推动发展的基础上，着力解决好发展不平衡不充分问题，更好满足人民在经济、政治、文化、社会等方面日益增长的需要，更好推动社会全面进步、人的全面发展。

党的二十大报告指出："治国有常，利民为本。为民造福是立党为公、执政为民的本质要求。必须坚持在发展中保障和改善民生，鼓励共同奋斗创造美好生活，不断实现人民对美好生活的向往。"2022年全球通货膨胀率达到40多年来的新高，国内价格稳定面临较大压力。针对全球通货膨胀高企带来的影响，我国以粮食和能源为重点做好"保供稳价"。保供稳价就是保民生。"菜篮子""米袋子""果盘子"是关系到千家万户的重要民生工程。做好重要商品的保供稳价，就是做好最底层的民生保障。与全球主要经济体通货膨胀高企形成鲜明对比，国内物价稳定在合理区间。取得这样的成绩是来之不易的，这与国家的经济具有很强大的韧性、对于重点民生商品保供稳价一系列的措施到位是密不可分的。

本章小结

根据大多数经济学家的论述，通货膨胀可定义为一个经济中大多数商品和服务的价格在一段时间内普遍持续快速上升的现象。通货膨胀率被定义为物价总水平的增长率。

世界各国对通货膨胀程度的度量实际上都使用物价指数。常用的物价指数，有以下3种：消费者物价指数、生产者物价指数和GDP平减指数。

经济学家根据不同的标准划分出不同类型的通货膨胀：按市场机制的作用程度分为公开型通货膨胀和隐蔽型通货膨胀；按产生的原因，分为需求拉上型通货膨胀、成本推进型通货膨胀和供求混合型通货膨胀；按物价总水平上涨的幅度分为爬行式通货膨胀、温和式通货膨胀、奔腾式通货膨胀和恶性通货膨胀。萨缪尔森把通货膨胀分为温和的通货膨胀、急剧的通货膨胀和恶性通货膨胀。

对通货膨胀的成因主要归纳为需求拉上说、成本推进说和供求混合推进说。

通货膨胀对于经济社会的影响主要有收入再分配效应、财富分配效应、强制储蓄效应、资源配置效应、产出效应以及恶性通货膨胀将导致经济社会危机等。

恶性通货膨胀会使正常的生产经营难以进行，还会引起突发性的商品抢购和银行挤兑的风潮。它所造成的收入再分配和人民生活水准的急剧下降则会导致政治动荡。

如果通货膨胀主要由总需求过度膨胀引起，那么采取抑制总需求的政策就能取得明显的效果。抑制总需求的政策主要包括紧缩性货币政策和紧缩性财政政策。

物价与收入政策又称为工资-物价管制政策，主要指紧缩性收入政策对工资和物价的控制，以此治理成本推动型通货膨胀与供求混合型通货膨胀。

收入指数化政策又称指数联动政策，是按物价变动情况自动调整收入的一种分配方案。

供给政策是以拉弗等为首的供给学派提出的。供给学派学者认为，治理通货膨胀，尤其是"滞胀"，根本的方法在于增加生产和供给，这样也可避免单纯依靠紧缩总需求引起的衰退。

通货紧缩一般被定义为商品和服务的货币价格总水平持续下降的现象。

基本概念

通货膨胀　通货膨胀率　消费者物价指数　生产者物价指数　GDP平减指数　公开型通货膨胀　隐蔽型通货膨胀　需求拉上型通货膨胀　成本推进型通货膨胀　供求混合型通货膨胀　温和式通货膨胀　收入再分配效应　财富分配效应　强制储蓄效应　资源配置效应　产出效应　抑制总需求政策　物价与收入政策　收入指数化政策　供给政策　通货紧缩

思考题

（1）什么是通货膨胀？通货膨胀如何衡量？

（2）通货膨胀有哪些类型？通货膨胀的成因是什么？

（3）通货膨胀有哪些影响？

（4）为什么说恶性通货膨胀将导致经济社会危机？

（5）如何治理通货膨胀？

（6）如何理解通货紧缩？

第10章
在线测试题

第11章

货币政策

学习目标

● 掌握货币政策的最终目标，理解最终目标之间的矛盾统一关系。
● 掌握货币政策中介目标、操作目标的选择标准和特点。
● 掌握货币政策工具体系的构成、作用机理及特点。
● 掌握货币政策的多种传导机制。
● 掌握影响货币政策效应的因素。

开篇案例

结构性货币政策工具精准出击　助力市场主体纾困和实体经济发展

在新冠肺炎疫情危机应对中，运用结构性货币政策工具向金融体系和实体经济部门定向注入流动性是主要经济体货币当局的广泛共识。在我国，结构性货币政策工具为金融直达实体经济、支持国民经济发展的重点领域和薄弱环节作出了重要贡献。

新冠肺炎疫情发生以来，中国人民银行创造性地推出了一系列结构性货币政策工具：2020年出台1.8万亿元支农支小再贷款和再贴现政策、推出两项直达实体经济的货币政策工具；2021年推出碳减排支持工具和支持煤炭清洁高效利用专项再贷款，做好两项直达实体经济的货币政策工具接续转换工作；2022年4月推出科技创新和普惠养老两项专项再贷款工具。

上述结构性货币政策工具均精心设计了激励相容机制，将央行激励资金与金融机构的定向信贷支持直接、定量地挂钩，使之成为推动工具快速有效落地的“内驱力”，让金融活水精准滴灌到经济发展的薄弱环节。从实施情况来看，结构性货币政策工具有效促进了普惠小微企业贷款增量、扩面、降价。2022年第一季度末，普惠小微企业贷款余额20.8万亿元，同比增长24.6%，支持小微经营主体5 039万户，同比增长42.9%。第一季度新发放普惠型小微企业贷款利率较年初下降0.25个百分点。2020年以来，结构性货币政策工具累计投放基础货币2.3万亿元，有助于保持银行体系流动性的合理充裕，支持信贷总体平稳增长。结构性货币政策工具起到“四两拨千斤”的撬动作用，有效地支持了经济复苏。2022年一季度，金融机构贷款增加8.3万亿元，同比多增4 258亿元。

结构性货币政策工具助力市场主体纾困、促进实体经济发展取得了显著成效。一是再贷款、再贴现工具为受疫情影响较大的行业提供差异化金融支持，有效支持实体经济恢复发展。疫情以来，中国人民银行持续加大了再贷款再贴现的政策支持力度。2021年年末，做好两项直达实体经济货币政策工具的接续转换工作，将普惠小微企业贷款延期支持工具转换为普惠小微贷款支持工具，按照普惠小微贷款余额增长给予1%的激励资金，将普惠小微企业信用贷款支持计划并入支农支小再贷款管理。2022年以来，在支持普惠金融的基础上，通过再贷款再贴现政策加强对受疫情影响较大的批发零售、住宿餐饮、物流运输、文化旅游等行业的支持。2022年3月末，全国再贷款再贴现余额达到2.47万亿元，同比增加5 263亿元，其中支农再贷款余额5 161亿元，同比增加739亿元；支小再贷款余额1.3万亿元，同比增加4 020亿元；再贴现余额6 247亿元，同比增加503亿元。二是碳减排支持工具和支持煤炭清洁高效利用专项再贷款加速落地，助力绿色经济发展，科学有序实现碳达峰碳中和目标。2021年11月，中国人民银行双管齐下地推出了碳减排支持工具和2 000亿元支持煤炭清洁高效利用专项再贷款，对符合条件的碳减排和煤炭清洁高效利用贷款本金分别提供60%、100%的再贷款支持，在支持清洁能源发展的同时，支持煤炭煤电的清洁高效利用。2022年5月初，中国人民银行又增加支持煤炭清洁高效利用专项再贷款额度1 000亿元，支持煤炭开发使用和增强煤炭储备能力，保障能源安全稳定供应，支持经济运行在合理区间。三是创设科技创新和普惠养老两项专项再贷款，支持科技强国和应对人口老龄化战略。按照国务院常务会议决定，中国人民银行于2022年4月底推出科技创新和普惠养老两项专项再贷款政策，新的两项专项再贷款聚焦新发展阶段中的重点任务。中国人民银行创设科技创新再贷款，对于符合要求的科技创新贷款按贷款本金的60%予以低成本再贷款资金支持，引导金融机构进一步加大对科技创新企业的支持力度，助力提升我国科技自主创新能力。中国人民银行设立普惠养老专项再贷款，对于符合要求的普惠养老贷款按贷款本金的100%予以低成本再贷款资金支持，引导金融机构向普惠型养老机构提供优惠贷款，降低养老机构融资成本，增加普惠养老服务供给，有助于加快健全我国的普惠养老服务体系，实现“老有所养”。

资料来源：中国人民银行货币政策司课题组. 结构性货币政策工具精准出击　助力市场主体纾困和实体经济发展［J］. 中国金融家，2022（5）：32-33.

货币政策的选择和实施关系到一国宏观经济形势的走向，而且在经济金融全球化的背景下，各经济体货币政策的外溢效应和相互影响越加明显。货币政策是各国政府干预和调节宏观经济运行的最主要的政策之一，对市场经济具有广泛而深刻的影响。货币政策是各国经济主体最为关注的焦点，因此我们必须知道：什么是货币政策的最终目标、中介目标和操作目标？货币政策实施的工具是什么？货币政策的传导机制是什么？怎样去评价货币政策的实施效果？

11.1 货币政策目标

货币政策是指中央银行为实现其宏观经济目标所采用的调节货币供应量和利率水平等经济变量的方针和措施的总和。

货币政策通常包括三方面的内容：一是货币政策的目标；二是实现货币政策目标的工具或手段，也称货币政策工具；三是货币政策的效果。由于从确定目标到采用工具，并实现最终的效果，需要一定的时间，存在一些作用环节，所以货币政策实际还包括中介目标及传导机制等内容。具体来讲，货币政策目标可以划分为最终目标、中介目标和操作目标。

11.1.1 货币政策最终目标

货币政策最终目标，是中央银行通过实施各种控制货币和信用的手段所要达到的宏观经济目标。之所以是所要达到的宏观经济目标，是因为货币政策的最终目标是要经过较长的时期才能实现的，基本上与一国的宏观经济目标相一致。世界各国所追求的货币政策最终目标有所不同，但主要有四个方面：稳定物价、充分就业、经济增长和国际收支平衡。

1）稳定物价

稳定物价是指中央银行通过实施货币政策，保持一般物价水平的相对稳定，以免出现通货膨胀或通货紧缩。物价稳定与经济发展有着密切的联系，物价水平的波动会造成经济中的不确定性。严重的通货膨胀可能引起恐慌，让人民对本国货币失去信任，甚至使该国的经济倒退到物物交换的时代，或者发生外国货币对本国货币的“替代”，引起经济与社会的动荡。

物价稳定并不是指物价静止不变，而是指每年的通货膨胀率控制在可容许限度内。中央银行究竟应该把一般物价控制在什么水平上才算稳定？这个问题要依据各国的具体情况和不同社会的承受能力而定，从实际操作上看，一般要求物价上涨率控制在5%以下，以2%～3%为宜。

2）充分就业

充分就业通常是指凡有劳动能力并愿意参加工作的人，都能在较合理的条件下，随时找到适合的工作。失业可以分为由需求不足引起的周期性失业和由经济中某些难以克服的原因造成的自然失业。不存在周期性失业的就业状态就是充分就业，充分就业时仍有一定的失业，充分就业与自然失业的存在并不矛盾。人们把实现了充分就业时的失业率称为自然失业率，或者说当失业率等于自然失业率时就实现了充分就业。一般来讲，如果一国的失业率不超过4%，则认为该国实现了充分就业。失业率是各国政府最为关注的指标之一。

此外，还有两种失业情况也不包括在充分就业的目标中：一种是摩擦性失业，即短期内劳动力供求失调或季节性原因而造成的失业；另一种是自愿性失业，即劳动者不愿意接受现行工资水平，或自愿放弃工作机会而不愿意寻找工作所造成的失业。

3）经济增长

经济增长是指在一个国家内商品与劳务产出的增长及与其相结合的供给能力的增长。通常用国内生产总值（GDP）扣除价格变化因素后的年增长率或人均年增长率来衡量。经济增长是提高人民生活水平的物质保障，也是衡量一国经济实力和国际市场竞争力的重要因素。由于经济增长常常会带来一些负面效应，如环境污染、资源浪费等，因此当今各国不仅重视经济增长的“量”，而且更加强调经济增长的“质”，追求在资源可持续性前提下的“有效增长”。

4）国际收支平衡

国际收支平衡是指一个国家或地区与世界其他国家或地区之间在一定时期内全部经济往来活动的收支持平或略有顺差或略有逆差。事实上，国际收支平衡是一种理想的状态，实际经济交往中国际收支不平衡是常态，且短期的不平衡并非完全不利。例如，某国某年出现逆差，可能意味着该年度多进口了外国的机器、设备、先进技术和其他商品，促进了本国的经济增长。如果一国连年出现逆差或者顺差，就会产生相应的问题。连年逆差会使国家弥补逆差的能力连续消耗，外汇储备急剧下降，导致外汇市场对本币丧失信心，资本大量外流，本币大幅贬值，甚至会导致货币和金融危机。20世纪90年代的墨西哥金融危机和亚洲金融危机就是这方面的例证。相反，连年顺差，则使一国的外汇储备不断增加，不但造成外汇资源闲置或浪费，而且因购买大量的外汇而增发本国货币，会导致或加剧国内通货膨胀。因此，应当努力避免长期的大量顺差或逆差，保持国际收支的大致平衡。正是由于这个原因，各国政府都把国际收支平衡作为本国货币政策的主要目标之一。

11.1.2 货币政策最终目标之间的矛盾

货币政策目标之间是既统一又矛盾的关系。从长期来看，这些目标之间是统一的、相辅相成的，主要表现为：经济增长是其他目标的物质基础；物价稳定是经济增长的前提；充分就业与经济增长相互促进；国际收支平衡有助于其他目标的实现。从短期来看，这些目标之间又存在矛盾和冲突，因此不同国家在不同时期对这四个目标都有所取舍或侧重。

1）物价稳定与充分就业之间的矛盾

物价稳定与充分就业之间的矛盾表现为失业率较高的物价稳定或通货膨胀率较高的充分就业。英国经济学家菲利普斯在其发表的论文《1861—1957年英国失业率与货币工资变动率之间的关系》中提出的菲利普斯曲线表明了失业率与物价上涨率之间存在此消彼长的关系：若要降低失业率，就必须扩大生产规模，增加货币投放量，从而导致物价上涨，通货膨胀率升高；若要降低通货膨胀率，就必须紧缩银根，从而减少投资，压缩生产规模，这又会导致失业率上升。

因此，物价稳定与充分就业之间是相互矛盾的，很难做到同时实现，中央银行只能根据当时的社会经济条件，寻求物价上涨率和失业率之间某一适当的结合点。

2）物价稳定与经济增长之间的矛盾

物价稳定与经济增长是货币政策目标的核心内容。从短期来看，经济的高速增长往往伴随着信用扩张和物价上涨。各国的实践表明，这两者之间呈一种较强的相关关系，因而在短期内这两个目标往往存在冲突。例如，在经济衰退时期采取扩张性货币政策，以刺激需求、刺激经济增长和减少失业，但这常常造成流通中的货币数量大于与经济发展相适应的货币需求量，导致物价上涨；相反，在经济扩张时期，为了抑制通货膨胀、保持物价稳定而采取紧缩性货币政策，减少货币供应量，这又往往会阻碍经济增长并使就业机会减少。可见，物价稳定与经济增长之间有一定的矛盾，这两个目标的最优结合点是货币政策选择的一个重要问题。

3）物价稳定与国际收支平衡之间的矛盾

一国中央银行实施的稳定物价的政策，会加大经常账户和资本与金融账户的顺差。例如，一国中央银行采用提高利率的方式抑制物价上涨，在开放经济模式下，必然会吸引国外资本的流入，使得资本与金融项目出现顺差。另外，由于国内物价上涨趋势减缓和总需求下降，出口增加而进口减少，也会导致经常项目出现顺差。由此可见，物价稳定与国际收支平衡不是协调一致的。

此外，在世界经济一体化的趋势下，开放型经济国家的经济状况通常带有国际化的特征，该国的经济状况与其他国家的经济状况有着密切的联系，并在一定程度上受到他国经济状况的影响。当本国物价稳定时，如果其他国家发生通货膨胀，这必将使以外币表示的本国商品价格上升，从而本国的出口下降、进口增加，导致国际收支出现逆差或者使已有的逆差加大。可见，一国的物价稳定并不能保持国际收支平衡，只有世界各国都能维持大致相同的物价水平，而且在贸易形态不发生变化的情况下，物价稳定和国际收支平衡才可能同时达到，而这实际上是很难达到的。

4）经济增长与国际收支平衡之间的矛盾

国际收支主要包括经常账户和资本与金融账户两大类。一方面，经济增长会通过影响经常账户影响国际收支平衡。一国国内经济增长会导致人均收入水平提高和支付能力增强，从而增加对进口商品的需求，同时国内本来用于出口的部分商品也因此转变为国内需求。如果出口贸易增长不足以抵消这部分需求，则必然会导致国际收支逆差。如果刻意地保证国际收支平衡，则会使净出口得不到增长，而净出口又是拉动国内经济增长的因素之一，因而会导致经济增长缓慢甚至衰退。另一方面，经济增长也会通过影响资本与金融账户影响国际收支平衡。当一国经济增长时，需要大量资金投资，必然会吸引外资的流入，这在一定程度上可以弥补贸易逆差导致的国际收支赤字，从而使逆差减少或顺差增加。因此，经济增长对国际收支状况的总影响是不确定的。

综上所述，货币政策的四个最终目标之间存在不同程度的冲突，这是当代各国政府及经济学家面临的一个重大课题。实践表明，为了实现一个目标而采取的货币政策措施可能会影响另外一个目标的实现，或者会破坏另外一些已达到很好状态的目标。所以，各国政府在制定货币政策时，必须根据本国当时的具体情况进行权衡和有侧重点的选择。

11.1.3 货币政策目标的选择

从各国货币政策的实践来看，在不同的经济背景下，中央银行在确定货币政策目标的时候，并非把四大最终目标全部确定为货币政策的主要目标，而是选择这四个目标中的部分或者是全部进行组合。

由于不同国家和地区的经济金融环境不同，所处的发展阶段和历史背景不同，经济生活和管理体制也不同，因此在货币政策目标的选择上必然会存在差异。总体而言，货币政策目标可以划分为单目标和多目标。单目标是指中央银行在制定货币政策目标时明确突出一个目标，如德国、新西兰等国就比较注重对币值和物价稳定的维护，其中央银行认为货币政策的目标只能有一个，就是物价稳定；欧洲中央银行诞生后，也明确把物价稳定作为其唯一目标。而有些国家明确要追求几个目标，即多目标，如美国、英国等将全面追求经济增长、充分就业、物价稳定和国际收支平衡作为货币政策目标，日本银行在1998年4月1日生效的新《日本银行法》实施前把稳定物价、国际收支平衡和维持对资本设备的适当需求作为货币政策目标。

就不同时期而言，各个国家的货币政策目标也是在发展变化的。20世纪40年代中期，凯恩斯主义的国家干预经济主张盛行以后，英国、美国等相继以法律形式宣称，谋求充分就业是其货币政策的目标之一，比维持物价稳定更为突出。自50年代起，由于普遍的、持续的通货膨胀，各国中央银行把“物价上涨控制在可以接受的水平之内”作为货币政策的首要目标。到了50年代后期，在西方国家中经济增长理论广泛流行，许多国家为了维护自身的经济实力和国际地位，都把发展经济、促进经济增长作为货币政策目标的重点。从60年代开始，一些国家出现国际收支逆差，使固定汇率难以维持，这些国家将平衡国际收支作为一项货币政策目标。70年代中期之后，“滞胀”促使一些西方国家的货币政策目标先后转为以稳定货币为主。有的国家还提出了“低通货膨胀增长”或“无通货膨胀增长”的方向。90年代以后，一些国家先后采取了“通货膨胀目标制”(inflation targeting)，其核心是以未来一段时间内确定的通货膨胀率目标或者目标区作为货币政策目标，来操作货币政策工具。进入21世纪，伴随着2008年国际金融危机的全面爆发，世界各国不约而同地把货币政策的首要目标确定为促进经济增长和维持物价稳定。国际金融危机后，全球经济长期呈现低物价、低增长、低利率态势。美联储等发达国家央行重视失业问题，将就业目标纳入货币政策框架，在维持物价稳定的基础上，支持政府实现经济增长和就业目标。2020年受新冠肺炎疫情和全球经济形势变化的影响，美国的货币政策框架再次转型，从通货膨胀目标制转向有弹性的平均通货膨胀目标制。

从实践来看，我国对货币政策目标的提法在不断发生变化。1986年国务院发布的《中华人民共和国银行管理暂行条例》，首次涉及对中国货币政策目标的表达，即发展经济、稳定货币、提高社会经济效益。也就是，确定了双重货币政策目标，即经济增长和稳定币值。1995年《中华人民共和国中国人民银行法》对双重目标进行了修正，提出“保持货币币值的稳定，并以此促进经济增长”，即确定保持币值稳定和促进经济增长为双重目标，但是首要任务是保持币值稳定。2003年修订后的《中华人民共和国中国人民银行法》再次确认了这一目标。

11.2 货币政策中介目标和操作目标

11.2.1 货币政策中介目标

货币政策中介目标是中央银行为了实现货币政策的终极目标而设置的可供观察和调整的指标，通过对中介目标变动的分析，货币当局就可以了解到国民经济运行的实际状况以及其偏离调控目标的方向和程度，从而为下一阶段的货币政策操作提供指导。

1）货币政策中介目标的作用

为什么要设置货币政策中介目标呢？因为从货币政策开始启动到终极目标发生变化需要一定的时间，即存在时滞，如果等终极目标发生变化再来调整货币政策工具，有可能时过境迁，使中央银行陷于十分被动的境地。为此，各国中央银行都设置一些能够在短期内显现出来，并可与货币政策终极目标高度相关的指标，作为自己观测和调控的标的，如货币供应量、利率等。它们与货币政策终极目标关系密切，并且中央银行又可直接控制，通过观测和控制这些指标，就可以间接地控制终极目标。因此，货币政策中介目标是货币政策工具与货币政策最终目标之间的桥梁和中介，在货币政策的传导中起着承上启下的作用。同时，在货币政策实施的过程中，为避免货币政策制定者的机会主义行为，需要为货币当局设定一个“名义锚”(nominal anchor)，以便社会公众观察和判断货币当局的言行是否一致。

概括起来，货币政策中介目标的作用在于：第一，表明货币政策实施的进度；第二，为中央银行提供一个追踪观测的指标；第三，便于中央银行调整政策工具的使用。

2）货币政策中介目标选择的基本标准

第二次世界大战以后，对货币政策中介目标的研究方法和角度虽然在不断演进，但中介目标的选择标准一直比较稳定，其基本标准是：

（1）可观测性。通过这种指标能够观察货币政策的实施进度和效果；反映这种指标的数字资料能够比较容易且迅速地取得。

（2）可控性。这一指标必须能够由中央银行控制，直接处于中央银行运用的政策工具的作用范围之内。有些与货币政策的终极目标关系很近的指标，尽管在效果上更接近于终极目标，但是如果不能受中央银行的直接控制，就不能作为货币政策的中介目标，比如劳动生产率这种指标，中央银行就很难控制。

（3）相关性。作为中介目标的指标同货币政策的终极目标之间要有密切的、稳定的和统计数量上的联系。唯有如此，中央银行才能根据这些中介目标来判断终极目标的变化情况，才能准确地操作货币政策工具达到预定的目的。

3）中介目标的选择

根据以上三条标准，各国中央银行选择的中介目标虽然不尽相同，但大多选择利率和货币供给量作为中介目标，也有些国家的中央银行将信贷量和汇率包括在内。

微课11-1

利率作为中介目标的适宜性和挑战

（1）利率

利率是凯恩斯主义所坚持的货币政策中介目标。将利率作为中介目标的主要理由是：

首先，可测性强。中央银行在任何时候都能观察到市场利率的水平和结构。

其次，可控性强。中央银行通过变动贴现率和在公开市场上买卖有价证券就可以影响整个金融市场的利率水平。

最后，相关性强。利率是重要的经济杠杆，对一国经济发展具有极为重要的影响。利率不仅影响宏观经济的运行，还在微观层面直接影响企业及个人的经济行为，因此利率与货币政策最终目标具有强相关性。

将利率作为中介目标也有局限性：

首先，利率作为内生变量和作为政策变量所产生的效果难以区分，难以确定货币政策是否奏效。利率是顺经济周期的，当经济繁荣时，信贷需求增加，利率会上升；反之，当经济衰退时，信贷需求缩减，利率则下降。然而，作为政策变量，利率与总需求也应沿同一方向变动：经济过热时，应提高利率；经济疲软时，应降低利率。因此，利率的政策效果和非政策效果混合在一起，使中央银行难以弄清真相，甚至可能作出错误判断。

其次，货币当局控制的是名义利率，而对经济运行产生实际影响的是实际利率，尤其当通货膨胀严重时，货币当局所能控制的名义利率与最终目标的相关性大幅度下降。

最后，利率对经济活动的影响程度取决于货币需求的利率弹性，受经济体制、金融市场发育程度和经济运行情况的影响。

（2）货币供应量

以弗里德曼为代表的货币学派推崇将货币供应量作为中介目标。将货币供应量作为货币政策中介目标的理由是：

首先，可测性强。各国对于货币层次都有明确的范围划分，且体现在中央银行、商业银行及其他金融机构的资产负债表内，方便测算。

其次，可控性强。中央银行对于基础货币的控制性较强，而且现金属于中央银行的负债，由中央银行负责发行流通。

最后，相关性强。货币供应量的变动能直接引起国内生产总值的变动，与物价的变动也密切相关。

将货币供应量作为中介目标的局限性表现为：

首先，随着金融创新的出现，货币供应量的可测性、可控性和相关性受到冲击。20世纪90年代之后，大量的金融创新产品执行着货币的职能，使得货币的边界越来越模糊，这样央行很难确定货币政策的操作范围，使得货币供给量这个中介目标的可测性、可控性和与最终目标的相关性变得越来越弱。

其次，金融自由化增加了企业融资的渠道，使得央行通过控制货币供应量进而影响信贷规模和企业投资行为的政策企图难以奏效。

最后，货币供应量是内生性与外生性并存的，央行对于货币供应量的控制存在一定难度。

（3）其他指标

除了利率和货币供应量之外，还有一些指标可充当中介目标，主要有信贷量和汇率。信贷量通常又称贷款规模，它具有较好的相关性、可测性和可控性。当一国金融市场较发达、直接融资非常便利时，贷款规模控制与最终目标之间的相关性就减弱了。此外，若用行政手段而非经济手段控制信贷量，则不利于市场机制发挥作用。汇率可以充当中介目标，特别是在一些属于高度外向型经济的国家或地区（如新加坡和中国香港）和实行本币与某国货币挂钩的国家或地区。但是，由于汇率的决定和影响因素比较复杂，其可控性较弱，与最终目标之间的相关性也较差。

拓展阅读 11-1

中国货币政策中介目标的演变

中国人民银行自1984年正式行使中央银行职能以来，其货币政策中介目标的选择大致可划分为三个阶段。

1984—1993年：中国经济仍处于计划经济阶段，中央银行严格按照信贷配给调控宏观经济。在此期间，基础货币和信贷规模是中央银行主要的中介目标，中央银行通过控制现金投放数量以及人民币信贷规模来干预并指导宏观经济运行。1987年中国人民银行开始试编“货币供应量计划”，将存款纳入货币统计概念之中；1989年开始编制“全社会信用规划”，将信贷管理由银行贷款推广到更广泛的信用创造。这两个举措标志着“双向”调控模式的雏形开始形成，即同时从信用创造和货币供应两端进行监测和调控。此后，“双向”调控模式不断完善，在很大程度上奠定了我国货币政策中介目标体系的格局。1992年，党的十四大提出要转变政府职能，利用市场运行机制自发调节国民经济，发展社会主义市场经济。为满足经济体制改革的需要，现金投放及信贷规模不再受中国人民银行直接配给，货币政策中介目标开始向以货币供应量为代表的金融机构负债方倾斜。

1994—1997年：自1994年第三季度开始，中国人民银行统计司公布不同口径的货币供应量指标，并从1996年起将狭义货币供给（M_1）与广义货币供给（M_2）、人民币贷款规模等多个指标同时作为中介目标。

1998年至今：中国人民银行逐渐放松了对信贷规模的管控，将其作为重要监测指标，并将M_2作为货币政策主要的中介目标，该政策的实施为中国经济提供了良好的货币环境，也在此后较长一段时间里，为中国经济的持续快速增长和物价稳定保驾护航。

然而，随着金融市场的不断创新，货币核算难度不断加大，货币总量与实体经济的相关性已逐渐弱化，特别是在2008年金融危机后，越来越多的学者指出M_2指标与宏观经济指标间关联性下降，以其作为中介目标的货币政策对宏观经济的调控力度大幅减弱。为此，中国人民银行着力于追寻新的中介目标。一方面，继续在数量型工具中探寻更适合的指标以弥补M_2的不足。例如，中国人民银行在2011年首次构建"社会融资规模"这一新型货币统计指标，以此来反映金融对实体经济的支持力度，以便全面掌握社会融资状况，明确经济走势，使金融更好地服务于实体经济。另一方面，大力推进利率市场化改革，力求完善价格型调控体系。自2013年以来，中国人民银行相继创设常备借贷便利（SLF）、中期借贷便利（MLF）等多种利率调节工具，2015年取消对存款利率的浮动限制，2019年进行贷款市场报价利率（LPR）改革等，这些均为畅通利率传导渠道、实现货币政策的价格调控奠定了基础。

综合来看，中国的货币政策中介目标演变呈现出一定的规律特征：其一，中国人民银行在进行货币政策中介目标的选择时，始终注重金融机构负债方指标（如货币供应量）与金融机构资产方指标（如信贷规模、社会融资规模）的相互配合。其二，随着金融产品和融资手段的加速创新，数量型货币中介目标的统计范畴不断扩大，逐渐由早期的控制基础货币（M_0）投放，扩展到对狭义货币供给（M_1）再到广义货币供给（M_2）的调控。其三，随着利率市场化改革的不断深化，价格型政策工具逐渐承担起宏观调控的重要作用，货币政策呈现出由数量型向价格型转换的发展趋势，但货币政策的量价转换非一日之功，现阶段价格型货币工具尚不具备单独调节宏观经济的能力，因而暂时还不能放弃对数量型调控工具的使用。

资料来源：[1] 郑荻. 中国货币政策框架转型：规则拓展、目标优化与有效性检验 [D]. 长春：吉林大学，2022. [2] 何德旭，冯明. 新中国货币政策框架70年：变迁与转型 [J]. 财贸经济，2019（9）：5-20.

11.2.2 货币政策操作目标

1）货币政策操作目标的作用

为实现对货币政策中介目标的调节和控制，中央银行通常将货币政策工具首先作用在几个操作目标之上。操作目标是指，相对中介目标来说，中央银行政策工具更容易直接作用的金融变量，但它不容易直接影响最终目标。从严格意义上来说，货币政策中介目标是连接货币政策终极目标与货币政策操作目标的中间环节，是实施货币政策的关键步骤，它是接近于最终目标但距离政策工具较远的金融变量，比较容易对最终目标产生影响，但中央银行不容易对它直接进行控制。中央银行通过对操作目标的调控，影响中介目标，再通过中介目标的变动，产生对社会经济进行调节与控制的效应，最终实现货币政策终极目标。

2）货币政策操作目标选择的标准

操作目标的选择标准亦遵循可观测性、可控性和相关性的原则。这里不赘述。

需要指出的是，这里的相关性，是指作为操作目标的指标必须同货币政策中介目标之间有密切的、稳定的和统计数量上的联系。唯有如此，中央银行才能根据这些操作目标来判断中介目标的变化情况，进而准确地操作货币政策工具达到预定的目的。

3）操作目标的选择

可供中央银行选择的操作目标主要有基础货币、存款准备金和短期利率（同业拆借市场利率）。

（1）基础货币

基础货币是商业银行的准备金和银行体系之外社会公众持有的现金总和，是中央银行直接控制的金融变量，也是银行体系的存款扩张、货币创造的基础。基础货币是较为理想的操作目标，理由在于：

首先，可测性强。基础货币又称为中央银行负债货币，直接表现为中央银行的负债，可测性强。

其次，可控性能够满足客观要求。基础货币可以分为两部分：非借入性基础货币和借入性基础货币。其中，非借入性基础货币由中央银行通过公开市场操作而完全控制。

最后，相关性强。基础货币是货币供应量扩张和收缩的基础，基础货币的变化通过乘数效应影响货币供应量的成倍变化。中央银行通过操作基础货币影响货币供应量，进而影响社会经济活动。

将基础货币作为操作目标的局限性在于：

首先，借入性基础货币由再贷款和再贴现业务形成，央行对其控制力较弱。

其次，由于货币乘数具有不可控性，会弱化基础货币通过乘数影响货币供应量的效果。

（2）存款准备金

存款准备金是指商业银行的库存现金和在中央银行的准备金存款，是中央银行各种货币政策工具影响中介目标的主要传递指标。中央银行要控制货币供应量等金融变量，必须控制商业银行的货币创造能力，而商业银行货币创造的基础是存款准备金。

将存款准备金作为操作目标的理由在于：

首先，可测性强。不论是法定存款准备金还是超额存款准备金，都可以较为准确地测量。

其次，具有一定的可控性。中央银行可以通过法定存款准备金率有效地控制存款准备金规模。

最后，相关性强。存款准备金是影响银行信贷和货币供应量的重要变量，银行的超额存款准备金越多，意味着银行的放款与投资能力越大，从而派生存款和货币供应量就越多，进而影响社会总供求和货币政策最终目标的实现。

将存款准备金作为操作目标也有其局限性，主要表现为：

首先，中央银行在可控性方面并不具有完全的主动性，原因在于每家银行保留的超额存款准备金数额由银行根据自身情况而定，中央银行对其调节的能力有限。

其次，由于存款准备金由法定存款准备金和超额存款准备金组成，选择哪种统计口径作为操作目标存在巨大争议。

（3）短期利率

货币政策时常运用的短期利率是银行同业拆借利率。将短期利率作为操作目标的理由在于：

首先，可测性强。中央银行可以容易地观测到货币市场上的利率水平。

其次，具有一定的可控性。中央银行可以通过公开市场操作和再贴现率影响短期利率的水平和结构。

最后，相关性较强。出于对资金成本的考虑，银行和金融机构一般会对再贴现率与同业拆借利率之间的差额作出反应。中央银行在公开市场上出售证券，必然会减少银行准备金，从而导致银行同业拆借利率提高，迫使银行到贴现窗口借入中央银行资金或降低其借款意愿。这必然会对货币供应量产生影响，从而相应地引起长期利率的追随性变动。

不过，同长期利率的局限性一样，短期利率也并非理想操作变量，而且短期利率容易受到一些非政策、非经济因素如市场供求、心理预期等的影响，可能导致中央银行判断失误或采取不适当的行为。

总之，货币政策实施过程可划分为货币政策工具—操作目标—中介目标—最终目标四个相互关联的阶段。其关系如图11-1所示，从实施货币政策工具到实现最终目标是一个逐渐传递的过程，在此过程中各环节的目标实现的程度直接决定了能否理想地达到最终目标。

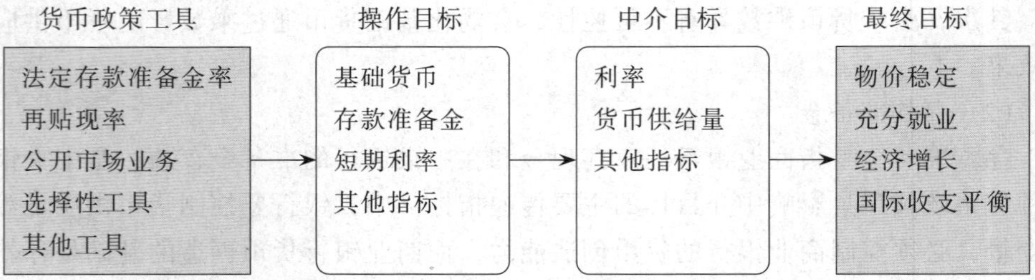

图11-1　货币政策工具、操作目标、中间目标、终极目标之间的关系图

11.3　货币政策工具

货币政策工具是中央银行为了实现货币政策目标而采取的措施和手段。货币政策工具可以分为一般性货币政策工具、选择性货币政策工具、直接信用控制和间接信用控制、非常规货币政策工具等。

11.3.1　一般性货币政策工具

一般性货币政策工具是中央银行经常使用且能对整个经济运行产生普遍影响的

工具。其特点是，它对金融活动的影响是普遍的，无特殊的针对性和选择性。一般性货币政策性工具主要有法定存款准备金政策、再贴现政策和公开市场业务，即货币政策的“三大法宝”。

1）法定存款准备金政策

法定存款准备金政策是指中央银行通过调整商业银行等存款类金融机构缴存的法定存款准备金影响货币供应量的活动。20世纪30年代的经济危机之后，各国普遍实行了法定存款准备金制度，法定存款准备金率成为中央银行货币政策的主要工具之一。中央银行规定商业银行必须按照一个最低比例将其吸收存款的一部分上缴中央银行，作为法定存款准备金。法定存款准备金率即商业银行按照中央银行的法定要求上缴的存款准备金数额占其吸收的全部存款额的比率。

（1）法定存款准备金政策的作用机理

法定存款准备金率主要通过以下两条途径发挥作用：一是通过影响商业银行的超额存款准备金影响其信用规模。中央银行提高法定存款准备金率，意味着商业银行上缴到中央银行的法定存款准备金增加，用于发放贷款的超额存款准备金减少，促使商业银行收缩信贷规模，致使货币供应量减少，利率上升，进而抑制投资和消费，造成社会经济出现紧缩的态势；反之，则导致社会经济出现扩张的态势。二是通过影响货币乘数影响信用扩张能力。法定存款准备金率与货币乘数负相关，中央银行降低法定存款准备金率会增大货币乘数，使银行扩张信贷的能力增强，从而增加货币供应量，导致利率下降，使社会经济出现扩张的态势；反之，中央银行提高法定存款准备金率，缩小货币乘数，借以收缩货币和信贷规模，导致利率上升，使社会经济出现紧缩的态势。

（2）法定存款准备金政策的优点和局限性

法定存款准备金政策的优点在于对货币供给会产生强有力的影响，对货币供应量的调节是成倍数地放大或缩小，而且主动性强、见效快。这一政策工具的局限性也很突出，主要表现为：

① 即使调节很小的幅度，也会对货币供应量产生强力影响，因此中央银行难以准确把握调整法定存款准备金率的时机和幅度，不宜作为日常性工具。

② 法定存款准备金政策对各类银行和不同种类的存款的影响不一致，实施效果不易把握。例如，对于超额存款准备金低的银行来说，提高法定存款准备金率可能立即引起流动性问题。为了迅速调整准备金以符合提高的法定限额，许多银行被迫在不利的市价水平上抛售有价证券，从而陷入资金严重周转不灵的困境。

③ 频繁调整法定存款准备金率会加大银行经营管理的难度，扰乱银行正常的财务计划和管理。

法定存款准备金率通常被称为“猛烈而不常用的武器”，各国在运用这一工具时均持慎重态度。鉴于法定存款准备金制度存在一系列缺陷，又有一系列工具可以起到调整贷款投放状况的机制作用，20世纪90年代以后，一些发达国家或者取消了法定存款准备金制度，或者基本不再采用。

（3）中国的法定存款准备金政策

在我国，中国人民银行于1983年开始行使中央银行职权后，于1984年首次规定了各专业银行缴存存款准备金的办法，开始实施存款准备金制度。长期以来，法定存款准备金政策在我国货币政策的实施中发挥了重要的作用，在实践中的特色表现为：

一是法定存款准备金率调整频繁，与发达国家较少使用该工具形成鲜明反差。尤其是2007年以来，在经济形势特殊的环境下，中国人民银行调节法定存款准备金率的频次很高。2007年，中国人民银行为防止货币信贷总量过快增长，保持国民经济平稳快速健康发展，曾连续10次调高法定存款准备金率。2008年，为克服历史罕见的特大自然灾害和国际金融危机的不利影响，中国人民银行对法定存款准备金率进行了9次向下调整。在稳通货膨胀的背景下，自2010年至2011年6月，中国人民银行又连续12次调高法定存款准备金率。2011年第四季度后，货币政策的短期目标从防通货膨胀转移到了保增长方面，从2011年12月至2015年4月，中国人民银行又7次降低法定存款准备金率。这些举措表明法定存款准备金政策是我国重要的货币政策工具之一。

二是实行差别化的法定存款准备金率制度。中国人民银行从2004年起，实施差别化的法定存款准备金率制度，即金融机构适用的法定存款准备金率与其资本充足率、资产质量状况等指标挂钩。2011年，中国人民银行正式引入差别准备金动态调整机制，加强逆周期调节和结构引导作用。2016年，差别准备金动态调整机制升级为宏观审慎评估体系。2019年中国人民银行宣布构建“三档两优”的准备金率新框架。

三是创设了“定向降准”的结构性货币政策工具。它包括：对特定类别金融机构单独调整法定存款准备金率，如2014年4月首次单独下调了县域农村商业银行和县域农村合作银行的法定存款准备金率；对金融机构个体按照特定领域贷款考核情况实行优惠准备金率，如从2014年起，对符合审慎经营标准的“三农”或小微企业贷款达到一定比例的非县域商业银行和外资银行，定向降低法定存款准备金率。

四是对存款准备金付息。中国人民银行自1984年以来一直对法定存款准备金和超额存款准备金支付利息，使其成为中央银行利率体系中的一个工具。

微课11-2

再贴现政策

2）再贴现政策

再贴现政策是指中央银行通过调整再贴现率和规定再贴现票据的资格等方法，影响再贴现贷款的数量，从而调节市场货币供应量的一种货币政策。再贴现是指商业银行等金融机构为弥补营运资金的不足，将持有的通过贴现业务取得的未到期的商业票据向中央银行申请转让，以此融通中央银行资金的经济行为。中央银行在对商业银行等金融机构办理票据再贴现时所收取的利息率，称为再贴现率。

将再贴现率作为货币政策工具是指中央银行通过制定、调整再贴现率来干预、影响市场利率和货币供应量。它包括两方面的内容：一是再贴现率的规定与调整；二是申请再贴现资格的规定与调整。

(1) 再贴现政策的作用机理

再贴现政策主要通过以下两条途径发挥作用：一是通过调整再贴现率影响金融机构的融资成本，进而影响货币供应量和利率水平。再贴现率提高，会导致金融机构融资成本上升，限制银行向中央银行借款的愿望，从而导致信贷规模收缩，市场利率水平提高，最终达到减少货币供应量的目的；相反，再贴现率降低，则会出现增加货币供应量的效果。此外，调整再贴现率还有一种“告示性效应”：作为向金融机构和公众宣布中央银行政策意向的有效办法，通过对公众心理预期的影响，增强货币政策的效果。二是规定再贴现票据的资格，对不同种类的票据实施不同的贴现规模和贴现成本，引导金融机构及全社会的资金投向。

(2) 再贴现政策的优点和局限性

再贴现政策的优点主要体现在以下方面：一是作用较为温和。再贴现政策对货币供应量的调节过程是渐进的，它对一国经济的影响是比较缓和的，有利于一国经济的相对稳定，不像法定存款准备金政策那样猛烈。二是具有强烈的“告示性效应”。再贴现率的变动向社会明确告示了中央银行的政策意图。三是具有结构调节效应。中央银行通过规定再贴现票据的种类和审查再贴现申请时的一些限制条件，可以引导资金流向，使得货币的供给结构与国家的经济政策导向相符合，达到调整国家产业结构的目的。四是再贴现政策是中央银行扮演“最后贷款人”的途径，可以预防金融恐慌。

再贴现政策也有一定的局限性：一是央行在调控中处于被动地位。在此过程中决定是否办理再贴现的是商业银行等金融机构，央行只能被动引导。二是由于再贴现率是市场利率的重要参照，频繁调整再贴现率会引起市场利率的经常性波动，使金融机构作出频繁反应，结果必将引起金融秩序混乱，给经济发展带来不利影响，因此再贴现率应保持相对稳定。三是中央银行通过再贴现政策发挥“最后贷款人”职能存在道德风险问题。银行知道在自己陷入困境时中央银行会来救助，因而在经营中倾向冒更大的风险，这就是道德风险问题。越来越多的中央银行已经认识到，应当在防止金融恐慌与防范道德风险之间进行权衡，不能过于频繁地充当“最后贷款人”。

(3) 中国的再贴现政策

再贴现作为我国中央银行的业务，始于1986年。由于我国商业信用不发达，票据承兑、贴现量小且不规范，再贴现业务量在中国人民银行资产中的比重微不足道，再贴现工具在我国的作用一直不明显，在各类货币政策工具中处于次要地位。多年来，从《中华人民共和国票据法》实施到加大利率体制改革，从引导广泛开展票据承兑、贴现到倡导和推行票据结算，中国人民银行力求在各方面为再贴现业务的扩展创造条件，特别是在支持小微企业和“三农”经济发展中。截至2023年6月，全国再贴现额度为7 400亿元，是2013年同期的4.6倍。总体来看，再贴现政策的实施对支持金融机构扩大对小微企业和“三农”信贷投放发挥了积极作用。

中国人民银行对再贴现政策的运用主要有三个特点：一是商业信用票据化趋势明显，贴现、再贴现规模和范围不断扩大。二是再贴现政策行使了资金导向和经济结构调整的功能。三是再贴现业务始终伴随着中央银行自上而下地强化管理和规范运作。

3）公开市场业务

公开市场业务又称公开市场操作（open market operations），是指中央银行在金融市场上买进或卖出有价证券，以改变商业银行等存款类金融机构的准备金数量，进而影响货币供应量和利率，实现货币政策目标。

（1）公开市场业务的类型

① 公开市场业务按照目的可以分为能动型公开市场业务和防御型公开市场业务。

能动型公开市场业务，是指中央银行以改变准备金水平和基础货币为目的，公开买卖有价证券。该业务在实施货币政策方面具有重要意义。当中央银行决定改变货币政策时，就在公开市场上连续、同向操作，买入或卖出有价证券，以达到紧缩或扩张的货币政策效果。

防御型公开市场业务，是指中央银行为了维持既定的货币政策，抵消影响准备金和基础货币的其他因素变动而采取的公开买卖有价证券的业务。例如，当某种外在因素（如外汇储备上升等）引起货币供应量增加时，中央银行通常采取相反的措施在公开市场上卖出有价证券以减少货币供应量。因此，防御型公开市场业务就是为保证货币政策既定目标的实现而被动采取的公开市场业务。

②公开市场业务按照业务形式可分为现券交易和订有回购协议的购买及配售交易。

① 现券交易，又称直接交易，当准备金市场存在持续的短缺或者盈余时，中央银行会进行直接交易，注入长期影响。现券交易分为直接买入证券或直接买出证券。

② 订有回购协议的购买及配售交易，是一种短期交易，在现实中为公开市场业务的主要方式。回购可分为正回购和逆回购。中央银行使用回购协议进行公开市场操作，目的在于暂时性地调节市场证券价格和货币供应量，以保持金融市场的稳定。一份回购协议实际上就表现为一次暂时性公开市场交易，它特别适合于防御型公开市场业务。

（2）公开市场业务的作用机理

公开市场业务通过以下两条途径发挥作用：一是中央银行通过在金融市场上买进或卖出有价证券，可以有效改变商业银行的准备金乃至公众手持现金，从而达到控制、调节信贷规模和货币供应量的作用。二是公开市场业务可以影响利率水平和利率结构。当中央银行购入有价证券时，证券需求上升，证券价格上升，收益率下降，引起利率水平下降；反之亦然。此外，中央银行可以根据需要同时购入或卖出不同期限的有价证券，以改变各期限有价证券的供求状况，进而达到调节利率结构的目的。

（3）公开市场业务的优点和局限性

与其他货币政策工具相比，公开市场业务具有以下优点：

① 中央银行始终处于主动地位。公开市场业务的主动权完全在中央银行，其

操作规模大小完全由中央银行控制，而再贴现率政策不具备这样的优越性。

② 中央银行可以精准微调、持续操作。公开市场业务灵活且精确，可以适时适量地按任何规模进行调节。中央银行既可大量买卖有价证券，又可以在很小程度上买进卖出，对经济不造成震荡，因此可以进行经常性、连续性的操作，这就比法定存款准备金政策灵活得多。

③ 迅速、及时。公开市场业务操作迅速，不会有延误。当中央银行决定要改变银行准备金和基础货币时，只要向公开市场交易商发出购买或出售的指令，交易便可立即执行。

④ 具有极强的可逆转性。万一经济形势出现变化，中央银行可以迅速进行反方向的操作。其他货币政策工具则不能迅速地逆转。

公开市场业务作为一种货币政策工具也有其局限性，主要表现为它需要一定的前提条件才能有效发挥作用：赋予中央银行强大的、足以干预和控制整个金融市场的实力；赋予中央银行弹性操作的权力，即在买卖证券的数量、种类等方面的主动权；金融市场必须具备一定的深度和广度，市场较发达，组织较健全，证券的种类和数量丰富且充足。

公开市场业务因为有以上特点而成为西方国家中央银行常用的货币政策工具。在美国，公开市场业务是改变商业银行超额存款准备金从而实现货币政策目标的主要手段，美联储90%的货币吞吐是通过公开市场业务进行的。从20世纪80年代开始，许多发展中国家的中央银行也将公开市场业务作为货币政策工具。

（4）中国的公开市场业务

中国的公开市场业务包括人民币操作和外汇操作两部分。1994年3月，外汇公开市场操作启动。1998年5月，人民币公开市场操作恢复交易，建立了一级交易商制度，交易规模逐步扩大，并于2004年6月正式建立了流动性预测分析体系（银行体系的流动性由银行类金融机构在中央银行的超额存款准备金与商业银行的库存现金构成，是银行类金融机构创造货币的基础）。中国人民银行已与公开市场业务一级交易商建立了流动性日报制度，通过电子系统收集各一级交易商的流动性实际情况、流动性需求和流动性缺口数据，还从有关部门收集现金、财政收支等方面的情况，运用这些数据每日进行流动性分析，估算当日银行体系流动性缺口，根据要实现的流动性目标，得出流动性的操作目标。2007年年底，公开市场业务一级交易商共包括40家商业银行。

从交易品种来看，中国人民银行公开市场业务的操作对象有三种，分别是国债、政策性金融债券和中央银行票据。当前，我国国债市场期限结构不够合理、流动性相对较低，在一定程度上限制了央行利用国债进行公开市场操作的能力。

政策性金融债券是政策性银行为筹集信贷资金向金融机构发行的金融债券。政策性金融债券为商业银行资金投向提供了很好的出路，但它筹集的资金大部分投向了农业和基础设施建设项目，发行目的很难与货币政策目标保持一致。同时，政策性银行实行的是保本微利的经营原则，影响了以政策性金融债券作为中央银行公开市场操作对象的效果。

中央银行票据于2004年1月首次发行，是中央银行为调节商业银行超额存款准备金而向商业银行发行的短期债务凭证，其实质是中央银行债券。之所以叫中央银行票据，是为了突出其短期性特点（从已发行的中央银行票据来看，期限最短的为3个月，最长的也只有1年）。中央银行通过发行中央银行票据可以回笼基础货币，票据到期则体现为投放基础货币，优势在于中央银行可以根据货币政策的需求，自主决定发行时间和发行数量。

中国人民银行公开市场业务的债券交易主要包括回购交易、现券交易。回购交易分为正回购和逆回购两种。正回购是中国人民银行向一级交易商卖出有价证券，并约定在未来特定日期买回有价证券的交易行为。正回购为中央银行从市场收回流动性的操作，正回购到期则为中央银行向市场投放流动性的操作。逆回购是中国人民银行向一级交易商购买有价证券，并约定在未来特定日期将有价证券卖给一级交易商的交易行为。逆回购为中央银行向市场投放流动性的操作，逆回购到期则为中央银行从市场收回流动性的操作。现券交易分为现券买断和现券卖断两种。前者为中央银行直接从二级市场买入债券，一次性地投放基础货币；后者为中央银行直接卖出持有的债券，一次性地回笼基础货币。

11.3.2 选择性货币政策工具

选择性货币政策工具是指中央银行针对某些特殊的经济领域或特殊用途的信贷而采用的信用调节工具，主要是为了实现结构性的控制目标。常用的选择性政策工具有以下几种：

1）消费者信用控制

消费者信用控制，是指中央银行对不动产以外的耐用消费品的销售融资予以控制。其目的在于影响消费者对耐用消费品的支付能力和需求。其主要内容包括：规定用分期付款购买耐用消费品时第一次付款的最低金额；规定用消费信贷购买商品的最长期限；规定可用消费信贷购买的耐用消费品的种类，对不同消费品规定不同的信贷条件等。在需求过旺和通货膨胀时期，中央银行采取消费信用控制，能起到抑制消费需求和物价上涨的作用；反之，在需求不足及经济衰退时，中央银行可以进行相反的操作，以刺激消费增长。

2）证券市场信用控制

证券市场信用控制，是指中央银行对有价证券交易的各种贷款进行限制，目的在于抑制过度的投机。例如，中央银行根据金融市场及经济形势，改变证券保证金比率，间接控制证券市场的交易总量。

3）不动产信用控制

不动产信用控制，是指中央银行对商业银行等存款类金融机构向客户提供不动产抵押贷款采取控制措施。其目的主要在于限制房地产投机，抑制房地产泡沫。例如，对金融机构的房地产贷款规定最高限额、最长期限，以及首次付款和分期还款的最低金额等。

4）优惠利率

优惠利率，是指中央银行对国家重点发展的经济部门制定较低的贴现率或贷款利率，以鼓励这些部门发展。

5）预缴进口保证金制度

预缴进口保证金制度，是指为保证国际收支平衡，抑制进口过度增长，中央银行要求进口商按照进口商品总值的一定比例预缴进口商品保证金，存入中央银行。预缴进口保证金多为国际收支经常出现逆差的国家所采用。

11.3.3 直接信用控制

直接信用控制是指中央银行以行政命令等方式直接对商业银行等存款类金融机构的信用活动进行控制。常用的手段包括利率最高限额、信用配额、流动性比率和直接干预等。

1）利率最高限额

利率最高限额，是指中央银行规定商业银行等存款类金融机构存贷款的最高利率限制，是最常用的直接信用管理工具。例如，在1980年以前，美国的“Q条例”规定活期存款不准付息，对定期存款及储蓄存款则规定利率上限。其目的是防止商业银行用抬高利率的办法竞相吸收存款和为谋取高利而进行高风险放贷。

2）信用配额

信用配额，是指中央银行根据金融市场状况及客观经济需要，分别对各商业银行的信用规模加以分配，限制其最高数量。在市场需求旺盛和资金短缺时期，中央银行对商业银行的贷款分配提出要求，甚至规定在各部门或各地区的贷款分配数量或比例。这是一种计划控制手段，在多数发展中国家，由于资金供给相对于需求不足，这种办法被广泛采用。

3）流动性比率

流动性比率，是指流动资产与存款的比率。规定流动性比率是限制信用扩张规模和结构的直接管制措施之一。为保持中央银行规定的流动性比率，商业银行必须采取缩小长期放款、扩大短期放款和增加易于变现的资产等措施。

4）直接干预

直接干预，是指中央银行直接对商业银行的信贷业务、放款范围等加以干预。例如，对业务经营不当的商业银行拒绝再贴现或采取高于一般利率的惩罚性利率，直接干涉商业银行对存款的吸收等。

11.3.4 间接信用控制

间接信用控制是指中央银行通过道义劝告、窗口指导等办法间接影响商业银行的信用创造行为。

1）道义劝告

道义劝告，是指中央银行利用其特殊的声望和地位，对商业银行等存款类金融机构经常发出通告、指示或与各存款类金融机构的负责人举行面谈，劝告其遵守和贯彻中央银行政策。例如，在国际收支出现赤字时，中央银行会劝告各存款类金融机构减少海外贷款；在房地产市场与证券市场投机盛行时，中央银行会要求存款类金融机构减缩对这两个市场的信贷规模等。目前，世界上许多国家的中央银行都采取道义劝告手段来加强金融管理。

2）窗口指导

窗口指导是指中央银行根据产业行情、物价趋势和金融市场动向，规定商业银行每季度贷款的增减额，并要求其执行。如果商业银行不按规定的增减额对产业部门贷款，中央银行可削减向该银行贷款的额度，甚至采取停止提供信用等制裁措施。虽然窗口指导没有法律约束力，但其作用有时也很大。第二次世界大战结束后，窗口指导曾一度是日本货币政策的主要工具。我国在取消贷款规模控制以后，更加注重窗口指导的作用。

虽然道义劝告与窗口指导均无法律效力，但中央银行的政策目标与商业银行的经营发展目标总体上是一致的，所以在实际中这种做法的作用还是很大的。间接信用控制比较灵活，且在感情上易为商业银行所接受，但要真正起作用，中央银行必须在金融体系中拥有较强的地位、较高的威望以及足够的控制信用活动的法律权力和手段。

11.3.5 非常规货币政策工具

当经济衰退的时候，中央银行首先会将利率降低到零利率下限来刺激经济。面对零利率下限时，非常规货币政策工具被使用。非常规货币政策工具的实施与一般性货币政策工具有一定区别。非常规货币政策工具的核心操作目标是短期利率预期、通货膨胀预期以及风险和期限溢价等难以被衡量的指标，并不是可被衡量的短期利率或基础货币指标。通过影响这些指标，中央银行可以在短期利率接近于零利率下限时影响长期利率，进而达到稳定物价和增加就业的目标。非常规货币政策工具分为四种类型：前瞻性指引、量化宽松、价格型货币政策工具、结构性货币政策工具。

1）前瞻性指引

前瞻性指引是中央银行就未来的货币政策走势与公众沟通，并以此引导市场预期与中央银行目标靠拢的非常规货币政策工具。前瞻性指引属于信号型工具，通过影响市场预期来调节长期资产利率和价格。

前瞻性指引的理论基础是利率期限结构理论。根据利率期限结构理论，长期利率等于预期的未来短期利率的算术平均值加上流动性溢价。因此，长期利率在很大程度上是由市场参与者对未来短期利率的预期所决定的。大量研究表明，影响企业投资和家庭消费决策的往往是长期利率，而不是短期利率。在一定的条件下，央行的前瞻性指引能够影响经济主体有关未来短期利率走势的预期，从而影响长期利率走势，进而有效引导人们的消费和投资决策，对经济增长、就业及物价产生影响。

前瞻性指引可分为隐晦的前瞻性指引和明晰的前瞻性指引、定性的前瞻性指引和定量的前瞻性指引等，其中定量的前瞻性指引又可以分为基于时间的前瞻性指引和基于状态的前瞻性指引两种类型。

2）量化宽松

量化宽松（quantitative easing，QE）又称大规模资产购买（large-scale asset purchase，LSAP），是指中央银行在实施零利率或近似零利率政策后，在公开市场上大规模购买国债或其他金融资产，增加基础货币供给，为市场注入大量流动性，以达到刺激经济的目的。

量化宽松属于数量型工具，是直接对中央银行资产负债表的结构或规模进行操作，包括：①中央银行直接向金融机构提供定期证券借贷便利（TSLF），发挥“最后贷款人”作用。②中央银行通过商业票据融资便利（CPFF）等渠道，直接向信贷市场的借贷者和投资者提供流动性，减轻信贷市场崩溃给实体经济造成的冲击。③中央银行通过在二级市场上直接购买长期证券来影响长期利率，比如中长期证券购买计划。

量化宽松政策最早由日本央行在2001年提出并使用。为了应对国内经济持续下滑，日本在2001年开始大规模购买长期国债而不是常规的短期国债，并且将货币政策操作目标从隔夜拆借利率转为中央银行的准备金账户余额，通过维持5万亿日元的准备金账户余额来保证充足的流动性。量化宽松政策在全球普遍使用是在2008年美国金融危机之后。美联储、英格兰银行、日本银行等在维持低利率政策的同时，在2008—2009年相继公布大规模资产购买计划。欧洲中央银行最初把政策重心放在为银行提供长期贷款上，到2015年正式实施量化宽松政策。

实践表明，量化宽松的货币政策在金融危机期间产生了积极作用，有效稳定了金融市场，缓解了金融危机对实体经济的影响，但该政策由于存在以下缺点而一直饱受争议：①可能导致货币贬值和严重通货膨胀；②本质上属于“最后贷款人”职能，存在道德风险的问题，如果使用频繁，会加剧整个金融市场的系统性风险；③滋长资产泡沫；④通过影响期限溢价扭曲金融市场；⑤通过提升资产价格加剧社会不公平。

3）价格型货币政策工具

价格型货币政策工具主要指零利率政策（zero interest rate policy，ZIRP）、负利率政策（negative interest rate policy，NIRP）和收益率曲线控制（yield curve control，YCC）。日本是最早使用零利率政策的国家。1999年，日本银行将隔夜拆借利率目标下调至0.15%。2008年金融危机爆发后，美国等发达经济体选择大幅降低政策利率来刺激经济，先后达到零利率下限。

在零利率政策、量化宽松等非常规货币政策工具仍然无法刺激经济增长时，部分央行采取了负利率政策。负利率政策通常是指将金融机构在中央银行的存款利率（比如超额存款准备金利率）下调至负值，而不是将商业银行的存款利率下调至负值。

瑞典中央银行于2009年7月率先将其政策利率调整为负值。紧随其后加入负利率“俱乐部”的分别是丹麦央行（2012年7月）、欧洲央行（2014年6月）、瑞士央行（2015年1月）以及日本央行（2016年2月）。在央行政策利率引导下，全球负利率债券规模快速增长。2019年9月，国际清算银行发布的季度报告显示，负利率政府债券已经超过17万亿美元，占GDP的比重约为20%。日本、法国和德国的负利率债券规模位列全球前三。综合来看，这些经济体实施负利率政策的初衷大致可以分为两类：一是提升通货膨胀预期，以欧元区和日本为代表。它们希望通过压低本币汇率引发输入型通货膨胀，来达成通货膨胀目标，以实现刺激经济增长的最终目标。二是缓解本币升值压力，以丹麦、瑞士和瑞典为代表。这三国与欧元区经济关系密切，欧元区的大量避险资金流入，本国汇率面临升值压力。为减缓资本流入，同时保持币值稳定，这三国跟随欧元区实行负利率政策。

收益率曲线控制是指中央银行通过对特定久期的国债的买卖，影响该久期国债的价格，以使该久期的国债收益率维持在目标水平上。为了走出经济的低迷状态，2016年，日本银行把基准利率——无担保隔夜拆借利率——降低到-0.1%，并开始执行旨在把10年期国债收益率维持在零上下的收益率曲线控制政策。日本银行宣布：一旦10年期国债收益率超出以0为中心的±0.25%的目标区间，就会从国债市场购买10年期国债，使其收益率回到目标区间之内。由于日本银行的可信度很高，此政策一经宣布，日本10年期国债的收益率就自动开始围绕0的水平波动。

4）结构性货币政策工具

2008年国际金融危机期间，尽管各国推出了宽松甚至量化宽松的货币政策，但是仍有大量流动性滞留在金融体系内部而没有进入实体经济，实体经济出现了“结构性流动性缺口”。在此背景下，各国推出了结构性货币政策工具，定向支持金融部门或实体部门。以美国为例，美联储在2008年金融危机期间推出了定期拍卖便利（TAF）、一级交易商信贷便利（PDCF）、定期证券信贷工具（TSLF）、资产支持商业票据货币市场共同基金流动性便利（AMLF）、货币市场投资者融资便利（MMIFF）、商业票据融资便利（CPFF）、定期资产支持证券信贷便利（TALF）等结构性货币政策工具。2020年以来，美联储又新创了一级市场公司信贷便利（PMCCF）、二级市场公司信贷便利（SMCCF）、薪酬保护计划流动性便利（PPPLF）和主街信贷计划（MSLP）。结构性货币政策工具在国际上更多被看作货币政策应对危机的特殊安排，在特殊时期发挥了积极的作用。

我国的结构性货币政策工具是中国人民银行引导金融机构信贷投向，发挥精准滴灌、杠杆撬动作用的工具，通过提供再贷款或资金激励的方式，支持金融机构加大对特定领域和行业的信贷投放，降低企业融资成本。我国自20世纪90年代开始创设结构性货币政策工具。央行公布的信息显示，1999年我国创设支农再贷款，向地方法人金融机构发放，引导其扩大涉农信贷投放，降低“三农”融资成本。进入21世纪，在新冠肺炎疫情暴发之前，我国创设的结构性货币政策工具较为有限，包括2008年开始发挥结构性功能的再贴现，2013年年初创设的短期流动性调节工具（SLO）、常备信贷便利（SLF），2014年创设的支小再贷款、抵押补充贷款（PSL）、中期借贷便利（MLF）和定向中期借贷便利（TMLF），2018年创设的定向中期借贷便利（TMLF）等。

我国现有17项结构性货币政策工具，支农再贷款、支小再贷款和再贴现均为长期性工具，剩余14项工具为阶段性工具，且其中有13项在2020年后所设，体现了央行试图通过结构性货币政策工具实现“精准滴灌”的政策意图。我国的结构性货币政策工具兼具总量和结构双重功能：一方面，结构性货币政策工具建立激励相容机制，将央行资金与金融机构对特定领域和行业的信贷投放挂钩，发挥精准滴灌实体经济的独特优势；另一方面，结构性货币政策工具具有基础货币投放功能，有助于保持银行体系流动性合理充裕，支持信贷平稳增长。

知识链接11-1

我国的结构性货币政策工具

我国目前存续的结构性货币政策工具可从以下三个维度划分：

一是长期性工具和阶段性工具。长期性工具主要服务于普惠金融长效机制建设，包括支农再贷款、支小再贷款和再贴现。阶段性工具有明确的实施期限或退出安排，除支农再贷款、支小再贷款和再贴现之外，其他结构性货币政策工具均为阶段性工具。

二是总行管理的工具和分支行管理的工具。中国人民银行总行管理的主要是阶段性工具，特点是面向全国性金融机构、“快进快出”，确保政策高效落地、及时退出。阶段性工具中除普惠小微贷款支持工具之外，其他均为总行管理的工具。分支行管理的主要是长期性工具，如支农再贷款、支小再贷款和再贴现，也有阶段性工具，如普惠小微贷款支持工具，特点是面向地方法人金融机构，确保政策贴近基层和普惠性。

三是提供再贷款资金的工具和提供激励资金的工具。提供再贷款资金的工具要求金融机构先对特定领域和行业提供信贷支持，中国人民银行再根据金融机构的信贷发放量的一定比例予以再贷款资金支持，结构性货币政策工具中除普惠小微贷款支持工具之外，其他均采取这一模式。提供激励资金的工具要求金融机构持续对特定领域和行业提供信贷支持，中国人民银行再根据金融机构的信贷余额增量的一定比例予以激励资金，目前普惠小微贷款支持工具采取这一模式。

资料来源：中国人民银行. 结构性货币政策工具介绍［EB/OL］.［2023-10-19］. http://www.pbc.gov.cn/goutongjiaoliu/113456/113469/4634812/index.html.

拓展阅读11-2

我国当前结构性货币政策工具的具体介绍

截至2023年9月末，我国的结构性货币政策工具共有17种：

（1）支农再贷款。支农再贷款自1999年起向地方法人金融机构发放，引导其扩大涉农信贷投放，降低“三农”融资成本。发放对象为农村商业银行、农村合作银行、农村信用社和村镇银行。对符合要求的贷款，按贷款本金的100%予以资金支持。它属于长期性工具。

（2）支小再贷款。支小再贷款自2014年起向地方法人金融机构发放，引导其扩大小微、民营企业贷款投放，降低融资成本。发放对象包括城市商业银行、农村商业银行、农村合作银行、村镇银行和民营银行。对符合要求的贷款，按贷款本金的100%予以资金支持。它属于长期性工具。

（3）再贴现。再贴现是中国人民银行对金融机构持有的已贴现票据进行贴现的业务，自1986年开办，2008年开始发挥结构性功能，重点用于支持扩大涉农、小微和民营企业融资。发放对象包括全国性商业银行、地方法人银行和外资银行等具有贴现资格的银行业金融机构。它属于长期性工具。

（4）普惠小微贷款支持工具。按照国务院常务会议决定，2021年12月，中国人民银行创设普惠小微贷款支持工具，支持对象为地方法人金融机构，对其发放的普惠小微贷款，按照余额增量的2%提供激励资金，鼓励持续增加普惠小微贷款。实施期为2022年到2024年年末，按季操作。它属于阶段性工具。

（5）抵押补充贷款。2014年，中国人民银行创设抵押补充贷款。抵押补充贷款主要服务于棚户区改造、地下管廊建设、重大水利工程、“走出去”等重点领域。发放对象为国家开发银行、中国农业发展银行和中国进出口银行。对属于支持领域的贷款，按贷款本金的100%予以资金支持。它属于阶段性工具。

（6）碳减排支持工具。按照国务院常务会议决定，2021年11月，中国人民银行联合国家发展改革委、生态环境部创设碳减排支持工具，发放对象为21家全国性金融机构，明确支持清洁能源、节能环保、碳减排技术三个重点减碳领域。对于符合要求的贷款，按贷款本金的60%予以低成本资金支持。实施期为2021年到2024年年末，按季操作。它属于阶段性工具。

（7）支持煤炭清洁高效利用专项再贷款。按照国务院常务会议决定，2021年11月，中国人民银行联合国家发展改革委、国家能源局创设支持煤炭清洁高效利用专项再贷款，发放对象为国家开发银行、中国进出口银行、中国工商银行、中国农业银行、中国银行、中国建设银行和交通银行共7家全国性金融机构，明确支持煤的大规模清洁生产、清洁燃烧技术运用等7个煤炭清洁高效利用领域，以及支持煤炭开发利用和增强煤炭储备能力。对于符合要求的贷款，按贷款本金的100%予以低成本资金支持。实施期为2021年到2023年年末，按月操作。它属于阶段性工具。

（8）科技创新再贷款。按照国务院常务会议决定，2022年4月，中国人民银行联合工信部、科技部创设科技创新再贷款，发放对象为21家全国性金融机构，明确支持“高新技术企业”、“专精特新中小企业”、国家技术创新示范企业、制造业单项冠军企业等科技创新企业；对于符合要求的贷款，按贷款本金的60%予以低成本资金支持，按季操作。它属于阶段性工具。

（9）普惠养老专项再贷款。按照国务院常务会议决定，2022年4月，中国人民银行联合国家发展改革委创设普惠养老专项再贷款，发放对象为国家开发银行、中国进出口银行、中国工商银行、中国农业银行、中国银行、中国建设银行和交通银行共7家全国性金融机构，明确支持符合标准的普惠养老机构项目，初期选择浙江、江苏、河南、河北、江西等5个省份开展试点；对于符合要求的贷款，按贷款本金的100%予以低成本资金支持。实施期暂定两年，按季操作。它属于阶段性工具。

（10）交通物流专项再贷款。按照国务院常务会议决定，2022年5月，中国人民银行联合交通运输部创设交通物流专项再贷款，发放对象为中国农业发展银行、中国工商银行、中国农业银行、中国银行、中国建设银行、交通银行和中国邮政储蓄银行共7家全国性金融机构，明确支持道路货物运输经营者和中小微物流（含快递）企业。对于符合要求的贷款，按贷款本金的100%予以低成本资金支持。实施期为2022年5月至2023年6月末，按季操作。它属于阶段性工具。

（11）设备更新改造专项再贷款。按照国务院常务会议决定，2022年9月，中国人民银行联合国家发展改革委、财政部、审计署、银保监会创设设备更新改造专项再贷款，发放对象为21家全国性金融机构，支持其向制造业、社会服务领域和中小微企业、个体工商户等设备更新改造提供贷款。对于符合要求的贷款，按贷款本金的100%予以低成本资金支持。实施期为2022年9月至2022年年末，按月操作。它属于阶段性工具。

（12）普惠小微贷款减息支持工具。按照国务院常务会议决定，2022年第四季度，支持相关金融机构对普惠小微贷款减息1个百分点。对于16家全国性金融机构、地方法人金融机构，中国人民银行对其实际减息金额给予等额资金激励。实施期为2022年第四季度，按月操作。它属于阶段性工具。

（13）收费公路贷款支持工具。按照国务院常务会议决定，2022年第四季度，支持21家全国性金融机构对收费公路贷款减息0.5个百分点，中国人民银行对金融机构实际减息金额给予等额资金激励。实施期为2022年第四季度，按季操作。它属于阶段性工具。

（14）民企债券融资支持工具（第二期）。经国务院批准，2022年10月，中国人民银行重启民营企业债券融资支持工具，向专业机构提供再贷款资金，通过市场化运作，稳定和促进民营企业债券融资。实施期为2022年11月至2025年10月末。它属于阶段性工具。

（15）保交楼贷款支持计划。按照国务院常务会议决定，2022年12月，中国人民银行创设保交楼贷款支持计划，支持对象为中国工商银行、中国农业银行、中国银行、中国建设银行、交通银行和中国邮政储蓄银行共6家全国性金融机构，可扩展至18家全国性金融机构，支持其向已售逾期难交付住宅项目发放保交楼贷款。对于符合要求的贷款，按贷款本金的100%予以资金支持。实施期为2022年11月至2024年5月末，按季操作。它属于阶段性工具。

（16）房企纾困专项再贷款。按照国务院常务会议决定，2023年1月，中国人民银行创设房企纾困专项再贷款，支持对象为华融、长城、东方、信达、银河5家全国性金融资产管理公司，支持其对受困房地产企业项目并购化险。对于符合要求的并购资金，按并购实际投入金额的50%予以资金支持。实施期为2023年1月至2023年年末，按季操作。它属于阶段性工具。

（17）租赁住房贷款支持计划。按照国务院常务会议决定，2023年2月，中国人民银行创设租赁住房贷款支持计划，在重庆市、济南市、郑州市、长春市、成都市、福州市、青岛市、天津市等8个城市开展试点，支持市场化批量收购存量住房、扩大租赁住房供给。试点支持对象为国家开发银行、中国工商银行、中国农业银行、中国银行、中国建设银行、交通银行和中国邮政储蓄银行共7家全国性金融机构。对于符合要求的贷款，按贷款本金的100%予以资金支持。实施期为2023年2月至2024年年末，按季操作。它属于阶段性工具。

资料来源：中国人民银行网站. 具体工具介绍（截至2023年09月末）[EB/OL]. [2023-11-12]. http://www.pbc.gov.cn/zhengcehuobisi/125207/125213/4634692/4634697/5112065/index.html.

11.4 货币政策传导机制

11.4.1 货币政策传导机制概述

货币政策传导机制是指中央银行通过各种货币政策工具的运用，最终实现货币政策目标，所经过的各种中间环节间的有机联系及其因果关系。关于传导机制的观点，往往构成货币政策中介目标和操作目标选择的理论基础。

概括来说，中央银行货币政策的传导可通过两条基本途径来实现：

（1）金融市场传导途径，即通过金融市场影响利率水平以及其他资产价格而发挥传导作用。货币政策工具实施以后，可改变金融市场的货币供给和货币需求，导致利率水平发生变化，进而影响到企业决策、消费者的储蓄行为和货币政策目标的实现。此外，货币供给和货币需求发生改变，会引起各类（金融）资产收益和价格发生变化，影响人们的财富水平，这些变化在某种程度上会影响企业、居民的行为，并影响货币政策最终目标的实现。

（2）信用市场传导途径，即通过银行的信贷渠道和资产负债表这两种形式发挥作用。货币政策工具实施以后可改变商业银行等存款类金融机构的融资成本和超额存款准备金数量，进而导致商业银行等存款类金融机构调整信贷规模、利率水平和贷款期限，影响企业和居民的消费、储蓄及投资活动，实现货币政策的最终目标。另外，货币政策工具的实施，可使企业的资产负债状况发生变化，导致逆向选择和道德风险的增减，进而影响银行调整对外放款的行为，最终影响到货币政策目标。对于金融市场欠发达的国家和地区而言，采用商业银行信贷渠道来运行货币政策的传导机制较为有效。一些经济学家认为，信贷市场的主要力量来自信贷需求，如果信贷需求者有较强的内部融资能力，或信贷需求者有更方便的外部融资渠道，或信贷需求者对经济发展的预期与政策制定者不一致，货币政策的传导机制就会出现偏差。

11.4.2 西方主要货币政策传导机制理论

关于货币政策在传导过程中哪一种金融变量发挥着主要作用的问题，在西方货币政策理论中存在较大的分歧。早期主要有凯恩斯学派的传导机制理论和货币学派的传导机制理论。后来，经济学家进行了深入的研究，又提出了一些新的观点。

1）早期凯恩斯学派的货币政策传导机制理论

早期凯恩斯学派的货币政策传导机制理论的核心是利率传导，基本思路可以归结如下：通过货币供应量（M）的增减影响利率（r），利率的变化通过资本边际效率影响投资（I），投资的变化通过乘数效应影响总支出（E）和总收入（Y）。其用符号可表示为：

$$M \to r \to I \to E \to Y$$

在上述传导机制发挥作用的过程中，主要环节是利率：货币供应量的调整首先影响利率的升降，然后才能使投资乃至总支出发生变化。例如，随着货币供应量增加，利率会相应下降，进而刺激投资，引起总支出增加，最终推动总收入上升。根据这个传导机制，货币政策对收入的影响取决于货币供应量的变化对利率的影响、利率的变化对投资的影响和投资的变化对收入的影响。任何一个环节存在阻塞，都会导致货币政策效果减弱或无效。

利率传导机制的重要特征在于，它强调影响消费者和企业决策的是实际利率，而非名义利率，而且，对支出产生重要影响的是长期实际利率，而不是短期利率。中央银行调节短期名义利率的行为会导致长期债券和短期债券的实际利率发生同向的变动。这种传导机制表明，即使中央银行已经将名义利率降至零或接近于零，货币政策依然会通过一定的途径起到刺激经济的作用。例如，当名义利率水平接近于零时，承诺未来实施扩张性货币政策，会提高预期物价水平和预期通货膨胀率，因而会降低实际利率水平，通过货币政策传导机制，最终导致总收入上升。这种传导机制可以解释为什么在大萧条时期美国经济并没有陷入流动性陷阱（如果陷入流动性陷阱，增加货币供应量就不能降低利率水平）。

利率传导机制的效果取决于以下三个方面：一是货币需求对利率的敏感性，它决定了货币供应量的变动能在多大程度上影响利率；二是私人投资（消费）对利率的敏感性，它决定了利率的变动能在多大程度上影响私人投资（消费）；三是投资（消费）乘数，它决定了私人投资（消费）的变动能在多大程度上影响国民收入。根据凯恩斯学派的观点，在流动性陷阱区域，任何货币供应量的增加都会为公众所持有，而不会引起利率的变化。因此，在流动性陷阱区域，货币政策是无效的。

2）货币学派的货币政策传导机制理论

微课11-3

货币学派的
货币政策传
导机制理论

以弗里德曼为代表的货币学派认为利率在货币政策传导机制中不起主要作用，而更强调货币供应量在整个传导机制上的直接效果。这一理论的核心是货币数量传导。货币学派认为，货币政策的传导机制主要不是通过利率间接地影响投资和收入，而是通过货币供应量的变动直接影响支出和收入。其用符号可表示为：

$$M \to E \to I \to Y$$

在上述传导机制中，主要环节是货币供应量，它的变动直接影响支出，进而影响总收入。其原理是：货币需求是稳定的，当作为外生变量的货币供应量改变，比如增大时，公众手持货币量会超过其愿意持有的货币量，从而引起支出的增加。

货币学派的这个传导机制理论受到凯恩斯学派的批评，他们认为货币学派有一套变戏法的“魔术箱”——进去的是货币量的增加，出来的是收入的增加。面对批评，货币学派对货币政策传导机制进行更细致的研究后得出结论：如果货币供应量增加到供过于求的状况，则公众会感到他们现实持有的货币超过了他们愿意持有的货币，于是他们将多余的货币用于购买各种资产，首先购买金融资产（如债券、股票等），继而购买实物资产（如房屋、耐用消费品、投资品等），这种购买支出将使实物资产需求增加、价格上涨，必然使生产者增加生产，从而增加总收入。

3）托宾的q理论

诺贝尔经济学奖得主托宾沿着一般均衡分析的思路拓展了凯恩斯的模型，发展了一种用于解释货币政策通过权益（股票）价值来影响经济的机制的理论，该理论称为q理论。托宾把q定义为：

q=企业资本的市场价值/企业资本的重置成本

式中：企业资本的市场价值的评价依据是上市企业的股票价格；资本重置成本是按现行物价购买机器设备进行新投资的成本，其价格指数可以在国民收入和国民生产核算账户中查到。

q和投资支出之间是正相关的关系，q对投资的影响如下：当$q<1$时，由于企业资本的市场价值低于资本的重置成本，企业不会购买新的投资品；当$q>1$时，企业资本的市场价值高于资本的重置成本，意味着在新厂房和设备上的投资支出可以从发行股票上收回，而且有盈余，这时，企业就会增加投资支出。

货币政策的变化是如何影响股票价格，进而影响总产出的呢？例如，采取扩张性货币政策时，会引起货币供应量增加，人们发现手中的货币比他们需要持有的货币多，就会按照自己的偏好购买金融资产，其中一部分货币必然流向股票市场，导致股票需求增加，股票价格（P_S）将会上升，q值相应上升，企业投资支出增加，从而刺激总产出增加。

将货币政策与q之间、q与投资支出之间的相互影响联系起来，货币政策传导机制可以表述为：

$$M \to P_S \to q \to I \to Y$$

4）财富效应

货币政策的财富效应是指货币政策通过货币供应量的增减影响股票价格，使公众持有的以股票市值计算的个人财富变动，从而影响其消费支出的效应。美国经济学家弗兰科·莫迪利安尼（Franco Modigliani）最早利用生命周期消费理论对货币政策引起的这种消费支出变动进行了研究。莫迪利安尼认为，消费者在一生中平均安排其消费支出（这里的消费，是指消费者对非耐用消费品和服务的支出，不包括对耐用消费品的支出），消费支出取决于消费者毕生的财富，而不是取决于消费者的当期收入。消费者毕生财富的一个重要组成部分是金融资产，而股票又往往是金融资产的重要组成部分。因此，实施扩张性货币政策时，货币供应量增加，股票价格上升，金融资产的市场价值上升，消费者的毕生财富（W）增加，进而消费（C）也增加。这样，财富效应的货币政策传导机制为：

$M \rightarrow P_S \rightarrow W \rightarrow C \rightarrow Y$

在20世纪90年代中后期，美国股市持续走高，美国公众持有的金融资产的市场价值上升，这对同期消费支出增加和经济稳定增长产生了重要作用。需要说明的是，只有股市较长时间的上涨才会增加消费者整体的毕生财富，这时才具有财富效应。股市短时间的暴涨暴跌则不具有财富效应。

财富效应和托宾的q理论考虑的是一般意义上的权益，因此它们还适用于住宅市场。在这里，住宅是一种权益。住宅价格的升高会提高住宅价格与重置成本之比，导致住宅的q值升高，从而刺激住宅的生产。同样，由于住宅和土地价格也是财富的重要组成部分，住宅价格的升高也会增加财富，刺激消费者进行消费。扩张性货币政策会通过上述q值和财富效应提高土地与住宅价格，最终导致总需求增加。

5）汇率传导机制理论

在开放经济条件下，净出口（NX），即一国出口总额与进口总额之差，是总需求的重要组成部分。货币政策可以通过影响国际资本流动改变汇率（r_e），并在一定的贸易条件下影响净出口。

在实行固定汇率制的国家，中央银行可以直接调整汇率；在实行浮动汇率制的国家，汇率受外汇供求的影响。当一国实行紧缩的货币政策时，利率随之上升，从而引起短期资本流入，这就使该国货币在外汇市场上升值。本币的升值不利于该国商品的出口，却有利于进口，导致净出口减少。当一国实行扩张的货币政策时，则有相反的过程。这样的机制可表述为：

$M \rightarrow r \rightarrow r_e \rightarrow NX \rightarrow Y$

汇率传导机制的效果取决于利率变动如何影响汇率，汇率的变化又会引起多大程度的净出口变化。

6）信贷传导机制理论

经济学家利用金融市场存在信息不对称现象来解释货币政策传导机制，即信贷传导机制理论。该理论认为信贷市场的信息不对称问题会产生两类货币政策传导渠道：一类是通过影响银行的放贷行为发挥作用，即银行借贷渠道；另一类是通过影响企业和消费者的资产负债表发挥作用，即资产负债表渠道。

(1）银行借贷渠道

银行借贷渠道是指货币供应量的增减会影响银行存款（D），进而影响银行信贷可供量（L），使那些依赖银行贷款融资的特定借款人的投资（I）和消费（C）发生变化，进而影响总产出。例如，实施扩张性货币政策导致货币供应量上升，银行存款增加，银行可发放贷款的数量增加，进而使那些依赖银行贷款融资的特定借款人增加投资和消费，带动总产出上升。银行借贷渠道的传导机制可表示如下：

$M \to D \to L \to I, C \to Y$

（2）企业资产负债表渠道

资产负债表渠道是指货币供应量增加会导致利率水平下降，这一方面会使企业股价上升，企业净值（P_e）提高，另一方面会使企业利息支出减少，直接增加现金流（NCF）。这两个方面都促进企业资产状况得到改善，使银行贷款的逆向选择和道德风险减少，从而贷款数量增加，投资和总收入增加。信贷渠道在货币政策传导过程中的作用应是银行信贷和企业资产负债表两个途径的结合，企业资产负债表渠道的传导机制可表示如下：

$M \to r \to P_e$，NCF→资产状况改善→L→I→Y

（3）消费者资产负债表渠道

消费者资产负债表渠道可以通过耐用消费品支出传递，也可通过流动性效应传递。具体表现为：

首先，货币政策通过引起利率的变动，影响消费者对耐用消费品支出的决策，进而影响总需求。消费者往往通过借贷的方式购买耐用消费品（如贷款买房、贷款买车），利率降低会使筹资成本降低，从而鼓励消费者增加耐用消费品支出。例如，实施扩张性货币政策，利率降低，消费者通过贷款或延期支付等方式购买汽车等耐用消费品的利息支出便会下降，对耐用消费品的购买欲望增强，从而增加耐用消费品支出。这一货币传导机制可以表述为：

M→r→耐用消费品支出→Y

其次，流动性效应是指货币政策通过影响股票价格，使消费者持有的金融资产价值及资产的流动性发生变化，从而影响其耐用消费品支出的政策效应。相较于股票、债券和银行存款，耐用消费品和住宅是流动性比较差的资产。如果消费者预期自己遭遇财务困境的可能性比较大，他们就更愿意持有流动性较强的资产，而不是耐用品和住宅。消费者的资产负债表状况对他遭遇财务困境的可能性有重要影响。例如，央行实行扩张性货币政策，股票、债券价格上升，金融资产的价值随之增加，这会改善消费者的资产负债表状况，消费者遭遇财务困境的可能性较小，他就更乐于购买耐用消费品和住宅，进而使总产出上升。这一流动性效应的传导机制可以表述为：

$M \to P_e$→金融资产价值→遭遇财务困境的可能性→耐用消费品支出→Y

信贷渠道是货币政策传导机制极为重要的部分。尤其是在金融市场并不发达的国家，间接融资是经济主体的主要融资渠道。就中国而言，间接融资仍然占主导，这种金融结构使我国货币政策的传导过程显得相对直接和简单。中央银行的货币政策直接作用于各种金融机构；各金融机构则在既定的政策和经营规则的约束下，向社会提供货币；客户按照利率衡量资金使用成本，在满足借贷条件的情况下，借入资金进行生产和经营，进而影响国民经济各变量。

11.5 货币政策效应

11.5.1 货币政策有效性的含义及衡量

货币政策有效性是指中央银行推行一定的货币政策之后，所产生的政策效果相对于中央银行预期政策目标的实现程度。货币政策有效性是一种结果，目的是好的，但结果可能与货币政策目标之间有偏差。当这种偏差较小时，说明货币政策有效性较高；当这种偏差较大时，说明货币政策有效性较低。

货币政策有效性的高低取决于具体的政策目标。若物价稳定是货币政策的唯一目标，则只需考虑货币政策与通货膨胀之间的变化情况即可对货币政策的有效性作出判断。如果货币政策的目标较多，则必须综合起来进行判断。以物价稳定和经济增长为目标评估紧缩性货币政策的有效性为例，如果紧缩性货币政策平抑了价格，或者促使价格回落，同时又不影响产出或供给的增长率，那么可以认为这项紧缩性货币政策的有效性高。如果紧缩性货币政策在平抑价格或促使价格回落的同时，也抑制了产出的增长，那么这项紧缩性货币政策的有效性则要视价格变动率与产出变动率的比较而定。若产出的减少规模不大，而平抑价格的目标接近实现，则可以认为该项政策的有效性较高；若产出的减少规模较大，而平抑价格的目标实现不理想，则可以认为该项政策的有效性较低。如果紧缩性货币政策无力平抑价格或促使价格回落，却抑制了产出的增长甚至使产出的增长为负，则可以认为该项政策是无效的。衡量其他类型的货币政策的有效性也可采用类似的思路，结合货币政策的作用机制来进行分析。

11.5.2 影响货币政策有效性的因素

1）货币政策的时滞

从实施政策工具到实现政策目标，其间存在一个或短或长的时间差，这就是时滞。货币政策时滞是决定货币政策作用时间长短的决定性因素，它由内部时滞和外部时滞两部分组成。

（1）内部时滞，是指从政策制定到中央银行采取行动的这段时间。它可以分为两个阶段：一是认识时滞，即从形势变化需要中央银行采取行动到它认识到这种需要之间的时间差；二是行动时滞，即从中央银行认识到需要行动到实际采取行动之间的时间差。内部时滞的长短取决于中央银行对经济形势发展的预见能力、中央银行的独立性、中央银行制定对策的效率和行动的决心等因素。

（2）外部时滞，又称效应时滞，是指从中央银行采取行动开始直到对政策目标产生影响为止这段时间。它也可以分为两个阶段：一是执行时滞，即中央银行变更货币政策后，经济主体决定调整其资产总量与结构所耗费的时间；二是生产时滞，即从经济主体决定调整其资产总量与结构到整个社会的生产、就业等变量发生变化所耗费的时间。外部时滞主要由客观的经济和金融条件决定。

关于时滞长度的问题，西方经济学家曾作过大量的研究，结论颇不一致。一般认为，内部时滞较短，外部时滞较长，货币政策生效少则需要六个月，长则需要两年。

2）货币流通速度

货币政策有效性的另一个主要限制因素是货币流通速度。对于货币流通速度一个相当小的变动，如果政策制定者未能预料到或在估算其变动幅度时出现小的差错，都可能使货币政策效果受到严重影响，甚至有可能使本来正确的政策走向反面。假设在预测的年度，国内生产总值将增长8%，同时根据以前年份有关数据的实证规律，只要包括货币流通速度在内的其他条件不变，货币供应量等比例增加即可满足国内生产总值增长对货币的追加需求，如果货币流通速度在预测的期间加快了，但中央银行没有预见到这种变化，仍然增加8%的货币供应量，那么新增的货币供应量必将导致经济过热。

3）微观经济主体的预期

对货币政策有效性构成挑战的另一种因素是微观经济主体的预期。当一项货币政策提出时，各种微观经济主体立即会根据可能获得的各种信息预测政策的后果，并很快作出对策，而且极少有时滞，这可能导致这项货币政策无效。例如，一国政府拟采取长期的扩张政策，人们通过各种信息预期社会总需求会增加，物价会上涨，在这种情况下，工人会通过工会与雇主谈判，要求提高工资，企业预期工资成本增加而不愿扩大经营，最后的结果是只有物价的上涨而没有产出的增长。鉴于微观经济主体的预期，一项货币政策似乎只有在其取向和力度没有被公众完全知晓的情况下才能生效或达到预期效果。但是，中央银行不可能长期不让社会知道它所要采取的政策，即使采取非常规的货币政策，不久之后也会落在人们的预期之内。假如中央银行长期采取非常规的货币政策，则将导致微观经济主体作出错误判断，并会使经济陷入混乱之中。实际的情况是，公众的预测即使非常准确，采取对策即使很快，其效应的发挥也需要一个过程。这就是说，货币政策仍可奏效，但公众的预期会使其有效性大打折扣。

4）其他因素

货币政策有效性也会受到其他因素的影响，如政治因素、经济因素、金融创新和全球经济、金融一体化。

政治因素对货币政策有效性的影响是巨大的。任何一项货币政策的实施，都可能给不同阶层、集团、部门或地方的利益造成一定的影响。这些主体如果在自己利益受损时作出较强烈的反应，就会形成一定的政治压力。当这些政治压力足够强大时，就会迫使货币政策进行调整。一般来讲，高经济增长和低失业率会给执政党带来不少选票，所以执政党在大选之前会力图刺激经济，而新政府一般在大选之后会采取紧缩政策，使国民经济平稳下来，这叫作“政治经济周期”，这些因素必然会影响到货币政策的有效性。

客观经济条件的变化也会影响货币政策的实施效果。一项既定的货币政策出台后总要持续一段时间，在这段时间内，如果生产和流通领域出现某些始料不及的情况，而货币政策又难以作出相应的调整，就可能出现货币政策效果不佳甚至失效的情况。例如，在实施扩张性货币政策的过程中，生产领域出现了生产要素的结构性短缺。这时纵然货币、资金的供给很充裕，由于瓶颈部门的制约，实际的生产也难以增长，扩张性货币政策的目标就无从实现。

金融创新的蓬勃发展对世界范围内的金融业产生了全面而深刻的影响，使货币政策工具、中间目标和传导机制都发生了明显的变化，因此也极大地影响着货币政策的实施效果。例如，金融创新使各层次货币的定义与计量遇到困难，削弱了中央银行对本国货币的控制能力。

由于全球经济、金融一体化导致资本跨国界流动更加方便和自由，通过利率-汇率机制的作用，一国的货币政策越来越受到国际资本流动的影响，或者受到其他国家货币政策的影响。也就是说，一方面，货币政策在国内的效果可能会被外部的影响削弱；另一方面，货币政策的有效性也可能延伸到国外。

11.5.3 货币政策的“相机抉择”和“单一规则”

影响货币政策有效性的各种因素给政策的实施带来了困难，不同的学派在如何执行货币政策的问题上产生了争端。

1）凯恩斯学派主张“相机抉择”

凯恩斯学派主张，货币政策应当“相机抉择”，逆经济风向行事：在经济过热时，相机采取紧缩性政策；在经济萧条时，相机采取扩张性政策。也就是说，利用反周期货币政策去稳定经济。凯恩斯学派主张“相机抉择”的理由如下：

（1）市场机制本身是不稳定的，并且没有足够的自我调节能力，如果任其自我调节，则所需时间太长，必须依赖政府的一系列稳定性经济政策，才能实现经济的稳定与发展。因此，中央银行应会同财政部门依照具体的经济和金融情况，采取相应措施来稳定经济和金融。

（2）在错综复杂的现实经济生活中，政府根本不可能一成不变地遵守任何既定规则。当货币量的增减成为稳定经济所必需之时，在失业率有大幅度上升的情况下，中央银行就不应该再恪守“单一规则”。

（3）实行“单一规则”是以货币流通速度稳定，至少其变动幅度稳定为假定前提的，但是货币流通速度是不稳定的。根据货币需要量与流通速度的关系来看，不稳定的货币流通速度必然使货币供给增长率难以稳定。

（4）贯彻货币政策应综合运用多种指标。“单一规则”只强调货币供应量指标，而使中央银行忽视对其他指标的运用，这必然会影响到货币政策的有效性。

2）货币学派主张“单一规则”

20世纪五六十年代，西方国家普遍采取了反周期货币政策，但到了70年代，“滞胀”局面出现，反周期货币政策的有效性受到怀疑。

以弗里德曼为代表的货币学派认为，因为时滞及其他因素的存在，“相机抉择”的货币政策并不能稳定经济，反而会使经济波动更大，因而他们主张实行“单一规则”的货币政策，即中央银行应使货币供给增长率保持稳定。货币学派的这种主张也受到供给学派、理性预期学派等经济学派的支持。货币学派主张“单一规则”的理由如下：

（1）市场机制在本质上是稳定的，具有自我调节作用。在现实经济生活中，市场机制经常出现不稳定的情况，其根源是货币供给的反复无常变动。因此，只要通过一定的货币政策使货币供给保持稳定或有一个稳定的增长率，经济就会处于均衡与稳定状态，进而取得发展。

（2）中央银行缺乏必要的技术知识和管理能力，常常是起步太晚和行为过头，加上时滞因素，往往使政策的负效应太大。例如，当通货膨胀开始抬头时，中央银行对此看得不太清楚，加之对紧缩政策会导致失业率上升和经济受损的顾虑，推迟实施紧缩政策，致使在有明显通货膨胀时实行全面紧缩政策，而过度的紧缩政策会给经济造成更大的损失。又如，中央银行在经济衰退时期采取扩张性货币政策，但由于时滞因素的影响，货币政策要在一段时间之后才发挥作用，而那时的经济或许已走出低谷，并进入了上升阶段。于是，扩张性货币政策为高涨的经济推波助澜，反周期货币政策加剧了经济的不稳定。因此，“相机抉择”难以做到准确、有效，“单一规则”更能有效地促使经济稳定发展。在经济过热时，固定货币供给增长率小于经济发展所需的货币供给增长率，因而具有自动收敛经济过分膨胀之能力；在经济衰退时，固定货币供给增长率大于经济发展所需的货币供给增长率，因而具有自动刺激经济恢复之能力。

（3）来自政府方面的压力可能使中央银行无法酌情采取相应的政策行动，以及合理预期等因素，都可能导致反周期货币政策失效或大大降低其有效性。

理论上的争论并没有终结，现实中的做法则较为折中，即在“相机抉择”中也要遵守一定的货币规则。

拓展阅读11-3

中国货币政策时滞

中国货币政策时滞包括以下几个方面：

1）中央银行货币政策实施时滞

中央银行没能完全摆脱财政赤字对货币政策的影响。中央银行投放基础货币的渠道包括国外净资产、存款银行债权和对政府债权等。1995年颁布的《中华人民共和国中国人民银行法》明确规定中国人民银行不得对政府财政透支，不得直接认购、包销国债和其他政府债券，但自1995年起中国货币当局对政府的债权余额仍保持一定的增长趋势。

中国人民银行对货币政策制定只有建议权和执行权，采取什么样的货币政策工具必须报国务院审批。中国人民银行要在对人民币资本项目实行管制的情况下保持人民币币值相对稳定，这必然导致其很难自主地控制货币供应量。

2）金融系统经营调整时滞

（1）中国企业的融资结构不够合理，间接融资规模很大，直接融资发展较为缓慢，直接融资与间接融资比例失调。

（2）货币市场和资本市场发展不够成熟，且二者之间的关系不够协调。中国货币市场的交易工具偏少，交易主体单一；在资本市场方面，股市投机性强，财富效应不明显，债券市场种类不多，交易不旺。

（3）国有商业银行的信贷过于集中，具体表现为信贷机构集中、信贷管理权限集中、信贷期限集中和信贷投放区域集中。国有商业银行的信贷集中造成了中国货币政策向县级区域推行相当困难，中央银行所推行的货币政策往往停止于省级分行，甚至出现国有商业银行体系中资金自下而上的“逆回流”现象。

3）实际经济主体反应时滞

国有企业的特殊地位和民营企业的筹资渠道，以及居民支出的预期变化，削弱了中国人民银行货币政策的实施效果。此外，利率形成机制的非市场化，限制了货币渠道传导机制作用的发挥；信息传导渠道不畅，限制了信贷渠道传导机制作用的发挥；外汇管理体制的内在缺陷，限制了汇率渠道传导机制作用的发挥；货币市场与资本市场的分割及资本市场的制度缺陷，影响了货币政策财富效应的发挥。

资料来源：田素华．货币经济学理论、实践与政策［M］．2版．上海：格致出版社，2021.

学思笃行

稳健货币政策的使命与担当

2019年12月召开的中央经济工作会议定调2020年中国经济工作，明确继续实施积极的财政政策和稳健的货币政策。这是自2011年以来，中国连续十年实施这一政策组合。其中，稳健的货币政策要灵活适度，保持流动性合理充裕，货币信贷、社会融资规模增长要同经济发展相适应，降低社会融资成本。要深化金融供给侧结构性改革，疏通货币政策传导机制，增加制造业中长期融资，更好缓解民营和中小微企业融资难、融资贵问题。

2020年是全面建成小康社会和“十三五”规划的收官之年，也是“十四五”规划的关键之年。而全球政治经济局势复杂且严峻，中国经济金融体系面临的外部不确定性有所加大，特别是2020年年初突然暴发的新冠肺炎疫情对经济带来严重冲击。面对复杂局面，金融系统紧紧围绕服务实体经济、防控金融风险、深化金融改革三项任务，坚持实施稳健的货币政策，全力做好“六稳”“六保”工作，为疫情防控、经济恢复增长提供有力支持。为支持实体经济发展，降低社会融资实际成本，2020年上半年中国人民银行3次降准，加权平均存款准备金率下降约1%，降准释放流动性1.75亿元。中国人民银行继续实施稳健的货币政策，保持灵活适度，不搞大水漫灌，兼顾内外平衡，保持流动性合理充裕，货币信贷、社会融资规模增长同经济发展相适应，激发市场主体活力，为高质量发展和供给侧结构性改革营造适宜的货币金融环境。

中国人民银行积极应对疫情带来的新挑战，稳健的货币政策更加灵活、精准，2020年4月，中国人民银行对农村信用社、农村商业银行、农村合作银行、村镇银行和仅在省级行政区域内经营的城市商业银行定向下调存款准备金率1个百分点，中国人民银行通过降低存款准备金率、再贷款再贴现利率、创新直达实体经济的货币政策工具等方式，引导金融机构加大对实体经济特别是加大对小微企业和民营企业的资金支持力度。

资料来源：翁舟杰．货币金融学课程思政案例集［M］．成都：西南财经大学出版社，2021．

解读：

首先，稳健的货币政策是习近平新时代中国特色社会主义经济思想的具体体现。中国特色社会主义理论体系的精髓是解放思想、实事求是、与时俱进、求真务实。当今世界正经历百年未有之大变局，我国正处于实现中华民族伟大复兴的关键时期，具有中国特色的稳健的货币政策，始终根据市场形势和经济增长需要，保持流动性合理充裕，保持政策稳定。

其次，稳健的货币政策是中国特色社会主义制度自信的具体体现。在新冠肺炎疫情面前，"集中力量办大事"的制度优势发挥得淋漓尽致，使我们更加深刻地理解中国特色社会主义制度，坚定制度自信。货币是金融体系的血液，我国货币政策是国家制度的重要组成部分。无论是坚持和完善中国特色社会主义制度，还是把我国制度优势更好转化为国家治理效能，在推动经济高质量发展中牢牢把握我国发展的重要战略机遇期，都要求我们坚守币值稳定目标，实施稳健货币政策。货币政策要找准时代使命、履行时代担当。

本章小结

货币政策的最终目标主要包括物价稳定、充分就业、经济增长和国际收支平衡。货币政策各个目标之间是既统一又矛盾的关系。从长期来看，这些目标之间是统一的，相辅相成的。从短期来看，这些目标之间存在矛盾和冲突，因此不同国家在不同时期对这4个目标都有所取舍或侧重。

货币政策的中介目标和操作目标是货币政策工具和货币政策最终目标之间的桥梁和中介，在货币政策的传导中起着承上启下的传导作用。中介目标和操作目标的选择，必须满足"三性"原则，即可测性、可控性和相关性。

货币政策的中介目标包括利率（通常指长期利率）、货币供应量、信贷量和汇率等。货币政策的操作目标包括基础货币、存款准备金和短期利率。

货币政策工具可以分为一般性货币政策工具、选择性货币政策工具、直接信用控制和间接信用控制、非常规货币政策工具。一般性货币政策工具主要有法定存款准备金政策、再贴现政策和公开市场业务，通常被称为货币政策的"三大法宝"。常用的选择性政策工具包括消费者信用控制、证券市场信用控制、不动产信用控制、优惠利率和预缴进口保证金制度。直接信用控制常用的手段包括利率最高限额、信用配额、流动性比率和直接干预。间接信用控制是指中央银行通过道义劝告、窗口指导等办法间接影响商业银行的信用创造行为。非常规货币政策工具包括前瞻性指引、量化宽松、价格型货币政策工具、结构性货币政策工具。

中央银行货币政策的传导可通过两条基本途径来实现：一是通过金融市场影响利率水平及其他资产价格而发挥传导作用；二是通过信用市场传导途径，即通过银行的贷款行为发挥作用以及通过影响企业的资产负债表发挥作用。关于货币政策传导机制的分析，在西方，早期主要有凯恩斯学派的传导机制理论和货币学派的传导机制理论。后来，经济学家进行了深入的研究，又提出了一些新的观点。

货币政策的有效性是一种结果，目的是好的，但结果可能与货币政策目标有偏差。当这种偏差较小时，说明货币政策有效性较高；当这种偏差较大时，说明货币政策的有效性较低。影响货币政策有效性的因素有货币政策的时滞、货币流通速度、微观经济主体的预期和其他因素。

凯恩斯学派主张货币政策应当"相机抉择"，逆经济风向行事。以弗里德曼为代表的货币学派主张应当实行"单一规则"的货币政策，即中央银行应使货币供给增长率保持稳定。

基本概念

货币政策　货币政策目标　菲利普斯曲线　货币政策中介目标　货币政策操作目标　一般性货币政策工具　法定存款准备金政策　再贴现政策　公开市场业务　选择性货币政策工具　直接信用控制　间接信用控制　非常规货币政策工具　前瞻性指引　量化宽松　结构性货币政策工具　货币政策的传导机制　货币政策效应　货币政策时滞　相机抉择　单一规则

思考题

（1）简述货币政策的最终目标及它们之间的冲突。

（2）简述货币政策选择中介目标和操作目标的内容及选择标准。

（3）简述一般性货币政策工具体系的作用机理、优点和局限性。

（4）简述货币政策传导的途径及西方主要货币政策传导机制理论。

（5）简述影响货币政策效果的因素。

（6）论述"相机抉择"和"单一规则"的基本内容。

第11章
在线测试题

第4篇　金融监管与金融发展创新

第12章
金融监管

学习目标

- 掌握金融脆弱性的含义，理解商业银行脆弱性和金融市场脆弱性。
- 掌握金融风险的定义、内涵和一般特征。
- 掌握金融危机的含义和危机的形成过程，理解金融脆弱性和金融危机的关系。
- 掌握金融监管体系的构成和金融监管的主要内容。
- 了解金融监管的体制。

开篇案例

硅谷银行事件及其启示

1）硅谷银行破产经过

硅谷银行成立于1983年，破产前是美国第16大银行，主要服务于美国中小型创业公司和风投基金。截至2022年年底，硅谷银行总资产为2 090亿美元，其中美国国债、抵押贷款支持证券（MBS）等证券投资约1 200亿美元，负债端存款总额约1 754亿美元。在美联储陡峭加息背景下，创业公司现金流趋紧，硅谷银行存款持续下降，需出售证券资产补充流动性，导致其证券资产从浮亏转为实亏。巨额亏损引发大规模挤兑，仅2023年3月8日硅谷银行取款金额就高达420亿美元。3月10日，美国加利福尼亚州监管当局宣布硅谷银行关闭，由美国联邦存款保险公司（FDIC）接管。3月12日，美国财政部、美联储、FDIC发表联合声明称，硅谷银行所有储户存款将得到全额补偿，同时美联储推出“银行定期融资计划”（BTFP），为存款机构提供最长一年的流动性支持。3月26日，FDIC宣布由第一公民银行收购承接硅谷银行存贷款，FDIC估计硅谷银行风险处置将给美国存款保险基金带来约200亿美元的成本。

硅谷银行事件发生后，部分美国中小银行因存款来源不稳定、证券账面损失额较大、盈利能力不佳等，受到的外溢影响较大。例如，硅谷银行风险爆发后，签名银行（Signature Bank）遭遇挤兑，3月12日被FDIC接管。第一共和银行一季度存款流失超过1 000亿美元，于5月1日被FDIC接管，摩根大通银行收购其大部分资产负债。

2）对我国的启示

我国金融机构对硅谷银行风险敞口小，硅谷银行破产对我国金融市场影响可控。当前我国金融体系运行稳健，金融业总资产中占比超过90%的银行业总体稳定，绝大多数银行业金融机构处于安全边界内，银行业总资产中占比约七成的24家大型银行一直保持评级优良。同时，对硅谷银行事件的经验教训，我国的金融机构也要总结反思。

一是货币政策应避免大放大收。新冠疫情期间，发达经济体推行量化宽松政策、快速实施零利率，后续又因通货膨胀高企而快速加息缩表，使商业银行在宽松阶段配置的低收益资产需要在紧缩阶段用高利率负债平衡，造成较大亏损。相对而言，我国坚持稳健、正常的货币政策，兼顾短期和长期、经济增长和物价稳定、内部均衡和外部均衡，稳固对实体经济的可持续支持力度，有效保持物价稳定，促进国民经济平稳运行，为金融稳定打下了坚实基础。

二是应重视对中小金融机构的监管。2008年金融危机后，各国普遍加强了对系统重要性金融机构的评估和监管，而对中小金融机构的关注相对有限。2018年，美国决定对金融机构实施分类监管，硅谷银行在破产前属于“第四类”机构，适用较为宽松的审慎监管标准，由于过渡期安排和两年一次的压力测试要求，硅谷银行直到破产前都未开展压力测试。事实上，中小金融机构的承压能力更弱、脆弱性更明显，同样有可能在风险积累和市场恐慌中酿成系统性风险。

三是处置金融风险要迅速且强力。硅谷银行的风险处置相当迅速。FDIC按照“五一机制”接管硅谷银行，即周五宣布接管并成立过桥银行，周一重新开业。美国财政部、美联储、FDIC也快速履行法定程序，及时宣布为硅谷银行所有存款人提供全额保障，稳定了市场信心，相关成本将由FDIC向银行业征收特别保费弥补。这表明迅速且强力的应对措施对稳定市场信心、处置金融风险至关重要，也反映出充分的法律授权、丰富的政策工具、充足的风险处置资源的重要性，值得借鉴。

四是应关注银行资产负债结构的稳定性。从负债端看，硅谷银行的存款多来源于创业企业，客户同质性高，储蓄存款占比很低，90%以上的存款不属于受保存款，负债结构欠稳定。从资产端看，硅谷银行贷款占总资产的比例仅为35%，57%的资产投资于美国国债和住房抵押贷款支持证券，且缺乏有效应对利率风险的对冲安排。资产负债结构不稳定最终引发流动性风险。有鉴于此，银行要用好压力测试等风险管理工具，充分考虑各类风险情景，做好极端情况下的应对预案，使自身风险管理能力与资产负债结构相匹配。

资料来源：中国人民银行货币政策分析小组．中国货币政策执行报告（2023年第一季度）［R/OL］．［2023-10-23］．https://www.gov.cn/lianbo/bumen/202305/content_6874050.htm.

“开篇案例”中硅谷银行事件及其连锁风险发生的原因之一是金融监管当局管理不当。党的二十大报告提出，“加强和完善现代金融监管，强化金融稳定保障体系，依法将各类金融活动全部纳入监管，守住不发生系统性风险底线”。一是加快推进金融稳定法治建设，推动金融稳定法出台，健全市场化、法治化金融风险处置机制。二是加强金融风险监测、预警，充分发挥存款保险制度的早期纠正和市场化风险处置平台作用。三是不断充实金融风险处置资源，完善金融稳定保障基金管理机制，与存款保险基金和相关行业保障基金双层运行、协同配合，共同维护金融稳定与安全。从案例中可知，金融监管的缺失会影响整个金融系统的稳定，进而影响整个社会经济体系的稳定。那么，如何进行金融监管？都需要管理哪些内容？如何建立有效的金融监管体制？这些正是本章所要学习和讨论的问题。

12.1 金融脆弱性、金融风险与金融危机

12.1.1 金融脆弱性

金融脆弱性（financial fragility）是金融行业与生俱来的特征。狭义的金融脆弱性指高负债经营的行业特点决定了金融业具有容易失败的特性。广义的金融脆弱性，泛指一切融资领域（包括金融机构融资和金融市场融资）中的风险积聚。早期主要从狭义上来理解金融脆弱性，现在更多的是从广义角度使用这一概念。

1）商业银行的脆弱性

金融脆弱性存在于金融的各个领域，但商业银行是金融体系中最脆弱的部门。从表面上看，股票市场的起伏波动要比信贷市场大得多，但历史经验表明，银行危机发生的频率和次数要远高于股市崩盘的频率和次数，更重要的是，银行危机对整个金融体系和经济体系的影响是致命的。

商业银行的脆弱性是指商业银行由于资产负债结构的特征，在外在因素或信息的冲击下，易导致存款人心理恐慌，进而发生挤兑的一种特性。它主要包含以下4层含义：

（1）商业银行的“软资产、硬负债”特征是导致商业银行脆弱性的本质原因。一般企业不具备这样的资产负债结构特征，所以也不存在脆弱性这一说法。

（2）商业银行脆弱性的体现需要外在条件，即受到外在因素或信息的冲击。这些因素可能与商业银行直接相关，如经济衰退、信用紧缩、银行经营业绩不佳、银行发生大规模损失等，也可能与商业银行不直接相关，如本身是健康银行，但受到问题银行发出的不良信号的干扰。

（3）公众的心理因素是导致商业银行脆弱性的关键因素，因为这个因素使得单个问题银行的挤兑危机扩大至整个银行系统。

（4）发生挤兑是商业银行脆弱性最基本、最直接的表现。

银行危机的爆发往往以商业银行的挤兑为征兆，在外部环境发生变化时，银行体系的脆弱性又往往在外部环境的刺激下导致挤兑现象发生，而挤兑在银行间具有传染性，当大量银行挤兑一起发生时，银行机构就会倒闭，进而爆发银行危机。商业银行所具有的脆弱性及其积累构成了金融体系面临的一个主要风险，成为银行危

机爆发的主要根源。

2）金融市场的脆弱性

对金融市场的脆弱性，我们往往从价格波动的角度来研究。金融资产价格的过度波动是金融市场脆弱性的一个重要来源。

金融市场对某种金融资产进行定价的依据是该资产未来的收入流量以及影响这一流量变化的各种风险因素。影响未来收入流量变化的各种因素难以被资产的持有者所知，但无论如何，持有者对未来的收入流量总会有预期，否则价格也不存在。这样，任何影响资产未来收入流量的心理预期都会引起资产价格的波动。投机家索罗斯据此提出一种说法：世界上并不存在完全有效的金融市场，也不存在所谓的由资产内在价值决定的均衡价格。在资本市场上，资产价格和交易行为之间的关系不仅是交易行为决定资产价格，资产价格也决定交易行为，中间的桥梁是市场心理。通过这种资产价格和交易行为之间的循环决定关系，资产价格间接地决定自身，形成了“市场决定市场的自我循环”：高的价格决定新一轮、再一轮的价格攀升；低的价格决定新一轮、再一轮的价格下滑。只有当这种单方向的市场能量释放完毕，市场运行趋势发生逆转时，才开始反方向的循环。这种自我循环的运作必然造成资产价格的过度波动。

经济学家主要从过度投机、宏观经济不稳定和交易与市场结构的某些技术性特征3个方面来解释股市的过度波动。

第一，过度投机。该理论强调市场非理性的集体行为导致的过度投机对资产价格的影响。当经济繁荣推动股价上升时，幼稚的投资人涌入，使股票价格上升得更快，以至于达到完全无法用基础经济因素来解释的水平。由于脱离了基础经济因素，市场预期最终必将发生逆转，导致股市崩溃。

第二，宏观经济不稳定。与股市相比，宏观经济的波动通常比较缓和，但是宏观经济运行的任何变动，哪怕只是显示了某种变动的迹象，都会对股市产生影响。

第三，交易和市场结构的某些技术性特征。以保证金交易方式为例，通过这种方式，投资者可以从事大规模股票交易，从而推动市场价格急剧变化；当价格朝着对其不利的方向发展时，迫于保证金的压力，投资者又不得不仓皇地强制平仓并导致股价大落。

除资产价格的过度波动之外，汇率的过度波动是金融市场脆弱性的另一个重要来源。汇率的过度波动是指市场汇率的波动幅度超出了真实经济因素所能够解释的范围。对于汇率过度波动的解释，1976年，鲁迪格·多恩布什（Rudiger Dornbusch）曾提出汇率超调（Sticky-Price Monetary Approach/Overshooting）理论。该理论指出，在浮动汇率制下汇率剧烈波动的主要原因是，面对某种初始的外部冲击，不仅资产的价格和商品的价格都可能过度反应，而且资产市场和商品市场的调整速度常常不一致，这些问题集中反映到汇率上，就会使汇率的波动过度。即使在固定汇率制下，也有汇率波动的问题。其惯常表现是货币的对外价值发生激烈的意外变化。当市场参与者对该货币当前汇率的稳定性失去信心时，他们将抛售该国货币，使固定汇率水平难以维持。

3）金融脆弱性的评估

从20世纪90年代开始，一些经济学家试图选用某些指标或模型来对金融脆弱性进行衡量，以期达到两个目的：一是缓解金融危机及其传染；二是推动金融系统的稳健和金融各部门的发展，以促进经济增长。他们认为凡是影响金融脆弱性的因素都会通过一些经济、金融变量反映出来，因此金融脆弱性也可以根据一系列的经济、金融指标来度量。

国际货币基金组织和世界银行1999年5月联合启动了一个“金融部门评估规划”（FSAP），主要用来判别金融体系的脆弱性。该规划包括宏观审慎指标（如经济增长、通货膨胀、利率等）和综合微观审慎指标（如资本充足性指标、盈利性指标、资产质量指标等）。欧洲中央银行（ECB）也专门成立小组对金融脆弱性展开初步研究，并将指标分为三类：一是关于银行系统健全性的指标；二是影响银行系统的宏观经济因素；三是危机传染因素。

12.1.2　金融风险

1）金融风险概述

金融风险指在一定条件和一定时期内，由金融市场中各种经济变量的不确定性造成结果发生变动，从而导致行为主体遭受损失的大小及该损失发生的可能性的大小。损失发生的大小和损失发生的概率是金融风险的核心参量，也是我们进行金融风险管理的重要考虑因素。

金融风险是一种复杂的经济现象。准确理解金融风险的内涵，有助于更好地识别和管理金融风险。

（1）金融风险的构成要素。根据金融风险的定义，金融风险由风险因素、风险事故和风险结果构成。风险因素是金融风险的必要条件，是金融风险产生和存在的前提；风险事故指经济及金融环境变量发生始料未及的变动从而导致金融风险结果的事件，是金融风险存在的充分条件，在金融风险中占据核心地位；风险结果是金融风险事故给金融行为主体带来的直接影响。

（2）金融风险发生的不确定性。金融风险的实质是一种直接发生货币资金损失的可能性和不确定性。不确定性分为内在不确定性和外在不确定性：内在不确定性一般缘于经济行为主体的主观决策或获取的信息不充分，它引起的金融风险称为非系统性金融风险；外在不确定性指经济行为主体之外，经济运行过程中随机性、偶然性的变化趋势，它引起的金融风险称为系统性金融风险。金融活动的不确定性越大，金融风险越大；反之亦然。

（3）金融风险是金融活动的内在属性。金融风险的产生依附于金融活动的进行，要通过具体事件的发展来体现。

（4）金融活动的每一个参与者都是金融风险的承担者。金融风险的承担者可以是个人、企业、金融机构或国家。

（5）金融风险是相对的，在通常情况下是一种不可保风险。若有一方发生了损失，则必然有另一方或几方获得与损失方对应的盈利。

2）金融风险的一般特征

（1）客观存在性。金融风险的客观存在性指金融风险的产生是一种不以人的主观意志为转移而客观存在的现象。

（2）普遍性。金融风险具有普遍性，具体表现为整个金融领域内金融风险无处不在、无时不有。

（3）扩张性。金融风险的扩张性表现为风险在时间、空间上具有较强的传播能力。

（4）多样性与可变性。由于时间点和空间方位的不同，即使同种金融风险，其内容和程度也会有差异。

（5）可控制性。金融市场是有组织有秩序的市场，市场是有其规律可循的，金融风险理论研究和相关管理工具的不断发展给管理金融风险提供了有效手段。

3）金融风险的种类

（1）根据金融风险的形态可以将金融风险划分为价格风险、信用风险、流动性风险、经营或操作风险、政策风险、科技风险及一些其他形态的风险。其中，价格风险指商品的市场价格发生变动导致行为主体遭受损失的可能性，包括利率风险、汇率风险、证券价格风险、金融衍生品价格风险、通货膨胀风险；信用风险指交易对方不履行到期债务的风险；流动性风险指经济主体由于金融资产流动性的不确定性变动而遭受经济损失的可能性；经营或操作风险指在经营管理过程中，有很多金融因素发生变动，造成经营管理出现失误，使行为人遭受损失的可能性；政策风险是指政府有关证券市场的政策发生重大变化或是有重要的举措、法规出台，引起证券市场的波动，从而给投资者带来的风险；科技风险指金融市场的电子化发展为金融业提供了划时代的广阔前景，但互联网很难确定交易合同的签订地和履行地，从而电子化合同的管辖权也无法确定；其他形态的风险包括法律风险、国家风险、环境风险等。

（2）根据金融风险的主体可以将金融风险划分为个人金融风险、企业金融风险、金融机构风险、国家金融风险。

（3）根据金融风险的产生根源可以将金融风险划分为客观金融风险和主观金融风险。其中，客观金融风险主要指由自然灾害、政治因素、科学技术、经济运行过程等一系列客观因素所带来的金融风险；主观金融风险主要指经济行为主体自身经营管理不善或受投机因素的干扰，或是自身心理预期失误等原因所引起的金融风险。

（4）根据金融风险的性质可以将金融风险划分为系统性金融风险和非系统性金融风险。其中，系统性金融风险亦称不可分散风险，是指能使整个金融系统甚至整个地区或国家的经济主体都遭受损失的风险；非系统性金融风险亦称可分散风险，是指某个企业或产业特有的风险，对于这类风险，投资者可以通过多样化的策略来避免遭受损失。

（5）根据金融风险的层次可以将金融风险划分为微观金融风险和宏观金融风险。其中，微观金融风险指微观金融主体所遭受的风险；宏观金融风险有静态和动态之分，静态上主要指主权国家对本国金融领域是否具有较强的控制力度，动态上指金融是否实现质和量的协调发展以及使主权国家在长期内实现动态的经济和社会效益的最大化。

拓展阅读12-1

强化金融稳定保障体系　守住系统性风险底线

过去5年，中国人民银行坚持以习近平新时代中国特色社会主义思想为指导，坚决贯彻落实党中央、国务院决策部署，按照“稳定大局、统筹协调、分类施策、精准拆弹”的基本方针，会同有关部门打好防范化解重大金融风险攻坚战，不断强化金融稳定保障体系，有效应对复杂严峻的国内外形势和新冠肺炎疫情的冲击考验，维护了金融安全稳定发展大局，为金融业持续健康发展营造了安全稳定的良好环境。

1）精准有效处置重大金融风险

遵照党中央、国务院部署要求，中国人民银行会同有关部门，坚决打好防范化解重大金融风险攻坚战，精准有效处置重大金融风险，全面清理整顿影子银行和非法金融活动。经过3年集中攻坚，系统性金融风险上升势头得到遏制，金融业脱实向虚、盲目扩张态势得到根本扭转，牢牢守住了不发生系统性金融风险的底线。

一是有效处置重点高风险集团风险。对“明天系”、“安邦系”、“华信系”、海航集团等资产负债规模大的高风险企业集团进行“精准拆弹”。果断接管包括包商银行在内的10家“明天系”金融机构；新设大家保险对安邦集团实施拆分和重组；完成华信集团整体合并破产，保障全体债权人依法公平受偿；海航集团破产重整执行完毕，老股东权益清零，保障了债权人权益，保证航空主业安全运营，维护了社会稳定。

二是有序推动中小金融机构改革化险。顺利完成恒丰银行等重点金融机构风险处置。哈尔滨银行、甘肃银行财务重组和增资扩股方案顺利实施。2020—2022年新增5 500亿元地方政府专项债券，专项用于补充中小银行资本金。支持配合相关地方政府推动中小金融机构改革化险，高风险中小金融机构数量总体下降。

三是全面清理整顿影子银行和非法金融活动。出台资管新规及配套实施细则，统一资产管理业务监管标准，重点拆解高风险影子银行业务和交叉性金融产品，“类信贷”特征的高风险影子银行较历史峰值压降近30万亿元。互联网金融风险专项整治工作顺利完成，近5 00家P2P网贷机构全部停业。严厉打击非法集资，过去5年累计立案查处非法集资案件2.5万起。

2）加强维护金融稳定制度机制建设

5年来，防范化解金融风险体制机制建设有力推进，金融法治建设持续加强，宏观审慎管理制度框架进一步完善，金融风险监测、评估、预警体系不断健全，风险防范化解工作迈上制度化、法治化轨道，金融稳健运行的制度基础不断夯实。

一是金融稳定立法工作成效显著。中国人民银行和相关部门持续推进金融稳定立法，相关工作取得重要进展。2022年12月，全国人大常委会对金融稳定法草案进行第一次审议。草案总体思路是坚持党对金融工作的集中统一领导，统筹发展和安全；坚持问题导向和系统观念，着力完善金融风险事前防范、事中化解和事后处置全流程全链条的制度安排；坚持市场化法治化方向，压实相关方的风险处置责任，既防范系统性风险又防范道德风险；坚持权责一致，立足国情，依法合理界定职责分工，健全协调配合的工作机制。

二是实施并完善存款保险制度。截至2022年9月末，全国共有4 015家投保机构，存款保险50万元偿付限额能够为99.3%的存款人提供全额保障。持续加大存款保险宣传力度，公众认知度和公信力显著提升，2020年11月，存款保险标识全面启用，存款保险宣传常态化、机制化格局初步形成。不断完善风险差别费率机制，早期纠正成效初显，通过要求投保机构及时采取补充资本、控制资产增长、控制重大交易授信、降低杠杆率等措施化解风险，累计推动数百家机构退出问题投保机构名单。探索发挥存款保险市场化、法治化处置平台作用，支持重点区域和机构风险化解。

三是设立金融稳定保障基金。金融稳定保障基金定位于由中央掌握的应对重大金融风险的资金，资金来自金融机构、金融基础设施运营机构等主体，与存款保险基金和相关行业保障基金双层运行、协同配合，共同维护金融稳定与安全。在重大金融风险处置中，金融机构、股东和实际控制人、存款保险基金和相关行业保障基金等各方应依法依责充分投入相应资源。金融风险严重危及金融稳定的，可以按照规定使用金融稳定保障基金。目前，金融稳定保障基金基础框架初步建立，已有一定资金积累，并且已在两个风险处置案例中得到实际运用。

四是不断健全金融风险监测、评估、预警体系。全面评估我国金融体系稳健性状况，自2017年起按季对银行业金融机构开展央行金融机构评级，引导金融机构审慎、稳健经营。2020年年底以来按季对央行金融机构评级1～7级的银行开展风险监测预警，及时识别苗头性风险并采取措施促使大部分银行异常指标回归至行业正常水平。连续11年开展压力测试，覆盖约4 000家银行业金融机构。

五是加强对系统重要性金融机构的统筹监管。批准3家金融控股公司设立许可，稳妥有序开展准入管理和持续监管。出台系统重要性金融机构监管规定，健全完善监管框架。加强金融基础设施统筹监管与建设规划，推动形成布局合理、治理有效、先进可靠、富有弹性的金融基础设施体系。发布《全球系统重要性银行总损失吸收能力管理办法》，提高全球系统重要性银行服务实体经济和抵御风险的能力。

3）下一步工作思路

下一步，中国人民银行将全面贯彻落实党的二十大和中央经济工作会议精神，坚持稳字当头、稳中求进，有效防范化解重大经济金融风险，强化金融稳定保障体系。持续化解重点企业集团和金融机构风险，进一步推动深化金融机构改革，稳步推进金融立法工作，持续强化金融业审慎监管和行为监管，坚持“治已病”和“治未病”相结合，健全金融风险预防、预警、处置、问责制度体系，补齐金融风险防范化解制度短板，坚决守住不发生系统性金融风险的底线。

资料来源：中国人民银行货币政策分析小组. 中国货币政策执行报告（2022年第四季度）[R/OL].［2023-10-23］. https://www.gov.cn/lianbo/bumen/202305/content_6874050.htm.

微课 12-1

金融危机

12.1.3 金融危机

金融脆弱性表明金融已经具有不稳定性，但不等于金融危机。从金融脆弱到金融危机有一个演化过程。金融危机的爆发以金融脆弱性积累到一定程度为条件，但最终在何时发生，还需要某个或某些触发点。某些突发的金融事件，如特大企业的倒闭、欺诈丑闻的揭露等造成公众信心动摇，往往就是这样的触发点。金融体系越脆弱，金融危机发生的可能性越大，人们提防它出问题的警觉性就越强。

1）金融危机的含义

金融危机的内涵很丰富，至今还没有一个准确的定义。经济学家雷蒙德·戈德史密斯（Raymond Goldsmith）指出，金融危机是“所有或绝大部分金融指标的一次急剧的、短暂的、超周期的恶化，这些指标包括短期利率、资产（股票、房地产）价格、厂商的偿债能力以及金融机构的破产等”。弗雷德里克·S. 米什金（Frederic S. Mishkin）认为金融危机的结果是金融市场不能有效提供资金向最佳投资机会转移的渠道，从而对整个经济造成严重破坏。

《新帕尔格雷夫经济学大辞典》对金融危机的定义是“全部或大部分金融指标，如短期利率、资产（证券、房地产、土地）价格、商业破产数和金融机构倒闭数的急剧、短暂和超周期的恶化”。这个定义说明了金融危机所具有的三层含义：一是金融危机是金融状况的恶化；二是金融危机爆发时金融恶化涵盖了全部或大部分金融领域；三是金融危机爆发时金融恶化具有突发的性质，它是急剧、短暂和超周期的。判断金融危机的标准是这种恶化的严重性在金融领域的表现程度，以及对物价体系、信用关系、资本市场、国际收支乃至整个国民经济所造成的影响。

《新帕尔格雷夫经济学大辞典》还对金融危机作了一个补充性的描述：“外国资产持有者大量抛出资产——通常是货币和债券——以逃避用某种货币为计价单位的资产而出现的国际金融危机……由于没有国际上的最终贷款者出来，或者它的力量不够强大，结果债务紧缩越来越严重，终于导致长期的衰退。”从这一定义可以看出，当前的金融危机是指在金融市场上，由金融秩序不完善、市场机制不健全、交易风险管理水平差、国际游资冲击等原因而引起各种程度不同的金融混乱现象。其表现是银根收紧、银行发生挤兑或停兑、金融机构倒闭、固定汇率制度崩溃、外汇储备耗尽等。

2）金融危机的分类

根据金融危机的性质和内容，我们可以把金融危机分为以下五大类：货币危机、银行业危机、债务危机、资本市场危机和系统性金融危机。

（1）货币危机。货币危机的概念有狭义和广义之分。狭义的货币危机与特定的汇率制度相对应，其含义是，实行固定汇率制的国家，在非常被动的情况下，对本国的汇率制度进行调整，转而实行浮动汇率制，而由市场决定的汇率水平远远高于原先所刻意维护的水平，这种汇率变动的影响难以控制、难以容忍，这一现象就是货币危机。广义的货币危机泛指汇率的变动幅度超出了一国可承受的范围这一现象。

（2）银行业危机。银行业危机指银行不能如期偿付债务或迫使政府出面提供大规模援助，以避免违约现象的发生，一家银行的危机发展到一定程度，可能波及其他银行，从而引起整个银行系统的危机。银行业危机具有多米诺骨牌效应。各金融机构之间因资产配置形成复杂的债权债务联系，使得资产配置风险具有很强的传染性，一旦某个银行类金融机构资产配置失误，不能保证正常的流动性头寸，单个或局部的金融困难就可能演变成全局性的金融动荡。

（3）债务危机。债务危机是指债务人不能按时偿付债务而引起的恐慌和危机。由于经济形势和市场行情发生变化，如果众多的债务人不能按期支付利息和本金，就会危及债权人的资产安全和正常收益。债权人因此对债务人失去信心，不愿对旧的债务展期或提供新的信贷，即使愿意提供更多的贷款，也会附加苛刻的条件，结果使得众多债务人的资金链断裂，直至破产倒闭，酿成灾难性的后果。

（4）资本市场危机。资本市场危机主要指股票市场危机，表现为人们丧失了对资本市场的信心，争先恐后地抛售所持有的股票，导致股票价格在短期内出现大幅下降而形成的危机。

（5）系统性金融危机。系统性金融危机往往表现为上述几种危机的混合体，现实中常常是一种危机先爆发从而带动其他危机爆发。系统性金融危机一方面会严重损害一国的经济金融利益，另一方面在一定程度上暴露出该国所面临的深层次结构问题，且极易升级为社会动荡和政治危机。

拓展阅读12-2

杠杆的故事

——《这次不一样：八百年金融危机史》读书笔记

《这次不一样：八百年金融危机史》是一本关于金融危机的史书，它言简意赅地介绍了近30年来世界各国的经济危机并入木三分地带领我们深入分析其爆发的原因，以史为镜来映射未来中国经济的发展方向。

近年来，中国经济持续快速增长，整体杠杆率水平提高，但是杠杆率短时间内提高速度过快容易产生资产价格泡沫，加剧金融体系的脆弱性，因此中国不适宜效仿发达国家推出大规模的财政刺激计划。该书的作者莱因哈特认为

“从债务不耐的角度来看，这种操作是值得警惕的，不断扩大的财政赤字将使国家债务接近阈值，这预示着严重的债务偿付困难”。作者通过梳理发现历史上每次经济危机基本上可以归结为一个或几个部门的杠杆危机。推动不同经济部门杠杆率上升的原因并不相同，作者仔细梳理了不同经济部门杠杆危机产生的原因，并结合具体的历史背景进行了分析探讨。

1）金融部门杠杆危机引发银行业危机

书中指出，金融部门是一国杠杆水平最高的部门，也是最脆弱的经济部门，还是其他经济部门创造杠杆的加速器，每个经济部门的杠杆创造都离不开金融部门的参与。2007年美国次贷危机爆发后，越来越多的研究将危机爆发的原因归结为金融机构去杠杆化的过程。在经济前景较好时，金融资产规模大幅增长，金融市场需求旺盛，推动金融资产价格上升。资产价格上升通过资产负债表中的净资产表现出来，金融中介机构针对预期风险和资产价格的变化积极地管理它们的资产负债表，加速借贷，使其杠杆率水平在经济繁荣时期迅速提高。在经济不景气的时候，金融市场避险情绪上升，金融机构提供资金的意愿下降，同时金融机构的巨额金融资产难以出售，风险难以评估，使得信贷紧缺的影响蔓延至实体经济部门，这就是作者所描述的“银行等金融业危机对资产市场（特别是房地产价格）和实体经济的影响是有滞后效应的，且迁延不止，但毫无疑问，政府收入会受到严重的负面冲击”。因此，金融机构为了提升自有资本覆盖资产损失的能力，大规模去杠杆化的负反馈效应放大了金融市场的下跌幅度，也将流动性紧缺从资本市场传导至整个金融系统，最终影响实体经济。（2007年美国次贷危机）

2）政府部门杠杆过高引发债务危机

书中对经济危机梳理出的第二点原因是政府部门杠杆过高引发债务危机。从世界银行对105个国家1990—2011年数据的统计分析来看，高杠杆率对经济增长的负面影响十分明显：各国过去20年平均经济增长率和经济总杠杆率呈负相关，可见高杠杆率通常意味着低经济增长率。2010年，美国国家经济研究局的罗戈夫（Rogoff）教授在《债务时代的增长》（Growth in a Time of Debt）一文中，对44个国家过去两个世纪的数据进行了研究分析，结果显示，当政府债务占GDP的比重在90%以上时，无论是发达经济体还是新兴经济体，经济增速的中位数将下降一个百分点，其中发达国家经济增速的平均值则下降四个百分点，而新兴经济体的外债占GDP的比重达到60%以上时，经济平均增速将下降两个百分点，通货膨胀率也会随政府债务增加而急剧上升。（2011年欧洲主权债务危机）

3）非金融企业部门杠杆危机引发产能过剩

作者认为造成经济危机的第三点原因是非金融企业部门杠杆危机引发产能过剩。非金融企业部门杠杆水平过高的风险隐患主要表现为：非金融企业在去杠杆过程中会加大产能过剩风险，加剧经济金融体系的脆弱性。在经济繁荣时期，需求旺盛，产品价格上升，企业预期未来收益率上升，这时候企业通过信贷、发行债券等杠杆手段扩大投资，实现产能扩张。一旦经济下滑或者产能过度扩张，产品供大于求、价格下降，企业盈利能力下降，利润也开始下滑，预期未来投资收益率也会下降，这时企业将会减少借贷，降低投资，去杠杆去产能。企业部门去杠杆的过程非常激烈，常常伴随着行业大规模的债务重组甚至破产清算，一旦波及金融系统，将会出现大面积的银行坏账和股票债券贬值，最终爆发债务和金融危机。（美国历史上因非金融企业杠杆率过高爆发的四次产能过剩危机）

4）居民部门杠杆危机引发房地产泡沫

作者论述的第四点原因是房地产泡沫。与其他经济部门相比，居民部门的杠杆水平偏低。居民部门是其他经济部门的资金净提供者，主要通过按揭贷款等杠杆交易购买住宅或者耐用消费品，或是通过融资融券或场外配资等杠杆交易购买股票等金融资产，无形中这也会提高居民部门的杠杆水平。由于房地产在居民资产中占据重要地位，居民部门的杠杆水平通常与房地产市场的变化密切相关。以我国为例，居民部门杠杆来源主要为银行贷款，其中一半以上为购房贷款。这表明，房地产需求带动了居民部门杠杆水平的上升。一般在爆发危机之前，在房地产价格稳定上涨的预期下，居民部门可以通过贷款购买住宅，通过推动房价上涨获得租金收入和资本利得，同时居民的偿还能力也得到改善，这时居民部门的杠杆水平较低。在经济繁荣的大环境下，房地产价格会出现一个持续上涨的周期，这一时期资产价格和居民部门的杠杆水平形成正反馈效应，居民部门的杠杆水平上升有助于推动房地产价格的进一步上涨。但是，一旦出现外部冲击（如经济下滑），房地产价格开始下降，房地产泡沫破灭，居民部门的杠杆水平会快速上升，财富将会受到重创。这就是作者所说的“土地价格下跌会使企业的抵押品价值缩水，进而导致投资削减，并造成土地价格进一步下跌”。在居民杠杆率超过40%的国家中，日本、西班牙、英国和美国都经历了居民杠杆率快速上升最终导致房地产泡沫产生和破灭的过程。（1989年日本房地产泡沫）

资料来源：郑嘉伟. 杠杆的故事——《这次不一样：八百年金融危机史》[EB/OL]. [2023-10-23]. https://baijiahao.baidu.com/s?id=1708033235658125501&wfr=spider&for=pc.

3）金融危机的形成过程

一般来讲，金融危机的形成过程可分为4个阶段，即危机潜伏阶段、危机爆发阶段、危机扩散阶段和经济复苏阶段。

第一，危机潜伏阶段。危机潜伏阶段在金融危机爆发之前，往往表现为国内经济形势一片大好，国内生产总值增速明显，房地产欣欣向荣，股价涨势喜人，整个社会呈现出一种普遍乐观的心理，而政府的扩张性货币政策或对金融监管的放松助长了这一乐观情绪。其基本特征是经济持续增长，外部资金大量涌入，信贷投放快速增长，投资规模极度膨胀，资产价格飙升。各种经济数据一片向好催生了投资者的乐观情绪，市场出现投资狂热现象，非理性投资行为占据了主导位置。

这种乐观的情绪具有传染性（或叫“羊群效应”）。查尔斯·麦凯伊（Charles Mckay）在其《过度幻觉与群体疯狂》（Extraordinary Popular Delusions and the Madness of Crowds）一书提到了英国南海泡沫事件中投资者乐观情绪传染的一个例子：银行家马丁（Martin）在1792年8月第三次南海股票认购时说，当世界上其他人都发疯时，我们必须以某种方式效仿他们。某些事件的发生增强了市场信心，导致市场盲目乐观，确信未来经济会繁荣，因此人们进一步认为有必要加大投资。结果，金融机构接受了在理性环境下一般不会接受的流动性较低的负债结构，经济开始扩张，不断繁荣，直至过热。伴随着投资过热，人们的欲望随之增大，市场上的欺诈行为应运而生。一旦欺诈行为被曝光，市场将可能出现混乱，并往往引发突发性崩溃和恐慌情绪。除了南海泡沫事件，日本“失去的十年”（1991—2000年）以及2007年美国次贷危机，都出现了各种各样的欺诈行为。

第二，危机爆发阶段。泡沫终归是泡沫，虽然美丽但最终难以摆脱破灭的宿命。任何一次金融危机基本都遵循这样一个逻辑：经济政策放松，信贷扩张—经济繁荣，资产价格泡沫形成—经济政策反转，预期改变—资产泡沫破灭，金融危机爆发—金融机构破产，信贷（流动性）紧缩—危机向实体经济扩散（导致经济下滑或衰退）。在危机爆发阶段，市场一般呈现出两大特征：一是预期变化往往是引发危机的直接原因；二是房地产市场、股票市场及外汇市场是危机爆发的导火索。继投资过热、经济繁荣之后，由于外部冲击或其他某种因素改变了市场参与者的预期，资产泡沫破灭，金融危机爆发。历次金融危机的事实表明，房地产市场、股票市场及外汇市场是金融危机爆发的导火索。在银行业危机中，房地产泡沫、股市泡沫的破灭无疑是引发金融危机的源头；在货币危机或债务危机中，危机爆发国的货币往往成为国际投机者的狙击对象，进而可能引致银行危机。以日本金融危机为例：1989年5月至1990年8月，日本银行5次上调中央银行贴现率至6%，由此，日本经济就像一只膨胀的气球被猛扎数针，房地产价格、股票价格暴跌，金融危机全面爆发。东南亚金融危机的爆发则始于汇率贬值。1997年7月2日，泰国中央银行放弃泰铢与美元挂钩的联系汇率制，代之以浮动汇率制，从而导致泰铢大幅贬值，外汇市场、股票市场、房地产市场泡沫破灭，并引发金融危机，成为亚洲金融危机的导火索。

第三，危机扩散阶段。随着经济全球化的深入发展，各国在经济、金融方面的联系越发密切，金融危机扩散日渐成为一种普遍现象，危机一旦爆发，将不再限于危及一国内部，还迅速扩散到其他国家和地区，演变成区域性乃至全球性金融危机。无论是1992年爆发的欧洲金融危机、1994年爆发的墨西哥金融危机、1997年爆发的亚洲金融危机，还是2007年爆发的美国次贷危机，都是从发源地迅速向周边国家扩散、传导，给周边国家甚至世界经济发展带来了极为严重的负面影响。

第四，经济复苏阶段。金融危机严重的国家，在不断修复之后逐步进入危机发展的第四阶段。此时面对的关键问题是，如何消除金融危机的影响，提高金融体系的效率和稳定性，促进并保证受到打击的世界经济能够恢复和发展。从历史的经验来看，金融危机爆发一段时间后，都会引起危机国实体经济的下滑或衰退，经过政府的救市以及经济的自我调节，经济逐步恢复稳定，市场利率降低，经济上升态势开始显现。在这一阶段，金融危机的负面影响即将结束。随后，市场参与主体的信心逐步恢复，对未来的经济形势不再过度悲观，投资者的投资热情被市场调动，消费者的消费能力也逐步被市场挖掘，整个市场逐渐恢复。

4）金融危机的防范

纵观20世纪90年代中期以来发生的金融危机，可以得出一个结论，金融全球化增加了危机在新兴市场国家爆发的可能性。金融危机的巨大破坏力使各国都在加紧研究和制定防范危机的政策措施，以尽量避免本国经济遭受大规模冲击的威胁。

第一，建立金融危机的预警机制。金融危机往往给经济带来沉重的打击，如何构造一套预警指标体系，使一国金融监管当局能在危机发生前有所准备，成为危机后人们关注的一个热点。金融危机预警系统是应用某种统计方法预测某国或某个经济体在一定时间范围内发生货币危机、银行危机以及股市崩溃的可能性大小的宏观金融监测系统，除指标体系以外，还包括必要的法律框架和组织结构等制度安排。

构造指标体系的主要步骤是对一系列备选指标进行系统分析，选出其中在统计上显著的指标。选择哪些指标进行分析，在很大程度上取决于人们对危机起因的理解，但这些指标必须是易于测量的，且测量时应是确定的。一般来说，这些指标主要包括国际储备的变化、实际汇率、国内信贷、对公共部门的信贷、国内通货膨胀率、短期外债与国内生产总值的比例、贸易差额、出口、货币供给增长率、国内生产总值增长率、财政赤字等。把这些指标组合成一套预警指标体系，并力求恰当地赋予这些指标一定的权重，才有可能计算出在某一特定时间后的24个月中发生金融危机的概率。

第二，改善政府宏观调控。金融是现代经济的核心，金融危机的实质在于宏观经济结构和经济体制内在矛盾、问题的暴露和凸显，其产生缘于作为微观经济基础的企业缺乏活力和市场竞争力。因此，防范金融风险、保持金融稳定的关键在于健全和完善市场经济体制，以适应加快和变化的经济全球化进程。从发展趋势来看，随着经济全球化、区域化进程的加快，一方面是协调与合作加强，另一方面是竞争和风险增多。无论是新兴市场国家还是发展中国家都要注重开拓国内市场，也要坚持对外开放，积极参与全球贸易、投资和金融自由化的进程；必须适应经济金融全球化的进程，进一步完善经济体制，充分发挥市场机制的作用，改善政府的宏观调控。政府的职能包括：一是制定和执行宏观经济政策；二是建立健全法律法规，保持平等竞争和稳定的社会环境；三是通过实施产业政策，提高产品在全球市场的竞争力。这样，通过改善政府的宏观调控，避免泡沫经济，促进国际收支平衡，保持经济结构合理、健康，形成保持金融稳定的宏观经济结构和微观经济基础。

第三，强化金融监管。提高透明度，健全金融法律法规体系和金融监管体系。透明度的提高有利于市场信息的公开、传播和对称，促进市场经济健康快速发展。落实透明度原则，需要健全的金融法律法规体系和金融监管体系，使各类金融机构按照国际统一标准报告真实数据，从而使金融监管机构有效地采取应对措施，化解金融风险。在亚洲金融危机中，日本、韩国的一些金融机构隐瞒不良资产，透明度不够，也是导致其金融动荡的一个重要原因。因此，我们要吸取各国经验教训，并结合中国实际，逐步建立统一的金融监管体制，完善各项监管手段，制定金融风险国内、国际预警指标体系，增强防范化解金融风险的针对性和快速反应能力。

第四，完善市场退出机制。在发生金融危机时，一些金融机构退出市场是难免的。市场退出可以由其他同业机构或特别处理机构来实施，如由健康金融机构以承担债务为条件通过兼并、收购化解有问题机构的不良资产，达到维护存款人利益和社会公众信心、稳定整个金融体系的目的。在发生严重金融危机时，通常成立一些临时性的特别处理机构，专门负责处理这些问题，其职责在于通过接收、托管、拍卖、回收陷入困境的金融机构的全部资产负债业务，以最低的成本化解金融危机。

12.2 金融监管概述

金融系统的脆弱性决定了金融系统需要政府予以监督管理，以维持社会公众的信心，从而维持金融安全。随着现代科技的发展和金融创新的不断涌现，金融业务之间的界限不断被打破，金融机构之间的区别日益模糊，金融国际化不断加速，国际资本流动规模不断扩大，金融领域的风险急剧增大，通过监管保证金融业的稳健运行成为确保经济与社会健康发展的关键。

12.2.1 金融监管的含义

金融监管（financial regulation；financial supervision）有狭义和广义之分。狭义的金融监管是指中央银行或其他金融监管机构依据法律法规的授权对整个金融业（包括金融机构以及金融机构在金融市场上所有的业务活动）实施的监督管理。广义的金融监管在上述监管之外，还包括金融机构的内部控制与稽核、同业自律性组织的监管、社会中介组织的监管等。就广义的金融监管而言，其体系一般包括金融监管机构的监管、行业自律组织的监管、中介机构的监督以及社会舆论的监督。

1）金融监管机构的监管

金融监管机构的监管主要指中央银行或其他金融监管机构依法对金融业进行的监管。金融监管机构有效进行监管的关键在于及时、准确掌握金融机构的财务状况和业务经营情况。《中华人民共和国银行业监督管理法》第三十三条规定："银行业监督管理机构根据履行职责的需要，有权要求银行业金融机构按照规定报送资产负债表、利润表和其他财务会计、统计报表、经营管理资料以及注册会计师出具的审计报告。"《中华人民共和国商业银行法》第五十五条规定："商业银行应当按照国家有关规定，真实记录并全面反映其业务活动和财务状况，编制年度财务会计报告，及时向国务院银行业监督管理机构、中国人民银行和国务院财政部门报送。"

金融监管机构获得信息的途径，主要是要求被监管的金融机构报告财务信息、管理信息和公众举报等。在绝大多数情况下，金融监管机构是从监管客体处依法通过强制手段获得需要的信息，并通过对这些财务信息的分析发现问题。金融监管机构通过对金融机构财务报表的数据进行汇总、计算和对比，综合分析、评价其财务状况和经营成果。财务报表分析是从财务角度对金融机构的工作业绩或经营状况进行评估。一家经营有方的金融机构，能保持在承担有限金融风险的条件下获取稳定的收益，或在收益相同的情况下承担较低的风险。虽然金融机构的财务报表提供了可供分析的第一手资料，但它是一种历史静态文件，只能概括反映一家金融机构在一段时间内的财务状况与经营成果，不足以作为监管者评估的全部依据，还需要通过现场检查方式获取更加详细和准确的信息。

2）行业自律组织的监管

在金融监管机构难以全面覆盖的“软”范围内，可通过行业自律组织对金融机构进行约束。可以说，行业自律组织的监管是金融监管机构监管的补充与延伸，加强金融监管与提倡行业自律并行不悖。各类行业自律组织以职业道德为支柱，形成自检互检制度，能起到防患于未然的作用。

行业自律组织发挥监管作用的主要方式是制定自律规则，实现内部自我约束和自我监督。许多国家和地区通过立法对行业自律组织加以规范，大部分国家和地区的行业自律组织都充当金融监管机构的协调机构，有些国家和地区的行业自律组织还发挥监督作用。例如，法国1984年的《银行法》规定，银行同业公会、国家信贷互助联合会、中央城乡互助信贷联合会都属于行业自律组织。这些行业自律组织与金融监管机构协作，负责监督行业内成员遵守法律法规，保证行业内成员具有偿付能力，对成员的财务和行政方面进行内部监督，并有权对违反法律法规的金融机构给予处分。中国香港规定，银行公会享有以下自律权：与香港特区政府财政司协商后制定会员银行的存款利率协议，并负责监督执行；在征得财政司的同意后，制定有关银行业的业务规章，包括银行的各种佣金和费用；调查和处理会员银行的违章事件和对会员银行的投诉。

行业自律组织进行监管的途径主要是通过金融同业成员相互之间的信息交流和磋商，利用共享的财务资料与管理经验等揭示经营中可能存在的风险，并加以防范。金融行业成员尽管会对涉及各自商业机密的资料予以保密，但是鉴于行业共同利益的需要，仍能够实现较好的真实信息交流。

3）中介机构的监督

能够对金融机构起监督作用的中介机构包括审计事务所、会计师事务所、律师事务所和外部评级机构等。

中介机构的监督在金融监管中发挥以下3个方面的作用：

（1）信息鉴证。以金融监管机构对商业银行的开业管理为例，许多国家的银行法律规定，开业申请人须向金融监管机构提供由会计师事务所或审计事务所出具的有关开业的各种信息和真实性报告。

（2）法定审计。各国公司法普遍规定，公司年度财务报表要经过审计事务所的稽核，金融机构也不例外。许多国家的银行法律规定，商业银行要向金融监管机构递交近期经过审计事务所审计的年终财务报表，以备检查。一般来说，金融机构应在决算日之后的3～6个月之内，向金融监管机构递交经过审计事务所审计的财务报表。若未能遵守这一规定，可能会被处以罚款或接受其他更严厉的处罚。

(3) 监管审计。审计事务所为满足金融监管需要而对金融机构进行的检查，称为监管审计。各国金融法都有规定，金融监管机构有权要求商业银行等金融机构提供由会计师事务所、审计事务所出具的报告。监管审计的范围、内容和频率都由金融监管机构决定，一般会征求被稽核金融机构的意见。监管审计的范围和频率应根据金融机构的性质、规模和记录等确定。对于规模较小的金融机构，一般每年进行一次审计；对于规模较大的金融机构，可以将其纳入"滚动性检查计划"。

金融监管机构可借助中介机构审计、核实金融机构的财务会计报表及相关数据，对金融机构实施现场检查，并对金融机构进行外部评级，提高金融信息披露的客观性和权威性，强化市场约束。中介机构协助金融监管机构从事金融监管业务，必须取得金融监管机构的资格认定，资格标准包括：①具有金融业务知识或经验的注册会计师（或审计师、评估师）；②具有较好的金融审计记录和声誉；③具有良好的职业道德和规范；④能够与金融监管机构积极配合。经过金融监管机构资格认定的中介机构可协助承担部分金融监管职责，包括报表审计和现场检查等。金融监管机构监督中介机构提交的金融审计报告的质量。中介机构必须按照客观、公正和诚实的原则，认真履行职责，接受金融机构的委托进行审计和评价，及时、客观地向金融监管机构报告工作，向金融机构收取费用。如果发现中介机构有不真实的审计报告，应取消其从事金融机构审计业务的资格。

4）社会舆论监督

社会舆论监督是指动员全社会关心和协助金融监管，通过建立举报制度和查处程序形成社会监督威慑力，督促各金融机构依法经营。社会舆论监督的主体是与金融机构存在业务往来关系的个人与单位。公众可以阅读金融机构公布的资料，通过报纸、杂志、广播、电视等媒体对一些不正常的情况予以曝光，进行舆论监督。社会舆论监督体系能否进行有效监管取决于被监管的金融机构披露的信息的可信度和准确度。

社会舆论监督体系是金融监管体系的重要组成部分，通过大众媒体等向金融监管机构传递金融机构经营中出现问题的信息，对于及时发现问题和避免金融违规现象，具有不可替代的积极作用。

12.2.2 金融监管的原则

金融监管的原则是指监管主体在金融监管活动中应当遵循的价值追求和基本行为准则。金融监管应该坚持以下几个基本原则：

1）依法监管原则

对金融业的监督管理，必须以法律法规为依据。金融监管当局实施监管必须依法行事，保证监管的权威性、严肃性、强制性、一贯性和有效性。

2）适度竞争原则

金融监管当局应着力维护、培育和创造一个公平、高效、适度、有序的竞争环境，既要避免造成金融业高度垄断，排斥竞争，从而丧失效率与活力，又要防止出现过度竞争、破坏性竞争，从而波及金融业的安全和稳定。

3）内部控制和外部监管相结合的原则

一般情况下以内部控制为主，外部监管为辅，实现金融机构内部控制和监管当局外部监管的有机结合。

4）综合性监管原则

金融监管当局应将行政的、经济的和法律的手段综合配套使用，在操作方式上要将各种不同的管理方式和技术手段综合配套使用。

5）安全稳健与风险预防原则

围绕安全稳健这一金融监管的基本目标，运用各种监管技术手段和指标体系致力于实现有效的风险预防管理，促进金融业安全稳健运行。

6）社会经济效益原则

有效的金融监管能够将促进金融企业发展和社会经济发展有机结合起来从而提高社会经济效益。

12.3 金融监管内容

金融监管内容可进行以下分类：一是按监管范畴划分为金融机构行政监管和业务监管。前者是对各金融机构的设立、撤并、升格、降格、更名、迁址、法人资格审查、证章牌照管理、业务范围界定、资本金年审等的监管；后者是对金融机构的经营范围、存贷款利率、结算、信贷规模、资产负债比例、现金、信贷资产质量、经营风险、账户、业务咨询、存款准备金等的管理、监测和检查。二是按监管性质划分为合规性监管与风险性监管。前者包括对金融机构设立的审批、信贷资金管理、中央银行基础货币监管、结算纪律监管、账户管理监管、外汇外债监管、金融市场监管、社会信用监控、金融创新规范化监管、章证牌照真实性检验等；后者包括监测金融机构的资本充足性、资产流动性、资产风险性、经营效益性等风险性指标。三是按监管的主要内容或范围划分为市场准入监管、市场运作过程监管和市场退出监管。

下面将从监管的内容或范围来介绍金融监管。

12.3.1 市场准入监管

金融机构作为特殊企业，先聚集社会闲置资金再将其运用于社会之中，具有债务主体和债权主体双重身份，特别是作为债权主体如在资金营运过程中稍有不慎，则会产生巨大风险，影响其偿还债务，严重的将会引发金融危机，造成社会经济动荡。因此，金融监管机构必须加强对金融机构的监管。

所有国家对金融机构的监管都是从市场准入开始的。市场准入是指政府行政管理部门按照市场运行规则设立或准许某一行业及其所属机构进入市场的一种管制行为。各个国家的金融监管机构一般都参与金融机构的审批过程。金融机构的设立申请条件主要包括：一是注册资本（营运资本），主要监管资本充足率指标；二是拥有素质较高的管理人员；三是具有最低限度的认缴资本额。对新设金融机构的审批即“市场准入”。

新金融机构的入市会加剧竞争，提高金融业的效率，但也会增大金融风险。在市场需求没有大幅增长的情况下，新金融机构的过量进入必然会导致行业的平均盈利水平降低，从而使抵御风险能力减弱。如果让先天不足的金融机构进入市场，则意味着在金融体系中埋下了严重的安全隐患。对金融机构市场准入的控制是进行有效金融监管的首要环节。把好市场准入关，可以事先将那些有可能对金融体系健康运转造成危害的机构排除在外。金融机构市场准入监管的目标是通过在金融机构审批环节对整个金融体系实施有效的控制，保证银行、信托投资公司及其他金融机构的数量、结构和规模符合国家经济金融发展规划和市场需要，并与金融监管机构的监管能力相适应。

设立金融机构、从事金融业务必须有符合法律规定的章程，有符合规定的注册资本最低限额，有具备任职专业知识和业务工作经验的高级管理人员，有健全的组织机构和管理制度，有符合要求的营业场所、安全防范措施、与业务有关的其他设施。其中，资本金、高级管理人员任职资格和经营业务范围是核心内容。资本金监管包括注册资本最低限额管理和金融机构股东资格管理。高级管理人员任职资格监管是指对拟任金融机构董事长、副董事长、行长（总经理）、副行长（副总经理）以及分支机构行长（总经理）、副行长（副总经理）人选的资格进行审查和确认。经营业务范围监管指核定新增金融机构的业务范围。一般来讲，非银行金融机构不允许吸收公众存款，但对于银行能否从事非银行业务，各国法律规定不尽相同。

12.3.2 市场运作过程监管

金融机构经批准开业后，金融监管机构还要对金融机构的运作过程进行有效监管，以便更好地实现监管目标。例如，对商业银行的监管一般包括资本充足率监管、流动性监管、业务范围监管、贷款风险控制、外汇风险管理、准备金管理和存款保险管理。

1）资本充足率监管

资本充足率是资本总额与加权风险资产总额的比率。资本充足率反映商业银行在存款人和债权人的资产遭到损失之后，该银行能以自有资本承担损失的程度。对于商业银行的资本金，除注册时要求的最低标准外，一般还要求商业银行自有资本与资产总额、存款总额、负债总额以及风险投资之间保持适当的比例。商业银行在开展业务时要受自有资本的制约，不能脱离自有资本而任意扩大业务。在这方面，1988年《巴塞尔协议》关于核心资本与风险资产总额的比率、资本（核心资本加附属资本）与风险资产总额的比率分别为4%和8%的规定，已经被世界各国普遍接受，成为对银行监管中资本充足率的最重要、最基本的标准。

2004年6月，巴塞尔委员会发布了第二版巴塞尔资本协议（《巴塞尔协议Ⅱ》），不仅包括原有的8%的资本充足率要求，还提出了监管部门对商业银行资本充足率进行监督检查的规定，在信用风险和市场风险的基础上，补充了对操作风险计提资本的要求。2007年2月28日，中国银监会发布《中国银行业实施新资本协议指导意见》，标志着我国正式启动了实施新资本协议的工程。2010年12月，巴塞尔委员会发布了第三版巴塞尔资本协议（《巴塞尔协议Ⅲ》），强化了资本充足率监管标准的三个要素（提升资本工具损失吸收能力，增强风险加权资产计量的审慎性，提高资本充足率监管标准），明确了三个层次的最低资本要求（核心一级资本充足率为4.5%，一级资本充足率为6%，总资本充足率为8%），并规定商业银行资本充足率不得低于最低资本要求。2012年6月8日，中国银监会发布了《商业银行资本管理办法（试行）》，该办法自2013年1月1日起正式实施，对商业银行资本充足率提出了更高要求。2023年11月1日，国家金融监督管理总局发布《商业银行资本管理办法》，规定商业银行各级资本充足率不得低于如下最低要求：①核心一级资本充足率不得低于5%；②一级资本充足率不得低于6%；③资本充足率不得低于8%。除上述资本充足率监管要求外，商业银行的杠杆率不得低于4%。系统重要性银行在满足上述最低资本充足率要求的基础上，还应满足附加杠杆率要求。

2）流动性监管

各国金融监管机构对商业银行的流动性同资本充足性一样重视。流动性监管既涉及本币流动性，也涉及外币流动性。有的国家对这两个指标分开管理，有的国家合在一起管理，统一规定一个标准。以考查商业银行资产负债期限和利率结构搭配是否合理为基础对流动性进行系统的评价是流动性监管的趋势。

3）业务范围监管

金融机构可以经营哪些业务、不可以经营哪些业务，一般是有限制的。一些国家把商业银行业务与投资银行业务分开，并禁止商业银行认购股票；一些国家则限制银行对工商企业的直接投资。有的国家禁止在银行内把银行业务与非银行业务混合在一起，但允许银行通过控股公司、附属机构等参与某些风险较大的非银行活动；有的国家允许银行经营非银行业务，但限制其投资规模；有的国家对银行经营的业务种类很少施加限制。

4）贷款风险控制

追求最大限度的利润是商业银行经营的直接目的，由于获利越多的资产，风险相对越大，因而大多数国家的金融监管机构尽可能限制金融机构贷款投向的过度集中，通常也限制一家银行对单个借款者提供过多的贷款，以分散风险。分散风险既是银行的经营战略，也是金融监管的重要内容。经验表明，在经济、金融环境不断变化的情况下，任何形式的风险集中都有可能使一家营运正常的银行步入险境。因此，如何对风险集中进行准确的估计和有效的控制，成为近年来备受关注的一个问题。

5）外汇风险管理

在外汇风险领域，大多数国家对银行的国际收支趋向很重视，并制定适当的管理制度，但各自的管理制度有着显著的差别。美国、法国、加拿大等国对外汇的管制较松，而英国、日本、荷兰、瑞士等国对外汇的管制较严。

6）准备金管理

银行的资本充足性与其准备金政策之间有着内在的联系，因此对资本充足性的监管必须考虑准备金因素。金融监管机构的主要任务是确保银行的准备金是在充分考虑谨慎经营和真实评价业务质量的基础上提出的。各国金融监管机构当局普遍认识到准备金政策和方法的统一是增强国际金融体系稳健性的一个重要因素，也有助于银行业在国际范围内的公平竞争。

7）存款保险管理

为了维护存款人权益和金融业的稳健经营与安全，有些国家建立了存款保险制度。存款保险制度主要指在金融体制中设立负责存款保险的机构，规定本国金融机构按吸收存款的一定比率向专门保险机构缴纳保险金，建立存款保险准备金，在金融机构出现信用危机时，由存款保险机构向金融机构提供财务支援，或由存款保险机构直接向存款者支付部分或全部存款，从而保护存款人权益、维护银行信用、稳定金融秩序的一种制度。

存款保险制度是市场经济条件下保护存款人利益的重要措施，是金融安全网的重要组成部分。党的十八届三中全会审议通过的《中共中央关于全面深化改革若干重大问题的决定》和2015年的《政府工作报告》均明确提出建立存款保险制度的要求。实践证明，存款保险制度在保护存款人权益、及时防范和化解金融风险、促进银行业金融机构健康发展、维护金融稳定中发挥了重要作用，已成为国际上普遍实施的一项金融业基础性制度安排。我国《存款保险条例》于2014年10月29日经国务院第67次常务会议通过，自2015年5月1日起正式施行。

12.3.3 市场退出监管

市场退出监管是指金融监管机构对金融机构退出金融业、破产倒闭或合（兼）并、变更等的监督管理。金融机构退出市场，表明该金融机构已经停止经营金融业务，依法处理其债权债务，分配剩余财产，注销工商登记，其最终结果是该金融机构法人资格的消灭。金融机构退出市场的方式可以分为主动退出与被动退出两类。主动退出是指金融机构因为分立、合并或者出现公司章程规定的事由需要解散而退出市场。其主要特点是“主动地自行要求解散”。被动退出是指由于法定的理由，如由法院宣布破产或因严重违规、资不抵债等而遭关闭，金融监管机构依法关闭金融机构，取消其经营金融业务的资格，金融机构因此退出市场。

各国对金融机构市场退出的监管都通过法律予以明确，并且有很细致的技术性规定，归纳起来有以下3类处理方式：

1）对危机金融机构予以拯救

对于陷入困境的大型金融机构，一般先通过各种救助方式予以拯救，破产清算是各国政府竭力避免的市场退出方式。主要的救助措施有重新注资、接管、国有化、收购或合并等。

2）金融机构完全退出市场

在市场经济条件下，少数金融机构的倒闭不仅符合优胜劣汰的市场经济原则，也对提高社会资源配置效率具有重要意义。在这种情况下，政府和金融监管机构应当考虑如何减少金融机构退出市场对金融体系和社会经济的冲击，以及充分保证广大债权人的权益等问题。金融机构主要通过解散、撤销与关闭、破产清算等方式退出市场。

3）放宽对危机金融机构的监管标准

如果通过评估，认为陷入危机的大型金融机构经营管理稳健、人力资本雄厚，为了减少金融机构重组或倒闭带来的负面影响，可以考虑放松对金融机构的管制，在分支机构的设立、跨业经营、存贷款利率以及国内外资金流动等方面，为该机构提供带有一定排他性和垄断性的“特许经营”制度安排。但是，这一选择必须以完善的立法和监管为前提，并辅之以其他手段；否则，片面为挽救危机金融机构而放松管制，会导致金融机构的“道德风险”，形成险上加险的局面。

12.4 金融监管体制

微课12-2

金融监管体制

12.4.1 金融监管体制的构成

金融监管体制是由一系列监管法律法规和监管组织机构组成的体系。它涉及金融监管当局（包括中央银行和其他金融监管当局）、金融监管对象等多个要素。

1）金融监管当局

金融监管当局（financial supervision authority）是依法对金融业实施监督与管理的政府机构，是金融业监督和管理的主体，是政府组织体系的构成部分，具有权威性、公共性和独立性。

中央银行是最早的金融监管当局，而且金融监管本身是推动中央银行制度建立的重要原因。例如，美国联邦储备系统（the Federal Reserve System，FRS）就是为了应对美国越来越恶劣的银行破产事件而成立的。在2007年美国爆发次贷危机之前的几十年中，中央银行的金融监管职能逐渐被弱化，中央银行的货币政策职能则逐渐被强化，尤其是全球主要央行采取“通货膨胀目标制”以来更是如此。所谓通货膨胀目标制，指的是中央银行将通货膨胀作为货币政策的首要目标或唯一目标。此外，由于金融监管过程更多的是微观管理活动，而中央银行是国家的宏观经济管理部门，宏观调控是其职责的重心，为了提高货币政策效率和加大金融监管力度，由中央银行专职货币政策、其他金融监管当局专职金融监管成为许多国家的一种选择。

然而，自2007年美国爆发次贷危机以来，中央银行与金融监管的关系出现了新的变化。尽管中央银行作为宏观金融管理者，依然不关注微观金融机构的具体业务及其所形成的风险，但是当金融机构的业务影响到金融体系的整体稳定时，中央银行则有必要约束该金融机构，因此中央银行的金融监管职能重新得到重视。

中央银行要对金融监管负责主要有两个原因：①中央银行的“最后贷款人”制度使得中央银行有必要对金融机构进行监管。“最后贷款人”是一种事后的补救措施，而且需要中央银行付出较高的成本。为了尽可能降低“最后贷款人”所引发的成本，中央银行需要事前对金融机构从事过高风险的行为进行干预。②中央银行实施货币政策时，需要金融部门来传导。货币政策的实施过程可能影响金融部门的稳定，让中央银行履行一定的监管职能，可以更好地协调中央银行货币政策与金融监管政策。

在世界各国的金融监管历史中，除中央银行之外，财政部、货币政策委员会、证券交易委员会、专门成立的金融监管总局等政府机构都充当过金融监管主体。随着金融业由分业经营逐渐向混业经营演变，旨在维护全局性金融稳定的监管当局逐渐设立。

2）金融监管对象

金融监管对象（object of financial supervision）也称被监管者，是专门从事金融业经营和投资活动的单位和个人，包括金融机构、工商企业、基金组织、投资者和金融活动的关系人等。金融监管对象既包括传统的金融子行业，如银行、保险、证券、期货、信托、基金等的监管对象，也包括新兴的金融业态和需关注的业态等的监管对象。

（1）银行业监管对象

银行业监管对象是从事商业银行业务的金融机构，不管其称谓如何，凡是吸收存款，发放贷款，办理资金清算、信托投资、财务管理业务，参与货币市场融资和交易活动等的机构都属于银行业监管对象。这些机构包括商业银行、政策性银行、信用合作机构、专业储蓄机构、专业信贷机构、信托投资公司、财务公司、金融租赁公司、典当行等。一些参与货币市场融资和交易活动的非银行性金融机构，如保险公司、证券公司等，也是银行业特定的监管对象。

（2）证券业和期货业监管对象

证券业监管对象是从事证券融资和交易活动的企业、机构和个人，期货业监管对象是从事期货投资交易活动的企业、机构和个人。另外，提供证券和期货交易场所的组织机构也是重要的监管对象。证券业监管对象主要包括证券经纪公司、上市公司、投资基金、投资者和证券交易所等，期货业监管对象主要包括期货经纪公司、期货投资者、期货交易所及其附属储备库等。

（3）保险业监管对象

保险业监管对象是从事保险经营和投资业务的企业、机构和个人，主要包括保险公司、人寿保险基金等。

（4）其他金融监管对象

其他金融监管对象主要有信托机构、金融租赁机构、金融控股公司、另类投资（如私募股权投资、风险投资、房地产金融投资）公司等需要监管的对象。

12.4.2 金融监管体制的类型

金融监管的制度安排即金融监管体制，是指金融监管机构对金融机构和金融市场施加影响的机制以及监管体系的组织结构。其实质上就是由谁来监管和按照什么样的组织结构进行监管，相应地由谁来对监管效果负责和如何负责的问题。由于各国在历史文化传统、法律、政治体制、经济发展水平等方面存在差异，其金融监管机构的设置颇不相同。从各国金融监管的实践来看，金融监管体制一般可分为一元多头式、二元多头式和集中单一式。不论哪一种金融监管体制，其选择主要取决于是否有助于防范金融危机，是否会降低监管成本，是否会提高监管效率，是否会影响货币政策的制定和实施，以及各国国情等因素。

1）一元多头式金融监管体制

一元多头式金融监管体制又称单线多头式金融监管体制或集权多头式金融监管体制，是指全国的金融监管权集中于中央，地方没有独立权力（即“一元”），在中央一级由两家或两家以上监管机构共同负责（即“多头”）的监管体制。一元多头式金融监管体制以德国、法国和日本（1998年以前）为代表。这种模式反映这些国家权力集中的特性和权力制衡的需要。

一元多头式金融监管体制的优点是，有利于金融体系的集中统一和监管效率的提高，但需要各金融管理部门之间相互协作和配合。从德国、法国和日本的实践来看，人们习惯和赞成各权力机构相互制约和平衡，金融监管机构之间的配合是默契的、富有成效的。然而，在一个不善于合作与法律制度不健全的国家，这种体制难以有效运行，也存在诸如机构重叠、重复监管等问题。

2）二元多头式金融监管体制

二元多头式金融监管体制也称双线多头式金融监管体制或分权多头式金融监管体制，是指中央和地方都对金融机构或金融业务拥有监管权（即“二元”），不同的金融机构或金融业务由不同的监管机关实施监管（即“多头”）的监管体制。

这种监管体制适用于地域辽阔、金融机构多而且情况差别大，或政治经济结构比较分散的联邦制国家，如美国和加拿大。其优点是：能较好地提高金融监管的效率，防止金融监管权力过分集中；因地制宜地选择监管部门，有利于金融监管专业化，提高对金融业务服务的能力。但是，这种监管体制也存在一些缺点：管理机构交叉重叠容易造成重复检查和监督，影响金融机构业务活动的开展；金融法规不统一，使不法金融机构易钻监管的空子，加剧金融领域的矛盾和混乱，降低货币政策与金融监管的效率。

3）集中单一式金融监管体制

集中单一式金融监管体制又称集权式金融监管体制或一元集中式金融监管体制，是指由中央的一家监管机构集中行使金融监管权。这一机构通常是各国的中央银行。在历史上，这种监管模式在发达国家和发展中国家都很普遍。英国的金融服务监管局、荷兰的中央银行都是对金融业全面进行监管的机构。大多数发展中国家的银行监管体制也是这一种，如埃及、坦桑尼亚、巴西、菲律宾等国，都由中央银行负责监管银行体系。

发达国家采用这种模式是在经济金融高度发达、基本实现了经济金融一体化的基础上形成的，是与其完善的市场体系、高度发达的经济水平和中央银行或其他金融监管机构拥有较大独立性相适应的。发展中国家采用这种模式是由于国内市场体系不完备，金融体系结构比较简单，客观上需要政府通过中央银行统一干预。这种监管体制的优点是：金融管理集中，金融法规统一，金融机构不容易钻监管的空子；能为金融机构提供良好的服务。但是，这种监管体制易使金融监管机构形成官僚主义作风，滋生腐败现象。

12.4.3 国内外金融监管体制

1）部分发达国家的金融监管体制

（1）美国的金融监管体制

最早的金融监管体制诞生于美国。以1864年国民银行制度的确立为标志，美国建立了财政部货币监理局，设立了存款准备金制度，结束了以州为单位的单线监管状态，开始了联邦和州的二元监管历史。1913年，美国总统托马斯·W. 威尔逊（Thomas W. Wilson）签署《联邦储备法案》，建立了联邦储备系统，终结了美国没有中央银行、货币供应混乱的历史，成为世界近代金融监管工作的开端。1929—1933年的经济大萧条催生了《格拉斯-斯蒂格尔法案》（又称《1933年银行法》）。该法的基调是禁止金融业混业经营，美国的金融业进入了分业经营时期。相应地，金融监管也采取了多头分业监管的体制。

20世纪70年代末，美国开始进行金融监管改革，一度放松了金融管制。1991年年底，美国国会通过《联邦存款保险公司改进法案》，据此强化了金融监管。1999年，美国通过《格雷姆-里奇-比利雷法案》（又称《金融服务现代化法案》）。该法案确立了美国金融业混业经营的制度框架。为此，美国金融监管机构也进行了相应的调整：由美国联邦储备系统（简称美联储）作为混业监管的上级机构，对混业经营的主要组织机构即金融控股公司实行统一监管；由货币监理署（Office of Comptroller of the Currency，OCC）等监管机构对商业银行、证券公司和保险公司进行专业化监管。这样，美国形成了美联储综合监管和其他金融监管机构专业监管相结合的新体制（见图12-1）。

2007年美国次贷危机爆发之后，美国实施了一系列的金融监管改革。例如，2008年颁布《现代化的金融监管架构蓝图》，2009年颁布《金融监管改革：新基础——重建金融监管》，2010年7月颁布《多德-弗兰克华尔街改革与消费者保护法案》。这些监管改革措施重塑和加强了美联储的监管职责，强化了金融稳定体制框架。具体而言，设立金融稳定监督委员会，负责识别和防范系统性风险，加强监管协调；美联储协同其他监管机构负责对具有系统重要性的银行、证券公司、保险公司、金融控股公司等各类机构以及金融基础设施进行监管，牵头制定更加严格的监管标准；美联储、货币监理署和联邦存款保险公司三家机构共同负责商业银行的监管；美国证券交易委员会、美国商品期货交易委员会、美国投资者保护公司共同负责证券期货机构及市场的监管；美联储内部设立相对独立的消费者金融保护局，统一行使消费者权益保护职责；美联储与联邦存款保险公司共同负责系统性风险处置。

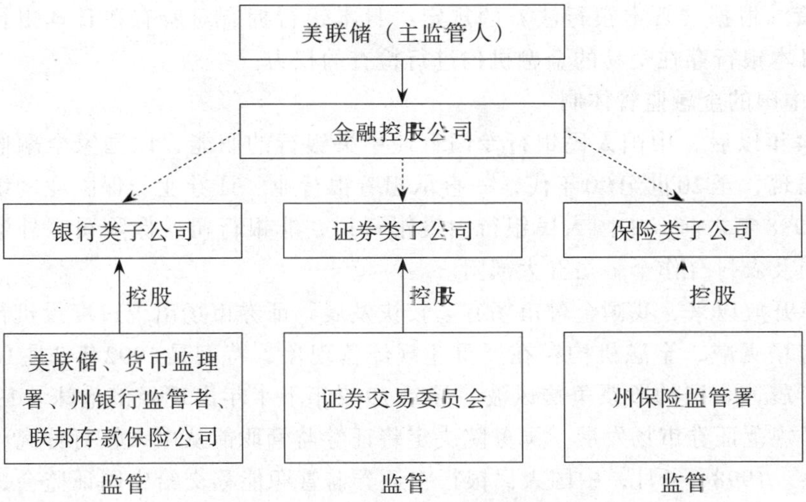

图12-1　美国的金融监管体制

（2）德国的金融监管体制

德国的金融监管框架源于1961年联邦德国通过的《银行法案》。该法案授权成立联邦银行监督局，并规定由该局在德意志联邦银行配合下对银行业进行统一监管。由于德国银行业可以同时经营证券业务和保险业务，联邦银行监督局事实上是一个综合金融监管机构。联邦银行监督局制定和颁布联邦政府有关金融监管的规章制度，监督重大股权的交易，防止滥用内部信息等。德意志联邦银行负责对金融机构的各种报告进行分析，并负责日常的监管活动。联邦银行监督局并无分支机构，必须依靠德意志联邦银行的分支机构和网点．这使德意志联邦银行的监管地位较为突出。除此之外，德国的金融监管机构还有负责对证券机构和证券业务进行监管的联邦证券监管委员会，负责对保险机构与保险业务进行监管的联邦保险监督局。

2002年5月1日，德国把德意志联邦银行、保险监管机构、证券监管机构合并，成立统一监管组织——德国联邦金融监管局（BaFin）。这标志着德国金融监管体系改革的一次重大变化。

（3）日本的金融监管体制

传统的日本金融监管方式被形象地称为“护卫舰式”，它实际上是政府以“航速最慢的舰船——效率最差的银行”体制为标准，决定各种监管措施。大藏省和日本银行长期共同行使金融监管权。1978年日本开始金融自由化改革，但直到1998年4月，日本的金融改革一直以渐进式为主．由政府主导，并主要集中在利率市场化及放松金融管制方面。

1998年4月1日生效的新修订的《日本银行法》是日本金融改革重心转向监管体制的重要标志。1998年6月22日，日本成立了单一的金融监管机构——日本金融监督厅，原由大藏省行使的民间金融机构监督与检查职能、证券交易监督职能移交金融监督厅。2000年7月，日本在金融监督厅的基础上成立了金融厅；2001年1月，进一步将金融厅升格为内阁府的外设局，由其全面负责金融监管工作，财务省仅保留对存款保险机构的协同监管权，以及参与金融机构破产处置和危机处理的制度性决策。根据《日本银行法》的规定，日本银行拥有对所有在日本银行开设账户、与日本银行存在交易的金融机构进行检查的权力。

2）中国的金融监管体制

1984年以后，中国人民银行专门行使中央银行的职能，以国家金融监管机关的姿态出现，至20世纪90年代，一直承担着银行业、证券业、保险业的统一监管职能。1998年之前，中国人民银行内设银行司、非银行司、保险司、外资金融机构管理司及农村合作金融司五大部门。

改革开放以来，我国金融市场有了较快发展，证券市场出现过度投机行为，市场风险有增无减，金融机构存在严重违规经营现象，特别是1992年8月10日，深圳发生了震惊全国的股票争购风波，导致1992年下半年出现经济泡沫。1992年10月，为了规范证券市场发展，国务院决定将证券监管职能从中央银行分离，成立中国证监会。1998年6月，中国人民银行将证券监管职能移交给中国证监会，实现了银行业与证券业的分业监管。随着我国保险业的飞速增加，在保险市场繁荣的同时，也出现了保险业务竞争混乱的现象，规范保险市场发展成为当务之急。1998年11月18日，中国保监会成立，保险业监管职能从中国人民银行分离。2003年4月28日，中国银监会挂牌成立，银行业监管职能从中国人民银行分离。由此，我国形成了“一行三会”的分业监管格局。

我国金融监管体制基本上属于一元多头式体制。“一行三会”的分业监管模式开始于1997年亚洲金融危机过后，在此后相当长的一段时间内发挥了重要的作用。中国银监会、中国证监会、中国保监会与中国人民银行各司其职，分工合作，共同承担金融业的监管责任。

2008年国际金融危机爆发后，监管部门意识到对系统性金融风险进行监管的重要性，开始加强宏观审慎监管。2009年3月，我国正式加入巴塞尔委员会，2010年的《巴塞尔协议Ⅲ》确立了微观审慎和宏观审慎相结合的金融监管新模式。2010年10月18日，党的十七届五中全会通过的《中共中央关于制定国民经济和社会发展第十二个五年规划的建议》明确提出，“构建逆周期的金融宏观审慎管理制度框架”。2011年，中国人民银行引入差别准备金动态调整机制。2013年8月，中国人民银行会同中国银监会、中国证监会、国家外汇管理局建立的金融监管协调部际联席会议制度正式运行，将防范化解金融领域重大风险、维护金融稳定作为重要工作。2015年，中国人民银行将外汇流动性和跨境资金流动纳入宏观审慎管理范畴。2016年年初，中国人民银行研究构建并实施了金融机构宏观审慎评估体系，引导银行业金融机构加强自我约束和自律管理，进一步完善宏观审慎政策框架。2017年，党的十九大报告强调“健全货币政策和宏观审慎政策双支柱调控框架”，中国人民银行需要坚定执行稳健的货币政策，处理稳增长、调结构、控总量的关系。2017年11月，国务院金融稳定发展委员会成立，强化中国人民银行宏观审慎管理和系统性风险防范职责，健全金融监管体系，守住不发生系统性金融风险的底线，保障金融安全。为顺应综合经营趋势，更好地发挥协同作用以提高监管效率，2018年，中国银监会和中国保监会合并为中国银保监会。中国银保监会依照法律法规统一监督管理银行业和保险业，中国人民银行拟定金融业重要法律法规草案和制定审慎监管基本制度，形成了“一行两会”的监管格局。2023年3月7日，根据《国务院关于提请审议国务院机构改革方案的议案》，在中国银保监会基础上组建国家金融监督管理总局。2023年5月18日，国家金融监督管理总局王式揭牌，“一行一局一会”的监管格局形成。

学史增信

回望金融监管史　汲取奋进的思想力量

一百年来，中国共产党团结带领中国人民，以“为有牺牲多壮志，敢教日月换新天”的大无畏气概，开辟了伟大道路、创造了伟大事业、取得了伟大成就。在中国共产党的坚强领导下，我国金融业飞速发展，形成了相对健全的现代金融体系以及日益成熟的金融监管体系。回顾中国金融监管体系发展史，我们可以发现，党对金融工作的集中统一领导是我国金融业不断健康发展、监管事业不断进步的根本保证。

1）“大一统”银行体制时期

（1）新中国成立前的金融监管（1949年以前）。1908年，清政府颁发了中国第一部银行法规——《银行通行则例》，不仅对银行的性质作了界定，更明确规定了对银行的监管措施，充分体现了清政府对银行进行管理的思想，标志着中国近代银行立法的开始。当时创办银行的最大动因在于解决财政困难，财政部门监管银行，行政管理明显强于风险监管，没有形成现代意义上的金融监管制度。

（2）改革开放前的金融监管（1949—1978年）。新中国成立之初，国家对银行业实行了一系列国有化整顿，接管了原国民党官僚资本主义金融机构，取消了外国银行在华特权，对私营银行、钱庄进行了社会主义改造。这一时期的金融运行主要靠国家编制计划、通过金融机构严格执行来实现，信贷数量和投向、利率等都由国家信贷计划确定，政府支配银行全部信贷资源并承担全部经济风险。这一时期的银行体制被称为“大一统”的银行体制，中国人民银行是全国唯一的银行机构。金融制度的终极目标是服务于国家计划，为国家“守计划，把口子”。在这种计划体制下，既没有监管对象，也没有监管的法律法规，几乎不存在金融监管，也没必要实施金融监管。

2）现代金融监管体制初步建立

（1）改革开放初期的金融监管（1979—1984年）。这一时期，为改革启动和局部试验、银行业恢复和重建、银行监管职能独立出现的阶段。国家开始对计划经济体制进行渐进式调整，银行业基本完成从“大一统”体制向多种金融机构并存局面的过渡，形成了以中国人民银行为领导、国有专业性银行为主体、多种银行业金融机构并存的二元银行体系。这一阶段只是赋予了中国人民银行一定的管理全国金融业的职能，金融监督管理体制尚未建立。

（2）综合监管体制的形成（1983—1992年）。这一阶段，银行业企业化改革萌芽，金融业市场化发展仍处于初期，金融监管体制也处于不断发展阶段。这一时期的银行监管目标和重点是维护国有银行的主导地位，保证政府对不同资金供给渠道施以不同政策，保证主要产业部门获得所需建设资金。金融监管更侧重行业管理职能，监管手段仍以计划经济下的行政性、指令性手段为主。央行虽然从经营和管理合一的功能转变为放弃经营功能，成为一个相对超脱的金融监管主体，但对金融监管研究不多、重视不够，监管效果并不理想。

3）金融监管向更加独立和专业化迈进

（1）分业监管格局形成（1992—2002年）。1992年10月，国务院决定成立国务院证券委员会和中国证券监督管理委员会，中国人民银行不再是证券业的主管机关，但仍负责证券公司、投资基金等的审批工作。中国资本市场逐步纳入统一监管框架，全国性市场由此形成并初步发展。1995年《中华人民共和国中国人民银行法》颁布，明确中国人民银行作为中央银行的地位和具有“加强对金融业的监督管理”职能。1998年6月，中国人民银行将对证券机构的审批权移交给中国证监会。同年11月，国务院成立中国保险监督管理委员会，承接中国人民银行对保险业务、保险机构和保险市场的监管职能，中国人民银行对金融监管的重点转向除证券和保险以外的金融领域，由此形成了中国人民银行、中国证监会、中国保监会分业监管的格局。

（2）银行业监管的进一步独立和加强（2002—2017年）。2003年4月28日，中国银监会挂牌成立。2012年以来，随着经济增速趋缓、利率市场化提速，银行体系出现了资金脱实向虚、资产质量下滑等问题。中国银监会在全系统开展专项治理，强化同业监管、理财监管、互联网金融监管，引导资金更多流向实体经济，降低企业融资成本。

（3）银保统一监管时期（2018年至今）。2018年4月8日，中国银保监会正式挂牌成立，开启银行业保险业统一监管时期。这是金融监管改革的重要推进，有效减少了监管灰色地带，并实现了法规制定和执行职能的分离，提升了监管效能。2023年5月18日，国家金融监督管理总局正式揭牌，不再保留中国银保监会，“一行一局一会”监管格局形成。我国新一轮金融监管领域机构改革迈出重要一步。

资料来源：劳海燕．回望金融监管史　汲取奋进的思想力量［J］．中国农村金融，2021（17）：46-48.

解读：

通过总结历史，我们可以看到，正是由于党对金融工作的领导，我国的金融业才能不断发展和完善。党中央一直把金融体制改革作为经济体制改革的重要组成部分。金融监管体制改革是金融体制改革的重要内容，关于金融业和金融监管体制变迁、改革的重大决定，都是在党中央集中统一领导下作出和推动实施的。党的二十大报告更加注重深化金融体制改革和扩大金融制度型开放，对我国金融工作的开展提出了更高水平现代化的要求，这是对党的十九大报告中金融工作要求的深化和补充，为新征程下金融事业高质量发展提供了根本遵循和行动指南。我们应以史为鉴，抚今思昔，更加深刻地认识到，只有坚持党中央对金融工作的集中统一领导，才能确保金融改革发展的正确方向。唯有以时不我待的紧迫感，坚定不移深化金融改革，防范化解风险，才能推动中国金融事业行稳致远。

本章小结

金融脆弱性指一切融资领域（包括金融机构融资和金融市场融资）中的风险积聚。商业银行的脆弱性是指商业银行由于资产负债结构的特征，在外在因素或信息的冲击下，易于导致存款人心理恐慌，进而挤兑商业银行的特性。金融市场的脆弱性，往往从价格波动的角度来研究。金融资产价格的过度波动是金融体系脆弱性积累的重要来源。

金融危机是指在金融市场上，由金融秩序不完善、市场机制不健全、交易风险管理水平差、国际游资冲击等原因引起各种程度不同的金融混乱现象。其表现是银根收紧、银行发生挤兑或停兑、金融机构倒闭、固定汇率制度崩溃、外汇储备耗尽等。

金融危机的形成过程大致分为危机潜伏阶段、危机爆发阶段、危机扩散阶段和经济复苏阶段。根据金融危机的性质和内容，我们可以把金融危机分为以下五大类：货币危机、银行业危机、债务危机、资本市场危机和系统性金融危机。

金融风险指在一定条件和一定时期内，由于金融市场中各种经济变量的不确定性造成结果发生变动，从而导致行为主体遭受损失的大小及该损失发生的可能性的大小。金融风险具有客观性、普遍性、扩张性、多样性与可变性、可控制性等特征。

金融监管是指中央银行或其他金融监管机构依据法律法规的授权对整个金融业(包括金融机构以及金融机构在金融市场上所有的业务活动）实施的监督管理。就广义而言，其体系一般包括金融监管当局的监管、行业自律机构的监管、中介机构的监督和社会舆论的监督。

从监管的主要内容或范围来看，金融监管主要包括市场准入监管、市场运作过程监管和市场退出监督3个方面。

金融监管的制度安排即金融监管体制，是指金融监管机构对金融机构和金融市场施加影响的机制以及监管体系的组织结构。从监管机构的监管范围划分，金融监管体制可分为集中监管体制和分业监管体制。目前，我国的金融监管体制基本上属于分业监管的模式。中国人民银行、国家金融监督管理总局、中国证监会这3个金融监管部门各司其职、分工合作，共同承担金融业的监管责任。

基本概念

金融脆弱性　金融风险　金融危机　金融监管　市场准入　资本充足率　市场退出监管　金融监管体制　一元多头式金融监管体制　二元多头式金融监管体制　集中单一式金融监管体制

思考题

(1) 简述金融脆弱性与金融危机之间的关系。
(2) 简述商业银行脆弱性和金融市场脆弱性。
(3) 简述金融全球化的背景下金融危机具有的国际传播效应及其主要防范措施。
(4) 简述金融风险的一般特征。
(5) 简述金融监管的主要内容。
(6) 金融监管要遵循哪些原则?
(7) 金融监管体制有哪些类型?
(8) 简述我国现行金融监管体制的主要内容。

第12章
在线测试题

第13章

金融发展与创新

学习目标

- 熟悉金融发展理论的演进，理解发展中国家货币金融发展的特征。
- 掌握金融抑制、金融深化、金融约束理论的主要观点与政策主张。
- 掌握金融创新的含义和动因。
- 掌握金融创新的内容。
- 理解互联网金融的运作原理与特征。
- 掌握互联网金融的模式。
- 了解金融科技的应用。
- 了解绿色金融的含义及特点。
- 了解绿色金融的现实意义。

开篇案例

金融与科技加快深度融合

2022年1月，中国人民银行印发《金融科技发展规划（2022—2025年）》（简称《规划》）。《规划》依据《中华人民共和国国民经济和社会发展第十四个五年规划和2035年远景目标纲要》制定，提出新时期金融科技发展指导意见，明确金融数字化转型的总体思路、发展目标、重点任务和实施保障。

这是央行编制的第二轮金融科技发展规划。《规划》在简要回顾“十三五”时期金融科技发展的基础上，提出“十四五”时期金融科技发展愿景，明确金融科技发展的指导思想和4个基本原则、6个发展目标，确定8项重点任务和5项保障措施。

“金融科技是技术驱动的金融创新。”招联金融首席研究员董希淼表示。“十四五”规划明确，稳妥发展金融科技，加快金融机构数字化转型。《规划》按照“十四五”规划部署，从宏观层面对我国发展金融科技进行顶层设计和统筹规划，将进一步推动金融科技迈入高质量发展的新阶段，更充分发挥金融科技赋能作用，增强金融服务实体经济的能力和效率。

2019年8月，央行公布首轮金融科技发展规划——《金融科技（FinTech）发展规划（2019—2021年）》。这份纲领性文件的出台明确了金融科技发展方向、任务和路径，有力推动了金融科技良性有序发展。

“2022年伊始，央行及时编制第二轮《规划》并第一时间公布，意义重大、影响深远。”董希淼表示，上一轮规划明确了金融科技的基本定义，肯定了金融科技的积极意义，主要目标是建立健全金融科技“四梁八柱”顶层设计。经过近3年的努力，上述目标已经基本实现，金融科技成为驱动金融变革的重要引擎。在这种情况下，本轮《规划》重在解决金融科技发展不平衡不充分等问题，推动金融科技健全治理体系，完善数字基础设施，促进金融与科技更深度融合、更持续发展，更好地满足数字经济时代提出的新要求、新任务。

从内容看，8项重点任务是本轮《规划》的主体部分，从治理体系、数据要素、基础设施、核心技术、激活动能、智慧再造、审慎监管、发展基础等方面明确目标，具有较强的针对性和可行性；5项保障措施从试点示范、支撑保障、监测评估、营造环境、组织统筹等方面提出要求，为重点任务实施奠定基础、提供支持。

董希淼认为，总体而言，与上一轮规划相比，本轮《规划》全面顺应数字经济发展的趋势，重点任务更加明确，关键技术更加前沿，实施方向更加清晰。

董希淼建议，下一步，在本轮《规划》顶层设计下，金融管理部门应进一步完善相关的配套细则，金融机构应制定全方位数字化转型战略，推动金融科技深度应用，加快数字化转型。在发展金融科技的过程中，需要格外关注公平性和均衡性。如进一步扩大金融科技创新监管试点范围，在东北、西北地区以及农村地区选择相应的城市和场景进行试点应用；更加关注“数字鸿沟”和竞争失衡问题，强化反垄断和防止资本无序扩张，推动金融科技领域互联互通。同时，进一步发挥金融科技的普惠服务价值，在服务小微企业和个体工商户、服务乡村全面振兴中发挥更加突出的作用。

资料来源：陈果静. 金融与科技加快深度融合 [N]. 经济日报，2022-01-07（7）.

金融是现代经济的核心组成部分，金融活动已经渗透到经济生活的方方面面。金融发展的推动力是什么？如何才能提高金融的发展水平？现代金融发展有何趋势？我们需要掌握金融创新的理论和方向，了解经济发展中的金融化趋势，深化对金融发展与创新的认识。本章介绍金融发展与创新、互联网金融、金融科技及绿色金融等问题。学习本章的内容有助于从更高的层面理解金融的重要地位，全面把握金融发展规律。

13.1 金融发展

13.1.1 金融发展理论概述

1）金融发展的内涵

金融发展理论作为一个理论体系形成于20世纪70年代。金融发展理论主要以金融发展与经济发展之间的关系为研究对象，通过揭示金融变量的变化、金融制度的变革对经济发展产生的影响，为发展中国家促进经济发展所应采取的金融政策提供理论依据。关于金融发展的概念，到目前为止理论界还没有给出统一的表述。不同的学者有不同的认识。金融发展在初期是指金融规模主要包括金融资产规模、金融机构规模和金融市场规模的不断扩大。随着金融发展向更高阶段迈进，它也被赋予了新内涵：不仅是金融规模的扩大，更是金融产品、金融机构和金融市场的优化，金融层次的提升，以及更加健全的金融制度，使金融交易更便利、交易成本和投融资成本更低廉以及金融普惠性更强。由此，衡量金融发展主要有两个维度：一是规模维度，即金融资产、金融机构和金融市场的总规模；二是结构维度和制度维度，即金融资产、金融机构和金融市场的结构优化与升级，以及金融制度的健全程度和金融环境的优化等。

2）金融发展理论的研究

关于金融发展的研究，经历了从理论创立到实践检验的过程。

（1）金融发展理论的开创性研究。美国斯坦福大学教授约翰·G. 格利（John G. Gurley）和爱德华·S. 肖（Edward S. Shaw）在其1955年9月发表的《经济发展的金融方面》和1956年5月发表的《金融中介体和储蓄—投资过程》两篇论文中，对金融发展作了开创性的研究，揭开了金融发展理论研究的序幕。在格利与肖看来，金融发展主要指各类金融资产的增多和各种金融机构的设立。他们通过建立基本模型分析了金融在经济中的作用：主要体现在如何把储蓄者的储蓄转化为投资者的投资，从而提高全社会的生产性投资水平。格利与肖的理论涉及金融制度变革等金融发展的深层次因素，为后续的研究指明了方向。

（2）金融发展理论的创立。1973年，美国斯坦福大学教授罗纳德·I. 麦金农（Ronald I. McKinnon）和爱德华·S. 肖分别出版了著作《经济发展中的货币和资本》和《经济发展中的金融深化》。这两本书的出版标志着金融发展理论的创立。在书中两人从不同的角度对发展中国家金融发展与经济增长的辩证关系作出了开创性的研究。在这两本书及以后的一些文献中，两人分别提出了金融深化论和金融抑制论。金融深化论和金融抑制论都强调金融在经济发展中的作用，强调发展中国家应消除金融抑制走向金融深化，因此也可以将其统称为“金融深化论”。这一理论在详细分析了发展中国家货币金融的特殊性的基础上，提出了与传统金融理论迥然不同的政策主张，其实质就是主张发展中国家要实行金融自由化改革，以此来促进经济的快速发展。

拓展阅读 13-1

金融发展理论奠基人——罗纳德·I. 麦金农

罗纳德·I. 麦金农执教于美国斯坦福大学经济系。他长期为国际货币基金组织、世界银行、亚洲开发银行以及广大发展中国家政府提供货币政策和经济金融发展的专业咨询。

麦金农是世界上首先分析金融抑制对经济发展构成严重阻碍的经济学家。

他的第一本著作《经济发展中的货币和资本》(1973) 成功地分析了金融抑制的危害，成为金融发展理论的奠基之作。他在《经济自由化的顺序——向市场经济转型中的金融控制》(1991) 一书中给出了金融自由化的政策顺序，对发展中国家特别是包括当时的中国在内的中央计划经济国家的转型产生了深远影响。

(3) 金融发展理论的发展。托马斯·赫尔曼 (Thomas Hellmann)、凯文·穆尔多克 (Kevin Murdock) 和约瑟夫·斯蒂格利茨从有效需求观点和信息不对称角度对传统的金融深化论提出了挑战，认为金融深化论所竭力倡导的金融自由化战略需要很严格的条件，其理论假定前提为瓦尔拉斯均衡的市场条件，这在现实中难以成立，发展中国家和转型国家通常不具备金融自由化所需的先决条件，必须另辟蹊径，从而提出金融约束论，认为金融约束是一种可行的选择。

微课 13-1

金融抑制与金融深化

13.1.2 金融抑制

1) 金融抑制的含义

根据麦金农1973年在《经济发展中的货币和资本》一书中的分析，金融抑制指政府通过对金融活动和金融体系的过多干预抑制了金融体系的发展，而金融体系的发展滞后又阻碍了经济的发展，从而造成了金融抑制和经济落后的恶性循环。

格利和肖认为经济发展是金融发展的前提和基础，而金融发展是经济发展的动力和手段。麦金农和肖在批判传统货币理论和凯恩斯主义的基础上，论证了金融发展与经济发展相互制约、相互促进的辩证关系。他们根据发展中国家的实际情况提出了金融抑制理论。其理论核心是每个发展中国家的国内资本市场以及货币政策和财政政策是如何影响该市场运作的，它把实际货币余额和物质资本视作互补的关系，即实际货币余额的增加将导致投资和总产出的增加。低的或负的实际存贷款利率使实际货币余额很低，为了使政策对货币体系的实际规模有实质性的影响，私人部门对实际存贷款利率的反应必须是敏感的。

2) 金融抑制的表现

根据麦金农和肖等的分析，发展中国家的金融抑制表现如下：

(1) 金融资产形式单一，规模有限。这主要表现在金融资产仅限于现金、活期存款、定期存款及初级市场上的政府债券。由于银行等储蓄机构仅开办存贷款业务，而且期限单一、利率缺乏弹性，无法满足储蓄和借贷双方对金融资产安全性、流动性、盈利性的要求；商业信用不畅，使商业票据无法广泛流通。另外，证券市场的交易品种有限，也制约了投资者对金融资产的选择。

(2) 金融体系存在明显的“二元结构”。这是指现代化金融机构与传统金融机构并存。金融体系被分割为两部分：一是以现代管理方式经营的大银行和其他金融机构（包括外国金融机构），它们主要集中在经济和交通发达的大城市；二是以传统方式经营的钱庄、当铺、合会等民间金融机构，它们主要分布在经济落后的小城镇和广大的农村地区。这种状况使货币政策和传导机制受到严重的限制和扭曲，从而难以发挥预期的效应。

（3）金融体系发展不平衡，金融机构单一。发展中国家的金融机构单一，商业银行在金融活动中居于绝对的主导地位，专业化程度不高，经营效率低下。非银行金融机构极不发达，无法有效地发挥其功能，整个金融体系效率下降。

（4）直接融资市场发展落后。发展中国家经济发展的不确定性抑制了直接融资的发展，因而证券市场上的交易品种和数量十分有限，主要为政府融资而存在，限制了通过多种渠道、多种方式大规模组织和融通社会资金的能力，从而导致资本形成不足，企业融资主要靠自我积累和银行贷款。

（5）金融市场不健全。由于经济上的分割性，银行和非银行金融机构等多局限于各自的传统领域活动，它们之间缺少一个完整的、有机的短期货币市场来连接，加之同业拆借的资金量不足，使金融市场效率非常低下。

（6）金融资产价格扭曲，无法反映资源的相对稀缺性。政府对利率和汇率实行严格的管制，导致实际利率偏低，本国货币的估值较高，致使金融市场特别是国内资本市场价格发生扭曲，利率和汇率不足以反映资本的稀缺程度。

3）金融抑制的根源

金融抑制的出现有着复杂的经济、政治和社会历史根源。麦金农和肖认为，发展中国家金融抑制的根源表现在以下几个方面：

（1）经济的分割性。经济分割是指资金、技术、土地、劳动力等生产要素分散在零散的经济单位中，国内市场也处于分割状态。“分割经济”决定了金融体制的割裂与脆弱，有限的金融机构不能充分发挥“导管”作用，投资局限于本行业内，“内源融资”降低了企业和个人的储蓄倾向，导致“储蓄不足”。这种现象是发展中国家的常见病，它影响了社会再投资能力，导致效益损失，给政府进行人为干预制造了“最佳”借口。可见，经济的分割性是造成金融抑制的一个重要原因。

（2）政治因素。由于多数发展中国家是摆脱殖民统治后取得独立的，所以新政府对于国家主权有强烈的控制欲望。它们宁可相信政府干预，也不相信通过市场来操纵国民经济命脉。为此，它们常常通过众多的经济管理部门和管理政策体现政权的力量，对金融活动进行强制干预，这恰恰是金融抑制的突出表现。

（3）恐惧高利贷和通货膨胀。按照逻辑推论，高利贷势必导致高成本，从而推高通货膨胀率。为了控制通货膨胀，多数发展中国家往往实施财政计划和信贷配给制，规定贷款利率上限，实际利率与名义利率相差甚远，甚至为负数。信贷配给制带来特权与腐败，流通中名义货币量未受到有效控制，通货膨胀存在隐患。

4）金融抑制的主要政策表现

麦金农等人所描述的发展中国家的金融抑制在政策上的主要表现包括以下几个方面：

（1）规定名义存贷款利率。发展中国家一般都对贷款和存款的名义利率进行控制，时而采取规定上限的形式，时而采取规定某一百分比的形式。这种低的或负的及不确定的实际存款利率，压制了社会对金融中介机构实际债权存量的需求。同时，这些措施使间接融资表层化，限制了这一金融过程提供用于投资的储蓄的能力。存在贷款低利率甚至负利率时，只能依靠信贷配额来消除对中介机构贷款的过高要求。中介机构的贷款利率水平往往偏低，某些利率还为特殊类别的借款人带来净补贴收益。

（2）控制金融机构。

① 规定较高的法定存款准备金率。在一些发展中国家，商业银行将存款的很大一部分作为不生息的准备金存放在中央银行，贷款组合中另有很大一部分由中央银行直接指定。同样，储蓄银行将存款的一部分作为不生息的准备金，还将另一部分投放于低收益的住房债券。

② 政府通过干预限制外源融资。在金融抑制下，政府对外源融资进行控制，由政府决定外源融资的对象。在发展中国家，政府出于对金融体系和资金分配进行控制的目的，对金融机构的设立及经营活动严加管制，致使现代金融机构不足，商业竞争无法充分展开。

③ 特别的信贷机构。发展中国家还通过一些特别的信贷机构进行金融抑制。中央银行掌握了这一非常重要的资源，将廉价的信贷资源导引至特别的银行机构，这些银行机构依次以非均衡的低利率将资金用于促进出口、对小农户的信贷和政府想补贴的工业项目等。于是，这些银行机构就承担了部分政府的职能，中央银行的信贷也可以直接流向财政部，以弥补政府的预算赤字。

④ 高估外汇汇率。为了保持本币的稳定，发展中国家往往将本币价值钉住一种坚挺的硬通货，但这些国家的经济情况无法同拥有硬通货的发达国家相比，在实际执行过程中，出现了本币价值的高估。由于本币价值被高估，汇率无法真实反映本币价值，国内商品的出口受到很大限制。于是，政府便采取出口补贴和出口退税等措施，鼓励国内企业扩大出口，而且这种出口往往只是限定在政府规定的具有出口自主权的企业之中，更多的没有出口自主权的企业则得不到这种补贴，只能将出口商品交给有出口自主权的企业，企业无法在同一水平上竞争。

上述金融抑制的表现都是人为的政策性抑制措施，这些措施在特定历史时期能起到积极作用，但是在经济向纵深发展阶段会显露出诸多弊端。

5）金融抑制产生的负效应

金融与经济密不可分，金融抑制会对经济发展产生一些负效应，概括如下：

（1）负收入效应。通常，公众和企业所持有的实际货币余额越多，储蓄和投资越多，所带来的生产增长和收入增加越多。在发展中国家，情况却相反：大多数国家处于金融抑制状态，同时许多国家存在严重的通货膨胀，因此，为了规避通货膨胀，减少以货币形式保有的储蓄，名义利率受到限制，投资来源枯竭，进而使国民收入长期停滞不前。

（2）负储蓄效应。在许多发展中国家，由于市场分割和经济货币化程度不高，货币在经济中所起的作用受到很大限制。在通货膨胀率很高的情况下，规定名义利率上限导致实际利率更低，储蓄倾向下降，人们通过购买物质财富、增加消费支出和向国外转移资金的办法回避风险，加之金融资产单调，流通变现困难，储蓄倾向降低，最终结果是影响了储蓄占国民收入的比重。

（3）负投资效应。发展中国家为实现“工业现代化”，常利用国家集权模式将有限资金投向大规模、高技术的新兴产业，限制了向传统部门投资，但因为技术条件限制，这些产业不能带来较高的投资收益，使投资的边际生产力大大降低，造成了资金的浪费。同时，这种投资政策也在无形中限制了向其他传统部门的投资，特别是阻碍了农业和轻工业的正常发展，粮食和原材料进口增加。对农业和小规模生产行业的资金歧视，影响出口增长，使国民经济对外依赖性增强。

（4）负就业效应。金融抑制对传统经济部门的限制迫使大量劳动力涌向城市，而城市的规划者忽略人口众多的国情，热衷于建立资本密集型的工厂和企业，但吸纳劳动力的能力有限。未被吸纳的劳动力形成规模浩大的“城市贫民阶层”。伴随生产的发展和技术的进步，那些已经就业的劳动者也将面临失业的可能，失业更加普遍，贫富分化加剧。

肖与麦金农的核心思想是实行金融自由化，允许实际利率在市场机制的作用下自动地趋于均衡，从而加快经济增长。

13.1.3 金融深化

金融抑制会带来负收入、负储蓄、负投资以及负就业效应，最终影响经济增长。因此，麦金农和肖主张进行金融深化，即货币当局放弃不适当的干预政策，取消对利率和汇率的人为管控；进行财政改革，减少不必要的补贴，合理规划税收；发展金融市场，增加金融工具种类；完善相关法律法规等。

1）金融深化的含义

1973年肖在《经济发展中的金融深化》一书中提出金融深化论，认为发展中国家要想促进经济发展，就必须认识到金融对经济的重要影响，要发挥金融对经济的促进作用，就应该放弃“金融抑制”政策，实行“金融深化”，即政府放弃对金融市场和金融体系的过度干预，放松对利率和汇率的严格管制，使利率和汇率成为反映资金供求和外汇供求对比变化的信号，从而有利于增加储蓄和投资，促进经济增长。麦金农从“导管效应”的角度出发，肖从金融中介的角度出发，得出了相同的结论，即金融深化的核心是放开利率管制，其实质就是金融自由化。

2）衡量金融深化程度的指标

根据金融结构论与金融深化论，衡量一国金融深化程度常用的指标有以下几个：

（1）金融存量指标。金融存量指标是反映一国在某一时点的金融发展状况的指标体系。这些指标包括：

① 货币化比率。货币化比率用广义货币存量与国内生产总值之比（M_2/GDP）来表示。麦金农和肖认为，与金融深化相伴随的是流动性资产存量的增加，由于金融资产的流动性大于实物资产的流动性，因此在宏观上这一过程就体现为一国金融资产存量与国民收入之比的提高。随着经济的发展，人们认识到经济货币化仅仅是金融深化的初级表现，或者说货币化比率还不能全面而正确地反映一国金融发展和金融深化的程度，因此当经济发展到一定程度之后，货币量和准货币量的增长便会趋缓，非货币性金融工具（如各类债券、票据、股票等）则会快速增长。

② 金融相关比率。金融深化会导致金融资产结构的变化，因此一定时点上各金融资产存量之间的比例关系是反映金融深化程度的又一指标。由于货币化比率存在缺陷，目前在学术界得到广泛认可的衡量方式是经济金融化。学术界普遍认为经济金融化更能反映一国的金融深化程度。在经济学中，通常以戈德史密斯提出的金融相关比率作为衡量一国经济金融化程度的指标。

（2）金融流量指标。金融流量指标，即利用一个时段内的金融发展状况来反映一国的金融深化程度。这些指标包括：

① 投资中财政资金所占比重。肖指出，随着金融深化程度的加深，投资中财政资金所占的比重应当逐渐降低。

② 居民总储蓄中银行储蓄所占比重。从理论上说，这一比重将随着金融深化程度的加深而降低。

③ 企业融资中银行贷款所占比重。金融深化将使这一指标有逐渐缩小的趋势。

（3）金融工具的多样化。金融资产包括流通中的现金、金融机构存款余额、各种债券余额、股票筹资额和市价总额、保险费收入等。随着金融深化程度的加深，广义货币会继续增长，但其在金融资产中所占的比重会不断降低。因此，金融资产与广义货币的比值可以用来表示金融工具的多样化程度。金融工具的多样化能反映一国金融发展在质上的进步，或者说是金融深化的深层次体现。

（4）金融资产价格指标。金融资产价格指标即用金融市场的各种价格水平来表现金融深化的程度。肖认为这一指标体系"也许是金融深化与否的最明显的表现"。它包括以下几个方面：

① 实际利率水平。这一指标与金融深化程度是正相关的。在金融不够发达的经济体中，金融资产的需求被低水平的实际利率所抑制，初级证券的供给被信贷配额所压制，甚至场外非法市场也被反高利贷法和政府的管制所压制。金融深化则意味着，利率必须准确地反映客观存在的、能替代即期消费的投资机会的多少和消费者延迟消费的非意愿程度，因此，实际利率通常比较高，而各种利率之间的差别则趋于缩小。

② 利率的期限结构。金融深化会促使利率的期限结构渐趋合理并能反映消费者延迟消费的非意愿程度。

③ 实际汇率水平。金融抑制的另一个表现是，在官方的即期外汇市场上，本币的币值被高估，但是在外汇黑市和远期外汇市场上，本币的贴水率却很高。金融深化意味着汇率的扭曲现象得以纠正，外汇黑市和远期外汇市场上本币的贴水率下降。

（5）金融体系的规模和结构。在金融发展不够充分的经济体中，银行系统包揽了有组织的金融活动，其他金融活动则只能通过外汇交换以及由高利贷者和互助团体组成的非法市场进行。金融深化会扩大金融体系的实际规模，同时给银行之外的其他金融机构（如证券交易商和保险公司）带来获利机会。因此，金融深化意味着金融职能和金融机构的专业化，同时相对于外汇市场和场外非法市场而言，有组织的国内金融机构和金融市场将有较大的发展。

3）金融深化的效应分析

麦金农和肖认为，以取消利率和汇率管制为主的金融深化具有一系列正效应。

（1）收入效应。正收入效应是指货币对国民经济的促进作用；负收入效应是指货币供应所耗费的实物财富和劳动。金融深化有利于提高经济发展的正收入效应，降低其负收入效应，因为金融深化使实际货币余额增加，从而使实际国民收入增加。

（2）储蓄效应。储蓄效应表现在两个方面：一是金融深化引起实际国民收入增加，带动储蓄按一定比例增加；二是金融深化提高货币实际收益率，导致整个社会储蓄倾向的提高。

（3）投资效应。投资效应包括两个方面的含义：一是通过储蓄效应增加投资总额；二是金融发展提高投资效率。肖认为，投资效率的提高主要有以下4个原因：

① 金融深化统一了资本市场，缩小了地区间和行业间投资收益的差异，提高了平均收益率。

② 促使金融发展的政策减少了实物资产和金融资产未来收益的不确定性，促使投资者对短期投资和长期投资作出较为理性的选择。

③ 资本市场的统一为劳动力市场、土地市场和产品市场的统一奠定了基础，促进资源合理配置和有效利用，发挥生产的相对优势，并能从规模经济中得到好处，进而提高投资的平均收益率。

④ 金融的发展促使建筑物、土地和其他本来不易上市的实物财富可以通过中介机构或证券市场进行交易和转让，资本的自由转移提高了投资的效率。

（4）就业效应。货币收益率的上升提高了资金成本，投资者以劳动密集型的生产代替资本密集型的生产，这样，整个社会的就业水平相应提高。这一效应对大多数发展中国家而言是重要的，因为这些国家往往存在大量的剩余劳动力，而资本却相对稀缺。因此，劳动密集型的生产替代资本密集型的生产，既可以充分利用剩余劳动力，又可以缓解资本供求的矛盾，使有限的资本得到更合理的配置和更有效的运用。

4）金融深化的政策主张

麦金农和肖的理论从不同角度揭示了金融深化对经济增长产生的正效应，并得出了相应的政策理论。

（1）取消对利率的人为限制，让利率真实反映现实需求。为了吸引更多的储蓄资金转入投资，实际利率必须为正数，而负利率会阻碍资本形成。要将负利率转变为正利率，可采用两种方法：①提高名义利率，使之高出实际的通货膨胀率。②降低通货膨胀率，使实际利率为正。抑制通货膨胀不仅有提高实际利率的作用，还有稳定货币、促进经济稳定增长的作用。

（2）减少对金融业的干预，促进金融业的发展与竞争。可采取如下措施：第一，放松金融机构准入限制。政府应进行彻底的金融体制改革，允许非国有、非银行金融机构的存在和发展；放宽金融机构的开业条件，改变国家高度垄断金融业的局面，促进金融业的市场竞争。第二，鼓励与促进民营金融机构的发展。政府应特别支持农村地区和不发达地区的金融机构如农业银行、农村信用社、农村贷款协会等的发展。第三，放宽对金融市场的管制。政府应放宽对金融工具发行和流通的控制，发展规范化的金融市场体系，培育有组织的金融市场主体，允许资本工具的市场流通，使金融市场成为分配资金、调节资源分配的重要渠道。

(3) 放松对汇率的管制，使利率真正反映外汇市场的供求。汇率的自由浮动是外汇市场发挥积极作用的基本条件。发展中国家因为顾虑国际收支的平衡与本国经济的国际竞争力，往往管制汇率，结果导致汇率与市场供求严重脱节且越来越封闭，对国内的经济发展产生严重的抑制作用。金融深化要求政府放松对外汇的管制和对汇率的控制，逐步形成汇率的市场形成机制和自由浮动机制，使其真实地反映市场供求状况。放松外汇管制可使被高估的本币币值自然回落，有利于鼓励本国的产品出口与外资流入，从而有利于国际收支状况的改善。当然，由于发展中国家的经济基础比较薄弱，承受力较差，因此对外汇和汇率的管制应逐步放开，以免引起本币的过度贬值和由此造成的经济动荡。

(4) 放弃以通货膨胀促进经济增长的做法。在金融抑制条件下，经济增长受阻，此时实行通货膨胀政策，既不利于储蓄的增加，也不利于实际投资的增加，反而会导致金融抑制和经济停滞的恶性循环加剧，因此，政府应通过平抑物价与稳定货币的政策，为金融体系有效吸收存款和发放贷款创造条件。这样，一方面可使社会储蓄率上升，另一方面在市场利率均衡的条件下储蓄资金可大大促进实际投资的增长和国民收入的提高，使经济在非通货膨胀情况下稳定增长，形成金融与经济发展相互促进的良性循环。也就是说，通过金融深化来促进经济增长。

(5) 努力发掘本国资本潜力，减少对外资的依赖。发展中国家内部有可支配资金的潜力，应该可以通过金融深化来求得资金上的自助，避免过分和长期地依赖外国资金。当然，国内资金来源还要依靠促进经济增长来获得。

(6) 实施财税体制与外贸体制的改革。金融深化要求改革财税体制，一是通过财税体制改革消除财政赤字，抑制通货膨胀；二是通过财税体制改革使财政部门放弃对金融活动的干预，减少财政性投资、直接拨款和行政性的资金调拨分配，以发挥金融系统的资金调配功能；三是通过财税体制改革简化税种和降低税收管理成本，并放弃对金融资产收入的歧视性税收政策。在外贸体制改革方面，在汇率自由浮动与外汇市场放松管制的条件下应逐步取消出口的歧视性关税，推进对外贸易的自由化。

13.1.4 金融约束

1) 金融约束的含义及理论内容

金融约束理论认为，政府通过实施一系列金融约束政策可以促进金融业更快地发展，从而推动经济快速增长，其隐含的前提是政府可以有效地管理金融业，或者说政府可以解决市场失灵问题。

托马斯·赫尔曼（Thomas Hellman）等人认为，金融约束是指政府通过一系列金融政策在民间部门创造租金机会，以达到既防止金融抑制的危害又促使银行主动规避风险的目的。金融政策包括存贷款利率控制、市场准入限制，甚至对直接竞争加以管制，以影响租金在生产部门和金融部门之间的分配，并通过创造租金机会调动金融企业、生产企业和居民等各个部门的生产、投资和储蓄的积极性。政府在其中可以发挥积极作用，采取一定的政策为银行体系创造条件，鼓励其积极开拓新的市场进行储蓄动员，从而促进金融深化。

金融约束理论从一个新的视角提出通过在民间部门创造租金来激励银行和企业，使之有更大的动力增加商品和服务，以摆脱竞争性均衡状态下商品和服务的供给不足问题，走出了“管制”与“完全自由化”两条极端的思路，因而具有重大的理论意义和现实可取之处。

2）金融约束论的政策主张

金融约束论认为，要使金融约束发挥作用，必须具备一定的前提条件，具体包括宏观经济稳定、通货膨胀率较低、可预测的正的实际利率。在此前提条件下，金融约束论的政策主张包括以下几个方面：

（1）利率控制。政府通过控制存款利率为银行部门创造租金机会，通过控制贷款利率在银行部门和企业部门之间配置租金，同时使一部分预期收益低的企业退出正式借款渠道，从而起到调节借款企业信贷分配的作用。

（2）限制资产替代。金融约束的一项重要的政策内容是限制将正式金融部门中的存款转化为证券、国外存款、非正式金融部门的存款和实物资产等其他资产形式。

（3）限制银行业的竞争，尤其是破坏性的竞争。政府应严格控制银行业的市场准入，至少要保证新的进入者不能侵蚀先进入银行所必需的租金。虽然限制银行业竞争可能使得一些效率较低的银行受到保护，但这一成本远低于安全的金融体系给整个经济带来的收益。

事实上，金融约束是发展中国家从金融抑制状态走向金融自由化过程中的一个过渡性政策，它针对发展中国家在经济转轨过程中存在的信息不畅、金融监管不力等问题，发挥政府在市场失灵下的作用，因此并不是与金融深化完全对立的政策，而是金融深化理论的丰富与发展。但是，金融约束论不是一种十分成熟的理论，金融约束策略也存在不足。必须明确的是，金融约束政策仅仅是市场的补充而不能取代市场，这一政策的实施也不是长期的，只是一个过渡，是特定时期的特殊政策，最终还是要由市场来解决问题。

13.1.5　发展中国家的金融自由化改革

1）金融自由化的含义

20世纪70年代末80年代初，一些发展中国家开始金融自由化实践。进入1997年，一些发达国家也纷纷宣布实行具有金融自由化色彩的金融改革。其内容主要是放松金融管制，银行、保险和证券业从分业管理走向混业经营，即商业银行在传统的存贷款业务、中间业务基础上还可以从事保险及投资银行等业务，非银行金融机构也可以从事原来禁止它们涉足的银行业务。

金融自由化（financial liberalization），是指20世纪七八十年代以来西方国家普遍放松金融管制后出现的金融体系和金融市场充分经营、公平竞争的趋势。金融自由化一般包括以下4个方面的内容：

（1）价格自由化，即政府放弃对利率和汇率的人为干预，逐步实现利率、汇率自由化，以便利率和汇率能正确地反映资金和外汇的供求关系；充分发挥公开市场操作、再贴现和法定存款准备金率等货币政策工具的市场调节作用。

（2）业务自由化，即允许各类金融机构从事交叉业务，进行公平竞争，即混业经营。

（3）金融市场自由化，即放松对各类金融机构进入金融市场的限制，完善金融市场的融资工具和技术，完善金融市场管理。

（4）资本流动自由化，即放宽对外国资本、外国金融机构进入本国金融市场的限制，同时放宽对本国资本和金融机构进入外国市场的限制。

为了保证金融自由化改革的成功，还必须进行财政和外贸等方面的配套改革，为金融深化提供良好的经济环境，以促进金融深化发展。金融自由化被认为是推动金融发展从而推动经济发展的重要动力。

2）发展中国家金融自由化改革的尝试

20世纪70年代以来，在自由主义思潮的影响下，许多发展中国家进行了金融自由化的尝试，首先从拉丁美洲国家开始，其他国家纷纷效仿。纵观发展中国家金融自由化的历程，其主要尝试了以下几方面的内容：

（1）实行利率自由化策略。不少发展中国家解除了利率管制，更多的国家则是对利率采取较为灵活的管理方式。利率自由化加剧了金融市场竞争，银行特许权价值降低，垄断性利润由于竞争的加剧而趋于消失，导致银行部门的风险管理行为扭曲，放弃实体经济的生产项目投资，转向从事高风险、高回报的金融投机，以扩大杠杆率提高收益率水平，最终导致金融市场机制扭曲，金融资产价格膨胀，产生经济泡沫。同时，由于官定利率大大低于潜在起作用的市场利率，出现了信贷分配上的官商勾结、以权谋私等问题。

（2）放松金融业务与机构准入限制。作为金融自由化措施，许多发展中国家降低了金融机构与金融业务准入门槛，从积极的角度来看，这促进了金融同业的竞争和金融业的发展，但是也会产生一些不良后果。因为金融自由化使金融业由分业经营走向混业经营，市场准入的自由常常使银行努力保留或抢占市场份额，它们在不熟悉的领域拓展业务，且往往会低估那些领域的风险，导致金融机构积累了大量的不良贷款。亚洲金融危机是对金融自由化后果的充分暴露。由于缺乏相关的法律法规安排，缺乏有针对性的监管，金融机构不正当的内部交易或关联交易隐蔽的风险以及高财务杠杆风险难以被及早发现，大量违规资本被非法操作，使风险在整个金融系统内部传递，产生多米诺骨牌效应，增加了整个金融体系的不稳定性。

（3）采取汇率、资本流动自由化策略。发展中国家的汇率管制往往导致对本币币值的高估，汇率放开后，可能出现本币大幅度贬值，对进口依赖较强的国家就会引发通货膨胀。资本账户的开放使资本自由流动成为可能，大量的国际游资会在本国利率水平高的时候大量涌入引起外汇占款增加，在没有相应的对冲措施或者对冲不充分的情况下，造成本国信用的扩张，引发较高的通货膨胀。同时，大量企业可能借此大量借债，信贷激增的结果是巨额贷款损失和随之而来的银行资产负债状况的恶化。特别是，当外国资本涌入证券市场和房地产市场时，极易引发泡沫经济，造成虚假繁荣。随着资本项目的开放，曾一度远离国内和国际竞争又为政府干涉所累的金融体系的薄弱性就会暴露无遗。而泡沫被挤出后，利率下降，外资疯狂退出，导致流动性不足，恶化国际收支平衡，引发金融体系的危机，对宏观经济稳定产生负面冲击。

（4）缩减信贷计划的控制范围。实施金融自由化之前，许多发展中国家政府对信贷分配实行指导性计划管理。在政府影响力较强的国家，指导性信贷计划起着指令性计划的作用，人为地干预资金的市场调节，导致资源配置的浪费和无效。金融自由化使许多国家缩小了指导性计划的实施范围，一些国家甚至完全取消了指导性计划，如阿根廷、智利等。

拓展阅读 13-2

中国的金融自由化历程及改革措施

1）中国的金融自由化历程

中国的金融自由化从1992年开始。中国金融自由化的内容主要有以下几个方面：首先，包含了利率自由化方面的改革。其次，相关金融业务与金融机构进入中国金融市场实现自由化。最后，资本账户实现自由化。其目的是为大量资本流动作准备。中国在加入世界贸易组织后，允诺保险、银行等金融产业会逐步对外资开放，当这些产业开放后，会迎来大量的资本流动。在资本流动管制方面，中国实行的是非对称性资本管制，对短期的资本大量流入进行限制，而对长期的资本流入管理比较放松。这样做的目的是防止短期内大量资本的流入产生投机活动，从而加剧金融市场风险。

2）中国金融深化的措施

（1）消除金融隐患。隐患的存在代表金融危机出现的可能性。所以，消除金融隐患的目的是更安全地实现金融自由化。中国经济今后必将继续融入国际经济社会，中国金融自由化的历程是不可能逆转的，这也是当下全球化发展的大趋势。依据对中国金融市场实际情况的分析，中国应当尽早解决以下几个问题：首先，要及时有效地处置不良信贷资产；其次，要更深层次地实现国有商业银行股份制改造；最后，要优化金融机构，对一些经营效果不好的金融机构实施市场退出机制，对国有银行相关分支机构进行统一的考核，对业务量不够、大量亏损、价值不大的分支机构给予撤并。

（2）推进利率市场化。在利率市场化改革已取得一定成效的情况下，中国仍需继续推动相关配套措施。目前，国内的利率改革已经基本实现“放得开”，改革的核心已经向“行得成”和“调得了”两个方向转移。现今，要想进行更深层次的改革，必须摆脱更复杂的局面，挖掘更深层次的矛盾，除了从金融领域自身来推动以外，还需要财政相关领域来共同实施。其主要措施如下：首先，在金融监管领域必须在实现金融稳定目标的情况下进行基准利率替换。要实现这一目标，必须尽快对市场基准利率进行培育，对金融市场继续深入建设，对商业银行的市场化程度进行有效的引导与帮助，让更多的金融主体进入市场，为市场的发展注入更多的新鲜血液。其次，在财政领域对债券市场建设及市场主体行为规范给予大力扶持，可以通过对债券发行期限的结构进行持续完善、对国有企业和地方政府之间的财务进一步约束，让各方主体的行为均有所规范，各项工作的开展均有所依据。最后，对金融机构领域要持续加强其自身能力的建设，具体可以从提高其自身的综合经营能力、定价管理能力、风险管理能力、客户服务能力入手。

（3）推进资本自由化。资本自由化改革的主要目的是尽快与国际资本市场接轨，但是不能操之过急，必须平稳推进。对资本自由化的程度，要结合国外及国内的实际情况来进行综合考虑。如美联储进入新的加息周期以后，会增加对境外市场的资金的吸引能力，如果此时中国资本自由化政策放宽，可能会导致大量的资本外逃。因此，中国资本自由化的推进，要遵从合适的政策秩序，还要参考国际资本市场的整体发展情况，至少应当在以下三个条件满足的情况下进行：首先，人民币的汇率和利率的形成机制实现自由化，同时对国内金融市场进行进一步的改革。目前，中国在实施资本账户管制的情况下，依然面临着较大的跨境套利活动，究其根本是央行的利率管制和汇率干预，最终让在岸市场与离岸市场形成了明显的汇差与息差。其次，国内金融改革必须加速完成，强健稳定的国内金融市场是资本账户安全开放的保证。因此，中国政府应当尽快实现金融市场对民间资本的开放，以及建立起完善的监管系统来应对现有的金融脆弱性。最后，资本自由化改革需从多个方面由多种主体同时推进，只有这样才能够确保其稳步进行，在推动资本进一步自由化的基础上促进中国与国际资本市场的接轨，推动中国资本市场化水平的提升。

资料来源：吴晓然．发展中国家的金融自由化与中国金融开放探析［J］．全国流通经济，2020（24）：161-163.

3）发展中国家金融自由化改革的经验教训

发展中国家金融自由化改革的进展状况是相当不平衡的。在已经进行的改革中，既有成功的经验，也有失败的教训。世界银行《1989年世界发展报告》的主题就是金融自由化改革，其总结的教训主要有以下几点：

（1）以金融自由化为基本内容的改革一定要有稳定的宏观经济背景。如果宏观经济不稳定就实行金融自由化，则高通货膨胀率会导致利率和汇率浮动，从而使资金出现不规则流动，最终结果是引起众多企业和银行破产。可见，宏观经济稳定是金融改革的大背景。

（2）金融自由化的改革必须与价格改革或自由定价机制相配合。若要避免金融自由化导致金融市场价格的扭曲，从而导致资源配置的错位，根本的办法是要形成合理有效的市场定价机制，解除政府管制下的行业垄断和金融机构的准入限制。

(3) 金融自由化改革并不是要完全取消政府的干预，而是要改变政府直接干预的方式。实施金融自由化并非否定政府的作用，而是要以法律和经济干预取代人为干预。

(4) 政府在推行金融自由化改革和价格改革政策时，必须预先判断出相应的价格变动对不同集团利益的影响，并出于公平原则和政治均衡要求的考虑，适当采用经济补偿手段。

(5) 发行直接融资工具，活跃证券市场。实行金融自由化的国家无不积极发展证券市场。具体做法是：增加可流通金融工具的发行量，培育证券一级、二级市场，完善有关的证券管理法规，适时对外开放证券市场。

金融自由化与金融约束并不存在本质上的矛盾。金融自由化强调政府放弃对金融领域的过分干预和保护，以此推进金融深化进程，而金融约束并不急于否定政府的干预，认为政府选择性干预有助于而不是阻碍了金融深化。金融约束的最优水平就是政府干预金融的广度和深度应随着金融深化程度的加深而下降。由此可见，对金融约束和金融自由化关系的正确理解是，金融深化是最终目的，金融约束和金融自由化都是达到金融深化的手段，两者的区别仅在于它们处于不同的金融深化阶段以及政府的干预强度不同。因此，金融约束不是静态的政策工具，而是随着经济不断发展而进行调整的一系列政策。

13.2 金融创新

金融创新（financial innovation）是西方金融业发展的一个重要趋势。金融创新突破了金融业多年传统的经营局面，在金融工具、金融方式、金融技术、金融机构及金融市场等方面进行了明显的创新、变革。这个趋势从20世纪60年代后期开始，70年代各种金融创新活动日益活跃，到80年代已经形成全球趋势和浪潮。金融创新的兴起及迅猛发展，给金融体制、金融宏观调控乃至整个经济都带来了深远的影响。

13.2.1 金融创新的含义

金融创新是各种金融要素的重新组合，是金融机构为追求微观利益和金融当局为提高金融业宏观效益而进行的金融创造性变革，主要指新的金融产品、金融业务、金融市场、金融机构、金融制度的创造和推广。

金融创新是一个动态的概念，并不是一个国家特有的现象，而是出现在各个国家和全球范围内的共同趋势。金融创新可以通过政府和市场两条途径产生。政府通过金融立法和有关管理条例的变更可以引导金融创新，其主要动力来自政府，故称为政府主导型金融创新。市场主导型金融创新是由于市场条件或环境发生变化产生了对新型金融工具的需求，金融机构根据金融市场变化和金融服务的市场需要，供给有效的金融产品和金融服务而出现的。在不同的历史时期，金融创新的环境、背景不同，因而金融要素重新组合的基础不同，表现的特征不同，对经济的影响也不同。

13.2.2 金融创新的动因

1）规避金融管制产生金融创新

由于金融业监管比其他行业监管更加严格，因此政府管制是该行业创新的一个非常重要的刺激因素。20世纪30年代的经济危机之后，西方各国纷纷立法对银行业经营实行极为严格的管理和限制，其中以美国为最，因而规避管理法规的金融创新也多出自美国。商业银行在利益最大化目标的驱使下，千方百计绕过管制障碍，实行金融创新。例如，直到1980年，美国大多数州的法规都是禁止商业银行对支票账户存款付息的，而且通过Q条例，美联储对定期存款利息设定了最高限。对这种存款利率上限要求的规避导致了金融创新。可转让支付命令账户便是为了应对Q条例的限制而出现的，它不受支票账户的限制可以支付利息的特性使得美国的一些储蓄贷款协会和互助储蓄银行获得了较高的利润。这种金融创新在一定程度上冲破了传统金融监管，促进了金融业的发展，推动了市场创新和金融一体化，提高了金融服务效率。

2）市场竞争加剧迫使金融创新

竞争是市场经济的重要规律之一，竞争在市场经济中无处不在。伴随着经济一体化和市场国际化，金融领域的发展极为迅速，金融机构的种类、数量急剧增加，金融资本高度集中，同时向国外市场发展，金融机构之间的竞争也日趋激烈，而且面临的风险更大，特别是在经济危机时，市场经济优胜劣汰的本能机制在金融领域里演绎得更加充分，金融机构倒闭、合并、重组的事件屡见不鲜。所以，为了在竞争中生存与发展，在市场上立于不败之地，金融机构就需要不断地改革与创新。

3）规避金融风险需要金融创新

金融业的安全性经营原则驱使银行在经营过程中更注重规避和化解风险，而影响金融产品需求的重大经济因素就是利率的波动。20世纪60年代以来，通货膨胀日益成为困扰经济发展的难题，到了70年代，通货膨胀与经济停滞并存，美国、英国等国的通货膨胀率均达到两位数以上。长期的高通货膨胀率导致市场利率上升，并且剧烈波动。利率的剧烈波动导致巨额资本溢价或资本损失，使投资收益具有极大的不稳定性。美国在20世纪70年代为应对利率风险而进行了一系列的金融创新，如可变利率债券、可变利率存款单、可变利率抵押契约、可变利率贷款等。

4）技术进步推动金融创新

20世纪六七十年代以电子计算机为核心的现代信息技术、通信技术的迅猛发展促使金融业发生了深刻变革，有力地支撑和推动了金融创新的兴起和蓬勃发展。高新技术被逐步应用到金融机构的业务处理过程之中，为金融创新提供了技术上的支持，成为技术型金融创新的原动力，促进了金融业的电子化发展。技术进步引起了银行结算、清算系统和支付的创新，银行信用卡就是一个最好的例子。电子计算机和现代通信技术的运用为技术相对复杂的金融创新工具提供了保证，使金融机构能够对结构复杂的创新进行设计和定价，能连续地观察和控制经营创新工具产生的风险。没有技术进步的支撑和保障，金融创新将无能为力。

13.2.3 金融创新的内容

1）金融业务创新

金融业务创新是指商业银行利用新的思维、新的组织方式和新的技术构造新型的融资模式，通过其经营过程取得经营成果的活动。从负债业务的角度来看，商业银行通过对传统业务的改造、新型存款方式的创设与拓展，使存款工具由单一功能向多功能方向发展；电子计算机在金融领域的广泛应用推动存款业务操作电算化，开户、存取款、计息、转账等业务均由电子计算机来完成；为了迎合市场上不同客户的不同需求，新型的如可转让支付命令账户、自动转账服务账户、协议账户、个人退休金账户等账户类型不断涌现。从资产业务的角度来看，贷款证券化是最具创新性的金融工具。贷款证券化作为商业银行贷款业务与国债、证券市场紧密结合的产物，是商业银行贷款业务创新的一个重要表现，极大地增加了商业银行资产的流动性和变现能力。与市场利率紧密联系的贷款业务也层出不穷，如浮动利率贷款、可变利率抵押贷款等。贷款业务的多样化使贷款形式更加灵活，利率更能适应市场变化。

2）金融制度创新

金融制度创新主要体现在国内金融制度创新与国际金融制度创新上。

发展中国家的金融制度创新主要表现为以下几点：①从计划管理型金融体制向市场竞争型金融体制的创新发展；②从封闭金融模式向开放金融模式的创新发展；③从单一国有制金融机构向多种所有制金融机构的创新发展。

发达国家的金融制度创新主要体现在金融法规的修改和调整上。美国政府在1999年通过的《现代金融服务法案》打通了金融混业经营的隔离墙；加拿大国会在1992年对《银行法》进行了大幅度修改，允许商业银行通过附属公司从事信托、保险和证券业务，2001年通过了《C-8法案》允许建立银行控股公司、保险控股公司，促进了金融集团的快速发展。2010年7月21日，美国总统奥巴马签署金融监管改革法案——《多德-弗兰克华尔街改革与消费者保护法案》，标志着次贷危机后历时近两年的美国金融监管改革立法完成，华尔街正式拉开新金融时代的序幕。该法案致力于保护消费者，解决金融业系统性风险等问题，旨在避免2008年的金融危机重演。

3）金融工具创新

近年来最显著的金融创新特征就是大量的新型金融工具被广泛创造并发展起来。首先，存款工具不再局限于活期存款、定期存款和储蓄存款等传统形式，可转让支付命令账户、自动转账服务账户、货币市场存款账户等新型账户被逐步推广并被客户接受。新型账户的出现为客户提供了更多的选择，充分满足了存款人对安全性、流动性和盈利性的多重需求。其次，衍生金融工具的出现无疑使当代金融市场发生了划时代的变化，使人们充分认识到了金融资产保值和规避风险的方式和手段，为金融业带来了传统避险工具所无法企及的保值、创收工具。但是，如果运用失当，衍生金融工具将会使市场参与者遭受严重损失，甚至危及整个金融市场的稳定与安全。

13.2.4 金融创新的影响

1）对金融和经济发展的推动作用

当代金融创新对金融和经济发展的推动，主要是通过以下四个方面来实现的：

（1）提高了金融机构的运作效率和盈利能力

第一，提高了金融机构的运作效率。金融创新通过大量提供具有特定内涵与特性的金融工具、金融服务、交易方式或融资技术等成果，从数量和质量两个方面同时提高了需求者的满足程度，增加了金融产品和服务的效用，从而增强了金融机构的基本功能，提高了金融机构的运作效率。

第二，提高了支付清算能力和速度。把电子计算机引入支付清算系统后，成百倍地提高了支付清算的速度和效率，使金融机构的支付清算能力和效率上了一个新台阶，大大提高了资金周转速度和使用效率，节约了大量的流通费用。

第三，大幅度增加了金融机构的资产和盈利率。当代金融创新中涌现出来的大量新工具、新交易、新技术、新服务，使金融机构积聚资金的能力大大增强，信用创造的功能得到充分发挥，导致金融机构所拥有的资金流量和资产存量急速增长，由此提高了金融机构经营活动的规模报酬，降低了平均成本，加上经营管理方面的各种创新，使金融机构的盈利能力大为增强。

（2）提高了金融市场的运作效率

第一，提高了市场价格对信息反应的灵敏度。金融创新通过提高市场组织与设备的现代化程度和国际化程度，使金融市场的价格能够对所有可得的信息作出迅速灵敏的反应，提高了金融市场价格变动的灵敏度，使价格及时对所获得信息作出反应，从而增强了价格的合理性和价格机制的作用力。

第二，增加了可供选择的金融产品种类。当代金融创新中大量新型金融工具的涌现，使金融市场所能提供的金融产品种类繁多，投资者选择的余地很大。面对各具特色的众多金融产品，各类投资者很容易实现令自己满意的效率组合。

第三，增强了剔除个别风险的能力。金融创新通过提供大量的新型金融工具和融资方式、交易技术，增强了剔除个别风险的能力。投资者不仅能进行多元化资产组合，还能及时调整其组合，在保持效率组合的过程中，投资者可以通过分散或转移法，把个别风险降到较低。特别是金融市场上各种避险性创新工具与融资技术，对于剔除个别风险有较强的功能。

第四，降低了交易成本与平均成本，使投资收益相对上升，吸引了更多投资者和筹资者进入市场，提高了交易的活跃程度。

（3）增强了金融产业的发展能力

金融产业的发展能力主要体现为金融机构在经营活动中开创未来的能力，包括开拓新业务和新市场的能力、资本增长的能力、设备配置或更新的能力、经营管理水平和人员素质提高的能力等。在金融创新的浪潮中，金融产业的这些能力都有较大幅度的提高。

（4）金融作用力大为增强

金融作用力主要指金融对经济整体运作和发展的作用能力，一般通过对总体经济活动和经济总量的影响及作用程度体现出来。当代金融创新主要通过以下四个方面从总体上提高了金融作用力，极大地推动了经济发展：

第一，提高了金融资源的开发利用与再配置效率。当代金融创新使发达国家从经济货币化推进到金融化的高级阶段，并大幅度提高了发展中国家的经济货币化程度，促进了金融总量的快速增长，提高了金融资源的可利用程度，优化了配置效果。

第二，社会投融资的满足度和便利度上升。一是投融资成本趋于下降，有力地促进了储蓄向投资的转化；二是金融机构和金融市场能够提供更多、更灵活的投融资安排，可以从总体上满足不同投资者和筹资者的各种需求，从而使全社会的资金融通更为顺利；三是各种投融资的限制逐渐被消除，金融创新使各类投融资者实际上都能进入市场参与活动，金融业对社会投融资需求的满足能力大为增强。

第三，金融业产值迅速增长，直接增加了一国的GDP总量，提高了金融业对经济发展的贡献度。

第四，增强了货币作用效率。金融创新后用较少的货币就可以实现较多的经济总量，意味着货币的作用能量和推动力增大。

2）产生的矛盾和挑战

第一，金融创新使货币供求机制、总量、结构乃至特征都发生了深刻变化，对金融运作和宏观调控影响重大。金融创新在货币需求方面引起的一个最明显的变化就是货币需求的减弱，并由此改变了货币结构，降低了货币需求的稳定性。在货币供给方面，由于各类非银行金融机构和复合型金融机构在金融创新中也具备了创造存款货币的功能，因而增加了货币供给的主体；新型金融工具的不断涌现，使金融资产的流动性不明显，导致货币定义和计量日益困难和复杂化；同时，通货-存款比率、法定存款准备金比率、超额准备金比率下降，加大了货币乘数，增强了货币供给的内生性，削弱了中央银行对货币供给的控制能力与效果，容易导致货币政策失效和金融监管困难。

第二，在很大程度上改变了货币政策的决策、操作、传导及效果，对货币政策的实施产生了一定的不利影响。金融创新降低了货币政策中介目标的可靠性，给货币政策的决策、操作和预警系统的运转造成较大困难；同时，创新削弱了法定存款准备金政策和再贴现政策的作用力，减少了可操作工具的选择性。此外，创新还加大了政策传导的不完全性。创新后由于传导环节复杂且影响因素增多，传导过程不确定性加大且时滞不定，使货币政策的传导过程离散化、复杂化，对政策效果的判定也更为困难。

第三，金融风险有增无减，金融业的稳定性下降。当代金融创新在提高金融微观效率和宏观效率的同时，增加了金融业的系统性风险。这一方面是因为创新加大了原有的系统性风险，如授信范围的扩大与条件的降低无疑会增加信用风险并继发流动性风险。近十年间我国非金融机构利用互联网技术开展P2P模式的网络借贷平台等的运作，因违背了金融运作和监管的基本原理，在爆发性繁荣之后迅速连续爆雷，最终被清零。另一方面是因为创新中产生了新的金融风险，如大规模的金融科技创新所产生的信息风险和科技风险，金融业务和管理创新中出现的连带风险，与金融国际化相伴而生的国际风险等，大大增加了金融业的系统性风险。各种金融机构的业务创新和管理创新虽然带来了高收益和高效率，但也产生了高风险，20世纪80年代以来银行的资产风险和表外业务风险猛增，导致金融业的稳定性下降，金融机构的亏损、破产、倒闭、兼并、重组事件频繁发生，整个金融业处于一种结构调整和动荡不定的状态之中。

第四，金融市场出现过度投机和泡沫膨胀的不良倾向。在当代金融创新中，金融市场上出现了许多高收益和高风险并存的新型金融工具和金融交易，尤其是从虚拟资本中衍生出许多新类别，如股票指数期货交易、股票指数期权交易等；一些避险性的创新本身又成了高风险的载体，如外汇互换、利率互换、货币互换、票据互换等。这些新型的金融工具和交易以其高收益和冒险刺激的特点，吸引了大批的投资者和大量的资金，在交易量呈几何级数放大的过程中，价格往往被推到一个不切实际的高度，拉大了与其真实价值的差距，表现为市价大大超过净值，虚拟资本急剧膨胀，由此产生大量的泡沫，极易引发金融危机。

13.3 互联网金融

作为20世纪最伟大的科技发明之一，互联网改变了金融体系的旧有运行模式和市场结构。自20世纪90年代以来，随着网络技术的快速发展，互联网在降低金融服务交易成本、增进金融服务可得性方面的优势逐渐显现。金融机构开始利用互联网技术改造传统服务，互联网技术与金融的融合发展趋势日益突出，特别是移动支付、社交网络、搜索引擎和云计算等技术，对金融业运营模式产生了根本的影响，网络信贷、众筹融资、互联网支付、比特币等名词已经为大众所熟知。2012年，著名学者谢平提出“互联网金融”这一概念。2013年4月，恒顺电子旗下书迷基金网推出了“现金宝”，但由于有限的影响力其未能赢得市场响应。2013年6月13日，阿里巴巴旗下第三方支付平台“支付宝”推出“余额宝”并迅速热销，随后，各互联网公司、银行纷纷推出各自的“宝宝类”货币基金产品，掀起了互联网货币基金产品的竞争热潮。中国人民银行发布的《2013年第二季度中国货币政策执行报告》首次在官方文献中使用了“互联网金融”一词，随后该名词被写入2014年政府工作报告，这标志着“互联网金融”的概念正式得到官方的认可。互联网金融所产生的前所未有的巨大影响，正如谢平所说：“在这种金融模式下，支付便捷，市场信息不对称程度非常低，资金供需双方直接交易，传统的银行、券商和交易所等金融中介很难达到现在那样的高资源配置效率，并在促进经济增长的同时，大幅减少交易成本。”对我国来说，互联网金融在提高小微企业、个体业主、普通消费者的服务水平，促进经济结构转型升级，推动金融创新和解决金融抑制等方面均具有不可替代的重大意义。

13.3.1 互联网金融概述

1）互联网金融的含义

互联网金融是依托互联网信息科技（如移动支付、云计算、社交网络和搜索引擎等），秉承互联网精神（分享、协作、自由、平等、普惠、民主等），进行资金融通、支付交易、金融信息交换等金融活动的新模式。互联网金融不是互联网和金融业的简单结合，而是在实现安全、移动等网络技术水平上，被用户熟悉并接受后（尤其是对电子商务的接受），自然而然为适应新的需求而产生的新模式及新业务，是传统金融行业与互联网开放、平等、协作、分享的精神相结合的新兴领域。当前"互联网+金融"格局，由传统金融机构和非金融机构组成。传统金融机构的互联网金融主要包括传统金融业务的互联网创新、电商化创新、App创新等；非金融机构的互联网金融主要包括利用互联网技术进行金融运作的电商企业、挖财类（模式）的手机理财App（理财宝类），以及第三方支付平台等。

2）互联网金融的运作原理

互联网金融融合了互联网信息科技的创新，以互联网支付、第三方支付改变传统支付模式，以云计算和互联网信息搜集处理技术拓宽传统的人工信息搜集和处理方式，提高了资源配置的效率，推动了资源的优化配置。其运作原理突出表现在如下几个方面：

（1）电子支付、第三方支付和免费支付。电子支付使得跨地区交易也可以即时支付；第三方支付则使得免费支付成为可能，不同银行不同地区的转账、支付可以即时免费完成，降低了用户的支付成本。

（2）大数据高速处理能力。通过社交网络、搜索引擎和云计算等方式对金融信息进行搜集整合，是互联网金融与传统金融中介和市场的最大区别，核心是大数据替代传统的风险管理和风险定价，总的效果是在云计算的保障下，资金供需双方的信息通过社交网络得以揭示和传播，经搜索引擎组织和标准化，最终形成时间连续、动态变化的信息序列，由此可以给出任何资金需求者的风险定价或动态违约概率，而且成本极低。这样，金融交易的信息基础（充分条件）就满足了。

（3）脱媒化的资源配置。互联网金融中资源配置的特点是资金供需信息直接在网上发布并匹配，供需双方直接联系和交易，不需要经过银行、证券公司和交易所等金融中介和市场。可能的情景是贷款、股票、债券等的发行和交易在社交网络上进行，也就是去中介化、去中心化、"脱媒"。互联网金融模式使个体之间直接进行金融交易，突破传统的安全边界和商业可行边界，焕发出新的活力。互联网技术使得金融信息的搜集和处理以更高效率和更低成本完成，实现更加优化的资源配置。

3）互联网金融的特征

（1）互联网金融的优势

① 新平台。解决买卖双方缺乏信用基础而无法完成交易的问题。永远在线、

实时互动是互联网时代的核心所在。

② 移动化。用微信、微博等扩展手机端的应用，且满足和方便人们在碎片化时间里上网沟通的需求。

③ 新支付。它主要指基于互联网交易而设计的第三方支付。它是由新兴的非金融机构（一般是互联网交易平台提供商）打造的，运用电子化手段为互联网交易者提供前台支付或后台操作服务，成功解决了互联网上买卖双方因缺乏信用基础而无法完成交易的问题，是集中支付系统和个体移动支付系统的统一，也是互联网经济的一项极为重要的基础设施。

④ 大数据。互联网平台上提供的社交网络、电子商务网站、第三方支付平台、搜索引擎等产生了庞大的数据，以大数据分析和高速算法为基础进行信息处理和风险评估，并在此基础上提供针对性的服务，能够满足不同客户差异化的需求。

⑤ 低成本。互联网金融能有效地降低金融中介成本，从而使金融服务扩展至传统金融不愿服务或难以服务的广大小微企业和普通个人群体，极大地拓展了金融服务范围。互联网金融的生命力正在于它能为占80%的弱势群体提供便利的金融服务，满足了资金供需双方在资金期限匹配、风险分担等方面的低成本要求。

⑥ 跨边界。我国目前的金融业尚处在分业经营、分业监管的格局下，现有的金融机构往往只能提供某一类金融服务。互联网平台在提供金融服务方面，打破了这种格局，可超越传统金融中介而大大提高市场资源的配置效率。每个单一的互联网平台均可以提供跨界"银行、证券、保险"等不同类别的金融服务，加上其不断创新的服务模式和金融产品，大大拓宽和提升了金融业的服务范围和质量。

⑦ 市场化。互联网金融公平、公开、公正，信息透明、效率高、成本低，是一把打破垄断的利剑，这些均符合市场化发展的要求。由此，互联网金融的发展大大拓展了市场的空间和前景。

⑧ 综合性。传统银行与互联网银行在存贷业务、信用卡业务等方面逐渐走向综合经营，淡化甚至打破了原有的金融业专业分工，有利于加速货币资金的周转和提高资金运用效率。

⑨ 多样性。互联网金融依托最新的科技，运用最新的运营模式，传播快、信息量大、形式多样、成本低，可广泛用于公众的支付、娱乐、购物等方面并发挥其独有的作用。

（2）互联网金融的不足

①互联网金融经营的地域大、速度快，风险无处不在、无时不有，从某种程度上说，互联网金融的风险更难以防范和化解。

②与传统金融相比，互联网金融在坏账控制层面不具备优势。

③收益率低于3%的互联网商业模式难以生存。如果构建的资金池成本太高，则容易出现流动性问题。一个没有流动性支撑的利差行为是很难支撑下去的。

13.3.2 互联网金融的主要商业模式

互联网金融主要有以下六大商业模式：第三方支付、P2P网贷、大数据金融、众筹、信息化金融机构和互联网金融门户。

1）第三方支付

狭义上，第三方支付指具有一定实力和信誉保障的非银行机构，借助通信、计算机和信息安全技术，采用与各大银行签约的方式，在用户和银行支付结算系统间建立连接的电子支付模式。广义上，第三方支付指非金融机构作为收款人的支付中介所，提供网络支付、预付卡、银行卡收单以及央行确定的其他支付服务。2022年，中国第三方支付交易金额为337.87万亿元，交易量达10 241.81亿笔。

第三方支付对传统银行的影响表现在：第三方支付已成为金融服务业的重要组成部分，弥补了传统银行服务的空白，提高了社会资金的使用效率；它将信息技术嫁接到金融服务上，推动传统银行业格局、商业模式和服务理念的变化，有利于完善社会的金融功能。

第三方支付对传统银行的主要威胁表现在：第三方支付割裂了银行和终端客户的直接联系；银行客户开始分流，银行被电商前台后端化；银行资金开始脱媒，小额高频度的资金流通通过第三方支付进行投资。

2）P2P网贷

P2P网贷全名为peer-to-peer lending，即“点对点”信贷，指个人或法人通过独立的第三方网络平台相互借贷。

P2P网贷的特征为：脱离银行等金融机构和融资媒介；资金出借人可以明确获知借款人的信息和资金流向；出借人不接入信用交易，只承担信用认定、信息配对、利率制定和法规文本的起草；P2P网贷平台充当服务中介角色，同时帮助借款人获取优惠利率。

P2P模式最早诞生于英国。2007年6月，中国国内第一家P2P公司拍拍贷（后改名“信也科技”）成立，到2015年行业高峰时有5 000多家公司运营、年交易规模近3万亿元。P2P网贷行业的竞争日渐激烈，相关风险不断积聚。2018年起，P2P行业进入大面积爆雷期。2019年1月，互联网金融风险专项整治工作领导小组办公室、P2P网贷风险专项整治工作领导小组办公室联合发布《关于做好网贷机构分类处置和风险防范工作的意见》，明确提出P2P网贷平台“能退尽退，应关尽关”。2020年11月，有银保监会方面的监管人士在公开演讲中称，全国运营P2P的平台完全归零，互联网金融风险大幅压降，大中型企业债务风险有序化解，房地产金融化、泡沫化势头得到遏制，地方政府的隐性债务风险初步得到控制。

3）大数据金融

大数据是指以巨大的数据量和完整的数据为基础，发现海量、种类繁多的数据之间的内在联系，从而发现真实的需求，意味着其中蕴含巨大的业务和创新机会。通俗地说，它通过数据的频繁流动、迅速拓展和全面互动，建立大数据的集聚、沉淀、交换和共享的平台，将信号转化为数据，将数据分析为信息，将信息提炼为知识，以知识促成决策和行动，发挥将“死”数据变“活”的神效。

大数据具有以下特点：第一，数据量巨大。互联网一天产生的全部内容，可刻满1.68亿张DVD，发出的邮件有2 940亿封之多，发出的社区帖子达200万个，卖出的手机达37.8万台。第二，数据类型多样，包括结构化数据和非结构化数据。相对于以往便于存储的以文本为主的结构化数据，非结构化数据越来越多，包括网络日志、音频、视频、图片、地理位置信息等，多类型的数据对数据的处理能力提出了更高要求。第三，数据的及时性和价值性。大数据不仅拥有本身的信息价值，还拥有商业价值，要求在获取速度和分析速度上及时迅速，在尽可能短的时间内发掘数据的价值。

大数据对金融业发展的影响表现在：第一，成为衡量金融机构核心竞争力的重要指标。第二，冲击传统金融业的思维方式和商业模式。第三，创新产品和模式，完善经营业务和金融政策机制。第四，促进大数据金融和传统金融业态的结合。

总而言之，当今世界进入了互联网时代，也进入了大数据时代。大数据技术的运用将为我们认识市场提供一把新的钥匙，也为提升市场的效率与质量、降低市场运作成本、保护投资者的合法权益提供了新的机制。

4）众筹

众筹是指项目发起者利用互联网和社会性的网络服务传播的特征，发动众人的力量，集中公众的资金、能力和渠道，为小企业、艺术家或个人进行某项活动或为某个项目创办企业提供必要的资金援助的一种融资方式。

众筹模式较传统金融模式有一定的优越性：众筹的精髓在于小额和大量；众筹模式不需要有一定的实体和经济基础；众筹门槛低，不再以商业价值为第一目标；众筹成本低，期限和回报形式灵活；众筹为新型创业公司的融资开辟了一条新的途径；众筹能够确保作为筹资者的项目发起人对项目本身的控制权；在众筹的过程中就可以物色共同参与项目的合作者；众筹的支持者往往是项目最重要的消费群体；众筹过程本身也是项目筛选的过程。

5）信息化金融机构

信息化金融机构是指在互联网时代，通过广泛运用以互联网为代表的信息技术，对传统运营流程、服务产品进行改造或重构，实现经营、管理全面信息化的银行、证券和保险等金融机构。

6）互联网金融门户

互联网金融门户是指利用互联网提供金融产品、金融服务信息，汇聚、搜索、比较金融产品，并为金融产品销售提供第三方服务的平台。

13.4 金融科技

13.4.1 金融科技概述

1）金融科技的含义

金融科技（financial technology，缩写为fintech）是技术驱动的金融创新，它能创造新的模式、业务、流程与产品，旨在利用各类科技手段创新传统金融行业所提供的产品和服务，提升效率并有效降低运营成本。根据金融稳定理事会（FSB）的定义，金融科技是基于大数据、云计算、人工智能、区块链等的一系列技术创新，全面应用于支付清算、借贷融资、财富管理、零售银行、保险、交易结算等六大金融领域。

2016年后，各互联网巨头的竞争格局基本稳定，流量成本巨大，以互联网方式改变传统的服务模式和客户获取方式已成为过去式，加之互联网金融监管不断加强，在监管、成本与技术的共同推动下，互联网金融的发展进入金融科技时代，掀开了中国金融行业发展的新篇章。

2）金融科技的主要类别

金融科技的技术具有更新迭代快、跨产界、混行业等特点，是新型科学技术与传统金融业务及场景的多重高效融合，主要包括大数据金融、人工智能金融、区块链金融和量化金融四个核心部分。

（1）大数据金融。大数据金融是利用大数据技术突破、革新并发展传统金融理论、金融技术和金融模式的一种高科技，是指通过对海量非结构化数据的深入多层次分析，挖掘客户的日常行为和交易习惯等个性化数据背后的商业价值，基于客户全方位的信息为客户画像，使金融机构能够实行精准营销和精细风控。

（2）人工智能金融。人工智能金融（AI finance）即人工智能与金融的全面融合，是信息时代的重要产物，以计算机为载体，全面赋能金融机构，提升金融机构的服务效率，拓展金融服务的广度和深度，使得全社会都能获得平等、高效、专业的金融服务，实现金融服务的智能化、个性化、定制化，具体应用在身份识别、智能投顾、智能客服等方面。

（3）区块链金融。区块链金融是区块链技术在金融领域的应用。区块链是一套加密的分布式记账技术，具有去中心化、分布式记账和存储、共识机制、集体维护、高度透明、高度自治等基本特征。区块链技术具有不可篡改和分布式两大性质，这就意味着区块链拥有“诚实”和“透明”的特征，因而成为交易关系中的“信任机器”。

（4）量化金融。量化金融是指依托金融大数据和人工智能金融的技术发展，通过数量化方式及计算机程序发出交易指令，以获取稳定收益为目的的投资方式。

3）金融科技与互联网金融的关系

（1）两者的区别。互联网金融主要是传统金融机构与互联网企业利用互联网技术和信息通信技术实现资金融通、支付、投资和信息中介服务的新型金融业务模式。由此可见，互联网金融仍具有传统金融的风险和特点，本质上并没有改变。金融科技是指借助大数据、人工智能等一系列技术对金融领域模式和产品的创新，可以进一步提高金融交易效率，有效加强对金融风险的防范化解。

（2）两者的联系。第一，均有新型技术与金融的融合。互联网金融是互联网技术与金融的简单融合，金融科技是互联网技术、信息技术与金融的深度融合，两者在大幅提高金融交易效率的同时促进了普惠金融的发展。第二，金融科技是互联网金融的升级版。从本质上讲，互联网金融是传统金融的一种业态创新，将“线下”转移到“线上”，服务的对象、产品及模式并没有改变。而金融科技中的科技元素更为突出，除了采用互联网技术，还将人工智能、大数据、云计算和机器学习等新型技术深度融合，开展新一代支付结算、存贷款与资本筹集、投资管理、市场设施等业务。[①]

13.4.2 金融科技的应用场景

新型技术的广泛运用推动金融科技快速发展，衍生出众多应用场景，主要有以下八个方面：

第一，金融监管。防范金融风险是金融永恒的主题，作为防范风险的最主要的手段，及时有效的监管是防范金融风险扩大、传导的基础。金融监管部门可根据利用金融科技建立的风险评估模型对监管对象进行全方位分析，厘清业务本质，以新型技术为基础，精准识别各类风险，确保有能力处置风险问题。

第二，智能获客。利用大数据分析技术，融合人工智能算法，刻画用户个性，生成用户画像，能够帮助金融机构实现精准营销和稳定获客，从而实现差异化定价和提供个性化金融服务。

第三，智能风控。智能风控主要利用场景金融中产生的碎片化信息进行用户风险评估，增加了风险因子和变量，可以从更多层面刻画客户风险视图，提升风险定价、违约计算的效果，是传统金融风控的有效补充。

第四，智能投顾。智能投顾又称机器人理财，是将人工智能导入传统的理财顾问服务，依据投资者设定的投资目的及风险承受度，通过计算机程序的算法，提供自动化的投资组合建议及金融数据。

第五，数字货币。DCEP（digital currency electronic payment）即数字货币和电子支付工具，是中国人民银行研究中的法定数字货币，是数字货币的一种。现阶段其在功能定位上注重对实物现金（纸币、硬币）进行替代。

第六，区块链+跨境支付。区块链的分布式架构和信任机制可以简化金融机构电汇流程，缩短结算周期，同时降低SWIFT的高昂手续费。支付成本包含银行手续费、SWIFT通道费、交易延迟损失和准备金等。将区块链技术用于跨境支付领域，相当于创建了一个跨国金融机构间的点对点网络，汇出行和汇入行的交易需求可以直接得到匹配，大大降低了SWIFT体系中的流动性损失、资金运作和换汇成本。

第七，区块链+供应链金融。2017年3月，互联网金融平台点融网和富士康集团旗下金融平台富金通合作推出区块链金融平台Chained Finance。Chained Finance首先将核心企业的应付账款转化为区块链上的线上资产eAP。eAP可以在各级供应商之间流通（用于支付或用于融资取现）。对于供应链上的中小企业而言，传统模式下的融资成本高达25%以上，而在Chained Finance平台上，可利用核心企业资

① 曹龙骐. 金融学［M］. 7版. 北京：高等教育出版社，2023.

信进行应收账款融资，融资成本可以降至10%以下。

第八，区块链+征信。征信是指依法收集、加工自然人及其他组织的信用信息，并对外提供信用报告、信用评估、信用信息咨询等服务。征信系统的建设对信用风险的防范和信用交易的扩大有着重要作用，从而能够提高整个经济的运行效率。区块链的分布式记账与不易篡改特性可以确保数据有效且不会被修改，征信安全性和认可度得到极大保障。基于区块链技术的企业征信体系，可明显改善中小企业融资难、融资贵等问题。

13.5 绿色金融

微课13-2

绿色金融

13.5.1 绿色金融概述

1）绿色金融的含义

绿色金融是指金融机构将环境评估纳入流程，在投融资行为中注重对生态环境的保护，注重绿色产业的发展。随着人口的增长、经济的快速发展以及能源消耗量的大幅增加，全球生态环境受到了严峻挑战，实现绿色增长已成为当前世界经济的发展趋势。在各国低碳经济不断发展的背景下，绿色金融成为全球多个国家着力发展的重点之一。

绿色金融有两层含义：一是金融业如何促进环保和经济社会的可持续发展；二是金融业自身的可持续发展。前者指出“绿色金融”的作用主要是引导资金流向节约资源技术开发和生态环境保护产业，引导企业在生产中注重绿色环保，引导消费者形成绿色消费理念；后者则明确金融业要保持可持续发展，避免注重短期利益的过度投机行为。

绿色金融的定义包括以下几层意思：一是绿色金融的目的是支持有环境效益的项目，而环境效益包括支持环境改善、应对气候变化和资源高效利用；二是给出了绿色项目的主要类别，这对未来各种绿色金融产品（包括绿色信贷、绿色债券、绿色股票指数等）的界定和分类有重要的指导意义；三是明确了绿色金融包括支持绿色项目投融资、项目运营和风险管理的金融服务，说明绿色金融不仅包括贷款和证券发行等融资活动，也包括绿色保险等风险管理活动，还包括有多种功能的碳金融业务。

根据2016年8月31日中国人民银行等七部委发布的《关于构建绿色金融体系的指导意见》，绿色金融的定义为：支持环境改善、应对气候变化和资源节约高效利用的经济活动，即对环保、节能、清洁能源、绿色交通、绿色建筑等领域的项目投融资、项目运营、风险管理等所提供的金融服务。

2）绿色金融的特点

与传统金融相比，绿色金融最突出的特点就是，它更强调人类社会的生存环境利益，它将对环境保护和资源的有效利用程度作为计量其活动成效的标准之一，通过自身活动引导各经济主体注重自然生态平衡。它讲求金融活动与环境保护、生态平衡的协调发展，最终实现经济社会的可持续发展。

绿色金融与传统金融中的政策性金融有共同点，即它的实施需要由政府政策来推动。传统金融业在现行政策和“经济人”思想引导下，或者以经济效益为目标，或者以完成政策任务为职责，后者就是政策推动型金融。环境资源是公共品，除非有政策规定，金融机构不可能主动考虑贷款方的生产或服务是否具有生态效率。

3）绿色金融产生的前提

绿色金融产生的前提是绿色经济发展的机制失灵。绿色经济是一个崭新的概念，是一种融合了人类现代文明，以高新技术为支撑，使人与自然和谐相处，能够可持续发展的经济，是市场化和生态化有机结合的经济，是一种充分体现自然资源价值和生态价值的经济。它是一种经济再生产和自然再生产有机结合的良性发展模式。传统的经济发展理论将经济发展与环境保护对立起来，是一种非此即彼的关系，而绿色经济对于经济与环境关系的认识扬弃了传统的理论。

首先，经济运行需要环境作为其基础。发展经济需要从自然界获取资源，离开了自然界提供的能源、原材料，发展经济无从谈起。其次，环境也是一种生产力，环境生产力可以分为自然资源力和环境服务力。传统的经济学不仅把环境生产力中极小的一部分，即已经进入市场的自然资源纳入考虑之中，而且这种价值远远被低估了。再次，在经济活动中处于主体地位的人，其生存发展需要一定的环境，环境质量和景观也影响到人的健康、舒适度乃至生产效率。因此，环境是经济发展不可或缺的组成部分，是企业经营的资源要素，如何将环境内化为企业的经济行为即由环境的公共产品属性向私人产品转换，使环境具有交换价值，成为绿色经济发展的核心。

在资源配置过程中，政府与市场是最基本的手段，政府机制与市场机制的适度作用是制度选择的关键。由于环境问题的复杂性和公共财产的特点，市场手段所能适应的范围和规模比政府干预更受限制。政府干预虽然在处理环境问题和环境物品产出方面一直处于主导地位，但这不意味着它就是比市场力量更有效率的替代方法。所以说，政府与市场在解决环境问题中都没有绝对的优势可言，应该承认政府在解决环境问题中有着不容置疑的主导作用。不过，这种主导作用不是去取代市场的可能作用，而是为创造或培养市场创造条件。绿色经济在我国刚刚起步，环境的公共产品属性往往使企业具有搭便车心理，单纯地用“看不见的手”会阻碍绿色经济的发展。

因此，在新经济发展的初期，应当更多地发挥政府机制的作用。绿色经济是代表未来发展方向的新模式，它的顺利发展需要政府行政手段的调节，甚至进行行政干预，但传统经济的发展有它强烈的惯性，绿色经济要成为主要的发展模式，必须有政府强大的推力。资金和技术是绿色经济发展的两大物质基础，而“资金缺乏、技术落后”是目前中国绿色经济发展的致命弱点。绿色经济要发展，资金是个瓶颈。金融在资源配置上的强大功能使绿色经济的发展离不开金融的支持，因此政府可以通过建立和完善绿色金融制度，发挥对绿色经济的巨大推动作用。

13.5.2 绿色金融的现实意义

1）实施绿色金融是实现金融企业和工商企业双赢的必然选择

在宏观层面，实施绿色金融能有效封缄欧美等贸易伙伴利用“环境容忍度”对我国出口品进行抵制的借口，提高我国出口企业的市场份额，增加产品的绿色附加值，这对实现经济可持续发展具有重要意义。在微观层面，金融企业利用其资金导向作用来引导企业降低资源和能源消耗以及减少环境污染，提高产品的市场竞争力，追求企业的绿色利润最大化。虽然环境治理的经济效益一般在短时间内很难体现，而是需要长期的过程，但它带来的长远效益是不可估量的。同时，德国等西欧国家在垃圾回收等绿色项目中已经挖掘出具有丰厚的短期收益的回收生产线。我国企业可以借鉴国外成功经验，开发经济效益和社会效益同样可观的绿色项目。

在促进国民经济发展和企业成长的同时，金融业自身也获得了可持续发展的机会：金融资产规模持续扩大，金融工具不断创新，风险防范能力越来越强。金融业不仅实现了资金的绿色配置，引导客户企业适应可持续发展的要求，而且提高了自身的经济效益，为实现自身可持续发展铺平道路。

2）实施绿色金融是提升金融企业声誉和增强社会效益的必经之路

随着公众环保意识的不断增强，政府和民众对工商企业和金融企业的社会责任提出了新的要求。单纯追求经济增长的发展模式已经不能满足可持续发展的要求，金融企业应该顺应这一趋势，利用金融手段来引导、改善产业结构，努力承担自己的社会责任，以此赢得国内外各界的肯定，为自己树立良好的社会形象和提升社会声誉。同时，金融企业通过实施绿色金融可以改善就业环境、增加就业水平、提高人们的物质生活水平，社会效益巨大。另外，针对节能项目、环境友好项目融资难的现状，金融企业可以拓宽这类绿色项目的融资渠道，大力支持其发展。而针对高污染高耗能企业和一些企业的新项目，可以引进环境影响评价的考察目标，从源头上遏制这类企业和项目的资金来源，以此保证可持续发展目标的顺利实现。

3）实施绿色金融是提高金融业自身和外部生态效益的必要之举

一方面，金融企业通过自身内部管理，减少能源和物资消耗（例如电能消耗、差旅费用、办公纸张），可以节约开支甚至增加利润。另一方面，由于生态环境的不断恶化，国家对污染治理需要投入大量的资金，但仅靠政府之力难以实现，一些环保项目仍然存在大量的资金缺口，金融企业恰好可以弥补这些缺口。另外，经济增长的同时也意味着能源资源的不断耗费，为解决这些问题，需要开发利用可再生资源、研究新技术。这些资源、技术的开发研制都需要大量的资金，而金融企业正好可以提供这些资金支持。这些资源、技术的使用可以带来巨大的经济效益，能够保证资金的顺利回流，从而促进金融业的可持续发展。

学史增信

红色金融史中的货币本位制度创新

1）物资本位和物价本位的历史文化渊源

物资本位和物价本位并不是凭空产生的，它们既来自中国共产党领导下人民群众的金融实践活动经验的总结，又能在中国历史上找到其文化渊源。具体来看，这种措施源于中国古代的“平准法”。中国古代政治经济思想家提出的“平准法”主张由政府对盐、铁等重要物资运用转输物资、调节供求、平抑价格等经济手段对市场实行经济干预，以期收到宏观调控的效果。这种思想远在春秋战国时期已经出现。相传范蠡的老师计然提出了平粜理论，这就是最早的平准思想。《管子》记载的“准平”一词也体现了这种思想：“万物之满虚随财，准平而不变，衡绝则重见。”《史记·平准书》记载西汉御史大夫桑弘羊曾给汉武帝提出平准建议，该建议在西汉得以实施，对当时平稳市场物价、增加政府财政收入起到了积极作用。后世，唐代的刘晏改革和北宋的王安石改革，也都注重了“平准法”的应用。中国历史上的封建王朝对于“平准法”的应用以封建统治阶级的利益为核心，虽然客观上起到了定物价、改善民生的作用，但本质上仍然是封建阶级维护其统治并进一步剥削压迫劳动人民的工具。而在中国共产党领导下实施的物资本位和物价本位，虽然借鉴了历史上的“平准法”，但是以人民利益为核心，其作用主要在于平抑根据地物价，保障人民群众利益，维护社会稳定，支援根据地经济建设，支持革命斗争。这与封建阶级实施的“平准法”有着本质不同。

2）以物资为本位的货币发行制度

在红色货币发行的过程中，中国共产党领导根据地军民创新性地使用了以物资为本位的货币发行制度。

(1) 土地革命战争时期的物资本位

在土地革命战争时期，红军长征途中占领遵义后，短短十几天内中华苏维埃国家银行发行的“红军票”就在遵义城中畅通无阻。这主要是靠当时国家银行行长毛泽民在“红军票”的发行中采取的物资本位来实现的。红军在长征中需要使用银圆购买物资，攻占遵义城之后，红军的银圆已数量不多，但缴获了当地军阀囤积的大量食盐。以毛泽民为代表的中华苏维埃国家银行当机立断将食盐作为储备发行“红军票”，“红军票”与银圆兑换的比例是1∶1。当时遵义城中食盐的价格是1银圆买1斤食盐，而红军定的食盐价格是1元“红军票”买7斤食盐。于是，遵义的人民群众就用手中多余的银圆、粮食和其他物资从红军手中换来“红军票”，再用“红军票”去买食盐。这样既使人民群众得到了实惠，又帮助红军收集了长征途中所急需的银圆和粮食等战略物资。撤离遵义前，红军又用手中的食盐和其他物资或银圆换回了遵义人民群众手中剩余的“红军票”，从而在补充银圆、粮食等战略物资的同时，维护人民利益，在人民心中树立了红军及其发行的“红军票”的良好信誉。这短短十几天的货币发行就是物资本位制这种红色金融创新的充分体现。这次“红军票”的有效发行使中国共产党人深刻认识到了物资本位在货币发行和管理乃至整个金融领域中的重要作用，形成了在发展金融的同时注重实体经济的优良传统。

（2）抗日战争时期的物资本位

抗日战争时期，中国共产党领导下的根据地开始尝试使用物资本位发行根据地货币。晋绥革命根据地成立的兴县农民银行以3万多元白洋和1 500多石粮食作为准备发行了15万元兴县农民银行币。之后以兴县农民银行为基础建立了西北农民银行，印制发行了西北农民银行币。豫皖苏边区联防委员会发行了豫皖苏边地方银号币，在部队撤离前投放了部分物资和银圆以收回银号币，尽量减少人民群众经济损失。豫鄂边根据地发行的1.5亿元豫鄂边区建设银行币，以根据地生产的粮、油、棉布等物资及黄金、白银和银圆作准备，确立边币本位币地位，同时以谷物价格为标准。山东抗日根据地的胶东地区在发行北海币之初，没有实行物资本位，而是主要移植法币信用，币值随法币价值的涨落而波动，人民群众多将北海币视为法币的辅币，难以形成集体信任。直到后来，储备了大量物资，开始实行物价本位制时，才逐步构建了稳定的信用。

（3）解放战争时期的物资本位

解放战争时期，解放区在发行货币时，也多有采取物资本位的具体事例。东北解放区黑龙江富锦市成立下江人民银行，该行发行的下江银行支票就是由富锦县政府用商品物资作为储备，最后以豆饼、豆油、白酒等商品将其全部收回。华中解放区发行的华中银行币也以物资为基础，1945年国民党进攻华中解放区后，苏皖边区政府抛售物资与黄金，收回华中银行币，使该币币值得以稳定。桂滇黔解放区发行的车佛南流通券，以1万多斤食盐作发行准备，保证了币值的稳定，后来用人民币收回时，竟达到以3 000元人民币兑换1元车佛南流通券的比例。粤中解放区的鹤山县第四区人民政府发行的粮税代用券也以公粮和税收作为准备，其中也有物资本位的影子。此时，山东解放区的北海币实行了物价本位制，其实质也是使币值挂钩一揽子商品物资，其中最重要的有海盐和花生油两种，皆为山东解放区胶东地区所盛产。正是这些与民生息息相关的日用必需品成为了北海币发行的最可靠的保证。物资本位以雄厚的物资储备建立了信用，维持了解放战争时期解放区独立发行的货币币值的稳定。

3）以物价为本位的币值管理制度

如果说以物资为本位的货币发行制度还是一种静态管理方案，那么后来山东根据地推行的以物价为本位的币值管理制度则是一种动态的制度。物价本位制又称为管理通货制，其实质就是根据物价涨跌的情况来调整货币流通量，从而保证货币币值的稳定，确立其信用基础。对此，曾经主持山东根据地财政金融工作的薛暮桥同志给出过这样的解释：“发行的货币没有真金、白银、外汇作储备，是用物资来作储备的。工商局是执行物价本位制的政府机构，负责掌控银行货币发行的准备物资，以调控市场物价。随着物价的涨落，工商局随时吞吐物资，调节货币流通数量，以保持币值和物价的稳定。”具体来看，就是根据地在发行北海币时拿出50%

投资到工商局，由工商局购买并储备粮食、花生、棉花、布匹等重要物资，另外50%以农民贷款的形式发放或作其他临时之用。当物价上升时，根据地工商局便抛售储备的物资，从而回笼之前发行的北海币以平抑物价；当物价下跌时，便用新发行的北海币收购物资，调整物价，在补充储备的同时，避免“谷贱伤农”。这种随物价变动调整币值的动态货币管理制度使北海币既不用同根据地紧缺的金、银等贵金属保持联系，又不必与法币、伪钞、金圆券等敌对货币保持联系，既保持了独立性，又稳定了物价，因此，增强了其自身信用，实现了当时根据地进行币值管理的目标。这正如薛暮桥同志所说：“货币最基本的保证是物资，谁掌握了物资，谁就掌握了货币斗争中的主要武器。”

资料来源：付锦泉，崔灿灿，刘莉．红色金融史中的货币本位制度创新［J］．河北金融，2022（10）：56-59．

解读：

物资本位和物价本位虽然是金融创新，但也不是中国共产党人凭空创造出来的。它们既来源于中国革命中金融工作的具体实践，也可以在中国历史传统中找到影子。如前所述，中国历史上早在春秋战国时期就有了“平准”思想，在汉代“平准”思想得以具体实施，且多为其后历代经济改革所借鉴、应用和完善。只不过历史上“平准法”的实施是以封建统治者的利益为核心的，虽然客观上起到了平抑物价、稳定社会和居民生活的作用，但主观上是为了维护封建统治阶级的利益，甚至有时还被用来压榨和剥削劳动人民。中国共产党人在革命根据地实行的物资本位和物价本位是从历史传统中吸取经验，在借鉴平准思想的基础上，以人民利益为核心推出的金融创新措施，既维护了人民利益，又保障了根据地经济建设的顺利进行和革命战争的胜利。由此可见，中国传统文化博大精深，对于解决实际问题和现实矛盾有着重要的借鉴和参考意义，当今的金融改革应当给予高度重视。本文通过讲解我国货币本位制度创新，使学生坚定民族自信、制度自信。

本章小结

金融发展的核心问题是金融与经济的关系问题，是金融适应经济的发展并如何推动经济增长的问题。

金融抑制是指政府对金融体系和金融活动的过多干预压制了金融体系发展，而金融体系的不发展，又阻碍了经济的发展，从而造成压制与落后的恶性循环。

金融深化的实质是放弃政府对金融领域的过度干预和保护，依靠市场机制的作用提高金融体系的效率，优化金融结构和金融资源的合理配置，形成投资、就业、收入和结构优化的正效应，从而建立起经济发展和金融发展的良性循环。

衡量一国金融深化程度常用的指标包括货币化比率、金融相关比率等金融存量指标和金融流量指标，金融工具的多样化，金融资产价格指标，金融体系的规模和结构等。

金融深化具有收入效应、储蓄效应、投资效应、就业效应等方面的正效应。

金融约束论的主要思想是主张在经济落后、金融深化程度低的发展中国家，政府对金融部门有选择性地进行干预，如控制存贷款利率、市场准入及竞争、限制资产替代等，以此在金融部门和生产部门创造租金，提高金融体系的运行效率。

金融约束论的政策主张包括：利率控制；限制银行业的竞争，尤其是破坏性的竞争；限制资产替代。

金融自由化包括4个方面的内容：一是价格自由化；二是业务自由化；三是金融市场自由化；四是资本流动自由化。

发展中国家金融自由化改革的进展状况是相当不平衡的。在已经进行的改革中，既有成功的经验，也有失败的教训。

金融创新是各种金融要素的重新组合，是金融机构为追求微观利益和金融当局为提高金融业宏观效益而发生的金融创造性变革，主要指新的金融产品、金融业务、金融市场、金融机构、金融制度的创造和推广。

金融创新的动因包括规避金融管制产生金融创新、市场竞争加剧迫使金融创新、规避金融风险需要金融创新、技术进步推动金融创新。金融创新的内容包括金融业务创新、金融制度创新、金融工具创新。

互联网金融是依托互联网信息科技（如移动支付、云计算、社交网络和搜索引擎等），秉承互联网精神（分享、协作、自由、平等、普惠、民主等），进行资金融通、支付交易、金融信息交换等金融活动的新模式。互联网金融不是互联网和金融业的简单结合，而是在实现安全、移动等网络技术水平上，被用户熟悉并接受后（尤其是对电子商务的接受），自然而然为适应新的需求而产生的新模式及新业务。

互联网金融主要有以下六大商业模式：第三方支付、P2P网贷、大数据金融、众筹、信息化金融机构和互联网金融门户。

根据金融稳定理事会（FSB）的定义，金融科技是基于大数据、云计算、人工智能、区块链等的一系列技术创新，全面应用于支付清算、借贷融资、财富管理、零售银行、保险、交易结算等六大金融领域。

金融科技的技术具有更新迭代快、跨产界、混行业等特点，是新型科学技术与传统金融业务及场景的多重高效融合，主要包括大数据金融、人工智能金融、区块链金融和量化金融四个核心部分。

根据2016年8月31日中国人民银行等七部委发布的《关于构建绿色金融体系的指导意见》，绿色金融的定义为：支持环境改善、应对气候变化和资源节约高效利用的经济活动，即对环保、节能、清洁能源、绿色交通、绿色建筑等领域的项目投融资、项目运营、风险管理等所提供的金融服务。

基本概念

金融发展　金融抑制　金融深化　金融约束　金融自由化　金融创新　互联网金融　第三方支付　众筹　金融科技　绿色金融

思考题

(1) 什么是金融抑制？其主要表现有哪些？

(2) 金融抑制的主要政策有哪些？

(3) 什么是金融深化？衡量金融深化程度的指标有哪些？

(4) 金融抑制论和金融深化论对我国的金融发展有哪些指导意义和警示作用？

(5) 什么是金融约束？金融约束论的政策主张是什么？

(6) 发展中国家的金融自由化给我国提供了哪些经验教训？

(7) 金融创新的含义和动因是什么？

(8) 简述金融创新的内容。

(9) 简述互联网金融的模式。

(10) 什么是金融科技？它包含哪些部分？

(11) 什么是绿色金融？发展绿色金融有怎样的现实意义？

第13章
在线测试题

参考文献

［1］张成思．现代货币政策调控体系建设［M］．北京：中国人民大学出版社，2023.

［2］曹龙骐．金融学［M］．7版．北京：高等教育出版社，2023.

［3］赵燕菁．大崛起：中国经济的增长与转型［M］．北京：中国人民大学出版社，2023.

［4］惠宁，周宇．影响世界的25位经济学家［M］．北京：社会科学文献出版社，2023.

［5］刘学．通往无现金社会为什么需要央行数字货币？［J］．北大金融评论，2023（2）：84-91.

［6］周心钰．防挤兑自救，美版BTFP“四万亿”出笼中国系统重要性银行抗风险受青睐［J］．证券市场红周刊，2023（12）：174-176.

［7］心钰．两会两个“3%”逐步释放消费潜力，长期利好大食品种业上市公司［J］．证券市场红周刊，2023（9）：109-110.

［8］经理，刘婷婷．中国共产党治理通货膨胀问题的基本经验及其当代启示［J］．重庆理工大学学报（社会科学），2023（4）：45-56.

［9］朱嘉明．历史不会熔断［M］．北京：中译出版社，2023.

［10］仝建成．涨价潮下，饮品品牌如何化危为机？［J］．销售与市场，2023（15）：84-89.

［11］中国人民银行货币政策分析小组．中国货币政策执行报告（2022年第四季度）［R/OL］．［2023-10-23］．https://www.gov.cn/lianbo/bumen/202305/content_6874050.htm.

［12］宋琳，等．六成美民众认为对华贸易战伤了美国［N］．环球时报，2023-03-27.

［13］张桥云．深度解析硅谷银行破产原因——基于资产负债表视角［EB/OL］．［2023-10-23］．https://mp.weixin.qq.com/s?__biz=MzA4NjQxNzkwMQ==&mid=2650775341&idx=1&sn=5ba0d3302bb7c16c9060f32244bfe6b0&chksm=87c237afb0b5beb9a9148447c0a8e7296957a6fc331299ac5b517c233d47b4a16c7776d5fba9&scene=27.

[14] 中国人民银行货币政策分析小组. 中国货币政策执行报告（2023年第一季度）[R/OL]. [2023-10-23]. https://www.gov.cn/lianbo/bumen/202305/content_6874050.htm.

[15] 中国人民银行货币政策分析小组. 中国货币政策执行报告（2022年第三季度）[R/OL]. [2023-10-23]. https://www.gov.cn/xinwen/2022-11/17/content_5727435.htm.

[16] 中国人民银行货币政策司. 深入推进利率市场化改革 [J]. 中国金融，2022（19）：20-21.

[17] 吴立元，肖立晟. 美国通胀启示录 [J]. 21世纪商业评论，2022（12）：128.

[18] 伯南克. 伯南克论大萧条：经济的衰退与复苏 [M]. 陈剑，译. 北京：中信出版集团，2022.

[19] 李健. 金融学 [M]. 4版. 北京：高等教育出版社，2022.

[20] 凌江怀. 金融学概论 [M]. 北京：高等教育出版社，2022.

[21] 包屹红，曾蜜. 金融学原理 [M]. 武汉：华中科技大学出版社，2022.

[22] 滕泰，张海冰. 全球通胀与衰退 [M]. 北京：中译出版社，2022.

[23] 袁晓梅，陈宁. 财政与金融 [M]. 2版. 北京：人民邮电出版社，2022.

[24] 陆磊，刘学. 货币论：货币政策与中央银行：第二卷 [M]. 北京：中译出版社，2022.

[25] 付锦泉，崔灿灿，刘莉. 红色金融史中的货币本位制度创新 [J]. 河北金融，2022（10）：56-59.

[26] 阮健弘. 金融统计大数据服务宏观调控的探索与实践 [J]. 中国人民银行政策研究，2021（5）：1-8.

[27] 陈果静. 建设现代中央银行制度从何处入手 [N]. 经济日报，2021-07-26（7）.

[28] 王钰婷，李新功. 中国共产党领导下的百年金融回顾 [J]. 征信，2021（8）：16-20.

[29] 劳海燕. 回望金融监管史　汲取奋进的思想力量 [J]. 中国农村金融，2021（17）：46-48.

[30] 蒋先玲. 货币金融学 [M]. 3版. 北京：机械工业出版社，2021.

[31] 江世银，谷政. 金融学 [M]. 北京：高等教育出版社，2021.

[32] 田素华. 货币经济学理论、实践与政策 [M]. 2版. 上海：上海人民出版社，2021.

[33] 米什金. 货币金融学 [M]. 王芳，译. 12版. 北京：中国人民大学出版社，2021.

[34] 刘园，王亦豪. 国际金融学 [M]. 3版. 北京：机械工业出版社，2021.

[35] 李义奇. 货币常识：历史与逻辑 [M]. 北京：社会科学文献出版社，2021.

[36] 白津夫，葛红玲. 央行数字货币：理论、实践与影响 [M]. 北京：中信

出版集团，2021.
[37] 钱水土，等. 货币金融学［M］. 3版. 北京：机械工业出版社. 2021.
[38] 陈雨露，汪昌云. 金融学文献通论·原创论文卷［M］. 2版. 北京：中国人民大学出版社，2021.
[39] 朱淑珍. 金融风险管理［M］. 4版. 北京：北京大学出版社，2020.
[40] 中国人民银行货币政策司青年课题组. 走向更加市场化的人民币汇率形成机制［J］. 中国金融，2020（17）：39-40.
[41] 王俊岭. 12家全国性股份制商业银行总资产达55.5万亿元［EB/OL］.［2023-10-23］. https://baijiahao.baidu.com/s?id=1676497109660484414&wfr=spider&for=pc.
[42] 迟爱萍. 陈云对新中国财经工作的历史性贡献［J］. 中国经济史评论，2019（2）：5-8.
[43] 孙少言，等. 基于国际收支视角的人民币汇率与利率联动机制分析［J］. 经济纵横，2019（7）：102-105.
[44] 曾红艳. 整体视阈下马克思货币学说研究［M］. 北京：社会科学文献出版社，2019.
[45] 韩秀云. 宏观经济通识课［M］. 北京：中信出版集团，2019.
[46] 王荣，卢丹. 宏观经济学：微课版［M］. 北京：人民邮电出版社，2018.
[47] 郭晖. 金融学概论［M］. 2版. 北京：人民邮电出版社，2017.
[48] 刘晨阳，杨立娜. 从"三元悖论"看人民币汇率制度选择［J］. 亚太经济，2017（1）：63-65；69.
[49] 王湘穗. 币缘论：货币政治的演化［M］. 北京：中信出版集团，2017.
[50] 杨秀萍. 货币金融学［M］. 2版. 北京：科学出版社，2016.
[51] 赵峰. 与大师同行：经济思想史公开课［M］. 北京：中国人民大学出版社，2016.
[52] 刘伟，等. 经济增长与结构演进：中国新时期以来的经验［M］. 北京：中国人民大学出版社，2016.
[53] 刘伟. 现代金融学［M］. 北京：人民邮电出版社，2015.
[54] 汪洋. 中央银行的逻辑［M］. 北京：机械工业出版社. 2015.
[55] 刘元春，等. 中国通货膨胀新机制研究［M］. 北京：中国人民大学出版社，2012.
[56] 罗斯 P S，赫金斯 S C. 银行管理［M］. 9版（影印版）. 北京：中国人民大学出版社，2012.